suhrkamp taschenbuch
wissenschaft 542

Die Dialektik der Aufklärung ist noch nicht zu Ende gedacht. Horkheimers und Adornos Kritik an der instrumentellen, der eindimensionalen, der bornierten Vernunft geschah noch immer im Namen einer umfassenden Vernunft, die alles in sich aufnehmen zu können beansprucht. Doch so wird der ständigen Mitproduktion von Irrationalität in der Geschichte der Vernunft nicht Einhalt geboten. Und die Vernunft entledigt sich nicht der Angst in ihrem Ausdruck und der spastischen Züge ihres Verhaltens, die ein Erbe ihrer Selbstbildung durch Abwehr, Ausgrenzung, Verdrängung des Anderen im Zeitalter der Aufklärung sind. Das Andere: das ist die Natur, der menschliche Leib, die Phantasie, das Begehren, die Gefühle, das Unbewußte. Eine Philosophie nach Freud muß sich zu einer Anerkenntnis des Anderen der Vernunft durcharbeiten.
Diese Arbeit an Kant zu leisten bietet sich an. Kant gilt als paradigmatische Figur, als Vollender der deutschen Aufklärung. Und Kant ist der Philosoph, der heute in allen Lagern und Schulen die gleiche Achtung genießt. Das Buch der Brüder Böhme schildert den sozio- und psychogenetischen Konstitutionszusammenhang, der das Denken der Aufklärung bestimmt.

Hartmut Böhme
Gernot Böhme

Das Andere der Vernunft

Zur Entwicklung von Rationalitätsstrukturen am Beispiel Kants

Suhrkamp

Bibliografische Information der Deutschen Nationalbibliothek
Die Deutsche Nationalbibliothek verzeichnet diese Publikation
in der Deutschen Nationalbibliografie;
detaillierte bibliografische Daten sind im Internet über
http://dnb.d-nb.de abrufbar.

7. Auflage 2016

Erste Auflage 1985
suhrkamp taschenbuch wissenschaft 542

Printed in Germany
Umschlag nach Entwürfen von
Willy Fleckhaus und Rolf Staudt
ISBN 978-3-518-28142-0

INHALT

Einleitung 9

Kapitel I
Die fremde Natur

1. Der Verlust von Natur und der Kult der Natürlichkeit 27
2. Das Fremdwerden der äußeren Natur: Der Tod der Natur und die Idee der Naturbeherrschung 32
Die Natur bei Hofe / Der französische Garten / Natur als Curiosität / Inszenierte Natur: Jagd im Barock als Beispiel / Die Entdeckung von Natur
3. Das Fremdwerden des eigenen Leibes 50
Anatomie / Der Leib bei Hofe / Der nackte König / Das profane Ritual / Manieren / Der Leib im Programm bürgerlicher Erziehung
4. Als ob die Natur für den Menschen gemacht sei 70
Der angestrengte Optimismus des 18. Jahrhunderts / Kant und das Ende der Physikotheologie

Kapitel II
Materie und verdrängter Leib

1. Dynamische Theorie der Materiekonstitution in der *Theorie des Himmels*
1.1. Der junge Kant: Widerspruch im Subjekt 83
1.2. Die *Theorie des Himmels* in der Forschung . . . 89
1.3. »Entwicklung der großen Ordnung der Natur« 91
1.4. Schwierigkeiten mit der Repulsion 96
1.5. Die leibliche Herkunft der Materietheorie 99
1.6. Verdrängung oder Rekonstruktion des Leibes? 106
2. Die Wiederkehr des Verdrängten in Medizin und Philosophie
2.1. Goethes Entdeckung: das leibliche Fundament von Attraktion und Repulsion 110
2.2. Leib-Tonus: hysterische Frau und hypochondrischer Mann 116

2.3. Die repulsive Atmosphäre des kranken Leibs: Zur Ansteckungsfurcht im 18. Jahrhundert . . . 120
2.4. Absolutes Ich und narzißtisches Begehren in Johann Gottlieb Fichtes Wissenschaftslehre . . . 123
Der Königsmantel des absoluten Ich / Philosophie im Speculum des Narziß / »Trieb nach etwas völlig Unbekanntem«: narzißtisches Begehren
2.5. Denken am Leitfaden des Leibes: Naturphilosophie und Narzißmus beim jungen Schelling . . . 136
»Träumereien«? / Gegen Kant: Schellings Naturbegriff / Eins-Sein mit Natur und Entzweiung / Leibliche Intensität und Selbstreproduktion des Organischen / Dialektik der Selbsterhaltung und Identität der Kunst / Philosophische Rekonstruktion des Selbstbewußtseins und psychoanalytischer Diskurs
2.6. Die Hegelsche Rücknahme von Attraktion und Repulsion in den absoluten Geist 161

Kapitel III
Kosmologie und poetischer Traum

1. Kosmologie als Gattung 169
2. Kopernikanische Wende: Pathos und Degration . . . 174
3. Der universelle Affekt Brunos: Kosmische Verschmelzung 177
4. Der desillusionierte Affekt: ursprüngliche Trennung 181
5. Kants Raumerfahrung und die Poesie des Universums 192
6. Das Narzißtische Trauma und seine Verarbeitung bei Kant 208
7. Kants Theorie des Erhabenen 215
8. Kritik der schlechten Unendlichkeit 224

Kapitel IV
Der Kampf der Vernunft mit der Einbildungskraft

1. Einbildung, Traum, Erkenntnis 231
Die Austreibung der Phantasie / Einbildungskraft als empirisches Vermögen / Traum ist keine Erkenntnis
2. Aufklärer und Phantasten 245

3. Kant und Swedenborg oder der Ursprung der Kritischen Philosophie 250
4. Die Sprache der Engel 261
5. Angestrengte Vernunft 270

Kapitel V
Kants Theorie entfremdeter Erkenntnis

1. Ein besonderer Erkenntnistyp 277
Was ist Erkenntnis? / Die Erkenntnis des Fremden / Trennung und Herrschaft / Naturbeherrschung durch Selbstbeherrschung / Erkenntnis und Erkenntnistheorie / Erkenntnis als Gericht
2. Die Elemente der Kantischen Erkenntnistheorie . . . 293
Das Ding an sich / Das gegebene Mannigfaltige / Das transzendentale Subjekt
3. Die Behauptungen 304
Der Verstand schreibt der Natur die Gesetze vor / Philosophie als Wahnwitz / Der Verstand bestimmt die Sinnlichkeit / Idealismus / Idealismus: Freiheit durch Verdrängung des Leibes
4. Wissenschaft und Innerlichkeit 319

Kapitel VI
Moral als Herrschaftszusammenhang

1. Zur Historizität der Kantischen Moral 325
2. Der Deutungsrahmen der praktischen Vernunft . . . 331
3. Naturmechanismus und Automat 335
4. Das »Ding an sich«: deus ex machina der Moral 337
5. Angst vor dem Chaos 339
6. Das »Faktum« der Vernunft: kein Skandal? 342
7. Kategorischer Imperativ, Geständniszwang, Zweck-Mittel-Relation 347
8. Das Gewissen: von der Libido abgezweigte Instanz . 352
9. Kasuistisches: »Setzung der Unsittlichkeit« 355
10. Objektlose Innerlichkeit 359
11. Das Unbewußte, das Begehren und das Gesetz des Vaters 362
12. Triebfedern praktischer Vernunft: moralischer Masochismus und Idealisierung 369
13. Das Reich der Zwecke: Wiederkehr des Narzißmus . 377

Kapitel VII
Die Furcht vor der Einbildungskraft und die Hypochondrie als Zivilisationskrankheit im 18. Jahrhundert

1. Furcht, Angst, Sorge 387
2. Kant als Hypochonder 389
3. Der arme Hypochondriste Adam Bernd 397
4. Hypochondrie und die Kosten der Vernunft 410
5. Die Phantasie und der Teufel 420

Kapitel VIII
Fin de Partie: Bruchstücke eines bezwungenen Lebens

1. Leben als Philosophie 427
2. »Gründung des Charakters«: Zeugungsmythos der Vernunft 434
3. Abwehr, Verdrängung und Triebangst im Alltag . . . 438
4. Autarkie und Zwang der Sinnlichkeit 442
5. Körper, Sexualität und Diskurs der Hypochondrie . . 451
6. »Ich bleibe gern zuletzt«: Abwehr des Exhibitionismus 455
7. Enge und Weite oder Der Raum und die Angst 463
8. Das vergrabene Glas oder die larvierte Wut 469
9. »Die Erinnerung nicht aufregen« oder Die Depression 476
10. Die Schwalben, der Blick und der Tod der Mutter . . . 483
11. Der Vater als Kind und der Sohn als Mutter des Vaters 493

Anmerkungen 497
Verzeichnis der im Text abgekürzt zitierten Werke 515

»Die Vernunft muß sich in allen ihren Unternehmungen der Kritik unterwerfen« (KdrV A 738/B 766). Gut. Doch Vernunftkritik wird anders geschrieben, wenn sie sich nicht auf Vernunft als philosophisches Projekt, sondern auf ihre praktische Realisierung bezieht. Rationalisierung, Modernisierung, Zivilisierung – die europäische Geschichte schritt voran, doch es fällt schwer, heute von Fortschritt zu reden. Nach dreihundert Jahren Erfahrung mit dem Projekt der Moderne hat Vernunftkritik ihren Ursprung heute nicht im philosophischen Diskurs. Die Anklage kommt von jenseits der Grenze: aus dem Anderen der Vernunft.

Gesetzlichkeit, Einheit, Universalität, Selbstbeherrschung: als Verrechtlichung des gesellschaftlichen Lebens, als ökonomisch und politisch unausweichliche Systemeinheit, als universelle Durchsetzung von Technologien, als Humanisierung der Natur unter dem Motto »Wir schreiben der Natur die Gesetze vor«, als Exterritorialisierung von Affekten und vollständige Dressur des Körpers gemäß den Anforderungen von Arbeit und Verkehr – in diesen Gestalten nimmt Vernunft ein fratzenhaftes Aussehen an. Dennoch ist das Umkippen natürlicher Kreisläufe ebensowenig wie die Suspendierung traditioneller Hemmungen im Umgang mit Menschen, ist das Verschwinden kultureller Vielfalt sowenig wie die Verspannung des leidenden Körpers schon ein Argument gegen Vernunft. Der Widerstand des Anderen wird Kritik erst als Selbstkritik der Vernunft. Wäre also das Kantische Programm heute zu wiederholen?

Vernunftkritik zu fordern käme zu spät; sie ist als literarische Erscheinung schon ubiquitär. Längst rächt sich die Gleichsetzung des Vernünftigen mit dem Guten durch ihre vollständige Umkehrung. Was Mephistopheles gegen den Kritiker Faust äußert: »Verachte nur Vernunft und Wissenschaft, des Menschen allerhöchste Kraft, so hab' ich dich schon unbedingt!« – es wäre heute Hippies, Esoterikern, Anti-Science-Leuten und dem New Age entgegenzuhalten.

Doch Goethe verharrt mit dieser Warnung in der einfachen Dichotomie: hier die Vernunft – dort der Teufel. Gerade auf diesem Standpunkt wird die Kritik derer, die nicht mehr mithalten, die die nötige Selbstdisziplin nicht erbringen, die aus der Rationalisierung des Daseins herausfallen oder auch nur das Unbehagen in der Kultur empfinden – auf diesem Standpunkt wird die Kritik an der Vernunft in ihre Verteufelung umschlagen.

Vernunft – der oberste Wert europäischer Zivilisation. Vernünftig sein hieß den Griechen am Göttlichen teilnehmen, ist dem neuzeitlichen Menschen der Weg ins eigentliche Humanum: das Reich der vernünftigen Wesen ist Kants positive Utopie. Je vernünftiger, desto mehr Mensch. In dieser anthropologischen Entscheidung ist mitgedacht, daß der Einzelne, das empirische Exemplar, nicht schon vernünftig ist. Weniger deutlich wurde, daß es sich überhaupt um eine Entscheidung handelt. Daß die geforderte Selbststilisierung eine unter anderen ist, daß der Mensch qua homo sapiens, im Spektrum seiner Möglichkeiten eine Auswahl getroffen hat. Der »vernünftige Mensch«: der buddhistische Mönch ist nicht seinesgleichen, der homerische Mensch war nicht von seiner Art, der Renaissancemensch nicht, und der heutige Mensch ist es in der Regel, trotz oder wegen der Durchsetzung von Rationalität in den Verhältnissen auch nicht. Vernünftig zu sein bedeutet eine bestimmte Organisation des Menschen im Verhältnis zum Leib, zu den Gefühlen und Begierden, zur äußeren Welt. Es ist der Intellektuelle, der sich mit der Vernunft zum Maß aller Dinge – zuallererst aber aller Menschen macht.

Vernunft ist ein Züchtungsprodukt, das sagte Nietzsche schon, aber der Selbst-Zucht, der Disziplin. Was das im Inneren hieß, welche Dunkelheiten da geschaffen wurden, welche Irrationalität im Rücken der Vernunft entstand, wurde vielen erst deutlich, als Disziplin nicht mehr Leistung des Einzelnen war, sondern von außen abverlangt, institutionell erzwungen wurde. Die Realisierung der Vernunft als Rationalisierung der Lebensbedingungen, Verwissenschaftlichung der Alltagswelt, Durchstaatlichung des sozialen Lebens, Technisierung der Arbeit, des Verkehrs, der Kommunikation: sie veranschaulichten im Großen und Äußerlichen, was im Kleinen und Inneren längst geschehen war. Die soziologische Aufklärung erst machte populär, was die psychoanalytische schon behauptet hatte: mit der Realisierung der Vernunft wird die Unvernunft mitproduziert.

Das war es, was Horkheimer und Adorno Faschismus und Amerikanismus in einer Bewegung erscheinen ließ. Die ›Bestimmung der Sinnlichkeit durch den Verstand‹ in der Kulturindustrie folgt für sie demselben Prinzip wie die Ausgrenzung des Nicht-Identischen im Antisemitismus. Die Krise der Vernunft stellte sich dar als die Frage, welchen Sinn Philosophie nach Auschwitz haben könne. Auschwitz habe das Mißlingen der Kultur unwiderleglich bewiesen.[1]

›Kultivierung‹ – was für ein Projekt war das? Das Projekt der schrittweisen Verbesserung des Menschen durch Vernunft. Und das ist wahr: nach Auschwitz stockt einem der Atem, wenn man liest, daß Kant sich an die Beantwortung der Frage machen konnte, »ob das menschliche Geschlecht im beständigen Fortschreiten zum Besseren sei?« Es kann nicht mehr darum gehen, das Projekt der Moderne zu vollenden (Habermas), es muß darum gehen, es zu revidieren. Auch ist die Aufklärung nicht unvollständig geblieben, sondern unaufgeklärt.

Doch um das zu lernen, dafür hätte Auschwitz nicht zu geschehen brauchen. Auch ist dieses Faktum zu brutal, um geistesgeschichtlich als erklärend angeeignet werden zu können. Für die Philosophie liegt die Wasserscheide nicht im Dritten Reich, sondern schon um die Jahrhundertwende, bei Nietzsche und Freud. Philosophie nach Freud, *das* ist die Frage. Mit Freud ist ein Reflexionstyp ins europäische Denken gekommen, der einen Großteil dessen, was sich Philosophie nennt, naiv erscheinen läßt. Es ist seitdem keine Bewußtseinsphilosophie mehr sinnvoll, die nicht zugleich eine Philosophie des Unbewußten ist; es kann keine Bestimmung von Rationalität mehr als adäquat akzeptiert werden, die Rationalität nur immanent, d.h. durch logische Strukturen oder Argumentationsprinzipien bestimmt – und nicht auch in ihrer Beziehung zum ›Irrationalen‹. Es kann keine Wissenschaftstheorie mehr als hinreichend angesehen werden, die Demarkation nur als Grenzziehung von Wissenschaft, nicht auch als Abgrenzung gegen nicht-wissenschaftliches Wissen beschreibt. Die Aufklärung des 18. Jahrhunderts erscheint von diesem Standpunkt her selbst als naiv. Die Selbstbestimmung der Vernunft ließ ihr Verhältnis zu dem Anderen, was nicht Vernunft ist, im Dunklen. Kants Philosophie war als das Unternehmen einer Grenzziehung angesetzt worden. Aber nichts wird darüber gesagt, daß Grenzen zu ziehen ein dynamischer Prozeß ist, daß die Vernunft sich zurückzog auf festes Terrain und eben anderes verließ, daß Grenzziehung sich eingrenzen und anderes ausgrenzen bedeutet. Was aber Vernunft ist, bleibt solange undeutlich, als nicht ihr Anderes mitgedacht wird. Denn Vernunft kann sich über sich selbst täuschen, sich für das Ganze nehmen (Hegel) oder sich anmaßen, das Ganze zu umfassen. Diese Täuschung der Vernunft über sich selbst wirkt selbst dort noch sich aus, wo die Vernunft bereits als instrumentell, repressiv, borniert kritisiert wird: bei Horkheimer und Adorno. Deren Kritik geschieht immer noch im Namen einer höheren Vernunft, nämlich der komprehensiven, der der Totalitätsanspruch konzediert wird, welchen man der realen Vernunft bestritten hatte. Es gibt keine komprehensive Vernunft. Man hätte von Freud oder auch von Nietzsche lernen sollen, daß Vernunft ohne ihr Anderes nicht ist und daß sie – funktional gesehen – durch dieses Andere nötig wird. Vernünftig sein heißt, dem Realitätsprinzip folgen und: Abstand nehmen, sich zurückhalten, sich nicht unmittelbar betreffen lassen, um nüchtern zu sehen, wie die Verhältnisse sind. Nötig wird das, weil der Mensch sich gegenüber ›Mächten‹, die ihn ergreifen, stabilisieren muß, weil er als bedürftiges Wesen auf die Realität angewiesen ist, weil er seinen Begierden folgend, sich selbst in Gefahr bringen kann. Vernünftig sein heißt auch, sich auf die gesellschaftliche Realität einstellen: nicht alles sagen, was einem einfällt, und so reden, wie es sich gehört. Vernünftig sein heißt, sich einem Diskursprinzip unterwerfen, das einen Schnitt in die möglichen Redeformen bringt, einige als wahre, richtige, schickliche zuläßt, andere als falsch, unlogisch, unschicklich abweist (Foucault). Vernünftig sein heißt, sich dem Rationalitätsprinzip unterwerfen, d. h. von sich Rechenschaft und Begründung zu verlangen für das, was man will, fordert, begehrt. Aber in dieser reflexiven Absetzung sollte das Andere als das Nicht-Rationale anerkannt sein, als Willen, Forderung, Begehren. (Adorno kritisiert Kant mit Recht, indem er zeigt, daß ein ›reiner Wille‹, d. h. die Vernunft selbst als Wille nicht möglich ist: es fehlt das ›Hinzukommende‹, Impetus, Drang.)

Nach Freud sollte man wissen, daß vernünftig sein ein Projekt der Disziplin darstellt. Vernunft ermöglicht nicht nur Beherrschung und Kontrolle, sondern ist selbst schon Beherrschung und Kontrolle: eine ständige Zensur muß dafür sorgen, daß das Andere die schöne Ordnung der Realität, des Diskurses, der Rationalität nicht durcheinanderbringt.

Philosophie nach Freud weiß erst, was die Vernunft wert ist. Sie wird deshalb nicht einfach für das ›Irrationale‹ plädieren. Sie weiß aber auch, was die Vernunft nur wert ist. Sie wird Vernunft nicht mehr ohne die Angst, die sie zu bannen sucht, ohne den Herrschaftsanspruch, der mit ihr verbunden ist, ohne die Ausgrenzung des Anderen sehen können.

Das Andere der Vernunft: von der Vernunft her gesehen ist es das Irrationale, ontologisch das Irreale, moralisch das Unschickliche, logisch das Alogische. Das Andere der Vernunft, das ist inhaltlich die Natur, der menschliche Leib, die Phantasie, das Begehren, die Gefühle – oder besser: all dieses, insoweit es sich die Vernunft nicht hat aneignen können. Denn zugelassen und vernünftig ist die Natur als gesetzmäßiger Zusammenhang der Erscheinungen, der menschliche Leib als anatomisch durchsichtiges Körperding, die Phantasie als der Verstand »insofern er die Sinnlichkeit bestimmt«, das Begehren als praktische Vernunft (guter Wille), die Gefühle, soweit sie den sittlichen Normen konform sind. Neuzeitliche Vernunft zeigt darin ihren besonderen Charakter. Diente sie seit je der Unterscheidung des Wirklichen vom bloßen Schein, des Guten vom Bösen, der rechten Rede vom bloßen Plappern, so war dies doch – beispielsweise bei Platon – eine Orientierung in gegebenen Ordnungen. Neuzeitliche Vernunft setzt die Grenzen selbst, ihr Territorium reicht so weit, wie sie sich ihr Anderes aneignen kann. Die Ausbildung der neuzeitlichen Vernunft ist deshalb ein Prozeß der Demarkation, Selektion und Umschichtung. Wir nennen ihn Aufklärung, als handelte es sich bloß um eine Klärung darüber, was ist. In Wahrheit geht es um die Definition von Wirklichkeit, um die Reorganisation der menschlichen Konstitution, die Neubestimmung politischer Legitimität. Daß Wirklichkeit bedeutsam sei, Phantasie eine Erkenntniskraft und politische Herrschaft von göttlicher oder erblicher Legitimität, daran sich zu orientieren, war vor der Aufklärung vernünftig. Die Vernunft respektierte ihr Anderes wie der Kaiser den Papst. Erst mit der Aufklärung läßt Vernunft alles, was aus ihr herausfällt, zum Irrationalen werden. In einer Welt aus Tatsachen werden Bedeutungen zum Aberglauben, Träume zu irrelevanten Phantasien, leibliche Regungen zu Grillen. Dieses Andere, das die Vernunft nicht umschließt, verkommt zu einem diffusen, unheimlichen und bedrohlichen Bereich. Über die Grenzen der Vernunft hinaus ist Orientierung nicht mehr möglich, jenseits wird Kultur nicht mehr ausgebildet.

In dieser Dialektik von Aneignung und Verdrängung vollzog sich die neuzeitliche Definition von Wirklichkeit. Wenn Hegel schließlich das Wirkliche mit dem Vernünftigen identifizierte, so verdrängte er noch die Verdrängung und unterschlug den Projektcharakter der Vernunft. Für Kant noch war klar, was die Aufklärung zum Kampf gemacht hatte, daß die Bestimmung von Wirklichkeit die Abgrenzung des Nicht-Wirklichen vom Wirklichen war. In der Abwehr noch wurde das Nicht-Wirkliche respektiert: die Selbsttätigkeit der Natur, Träume und Anwandlungen, der Teufel und schließlich gar Gott wurden zum Nicht-Wirklichen gemacht, weil sie die Selbständigkeit des Subjektes bedrohten. Die Kriterien für Wirklichkeit: Einheit, Gesetzmäßigkeit, Zusammenhang dienten zugleich der Abwehr des Anderen, das als bloße Einbildung verworfen oder unter der Kategorie des Als-Ob virtualisiert wurde. Descartes' Programm, sich zum Herrn und Meister der Natur zu machen, wurde durch die positive Wissenschaft für die äußere wie die innere Natur realisiert. Doch je mehr das Wirkliche als das Beherrschbare gesichert war, desto bedrohlicher wurde, was sich der Beherrschung entzog.

Betroffen wurde der Mensch davon zunächst und zumeist am eigenen Leibe. Der Leib, schon mit der Erfindung der Seele bei den Griechen zu dem geworden, was dem Menschen äußerlich ist – Kleid, Fahrzeug, Grab –, wird bei Descartes radikal getrennt von der Seele. Im Prozeß der Aufklärung dann teilt er das Schicksal der Natur: er wird zugelassen, soweit er vernünftig ist, eine rational durchsichtige und steuerbare Maschine: als res extensa, Körper. Die Entdeckung des Körpers, als die wissenschaftliche Medizin ihren Siegeszug antritt, ist zugleich die radikalste Verdrängung des Leibes: die affektive Betroffenheit, leiblich gespürt, wird zur unheimlichen Anwandlung, zur Grille oder zum Krankheitssymptom. Die durch die Elimination des

Leibes ortlos gewordenen Affekte werden der Seele aufgebürdet, wo sie, erneut als Bedrohung erfahren, der vernünftigen Ökonomie des Bewußtseins sich fügen müssen.

> Furchtbares hat die Menschheit sich antun müssen, bis das Selbst, der identische, zweckgerichtete, männliche Charakter des Menschen geschaffen war, und etwas davon wird noch in jeder Kindheit wiederholt. (Horkheimer/Adorno)[2]

Die Kantische Konstruktion des aufgeklärten Subjekts enthält eine opake Herkunftsgeschichte, eine Geschichte des Grauens, der Angst und Entbehrung. Der Zivilisationsprozeß fällt mit einer Geschichte der Entsagung und der Trennung davon zusammen, was hinter sich zu lassen und zu verdrängen ist, um den Titel eines Vernunftwesens zu erhalten. Das Kantische Vernunftsubjekt ist keineswegs das zu zeitloser Vollendung gelangte Resumé seiner bloß philosophischen Selbstreflexion, an deren Ende die Selbstvergewisserung des – wie Kant es nennt – »eigentlichen Selbst« steht: die strategisch abgegrenzte, logozentrische Identität. Vielmehr spiegelt und vollzieht sich in der philosophischen Bewegung die Dynamik des neuzeitlichen Zivilisationsprozesses, in dessen Verlauf die inneren und äußeren Formationen des Menschen vollständig neu organisiert werden. Was als »*der* Mensch«, als »intelligibles Ich«, als »mündiger Bürger« am Ende des 18. Jahrhunderts im Gewand anthropologischer Universalität auf die historische Bühne tritt, ist ein Produkt und eine Entscheidung.

Die Bestimmung und Hierarchisierung der menschlichen Vermögen – Verstand, Einbildungskraft, Begehrungsvermögen –, die Verteilung der energetischen Besetzungen, die Unterordnung der sinnlichen Wahrnehmungen unter den Verstand, das Verhältnis zwischen dem eigenen Leib und den Affekten, die Grenzziehungen zwischen Erkenntnis und Wahn, die Kontrollbeziehungen zwischen Moral und Trieb, die Modellierungen des Begehrens in den organisierten Räumen von Familie und Arbeit – all dies, was Bestimmungsstücke des vernünftigen Selbstseinkönnens für jetzt und immerdar zu sein scheinen, mußte kollektiv und individuell durchgesetzt werden. Daran wirken die Pädagogisierung der Sozialisationspraktiken ebenso mit wie die Verwissenschaftlichung der Diskurse, die Rationalisierung der Verwaltungsakte wie der kaufmännischen Spekulation, die Moralisierung der Lebenswelt wie die Durchstaatlichung der Gesellschaft, die Zerebralisierung der Bildung wie die Verrechtlichung der Interaktionen.

Zeichnen sich im 18. Jahrhundert die Grundrisse der Disziplinargesellschaft (M. Foucault) ab, so auch die des selbstdisziplinierten Subjekts. Als Freud um die Wende zum 20. Jahrhundert in seinen Patienten, die sämtlich den als vernünftig geltenden Lebenszusammenhängen des Bürgertums entstammen, die unbewußte Dynamik, die Triebschicksale und Verdrängungen des Subjekts zu entziffern beginnt, treten dabei erstmals auch die Kosten der Genesis des Vernunft-Ich an den Tag. In seinen untergründigen Widerständen und unbewußten Konflikten erschienen die Gestalten eines Glücks, das aufgegeben, und einer Angst, die vergessen werden mußte, um sich zu einem vernünftigen Selbst zu stilisieren. Freud rekonstruierte das Subjekt aus der Geschichte seiner Kindheit – deren Bedingungen noch als kulturelle Selbstverständlichkeiten hinnehmend. Später glaubte er die Kosten der Vernunft als gesellschaftsunabhängige, unvermeidliche Versagungen identifizieren zu müssen. Durch Forschungen wie die von Norbert Elias oder Philippe Ariès wissen wir heute genauer, daß die Kindheitsgeschichte und das unter Entbehrungen erzeugte erwachsene Ich das Szenario einer kollektiven Geschichte wiederholen, die von den Oberschichten der Renaissance ausgehend einen bestimmten Zivilisationstyp in Europa verallgemeinerte und verbindlich machte. Gleichwohl besteht die epochale Bedeutung Freuds darin, daß nach ihm keine und auch keine philosophische Reflexion des Subjekts mehr möglich ist, die dessen Herkunftsgeschichte im Dunkeln beläßt und die Tatsache unterschlägt, daß das Selbstbewußtsein, in dem die philosophische Tradition emphatisch das Menschsein aufgehen ließ, nur den kleinsten Teil am Menschen ausmacht. Fortan ist das selbstbewußte Subjekt nur noch in der zugleich historischen wie lebensgeschichtlichen Dialektik von Bewußtsein und Unbewußtem zu verstehen. Und diese Dialektik ist keine des reinen Begriffs, sondern gezeugt von den Mächten, die normativ Vernunft und Unvernunft trennen und damit gewaltige und energiegesättigte Teile des Menschen aus seiner Definition ausgrenzen. Wer als vernünftig sich ansehen, das heißt, innerhalb des gesellschaftlich erzwungenen Konsens sich bewegen will, hat der von

Intellektuellen- und Machteliten bestimmten Selbststilisierung sich anzuähneln, eine Identität im Zusammenfall mit der abstrakten Einheit aller herzustellen: unter Verdrängung und Ausgrenzung des Unvernünftigen. Aufgeklärte Vernunft ist eine »Schule der Vereinheitlichung«, der die »wuchernde Vieldeutigkeit« (Horkheimer, Adorno) menschlicher Praktiken und Leiber, Wünsche und Ziele zum Opfer zu bringen ist. Diese bilden fortan die höllische Unterwelt der bürgerlichen Gesittung.

In dieser Perspektive ist die neuzeitliche Bewußtseinsphilosophie, als deren Höhepunkt die Philosophie Kants nach ihrer Exposition durch Descartes gelten kann, neu in den Blick zu nehmen. Sie erscheint dann als Geschichte einer grandiosen Selbstermächtigung, in der ein Emanzipationsprogramm zugleich mit einem Programm der Verdrängung ins Werk gesetzt wird. Aufklärung trat an, um das Irrationale der Welt – Religion und Aberglauben, ständische Autoritäten und Ungleichheiten, irrlichternde Affekte und Naturzwänge – durch Kritik aufzulösen. Die Austreibung *dieses* Irrationalen konstituiert zwar Vernunft, erwies sich aber zugleich als Verlust soziokultureller Selbstverständlichkeiten und des Zusammenhangs mit Natur, als Entfremdung vom eigenen Leib und Unterdrückung wertvoller Erfahrungsressourcen und Wissentypen, vor allem aber auch als Exilierung der Phantasie, der Leidenschaften und Triebe. Indem Vernunft sich als Maß des Menschen setzt, bestimmt sie die Unvernunft als das Anormale. Ist sie das Medium der Gesundheit, so jene das der Krankheit; ist sie das Bild männlicher Beherrschtheit, so jene die Figur weiblichen Chaos; bildet sie sich als Kultur, verfällt jene der Natur; sichert sie sich im Wissen, schwärmt jene im Wahn. Immer wirkt in solchen Dichotomien Macht. Die Demarkierungsprozesse setzen das, als was Vernunft sich nicht versteht, als das Inferiore, das in Regie, an die Kandare oder unter Verschluß genommen werden muß. Wo Vernunft das, was sie nicht ist, sich nicht aneignen kann – wie z. B. die Sexualität als eheliche Liebe –, schlägt direkte Beherrschung in Ausgrenzung und Verdrängung um. Der Preis für den historischen Aufbau eines gepanzerten Selbst ist folglich die Erzeugung weiter Räume des Unbewußten, eines »inneren Auslands« (Freud), das ununterbrochen mit hohem Energieaufwand bewacht werden muß. Jeder Austausch zwischen dem bewußten

Selbst, das als Inbegriff des Menschen sich zu behaupten sucht, und den Zonen des Unbewußten und Ausgegrenzten unterliegt strenger Zensur und Kontrolle. Die Auszeichnung der Vernunft als eigentlich Menschliches und zugleich Gottesebenbildliches ist von dem Augenblick an, als intellektuelle Autonomie sich von leiblicher Gebundenheit, natürlichen Abhängigkeiten, affektiven Spontaneitäten und traditionalen Zusammenhängen abhebt, ein Akt der Herrschaft; der Selbstbeherrschung und Naturbeherrschung zugleich. Zwischen Vernunft und der von ihr beherrschten inneren und äußeren Natur besteht eine Angstspannung. Diese wird im vernunftorientierten Selbstbewußtsein und erst recht im philosophischen Diskurs verleugnet. Die reale Angst, die den vorrationalen Menschen in seinem Verhalten zu Naturmächten, zu überwältigenden eigenleiblichen Regungen und zu potentiell bedrohlichen Gegenübern erfüllt, weicht einer irrationalen inneren Angst vor dem Verdrängten, die nur aufhebbar scheint um den Preis des Untergangs des Selbst, in welchem der Mensch sich in Besitz genommen zu haben vermeint.

Philosophie des Bewußtseins, als welche der Kantische Reflexionstyp paradigmatisch sich darstellt, erscheint in dieser Perspektive als Diskursivierung und Fortifikation nur einer kleinen Zone im Subjekt, nämlich seiner rationalen bzw. rationalisierenden Ich-Anteile-: unter Abstraktion ihres historisch-genetischen Zusammenspiels mit dem »Feld dunkler Vorstellungen«, von dem Kant wohl weiß, daß es »das größte im Menschen« (Anthr. A 18) ist. Das Vernunftsubjekt, das intelligible Ich – oder nenne man es mit Freud: der Sitz rationaler Kompetenzen –, erschließt sich als historisches Erzeugnis erst, wenn es auch aus der Perspektive dessen verstanden wird, was als sein Anderes aus ihm ausgeschlossen und dem dunklen Feld der Unvernunft zugeschrieben wird. Aus diesem Grund ist in die philosophische Rekonstruktion der Gründungsakte des Vernunftsubjekts, die zu schreiben Kant sich vornimmt, die Psychoanalyse einzuführen: als Instrument der Deutung der psychohistorischen Konstitution und der dynamischen Struktur der Rationalität. Wenn es wahr ist, daß Strategien der Ausgrenzung und Verdrängung die wesentlichen Mechanismen zur Durchsetzung jener Bewußtseins- und Subjektformen waren, die bis heute als definiens des

Menschen verstanden werden, dann ist die psychohistorische und psychoanalytische Lesart der Bewußtseinsgeschichte als Bestandteil einer noch nicht geschriebenen ›historischen Anthropologie‹ des neuzeitlichen Menschen aufzunehmen. In der transzendentalen Begründung des Selbst ist dessen genetische Abkunft verleugnet. Diese Verleugnung in der Philosophie zu verlängern hieße, an der Rationalisierung (im psychoanalytischen Sinn) fortzuwirken, durch welche das Vernunftsubjekt sich gegen Natur, Phantasie oder Leib als prinzipiell superiore Instanz ermächtigt hat. Setzt sich Vernunft in ihrer Gründungsgeschichte dem Wahn entgegen, so ist nach Freud der Wahnsinn der Vernunft zu reflektieren: ihr Selbstseinwollen ohne Bezug auf ihr Anderes – das Hinzukommende, das Herkünftige und Verdrängte. »Wahnsinn ist Vergessen der Genesis« (G. Gamm) – aber auch das Verleugnen und Intellektualisieren, die Abwehr und das Ungeschehen-machen-wollen der Genesis tragen Spuren einer Krankheit der Vernunft. Daß das Vernunftsubjekt niemandem und nichts sich verdanken will als sich selbst, ist sein Ideal und Wahn zugleich. Dieser ist zu durchbrechen durch eine Archäologie der Phantasmen und Verdrängungen, die in die Geschichte des Subjekts eingeschrieben sind. Die absolute Souveränität der Vernunft ist ein Scheinerzeugnis um den Preis des Vergessens ihrer Herkunft und bleibenden Angewiesenheit auf Natur und Leib, auf Einbildungskraft und Begehren. »Die Vernunft kann nicht mehr, ohne sich selbst zu zerstören, die Unvernunft als das bloß Andere dequalifizieren und stigmatisieren.«[3] Von dieser Lage einer Philosophie des Subjekts ist nach Freud auszugehen, der nach dem wirkungslosen romantischen Zwischenspiel das »Eingedenken der Natur im Subjekt« (Horkheimer/Adorno) zu einer unabweisbaren Aufgabe der Aufklärung über die Aufklärung gemacht hat. Mit Freud ist die Herrschaft des Menschen über sich selbst, wie sie sich im Namen reiner Vernunft siegreich durchgesetzt hat, als ein Freisetzungsprozeß zu entziffern, der in die Selbstzerstörung des Subjekts – seine pathologische Verzerrung und sein opakes Leiden – überzugehen droht. Das »Furchtbare«, das nach Horkheimer/Adorno die Bildungsgeschichte des mit sich selbst identischen Subjekts ermöglicht und begleitet, ist psychoanalytisch nach zwei Seiten hin zu entwickeln: als das Furchtbare einer Autonomie, deren undurchdringliche Maskierung und konzentrierte Macht allem Anderen das Fürchten lehrt; und als das Furchtbare einer rigiden inneren Kolonisierung, die das Subjekt im Prozeß seiner Selbstermächtigung sich selbst antun muß – und es darum in eine perennierende Angst vor den Stimmen des ins Unbewußte exilierten Anderen der Vernunft bannt.

Horkheimer/Adorno weisen darauf hin, daß die »Anstrengung, das Ich zusammenzuhalten« diesem auf allen Stufen seiner Bildungsgeschichte anhaftet. Freud hatte zuvor die Angestrengtheit und die anankastischen Züge des Subjekts als notwendige Kosten der Kultur bezeichnet. Norbert Elias dagegen hat in seinem »Prozeß der Zivilisation« den geschichtlichen Verlauf dieser Codifizierung des Ich erforscht. Entgangen ist ihm dabei, worauf Horkheimer/Adorno aufmerksam machen, daß die Fortifikation der Ich-Strukturen durch Rationalisierung historisch immer gepaart war mit einer »Lockung« zur Auflösung dieses Ich. Die rationale Selbstbehauptung – von der Angst getrieben, sich in der Vermischung mit Anderem zu verlieren – wird von innen her gekontert von der Sehnsucht, die Grenzen zwischen Selbst und Anderem aufzulösen: weil in dieser Auflösung die Gestalt eines alten Glückversprechens liegt. Odysseus in seiner Begegnung mit den Sirenen und der Zauberin Kirke ist für Horkheimer/Adorno die älteste, selbst schon mythische Figur dieser Ambivalenz von angestrengter Selbstbehauptung und versuchender Selbstauflösung –: eine die Geschichte der Subjektentfaltung dauerhaft begleitende Ambivalenz. Die Frage ist, woher sie kommt und was sie bedeutet.

Die Spur einer Antwort weisen Horkheimer/Adorno, für die der rationale, identische Charakter zugleich der männliche ist. Zu begreifen wäre: die Bildungsgeschichte des Subjekts, wie sie in der neuzeitlichen Bewußtseinsphilosophie entworfen wird, rekonstruiert insgeheim einen bestimmten Typus männlicher Identitätsbehauptung. Das freilich wird im Universalitätsanspruch des intelligiblen Charakters geleugnet. Aufstieg und Sieg der Vernunft ist zugleich die Geschichte der Unterwerfung der Natur im Weib und des Weiblichen in Natur: ein Sieg, der erst durch die strikte Trennung des männlich verpanzerten Subjekts von Frau und Natur möglich ist.

Dieser ursprüngliche Trennungsakt ist es, der die Natur und das

Weibliche als das Andere aus der Sphäre der Vernunft verbannt und im Innern des Vernunftsubjekts das unglückliche Bewußtsein zurückläßt, getrennt zu bleiben von den Quellen des Glücks der Vermischung. Der Gesang der Sirenen klingt den Nachfahren des Odysseus wohl nicht mehr in den Ohren, doch bildet er unauslöschliche Erinnerungsspuren in den opaken Zonen des Vernunftsubjekts.

Zu den grundlegenden Überzeugungen des vorneuzeitlichen Naturumgangs gehört es, daß Natur weiblich sei. In dieser Verschmelzung dessen, was dem Menschen draußen begegnet, mit Erfahrungen, zumal archaischen, im Umgang mit Mutter und Frau, ist wohl psychodynamisch die Quelle der Resistenz gegen die neuzeitliche Verwissenschaftlichung von Natur zu sehen. Im vorrationalen Naturumgang begegnet Natur als das Übermächtige, das den eigenen Untergang fürchten läßt, und zugleich als das Fürsorgliche und Ernährende, dem das Leben zu danken ist. Diese Ambivalenz beschreibt die *Realität* von Naturerfahrung und Erfahrung mit der Mutter in einem. Die Ambivalenz archaischer Mutter-Kind-Beziehung ist im Umgang mit Natur aufbewahrt. Carolyn Merchant[4] hat unlängst aufgehellt, daß als Voraussetzung des Siegeszuges neuzeitlicher Naturbeherrschung und der Durchsetzung des identischen Selbst der »Tod der Natur« zu gelten hat. Die Vermischung kommunikativer Erfahrung des Mütterlichen und arbeitender Auseinandersetzung mit Natur, die trotz der religiösen Dominanz des patriarchalischen Christen-Gottes in Europa eine kulturelle Selbstverständlichkeit blieb, fiel im Verwissenschaftlichungsprozeß unter strenge Zensur. Ermöglicht wurde dadurch die Transformation der Erde und des Kosmos von einem Lebewesen in einen bloßen Objektzusammenhang, der nach mechanischen Gesetzen geregelt ist. Davon nimmt Naturbeherrschung ihren Ausgang. Die Überzeugung, daß Natur die Mutter des Menschen – zu fürchten und zu lieben – sei, sank in hermetische Traditionen ab (Theosophie, Alchimie, Geheimwissenschaften) und kehrte wieder allenfalls in den phantastischen Produktionen der Kunst, Literatur und romantischen Naturphilosophie. Ist die Erde nicht mehr mütterlicher Leib und der Mensch nicht Leib von ihrem Leib, tritt er ihr – ausgestattet mit der neuerworbenen wissenschaftlich-technischen Intelligenz, die von allen affektiven Bindungen an Natur

sich gereinigt hat – souverän gegenüber: ihre Lebendigkeit stirbt unter dem Herrscherblick des Erkenntnissubjekts, das der Natur die Gesetze vorschreibt.
Es ist nun überhaupt nicht zu überschätzen, welche schmerzhaften Wunden und tiefen Eingriffe dieser fundamentale Trennungsvorgang im Innern des Vernunftsubjekts nach sich gezogen hat. Die Philosophie seit Descartes kann als ein einziges angestrengtes Bemühen verstanden werden, diese Trennung zu verarbeiten und zu rationalisieren. Noch in jeder Distanz, die das Subjekt zu einem Objekt einnimmt, um darin sich selbst und das Objekt als Anderes zu setzen, ist dieser Trennungsschmerz enthalten und wiederholt sich etwas von den grundlegenden Modellierungen, die über einen Zeitraum von Jahrhunderten den Aufbau des logozentrischen Selbstbewußtseins ermöglichten.
Aus dieser Perspektive erscheint der Charakter des Vernunftsubjekts, der von Kant paradigmatisch für die Geschichte der Rationalitätsentwicklung resümiert wird, als historische Unreife. Der harte Schnitt, mit dem das Subjekt von jeder Vermischung mit Natur getrennt wird, erzeugt zweifelsohne einen Befreiungsschub, der die beeindruckende Entfaltung der Wissenschaften, der Formen bürgerlichen Wirtschaftens und rationaler Lebensführung in einer rückstandslos immanent gewordenen Welt verstehbar macht. Historisch gab und gibt es keine effizientere Form der Naturbeherrschung und moralischen Durchdringung des Menschen als die, welche im Namen der Vernunft von Kant exemplarisch auf den Begriff gebracht wird. Die Unreife dieses Modells besteht darin, daß in der philosophischen Reflexion dieser Prozeß, der eben auch einen schmerzlichen Verlust und gewaltige innersubjektive Kosten verursacht, nur als Befreiung verstanden wurde. Das erzwungene Vergessen dieser Doppelgesichtigkeit der Rationalität führt, psychohistorisch gesehen, zu der eigenartig verkrampften Gestalt des Vernunftsubjekts. In dem zentralen Institut der Selbstreflexion, der Philosophie nämlich, wurde die Verarbeitung der durch schmerzlich erzwungene Trennungen erst ermöglichten Subjektkonstitution nicht geleistet.
Vielmehr wurde im Dienst störungsfreier Rationalitätsmaximierung, die die Stimmen des Schmerzes zu übertönen hatte, ein

optimistisches Gemälde historisch sich vollendender Aufklärung stilisiert. Vernunft versperrte sich zunehmend gegen jede Reflexion auf die psycho- und soziogenetischen Bedingungen ihrer Herkunft: diese Absperrung erzeugte den Wahn der Vernunft. Die Hypostase des logoserzeugten Subjekts verdunkelte in der Angst vor jedem ›Draußen‹ und in der Anstrengung, alles seiner abstrakten Identität zu subsumieren, vollends dessen Zusammenhang mit dem, was tatsächlich ›draußen‹ blieb. Im wahnhaften Bemühen, sich von den Abhängigkeiten durchs Draußen – von der Mutternatur, vom Leib, von der Phantasie (selbst diese ist ›draußen‹: Raum des inneren Auslands) – zu emanzipieren, wurde das Bewußtsein der Trennung verdrängt und ausgelöscht. Dies hieß auch, daß die Erfahrungen des Glücks in der Vermischung mit Anderem abgeschoben wurden und von jeder angemessenen Bearbeitung abgesperrt blieben. Das verlorene Glück wurde zur verteufelten Versuchung der Vernunft – die ihrerseits aus sich selbst Bilder des Glück hervorzubringen hatte. Getrennt vom Leib, dessen libidinösen Potenzen Bilder des Glücks hätten entnommen werden können; getrennt von einer mütterlichen Natur, die die archaische Imago symbiotischer Ganzheit und nutritiver Behütung enthielt; getrennt vom Weiblichen, mit dem vermischt zu sein zu den Urbildern des Glücks gehörte, erzeugte die Philosophie der bilderberaubten Vernunft nur das grandiose Bewußtsein einer prinzipiellen Überlegenheit des Intelligiblen über die Natur, über die Niedrigkeit von Leib und Frau. Dieses Grandiositätsbewußtsein hatte die Trennungserfahrungen und Entsagungen, die in die Gründungsakten der Vernunft eingeschrieben sind, zu kompensieren. Die Philosophie attribuierte der Vernunft eine Omnipotenz, Unendlichkeit und künftig entstehende Vollkommenheit, wogegen das verlorene Kindschaftsverhältnis zur Natur nichtig erschien. Es sind die Attribute Gottes selbst, in deren Fluchtlinie sich das vernünftige Subjekt situierte. Die geheime Selbstvergottung und der unaufgelöste Trennungsschmerz bilden die psychodynamischen Pole, zwischen denen das Drama der Selbstbehauptung des vernunftgegründeten Subjekts spielt.

Methodisch ist dieser Zusammenhang aufzuarbeiten durch eine psychohistorische Wendung des Teils der Psychoanalyse, der

Genesis und Struktur des Selbstbewußtseins und seiner energetischen Besetzungen konzeptualisiert. Dies ist die Theorie des Narzißmus. Ist diese wie die klassische Analyse Freuds aus den klinischen Erfahrungen mit Einzelsubjekten gewonnen, so belegt ihre Anwendbarkeit auf die (philosophische) Geschichte der Konstitution des Vernunftsubjekts eindrucksvoll, daß jenes »Furchtbare«, das die Menschheit in der Bildung zum identischen Selbst sich antun mußte, sich »noch in jeder Kindheit wiederholt« (Horkheimer/Adorno). Die Narzißmus-Theorie erlaubt die Entzifferung jener grandiosen Phantasmen, Selbstängste und verdrängten Trauer, welche in den Siegeszug der Vernunft eingeschrieben sind.

»Das Andere der Vernunft« ist kein Buch über ›Kants Leben und Werke‹. Es folgt auch nicht in kontinuierlicher Argumentation der Entwicklung des Kantischen Systems. Jedes Kapitel kann für sich, das Ganze in beliebiger Reihenfolge gelesen werden. Die Einheit des Ganzen ist die Einheit der Sichtweise: die Kritik der Vernunft wird aus der Perspektive des Anderen geschrieben. Wenn sie als Metakritik der Kantischen sich darstellt, so deshalb, weil Kants Philosophie als Höhepunkt und Vollendung der deutschen Aufklärung heute von allen Fraktionen gleichermaßen als Paradigma akzeptiert wird. Doch wie geht es weiter? Kommt das Andere schon zur Sprache? Wird ein neues Selbstverständnis der Vernunft demonstriert? Lebt diese kritische Rekonstruktion der Kantischen Philosophie aus einem anderen Konzept von Philosophie?

In der Tat möchte das Buch den Weg zu einer neuen Souveränität bahnen, einem praktischen Selbstverständnis des Menschen, das nicht mehr durch Herrschaft geprägt ist. Zu einem Selbstverständnis der Vernunft, die weiß, daß sie nicht das Ganze ist. Die Anerkennung des Anderen der Vernunft muß ihre Realisierung in der Entwicklung neuer, angstfreier Umgangsformen mit der Natur, dem Leib, der Phantasie finden, in einer neuen Kultur. Gegen die Herrschaft der Vernunftsphilosophie, der wissenschaftlichen Rationalität und der technisierten Lebensform muß diese Kultur durch eine neue Philosophie der Natur, des Leibes und der Phantasie vorbereitet werden, eine Philosophie, die vernunftkritisch nicht mehr der Vereinnahmung oder Ausgrenzung des Anderen der Vernunft dient.

KAPITEL I
DIE FREMDE NATUR

1. DER VERLUST VON NATUR UND DER KULT DER NATÜRLICHKEIT

»Von weitem kündet sich die Sonne mit feurigen Strahlen an. Die Glut wächst. Der ganze Osten scheint in Flammen zu stehen. In diesem Glanz erwartet man lange das Gestirn, ehe es erscheint. Jeden Augenblick glaubt man, es zu sehen – endlich ist es da. Wie ein Blitz tritt ein strahlender Punkt hervor, und erfüllt sogleich den ganzen Raum. Der Schleier der Finsternis zerreißt. Der Mensch erkennt seine Heimat und findet sie verschönt. Das Grün ist über Nacht kräftiger geworden. Der junge Tag, der es beleuchtet, die ersten Sonnenstrahlen, die es vergolden, zeigen es mit einem Netz funkelnden Taues bedeckt, der in Licht und Farben erstrahlt. Die Vögel vereinen sich zu Chören und grüßen in Wettgesängen die Mutter des Lebens. Keiner schweigt in diesem Augenblick. Ihr noch schwaches Gezwitscher ist sanfter und süßer als am Tag; es gleicht dem Seufzer des friedlichen Erwachens. Das alles beeindruckt und erfrischt uns bis in die Seele hinein. Diese halbe Stunde übt einen Zauber aus, dem niemand widerstehen kann. Dieses große, schöne und liebliche Schauspiel läßt niemanden kalt.«[1]

Rousseaus Sonnenaufgang. Aber wenn man glaubt, daß Rousseau an diese Naturerfahrung seinen Zögling Emil heranführen will, so ist das weit gefehlt. Die Forderung ›zurück zur Natur‹ kann nicht bedeuten, dem Kinde eine Erfahrung der Natur als solcher zu ermöglichen oder gar eine kindliche Naturerfahrung zu bewahren. Der ganze Text ist in das Buch über die Erziehung nur eingefügt, um klarzumachen, daß *diese* Erfahrung von Natur dem Kind gerade nicht möglich ist – sie ist die Erfahrung des reifen Mannes, oder geschichtlich gesehen, des reifen Zeitalters, des 18. Jahrhunderts.

Emil soll lernen, sich zu merken, wo die Sonne auf- und untergeht, soll anfangen, sich Gedanken über die Sonnenbewegung und andere Gestirnsbewegungen zu machen, soll lernen, sich im Gelände zu orientieren, soll messen, zählen, wiegen, vergleichen lernen. Er gewinnt dadurch Abstand, und erst aus diesem Abstand heraus mag er dann sehnsüchtig und empfindsam die *Natur* wiederentdecken. Schiller nennt diese Erfahrung der Natur sentimentalisch.

Kein Zweifel, das 18. Jahrhundert ist voll von Schwärmern, die glauben, in der gefühligen Hingabe an die Natur eine unmittelbare Beziehung zu realisieren. Die kritischen Zeitgenossen, wie beispielsweise Schiller, sehen, daß die Entdeckung von Natur im emphatischen Sinne, der natürlichen Natur, nur die Kehrseite des Verlustes jedes unmittelbaren Bezuges zur Natur darstellt und daß die Zuwendung zur Natur die Spuren der Entfremdung von der Natur an sich trägt. Schiller hat in seiner Schrift ›Über naive und sentimentalische Dichtung‹ diese Dialektik entwikkelt, um auf ihrer Basis die Literatur seiner Zeit charakterisieren zu können. Natur erscheint bei ihm zunächst in den klassischen Gegensätzen, die bereits von den Griechen geprägt wurden: Natur und Kunst, Natur und Technik, Natur und Kultur, das Natürliche und das Gesetzte. Natur ist in diesen Gegensätzen dem griechischen Begriff der Physis gemäß das, was unabhängig vom Menschen ist, was aus sich selbst lebt: »Natur in dieser Betrachtungsart ist uns nichts anders als das freiwillige Dasein, das Bestehen der Dinge durch sich selbst, die Existenz nach eignen und unabänderlichen Gesetzen.«[2]

Aber dabei bleibt es nicht, die Unterscheidung verschiebt sich auf die Metaebene: Die Griechen samt ihrer Unterscheidung zwischen Kunst und Natur, das ganze griechische Dasein erscheinen vom Standpunkt des 18. Jahrhunderts aus als Natur. War den Griechen Natur alles, was nicht durch den Menschen gemacht war, so wird jetzt der Unterschied in den Menschen selbst hineingetragen: Natur steht im Gegensatz zu Freiheit, zu Reflexion, zu Trennung. Das Natürliche dagegen ist gekennzeichnet durch Notwendigkeit, Schlichtheit und Einheit. Was nicht Natur ist, der Zutand des zivilisierten Menschen, wird erfahren als ein Produkt von *Trennung*, als der Gewinn von Ausdifferenzierung, der aber zugleich als der schmerzliche Verlust von Zusammenhang erlebt wird. Wenn Schiller fragt, warum wir, das heißt also die Menschen des 18. Jahrhunderts, die Natur so viel mehr würdigen als die Griechen, die ihr doch so viel näher waren, so ist seine Antwort: »*Daher* kommt es, weil die Natur bey uns aus der Menschheit verschwunden ist, und wir sie nur außerhalb dieser, in der unbeseelten Welt, in ihrer Wahrheit wieder antreffen.«[3] Im Sinne von Schlichtheit, Zusammenhang mit den Dingen, Einfachheit waren die Alten natürlich, und die Natur begegnete ihnen als der selbständige Partner, mit dem sie sich in Arbeit und Kampf auseinandersetzen mußten, mit dem sie aber gerade dadurch in unmittelbarem Zusammenhang waren. Dieser Zusammenhang ging verloren. Schiller sagt, daß »nach und nach die Natur anfieng, aus dem menschlichen Leben als *Erfahrung* und als das (handelnde und empfindende) *Subjekt* zu verschwinden.«[4] Die Empfindung von Natur ist also gerade durch Erfahrungsarmut gekennzeichnet. Wenn Schiller von Erfahrung redet, so meint er offenbar diejenige, die man im unmittelbaren Umgang mit der Natur, als Bauer oder Hirte, als Fischer oder Jäger – als derjenige, der in der Auseinandersetzung mit der Natur seine Subsistenz sicherstellen muß, gewinnt. In *diesem* Zustand ist Natur Subjekt, wird selbst als handelnd und empfindend erfahren. Daß diese Erfahrung verschwindet, daß die Natur zu »Natur da draußen« wird, dieser Trennungsschmerz ist die Ursache dafür, daß der ursprüngliche Zustand als der »natürliche« entdeckt wird. »Sie (die Alten) empfanden natürlich; wir empfinden das Natürliche.«[5]

Die Trennung, die die Erfahrung von Natur als dem Anderen konstituiert, ist ein Ergebnis der Lösung aus dem Zustand der ursprünglichen Reproduktion.[5a] Schiller macht das sehr deutlich in seinem Gedicht ›Spaziergang‹:

»Nachbarlich wohnet der Mensch noch mit dem Acker zusammen,
Seine Felder umruhn friedlich sein ländliches Dach,
Traulich rankt sich die Reb' empor an dem niedrigen Fenster,
Einen umarmenden Zweig schlingt um die Hütte der Baum.
Glückliches Volk der Gefilde! Noch nicht zur Freiheit erwachet,
Teilst du mit deiner Flur fröhlich das enge Gesetz.
Deine Wünsche beschränkt der Ernten ruhiger Kreislauf,
Wie dein Tagewerk, gleich, windet dein Leben sich ab.
Aber wer raubt mir auf einmal den lieblichen Anblick?
Ein fremder Geist verbreitet sich schnell über die fremdere Flur.
Spröde sondert sich ab, was kaum noch liebend sich mischte,

Und das Gleiche nur ist's, was an das Gleiche sich reiht.
Stände seh' ich gebildet, der Pappeln stolze Geschlechter
Ziehn in geordnetem Pomp vornehm und prächtig daher.
Regel wird alles, und alles wird Wahl, und alles Bedeutung,
Dieses Dienergefolg meldet den Herrscher mir an.«[6]

Schiller formuliert hier den Umschlag einer partnerschaftlichen Beziehung zwischen Mensch und Natur in eine herrscherliche. Die Freiheit, die der Mensch gegenüber der Natur gewinnt, wird erkauft mit deren Fremdwerden. Diese neue Naturbeziehung, prägt sich sinnfällig in den geraden Pappelalleen aus – der wohlgeordneten und geometrisierten Landschaft, wie sie am Anfang des Jahrhunderts in Holland noch so bewundert wurde. Die Sehnsucht nach der Natur ist der Ausdruck des Verlustes von Heimat, von Zusammenhang. Die durch Ordnung und Regel unterworfene Natur hat dem Menschen nichts mehr zu sagen.

»Sie empfanden natürlich, wir empfinden das Natürliche.« Schiller formuliert damit, daß die Natur gerade erst auf dem Hintergrunde ihres Verlustes entdeckt wird. Die Trennung macht sie als das Andere sichtbar. Man muß sich von sich selbst wegbewegen, um die Natur zu finden; und man tut dies gerne, weil die zivilisatorische Durcharbeitung des eigenen Daseins dieses inzwischen zum Gefängnis gemacht hat. So schildert auch Schiller den Aufbruch im Gedicht: »endlich entflohn des Zimmers Gefängnis und dem engen Gespräch«.[7] Natur wird in diesem Aufbruch zunächst entdeckt als dasjenige, was noch nicht in den Einzugsbereich gesellschaftlicher Aneignung gehört oder der zivilisatorisch bürgerlichen Durcharbeitung noch nicht völlig unterworfen ist: Die Natur ist das Ursprüngliche: die Griechen, die »primitiven« Völker, die fernen Länder, aber auch die Kinder und die Frauen. Aber Schiller weiß wie Rousseau, daß Natur für uns nur über den Weg der Reflexion zugänglich wird. Der sentimentalische Dichter, sagt er, »*reflektiert* über den Eindruck, den die Gegenstände auf ihn machen, und nur auf jene Reflexion ist die Rührung gegründet, in die er selbst versetzt wird und uns versetzt«.[8] Der Weg zur Natur kann deshalb kein Weg zurück sein. Die Frage ist, ob durch die Vollendung der Reflexion ein neuer Naturzustand möglich ist, ob, wie Kleist im Marionettentheater sagt, das Paradies hinten offen ist.

Die moderne Beziehung zur Natur ist durch die Trennung von

Tres riches Heures der Brüder Limburg (1410/11–1416). Darstellung des Monats August im Studienbuch des Herzog Jean des Berry.
Für die feudale Gesellschaft im Vordergrund ist die Landschaft nur Szenerie für ihr höfisch zeremonielles Tun. Die Natur wird erschlossen von der Burg aus, die die Landschaft zur Herrschaft macht. Die Bauern im Hintergrund dagegen sind in unmittelbarer Beziehung zur Natur dargestellt – beim Arbeiten und Baden. So in die Natur eingelassen, sind sie für den höfischen Betrachter selbst ein Stück Natur, gehören zur Landschaft.

der Natur konstituiert. Diese Trennung, die Auflösung des unmittelbaren Zusammenhanges mit der Natur, macht die Herrschaft über die Natur möglich und ist zugleich der Ursprung ihrer empfindsamen Entdeckung. Die Natur ist das Fremde, das Andere der Vernunft. »Wir sehen alsdann in der unvernünftigen Natur nur eine glücklichere Schwester, die in dem mütterlichen Hause zurückblieb, aus welchem wir im Übermut unserer Freiheit heraus in die Fremde stürmten.«[9]

2. DAS FREMDWERDEN DER ÄUSSEREN NATUR: DER TOD DER NATUR UND DIE IDEE DER NATURBEHERRSCHUNG

»Macht euch die Erde untertan«, so steht es in der Bibel, und man könnte denken, daß das Programm der Naturbeherrschung so alt ist wie unsere, zumindest die christliche, Kultur selbst. Dagegen behaupten einige, daß dieses Programm an der Wende des 16. zum 17. Jahrhundert entstanden sei, als Programm neuzeitlicher Naturwissenschaft und Technik. Sicherlich stimmt die erste Vermutung nicht und für die zweite wohl die Zeit, nicht aber die Naturwissenschaft als ursprüngliche Trägerin des Programms: die Naturwissenschaft ist zwar ein Moment im Programm der Naturbeherrschung, nicht aber ihr Ursprung.

Das nachbarliche Verhältnis, von dem Schiller in seinem Gedicht ›Der Spaziergang‹ redet, bestimmt das Verhältnis des Menschen zur Natur, soweit es auf der Ebene der ursprünglichen Reproduktion verbleibt. Wind und Wetter, der Boden, aber auch Haustiere werden nicht beherrscht, Bauern und Handwerker gehen mit ihnen um, sie sind das Medium, in denen sie sich bewegen, die Natur bleibt hautnah. Zwar wirken sie auf die Natur ein, aber sie bleiben ihr ausgesetzt. Bei Katastrophen wie Wassereinbrüchen, bei Seuchen oder in der Auseinandersetzung mit wilden Tieren, die die Herden bedrohen, mögen sie mit der Natur kämpfen – aber Kampf ist eben nicht Herrschaft. Selbst dort, wo der Mensch technischer oder artifizieller mit der Natur umgeht wie im Bergbau, ist das nachbarliche Verhältnis gewahrt. Carolyn Merchant hat in ihrem Buch ›The Death of Nature‹ gezeigt, welchen Restriktionen das Verhalten des Bergmanns unterworfen war. Sie zeigen, daß das Eindringen in die Erde als Verletzung der »Mutter Erde« verstanden wurde: man lief Gefahr, dafür zu büßen. »Bergleute versuchten, die Götter des Bodens und der Unterwelt zu versöhnen, sie vollzogen rituelle Opfer, sie beachteten strikt Regeln der Reinlichkeit, sexueller Abstinenz, und sie fasteten, bevor sie das Heiligtum der lebendigen Erde verletzten, indem sie einen Stollen vortrieben.«[10] Es kann keine Rede sein von rücksichtsloser Ausbeutung, man muß eher von scheuem und gehemmtem Umgang mit der Natur sprechen. Davon geben die Schriften Agricolas indirekt ein Zeugnis. Er kämpft gegen das »Vorurteil« an, daß die Erde wohlweislich ihre Schätze verborgen habe, weil sie dem Menschen nichts Gutes bringen. Gold, sagt das Volk, veranlaßt zu Habgier und Raub, Eisen zu gegenseitiger Gewalt. Die verletzte Erde räche sich so indirekt. Auch würden durch die Abholzung der Wälder und das Verderben des Wassers die Lebensmöglichkeiten für Mensch und Tier auf der Erdoberfläche zerstört. So war also der Bergbau bis in die Renaissance durch religiöse, durch mythologische und ethische Rücksichten eingeschränkt.

Als Bacon Anfang des 17. Jahrhunderts sein Programm der Naturbeherrschung entwarf, mehr noch, als Descartes ein halbes Jahrhundert später den Menschen als Herrn und Besitzer der Natur proklamierte, war die Naturbeherrschung, zumindest in gewissen Klassen der Gesellschaft, bereits eine Selbstverständlichkeit. Es waren dies die herrschenden Klassen, die höfischen Kreise, die abgekoppelt vom Bereich ursprünglicher Reproduktion Natur nur noch als beliebig verfügbares Material der Belustigung und des Genusses, als Schaustück für die Neugierde, als Demonstrationsobjekt der Machtausübung gebrauchten. Als Galilei die These aufstellte, das Buch der Natur sei in Zahlen geschrieben, hatte in diesen Kreisen die Geometrisierung der Natur im Gartenbau und in den Exerzitien des Militärs und Balletts längst begonnen.

Die Idee der Naturbeherrschung setzt den »Tod der Natur« und die Selbstdistanzierung des Menschen von der Natur voraus. Sie ist eine Ausgeburt der höfischen Welt und der entwickelten Stadtkultur. Was man beherrscht, ist nicht seinesgleichen. Der Mensch muß von der Natur abgerückt sein, um sie zum Gegenstand der Beherrschung zu machen. Von der Antike bis zur Neuzeit wurde die Natur als Organismus verstanden, sie war deshalb im Prinzip nichts anderes als der Mensch selbst. Das heißt, sie war vertraut, aber auch beängstigend nahe. Man lebte in ihr und mit ihr; man konnte sie verstehen als etwas, das im Prinzip nicht anders war als man selbst; sie war der große Kosmos zu dem kleinen Kosmos, der der Mensch selbst war. Was in der Natur im ganzen geschah, auch in den fernsten Sternen, spürte man am eigenen Leibe; man konnte mit der Natur mitempfinden, aber umgekehrt glaubte man auch, durch sein eigenes Verhalten die Natur magisch beeinflussen zu können. Da gab es sympathetische Wechselbeziehungen, aber Herrschaft ist das nicht zu nennen. Um die Idee der Herrschaft über die Natur zu entwickeln, mußte der Mensch zunächst dieses Bild von der Natur als der ernährenden Mutter, dem Organismus, in den man hineinverwoben ist, loswerden – und er mußte sich selbst von dem unmittelbaren Kontakt mit der Natur lösen, ja er mußte sich gewissermaßen von sich selbst distanzieren, insofern er als Leib auch immer schon Natur ist.

Es scheint, daß beides mit der Entwicklung der höfischen Gesellschaft in ihrer Verzahnung mit der Entwicklung des frühen Kapitalismus geschehen ist. Hier entsteht eine gesellschaftliche Klasse, die entweder über eine andere Klasse, die der Bauern, Diener, Handwerker usw., oder aber durch den Markt von der Sphäre ursprünglicher Reproduktion getrennt ist, der die Natur nur noch als angeeignetes Produkt erscheint. Hier haben wir zugleich die Klasse, die durch eine systematische Selbststilisierung, die primär am Umgang mit dem eigenen Körper ansetzt, sich von der nächsten Natur distanziert. Hier haben wir in Gartenbau, Jagd, Ballett und Militär die ersten konkreten Beispiele von Naturbeherrschung vor Augen.

Die Natur bei Hofe

Die höfische Gesellschaft des 16. und 17. Jahrhunderts wie auch das städtische Patriziat der reichen Handelsstädte Norditaliens und Süddeutschlands, wie Nürnberg, haben eine ganz spezifische Beziehung zur Natur entwickelt, wie sie durch das ganze Mittelalter hindurch nicht zu finden ist. Verwandtes findet sich eher im alten Rom, in den Kaiserpalästen und Villen des Patriziats und bei der Vorführung und theatralischen Tötung von Bestien im Circus. Gerade diese Verwandtschaften zeigen, daß hier eine Naturbeziehung entwickelt wurde, die in enger Korrelation zu Herrschaftsstrukturen im sozialen Bereich steht.

Charakteristisch für den höfischen Menschen ist, daß er in keiner direkten Beziehung zur Natur steht. Er eignet die Natur nicht selbst an, er bearbeitet nichts – nur gelegentlich wird berichtet, daß ein Fürst wie etwa der hessische Landgraf Ernst Ludwig[11] eine Drehbank besaß und drechselte. Das waren aber Ausnahmen. Charakteristisch ist für die höfische Gesellschaft, daß sie eine nichtarbeitende Gesellschaft ist, ihre Beziehung zur Sphäre der ursprünglichen Reproduktion ist äußerst vermittelt, sie gehörte nicht einmal zu ihrem Anschauungsbereich. Zwar haben die hohen Herren gelegentlich noch Pferde geritten und folgten darin der alten ritterlichen Tradition – aber Kutsche und Sänfte wurden doch gewöhnlich vorgezogen, und eine unmittelbare Beziehung zum Tier, etwa durch die Pferdepflege, gab es nicht.

Gleichwohl war die Natur nicht außerhalb der Reichweite der höfischen Kultur. Aber sie war in einem solchen Maße dieser Kultur integriert, so wenig sie selbst und so sehr dem Stil und den Erfordernissen höfischen Lebens unterworfen, daß man hier von einer spezifisch *höfischen Natur* sprechen kann. Das häufig Exzentrische, geradezu Groteske dieser Art von Naturaneignung resultiert daraus, daß wir es mit einer im extremen Sinne gesellschaftlichen Natur zu tun haben. Die Ferne von der Sphäre ursprünglicher Reproduktion bedingt nämlich, daß der Naturgebrauch, der im höfischen Zusammenhang stattfindet, in der Regel nicht an so etwas wie einen natürlichen Gebrauchswert von Naturgegenständen anknüpft. So kann man etwa als natürlichen Gebrauchswert des Wassers seine Reinigungskraft, seine Trinkbarkeit oder auch seine Energie als Antriebskraft oder die Nutzungsmöglichkeit als Transportmittel bezeichnen. Höfisches Wasser dagegen ist in allen diesen Funktionen kaum bekannt – man wäscht sich nicht oder nicht mit Wasser, man trinkt kein Wasser, man betreibt am Hofe keine Produktion, mit Mühlen beispielsweise, und man bewegt sich auch nicht wirklich fort. Zwar gibt es symbolische Reisen, auf kleinsten Seen hielten sich Fürsten Prachtschiffe, und es fanden auf Schloßteichen und

Kanälen Gondelfeste statt – aber eben man bewegte sich mit diesen Schiffen nicht irgendwohin, sondern sie waren der Rahmen und die Staffage für fürstliche Zeremonie. Höfisches Wasser ist das Wasser in Kaskaden, Fontänen und Wasserspielen – ein spielerischer Umgang mit Natur, der im Hintergrund eine der größten oder vielleicht die größte technische Leistung des 17. Jahrhunderts, die große Maschine von Marly, erforderlich machte. Wenn man hier noch sagen könnte, daß dabei ein bestimmter natürlicher Gebrauchswert des Wassers ins Spiel kam, nämlich der ästhetische, so trifft das nicht einmal die damalige Realität. Denn in diesen Wasserspielen war nicht unmittelbar die sinnliche Erscheinung des Wassers oder seine Gefühlsqualität entscheidend, derartiges wurde erst im Gegenzug im 18. Jahrhundert entdeckt. Es war vielmehr sein Repräsentationswert im Gesamtkunstwert des Hofes, seine Funktion als Requisite bei der Inszenierung einer Atmosphäre nicht von Natur, sondern von Gesellschaft, nämlich von Macht, Pracht und Ordnung.

Der französische Garten

Die Gärten oder Parks, die für die höfische Kultur des 16. und 17. Jahrhunderts charakteristisch sind, haben rückblickend vom späten 18. Jahrhundert den teils polemisch gemeinten Titel des französischen Gartens erhalten. Der Grund dafür liegt darin, daß dieser Gartentyp durch die paradigmatische Bedeutung, die die höfische Kultur am Hofe Ludwig XIV. für ganz Europa hatte, Kenntlichkeit und Verbreitung erhielt. Der Gartenmeister André Le Nôtre, der die Gärten von Versailles, St. Germain und St. Cloud gestaltete, gab ihm seine charakteristische Vollendung. Tatsächlich aber ist der französische Garten ein Abkömmling der holländischen Agrikultur, die schon früh ein hohes Niveau von Naturaneignung erreichte. Ebene und Fruchtbarkeit des Landes, künstliche Landgewinnung, Drainage und die Notwendigkeit der Sicherung von Land gegen das Meer hatten hier bereits auf der Ebene der arbeitenden und kämpfenden Auseinandersetzung mit der Natur eine sichtbarlich menschlich gestaltete Landschaft hervorgebracht. Sichtbarlich: das heißt gerade Kanäle, Alleen, Deiche, rechteckige Felder – die Humanisierung der Natur wird zunächst, und wo man sich auf den bloßen Anblick konzentriert, als ihre Geometrisierung begriffen.

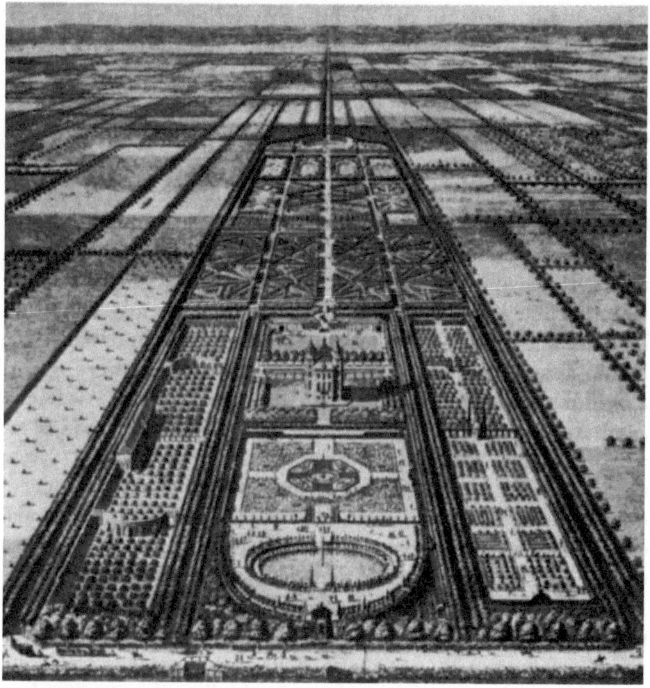

Heemstede, Provinz Utrecht. Radierung von D. Stoopendaal nach einer Zeichnung von J. Moucheron.
Stände seh ich gebildet, der Pappeln stolze Geschlechter
Ziehn in geordnetem Pomp vornehm und prächtig daher.
Regel wird alles, und alles wird Wahl, und alles Bedeutung,
Dieses Dienergefolg meldet den Herrscher mir an.
(Fr. Schiller, Der Spaziergang)

Diese Geometrisierung war das Hauptcharakteristikum höfischer Naturaneignung, wie sie uns in Gestalt des französischen Gartens entgegentritt. Die Planierung des Geländes, der Ausgleich jeglicher Unebenheiten, d.h. also die Schaffung von Ebenen, die Anlage von geraden oder kreisförmigen Wegen, die Erzeugung aller Arten von Symmetrien waren das grundlegende Stilprinzip. Überhaupt ist der Weg wichtiger als das Gelände. Aber der Weg verbindet nicht Orte miteinander, sie sind in ihrer

Menge und Breite für den Gebrauchswert des Spazierengehens völlig überdimensioniert –; sondern die Wege als das Ganze des Wegesystems sind das Entscheidende: Es ergibt eine hochkomplizierte, in der Regel auf das Schloß hin zentrierte geometrisch ornamentale Figur. In diese Figur ordnen sich die anderen Elemente ein: Wasserspiele, Blumenrabatten, Alleen, Hecken. Auch hier spielten nicht die einzelnen Pflanzen eine Rolle, sondern quasi immer nur ihre Armee, die im ganzen zu geometrischen Figuren, Initialen oder Emblemen geordnet ist. Bäume und Hecken sind zu Kegeln, Kugeln und Pyramiden verschnitten, die Hecken sind grüne Wände, die miteinander Räume bilden, Plätze, Säle und Alkoven freigeben. Man hat deshalb mit Recht gesagt, daß diese Gartenbaukunst eine Verlängerung der Architektur des Schlosses in die Natur ist. Es waren in der Regel auch die Architekten, die für die Anlage der höfischen Gärten verantwortlich waren. Das Schloß war nicht von der Natur umgeben oder »hatte« einen Garten, sondern die Natur wurde durch die Gartenarchitektur in das Schloß einbezogen: Natur als erweitertes Haus. Die eigentliche Wirkung des höfischen Gartens erschloß sich auch nicht dem Spaziergänger – im wirklichen Irrgarten oder wie im Irrgarten zwischen den Hecken umherirrend, konnte er die raffinierte Struktur der gesamten Anlage in der Regel doch nicht gewahren. Auch die Ornamentik der Blumenrabatten im Parkett ist dem unmittelbar davorstehenden Betrachter in der Regel nicht sichtbar. Die überlieferten Abbildungen solcher Gärten sind deshalb wie aus der Vogelperspektive gesehen und zeigen den Garten mehr als architektonischen Grundriß, denn als sinnliche Wirklichkeit: Die Schönheit des französischen Gartens kann nicht sinnlich erfahren, sie muß gedacht werden. Dem Betrachter erschließt sie sich noch am ehesten aus den Fenstern des Schlosses, und zwar denen des ersten Stockwerks, den Wohnräumen des Königs. Es erscheint dann eine zugleich prächtige wie wohlgeordnete, eine vollständig disziplinierte Natur: die Natur als Parade.

Natur als Curiosität

Hans Blumenberg bricht leider die Beschreibung des »Prozesses der theoretischen Neugierde« gerade dort ab, wo sie quasi explodiert, wo sie, wie er sagt, Kennzeichnung »harmloser Tätigkeiten des Sammelns und der Liebhaberei«[12] wird, nämlich in der höfischen Gesellschaft des 17. Jahrhunderts. Er begibt sich damit zugleich der Möglichkeit, die Rolle dieser höfischen Gesellschaft in ihrer Form des Naturumgangs für die Entwicklung neuzeitlicher Naturwissenschaft und Technik zu würdigen. Tatsächlich ist aber die Entstehung des naturwissenschaftlich-technischen Museums[13], in gewissem Sinne sogar des naturwissenschaftlichen Labors, die Entwicklung der Astronomie, die Entstehung und Entwicklung vieler wissenschaftlicher Instrumente nicht ohne den Freiraum, den die höfische Kuriositas schuf, zu denken. Jeder Hof, der etwas auf sich hielt, legte sich sein Bestiarium an, versammelte exotische Pflanzen im Arboretum oder botanischen Garten, dem jardin des plantes bzw. in Orangerien, hatte seine Kunst- und Naturalienkabinette. Zur Unterhaltung und Pflege dieser Einrichtungen wurden viele Wissenschaftler, Techniker, Ingenieure beschäftigt. Sie hatten gerade hier die Möglichkeit, in einer handlungsentlasteten Situation, in der nämlich der praktische Nutzen von Natur keine Rolle spielte, sondern nur die Besonderheit, die Merkwürdigkeit, der Effekt, die Möglichkeit, »reine« Wissenschaft zu treiben, d.h. der Neugierde als rein theoretischer zu folgen. Techniker und Ingenieure konnten hier ihre Fähigkeiten als freie Künste entfalten, nämlich nicht behindert von den Schranken zünftiger Produktion, den Beschränkungen, die ein möglicher Gebrauchs- oder Tauschwert der Produkte ihrem Ingenium auferlegte. Hier wurden Apparate konstruiert, deren einziger Sinn in einem »Effekt« bestand. Das Thermometer, oder besser gesagt, das Thermoskop hat beispielsweise hier seinen Ursprung. Hier wurden raffinierte Automaten und Uhren konstruiert, hier wurde die Fähigkeit des Handwerks in Präzision und Feinheit der Materialbehandlung, in der Herstellung kurioser Objekte auf die Spitze getrieben. Das Kunsthandwerk des Manierismus ist deshalb als eine Grundlage des wissenschaftlichen Instrumentenbaus anzusehen.

Obgleich nun die höfische Kuriosität Raum gab für die handlungsentlastete Beschäftigung mit der Natur und damit einen wesentlichen Beitrag zur Entwicklung neuzeitlicher Naturwissenschaft geleistet hat, so war doch Wissenschaft nicht der eigentliche Zweck ihrer Einrichtungen. Die Natur fungierte hier

»Imperatos Sammlung in Neapel (gegründet um 1590) ..., zeigt uns in dem ganzen Eklektizismus der Zeit ein typisches Schauhaus des Barocks, aufgebaut zum Staunen und Genießen. Der Zauber des Originellen und Küriösen liegt über dieser Sammlung mit dem an der Decke hängenden Krokodil.« (Fr. Klemm, Geschichte der naturwissenschaftlichen und technischen Museen, Düsseldorf/München, 1973, S. 18/21, Abb. 11)

als Schaustück, als Sammelobjekt. Eine wahre Sammlerleidenschaft herrschte in den höheren Kreisen des 16. und 17. Jahrhunderts. Sie bezog sich sowohl auf Gegenstände der Kunst als auf solche der Natur. Die Objekte wurden in Galerien und Kabinetten geordnet und gut sichtbar aufbewahrt, um den Reichtum und die Vielfalt ihres Besitzers zu demonstrieren. Dabei zählte naturgemäß das Exotische, das Fremde mehr als das Einheimische, das Kuriose und Monströse mehr als die normalen Gebilde der Natur. Auf der anderen Seite war aber die Universalität, die räumliche, die zeitliche und spezifische Vollständigkeit von Sammlungen etwas, was ihren demonstrativen Wert ausmachte. Es entstanden in diesen höfischen Kabinetten und Museen quasi naturale Enzyklopädien, die Welt wurde symbolisch, pars pro toto in den Verfügungsbereich des Fürsten geholt.
Diese Entwicklung gipfelt in dem von Quiccheberg entworfenen

Programm eines universalen Idealmuseums. In seiner Schrift Inscriptiones vel tituli theatri amplissimi, complectentis rerum universitatis singulas materias et imagines eximias legt Quiccheberg 1556 ein Programm vor, in dem die ganze Welt in ihren Besonderheiten geordnet am Hofe präsentiert werden kann.[13a]

Was nicht als es selbst gezeigt werden konnte, erschien wenigstens im Bild; und diese repräsentative Funktion von Gegenständen in der Malerei verselbständigte sich: Das 16. und 17. Jahrhundert ist die Blütezeit des Stillebens. In äußerster Sorgfalt, die volle Kraft der Versinnlichung durch die Ölmalerei ausschöpfend, werden hier Gegenstände des Kunsthandwerks, aber ebenso der Natur, der Jagd, werden Küchen- und Blumenstücke produziert. In nochmaliger Reflexion der puren Sichtbarkeit werden die Sammlungen – nicht nur der Dinge, sondern auch der Gemälde – gemalt und gezeigt. So ist Natur am Hofe Kuriosität, Schaustück, das herausgelöst aus seinem Zusammenhang, abgelöst von irgendeiner Gebrauchswertfunktion für den Menschen, als purer Anblick vorhanden ist.

Inszenierte Natur: Jagd im Barock als Beispiel

Natur als sie selbst gilt bei Hofe als degoutant. Selbst beim Schaustück gilt das Interesse nicht ihr selbst, sondern dem Seltenheitswert, und im übrigen kommt Natur nur als Material in Betracht: Es zählte nur, was man aus ihr machen kann. Die Natur bei Hofe muß sich restlos der gesellschaftlichen Form fügen, sie hat anzutreten wie die Bäume im Park. Als Requisite dient sie der Inszenierung des höfischen Lebens, sie erscheint nur wie auf dem Theater. Charakteristisch dafür sind die barocken Jagdsitten.

Jagd als Kampf tritt im Barock nur noch in den Bildern von Rubens auf. Die Wirklichkeit ist ganz anders. Der Wald um das Jagdschloß – beispielsweise Kranichstein bei Darmstadt – wird sternförmig von dem Schloß aus mit Schneisen durchschnitten. Diese Schneisen sind von einem runden Turmzimmer aus einzusehen, sie dienen der Organisation der Treibjagd. Vom Turmzimmer aus kann man in alle Schneisen hineinschießen. Das Wild wird gewöhnlich auf das Schloß zugetrieben, manchmal in den Schloßteich hinein. Bei anderen Schlössern, die von einem

Schloßpark umgeben sind, wie beispielsweise Nymphenburg bei München, wird das Wild in einen abgetrennten Teil des Gartens getrieben oder auch dort wieder in den Schloßteich hinein. Die Schloßgesellschaft sitzt auf Tribünen in Sesseln oder an den Fenstern des Pavillons und schießt von dorther unter angeregtem Gespräch, Trinken von Schokolade und sonstigem geselligen Umgang gemächlich das verwirrte und ratlose und hilflose Wild ab. An anderen Stellen sind im Walde Jagdpavillons errichtet, die mit einem Gatter umgeben sind bzw. mit den sogenannten Lappen, einem großen Zaun aus Leinentuch. In dieses umzäunte Gelände wird durch einen Gang das Wild aus dem Wald hineingetrieben, und die vergnügliche Jagdgesellschaft, die im Pavillon beieinandersitzt, schießt aus den Fenstern das Wild ab.
Der höfische Umgang mit Natur zeigt nicht nur Ansätze, sondern bereits die Vollendung dessen, was man Herrschaft über die Natur nennen kann. Diese Beziehung ist durch Distanz gekennzeichnet – man hat eigentlich mit der Natur nichts mehr zu tun, man kennt sie weder, noch ist man auf sie angewiesen, noch hat man irgendeinen direkten oder gar arbeitenden Kontakt mit ihr. Diese Distanz schafft das Maß an Lieblosigkeit und Verständnislosigkeit, das es überhaupt ermöglicht, die Natur als bloßes Objekt freier Verfügung zu behandeln. Der Mensch spürt nicht mehr, daß er selbst zur Natur gehört, die Naturwesen werden nicht mehr in irgendeiner Weise als seinesgleichen empfunden. Die Beziehung zur Natur ist asymmetrisch. Der Mensch beeinflußt die Natur, sie kann gewissermaßen nur noch in ihrer gesellschaftlichen Form erscheinen, aber die Natur wirkt nicht mehr auf den Menschen zurück – jedenfalls nicht auf den höfischen Menschen.
Es ist klar, daß diese Form von Herrschaft über die Natur nur möglich ist, weil die höfische Gesellschaft ihre eigene Beziehung zur Natur durch die Klasse, die sie selbst beherrscht, vermittelt. Diese Beziehung sollte sich später ändern, indem durch die Wissenschaft und die entwickelte Technik die Naturbeherrschung gewissermaßen demokratisiert wurde. Dadurch wurde eher verschleiert, was in der höfischen Naturbeziehung noch deutlich ist, nämlich daß Naturbeherrschung aus sozialer Herrschaft herstammt.

Aus: Johann Friedrich v. Flemming. Der vollkommene teutsche Jäger (2. Aufl. 1749). Nachdruck: Graz, Akad. Druck- und Verlagsanstalt 1971. Bd. II, S. 182/3

DAS 28. CAPITEL/
VON DEM FUCHS-PRELLEN.

§. 1. Wenn hohe Standes-Personen nach Gelegenheit der Zeiten und Umstånde bey allerhand öffentlichen Solennitåten mancherley Divertissements anzustellen pflegen, so werden unter andern auch vor die Cavalliers und Dames auf unterschiedene Arten, und nach mancherley Figuren, lustige Fuchs-Prellen angestellet. Zu diesem Ende, wenn von gnådigster Landes-Herrschafft ein Fuchs-Prellen einmahl resolviret worden, wird von dem Ober-Jågermeister, als Directeur der gantzen Jågerey, an die Ober-Förster und Wildmeister Befehl ertheilet, daß sie allenthalben die Fůchse, wo sie nur solche erlangen können, lebendig in Netze einfangen, und in behörige Kåsten nach dero Residenz in den Jåger-Hof liefern sollen; Sie werden alsdenn in einem wohl vermachten gemauerten Zwinger beysammen ausgelassen, und mit verschafftem Luder vom Caviller gefůttert. Bißweilen můssen auch von den Forst-Bedienten auf eben die Art lebendige Hasen, Dåchse und dergleichen geliefert werden. Es bemůhet sich denn ein ieder Ober-Förster oder Wildmeister, der ein wenig Ambition im Leibe hat, daß er die meisten Fůchse oder andern Thiere lebendig und ohne Schaden einfangen, und solche in die Residenz schicken möge. Bißweilen befiehlet auch die Herrschafft an, daß jåhrige Fröschlinge und måßige kleine Bachen mit eingefangen werden, welches aber in aller Stille verschwiegen gehalten werden muß.

§. 2. Nahet nun der Termin des Fuchs-Prellens heran, so werden des Tages zuvor die Füchse mit vorhaltenden Netzen in ihren Zwinger wiederum eingefangen, und in die Kästen gethan, wie auch die Hasen, Dächse und andere Thiere, und nach dem verlangten Platz hingebracht, welcher entweder mit zartem Sand, oder mit gutem Raasen bedeckt seyn muß. Dieser Platz wird vor allen Dingen mit hohen Tüchern fest umher, sonderlich unten an der Erde dichte befestiget, damit die listigen Füchse nicht unten hindurchkommen, und also der Herrschafft Verdruß erwecken möchten; Sie werden auch wohl auf den mit Grase bewachsenen Jäger-Hof gebracht, da es alsdenn nicht nöthig, Tücher zu stellen, weil die Gebäude des Jäger-Hofes, Zeug-Hauses und Hunde-Ställe, oder andere Zwinger und Gemäuer von sich selbst einen gemauerten befestigten Hof darstellen, daß also keine Tücher nöthig seyn. Solte aber die Herrschafft unpäßlich seyn, oder die Gemahlin wäre in Wochen, und die fremde Herrschafft befände sich etwan kräncklich, so wird das Fuchs-Prellen zu besserer Commodité der Herrschafft auf dem Schloß-Platz vorgenommen, und die Herrschafft sehen aus ihren Gemächern dem Fuchs-Prellen mit Vergnügen zu, und delectiren sich an den vielfältigen Lufft-Sprüngen und Capriolen der Füchse und Hasen, und dem Umfallen und Stolpern der Cavalliers und Dames, zumahl, wenn die in heimlichen Kästen verborgene Sauen unter sie gelassen werden, da bey den disponirten Reyhen und Gliedern eine ziemliche Confusion erwecket, und also groß Gelächter verursacht wird.

§. 3. Vor allen Dingen muß man den Schloß-Platz, der insgemein mit Steinen gepflastert, eine halbe Elle, oder doch zum wenigsten ein Viertel hoch mit Sand beführen und beschütten, und überharcken, damit die Kurtzweile desto länger dauren mögte, und die Voltigier-Sprünge der Füchse und Hasen desto vigoureuser, lebhaffter und öffter gesehen werden; denn sonst würde die Lust bald zum Ende gehen, wenn die armen Thiergen in dem Herunterfallen den Kopff auf die Steine schlügen, oder den Rückgrad und das Creutz, oder die Läuffte zerbrächen.

§. 4. Erscheinen nun an dem bestim̃ten Tage die Cavalliers und Dames in grüner mit Gold oder Silber verchamerirten Kleidung bey Hofe, so werden sie an den verlangten Ort invitiret, und alsdenn in einer bunten Reyhe wechsels-weise ein Cavallier und eine Dame gestellet, und also, daß eine iede Dame allezeit ihren Cavallier gegen über habe vor sich, welcher mit ihr den Fuchs mit den hierzu behörigen schmahlen Prell-Netzen aufziehet und prellet. Nachdem sich nun viel Cavalliers und Dames bey dem Fuchs-Prellen eingefunden, werden drey biß vier und mehr Reyhen formiret, und sind also gleichsam zwey biß drey Gassen zu sehen. Auf den Befehl der hohen Herrschafft werden die Kasten der Füchse und Hasen zu erst geöffnet, daß alles durch einander die Gassen durchpassiret. Die Cavalliers und Dames schicken mit vielfältigem Prellen die Füchse und Hasen nach mancherley wunderlichen Figuren in die Lufft, daß die Herrschafft ihr Vergnügen haben kan. Soll es nun bald zu Ende gehen, so werden die Sauen heraus gelassen, und die machen denn bey den Dames unter den Reif-Röcken einen solchen Rumor, daß nicht zu beschreiben.

Höfische Kultur und neuzeitliche Naturwissenschaft sind in ihrem Naturverhältnis verwandt: Die Natur erscheint hier nur noch als angeeignete, nur noch unter ihrer gesellschaftlichen Form im Rahmen höfischen Daseins oder unter der apriorischen Form mechanistischer Begriffsbildung. In ihrer Selbständigkeit, in ihrer Widerständigkeit ist die Natur verschwunden, sie existiert scheinbar als Objekt freier Verfügung.

Nun gibt es aber seit Beginn der Neuzeit eine Gegenbewegung gegen diese systematische Aneignung der Natur unter dem Zeichen der Herrschaft. Diese Gegenbewegung ist nicht die einfache Negation, sie verhält sich zu der Strategie der Herrschaft nicht wie eine passive Haltung gegenüber der Natur zur aktiven, sondern sie ist Ausdruck derselben Relation der Fremdheit, die mit der Entwicklung neuzeitlicher Hof- und Stadtkultur entstanden ist. Auf der Basis dieser Fremdheit wird die Natur als das Andere entdeckt: die Natur als das Nicht-Ich, die Natur als das Nichtstädtische, die Natur als das Nichtkünstliche. Schiller hat, wie wir sahen, diese Entdeckung von Natur auf dem Hintergrunde ihres Verlustes als sentimentalische Naturbeziehung bezeichnet.

Prototypisch für diese Entwicklung sind die Entstehung der Landschaftsmalerei und die Entstehung des Landschaftsgartens. Daß die Natur als Landschaft *entdeckt* werden mußte, scheint nachträglich kaum glaublich. Tatsächlich tritt die Landschaft als solche, der Anblick der äußeren gegebenen Natur, in der Malerei nicht vor der Renaissance auf. Dürers Landschaftsaquarelle gelten als erste deutsche Beispiele. Zwar gab es die Landschaft als Hintergrund, zwar gab es die Naturdinge, die Bäume, die Tiere, aber immer eingebunden in das religiöse, das militärische Geschehen oder in die Darstellung der verschiedenen Bereiche konkreten Naturumgangs, wie Ackerbau, Jagd, Fischzucht. Eberle[14] weist in seinem Buch über Landschaftsmalerei nach, daß der Ausdruck Landschaft selbst ursprünglich gar nicht die Natur für sich meint, sondern Land und Leute und Herrschaft. Die Natur als solche erscheint nicht in den Bildern, warum sollte man sie auch darstellen? Wer in und mit der Natur lebt, braucht sie nicht darzustellen. Das Individuum, dem die natürliche Landschaft etwas sagt, mußte selbst erst historisch entstehen.

Der Mensch, dem die Natur etwas zu sagen hat, ist der bürgerliche oder der höfische Mensch, der fern von einer unmittelbaren Beziehung zur Natur bereits anfängt, unter der fortschreitenden Zivilisation zu leiden. Es ist zugleich der Mensch, der mit der beginnenden Auflösung der ständischen Ordnung zum Individuum wird, der so etwas wie Einsamkeit kennt und in der Einsamkeit sich selbst zu finden sucht.
Dürers Aquarelle standen außerhalb seiner offiziellen Kunstproduktion – seine Errungenschaft blieb privat. Auf diesen Aquarellen sind in der Tat einfache Landschaftsszenen, einfach, d. h. ohne menschliches Drama, ohne Symbolik dargestellt. Aber es ist nicht zu sagen, ob diese Aquarelle für Dürer selbst bloße Naturstudien waren, ob er diese Stücke überhaupt als »Bilder« angesehen hat. Ende des 16. und im 17. Jahrhundert dann ist aber die Landschaftsmalerei bereits eine selbständige Gattung. Besonders in Holland erlebte diese Malerei eine Blüte. Das ist um so bemerkenswerter, als ja bekanntermaßen die holländische Landschaft durch eine extensive Agrikultur sehr weitgehend durchgearbeitet war. Aber nicht diese geometrisierte Natur erscheint in den Landschaftsbildern. Nicht die menschliche Leistung, die Genauigkeit, der sieghafte Glanz von Schlössern erscheinen im Bild, sondern eher das Alte, die Natur, wie sie, sich selbst überlassen, ist, das Menschenwerk, organisch eingefügt, oder durch Vergänglichkeit und Alter mit der Natur verwachsen. Zwar mag es noch sein, daß, wie man von Jakob Ruisdael sagt, diese Darstellungen von einem hintergründigen Sinn getragen sind, manchmal der gleichzeitigen Emblematik, in der Naturstücke nur allegorisch auftauchen, verwandt. Aber im Bild ist eben doch »reine« Landschaft, und sie hat dem Maler wie dem Betrachter als solche etwas zu sagen. Dabei geht es nicht um bestimmte Inhalte, und es wird auch kein Geschehen dargestellt. Diese Naturbilder enthalten in der Regel keine arbeitenden Menschen und nicht bearbeitete Natur. Zwar ist manchmal, wie in den Bildern Claude Lorrains, die Natur eine Art Bühne, auf der der Mensch auftritt; aber auch hier bewegt sich der Mensch in einem Bereich, der von sich aus da ist, der ihn in bestimmter Weise aufnimmt und der auch den Betrachter in bestimmter Weise ergreift. Man hat hier später von Stimmung oder Gefühlen gesprochen. Die dargestellte Natur ist »romantisch«, heiter, melancholisch oder ruhig.

Der Mensch im 16. und 17. Jahrhundert, der als Mitglied der höfischen Gesellschaft oder als Städter in die Natur geht, geht ins »Freie«. Er entflieht den drückenden Regeln gesellschaftlichen Verkehrs und der Festgelegtheit von Bedeutungen im städtischen Leben. Dieses Ins-Freie-Gehen bedeutet, daß er begriffslos[14a] und offen der Natur entgegentritt, die ihn gerade als die fremde und unbegriffene ergreift. Das ist: Sie wirkt auf seine Empfindung.

Worin diese Naturbeziehung besteht, wird noch deutlicher bei der Landschaftsgärtnerei, weil hier die Möglichkeit wegfällt, daß es sich bloß um eine subjektive *Darstellung* von Natur handelt. Denn in der Landschaftsgärtnerei werden die »Szenen«, in denen die Natur malerisch auf Bildern erscheint, in der Natur selbst geschaffen.

Die Landschaftsgärtnerei ist ein Abkömmling der Landschaftsmalerei. Mit ihrer Epoche, in England also seit Anfang des 18. Jahrhunderts, in den übrigen Ländern im Laufe des 18. Jahrhunderts übernehmen die Maler die Führung in der Gestaltung von Gärten (die ja, wie gesagt, vorher in den Händen der Architekten lag). Vorreiter ist der Maler William Kent in England. Die Vertreter der Landschaftsgärtnerei verstehen diesen Gartentyp bewußt als Antithese zum französischen Garten, verhöhnen dessen Geometrie, die Langweiligkeit der Hecken und Alleen, das Verschwinden der »Natur«. Die entscheidende Wendung gegenüber dem französischen besteht in der Tat darin, daß der englische Garten gesehen, nicht wie der französische gedacht werden will. Er erscheint deshalb auf Bildern auch in Anblicken, nicht in Grundrissen. Umgekehrt ist die Vedute das Vorbild für das, was in der Natur realisiert werden soll.

Im Landschaftsgarten soll einem die Natur begegnen und doch ist er ein Garten – und die Landschaftsgärtnerei wurde explizit als Kunst verstanden. Sie wurde neben die Malerei, Architektur, Bildhauerei als bildende Kunst eingereiht (Sulzer, Hirschfeld). Aber wenn einfach der Garten Natur wäre, wie sie an sich selbst ist, was sollte dann die Kunst dabei? Hirschfeld, der ein fünfbändiges Werk ›Theorie der Gartenkunst‹ geschrieben hat, sagt: »Kunst bedeutet hier dasjenige, was die Natur Angenehmes und Interessantes hat, auf eben die Art, durch eben die Mittel, deren sie sich bedient, vereinen, und die Schönheiten, die sie in ihren

Landschaften verstreuet, auf einem Platz sammeln zu wissen.«[15] Das klingt sehr harmlos, als sei die Gartenkunst eine Art Selektionsverfahren, das Langweilige wegzulassen, das Interessante zu behalten. Wenn das richtig wäre, dann würde Hallbaums Charakterisierung noch halbwegs gerechtfertigt sein: »Das aktive Verhältnis des Menschen zur Natur, das von alters her das Selbstverständliche gewesen (hat sich) zum ersten Male in der Menschheitsgeschichte in ein bewußt passives verwandelt.«[16] Freilich deutet Hallbaum mit der Oxymoron »bewußt passiv« in die richtige Richtung. Es geht darum, wie Schiller formuliert hat, daß die Natur als solche nur auf der reflexiven Ebene erfahrbar wird. So handelt es sich beim Landschaftsgarten, wie das Werk von Hirschfeld dann im einzelnen zeigt, auch keineswegs um ein bloßes Sammeln von Interessantem in der Natur, sondern vielmehr um ein bewußtes Gestalten von Natur*szenen*. Der Ausdruck Szene, der in diesem Zusammenhang immer auftaucht, verweist auf die gestalterischen Möglichkeiten des Theaters. Auf der anderen Seite ist er irreführend, weil, was hier erfahren wird, ja nicht mehr eine Handlung in einer bestimmten Szene ist, sondern die Szenerie als solche. Man hätte besser mit Hermann Schmitz[17] von Gefühlsatmosphären zu sprechen. Bleiben wir aber, um den Zusammenhang mit der Originalliteratur nicht zu verlieren, bei dem Ausdruck Szene.

Hirschfelds Buch über die Landschaftsgärtnerei zeigt, daß, was in der Malerei noch als subjektive Erlebnisqualität verstanden werden konnte, im Gartenbau als objektive Gefühlsqualität von Naturszenen behandelt wird. Das »Natürliche« ist an diesen Szenen nur, daß sie solche sind, die auch in der nichtgestalteten Natur angetroffen werden können. Die Natur, sagt Hirschfeld (1, 186f.), »hat Gegenden, die bald zur lebhaften Freude, bald zur ruhigen Ergötzung, bald zur sanften Melancholie, bald zur Erfurcht, Bewunderung und einer feyerlichen Erhellung der Seele, ..., einladen; aber auch Gegenden, die ein niedergeschlagenes Gefühl unserer Bedürfnisse und Schwäche, Traurigkeit, Furcht, Schauder und Entsetzen einflößen«. Er unterscheidet in seiner systematischen Darstellung vier Hauptcharakteristika verschiedener Naturgegenden: heiter, sanftmelancholisch, romantisch, feyerlich (1, 209f.). Er stellt dann im einzelnen dar, durch welche Elemente Naturszenen mit den genannten

Cottage im Garten des Jagdschlosses im großen Thiergarten
»Die letzte Tafel gibt die Ansicht meiner Cottage im Garten des Jagdschlosses, ein stiller einsamer Ort, von wo aus ich jetzt dem freundlichen Leser . . ., den herzlichen Abschied zurufe.« (Herrmann Fürst Pückler-Muskau, Andeutungen über Landschaftsgärtnerei [1834], Stuttgart 1977, S. 149)

Gefühlsqualitäten entstehen. Dabei geht er als Elemente durch: Ebenen, Anhöhen, Vertiefungen, Felsen, Hügel, Gebirge, Gehölze, Wasser, Wiesen, Aussichten, Zufälligkeiten. Über Felsen sagt er beispielsweise »in ausgedehnten Revieren sind Felsen oft Hauptgegenstände, in dem sie den Eindruck von Stärke und Würde ausbreiten und der Landschaft einen heroischen Charakter mitteilen« (1, 182). Umgekehrt geht er dann von den Charakteristika, nämlich den Gefühlsqualitäten von Gegenden aus und fragt danach, durch welche Konstellationen von Landschaftselementen sie hervorgebracht werden können. So heißt es beispielsweise (1, 214): »das Romantische oder Bezaubernde in der Landschaft entspringt aus dem Außerordentlichen und Seltsamen der Formen, der Gegenstellungen und Verbindungen«.

Das Natürliche wird hier also auf der Basis von Reflexion und mit dem Hintergrund eines hohen Maßes von Theoretisierung inszeniert. Aber was ist dann dieses »Natürliche«, was sind die Szenen, die objektiven Gefühlsqualitäten der Landschaft? Handelt es sich um geliehene Subjektivität, um Projektion? Empfindet der Mensch im sehnsüchtig gesuchten Anderen der Natur nur sich selbst? Tatsächlich ist die Natur, die der Mensch auf der Basis ursprünglicher Fremdheit entdeckt, nur das Andere seiner selbst. Man könnte auch sagen, es ist sein anderes Selbst, das er an dem Fremden als solches nicht mehr erkennt. Insofern ist die Trennung hier zur Entfremdung geworden: Der Mensch erkennt sich im Anderen der Natur nicht mehr. Ursprünglich, d.h. im Zustand ursprünglicher Reproduktion und kämpfenden Auseinandersetzung mit der Natur, verstand der Mensch die Natur als den brüderlichen oder auch feindlichen Partner. In der sentimentalischen Rückkehr zur Natur versteht er das Eigene an der Natur, aber als dasjenige, das ihm fremdgeworden ist, das Andere der Vernunft.

3. DAS FREMDWERDEN DES EIGENEN LEIBES

In den Gegensätzen, durch die seit der Antike Natur bestimmt wird, nämlich Natur im Gegensatz zu Technik und Gesetz, kommt der Mensch selbst nicht vor, denn er ist ja die Mitte, durch die diese Unterscheidung bestimmt wird. Um so auffälliger ist, daß im 18. Jahrhundert der Mensch an sich selbst Natur entdeckt, oder besser gesagt, daß er sich selbst als Natur fremd wird. Je eindeutiger sich der Mensch als Zivilisierter versteht, je eindeutiger er sich als Vernunftwesen definiert, desto ferner und unverständlicher ist ihm sein Leib als Natur. Mit dem Leib findet der Mensch an sich selbst ein Stück eingebauter Bestialität vor, eine beständige Bedrohung seines zivilisierten Daseins. Der Leib wird deshalb ausdrücklichen pädagogischen Programmen unterworfen und bleibt zeitlebens ein suspekter Partner, der unter

Kontrolle gehalten und ständig beobachtet werden muß. In höchst abstrakter Form ist dieses Fremdwerden des eigenen Leibes bekanntlich von Descartes formuliert worden: Danach ist der Mensch ein merkwürdiges Commercium von zwei ihrer Natur nach vollständig verschiedenen Substanzen, der ausgedehnten und der denkenden Substanz. Diese Denkweise hat der sich entwickelnden naturwissenschaftlichen Medizin den nötigen theoretischen und ideologischen Hintergrund gegeben – ihr sind deshalb in gewisser Weise auch deren Erfolge zu verdanken. Auf der anderen Seite wird das medizintheoretische wie das philosophische Denken das ganze Jahrhundert hindurch mit letztlich erfolglosen Spekulationen über das Zusammenwirken dieser beiden Substanzen beschäftigt. Aber diese Hilflosigkeit, Körper und Seele im Menschen zusammen zu denken, ist nur Ausdruck der wirklich erfahrenen Entfremdung des eigenen Leibes. Den Hintergrund dieser Erfahrungen gilt es zu verstehen.

Anatomie

»Die Renaissance der Naturwissenschaften«[18] ist gerade und vielleicht nur im Bereich der Anatomie wirklich eine Renaissance. Tatsächlich ist durch das ganze Mittelalter hindurch Anatomie getrieben worden. Aber es hat einen neuen Auftrieb in der Anatomie in der Renaissance, und zwar gerade durch das Wiederauffinden von Galens Schrift »Über anatomisches Präparieren« (1531) gegeben. Die Anatomie der Renaissance ist auch in ihren großen Vertretern wie etwa Vesalius im wesentlichen Korrektur und Ausarbeitung von Galens Mitteilungen. Die Korrekturen waren vor allem deshalb nötig, weil Galen seinerzeit nur an Tieren präpariert hatte. Auch wenn man die großen eigenständigen Leistungen der Anatomie der Renaissance, die in Harveys Entdeckung des Blutkreislaufs kulminieren, nicht unterschätzen darf, so ist die Bedeutung der Anatomie der Renaissance doch vor allem in ihrer veränderten Stellung innerhalb der gesamten Medizin zu sehen: Die Anatomie wird mehr und mehr zur Grunddisziplin der Medizin überhaupt, zum Prüfstein jeder medizinischen Wahrheit. Das hängt sicher damit zusammen, daß dieser Teil der Medizin am besten in Beziehung zu bringen war mit der Methodologie der sich entwickelnden messenden und experimentellen Naturwissenschaft. Aber es hieße doch die Verhältnisse auf den Kopf stellen, wenn man diese Verstärkung zur eigentlichen Ursache machen würde, denn die Anatomie ist eben älter als die neuzeitliche Naturwissenschaft und selbst ihre Renaissance läuft der eigentlichen Geburtsstunde neuzeitlicher Naturwissenschaft (bei Galilei) voraus. Es ist vielmehr anzunehmen, daß umgekehrt die Anatomie für die sich entwickelnde Naturwissenschaft die methodologischen Richtlinien gesetzt hat: Sichtbarmachen, Aufschneiden, Ent-decken. Esther Fischer-Homberger unterstreicht diese paradigmatische Bedeutung der Anatomie, wenn sie in ihrer Geschichte der Medizin[19] darauf hinweist, daß auch für alle möglichen anderen Gebiete Buchtitel, die das Wort Anatomie enthielten, beliebt waren: Anatomie der Sünde, Anatomie des Atheismus, Anatomie der Welt, Anatomie der Melancholie. Die Stellung der Anatomie als der Disziplin, auf deren Basis man sich letzten Endes einigen muß und kann, ist wohl zum Teil durch die gesellschaftliche Rolle der Medizin als Gerichtsmedizin bestimmt. Vor Gericht zählt, was man objektiv, das heißt unabhängig von der Meinung der Streitenden, am Gegenstande demonstrieren kann.

Die führende Rolle der Anatomie in der neuzeitlichen Medizin hat weitreichende Folgen für das Verhältnis des Menschen zu seinem eigenen Körper. Dadurch wird nämlich Schritt für Schritt die Selbsterfahrung des Menschen von seinem eigenen Körper zur Irrelevanz verdammt. Im Krankheitsfalle zählt nicht mehr, was der Patient empfindet, sondern was der Arzt aufgrund seiner anatomischen Kenntnis der Leibmaschine feststellen kann. Soweit die Leiberfahrungen des Patienten mit den Feststellungen des Arztes nicht übereinstimmen, werden sie in den Bereich der bloßen Einbildungen abgeschoben. Eine spezielle Folge dieser Herrschaft der Anatomie ist die allmähliche Verdrängung der Hebammen aus ihrer Zuständigkeit für den Bereich der Geburtshilfe durch die Ärzte.[20] Waren ursprünglich die Hebammen als Frauen aufgrund ihrer Selbsterfahrung und möglichen Empathie die eigentlich kompetenten Geburtshelfer, so wird ihnen diese Stellung seit Beginn des 18. Jahrhunderts durch die Ärzte streitig gemacht, die sich aufgrund ihrer anatomischen Kenntnisse auf das »höhere« Wissen vom menschlichen Körper berufen konnten. (Dieses Wissen war aber den Hebam-

men, da sie als Frauen von der Universität ausgeschlossen waren, nie direkt zugänglich.)
Die Bedeutung neuzeitlicher Anatomie für das Verhältnis des Menschen zum eigenen Körper wird ferner in der Kunst sichtbar. Seit der Renaissance sind Künstler nicht nur bei der Darstellung anatomischer Resultate beschäftigt, sondern betreiben auch zu ihren eigenen Zwecken Anatomie. Berühmt sind Leonardos anatomische Arbeiten, die allerdings als solche nicht unmittelbar wirksam wurden, weil sie nicht publiziert waren. Andererseits sind sie Schülern bekannt gewesen, und in der Folge haben auch andere Künstler Anatomie betrieben. Auf die Dauer wurde das Studium der Anatomie eine selbstverständliche Voraussetzung akademisch betriebener Kunst. Als Folge davon kann man seit der Renaissance – nicht eine realistischere Darstellung – aber einen neuen Typ von Realismus in der Darstellung des menschlichen Körpers beobachten. Es gibt keinen Grund dafür, etwa die eigentümlich geschwungenen oder gebogenen Leibformen der Gotik als weniger realistisch zu bezeichnen. Vielmehr ist es umgekehrt: Mit dem Einfluß der Anatomie auf die Aktdarstellung wird seit der Renaissance *definiert*, was nun als realistische Darstellung zu gelten hat. Und zwar ist ein Körper realistisch dargestellt, wenn er so auf dem Bild erscheint, wie er sich dem Auge, oder besser gesagt, dem nicht nur die Oberfläche sehenden, sondern unter die Haut dringenden Auge darstellt.
Durch den anatomischen Blick des Arztes, durch den anatomisch geschulten Blick des Künstlers lernt der Mensch seinen Körper mit dem Auge des anderen kennen. Diese Entfremdung von der Leiberfahrung und die Objektivierung des Verhältnisses zum eigenen Körper werden noch verstärkt durch die seit dem 16. Jahrhundert entstehende Spiegelindustrie. In Venedig war es erstmalig gelungen, größere flache Glasspiegel herzustellen – die also den meist gewölbten und wegen der metallischen Oberfläche auch in der Bildqualität diffusen Spiegel des Mittelalters weit überlegen waren. Am Hofe Ludwigs XIV. wurde dann der Spiegel als festes Element der Innenarchitektur eingeführt und damit der Blick des anderen zum immer gegenwärtigen Bestimmungsstück des alltäglichen – hier des höfischen – Lebens.

Der Leib bei Hofe

Norbert Elias hat in seinem Buch ›Prozeß der Zivilisation‹[21] dargestellt, wie die Menschen unserer Kultur sich in ihren unmittelbaren Lebensäußerungen immer strikterer Disziplin unterwarfen. Er hat das als ein Vorrücken der Schamschwelle bezeichnet, weil nämlich durch die Selbststilisierung der Lebensvollzüge – des Essens, des Redens, des Schlafens – diese »naturgegebenen« Lebensvollzüge gesellschaftlich angeeignet werden, – bzw. wo dies nicht gelingt, der Peinlichkeit verfallen und unsichtbar gemacht werden müssen. Elias hat gezeigt, daß dieser Prozeß, der äußerlich gesehen eine Ästhetisierung der Lebensvollzüge ist, zusammenhängt mit Strukturen der Macht und mit Sicherheitsbedürfnissen. Der Prozeß der Zivilisation ist aufs engste verknüpft mit der Herausbildung einer staatlichen Zentralmacht, die den einzelnen vor Gefahren von außen schützt, aber um den Preis der Disziplinierung der Leidenschaften, der Unterdrückung unmittelbarer Gefühlswallungen, der Eliminierung körperlicher Gewalt aus den zwischenmenschlichen Beziehungen. Fremdzwang wird durch Selbstzwang ersetzt, wie Elias sagt. Ferner ist die Selbststilisierung primär eine Sache derjenigen Klasse, die kollektiv bzw. in ihrer Spitze, dem König, über die Zentralmacht verfügt: der höfischen Kreise. Soziologisch gesehen dient die Selbststilisierung einer Distanzierung der herrschenden Kreise, der »Gesellschaft« vom Volk. Die innere Struktur höfischen Lebens ist von Elias in seinem Buch ›Die höfische Gesellschaft‹[22] analysiert worden. Elias' Darstellung ist wesentlich reicher geworden durch R. zur Lippes Buch ›Naturbeherrschung am Menschen‹[23], das denselben Prozeß anhand der Entwicklung des höfischen Balletts darstellt. Wir werden die Ergebnisse dieser Untersuchungen hier im wesentlichen voraussetzen und nicht noch einmal im einzelnen darstellen. Unser Blick auf diese Ergebnisse wird allerdings ein etwas anderer sein als der der genannten Autoren, weil uns hier eine ganz bestimmte Frage beschäftigt, nämlich die Frage nach der Herkunft der Distanz zum eigenen Körper, wie sie für das 18. Jahrhundert so charakteristisch ist. Die Distanzierung vom eigenen Körper als bloßer Natur und die Vertierung der Leiblichkeit des Menschen sind offenbar die Kehrseite des Prozesses der Zivilisation. Selbststilisierung des Menschen heißt auf der anderen Seite Verdrängung dessen, was nicht in die Stilisierung eingeht. Dieser Zusammenhang von Distanz und Herrschaft ist bei Elias ganz deutlich, allerdings versteht Elias Distanz in der Regel als gesellschaftliche Distanz, Distanz zwischen den Klassen oder den Menschen der Gesellschaft. Zur Lippe, dessen Thema mit der Naturbeherrschung am Menschen gerade die Beherrschung der nächstliegenden Natur des Leibes betrifft, hat trotz seiner einleitenden kritischen Bemerkungen über Naturbeherrschung dennoch nicht das Schicksal des Beherrschten, des Leibes, zum Thema. Vielmehr sucht er in der von ihm analysierten stilisierten Beschäftigung der leisure class nach einer befreiten Form von Arbeit, die – entlastet vom Zwang der ursprünglichen Reproduktion – nun freie Produktion von »Potentialen«[24] ist.

Unsere These ist, daß die Aneignung der eignen Natur in der Form der Beherrschung zugleich Ursache und Ausdruck des Fremdwerdens dieser Natur ist, daß die Rationalisierung körperlichen Verhaltens zugleich die Irrationalisierung des Leibes impliziert.

Doch was ist Hof? Was bedeutet höfisches Dasein? Auf ein Moment haben wir schon hingewiesen, nämlich die Monopolisierung der Macht und den damit zusammenhängenden Zwang zum Selbstzwang. Angstfreiheit, das heißt Freiheit vor äußerer Bedrohung, wird gerade dadurch möglich, daß Selbstbeherrschung generell wird. Das Wovor der Angst wird dadurch aber nach innen verlegt. Wenn die alltägliche Sicherheit auf Selbstzwang beruht, dann ist das, was zu fürchten ist, primär innen, nämlich der unterdrückte Bereich der Leidenschaften und des Leibes. Als zweites Moment wäre die Rationalität zu nennen. Elias weist in der ›Höfischen Gesellschaft‹ mit Recht darauf hin, daß Rationalität ein Begriff ist, der klassenspezifisch zu verstehen ist. So gibt es höfische Rationalität und bürgerliche Rationalität. Und doch gibt es einen historischen Fortschritt in der Rationalität, der über die Klassen hinweggeht und in dem die höfische Rationalität eine besondere Rolle spielt. So gesehen wird dann unter Rationalität nichts Inhaltliches verstanden – nämlich was als sinnvoll oder als sinnlos gilt, das mag klassenabhängig sein –, sondern Ausdifferenzierung und Explizitheit gesellschaftlichen Handelns. Hierbei spielt nun die Entwicklung der höfischen Gesellschaft eine besondere Rolle, nämlich weil in ihr die *Form*, wie Dinge zu geschehen haben, expliziert und geregelt wird, sie werden lernbar, oder besser: daß sie gelernt werden müssen, macht gerade ihren zivilisatorischen Wert aus. Alltagsverrichtungen werden zur »Wissenschaft«. Diese Explizierung, Formalisierung, Ausdifferenzierung menschlichen Verhaltens ist etwas, das ausgeht von der höfischen Gesellschaft, und sukzessive auch alle anderen Stände und Klassen erfaßt. Als drittes ist darauf hinzuweisen, daß die höfische Gesellschaft eine leisure class ist. Daß diese Gesellschaft nicht arbeitet, ist gerade für das Verhältnis zum eigenen Leib von zentraler Bedeutung. Der Bezug zur äußeren Natur in der ursprünglichen Reproduktion ist nämlich gerade die Weise, in der der Mensch selbst seinen Leib unmittelbar als Natur leben kann. Im Stoffwechsel mit der Natur, in Arbeit und Konsum, ist der Mensch selbst unmittelbar Natur. Unter den Bedingungen der Entlastung von Reproduktionsarbeit werden die menschlichen Handlungen mehr und mehr zu bloß gesellschaftlichen, sie werden zur Zeremonie. Das wird am schönsten deutlich in den Zeremonien, unter denen das Leben des Königs selbst abläuft. Sein morgendliches Aufstehen, das levé, wird zu einer raffiniert abgestuften Folge von Gnadenakten – je nach dem, wer zu dem levé und an welcher Stelle zugelassen wird –, sein Sitz auf der Toilette wird zur spezifischen Form von Audienz, sein Anziehen zu einem Staatsakt.[25] Die »Vergesellschaftung« natürlicher Vorgänge setzt die Natur darin quasi in unendliche Distanz.

Der nackte König

Auf Portraits des 17. und 18. Jahrhunderts sieht man eigentümlich schablonenhaft glatte, undifferenzierte, »charakterlose« Gesichter. Um so mehr Sorgfalt ist auf die Darstellung der Kleider verwandt. Vom heutigen Betrachter werden solche Kleider einfach als mehr oder weniger prächtig registriert. Man glaubt zu begreifen: je prächtiger, desto besser – und sicherlich ist auch dies wahr. Aber viel entscheidender war, daß die Skala der Pracht diskontinuierlich war, daß keineswegs sich jeder so prächtig kleidete, wie er es sich leisten konnte. Vielmehr gab es für Schnitt, Wahl des Materials, Art des Besatzes Bestimmungen, was dem jeweiligen Stand ziemt. Durch sein Kleid ausgewiesen, trat man als Mitglied eines bestimmten Standes, einer gesellschaftlichen Stellung auf. Das neuromantische »Kleider machen Leute«, ist nur ein später Spiegel der Tatsache, daß bis ins 18. Jahrhundert hinein das Kleid, das man trug, tatsächlich die Person *war*, d.h. die gesellschaftliche Erscheinungsweise, deren bloßer Träger der Mensch darunter war. Um so schlimmer, wenn durch Armut dieser Mensch sich nicht seiner gesellschaftlichen Rolle entsprechend kleiden konnte – was einfach hieß, daß er sie nicht wahrzunehmen gezwungen war. Man denke an die Leiden Anton Reisers, der seinen gesellschaftlichen Aufstieg häufig aus Kleidermangel nicht realisieren konnte.[26] Die völlige Nichtigkeit des von seiner gesellschaftlichen Kleiderhülle entblößten Menschen macht in extremer Form das königliche Zeremoniell des Aus- und Ankleidens deutlich. Die Bedeutung dieser Szenerie geht weit über die höfischen Kreise hinaus, insofern mit dem wachsenden Reichtum, der wachsenden gesellschaftlichen Bedeutung des Bürgertums nicht nur der Adel, sondern auch die Bürger sich von ihren Bedienten an- und auskleiden ließen. Am Rande soll daran erinnert werden, daß die Hilfe beim An- und Auskleiden – zumal hier erotische Momente durchaus ausgeschlossen werden müssen – keineswegs ein Vergnügen ist. Elias hat darauf hingewiesen, daß auch der König, nämlich als Mensch, bei diesen Zeremonien durchaus der Unterworfene war. Bei alledem bleibt es für den späten Beobachter ein merkwürdiges Phänomen, daß gerade die Intimität bei so hochgestellten Persönlichkeiten nicht gewahrt werden mußte. Man stelle sich Ludwig XIV. nackt im Kreise der bereits prächtig gekleideten, der Zeremonie des levé gewürdigten Höflinge vor. Dieses eigentümliche Paradox wird wohl am besten durch das scherzhafte Märchen von ›Des Kaisers neuen Kleidern‹ erklärt: Ein Kind ist es, das bemerkt, daß der Kaiser nackt ist – für alle anderen ist gerade seine *Nacktheit* unsichtbar. Die anderen glauben, prächtige Kleider zu sehen, die ihrer und des Königs würdig sind. Der nackte König, der Mensch, ist gewissermaßen unsichtbar, er ist gar nicht der König, er ist das strukturlose Ding an sich, das erst in seiner Erscheinung Bedeutung gewinnt. Die Staatsrobe ist es, die den König macht. Die Einkleidezeremonie ist das morgendliche Aufgehen der Sonne, der König hat nicht erst im Bett gelegen und steht dann auf, sondern er »erscheint«. Was die Königszeremonie deutlich macht, ist später bis weit ins

Bürgertum wirksam: Der Mensch erhält in der Kleidung einen zweiten, einen gesellschaftlichen Körper, hinter dem sein Leib bis zur Unkenntlichkeit verschwindet. Dieser Vorgang ist natürlich auch eine Folge der Abwesenheit von Arbeit. Das zeigt umgekehrt die zeitgenössische Kunst, die genüßlich beim einfachen Volk die Körperlichkeit unter beliebigen Bedeckungen hervorschimmern läßt. Als explosionsartige Gegenbewegung gegen die Gesellschaft der Kleiderpuppen seiner Zeit kann Rubens' Darstellung nackter Frauenkörper verstanden werden.

Das profane Ritual

Zur Lippe hat in faszinierender Weise die Durcharbeitung und Stilisierung menschlicher Bewegungen im höfischen Ballett analysiert. Dabei ist insbesondere wichtig, daß dieses höfische Ballett nicht oder jedenfalls nicht nur der Schautanz von professionellen Tänzern war, sondern der organisierte Tanz der Höflinge selber bzw. die festliche Organisierung des höfischen Lebens auf den König hin, das profane Ritual. Es ist hinzuzufügen, daß der Tanz nur ein besonderes und isolierbares Element menschlichen Verhaltens bei Hofe ist, nämlich die besondere Veranstaltung von Bewegung mit Musik, während die darin demonstrierte Stilisierung der Bewegung ja das ganze höfische Leben durchzog. Die Formen des Schreitens, des Hutabnehmens, der Verbeugung, der Hofknicks – *jede* Bewegung bei Hofe hatte ja ihren erlernbaren Stil. So erwähnt beispielsweise Elias, daß es eine besondere Vorschrift darüber gab, wie man dem König beim Zubettgehen den Leuchter zu halten hatte. Wir wollen aus der Analyse von zur Lippe einige formale Charakteristika festhalten. In den Ballettbüchern, die zur Lippe analysiert hat, läßt sich so etwas wie eine Taylorisierung feststellen, eine genaue Analyse menschlicher Bewegungsvorgänge und ihre Zusammensetzung nach bestimmten Regeln. Jede Halbdrehung des Fußes, jede Streckung der Arme ist als solche festgehalten und benannt. Und folglich kann formuliert werden, wie eine bestimmte Drehung, ein Schritt, ein Sprung, eine Verbeugung zu vollziehen ist. Menschliche Bewegungen werden damit aufschreibbar, erlernbar und insbesondere reproduzierbar. Es ist eine hohe Gleichmäßigkeit der Bewegungen der Tanzenden zu erreichen, d.h. nicht nur Gleichheit der Bewegungen, sondern auch Taktmäßigkeit bzw. phasenmäßige Entsprechung. Zur Lippe nennt die so erreichte Zerlegung von Bewegungen in Tempi und ihre räumliche Orientierbarkeit Geometrisierung. Allerdings spielen hier Zeitquanta und Symmetrie eine große Rolle, so daß man vielleicht allgemeiner von Mathematisierung oder Strukturierung reden sollte. Das Befremdende ist, daß mit dem höfischen Ballett lange vor der Entwicklung industrieller Arbeit, aber auch noch vor der Beherrschung der äußeren Natur durch Mathematik und Experiment ein so hoher Grad von Naturbeherrschung erreicht wurde, und das unnötig oder zweckfrei, jedenfalls nicht aus den Notwendigkeiten eines Produktionsprozesses zu erklären.

Diese Disziplinierung menschlichen Körperverhaltens hat nur im militärischen Bereich ihre Vorläufer. Wenn man die klassischen Exerzitien, etwa der römischen Legionen nicht mitrechnet, dann ist allerdings für die Neuzeit die entsprechende Disziplinierung des Militärs mit der Entstehung des höfischen Balletts synchron. Für die Zeit des Absolutismus sind militärische Disziplin und höfisches Ballett in den Paraden sogar eins.

Entscheidend ist, daß das körperliche Verhalten bei Hofe aufgrund seiner Disziplinierung etwas ist, was man lernen kann, was sich nicht unmittelbar vollzieht, sondern etwas mit Bewußtsein Gemachtes ist. Dieses Bewegungsverhalten wird damit zu einer Art »Wissenschaft«. Es ist deshalb ganz gerechtfertigt, daß zur Lippe seinen Analysen des höfischen Balletts die des Fechtens und des Luftsprunges (Salto) an die Seite stellt. Ein Unterschied zu diesen Bewegungsbereichen besteht allerdings darin, daß die Wissenschaft des Fechtens und des Luftsprungs zweckrationale bzw. durch die Sache bedingte Elemente enthält. Dagegen ist das höfische Verhalten oder im besonderen das Ballett eine *reine* gesellschaftliche Stilisierung menschlicher Bewegung. Das Entscheidende ist dabei nicht, daß man eine bestimmte sachliche Leistung erbringen kann – wie etwa beim Saltospringen –, sondern das Entscheidende ist die Disziplinierung, die Bewußtheit des Vollzuges selbst. Lange vor Descartes und La Metrie *lebte* der Mensch im höfischen Zeremoniell seinen Leib bereits als Maschine. Der Leib wird nicht als Ort der Gefühle erlebt, nicht als durch Stoffwechsel mit der äußeren Natur verbundene eigene Natur, nicht als sinnliche Weise des In-der-Welt-Seins. Der Leib ist Körper, er ist ein Ding, das nach Takten und Regeln bewegt wird. Wie in der zeitgenössischen Mechanik gehört dasjenige, was die Maschine bewegt, die vis viva, nicht selbst zur Maschine. Je genauer die Mechanik der Bewegungen beherrscht wird, desto mehr verschwindet dieses im dunkeln. Der Leib wird zum seelenlosen Körperding.

Manieren

Ist das höfische Zeremoniell rein soziale und bedeutungsvolle Bewegung, so wird in den Manieren die unvermeidliche Natur zivilisiert. Elias hat nachgezeichnet, wie das Essen immer größeren Disziplinierungen unterworfen wird. Aß man im Mittelalter auch in höheren Kreisen noch aus einer Schüssel und wischte sich die Hände im gemeinsamen Tischtuch ab, so wurden nach und nach Teller, Löffel und Gabeln eingeführt, die Serviette erfunden. Dann gab es unterschiedliche Messer für Fisch und Fleisch, verschiedene Gläser für verschiedene Getränke, beim Essen der Suppe durfte keine Gabel mehr benutzt werden usw. Entsprechend wurden andere natürliche Verrichtungen diszipliniert. Rülpsen und Furzen, bekanntlich im Mittelalter Zeichen des Genießens und Wohlbehagens, mußten unterdrückt werden, schneuzen durfte man sich zunächst nicht ins Tischtuch, dann nicht in die Serviette, und nach der Erfindung des Taschentuchs nur noch notfalls bei Tisch hinter vorgehaltener Hand. Daß man als Mensch auch Ausscheidungen hat, wurde mehr und mehr verschwiegen, die Verrichtung an entlegene Örter, an denen man möglichst allein ist, verlegt. Je mehr die erotische Liebe zu einem gesellschaftlichen Spiel wurde, desto weniger durfte unmittelbare Zärtlichkeit, durften sexuelle Bedürfnisse sichtbar werden.

War Arbeit bei Hofe nicht nötig, so konnte doch nicht gänzlich verschwinden, daß der Mensch durch Stoffwechsel existiert. Aber durch eine Stilisierung des Essens, des Sich-Schneuzens, der Ausscheidungsvorgänge gelingt es, den naturalen Sinn dieser Verrichtungen fast gänzlich zum Verschwinden zu bringen. Umgekehrt erscheint das nichtstilisierte Verhalten, »wie der Bauer frißt«, als bloße rohe Natur. Mit der gesellschaftlichen Distanzierung stößt der höfische Mensch sich hier quasi von sich selbst ab, distanziert sich von etwas, von dem man sich doch nicht ganz lösen kann, setzt eine Distanz zwischen sich als

gesellschaftliche Existenz und das, was er an sich als rohe Natur vorfindet und mit sich rumschleppen muß.
Das höfische Dasein und die Lebensformen, die sich von diesem Dasein herleiten, bedeuten die Einübung in eine Distanzierung vom eigenen Leib. Die Trennung von der Notwendigkeit ursprünglicher Reproduktionsarbeit, die zur Lippe als Möglichkeit befreiter Arbeit feiert, wird zum Ursprung der Entfremdung des Menschen vom eigenen Leib. Der Leib wird durch Disziplinierung auf der einen Seite zur Maschine abgerichtet, verschwindet auf der anderen Seite als sinnliche Existenz aus der gegenseitigen Wahrnehmung und wird als bloße Natur, die Stoffwechselprozessen unterworfen ist und tierische Begierden entwickelt, vom Selbstbewußtsein des zivilisierten Menschen abgespalten.

Der Leib im Programm bürgerlicher Erziehung

Hermann Schmitz hat in seiner Geschichte der Entdeckung und Verdeckung des Leibes[27] das 17. und 18. Jahrhundert weitgehend übergangen. Für das 18. Jahrhundert findet er bei Oetinger, Kant und dann beginnend mit der Frühromantik erste Anzeichen einer neuzeitlichen Wiederentdeckung des Leibes. Dabei ist Kant als eigentlicher Zeuge nicht mitzunennen, weil bei ihm auf dem Hintergrund bewußter Verdrängung des Leibes nur indirekt der Leib sich zeigt – Kant gehört eher zur Geschichte der Verdeckung als der Entdeckung des Leibes. Wenn wir anders als Schmitz im 17. und 18. Jahrhundert für die Geschichte der Verdeckung des Leibes gerade besonders wichtige Perioden erblicken, so liegt die Differenz darin, daß Schmitz im wesentlichen Ideengeschichte betreibt – für ihn bedeutet Verdeckung des Leibes seine Verdrängung als Thema der Philosophie –, während wir nach der sozialgeschichtlichen Wirklichkeit fragen. Deshalb muß man anders als Schmitz, der die Verdrängung des Leibes im wesentlichen schon bei Platon realisiert findet, sagen, daß sie im 17. und 18. Jahrhundert erst eigentlich endemisch wird. Wir haben im vorhergehenden Abschnitt gezeigt, wie der Leib in der Kultur der höfischen Gesellschaft mit seiner Disziplinierung quasi verschwindet, wir haben uns jetzt mit der Fortsetzung dieser Geschichte in der bürgerlichen Erziehung, wesentlich des 18. Jahrhunderts, zu beschäftigen. Die Fortsetzung dieser

Geschichte ist nicht einfach das bekannte Heruntersickern stilisierter Lebensformen in die nachdrängenden Schichten. Vielmehr entwickelt das Bürgertum entsprechend seiner Tendenz zur Durchrationalisierung aller Lebensbereiche explizite Erziehungsprogramme, mit denen es auf seine Weise sich den Leib aneignet, und ferner eine umfängliche Diätetik, die das ganze Leben hindurch leibliche Funktionen ökonomisch regeln und kontrollieren soll. Entsprechend der Dialektik von Aneignung und Verdrängung, wir wir sie schon im Kapitel über den Leib bei Hofe kennengelernt haben, wird im bürgerlichen Erziehungsprogramm der Leib Gegenstand einer gesteigerten und geradezu mißtrauischen Aufmerksamkeit, wodurch er als gelebter Leib wiederum verschwindet bzw. die Trennung zwischen dem Körper des Menschen und seiner bewußten Person weiter vorangetrieben wird.

Wie Philippe Ariès in seiner ›Geschichte der Kindheit‹[28] gezeigt hat, ist die Kindheit als besondere Lebensperiode erst im 17. Jahrhundert entdeckt worden. Kinder galten vorher als kleine Erwachsene und wurden entsprechend behandelt. Die Entdekkung von Kindheit bedeutet, daß den Kindern nun bestimmte Verhaltensweisen, eine bestimmte Subkultur, zugeschrieben werden, daß besondere Verhaltensweisen gegenüber Kindern entwickelt werden, daß sie in der Kunst nicht nur kleiner, sondern in ihren besonderen Proportionen erscheinen und – was für uns von besonderer Wichtigkeit ist – daß die Kindheit als eine Periode der Unschuld begriffen wird und die Kinder in der Kunst bevorzugt nackt dargestellt werden. Diese beiden letzteren Momente deuten schon darauf hin, daß eine besondere Beziehung zwischen Kindheit und Natur hergestellt wird: Gerade in der Nacktheit kann die Kunst die Kinder als das Besondere darstellen, was sie sind, nämlich Natur, das heißt aber sowohl unschuldige wie auch wilde, unzivilisierte.[29] Ariès hat unserer Meinung nach mit Recht darauf hingewiesen, daß diese Entdeckung von Kindheit zugleich die Entwicklung der Strategien der Disziplinierung der Kindheit bedeutet. Die unschuldige Natur ist eben auch die unzivilisierte. Wenn Lloyd de Mause in seiner Arbeit ›Evolution der Kindheit‹[30] durch seine Aufdeckung der geradezu erschreckenden Gewalttätigkeit gegenüber Kindern vor dem 17. Jahrhundert meint, Ariès in seiner Grundthese widerlegt zu haben, so können wir dem nicht zustimmen. Vielmehr ist ja die Gewalt gegenüber Kindern und, wie de Mause es versteht, der sexuelle Mißbrauch von Kindern vor dem 17. Jahrhundert gerade ein Ausdruck davon, daß »Kindheit« nicht anerkannt wurde, so daß diese Art von Gewalt und Mißhandlung der Gewalt gegenüber Schwächeren und vor allem unfreien Erwachsenen gleichzusetzen ist. Die Entdeckung von Kindheit bedeutete in der Tat eine Zivilisierung des Verhaltens gegenüber Kindern, wenngleich nun mit der Entwicklung bürgerlicher Pädagogik auch spezifische Strategien der Repression gegenüber Kindern entwickelt wurden.

Die Entdeckung der Kindheit war die Entdeckung einer vorzivilisatorischen Phase in der Entwicklung des Menschen. Das Kind ist noch nicht Mensch, es ist Tier. Wir wollen das kurz anhand von Kants Pädagogikvorlesung, die in wesentlichen Zügen den Vorstellungen von Rousseau folgt, belegen. »Der Mensch kann nur Mensch werden durch Erziehung« (Über Pädagogik A 8). Ohne Erziehung wäre der Mensch als Tier anzusehen. »Disziplin oder Zucht ändert die Tierheit in die Menschheit um« (A 2). Dabei ist »Zucht ... die Handlung, wodurch man dem Menschen die Wildheit benimmt« (A 3). Die Disziplinierung, die an den Kindern vorgenommen wird, damit sie zum Menschen werden, ist dabei primär keineswegs die Disziplinierung eines spezifischen Verhaltens, sondern Disziplinierung als solche. Schon bei Kant steht, was später für die deutsche Schulpädagogik so bezeichnend wird: »So schickt man z. E. Kinder anfangs in die Schule, nicht schon in der Absicht, damit sie dort etwas lernen sollen, sondern damit sie sich daran gewöhnen mögen, still zu sitzen, und pünktlich das zu beobachten, was ihnen vorgeschrieben wird« (A 3-4). Was dabei erreicht werden soll, ist Gleichförmigkeit und Arbeitssamkeit (A 10, A 75). »Es ist von der größesten Wichtigkeit, daß Kinder arbeiten lernen. Der Mensch ist das einzige Tier, das arbeiten muß.« (A 75)

Die Disziplinierung, die im Programm der bürgerlichen Erziehung den Menschen zum Menschen machen soll, betrifft in erster Linie den Leib und alles, was damit zusammenhängt, die Leidenschaften, die Gefühle, die Einbildungskraft. Wenn wir uns hier besonders für die Auswirkungen dieser Pädagogik auf die Leibbeziehung des Menschen interessieren, so ist allgemein festzustellen, daß dadurch eine eigentümliche Äußerlichkeit des eigenen Leibes, eine Entfremdung vom eigenen Leib erzeugt wird. Hören wir, wie nach Pestalozzis Elementarmethode das Kleinkind seinen eigenen Körper methodisch kennenlernt, d.h. welche Art »Leibbewußtsein« es entwickelt. Pestalozzis Elementarmethode ist nicht nur elementar im Sinne von grundlegend, sondern auch elementaristisch. Das zeigt sich auch an seinen Übungen zum Kennenlernen des eigenen Körpers. Der Körper wird in allerkleinste Teilchen zerstückelt, benannt und identifiziert, und zwar in Körperteile, nicht wie man sie empfindet, sondern wie sie für den andern da sind. Pestalozzi totalisiert das bekannte und harmlose »Auge, Auge, Nase, Mund«-Spiel, das man mit Kindern spielt, das Bezeichnen und Benennen der einzelnen Gesichtsteile, auf den ganzen Körper. Da geht es nicht nur um das rechte und das linke Auge, da geht es über die rechte und die linke Augenbraue bis hin zu: »Der Nagel an der großen Zehe des rechten Fußes. Der Nagel an der großen Zehe des linken Fußes« usw.[31] Durch diese Art Übungen lernt das Kind seinen Körper rein topographisch kennen, und zwar den Körper als etwas Äußerliches, so wie er dem anderen erscheint.

Weitere Programmpunkte bürgerlicher Erziehung sind die Erziehung zur Reinlichkeit, die Erziehung der Sinnlichkeit und Bewegungserziehung. Unter Erziehung zur Reinlichkeit verstehen wir hier nicht nur die Durchsetzung regelmäßigen Waschens, sondern vor allem die frühkindliche Disziplinierung der Ausscheidungsvorgänge. »Der Kampf zwischen Eltern und Kindern um die Kontrolle über die Ausscheidung der Exkremente im Säuglingsalter ist eine Erfindung des 18. Jahrhunderts«, sagt selbst Lloyd de Mause, wenngleich er betont, daß vorher viel drastischere Manipulationen mit Klistier und Abführmitteln üblich waren. Aber auch hier ist der Fortschritt der Zivilisierung des Verhaltens von Kindern als genau das zu beschreiben, was Elias die Umwandlung von Fremdzwang in Selbstzwang nennt. Vom 18. Jahrhundert bis einschließlich zu den psychoanalytischen Theorien unseres Jahrhunderts werden die Disziplinierung und Beherrschung der Ausscheidungsvorgänge geradezu als der Ursprung des menschlichen Willens angesehen. Es handelt sich in der Tat um einen fundamentalen Vorgang, insofern hier nämlich die Natürlichkeit des Menschen, insofern er ein Wesen ist, das in Stoffwechsel-Vorgängen existiert, gesellschaftlich angeeignet wird: Diese Vorgänge dürfen nicht mehr nach Bedürfnis, nicht mehr nach ihrer Zeit und ihrem Rhythmus »von selbst« vor sich gehen, sondern zu gehöriger Zeit und an gehörigem Ort. Die Durchsetzung der Zivilisation

ZWEITE ÜBUNG

Der *Körper* oder der *Leib* des Menschen geht von den Fußsohlen an bis an den Scheitel hinauf, und von dem Scheitel an bis an die Spitzen der Finger an beiden Händen.
Der oberste Teil des Körpers, der *Kopf* oder das Haupt, steht auf dem Hals.
Der *Scheitel* liegt oben auf dem Kopf.
Das *Angesicht* liegt vorne am Kopf.
Der oberste Teil des Angesichts, die *Stirn*, liegt vorne an dem Scheitel, über den Augen und der Nase, zwischen den oberen Teilen der Seiten des Kopfes.
Die *Augen* liegen unter der Stirn, über den Backen, auf beiden Seiten des oberen Teils der Nase, zwischen den Schläfen.
Das rechte Auge liegt unter der rechten Seite der Stirn, über der rechten Backe, zwischen dem oberen Teil der Nase und der rechten Schläfe.
Das linke Auge liegt unter der linken Seite der Stirn, über der linken Backe, zwischen dem oberen Teil der Nase und der linken Schläfe.
Die *Augenbrauen* liegen über den oberen Augenlidern, unten an der Stirn.
Die *rechte* Augenbraue liegt über dem rechten oberen Augenlid, unten an der rechten Seite der Stirn.
Die *linke* Augenbraue liegt über dem linken oberen Augenlid, unten an der linken Seite der Stirn.
[...] Die *mittleren* Mittelfingerknöchel liegen außen an den mittleren Mittelfingergelenken, zwischen den hinteren und den mittleren Gliedern der Mittelfinger.
Die *vorderen* Mittelfingerknöchel liegen außen an den vorderen Mittelfingergelenken, zwischen den mittleren und den vorderen Gliedern der Mittelfinger.
Die *Waden* liegen an der hinteren Seite der Unterschenkel, zwischen den Kniebeugen und den Fersen.
Die rechte Wade liegt an der hinteren Seite des rechten Unterschenkels, zwischen der rechten Kniebeuge und der rechten Ferse.
Die Nägel der Zehen liegen an der oberen Seite des vordersten Gliedes der Zehen.

Pestalozzi, Buch der Mütter. Sämtl. Werke hrsg. von Buchenau, Spranger, Stettenbacher, Leipzig 1927ff. Bd. 15. S. 347ff.

an diesem Punkt hat Folgeprobleme bis ins Erwachsenenalter gehabt, so daß die Frage des regelmäßigen Stuhlgangs, wie wir noch sehen werden in der Diätetik des 18. Jahrhunderts, eine zentrale Rolle spielt. Die Erziehung zur Reinlichkeit ist der erste Schritt im Programm zur Erlangung der Körperbeherrschung.
Unter Körperbeherrschung ist nicht nur die Beherrschung der Bewegungsvorgänge zu verstehen, sondern primär die Beherrschung der, wie Schmitz sagen würde, leiblichen Regungen. Es geht darum, den Körper so zu erziehen, daß das bewußte Verhalten, insbesondere das Arbeitsverhalten, nicht durch leibliche Regungen, d.h. durch die leibliche Wirkung von Gefühlen, gestört wird. Diesem Ziel dient das insbesondere bei Rousseau und, von ihm ausgehend, dann in der übrigen bürgerlichen Pädagogik betonte Programm der »Abhärtung«. Mag man heute unter Abhärtung fast nur noch die Gewinnung von Stabilität gegenüber Infektionen verstehen, so war dieses Programm bei Rousseau ursprünglich viel mehr gegen Affektionen, nämlich gegen Leidenschaften, gerichtet: »Der Körper muß stark sein, um der Seele zu gehorchen. Ein guter Diener muß kräftig sein ... Alle sinnlichen Leidenschaften wohnen in einem verweichlichten Körper.«[32] Der Leib wird hier mit Recht in seiner Empfänglichkeit gegenüber der Affektion durch Gefühle und sinnliche Regungen gesehen, Abhärtung bedeutet deswegen, ihn dagegen möglichst unempfänglich, möglichst hart machen. Das geschieht am besten dadurch, daß er mehr und mehr zu einem manipulierbaren Körperding wird, das nicht nur in der Philosophie, sondern in der konkreten Lebenspraxis von der Seele geschieden ist.
Ganz ähnlich ist die Erziehung der Sinnlichkeit strukturiert. Hier geht es nicht, wie man vielleicht meinen sollte, um eine Ausbildung qua Verfeinerung der menschlichen Sinne – im Gegenteil, Rousseau betont, daß das Kind »ebenso oder fast so gut« sieht und hört wie der Erwachsene. Es geht überhaupt gar nicht darum, Empfänglichkeit zu erhöhen, sondern eher um das Gegenteil, nämlich zu lernen, nur noch in bestimmter Weise wahrzunehmen. Diese Weise ist keineswegs natürlich, so daß Rousseau so weit gehen kann zu sagen, daß wir ohne Erziehung unsere Sinne überhaupt nicht richtig gebrauchen können. »Die Sinne üben heißt nicht nur sie gebrauchen, sondern lernen, mit

ihrer Hilfe richtig zu urteilen, ja, sogar zu fühlen. Denn wir können weder tasten noch sehen oder hören, wenn wir es nicht gelernt haben.«[33]

Rousseau sagt auch sogleich und demonstriert dann später ausführlich in seiner Erziehung des Emil, zu welchem Gebrauch die Sinne trainiert werden sollen, nämlich zur reinen Tatsachenfeststellung. »Übt also nicht nur die Kräfte, übt auch die Sinne, die sie lenken. Nutzt jeden Sinn vollständig aus und überprüft die Wirkung des einen durch den anderen. *Meßt, zählt, wägt, vergleicht.*«[34] J. H. Campe geht hinter Rousseau sogar noch einen Schritt weiter zurück, indem er meint, selbst die ursprüngliche Empfindlichkeit der Sinne trainieren zu müssen. Interessant für den weiteren Hintergrund der Entfremdung des Leibes, nämlich der Trennung von der Sphäre ursprünglicher Reproduktion, ist Campes Bemerkung, daß diese Übungen, »das größtenteils im Freien aufwachsende Kind des Landmanns in seiner ganzen natürlichen Lebensart findet, ... wir andern, die wir das unsrige in enge Zimmer und in dichtverbaute Städte einsperren, durch Überlegungen zu veranstalten suchen«.[35] Campe schlägt beispielsweise vor, das Zimmer, worin sich das Kind befindet, wechselweise plötzlich zu verfinstern und zu erhellen oder ihm unmittelbar einen großen, darauf einen kleinen Gegenstand vor Augen zu halten. Hier also die Unterstellung, daß die Entwicklung der Sinnesfähigkeiten des Menschen im unmittelbaren Lebensvollzug nicht mehr stattfindet, sondern durch bewußte Aneignung stattfinden muß.

Ähnliche Erziehungsstrategien finden wir, wo es um die Bewegungsfähigkeit des Menschen geht. Allerdings ist hier in den Begründungen für ein solches Bewegungstraining kaum zwischen hygienischen Absichten und der Forderung gesellschaftlich korrekter Haltung zu unterscheiden. Unter diesem Aspekt müssen sogar so elementare Dinge wie Stehen, Laufen, Sitzen trainiert werden. Wir wollen nur ein Beispiel von A. Spieß, das freilich bereits einer späteren Periode angehört, nennen. Es ist insofern interessant, als es die differenzierte Beherrschung, die uns ursprünglich beim höfischen Ballett begegnete, bis in die elementaren alltäglichen Körperbewegungen hinein fortsetzt. »Das Gehen läßt sich hinsichtlich der Darstellung der Gehbewegung der Beine in *zwei* Arten unterscheiden; in das Gehen mit abwechselndem *Weiterschreiten*, die ursprünglichere Art, und in das Gehen mit abwechselndem *Vor-* und *Nachschreiten* oder *-stellen*, die abgeleitete Art, welche beiden Arten wieder auf mannigfaltige Art verbunden werden können. Betrachten wir die erste Art, die wir ohne Umschreibung *Gehen* nennen wollen. Dieses geschieht durch Spreizen, z.B. des rechten Beines, während der linken einbeinigen Stellung, und Niederstellen desselben zu einer beidbeinigen Schrittstellung, worauf, während der rechten einbeinigen Stellung, das linke Bein aus seinem gespreizten Verhalten, schließend zur ursprünglichen Streckung im Hüftgelenk, zurückkehrt und in ununterbrochener Bewegung sofort, am rechten Standbein vorüber, spreizend zu einer beidbeinigen Schrittstellung niedergestellt wird« usw. Das ist nur die Beschreibung des Gehens selbst, Spieß gibt auch Übungen an, nach denen derartiges erworben werden kann.

Zusammenfassend kann man sagen, daß durch das bürgerliche Programm der Leibesziehung der Leib zum Körper veräußerlicht wird, der als Werkzeug bewußt, gegen Affektionen abgehärtet, zu genauem Urteil und präzisen Bewegungen befähigt wird. Er wird dadurch für den bewußten Menschen das Andere seiner selbst, das um so bedrohlicher wird, je fremder es in seiner Natürlichkeit geworden ist. Diese Natürlichkeit ständig zu überwachen und zu kontrollieren, ist das Ziel der Diätetik.

Diätetik, die Gesamtheit der Regeln gesunden Lebens, hat eine lange Tradition und geht auf eine Schrift des Hippokrates zurück. Charakteristisch für das 18. Jahrhundert ist die explosionsartige Verbreitung und Popularisierung derartiger Literatur. Die Adressaten der Schriften zur Diätetik sind nicht mehr die Ärzte aller Gattungen, sondern die Betroffenen. Entsprechend werden sie auch von Tissot, einem der großen Medizinschriftsteller des 18. Jahrhunderts und Propagatoren der Diätetik, nach Abnehmerkreisen spezifiziert. Er schreibt eine »Anleitung für den geringen Mann in Städten und auf dem Lande in Absicht auf seine Gesundheit« (Hamburg 1767) und entsprechende Schriften für die Mitglieder der höfischen Gesellschaft, für die Gelehrten, für die alten Leute usw. Dem entspricht eine nach Schichten und Ständen, nach Berufen und Geschlechtern differenzierte Erforschung der Krankheiten. Von Ramazzini gibt es Untersuchungen über die Krankheiten von Künstlern, Handwerksleuten, von

Ordensgeistlichen und Soldaten. Tissot schreibt »von den Krankheiten vornehmer und reicher Personen an Höfen und in großen Städten« (Wien, 1770). Andere untersuchen die Krankheiten von Seeleuten. Entsprechend der gesteigerten Aufmerksamkeit auf den Körper werden anatomische und physiologische Kenntnisse popularisiert. Um wieder ein Buch von Tissot zu nennen: »Curiöses Buch für Menschen, welche Kenntnisse von ihrem Körper, von der Erzeugung des Menschen, von den Heimlichkeiten des schönen Geschlechtes und der Mannspersonen suchen und lange leben wollen.« (Frankfurt/Leipzig, 3. Aufl. 1802)

Nun ist Diätetik an sich ja ein durchaus vernünftiges Unterfangen. Auffällig ist nur, daß im 18. Jahrhundert Gesundheit zu einem rationalen Programm gemacht wird, daß man sich offenbar nicht mehr darauf verlassen kann, daß elementare Lebensvollzüge des Leibes im wesentlichen von selbst und von selbst auch richtig verlaufen. So wird die Ernährung und der Stuhlgang, der Schlaf und der Beischlaf, die Luft, die man atmet, die Temperatur der Atmosphäre, so wird das ganze unmittelbare Dasein zu einem Bereich, in dem man Regeln zu beachten hat, und den man einer beständigen kontrollierenden Aufmerksamkeit unterwerfen muß. Der Leib, das eigene natürliche Dasein, wird als etwas Fremdes empfunden, das zugleich bedrohlich und gefährdet ist und dem Zugriff bewußten Lebens letztlich entzogen bleibt. Gerade deshalb wird versucht, durch immer größere Anstrengungen den Leib unter die Kontrolle des Bewußtseins zu bringen. Ein unmittelbares Sichausleben gibt es nicht mehr. Dieses Sichausleben wird als die größte Bedrohung empfunden. Die Diätetik, die versucht leibliches Dasein zu rationalisieren, verstärkt durch ihr Programm das, was sie nötig macht, nämlich die Fremdheit des eigenen Leibes.

Die Grundmaxime, die in einem der zitierten Buchtitel von Tissot schon anklingt, wurde von Kants Freund Hufeland auf den Begriff gebracht, indem er sein diätetisches Buch »Makrobiotik oder die Kunst das menschliche Leben zu verlängern«[36] genannt hat. Dieses Buch zeigt zugleich den engen Zusammenhang der Diätetik mit dem Versuch der Beherrschung von Sexualität. Hufeland geht nämlich davon aus, daß jeder Mensch eine endliche Menge von Lebenskraft habe, über die es rational zu

verfügen gelte. Das materielle Substrat dieser Lebenskraft sieht er beim Mann in der Samenflüssigkeit. Diätetik ist bei Hufeland im Prinzip Haushaltung mit der menschlichen Lebenskraft. Wer sein Leben unruhig und leidenschaftlich verbringt, wird entsprechend kürzer leben, wer mäßig, ausgeglichen und leidenschaftslos lebt, hat ein langes Leben zu erwarten. Dieser Unterschied bezieht sich primär und hauptsächlich auf das sexuelle Verhalten. Daraus folgt eine möglichst große sexuelle Enthaltsamkeit als Grundprinzip der Diätetik, daher läßt sich die Ehe, die ruhige und disziplinierte Verausgabung von Lebenskraft, als bester Garant eines langen Lebens rechtfertigen.
Bürgerliche Erziehung und Diätetik haben das leibliche Dasein rationalen Regeln unterworfen. Diese Rationalität ist zugleich Ausdruck und Ursache des Fremdwerdens des eigenen Leibes. Der Leib wird entdeckt als das Natürliche am Menschen, das ihm aber in der distanzierenden Aneignungsform pädagogischer und diätetischer Disziplin immer fremd bleiben muß.

4. ALS OB DIE NATUR FÜR DEN MENSCHEN GEMACHT SEI ...

Der angestrengte Optimismus des 18. Jahrhunderts

Der Verlust des Zusammenhanges mit der Natur hat sein Komplement in den aufklärerischen Destruktionen des religiösen Weltbildes. Es ist, als ob dem Menschen der Boden unter den Füßen und das Dach über dem Kopf zugleich genommen würde. Diese Verunsicherungen im Daseinsgefühl haben seit Mitte des 17. Jahrhunderts immer und immer wieder Philosophien der Versicherung erzeugt. Schon Descartes' Erkenntnistheorie ist von diesem Typ. Die Erkennbarkeit der Welt ist keine Selbstverständlichkeit mehr. Die Möglichkeit, daß der Mensch mit sich und seiner Vorstellung allein sei, das Versinken in bodenlosen Zweifel kann nur noch durch mühsame und spitzfindige Überlegungen abgewehrt werden. Auf Dauer können sie aber den Riß nicht mehr verdecken: die Erkennbarkeit der Welt bleibt zweifelhaft.
Leibniz' Theodizee, die dem Optimismus den Namen liefert, ist eine Rechtfertigung Gottes angesichts des Elends der Welt und

der Schwäche der Menschen. Aber welch eine Katastrophe im Grunde, daß eine solche Rechtfertigung nötig wurde! Das Gefühl der Unbehaustheit und der Zweifel des Menschen an sich selbst hatte sich bei Pierre Bayle noch einmal als religiöser Zweifel geäußert, als Zweifel an der Weisheit und Güte Gottes: daß die Welt nicht für den Menschen passend und der Mensch nicht als Ebenbild Gottes geschaffen sei. Die Welt sei eine moralische Falle, in der sich der Mensch notwendig verfangen müsse. Gott sei als Schöpfer für das Elend und die Sünde in der Welt verantwortlich. Leibniz' Antwort auf diese Herausforderung, eine Antwort, die so viel zur optimistischen Ideologie des aufstrebenden Bürgertums beigetragen hat, erweist sich bei näherem Zusehen teils als plump konservativ, teils als raffiniert beschwichtigend. Wenn vor Gericht ein unbescholtener, ›heiliger‹ Herr von einem Geringeren beschuldigt werde, so falle doch die Anklage auf den Kläger zurück: d.h. Leibniz wehrt das von Bayle auf Gott angewandte Prinzip diskursiver Rechtfertigung ab. Im übrigen müsse man mit der Welt zufrieden sein: Ein vieldimensionales Bewertungsproblem ist nicht durch Wahl eines Maximums zu lösen, sondern nur durch Optimierung. Es ist nicht zu erwarten, daß diese Lösung in jeder Dimension das Beste liefert: Im Ganzen, so Leibniz, sei die Welt die Beste aller möglichen.
Ebenso wie die Theodizee ist die Physikotheologie ein Ausdruck des Verlustes: Soll in der Theodizee durch die Rechtfertigung Gottes die Zufriedenheit mit der Welt bewirkt werden, so geht es in der Physikotheologie um den Aufstieg zu Gott über den Ausweis der Wohleingerichtetheit der Welt. Warum diese Bücher? Warum wird so ausführlich demonstriert, daß die Welt gut ist? Was heißt überhaupt gut? – Daß die Welt gut ist, heißt für die Physikotheologie, daß sie nützlich, daß sie für den Menschen zweckmäßig eingerichtet ist. Eben das war offenbar zweifelhaft geworden. Im 17. Jahrhundert waren Bücher erschienen, wie etwa Godfrey Goodmans *The Fall of Man*[37], in denen von einem Älter- und Schlechterwerden der Welt die Rede ist. Das wurde, vielleicht nicht zu Unrecht, mit dem Sündenfall des Menschen in Verbindung gebracht. Heute können wir jedenfalls sagen, daß die dort erwähnten Phänomene – weniger Fische in den Gewässern, Absinken der Fruchtbarkeit des Bodens – anthropogene Umweltveränderungen sein können.

Die Physikotheologie ist eine Rekonstruktion des verlorengegangenen Verständnisses der Welt als eines sinnvollen organischen Zusammenhanges und eine künstliche und nachträgliche Versicherung der Zugehörigkeit des Menschen zur Welt. Diese Rekonstruktion erfolgt unter dem Leitbegriff der Nützlichkeit oder Zweckmäßigkeit. Die Teile der Welt erweisen ihren Zusammenhang dadurch, daß das eine für das andere zweckmäßig ist, und alles ordnet sich zum ganzen, indem es dem Menschen dient!

Die Erfahrung der Fremdheit, die Ahnung, die Welt könne sinnlos sein, steigern das Bemühen, ihre Wohleingerichtetheit zu erweisen. Die bedrohlichen und hinderlichen Berge, zeigt Derham[38], dienen dem Abregnen der Wolken und bedingen durch ihr Gefälle, daß Gewässer nicht stehen und faulen. ›Schädlinge‹ und ihre Verwüstungen dienen dem Menschen als ›Strafrute‹. Kriege und Pesten sind nötig zur Verhinderung von Überbevölkerung.

Die Physikotheologie hat so die Trümmer des Wissens um den organischen Zusammenhang der Welt über die Zeiten gerettet und dessen Summe – getrieben durch den Stachel des Sinnlosen, Absurden, Schädlichen – ständig erweitert. Der funktionale Zusammenhang der Organe, die Lebensgewohnheiten der Tiere, das Wissen um ›ökologische Zusammenhänge‹ wurden hier akkumuliert. – Hier: nicht in der sich entfaltenden neuzeitlichen Naturwissenschaft, sondern in einem späten und schon im Ansatz brüchigen Ableger der Theologie.

Die Rekonstruktion des Zusammenhanges des Menschen mit der Natur, wie sie in der Physikotheologie versucht wird, setzt didaktisch gewöhnlich noch vor der Nützlichkeit, nämlich bei der ›Schönheit‹ der Natur an. Denn über Nützlichkeit zu reden, setzt ja schon ein hohes Maß an Kenntnis von Naturzusammenhängen voraus. So wird der aus der Stadt kommende Adept – wie beispielsweise in Sulzers ›Unterredungen über die Schönheit der Natur‹ (Berlin 1774) – zunächst an ihre sinnlichen Qualitäten herangeführt. Es sind dies die sentimentalisch vom Städter entdeckten Qualitäten von Gerüchen, Geräuschen, von frischer Luft, die jetzt ästhetisch als die äußere Natur, als Ingredenzien des Landlebens genossen werden – deren Annehmlichkeit, phylogenetisch gesehen, nichts als eine Folge der Herkunft des

Menschen aus der Natur ist. Erst von dieser Erfahrung her steigt das Verständnis über Proportion und harmonische Bildung, über die ›Kunststücke der Natur‹ zum ›Plan der ganzen Schöpfung‹ auf. Als wohl proportioniert und harmonisch gebildet wird die Natur mit den Augen des Landschaftsmalers erfahren, in den Kunststücken der Natur bewundert der homo faber die Natur als den überlegenen Handwerker, und im Plan des Ganzen und seinem harmonischen Zusammenhang erscheint endlich Gott als weiser und gütiger Schöpfer.

Anlaß zum Zweifel an diesem schönen Bild der Welt gibt immer wieder des Menschen eigene Natur, sein schwaches Fleisch und seine Laster. Die Physikotheologen vereinigen sich deshalb in ihrem Bemühen um die ›Entüblung der Übel‹ mit dem Bemühen der frühen liberalistischen Ideologen um die ›Entbösung des Bösen‹.[39] Sulzer wie Mandeville in der Bienenfabel versuchen zu zeigen, daß die menschlichen Laster: Eigenliebe, Ehrgeiz, Wollust, Eifer, der Beförderung des Gemeinwohls dienen.

Die Erkennbarkeit, die Bedeutsamkeit, die Schönheit, das Gutsein der Natur zu erweisen, das ist seit der zweiten Hälfte des 17. Jahrhunderts die Aufgabe von Erkenntnistheorie, Theodizee, Physikotheologie und liberalistischer Wirtschaftskonzeption. All diesen Bemühungen ist die Anstrengung anzumerken. Im Hintergrund lauert die Angst, das Entsetzen über die Fremdheit der Welt.

Kant und das Ende der Physikotheologie

»Eine ... Art von ernster Lieblichkeit strahlte aus seinem Gesichte, als er mit innigem Entzücken erzählte: wie er einst eine Schwalbe in seinen Händen gehabt, ihr ins Auge gesehen habe, und wie ihm dabei so gewesen wäre, als hätte er in den Himmel gesehen.« (Wasianski, 293)

Diese von Wasianski berichtete Erfahrung Kants geht nicht in seinen Naturbegriff ein. Natur als das innere Prinzip alles dessen, was zum Dasein eines Dinges gehört (MA III), umfaßt nur die Gesamtheit der Gesetze, die sie als einen Zwangszusammenhang erscheinen lassen. Zeugnisse einer anderen Naturerfahrung bei Kant sind selten – doch eindrucksvoll. Kant, äußerst sensibel, fast idiosynkratisch, versagte sie sich und stilisierte sich durch die Disziplin seiner Arbeits- und Lebensweise zu dem der

Natur entfremdeten Menschen, der seiner Epoche entsprach. So ist, was Kant sonst noch als zur Natur gehörig bekannt war, nur in den Modi uneigentlichen Sprechens, des ›als ob‹, des ›bloß Empirischen‹, des ›Ästhetischen‹ zu erfahren. Das *Wissen* von der Natur wird durch den Geist der Beherrschung geprägt, Erkenntnis ist Aneignung, Ordnen des Stoffes: die Vernunft sieht nur so viel ein, als sie nach ihrem eigenen Plane hervorbringt.

Dieses Andere – das ist die unmittelbare, lebensweltliche Erfahrung von Ordnung und Regelmäßigkeit in der Natur, die Erfahrung, daß man als Mensch mit anderen Lebewesen zusammenlebt, die Erfahrung des Eingebundenseins in natürliche Rhythmen, die Erfahrung, daß die Natur einen anspricht, daß sie sinnvoll und zu etwas gut ist. Es spricht für Kant, daß er es ablehnt, dieses Andere: Erkennbarkeit, Schönheit, Deutbarkeit und Gutsein der Natur, zu dem der unmittelbare Weg versperrt ist, nun theologisch zurückzugewinnen. Darin ist er ein echter Aufklärer. Es fragt sich aber, ob man es ihm – wie Vaihinger in seiner ›Philosophie des Als Ob‹[40] – als Verdienst anrechnen soll, das Verlorene im Modus der Fiktion methodologisch wieder einzuführen. Vielleicht hätte er besser daran getan, das Grauen auszuhalten, das einen angesichts der Maschine des Todes (Novalis, *Lehrlinge zu Sais*) beschleicht, als welche die neuzeitliche Naturwissenschaft die Natur präsentiert.

Die Natur ist nach Kant *an sich* unerkennbar. Es gibt keinen unmittelbaren Zusammenhang, in dem wir erfahren könnten, es gibt kein menschliches Organ, durch das wir vernehmen könnten, was sie eigentlich ist. Oder besser: die wissenschaftliche Disziplin verbietet, eine Kenntnis der Natur ernstzunehmen, auf die sie gleichwohl angewiesen bleibt. Soll Naturwissenschaft empirisch sein, das weiß Kant, so wird es Gesetze geben, die wir von ihr lernen müssen. »Die Reflexion über die Gesetze der Natur (richtet) sich nach der Natur, und diese sich *nicht* (Herv. v. uns) nach den Bedingungen ..., nach welchen wir einen in Ansehung dieser ganz zufälligen Begriff von ihr zu erwerben trachten« (KdU, Einl. B XXVII). Gerade die herrschaftliche Geste, mit der wir der Natur für ihr Erscheinen Bedingungen setzen, macht, was sie an sich ist und von sich aus zeigt, zum bloß Zufälligen. Es gibt eine große Mannigfaltigkeit von Naturen, »die durch jene Gesetze, welche der reine Verstand a priori gibt, weil dieselben nur auf die Möglichkeit einer Natur (...) überhaupt gehen, unbestimmt gelassen werden« (KdU, Einl. B XXVI). Gerade diese besonderen Naturen, dieses Zufällige, machen aber das Empirische der empirischen Naturwissenschaft aus.

Wie erreicht es uns? Wie können wir dieses Andere der Vernunft, die Natur, wie sie von sich aus ist, begreifen? Die Sinne, das Vermögen der Rezeptivität, von Kant angesetzt als das Organ, das uns das Dasein von Gegenständen außer uns überhaupt anzeigt und mittels dessen wir von ihnen affiziert werden, hat er für diese Funktion viel zu schwach ausgestattet: sie liefern nichts als eine zusammenhanglose Datenmannigfaltigkeit: »Allein die Verbindung (coniunctio), eines Mannigfaltigen überhaupt, kann niemals durch Sinne in uns kommen, ... denn sie ist ein Actus der Spontaneität der Vorstellungskraft, und, da man diese ... Verstand nennen muß, so ist alle Verbindung ... eine Verstandeshandlung« (KdrV B 129f.). Die menschlichen Sinne sind stumpf und blind geworden, der Mensch *sieht* nicht mehr, was an Ordnung die Natur von sich aus zeigt. Der Mensch, d.h. der der Natur entfremdete neuzeitliche Mensch, der Wissenschaftler kann sich – nach Kant – Ordnung, Einheit und Regelmäßigkeit nur noch als ein Produkt seiner eigenen Aktivität, des Verstandes vorstellen. Kant hilft sich, wo er nicht umhin kann, gegebene Ordnungen hinzunehmen mit der Fiktion eines höheren Verstandes, der die Natur für *unsere* Zwecke zugerichtet hat: »Da allgemeine Naturgesetze ihren Grund in unserem Verstande haben, der sie der Natur (...) vorschreibt, (müssen) die besondern empirischen Gesetze in Ansehung dessen, was in ihnen durch jene unbestimmt gelassen ist, nach einer solchen Einheit betrachtet werden ..., als ob gleichfalls ein Verstand (wenn gleich nicht der unsrige) sie zum Behuf unserer Erkenntnisvermögen, ..., gegeben hätte« (KdU, Einl. B XXVII). Das ist das Prinzip der Urteilskraft, ein Verfahren, durch das der Verlust des Zusammenhanges mit der Natur kompensiert wird, in dem das Andere als Anderes methodisch geleugnet wird: Natur soll so betrachtet werden, als sei sie ein Verstandesprodukt! Noch deutlicher wird diese Struktur des Kantischen Denkens bei seiner Behandlung der organischen Wesen, d.h. der lebendigen

Wenn jemand in einem ihm unbewohnt scheinenden Lande eine geometrische Figur, allenfalls ein reguläres Sechseck im Sande gezeichnet wahrnähme, so würde seine Reflexion, indem sie an einem Begriffe derselben arbeitet, der Einheit des Prinzips der Erzeugung desselben, wenngleich dunkel, vermittelst der Vernunft inne werden und so dieser gemäß den Sand, das benachbarte Meer, die Winde, oder auch Tiere mit ihren Fußtritten, die er kennt, oder jede andere vernunftlose Ursache nicht als einen Grund der Möglichkeit einer solchen Gestalt beurteilen; weil ihm die Zufälligkeit, mit einem solchen Begriffe, der nur in der Vernunft möglich ist, zusammenzutreffen, so unendlich groß scheinen würde, daß es ebensogut wäre, als ob es dazu gar kein Naturgesetz gebe, daß folglich auch keine Ursache in der bloß mechanisch wirkenden Natur, sondern nur der Begriff von einem solchen Objekt als Begriff, den nur Vernunft geben und mit demselben den Gegenstand vergleichen kann, auch die Kausalität zu einer solchen Wirkung enthalten, folglich diese durchaus als Zweck, aber nicht Naturzweck, d. i. als Produkt der *Kunst* angesehen werden könne (*vestigium hominis video*). (KdU § 64).

Natur. Hier erfährt der Mensch eindrucksvoll Ordnung und Regelmäßigkeit in der Natur, die nicht von ihm hervorgebracht ist. Aber *wie* wird sie erfahren? So, wie Glacken es sehr charakteristisch im Titel seines Buches »Traces on the Rhodian Shore«[41] ausgedrückt hat: Wenn man geometrische Figuren im Sand findet, so nimmt man sie als Zeichen: hier müssen Menschen gewesen sein (KdU § 64). Die Existenz von organischen Wesen ist für Kant unbegreiflich – es sei denn, man faßte sie auf als Produkte der Tätigkeit eines Verstandes. Organische Wesen sind solche, die eine innere Zweckmäßigkeit aufweisen: Die Teile eines organischen Wesens sind funktional aufeinander bezogen, es zeigt die Fähigkeit zur Substitution und Reproduktion (KdU § 64). Zweckmäßigkeit ist aber nach Kant eine Qualität, die dadurch erzeugt wird, daß dem Dasein von etwas seine Vorstellung vorausgeht: d.h. als zweckmäßig kennen wir Dinge, die geplant sind (KdU § 10). Also können wir die organischen Wesen nur begreifen, indem wir sie vorstellen, *als ob* sie Produkte eines Verstandes wären.

Begreifen – erkennen können wir sie nicht. Tatsächlich hat Kant die Einschränkung von Erkenntnis auf die Konstruktion eines mechanistischen Zwangszusammenhanges gegenüber der Möglichkeit einer Biologie als Wissenschaft resignieren lassen: »Es ist für Menschen ungereimt, auch nur einen solchen Anschlag zu fassen, oder zu hoffen, daß noch etwa dereinst ein Newton aufstehen könne, der auch nur die Erzeugung eines Grashalms nach Naturgesetzen, die keine Absicht geordnet hat, begreiflich machen werde« (KdU B 337f.). Wir können uns die organischen Wesen nur unter der Fiktion eines übermenschlichen Verstandes begreiflich machen – erkennen können wir sie nicht.

Die Unterstellung, daß »die Natur ... ihre allgemeinen Gesetze nach dem Prinzip der Zweckmäßigkeit für unser Erkenntnisvermögen (spezifiziert), d.i. zur Angemessenheit mit dem menschlichen Verstande« (KdU XXXVII) kann als Ausdruck menschlicher Hybris gewertet werden. Die Harmonie zwischen Natur und menschlichem Erkenntnisvermögen aber ist Wirklichkeit. Nur beruht sie nicht darauf, daß die Natur ein menschliches Produkt oder ein quasi menschliches Produkt ist, sondern darauf, daß der Mensch ein Produkt der Natur ist. D.h. – in gänzlich entfremdeter Weise wird im Kantischen Prinzip der

Urteilskraft die Zugehörigkeit des Menschen zur Natur artikuliert.

In anderer Weise wird diese Zugehörigkeit des Menschen zur Natur erfahren, wenn die Natur als »schön« bezeichnet wird. Nach Kant beurteilen wir einen Gegenstand als schön, wenn seine Vorstellung ›subjektiv zweckmäßig‹ ist, nämlich von sich aus eine Angemessenheit an die menschlichen Erkenntnisvermögen zeigt. Deshalb wird gerade die Ordnung und Regelmäßigkeit, die die Natur von sich aus zeigt, als schön empfunden: die ›schönen Formen‹ (KdU 167) der Natur. Sie erscheinen, »als ob sie ganz eigentlich für unsere Urteilskraft angelegt wären«, es sind solche Naturprodukte, »welche durch ihre Mannigfaltigkeit und Einheit die Gemütskräfte (...) gleichsam zu stärken und zu unterhalten dienen« (KdU 267). Man könnte das auch so ausdrücken: Wir erfahren die Natur als schön, wo wir uns im Fremden zu Hause fühlen. Freilich – für diese Naturerfahrung ist die Fremdheit der Natur konstitutiv (wären wir wirklich in ihr zu Hause, so würden wir uns vielleicht einfach nur wohl fühlen). Kant macht das – was wir von Schiller als ›sentimentalische‹ Naturerfahrung kennen – durch Beispiele deutlich, die zeigen, wie schnell die Empfindung von Schönheit der Natur zusammenbricht, wenn sie sich als künstlich herausstellt. Eine Nachtigall ist nicht durch einen noch so gut pfeifenden Stallknecht im Busch zu ersetzen (KdU 173).[42] Umgekehrt weist Kant (KdU § 41) darauf hin, daß das ›empirische Interesse‹ an Schönheit allgemein ein Produkt eines fortgeschrittenen Zustandes von Zivilisiertheit ist, und das Interesse am Schönen der Natur im besonderen »wirklich nicht gemein« ist – »sondern nur denen eigen, deren Denkungsart entweder zum Guten schon ausgebildet oder für diese Ausbildung vorzüglich empfänglich ist« (KdU B 70).

Das Interesse an der Schönheit der Natur ist deshalb auch ein intellektuelles – kein sinnliches. Schönheit ist Sache des Geschmacksurteils, hat seinen Ort in der Konversation unter zivilisierten Leuten. Diese können sich darüber verständigen, daß ihnen aus der fremden Natur etwas Verwandtes entgegenkommt.

Die unterste Stufe in der von Sulzer formulierten Leiter der Erfahrung der schönen Natur fällt damit bei Kant zunächst aus, nämlich das, was Kant die »Reize« der Natur nennt – denn das Interesse daran sei bloß empirisch (KdU B 166). Kants eigenes Interesse gilt primär der intellektuellen Reaktion auf Schönheit. Um so eindrucksvoller ist es, wenn er sich dann doch dieser Sphäre sinnlicher Erfahrung zuwendet. Wo Sulzer nur vom Wohlbefinden reden kann, erscheint bei Kant – in starkem Kontrast auch zu allem, was er sonst unter ›Sinnlichkeit‹ versteht – die Erfahrung des Gefühls. Wir setzen die Stelle, wegen ihrer Singularität im Kantischen Werke, hier im ganzen her: »Die Reize in der schönen Natur, welche so häufig mit der schönen Form gleichsam zusammenschmelzend angetroffen werden, sind entweder zu den Modifikationen des Lichts (in der Farbengebung) oder des Schalles (in Tönen) gehörig. Denn diese sind die einzigen Empfindungen, welche nicht bloß Sinnengefühl, sondern auch Reflexion über die Form dieser Modifikation der Sinne verstatten und so gleichsam eine Sprache, die die Natur zu uns führt, und die einen höheren Sinn zu haben scheint, in sich enthalten. So scheint die weiße Farbe der Lilie das Gemüt zu Ideen der Unschuld, und nach der Ordnung der sieben Farben, von der roten an bis zur violetten 1. zur Idee der Erhabenheit, 2. der Kühnheit, 3. der Freimütigkeit, 4. der Freundlichkeit, 5. der Bescheidenheit, 6. der Standhaftigkeit, und 7. der Zärtlichkeit zu stimmen. Der Gesang der Vögel verkündigt Fröhlichkeit und Zufriedenheit mit seiner Existenz. Wenigstens so deuten wir die Natur aus ...« (KdU B 172) – Kant drückt sich sehr vorsichtig aus. In der Tat ist, womit er hier zu tun hat, eine Erfahrung, die über die Erfahrung der Schönheit hinausgeht – er nennt ja selbst eine ganze Reihe anderer ›Abstrakta‹. Wenn man einen Begriff für diese finden wollte, so müßte man wohl sagen, daß es sich um Charaktereigenschaften handelt, die hier der Natur zugeschrieben werden, um ›Charaktere‹ der Natur. Kant versteht sie in ihrer Gesamtheit als eine Art »Sprache, die die Natur zu uns führt« (ebd.) und die wir ›deuten‹. Wenig vorher hatte er auch die schönen Formen der Natur als ›Chiffren‹ bezeichnet, »wodurch die Natur ... figürlich zu uns spricht« (KdU B 170). Schönheit wäre also unter diesem Gesichtspunkt als ein Charakter oder eine Gruppe von Charakteren mit in die Sprache der Natur einzureihen. Kurz: wir haben hier einen Rest von *Bedeutsamkeit* von Natur vor uns, nämlich in einer Form, in der diese

noch ins aufgeklärte Bewußtsein vordringen kann: in ästhetischer Form. Die Art, in der diese Sprache der Natur zu verstehen ist, in der wir sie deuten, nennt Kant selbst: wir lassen uns von der Natur in eine besondere Stimmung versetzen, uns zu Standhaftigkeit, Zärtlichkeit etc. ›stimmen‹. Aber das ›scheint‹ alles nur so. Immerhin, Kant respektiert diesen Schein und fragt nicht weiter nach seiner Berechtigung – die ganze Rede von der Sprache der Natur bleibt wie ein erratischer Block stehen.
Der Begriff der Zweckmäßigkeit der Natur dagegen ist, und zwar erkenntnistheoretisch, legitimiert: wir können die Natur in ihren organischen Wesen nicht anders begreifen. Ist er aber einmal eingeführt, so läßt er sich auch auf Beziehungen *zwischen* den Dingen der Natur ausweiten. »Aber dieser Begriff führt nun notwendig auf die Idee der gesamten Natur als ein System nach der Regel der Zwecke« (KdU B 300). Dort dient er aber der Rekonstruktion des *Gutseins* der Natur. »Alles in der Welt ist irgendwozu gut, nichts in ihr ist umsonst« (KdU B 301). Doch das ist nicht mehr wie in der Physikotheologie eine Aussage über die Einrichtung der Welt im ganzen, sondern dient als methodisches Prinzip zur Aufdeckung von Naturzusammenhängen. Sollte es mehr sein, so müßte man einen Endzweck der Natur nennen. Das fiel der Physikotheologie leicht: der Mensch ist es, dem letzten Endes alles nützt. Aber diese direkte Strategie des tout et biens versagt sich Kant. Wie soll der Mensch der Endzweck der Natur sein, wenn »er selbst, soviel an ihm ist, an der Zerstörung seiner eignen Gattung arbeitet« (KdU B 390). Gleichwohl ist der Mensch das einzige Wesen, das als möglicher Endzweck in Frage kommt, denn er allein ist es, der, seine Vernunft gebrauchend, sich über die Welt hinausgehende Zwecke setzen kann (KdU B 295). Wenn er das tut, wenn er also ein moralischer Mensch wird, dann freilich ordnet sich auch für Kant die ganze Welt zur Beförderung der menschlichen Glückseligkeit. Paradox und doch konsequent: gerade die Fremdheit ist es, dasjenige im Menschen, was ihn als *nicht* zur Natur gehörig qualifiziert, was schließlich den Zusammenhang der Welt im ganzen wieder herstellt. Freilich ein Zusammenhang, in dem die ganze Natur nach dem Prinzip der Nützlichkeit angeeignet ist.

KAPITEL II
MATERIE UND VERDRÄNGTER LEIB

1. Dynamische Theorie der Materiekonstitution in der *Theorie des Himmels*

1.1. DER JUNGE KANT: WIDERSPRUCH IM SUBJEKT

Nach neun Jahren Hofmeisterei in tiefster ostpreußischer Provinz kehrt Kant 1755 nach Königsberg zurück, das er nie mehr verlassen wird. Kant publiziert sogleich die »Allgemeine Naturgeschichte und Theorie des Himmels« (= Th. d. H.), die weitgehend als Ergebnis seiner neben der Hofmeisterei herlaufenden philosophischen Arbeit anzusehen ist. Das Studium ist noch nicht abgeschlossen. Die Energie, mit der Kant noch im selben Jahr 1755 den Magister und die Habilitation erledigt, läßt etwas ahnen von dem Gefühl der Befreiung, das er nach den Jahren der drückenden Hofmeisterdienste empfunden haben muß. Die Schule schon hatte er als »Jugendsklaverei« erlebt, an die er sich nur mit »Schrecken und Bangigkeit« erinnern kann. Eine Hofmeister-Existenz, weiß man aus vielen Zeugnissen des 18. Jahrhunderts, ist nicht viel anders als Sklaverei. Die Blüte der jugendlichen bürgerlichen Intelligenz mußte fast durchweg Jahre der Demütigung und des oft aussichtslosen Wartens auf eine ihren Kompetenzen angemessene Stelle verbringen: Schulen der Erniedrigung und des Selbstzwangs, des Wartens und Schweigens, des verschluckten Zorns und der depressiven Perspektivlosigkeit. Freier wird der Magister Kant, frei noch immer nicht. Von 1755 bis 1770, dem Jahr, in dem er endlich Professor wird – 46jährig –, muß er sich mit einem Vorlesungsaufwand von über 20 Wochenstunden quälen, um von den privat erhobenen Hörergeldern leben zu können. Einmal in einem Brief erlaubt er sich, seiner Depression über diese Fron Ausdruck zu geben. Rufe auf gut bezahlte Professuren in Erlangen und Jena lehnt er ab. Kant bleibt dem Umkreis seiner »Sklaverei« treu. In einer Sphäre der Enge, der zu entkommen wissenschaftliche Karriere die einzige Perspektive darstellt, hat Kant früh gelernt, expansive Dynamik und Freiheit eingeschränkt auf die intellektuelle Sphäre zu entfalten. So schreibt er, der lebelang eine Reisephobie hat, in der »Theorie des Himmels«:

Ich habe auf eine geringe Vermutung eine gefährliche Reise

Der junge Kant. Zeichnung der Gräfin Karoline Charlotte Amalie Keyserling. Um 1755.
Die Wahrheit, um die sich die größesten Meister der menschlichen Erkenntnis vergeblich beworben haben, hat sich meinem Verstande zuerst dargestellet. (I. Kant, 1746)
Ich habe auf eine geringe Vermutung eine gefährliche Reise gewagt, und erblicke schon die Vorgebürge neuer Länder. (I. Kant, 1755)

gewagt, und erblicke schon die Vorgebürge neuer Länder. (Th. d. H. A x)

Und eigenartig trotzig gründet schon der 22jährige sein Selbstvertrauen auf Arbeit an der Wahrheit:

Hierauf gründe ich mich. Ich habe mir die Bahn schon vorgezeichnet, die ich halten will. Ich werde meinen Lauf antreten und nichts soll mich hindern, ihn fortzusetzen. (Wahre Schätzung A IX)

Die Bewegungsdynamik, die selbstbewußt und lustvoll aus diesen Worten spricht, hat Kant nie gelebt. Seine Reisen sind imaginäre, aber gedacht in der kühnen Gestik des Weltentdeckers Kolumbus, der mythischen Figur der Grenzüberschreitung, die aus dem Vertrauten, Engen und Angestammten ihre »Bahn« nimmt in die offenen Horizonte, ins Fremde und Andere, zu den »Vorgebürgen neuer Länder«. Ist dies Kant? Ist er nicht vielmehr der Landvermesser der Vernunft, getrieben von einem Bedürfnis nach Sicherheit und festem Grund? Zweifellos. Nicht das Unbekannte zu entdecken, das Ungesicherte tentativ in Sprache zu bringen, sich dem Fremden auszusetzen, wird Kants Leistung; sondern sein Geschäft ist, die von Meeren des Wahns und der irrationalen Bedrohung umspülte Vernunft einzudämmen und zur Königsburg des gepanzerten Subjekts zu machen. Die Bewegungslust und den Wunsch nach Ferne reagiert Kant dagegen ab durch Lektüre: er ist einer der ersten süchtigen Leser von Reisebeschreibungen – ein charakteristisches Verhalten innerhalb der behinderten Handlungsdynamik des deutschen Bürgertums im 18. Jahrhundert. Dem passiven Bedürfnis nach Reisebeschreibungen entspricht dabei die nahezu endlose Reihe von Reise- und Expeditionsberichten derer, die wirklich die Grenzen des heimatlichen oder europäischen Territoriums überschritten hatten. Transgression ist die große Sehnsucht des Bürgertums, das allzu freiwillig seine – inneren wie äußeren – Grenzen anerkannt und verinnerlicht hat.

Der Preis für diese Anerkennung von Grenze und Gesetz, ja ihre beispiellose Hochachtung durch Kant, ist der Verzicht auf gelebte Dynamik, auf die Lust an Bewegung und Flug, ist Starre, Angst vor dem Fremden und Getrenntheit von den Dingen ›draußen‹. Dies wird an den philosophischen Schriften durchgängig zu zeigen sein.

Hier in der Frühschrift, der *Theorie des Himmels*, ist der Widerspruch im Subjekt zwischen grandioser Selbststeigerung und selbstgesetzter Beschränkung und Verdrängung des Fremden noch manifest. Die »Theorie des Himmels« ist zweifellos eine kühne Unternehmung, deren Bedeutung zu Recht darin gesehen wurde, daß Kant hier einen Entwurf des Universums als System spontaner wie zugleich gesetzesförmiger Ausdifferenzierung der Materie gewagt hat. Gott rückt an den Rand des Weltganzen, geduldet allenfalls als Schöpfer des Urnebels der Materie, die selbsttätig und unendlich fruchtbar Welten aus sich gebiert und vergehen läßt. Kant, dies spürt er selbst, gerät damit theologisch in den Bann des Atheismus. Die eben noch mögliche deistische Rettung Gottes schützt ihn vor der Konsequenz eines radikalen Materialismus, der zweifellos ihn in Preußen unter Zensur gestellt und seine Universitätslaufbahn ruiniert hätte. Ein Radikaler in der Konsequenz der materialistischen Momente seiner Schrift ist Kant nicht geworden. Und doch brodelt in dem, was er als die grenzenlose Fruchtbarkeit der Materie konstruiert, eigene Dynamik und Expansivität. Diese Seite wird Kant an sich disziplinieren und dem Zugriff der Vernunft unterwerfen. Im Frühwerk aber findet dies Disziplinierte und Verdrängte noch Sprache und Ausdruck – nicht unmittelbar, aber verschoben und projiziert in kühnen und phantastischen Konstruktionen, die Kant über das Universum bildet. Das Universum, wird sich zeigen, ist Spiegel der geheimen und unbewußten Wünsche wie Ängste Kants. Denn jenseits ihres newtonschen Kerns ist die *Theorie des Himmels* die science-fiction eines Philosophen, der mittels der – später verpönten – Einbildungskraft seine Lust nach Weite, die grenzenlos ist, nach Reisen, die sich zu einem imaginären Flug durch die Räume und Zeiten des Himmels weiten, ausagiert. In keiner Schrift Kants sprechen sich Größenphantasien, kaum philosophisch verhüllt, so deutlich und grandios, so emphatisch und poetisch aus. Die *Theorie des Himmels* ist ein Schlüssel zur Psychodynamik der Kantschen Philosophie – der vorkritischen *und* kritischen.

In einer Geste der Absicherung dieses in seinen religiösen Konsequenzen radikalen Buchs widmet Kant die *Theorie des Himmels* dem zeitlebens verehrten Friedrich II.: »Ich ersterbe in tiefster Devotion« endigt er seine Widmung, die in der Rhetorik

der Erhöhung des Adressaten und Erniedrigung des Sprechers gehalten ist. In tiefster Devotion ersterbend aber läßt Kant sich nicht identifizieren: er veröffentlicht anonym. Daran zeigt sich, daß, wer in der »Empfindung der eigenen Unwürdigkeit« vor dem »Glanz des Thrones« sich darstellt, keineswegs als »der niedrigste und ehrfurchtsvolleste Untertan« identifiziert werden möchte. Demut ist Taktik, wie Taktik auch ist zu behaupten, er habe diese Schrift in ständiger Rücksicht auf die Religion geschrieben (Th.d.H. A x). Hier schiebt Kant die Charaktermaske des Untertanen vor, der sich vor den Folgen des »Naturalismus« – so nennt Kant den materialistischen Atheismus – im preußischen Staat schützen will. Daß hier Vorsicht geboten sein mag, erweist sich noch in den 90er Jahren, wo selbst der unterdessen berühmte Kant staatlicherseits der Religionsverachtung verdächtigt wird: untertänig zuckt er zurück. Bürgerstolz vor Fürstenthronen – das ist nicht Kants Fall. Aber Stolz schon.
Bereits in seiner Erstschrift *Gedanken von der wahren Schätzung der lebendigen Kräfte* fällt auf, daß hier mehr als nur der zeittypische Bescheidenheitstopos mit stolzem Wahrheitsbewußtsein kontrastiert. Die rhetorisch geübte Widmung ist überdurchschnittlich devot, mit Zügen masochistischer Selbsterniedrigung, die er in der Vorrede zugleich wiederholt und ... dementiert. Denn wenn Kant als »Gelehrter von Zwerggröße« es für vermessen erklärt, Leibniz oder Descartes – die Könige der Philosophie – widerlegen zu wollen, so attestiert er sich freimütig »ein gewisses edles Vertrauen in seine eigene Kräfte«: »Die Wahrheit, um die sich die größesten Meister der menschlichen Erkenntnis vergeblich beworben haben, hat sich meinem Verstande zuerst dargestellet.« (Wahre Schätzung A VIII u. IX)
Man mag absehen von dem erotischen Unterton dieses exklusiven Verhältnisses zur Dame Wahrheit. Man mag absehen auch davon, daß Kant zudem irrt: nicht er, sondern vor ihm 1743 hatte d'Alembert die richtige mathematische Lösung des Problems der bewegenden Kraft gefunden.° Wichtig bleibt das Selbstbewußtsein, das weder Autoritäten noch Traditionen anerkennt (vgl. ebd. A v, VIII). Also: Gesten der Devotion zeigt Kant als soziales Subjekt – kühne Selbstgewißheit erfüllt ihn als denkendes Subjekt. Diese Ambivalenz ist von Anfang an herrschend bei Kant und charakteristisch für weite Teile der Intelli-

genz im 18. Jahrhundert. Und diese Ambivalenz ist auch weit interessanter als die umständliche Erstschrift selbst, mit der Kant sich als Physiker zu etablieren sucht. Dies gelang ihm nicht. Zum Naturwissenschaftler, der Kant zunächst werden wollte, fehlten ihm die mathematischen Kenntnisse. Festzuhalten aber bleibt, daß zu Beginn seiner »Bahn« Kant sein Selbstbewußtsein gründet auf den Bezug zu einer universalgültigen und ihm selbst sich darstellenden Vernunftwahrheit. So glaubt Kant auch in der *Theorie des Himmels* das alte Problem der Kosmogonie in so »überzeugender Deutlichkeit« gelöst zu haben, daß nur Leute »tief in den Fesseln des Vorurteils« oder »Blödsinnige(), auf deren Beifall man nicht rechnen darf«, länger anders als Kant darüber denken können (Th. d. H. A 167).
Hier ist bereits etwas spürbar von den neuen Ausgrenzungsmechaniken der Vernunftgesellschaft. Geltung und Wahrheit bemessen sich nicht länger nach ständisch codifizierten Hierarchien, sondern sind bestimmt vom Zentrum der Vernunft. Die Abstände von dieser begründen neue Demarkationen und neue Hierarchien. Nicht zwischen der Souveränität des Königs und dem Pöbel spannt sich der differenzierte Raum von Geltungsansprüchen, räumlichen Ordnungen, Statuszuweisungen, grenzmarkierenden Ethiken; sondern bezogen auf die Souveränität der Vernunft, in deren Zentrum Kant sich von Beginn an als ihr Günstling hineindefiniert, bilden sich neue, nämlich diskursive Räume, die sich nach der Verteilungsdichte realisierter Vernunft bemessen. Grundlegend für diese neuen Markierungen ist die prinzipielle Scheidung von Vernunft und dem ihr Anderen, der Unvernunft: ihr Raum konstituiert den ›neuen Pöbel‹; nicht als unter- oder außerständischen Raum der sozialen Unordnung, sondern als Raum der diskursiven Unordnung. In ihm sind die in Vorurteile Gefesselten und Blödsinnigen eingeschlossen: die »Kandidaten des Hospitals«, wie Kant später den Königsberger Ziegenpropheten oder Swedenborg etwa bezeichnet. Absehbar werden schon die Ausgrenzungen und Internierungspraktiken, die das Bürgertum gegenüber den Gruppen der Unvernunft (die Wahnsinnigen, Armen, Kinder, Faulen, Kranken, etc.) entwikkeln wird.

1755 ist Kant davon noch weit entfernt. Die eigene Vernunft ist eine prätendierte, die verdeckt, daß Kant hier weitgehend noch eine »Sprache von Phantasmen« (Foucault) spricht.

Dies ist von der Forschung weitgehend übersehen worden. Gemeinhin versteht man die *Theorie des Himmels*, die Systemstruktur und Geschichte des Universums aus dem Zusammenspiel dynamischer Grundkräfte zu erklären versucht, in der Tradition des kosmologischen Denkens: hierin markiert Kant, wenn auch noch vorkritisch, die spezifisch moderne, wissenschaftlich disziplinierte Kosmos-Theorie. Nicht länger ist Naturgeschichte historia naturalis in jener tradierten Struktur, durch die kosmologisches wie (erd-)geschichtliches Wissen in eher räumlichen Konstellationen angeordnet wird. So läßt sich Kants Himmelsgeschichte zuordnen jener Umorganisierung von Wissensstrukturen im 18. Jahrhundert, die W. Lepenies herausgearbeitet hat: nämlich dem Übergang von nosographischen Klassifikationsräumen (historia naturalis als Tableau der Welt) zu Techniken der Verzeitlichung und Historisierung des Wissens.[1] Naturgeschichte transformiert sich in Geschichte der Natur. Modern ist die Theorie des Himmels also darum, weil Kant mit Hilfe der dynamischen Grundkräfte der Materie, Attraktion und Repulsion, in den Stand gesetzt ist, kosmologische Systeme unter dem Aspekt ihrer Historizität zu interpretieren. Diese Historisierung rechnen auch Toulmin/Goodfield, Blumenberg und Krafft Kant als Verdienst an.[2] Ferner wird als Zugewinn an Rationalität verstanden, daß Kant »die Fixsterne nicht als ein ohne sichtbare Ordnung zerstreutes Gewimmel, sondern als ein System« (Th. d. H. A XXXVI f.) interpretiert und das Universum in Analogie zum Planetensystem in einen modernen Systembegriff faßt.

Mit dieser Auslegung folgt man weitgehend Kants Selbstverständnis und hinterfragt es nicht. Genauere Analyse nämlich zeigt, daß die Newtonsche Physik keineswegs den harten rationalen Kern abgibt, von dem ausgehend Kant seinen nicht allein physikalischen, sondern ebenso metaphysischen Entwurf und poetischen Traum vom Weltall entfaltet. Zudem ist seine Theorie höchst eklektizistisch: sie läßt sich ebenso wie auf Newton auch auf Descartes, Galilei, Durham, Henry More, Bruno oder Leibniz beziehen, wie sie sich auch mit allen, einschließlich Newton, in Widerspruch befindet.

Schließlich werden von Kant die stoischen Atomisten und Kosmologen wie Demokrit, Leukipp, Epikur und Lukrez – und zwar mit Recht – als Vorläufer seiner Theorie erinnert. Und dies ist ein Hinweis auf eine weitere Auslegungsmöglichkeit, die von der bürgerlichen Kant-Philologie – sieht man von F. A. Lange einmal ab, der in seiner Geschichte des Materialismus die *Theorie des Himmels* gleichrangig neben die *Kritik der reinen Vernunft* stellt[3] – weitgehend verleugnet wird: nämlich das materialistische Moment des frühen Kant. Die antiken Atomisten, auf die Kant sich bezieht, und der Spinozismus, den er strikt verleugnet, verweisen auf Spuren des historisch verdrängten Materialismus und Dynamismus in Kants Werk. Von Friedrich Engels über Ernst Bloch bis zu neuesten DDR-Veröffentlichungen besteht deswegen innerhalb des Marxismus die Auffassung[4], die hier 1755 entwickelte dynamische Materietheorie und Kosmologie sei als Vorgeschichte des dialektischen Materialismus zu lesen. In der Tat ist unmittelbar nach der Schöpfung des primären Materienebels das produktive Spiel der Materie von Gott abgekoppelt; Gott wird zum Dieu Fainéant. Entstehen und Funktionieren des Kosmos sind von jeder göttlichen Intervention emanzipiert. Die universalen Grundkräfte von Attraktion und Repulsion bilden durch ihr polares Gegeneinander Weltkörper und Astralsysteme. Sie mediatisieren die Schöpfungspotenz und Gottesherrschaft zu einem immanenten, gesetzlich geregelten und universalgeschichtlich vom Chaos zur Ordnung fortschreitenden Prozeß der Materie und nur der Materie.

Nun gerät die materialistische These selbst in der Fassung Blochs, der mit Recht die dynamische Qualitätsbestimmung der materiellen Körper als avanciert herausarbeitet, in Schwierigkeiten. Es läßt sich nämlich zeigen, daß die materiekonstituierenden Grundkräfte von Attraktion und Repulsion sich aus den von Kant genannten Bezugsfeldern nicht rechtfertigen lassen: weder aus der antiken Atomistik noch aus Newtons Physik reiner Körper oder irgendeiner anderen zeitgenössischen Physik gehen Gleichursprünglichkeit *und* Universalität von Attraktion und Repulsion hervor. Insbesondere die Universalität der Repulsion ist als Grundkraft des Universums analog zur Newtonschen Gravitation nicht demonstrierbar.

1.3. »ENTWICKLUNG DER GROSSEN ORDNUNG DER NATUR«

Im Denken Kants ist die dynamische Materietheorie nahezu das einzige unveränderte Theoriestück, das kaum modifiziert vorkritische wie kritische Epoche durchläuft. Es handelt sich um eine lebenslange, gerade darum bedeutsame Grundüberzeugung Kants.

Wenn sie sich aber weder aus der Himmelsmechanik noch aus der Physik reiner Körper noch aus der Atomistik plausibel begründen läßt, besteht als offene Frage fort, was denn das Substrat ist, woran sich der Verband polarer Kräfte, Attraktion und Repulsion, aufweisen läßt. – Dazu ist zunächst der Materiebegriff Kants im Zusammenhang seiner Kosmologie zu entwickeln.

> Ich nehme an: daß alle Materien, daraus die Kugeln, die zu unserer Sonnenwelt gehören, alle Planeten und Kometen bestehen, im Anfange aller Dinge in ihren elementarischen Grundstoff aufgelöset, den ganzen Raum des Weltgebäudes erfüllet haben, darin jetzo diese gebildete Körper herumlaufen. (Th. d. H. A 27)

Dieser homogen verteilte, »herumschwebende() Grundstoff« (ebd. A 53) ist die »Grundmaterie selber« (ebd. A 107) »in einer allgemeinen Zerstreuung« (ebd. A 22). Man kann dazu auch Urstoff oder Urmaterie sagen (ebd. XXIV).

> Dieser Zustand der Natur, wenn man ihn, auch ohne Absicht auf ein System, an und vor sich selbst betrachtet, scheinet nur der einfachste zu sein, der auf das Nichts folgen kann. (...) Die Natur, die unmittelbar mit der Schöpfung grenzete, war so roh, so ungebildet als möglich. (Th. d. H. A 27)

Uranfängliche Natur ist »das Chaos« (ebd. A 27ff., 102, XLVIf. u. ö.). Mit diesem Begriff hat Kant zugleich jene grundlegende Markierung gefunden, die die Bildungsgeschichte des Universums strukturiert: Chaos und Ordnung.

> Ich habe, nachdem ich die Welt in das einfachste Chaos versetzt, keine andere Kräfte als die Anziehungs- und

Pierre Simon Laplace: Die Entstehung des Planetensystems aus dem rotierenden Urnebel. (1796)
»Ich nehme an: daß alle Materien, daraus die Kugeln, die zu unserer Sonnenwelt gehören, alle Planeten und Kometen bestehen, im Anfange aller Dinge in ihren elementarischen Grundstoff aufgelöset, den ganzen Raum des Weltgebäudes erfüllet haben, darin jetzo diese gebildete Körper herumlaufen. Dieser Zustand der Natur ... scheinet nur der einfachste zu sein, der auf das Nichts folgen kann. ... Die Natur ... war so roh, so ungebildet als möglich.« (I. Kant, Theorie des Himmels, 1755)

> Zurückstoßungskraft zur Entwickelung der großen Ordnung der Natur angewandt, zwei Kräfte, welche beide gleich gewiß, gleich einfach und zugleich gleich ursprünglich und allgemein sind. (Th. d. H. A XLVI f.)

Diese Markierung von Ordnung und Chaos kann als die Urabgrenzung der Kantschen Philosophie gelten. Zeitlebens wird sie jenen diakritischen Blick bestimmen, der gleichsam die Einheit von vorkritischer und kritischer Philosophie bildet. Chaos und Ordnung bilden die Grundstruktur des Kantschen Naturbegriffs, der auf die gesetzliche Ordnung durch Transformation des chaotischen Mannigfaltigen in der Wahrnehmung zielt; und sie bilden Grundmotive der moralischen Selbst-Konstitution, die über Grenzziehungen und operative Ausschließungen sich als Bildungsgeschichte sittlicher Vernunft aus dem Chaos der sinnlichen Antriebe und der Anarchie der Wünsche versteht. Innerhalb der Kosmologie dagegen ist der Gegensatz von Chaos und Ordnung nicht neu. Er geht auf den Gegensatz von Tohuwabohu und Schöpfungsordnung in der biblischen Urgeschichte und antike Kosmologien zurück, findet sich aber z. B. auch in der berühmten Wirbeltheorie Descartes'. In dem cartesianischen Lehrgedicht »Principes de Philosophie« von Genest, das der von Kant gern gelesene und geschätzte B. H. Brockes übersetzt hat, heißt es:

D'abord d'un noir Cahos on se fait les Images
Un mêlange confus brouille les Elemens,
Ou l'Esprit n'apperçoit, que les Renversemens.
Tout est obscurci de Nuages.
Mais quand des Elemens du Cahos dégagez,
En leur rang furent partagez;
Les Astres asservis à de reglez usages,
Le Monde eut de sûrs Fondemens;
Il montra ses beautez et ses Arrangemens.

Brockes übersetzt:

Am Anfang stellt man sich ein schwartzes Chaos vor.
Ein wild Gemisch verwirrt die Elementen alle,
So daß der Geist sonst nichts erblickt, als nur,
Wie alles durch einander walle.
Denn alles ist verhüllt in dunckler Wolcken Flohr.
Allein, so bald der Elementen Schaaren,
Vom Chaos abgetrennt, in ihrer Ordnung waren;
So bald als das Gestirn in seinem Lichte stund;
Bekam dadurch die Welt den festen Grund;
Es zeigte sich die Schönheit, Ordnung, Pracht.[5]

Das seien Bilder einer »Poésie antique«, die Genest nun durch solche der Descartes'schen Wirbel- und Äthertheorie abzulösen gedenkt. Auch Kant löst sich von der Elementenlehre und besonders der biblischen Urgeschichte, wenn er die galaktischen und metagalaktischen Systeme durch das gesetzliche Wirken der

Materie aus dem Chaos hervorgehen läßt. Anziehungs- und Zurückstoßungskraft bringen in den chaotischen Urnebel jene Dynamik hinein, die zur Produktion immer höherer Ordnungen treibt – ohne jede Intervention Gottes. Denn die homogene Verteilung der Urmaterie im Chaos dauert »nur einen Augenblick«: Die Elemente haben wesentliche Kräfte, einander in Bewegung zu setzen, und sind sich selber eine Quelle des Lebens. Die Materie ist sofort in Bestrebung, sich zu bilden (Th. d. H. A 29).

Kant denkt das Chaos als einen Grenzzustand, der freilich spekulativ vorauszusetzen ist, um den primären Bildungsprozeß der Materie von einem ihm Vorhergehenden abheben zu können. Die dynamischen Momente der Materie, nämlich Attraktion und Repulsion, beginnen unmittelbar *mit* der Materie den Prozeß der Körperproduktion.

Und zwar verändert die Attraktion (bzw. die Newtonsche Gravitation) die homogene Materieverteilung so, daß Verdichtungen der Materie – Kant sagt: »Klumpen« – entstehen. Bestände allein die Attraktion, so würden »zuletzt ... verschiedene Klumpen bestehen ..., die nach Verrichtung ihrer Bildungen durch die Gleichheit der Anziehung ruhig und auf immer unbewegt sein würden«. (Th. d. H. A 29)

Um nun nicht nur starre, sondern dynamische Systeme konstruieren zu können, führt Kant die zur Attraktion polare Repulsion ein:

> Allein die Natur hat noch andere Kräfte im Vorrat, welche sich vornehmlich äußern, wenn die Materie in feine Teilchen aufgelöset ist, als wodurch selbige einander zurück stoßen und durch ihren Streit mit der Anziehung diejenige Bewegung hervor bringen, die gleichsam ein dauerhaftes Leben der Natur ist. (Th. d. H. A 29)

Die Repulsion hat somit die Funktion, den senkrechten Fall der Materieteilchen auf die »Klumpen« zu verhindern und zur Kreisbewegung abzulenken (ähnlich einer Wirbelbewegung). Damit hat Kant das Gefüge des Universums aus dem Antagonismus der Grundkräfte hergeleitet. Während Newton aber, auf den Kant sich bezieht, nur von Attraktion (Gravitation) spricht, ist für Kant »dauerhaftes Leben« – nämlich das dynamische System – nur möglich, wenn Attraktion in Verbund mit einer

Leonhard Euler: Schema der Vielheit der Welten. (1744)
Wie nahezu alle Astronomen und Philosophen vor ihm nahm auch Kant wie selbstverständlich »Bewohner der Gestirne« an und widmete ihnen eine Theorie ihrer Beschaffenheit im Verhältnis zur Entfernung zum Zentralkörper und der Dichtigkeit der Materieverteilung. Der französische Frühaufklärer Fontenelle unterhielt mit solchen Spekulationen die Hofgesellschaft – mit großem Erfolg. Der Spott über den Wunsch, im unendlich gewordenen Weltraum verwandte Existenzen anzutreffen, ließ nicht auf sich warten. Auch Kant wußte darum: »Diejenigen Kreaturen, ... welche die Wälder auf dem Kopfe eines Bettlers bewohnen, hatten schon lange ihren Aufenthalt vor eine unermeßliche Kugel, und sich selber als das Meisterstück der Schöpfung angesehen, als einer unter ihnen, den der Himmel mit einer feinern Seele begabet hatte, ein kleiner *Fontenelle* seines Geschlechts, den Kopf eines Edelmanns unvermutet gewahr ward. Alsbald rief er alle witzige Köpfe seines Quartiers zusammen, und sagte ihnen mit Entzückung: wir sind nicht die einzigen belebten Wesen der ganzen Natur: sehet hier ein neues Land, *hie wohnen mehr Läuse.*« (Theorie des Himmels, 1755)

Gegenkraft, der Repulsion, gedacht wird. Nur das Ineinanderwirken antagonistischer Richtungskräfte (»Streit«) der Materie sichert das Universum davor, daß entweder alle Materie in einem einzigen Punkt zusammenstürzt (Grenzfall absoluter Implosion, wie Schelling später sagt) oder in gestaltloser, körperloser und chaotischer Zerstreuung sich befindet (Grenzfall absoluter Explosion, nach Schelling).
Die primäre Materieverklumpung muß dabei von so ungeheurem Ausmaß gedacht werden, daß sie für alle Zeiten »einen allgemeinen Mittelpunkt des ganzen Welt-Alls« darstellt (Th.d.H. A 117, vgl. »Bildung der Zentralmasse«, A 110). Bezogen auf diese »Zentralmasse« ist der Systemcharakter des Universums gesichert, weil jedes Materialteilchen, jeder Stern, jedes Subsystem »eine allgemeine Beziehung auf den Mittelpunkt« hat, »welcher der erste Bildungspunkt, und das Zentrum der Schöpfung durch das Anziehungsvermögen seiner vorzüglichen Masse« ist (Th.d.H. A 114).
Diese spekulative Konstruktion des Alls sieht Kant bei Alexander Pope, neben Haller seinem bevorzugten Gegenwartsdichter, bestätigt.
Er zitiert:

Schau sich die *bildende Natur* zu ihrem großen Zweck bewegen,
Ein jedes *Sonnenstäubchen* sich zu einem andern Stäubchen regen,
Ein jedes, das *gezogen wird*, das andere wieder *an sich ziehn*,
Das nächste wieder zu umfassen, es zu *formieren* sich bemühn.
Beschaue die *Materie* auf tausend Art und Weise sich
Zum *allgemeinen Centro drängen*. (Th.d.H. A 21)

1.4. SCHWIERIGKEITEN MIT DER REPULSION

Popes physikotheologisches Denken hilft Kant freilich nicht aus den Aporien seiner Kosmologie. Zudem sind die Parallelen oberflächlich. Pope versteht unter dem »allgemeinen Centro« Gott, nicht eine Zentralmasse. Den Bau des Alls als System will

Kant nicht aus transzendenten Prinzipien, sondern den immanenten Strukturen der Materie erklären. Aber auch hierfür sind Pope wie auch Newton, die beide Kant zu Zeugen anruft, keine Gewährsleute. Pope geht nämlich, darin ganz Newtonianer, von nur einer Grundkraft aus, der Gravitation. Und wenn Kant aus der »Newtonischen Weltweisheit« die Gleichursprünglichkeit, Gewißheit, Einfachheit und Allgemeinheit von Attraktion und Repulsion zu entnehmen können glaubt, täuscht er sich: derartige spekulative Geschäfte delegierte Newton an die Theologie oder behandelte sie allenfalls als »Queries« in den *Opticks*. Kant spürt diese Ungewißheit bezüglich der Repulsion, die er als Grundkraft benötigt, um den antagonistischen Aufbau von Körpern behaupten zu können. Er weiß auch, ein wie schlechter Gewährsmann Newton ist: »Beide (Grundkräfte, d. Vf.) sind aus der Newtonischen Weltweisheit entlehnet. Die erstere (Attraktion, d. Vf.) ist ein nunmehro außerzweifelgesetztes Naturgesetz. Die zweite (Repulsion, d. Vf.), welcher vielleicht die Naturwissenschaft des *Newton* nicht so viel Deutlichkeit als die erstere gewähren kann, nehme ich hier nur in demjenigen Verstande an, da sie niemand in Abrede ist, nämlich bei der feinsten Auflösung der Materie, wie z.E. bei den Dünsten«. (Th.d.H. A XLVII)

Mitnichten also wird die Repulsion der Himmelsmechanik Newtons entnommen, sondern als »ein unstreitiges Phaenomenon der Natur« dem Chemismus der Ausdünstungen und Gerüche (ebd. A 29f.).

Dieser seltsame Tatbestand läßt vermuten, daß Kant die Repulsionskraft eher den zeitgenössischen sozialhygienischen Vorstellungen über Ausdünstung und Ansteckung entnimmt als der Himmelsphysik.

Doch muß hier zunächst berücksichtigt werden, daß diese Ableitung der Repulsion in Kants Werk eine gewisse Einmaligkeit hat. Sicher ist, daß Kant vom Frühwerk bis in die reife Philosophie die Repulsion für eine universale Grundkraft der Materie hält – und dies bleibt auslegungsbedürftig auch dann, wenn Kant sonst die Repulsion eher durch Phänomene wie den Gasdruck oder die Springkraft von Federn erläutert. Daß damit die Repulsion auch als Grundstruktur galaktischer Systeme plausibel wäre, wird niemand behaupten wollen.

Dagegen kann Kant die Attraktionskraft (das Newtonsche Gravitationsgesetz) als universale Grundkraft setzen. Daß sie zur Konstruktion der Materie nicht hinreicht, liegt daran, daß Kant die Attraktion für zwei Probleme als nicht erklärungsmächtig ansieht: (1) für die Erklärung der Körper durch dynamische Raumerfüllung (Undurchdringlichkeit) und (2) für die Erklärung der Entstehung der Planeten- und Astralsysteme. Mit der Einführung der Repulsion geht Kant über die Newtonsche Physik spekulativ hinaus. Er kann dies, weil er in den 50er und 60er Jahren nicht jene strikte Trennung von theoretischer und spekulativer Physik macht, die für Newton grundlegend war. Selbst wenn Kant mit Newton die spekulative Frage nach der Ursache der Kräfte und Naturgesetze für unbeantwortbar hält, so ist gleichwohl die Kantsche Frage nach der Weltentstehung ein Teil spekulativer Physik. Und hier stößt Kant auf ein Problem, das sich Newton, der nur die Gravitationskraft mathematisch darstellen wollte, im Rahmen seiner Physik jedenfalls gar nicht stellte: wie es denn überhaupt zu der Ablenkung der Materieteilchen (oder Planeten) aus dem freien Fall auf den Zentralkörper in die Kreisbewegung hat kommen können. Kant hat die Bahnen der planetarischen Körper nur spekulativ dadurch erklären können, daß sie genau jene stabile Linie des Gleichgewichts von attraktiven und repulsiven Kräften darstellen. In der *Theorie des Himmels* wie auch in der Kosmogonie der Schrift *Der einzig mögliche Beweisgrund zu einer Demonstration des Daseins Gottes* von 1763[6] besteht der Grund zur Einführung der Repulsion also darin, erklären zu müssen, warum die Gesamtmasse des Universums nicht in die Zentralmasse stürzt bzw. warum nicht bloß ein bewegungsloses System starrer Materieklumpen entstanden ist –: was nämlich, nach Kants Ansicht, auf der Grundlage der Annahme nur der Gravitation als einziger Grundkraft der Materie zwangsläufig hätte geschehen müssen.

Mit der spekulativen Einführung der Repulsion in die Theorie des Himmels hat Kant nun zweifellos einen Durchbruch im Blick auf eine dynamische Theorie der Materie erzielt – was ihm zu Recht als Verdienst angerechnet wird; doch bleibt die Herkunft der Repulsion – besonders im Rahmen der Himmelsmechanik – dabei absolut unklar. Er versucht darum, in seiner Habilitationsschrift *Monadologia Physica* (1756), dem Aufsatz

Versuch, den Begriff der negativen Größen in die Weltweisheit einzuführen (1763) sowie in der auf der Höhe der kritischen Philosophie abgefaßten Schrift *Metaphysische Anfangsgründe der Naturwissenschaft* (1786) – Kant versucht also hier, die Repulsion als Grundkraft auf dem Weg zu erweisen, sie mit dem Begriff des Körpers als dynamischer Raumerfüllung zu verbinden. Und hierbei tritt die lebensweltliche Herkunft der Repulsionskraft hervor.

1.5. DIE LEIBLICHE HERKUNFT DER MATERIETHEORIE

Im Gegensatz zu Leibniz, der in der Monadologie Struktur und Einheit der Monaden als durch die Vorstellungskraft gebildet ansieht, geht es Kant programmatisch um »physische Monaden«, um die materielle »Natur der Körper« (Monadologia Physica, I, 545). Das Problem ist: wie kann man die raumerfüllende Kompaktheit (vero extensio definita) von Körpern zugleich mit ihrer Verbindung (colligatio elementorum) denken?

> »Da man ..., setzt man bloß eine zurückstoßende Kraft, nicht in der Lage ist, die Verbindung der Elemente, um Körper zusammenzusetzen, zu verstehen, sondern eher die Zerstreuung, setzt man aber bloß eine anziehende, zwar die Verbindung, nicht jedoch die bestimmte Ausdehnung und den Raum« (I, 519/21) zu verstehen ist, so ist die Ansetzung zweier komplementärer Kräfte notwendig.

Da dieses Konzept, wie in der *Theorie des Himmels*, darin besteht, die Materiestruktur aus dem antagonistischen Ineinander polarer Kräfte zu verstehen, ist Kant, nicht ganz zu Unrecht, als ein Vorläufer des dialektischen Materialismus angesehen worden. Eher trifft zu, daß Kant hier die Trennung von spekulativer und realer Physik überspielt, indem er die Struktur von Monaden aus der Realdynamik der Materie, diese aber eben spekulativ erklärt.

Im Gegensatz zur *Theorie des Himmels* setzt Kant in der *Monadologia Physica* als erste Grundkraft die Repulsion. Dies wird bis in die *Metaphysische Anfangsgründe der Naturwissenschaft* so bleiben, ist also Kants endgültige Meinung.

Körper, so wissen wir lebensweltlich, sind solide. Kant aber –

und dies ist seine Pointe – erklärt die Undurchdringlichkeit nicht als Attribut der Existenz von Körpern, sondern als konstituierende Kraft, nämlich die Zurückstoßungskraft (vis repulsiva) (so auch MA A 31ff.). Sie bewirkt, »jedes Äußere von einer weiteren Annäherung« (1, 547) abzuhalten. Repulsion ist also ein Mechanismus zur Aufrechterhaltung der Körpergrenzen, ja der Selbstbehauptung des Körpers bei Einwirkung von außen. Aus der lebensweltlichen Erfahrung bei »Berührung«, »Druck«, oder »Stoß«, wobei der »Widerstand« des Körpers gegen Druck wächst, generalisiert Kant diese Repulsion zur Grundkraft der impenetrabilitas, der Undurchdringlichkeit (so auch MA A 40). Diese Generalisierung scheint insofern legitimiert, als die Erfahrung des »Widerstands«, der »Tätigkeit« (1, 547) des Zurückstoßens im physikalischen Begriff der Elastizität (1, 561f.), experimentell überprüfbar an Federn und Gas (Pumpen), naturgesetzliche Allgemeinheit annimmt.

Was wir wissen, daß nämlich der Widerstand unseres Leibes gegen zusammenpressenden Druck wächst, ist aufgrund der Gas- und Federphysik für Kant sogleich hinreichend, Repulsion als Grundkraft anzunehmen.

Die »Tätigkeit« nur der vis impenetrabilitatis würde nun zu einer allgemeinen Materiezerstreuung (dissipatio) ohne Körperidentität führen, wenn nicht die Attraktion im Zusammenspiel mit der Repulsion dafür sorgen würde, daß Körper »von einer bestimmten Schranke umschlossen« sind (1, 549). Die Körpergrenze ist definiert als die Grenze, an der Repulsion und Attraktion genau gleich sind (1, 551); Kant nennt sie: limitas impenetrabilitatis, limitas spatii. Die vom Zentrum »nach außen« tätige, sphärisch ausgebreitete Repulsion (1, 549) und die »nach innen« gerichtete Attraktion bilden das dynamische Spiel des Körpers, durch das allererst ein »Gefüge der Körper« (1, 547) gebildet wird. Dieses polar-dynamisch strukturierte »Gefüge« ist, da beide Kräfte durch Spannungsgrade (gradus intensitatis) charakterisiert sind (1, 547, 549, 553), als ein intensives, konkurrierendes Gegeneinander engender und weitender Kräfte zu verstehen.

Es ist deutlich, daß mit dieser Auslegung die Grenze zwischen der Physik der Körper und der Philosophie des Leibes überschritten ist. Dies genau aber scheint die – von Kant selbst unbegriffene – Pointe seiner Theorie von Repulsion und Attraktion zu sein. Die metaphysischen Anfangsgründe der Physik sind leiblich fundiert.

Dies nun ist eine in der Perspektive von Hermann Schmitz vorgetragene Reformulierung der Kantschen Metaphysik der Materie.[7] Es gilt also, sie als eine »Physik« des eigenen Leibes – als des Verdrängten und Verdeckten der Vernunft (und der Physik) – zu entziffern.

Man wird dabei von der schlichten Tatsache auszugehen haben, daß es für Kant keinerlei Beweis für die Universalität der Repulsion gab. Beispiele aus der Physik der Elastizität, der Chemie der Ausdünstung etc., die Kant als Plausibilitätsbeweis ansah, sind im Blick auf die Universalität der Repulsion als »Metaphern« zu verstehen – als Übertragungen nämlich eigenleiblicher Erfahrung von Weitung (in Konkurrenz zur engenden Attraktion) in die Sphäre physikalischer Körper. Deutlich wird dies bei den Grenzfällen von Attraktion und Repulsion – jenen spekulativen Zuständen der Materie also, wo diese entweder in unlimitierter Zerstreuung oder konzentriert in einem Punkt gedacht wird: dies sind Grenzzustände, Körper ohne »Gefüge« – also ihre Auflösung. Für diesen Gedanken Kants gibt es nun keine physikalische, wohl aber eine leibliche Erfahrungsspur: nämlich die privative Weitung (Repulsion ohne Attraktion) und privative Engung (Attraktion ohne Repulsion) (so auch MA A 53 u. 57 u.ö.). In der Philosophie des Leibes gesprochen, sind dies – in mystischer Entgrenzung etwa bzw. in größter Angst – erlebbare Grenzzustände der Auflösung des im Leibe fundierten Selbstbewußtseins, das sich behaupten nur kann im intensiven Rhythmus der *zugleich* wirksamen Tendenzen von Engung und Weitung.[8]

Die Theorie der Körper scheint also – unbewußt – ihre Struktur dem fluktuierend abgegrenzten eigenen Leib zu entlehnen. Dessen dynamischer Verband von Repulsion und Attraktion wird *projiziert* auf die Körperwelt und das Universum. Auf diese Weise geht der gespürte eigene Leib in die philosophische Grundlegung der Physik ein.

In der *Theorie des Himmels* oder der Metaphysik reiner Körper (*Monadologia Physica*) – in größtmöglicher Distanz also zu sich selbst – formuliert Kant, was gleichwohl nur im allernächsten,

Hildegard von Bingen: Die zweite Vision. (um 1165)
Die unbewußte Projektion des am eigenen Leib Gespürten auf den gesamten Kosmos beim jungen Kant verweist auf verdrängte Traditionsströme des Denkens: das in Mystik, Pansophie und Alchemie entfaltete, hermetische Wissen um die Kongruenzbeziehungen zwischen Mikro- und Makrokosmos. Der menschliche Leib ist Kosmos Anthropos. In den kosmischen Visionen der mittelalterlichen Hildegard von Bingen – im Bild unten links –

ist in den umfangenden Leib der göttlichen Schöpfungskraft das Universum und in dieses der Kosmos-Leib des Menschen eingezeichnet. Rätselhafte Linien chiffrieren das kosmographische Mysterium der universalen harmonischen Durchdringung von Leib, All und Gott.

dem eigenen Leib, gegeben ist. Seine Theorie der Körper ist nicht Physik vom Außen der Körper, sondern vom Innen des Leibes, dem eigenleiblichen Spüren. Als solches aber ist es verdrängt – ausgegrenzt aus dem Diskurs der Metaphysik und ist doch dessen geheimes Anderes. Deutlich drückt sich darin die Entfremdung vom Leibe in der Kantschen Philosophie aus, so allerdings, daß am reinen Körper, der physischen Monade, wiederkehrt, was aus dem Denken und der Praxis Kant exterritorialisiert hat. Vielleicht ist die Bereitschaft, gerade Kants Theorie der Repulsion und Attraktion zu beerben – man denke an Fichte, Schelling, Hegel, Schopenhauer und Engels –, als Gespür davon zu interpretieren, daß Kant hier wie nirgends sonst in seiner Philosophie, ohne Bewußtsein zwar, nah gekommen ist dem, was in der Philosophie seit Platon am radikalsten ausgeschlossen war: dem Leib, der nicht reiner Körper und nicht hinfällige Kontingenz (versus unvergänglicher Seele) ist, sondern das Fundament bildet von Selbstbewußtsein, Gefühlen und Handlungen und *darum* universale Strukturen der Erfahrung enthält.
Wie es Sinn nur macht, den dynamischen Verband von Attraktion und Repulsion in die Metaphysik einzuführen, wenn er vom Leibe her gedacht wird, so gilt dies auch für den *Versuch (,) den Begriff der negativen Größen in die Weltweisheit einzuführen* (1763). Diese Schrift zieht die Folgerungen aus dem Prinzip der dyadischen Grundkräfte »weit über die Grenzen der materialen Welt« hinaus (Negative Größen, I, 813).
Den »conflictus« (I, 812 u.ö.) realentgegengesetzter Kräfte demonstriert Kant an physikalischen Phänomenen wie Wärme und Kälte, Druck und Gegendruck, Plus- und Minuspol im Magnetismus und der Elektrizität. Doch überschreitet er die Sphäre materialer Körper und sucht Vergleichbares in der intellektuellen, psychischen und moralischen Sphäre. Beispiele, die er anführt, sind Lust und Unlust, Liebe und Haß, Schönheit und Häßlichkeit, Tugend und Laster, Geiz und Freigebigkeit, Lachen und Ernst etc. –: alles dies sind polare Kräfte wie Repul-

sion und Attraktion deshalb, weil das Eine nicht aufgehoben werden kann durch seine logische Negation, sondern nur durch die »Realentgegensetzung« der wirkenden Kraft eines polar Anderen (1, 804). Spekulativ setzt Kant einen Parallelismus zwischen materialen und geistigen Naturen (1, 804, 809/10, 813–15). Begierde etwa, Lachen oder Gram »wegzubekommen«, ist »Tätigkeit«, »Anstrengung«, »Überwindung« in *genau* der Weise, wie ein Leib arbeitend gegen eine drückende Last sich stemmt. Das Schema leiblicher Erfahrung bildet als unbewußte Struktur das Fundament der Physik der Körper nicht nur, sondern auch der psychosozialen Vermittlungen.

In der ein Jahr späteren Schrift über das *Gefühl des Schönen und Erhabenen* (1764) werden die Charaktere weiblicher Schönheit und männlicher Erhabenheit deutlich dem polaren Schema von Attraktion und Repulsion nachgebildet. Nicht unwahrscheinlich ist es, daß Kant unbewußt die Geschlechterpolarität nach einem leiblichen Modell entwickelt hat derart, daß der psychosoziale Charakter des Mannes in der vis impenetrabilitas und der repulsiv gepanzerten Abgrenzung gegen (bedrohlich weibliche) Attraktivkraft fundiert wird, der Charakter der Frau dagegen in der verschlingenden Penetrabilität ihrer Attraktion. Das Schöne zeigt seine »Gewalt« und »geheime Zauberkraft« in der verlokkenden erotischen »Anziehung« des weiblichen Körpers (1, 850/2), das Männlich-Erhabene in der widerstehenden Kraft moralisch abgegrenzter Selbstbehauptung des männlichen Körpers.

Die Verdrängung des Leibes ist dafür verantwortlich, daß Kant das Konstrukt der »negativen Größen« in seiner Herkunft aus dem leiblichen Spüren nicht durchschauen kann. Die Rede über den Leib (nicht die über den diätetisch zu behandelnden Körper) steht bei Kant unter Zensur. Nirgends zeigt sich dies deutlicher als dort, wo Kant über die leibliche Fundierung der Seele sprechen darf – nämlich unter dem Titel »Träume der Metaphysik«: nur im ver-rückten Diskurs findet der tabuierte Leib einen genauen und sensiblen Ausdruck (Geisterseher A 19–22).[9] In der philosophischen Rede dagegen bleiben Widersprüche und Disproportionen eigentümlich unbemerkt. Während in der *Theorie des Himmels* die Attraktion (durch Newton) als erwiesen angesehen wird und die Repulsion spekulativ bleibt, ist es in den nachfolgenden Schriften genau umgekehrt. In der *Monado-*

logia Physica und den *Metaphysischen Anfangsgründen* kann von der phänomenalen wie physikalischen Gegebenheit repulsiver Kräfte – als Widerstand der Körper gegen Penetration – ausgegangen werden; doch entspricht ihr innerhalb der physikalisch erfahrbaren Welt die Attraktion *nicht*. Denn die Gravitation wird nicht als Anziehung, höchstens als Schwere spürbar. So führt Kant in den *Metaphysischen Anfangsgründen* die Repulsion als *erste* Grundkraft ein, kann sie aber nicht, wie vom transzendentalphilosophischen Ansatz her erfordert ist, apriori begründen. Und umgekehrt scheint Attraktion nicht »mit dem Begriffe einer Materie« (MA A 55) gegeben, sondern »durch Schlüsse beigefügt« zu sein. Der Grund dafür ist: Repulsion ist »allein unmittelbar« durch »unsere Sinne«, durch den »Sinn des Gefühls« gegeben, nämlich in »Beziehung auf Berührung« – dies ist die verhüllte Sprache leiblichen Spürens. Wohingegen Attraktion durch »gar keine Empfindung« spürbar sei und darum »uns als Grundkraft so schwer in den Kopf will« (MA A 57). Das Verhältnis a priori von Attraktion und Repulsion ruht hier also auf der leiblichen, durch Empfindung gegebenen Erfahrung allein der Repulsion im Falle der »Berührung« mit einem anderen Körper, der in den eigenen einzudringen strebt. Repulsion ist darum noch im Spätwerk weniger als physikalische Grundkraft denn als ursprünglich empfundene »Selbstbehauptung« des eigenen Leibes sinnvoll verstehbar. Man wird davon auszugehen haben, daß die Grundüberzeugung Kants von der polaren Struktur von Attraktion und Repulsion niemals hinreichend deduziert wird. Dies zwingt dazu, die zu Recht unterstellte Gleichursprünglichkeit beider Kräfte dort zu situieren, wo im polaren Verband, auf gleicher Ebene, gleichursprünglich und allgemein sie gegeben sind – in »innere(r) Erfahrung« (1, 803), wie Kant einmal sagt, worin das tabuierte eigenleibliche Spüren zu dechiffrieren ist.

Diesseits seines rationalen Kerns ist das Kantsche Nachdenken über metyphysische Anfangsgründe des dynamischen Materiebegriffs als hochentwickelte Form der Abwehr zu verstehen. Durch die Rede über physikalische Körper zieht sich vom Frühwerk bis in die reife Philosophie das Gemurmel über den Leib. Es scheint, daß nicht nur literarischen, sondern auch philosophischen Texten jene Doppelstruktur des Kompromisses eigentümlich ist, unter gesetzten Bedingungen vernünftiger Rede und des öffentlichen Diskurszusammenhangs das Verdrängte und Zensierte zulassen zu können. Die Zensur der Rationalität verhüllt die Rede über den Leib im Sprechen über physikalische Körper, erzeugt hier aber unaufhebbare Brüche und Widersprüche der philosophischen Argumentation; wie umgekehrt das unzensierte und genaue Sprechen vom Leib (Geisterseher A 19–22) als irrationaler metaphysischer Traum aus der philosophischen Rede ausgesperrt wird.

1.6. VERDRÄNGUNG ODER REKONSTRUKTION DES LEIBES?

Hermann Schmitz versuchte als erster diese Ableitung des Kantschen Materie-Begriffs aus dem »eigenleiblichen Spüren«, indem er ihn als Projektion leiblicher Erfahrungen in die Natur rekonstruiert.[10] Spuren dieser Herkunft des Materie-Begriffs aus dem Leiblichen finden sich, so zeigt Schmitz, auch in weiteren Schriften. Freilich nur Spuren. Im striktesten Sinn bleibt Kant ein Denker des anthropologischen Dualismus, der Leib-Seele-Spaltung und der vom Primat des Intelligiblen her degradierten Leiblichkeit. Die These von Schmitz bleibt unvollständig zudem, solange an dem Mechanismus der Projektion, durch welchen Schmitz das Eigenleibliche an der Mechanik der Körper im Universum wiederkehren sieht, der Grund unaufgeklärt bleibt, der zu dieser Projektion führt. Denn dazu reicht als Erklärung die philosophiegeschichtliche »Verdeckung des Leiblichen« (Schmitz) nicht aus. Der Status solcher Kategorien wie »Verdeckung« und »Projektion« bleibt innerhalb der Schmitzschen Phänomenologie offen. Akzent gewinnen sie aber dann, wenn man ihre Nähe zur Psychoanalyse von Abwehrvorgängen realisiert. Dann nämlich erscheinen sie als Mechanismen des Unbewußten. Dieses freilich als strukturbildend für philosophische Systeme anzuerkennen, fällt Philosophen gewöhnlich schwer. Doch wird die Rationalität der Philosophie niemals vom Zweifel, bloße Rationalisierung zu sein, freikommen, wenn sie nicht vom Wirken unbewußter Motive selbst im Zentrum des Selbstbewußtseins, dem Cogito, sich zu überzeugen bereit findet. Darin, neben der ideologiekritischen Selbstreflexion, bestünde die zweite Aufklärung.

Von ihr sind wir historisch weit entfernt. Möglich aber ist, an einem Fall wie Kant zu demonstrieren, daß wesentliche Momente seines Systems unverstanden bleiben, wenn man sie nicht *auch* in einem psychogenetischen Sinn als Produktionen des Unbewußten interpretiert. Hinsichtlich der Projektion des Leiblichen auf die Materie heißt dies, daß eine solche großartige Projektion nicht verständlich ist allein aus der normativen Kraft philosophischer Tradition, also dem Leib-Seele-Dualismus. Dieser ist vielmehr selbst Symptom. Symptom nämlich innerhalb eines langfristigen europäischen Prozesses, durch welchen die Seele das Gefängnis des Körpers wurde (M. Foucault). Norbert Elias hat einen Teil dieser Geschichte der Modellierung der Affekte und Verdrängung des Leiblichen geschrieben; Hermann Schmitz stellt die bis auf Platon zurückgehende Geschichte der philosophischen Degradierung des Leibes dar. Dies sind Ansätze zur Erklärung jener großen Angst, welche um jene Sphäre gezogen wird, die als Quelle des Selbstbewußtseins zunehmend verleugnet wird. Der Leib als Raum, in dem wir heimisch sind, fällt unter Tabu, wenn Zivilisation – als Zuwachs der Selbststeuerung durch Vernunft – auf der repressiven Beherrschung, sublimierenden Umwandlung und Verdrängung der eigenleiblichen Regungen, Triebe und Wünsche beruht. Dies aber war und ist noch heute das europäische Zivilisationsmodell.

Auch wenn hier noch nicht differenziert hervortritt, welches denn bei Kant die unbewußten Motive für die projektive Herausverlagerung des Eigenleiblichen in die Sphäre der physikalischen Körper sind, so muß doch, schon aus methodologischen Gründen, davon ausgegangen werden, daß dort, wo Projektion herrscht, Unbewußtes im Spiel ist.

Gegen diese These von der unbewußten Verdrängung des Leiblichen scheint nun zu sprechen, was Kurt Hübner, Hans Georg Hoppe, K. O. Apel herausgearbeitet zu haben glauben –: nämlich, daß Kant im Opus postumum den Leib als Bedingung a priori von Erfahrung eingeführt habe, das sog. Leibapriori.[11] Erkenntnis wäre damit a priori im Leib fundiert. Dann wäre von seiner Verdrängung freilich nicht mehr zu reden. Schaut man genauer, so wird, was Hübner und Hoppe ausgearbeitet haben, gerade zum Argument für die Verdrängungsthese. Im Opus postumum wiederholt Kant strikt die These vom apriori-Charakter der repulsiven und attraktiven Kräfte. Sie gehen aus unserem Verstande hervor, »um selbst empirische Vorstellungen als Wahrnehmungen in Erfahrungen von der Beschaffenheit der Phänomene der Materie in Raum und Zeit zu verwandeln.« (O. p. I, 162). Repulsion und Attraktion also sind Bedingung der Möglichkeit von Physik. Kant sagt nun ferner: »Der Einfluß des Subjekts auf den äußeren Gegenstand und die Reaktion des letzteren aufs Subjekt machen es möglich, die bewegenden Kräfte der Materie und also auch diese selbst in Substanzen zu erkennen und für die Physik aufzustellen.« (O. p. II, 494). Insofern seien bewegende Kräfte als »an unserem Leib wirksam« vorzustellen – und daraus folge die Deduktion des Leibes (Hübner). Kant sagt ferner: »Die bewegenden Kräfte der Materie sind das, was das bewegende Subjekt selbst tut mit seinem Körper an Körpern.« (O. p. II, 326). Hier nun scheint die Herkunft von Attraktion und Repulsion aus dem Leiblichen anerkannt. Aber in welcher Weise?

Deduziert wird nämlich nicht der Leib, sondern dieser nur insofern, als er Instrument ist, also Experimente machen kann. Hoppe bemerkt zu Recht: »Daß das Subjekt einen Körper hat, besagt also, daß es Versuche tatsächlich anstellen kann.«[12] Gedacht wird von Kant an einen planmäßigen Einsatz des eigenen bewegenden Körpers so, daß an den anderen Körpern die bewegenden Kräfte sich zeigen, also wahrnehmbar und nach Regeln des Erfahrungszusammenhangs erkannt werden können. Der eigene Leib wird nach Hübner dadurch bestimmt, daß wir »ihn also gemäß der ›Erkenntnisbegehrung‹ der Vernunft in Tätigkeit setzen« u. d. h. Experimente machen. Dieses vernunftgemäße In-Tätigkeits-Setzen des Leibes ist es, was Kant im Opus postumum Selbstaffizierung nennt (z. B. O. p. II, 364/5). Die Verdrängung des Leibes bei Kant wird dadurch nicht widerlegt, sondern bestätigt. Nichts macht dies deutlicher als der Mechanismus der Rationalisierung, dem der Leib sich zu unterwerfen hat, um überhaupt einen Ort in Kants Philosophie zu erhalten. Es ist dies nämlich keinesfalls der sich im Spüren zeigende und aufdringende, als Quelle von Angst oder Lust qualifizierte, in

räumlichen Rhythmen von Spannung und Schwellung gespürte Leib. Sondern was deduziert wird, ist der von Vernunft zugerichtete reine Körper in seiner »Zweckmäßigkeit für Erkenntnis«, der Körper also, insofern er Experimente macht, also im Sinne eines Beobachtungsinstruments Datenmengen erzeugt.
Keineswegs also zeigt sich im Opus postumum eine Aufhebung der Verdrängung. Im Gegenteil geht Kant ihren Weg konsequent zu Ende, indem er den Leib jetzt – nennen wir es: als Körper der Vernunft interpretiert. Dies genau ist der beherrschte und entfremdete Leib, die radikale Außerkraftsetzung der ursprünglich leibgebundenen Herkunft von Attraktion und Repulsion und die rückstandslose Organisierung des Leibes nach den Regeln des Experiments. Sehen wir, wie Kant die – im Schema des Leibapriori – entwickelte Wahrnehmung nun bestimmt: »Wahrnehmung ist die empirische Vorstellung wodurch das Subjekt sich selbst in der Anschauung a priori afficirt und sich selbst zum Gegenstand nach einem Prinzip der Synthetischen Vorstellung a priori der transcendentalen Erkentnis macht nach dem System der Categorien und zur Physik übergeht.« (O.p. II, 461).
Dies kann man unschwer als Erzeugung von Datenmengen im Experiment entziffern, als Erzeugung des restlos vom Leib abgesperrten naturwissenschaftlichen Beobachters, der seinen Körper nur noch als unbetroffenes, fühlloses Element in der experimentellen Konstruktion kennt. Kant ist damit seinen Weg zu Ende gegangen: sind im Frühwerk die leiblichen Spuren in der Konstruktion der Grundkräfte selbst in ihrer Verkennung und Verdrängung noch bestimmbar, so ist der Leib, von dem jetzt gesprochen wird, die Körpermaschine als Konstrukt *apriori* der Vernunft.

2. Die Wiederkehr des Verdrängten in Medizin und Philosophie

2.1. GOETHES ENTDECKUNG: DAS LEIBLICHE FUNDAMENT VON ATTRAKTION UND REPULSION

Es ist Goethe, der in den Jahren seiner durch Schiller bestimmten Auseinandersetzung mit Kant zuerst das leibliche Fundament von Attraktion und Repulsion entdeckt. Es ist bekannt, daß die Freundschaft Goethes und Schillers von der kontroversen Auffassung über die Metamorphose der Pflanze sowie das Goethesche Urphänomen ihren Ausgang nimmt.[13] Schiller nennt letzteres im Sinne Kants eine bloße Idee, Produkt also der Vernunft ohne Fundament in der Erfahrung. Goethe dagegen, von konkreter Anschauung und leibnaher Erfahrung ausgehend, versteht das Urphänomen selbst als anschaubar – in einer Anschauungsform aber, die von Kant her als intellektuale oder intuitive Anschauung zu gelten hat, also die Grenzen der Vernunfterkenntnis überschreitet und deswegen nicht wissenschaftsfähig ist. Goethe hat es gegen solche Einwände des kritischen Kantianers Schiller schwer. Er denkt quer zur Erkenntnistheorie seit Descartes; das ist unzeitgemäß. Über Schiller vermittelt freilich kommt auch eine respektvolle Beschäftigung mit Kant in Gang.

Dabei ist nun bemerkenswert, daß Goethe gerade die Kantsche Naturphilosophie, also die Teleologie in der *Urteilskraft* und die *Metaphysischen Anfangsgründe*, sorgfältig studiert und in dem dynamischen Ineinander von Attraktion und Repulsion das bestätigt findet, was Schiller – mit Kant – als bloße Idee charakterisiert hatte: das Urphänomen – hier das des Leibes.

Es ist bekannt, daß Goethe von der Polarität realentgegengesetzter Dynamiken her dachte, und zwar nicht, um den »Begriff der negativen Größen in die Weltweisheit einzuführen«, sondern weil sich ihm in polarer Dynamik ein Strukturzusammenhang der Natur selbst erschloß. Das verbindet ihn mit der Naturphilosophie Schellings, aber auch Giordano Brunos. So nennt Goethe den Magneten ein Urphänomen, weil an ihm der intensive Antagonismus realentgegengesetzter Kräfte erfahrbar ist in *einem* Körper. Der Magnet ist Urbild aller Körper. Keinem Konzept Kants kommt Goethe näher als dem von Attraktion und Repulsion sowie dem der negativen Größen, doch nur, um darin sogleich von Kant sich wieder zu entfernen: indem er entsprechend seinen anschauungsorientierten und organologischen Überzeugungen den Kantschen Begriff der Materie übersetzt in die dynamische Polarität des Leibes und diese verallgemeinert zur Struktur des Lebens überhaupt. So notiert er in der *Campagne in Frankreich 1792* in Bezug auf die »Dynamik« der *Metaphysischen Anfangsgründe*:

> Ich hatte mir aus Kants Naturwissenschaft nicht entgehen lassen, daß Anziehungs- und Zurückstoßungskraft zum Wesen der Materie gehören und keine von der andern im Begriff der Materie getrennt werden könne; daraus ging mir die Urpolarität aller Wesen hervor, welche die unendliche Mannigfaltigkeit der Erscheinungen durchdringt und belebt.[14]

Hieraus kann nicht (wie der Text nahezulegen scheint) Kants Materiebegriff als grundlegend für das Goethesche Polaritätsdenken abgeleitet werden – etwa noch für das explizit leibliche Phänomen des Atmens, dessen rhythmischer Verband von Spannung und Schwellung Goethe in die von jedermann nachvollziehbare symbolische Allgemeinheit von Systole und Diastole gebracht hat. Vielmehr muß dem philosophisch häufig unsicheren Goethe (wie man der Beziehung zu Schiller entnehmen kann) die Kantsche Theorie von Attraktion und Repulsion als willkommene Bestätigung alter und aus leiblicher Sicherheit des Erlebens gefestigter Überzeugung begegnet sein. So auch stellt es Goethe, darin das Verhältnis zu Kant sicher richtiger als 1792 wiedergebend, im Jahre 1814 dar:

> Seit unser vortrefflicher Kant mit dürren Worten sagt: es lasse sich keine Materie ohne Anziehen und Abstoßen denken, (das heißt doch wohl, nicht ohne Polarität,) bin ich sehr beruhigt, unter dieser Autorität meine Weltanschauung fortsetzen zu können, nach meinen frühesten Überzeugungen, an denen ich niemals irre geworden bin ... (an Professor Schweigger am 25. 4. 1814)[15]

Als Denker situiert Goethe sich im »philosophischen Naturzustande« und entwickelt Erkenntnis »von seiner ungetrennten

Existenz« her (an Schiller 6. 1. 1798). Und dies heißt, Goethe denkt ausgehend von der leiblich fundierten »ursprüngliche(n) Empfindung als seien wir mit der Natur eins« (an Jacobi 23. 11. 1801).[16] Dies stellt den schärfsten Gegensatz zu Kant dar – einen Gegensatz, den der Kantianer Schiller deswegen akzeptieren konnte, weil er selbst unter den Gesten der Trennung und Entfremdung des Königsberger Philosophen litt. Am leichtesten konnte Goethe an Kant sich annähern, wenn er in dessen Texten gerade das spürte, was dieser verdrängt und in dessen unvordenklichen Evidenz Goethe stand –: dies ist der Leib. So reagiert Goethe empfindlich genau auf die Stelle in der Einleitung B der *Kritik der reinen Vernunft* (B 11/12), wo Kant am Beispiel des festen Körpers den Unterschied von analytischen und synthetischen Urteilen erläutert. Nach Kant ist Ausdehnung, Undurchdringlichkeit und Gestalt analytisch im Begriff der Materie enthalten, nicht aber Schwere, die erst durch Erfahrungsregeln mit dem Begriff zur Erkenntnis synthetisiert werden müsse. Goethe kommentiert (etwas lax im Stil von Paralipomena):

> p. 11 (Is Wird denn) die Ausdehnung eines Körpers (einf) wird eigentlich nur früher erkannt, weil (wir) das Auge früher ist als das Gefühl. Ausdehnung, Undurchdringlichkeit, Schwere, Schall sind doch alles (die) Prädikate, die zum Subjekt nothwendig gehören und nur daraus entwickelt werden, die Erfahrung findet sie ja nicht damit *verbunden*, sondern sie wird sie nur am Subjekt gewahr und zusammen machts den Begriff von Körper.[17]

Natürlich denkt Goethe hier an Kant vorbei – dies aber signifikant. Denn aufs deutlichste besteht er darauf, daß die Prädikate der Materie vom Leibe her bestimmt sind: sie werden »am Subjekt gewahr«. Für Goethe ist es der Leib, der den Begriff der Materie erschließt – als »Prädikate, die zum Subjekt notwendig gehören und nur daraus entwickelt werden«. Und es ist der Leib und die Sinnlichkeit, die die anderen Körper vom eigenen her bestimmen: das Auge ihre Ausdehnung, das Gefühl ihre Schwere. *Dies* glaubte Goethe in Kants Theorie der Attraktion und Repulsion bestätigt zu finden; was er aber wirklich fand, war – der verdrängte Leib Kants.

Es ist freilich nicht Goethe allein, der am Kantschen Materiebegriff gerade dessen verdrängtes Anderes hervorhebt. Kant hatte die dynamische Konstruktion der Materie streng auf die Mechanik fester Körper eingeschränkt, auf das also, was wenig später in der Romantik als toter Mechanismus bezeichnet wird. Organische Wesen und damit die Struktur des Lebens hatte Kant keinesfalls konstruieren wollen, es sogar für außerhalb der Möglichkeit von Wissenschaft erklärt. Es bleibt eine Paradoxie im Kantschen Denken, daß er gerade das Konstrukt, das wie kein anderes der Erfahrung des lebendigen Organismus entnommen ist, projiziert auf die leibfernste Sphäre der anorganischen Körper. Diese Projektion entsteht unter dem Druck der Zensur: weil im Kantschen System der Diskurs über den (eigenen) Organismus weitgehend unter Tabu steht, kehrt er wieder, unkenntlich gemacht, in der Rede über tote Materie. Gleichwohl ist Kant damit etwas gelungen: Ernst Bloch hat darauf hingewiesen, daß Kant hier entschieden, wenn auch bewußtlos, über die Grenzen einer Materietheorie hinweggeht, wo diese nur als Größe und Ausdehnung oder, wie bei den französischen Frühmaterialisten, als mechanisches Gebilde gedacht wird.[18] In der *Theorie des Himmels* beruft Kant sich auf »die Theorie des Lukrez oder dessen Vorgängers des Epikurs, Leukipps und Democritus« (Thd.H. A XXIV), eine Bezugnahme, die in der kritischen Philosophie undenkbar wäre. Und doch ist dieser Hinweis auf die antike Atomistik zutreffend. Dies erhellt besonders aus der Wirkungsgeschichte, die Kants Theorie der Materie in der Romantik und besonders bei Schelling hat: dessen Naturphilosophie bezieht sich auf die Atomistik ebenso wie auf Kants dynamischen Materiebegriff und versteht sich als »dynamische Atomistik«[19], bezogen auf die Natur als einem Universum nicht toter Körper, sondern ursprünglicher Produktivitäten, durch die Körper allererst gebildet werden: Attraktion und Repulsion. Schelling denkt gewissermaßen die Newton-Kantsche Linie mit der spekulativen Materietheorie Giordano Brunos und der Atomistik zusammen. In der romantischen Philosophie, Medizin und Literatur erzeugt Kants dynamische Materietheorie ihre stärkste Wirkung, weil sie hier rezipiert wird als Struktur *lebendiger* Materie und organischer Natur. Zwei Momente an dieser Wirkungsgeschichte sind charakteristisch. Zum einen, daß Attraktion und Repulsion grundlegend werden für das, was Schelling »spekulative Physik« nennt, die bei Kant zwar ein

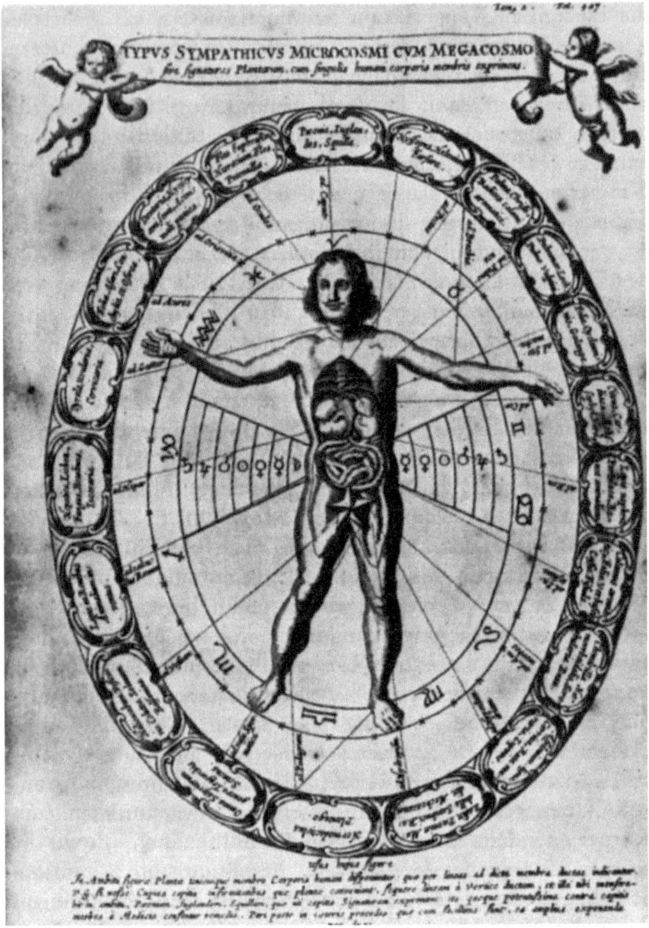

Athanasius Kircher: Typus Sympathicus Microcosmi cum Megacosmo. (1665)

Der Typus sympathicus des Athanasius Kircher (1602–80) zeigt den kosmischen Leib astralmedizinisch chiffriert. Der Kosmos Anthropos ist zentriert von den sieben Sphären des ptolemäischen Weltbildes; am größten inneren Oval erkennt man den Zodiacus, die zwölf Sternzeichen und den Fixsternhimmel. Das Schema entschlüsselt die Beziehungen zwischen Kosmos und Leib – eben deren »Sympathie«. Am äußersten Oval sind die bestimmten

Körperzonen zugeordneten Heilpflanzen eingetragen. Die medizinischen Theorien der Romantiker sind von der Denkfigur des kosmischen Leibs beherrscht. Das romantische Konzept einer Leib-Natur-Einheit bildet gewissermaßen den geistesgeschichtlichen Übergang von der pansophischen Astralmedizin zur Psychosomatik –: als Unterströmung der Geschichte rationalistischer Organmedizin mit ihrem Körpermodell – der Maschine.

starkes Motiv seines frühen Denkens ist, doch durch die Wende zur kritischen Philosophie weitgehend verdrängt wird. Im Blick auf das leibliche Fundament der Kantschen Materietheorie ist ferner aufschlußreich, daß Attraktion und Repulsion eingehen in die romantische Medizin, die als »physiologische Politik« und »spezielle Lebenslehre« (Novalis)[20] und damit in einem umfassenden Sinn als Philosophie des Leibes begriffen wird. Zum anderen aber ist charakteristisch, daß gerade dieser Teil der Wirkungsgeschichte Kants, ihre ›Verkehrung‹ in romantische Natur- und Leibphilosophie, in der Philosophiegeschichte durchweg als irrationalistisch disqualifiziert wird – als Rückfall hinter die von Kant gezogenen Grenzen der Vernunfterkenntnis, als Überschwenglichwerden des Denkens. Dabei wird verkannt, daß bei Romantikern wie Schelling oder Novalis pointiert wird, was zu den authentischen Bestandteilen Kantscher Philosophie gehört, auch wenn es nicht anders als im Status der Verdrängung diskursiviert werden konnte. Wie oft, so ist auch hier das romantische Denken als Freisetzung und Wiederkehr des in der Aufklärung ausgeschlossenen und verdrängten Anderen der Vernunft zu interpretieren. Eine Diskreditierung der romantischen Naturphilosophie und Medizin im Namen aufgeklärter Vernunft steht deswegen in der Gefahr, jene grundlegenden Gesten der Zensur zu wiederholen, mit welchen Kant das Eigenleibliche und Organisch-Lebendige aus der vernünftigen Rede ausschloß, ohne verhindern zu können, daß es als projiziertes Anderes, sei es in der Physik der reinen Körper oder der Strukturtheorie des Universums, um so mächtiger, wenn auch verkannt, wieder andrängt.

Die auf Kants Materietheorie zurückgehende romantische Naturphilosophie und Medizin beruht freilich nicht auf dieser allein, sondern steht, oft ohne Wissen, in der Tradition der stoischen τόνος-Lehre sowie deren Erneuerung in der Neuromedizin seit dem 17. Jahrhundert. Darauf haben vor allem Hermann Schmitz, Michel Foucault und Klaus Dörner aufmerksam gemacht.

Dieser Zusammenhang wie auch die im 18. Jahrhundert sich ausbreitende Ansteckungsfurcht bilden zivilisationshistorische Hintergründe für eine lebensweltlich orientierte Auslegung von Attraktion und Repulsion.

Danach wird an Fichtes *Wissenschaftslehre* demonstriert, daß in der nachkantischen Wirkungsgeschichte die polare Dynamik der Grundkräfte sich vollends von der Bestimmung materieller Körper entfernt. Attraktion und Repulsion gewinnen bei Fichte Bedeutung für die dynamische Konstruktion des Ich. Das Fichtesche absolute Ich pointiert darüberhinaus innerhalb der Geschichte idealistischer Subjektkonstitution Momente einer narzißtischen Grandiosität, deren Bedeutung auch für eine Kant-Interpretation erst später hervortreten wird. Schelling in seiner Naturphilosophie nimmt Kants Materiebegriff dagegen so auf, daß dessen leibliches Fundament – ähnlich wie bei Goethe und Schopenhauer – deutlicher hervortritt. Zugleich fundiert Schelling in der polaren Dynamik des Naturorganismus die Geschichte des Selbstbewußtseins, das nicht wie bei Kant und radikaler noch bei Fichte gleichsam als hybride Selbstzeugung der Vernunft, sondern als qualitatives Herauswachsen aus einer narzißtisch strukturierten Symbiose mit Natur zu verstehen ist. Auf einem entwickelteren Niveau die ursprüngliche narzißtische Homöostase wieder zu erreichen, bleibt jedoch höchstes Ziel des Schellingschen Selbstbewußtseins. Darin repräsentiert Schelling die Gegenposition zu den autarkistischen Autonomie-Entwürfen von Subjektivität zwischen Kant und Fichte. Bei Hegel dann, in seiner *Wissenschaft der Logik*, wird sich zeigen, daß Attraktion und Repulsion, nach der romantischen Zwischenphase leibnahen Denkens, wieder zurückgenommen werden in die Sphäre des reinen Begriffs. – So waren und sind noch heute Leib und Narzißmus das Andere einer philosophischen Vernunft, die ihre dynamischen Fundamente nicht durchschaut, sie verleugnet oder verdrängt.

2.2. LEIB-TONUS: HYSTERISCHE FRAU UND HYPOCHONDRISCHER MANN

Hermann Schmitz hat als erster darauf hingewiesen, daß die Materietheorie Kants – ohne Wissen – eine Erneuerung der stoischen τόνος-Lehre darstellt. Man kann ergänzen: dies hätte Kant auch nicht wissen dürfen – denn die τόνος-Lehre ist nach Platon der erste ausdrückliche und grundlegende »Ansatz zur Wiederentdeckung des Leiblichen«[21], also gerade dessen, was bei Kant unter systematischer Verdrängung stand. Aufschlußreich jedoch ist, daß die τόνος-Lehre gerade in den intellektuellen Bewegungen des 18. Jahrhunderts wieder aktuell wurde, die am ehesten noch Bezüge zu Kants Lehre von den repulsiven und attraktiven Kräften aufweisen: der medizinischen, vor allem neurologisch orientierten Tonus-Lehre, die vor allem bei der Erklärung von Krankheiten wie Melancholie, Hypochondrie und Hysterie eine wichtige Rolle spielte. Und mit diesen Krankheiten hatte Kant, wie man aus seiner Biographie weiß, außerordentlich dichte Erfahrungen gemacht.[22]

Von Thomas Willis, Thomas Sydenham, William Cullen, Robert Whytt, John Brown in England, Anne-Charles Lorry und Samuel Tissot in Frankreich, vom Leipziger Georg Ernst Stahl bis zu Franz Anton Mesmer, Röschlaub, Marcus, Eschemeyer und Novalis vollzieht sich im 17. und 18. Jahrhundert die langsame Transformation von der humoral-pathologischen zur neuro-physiologischen Deutung der Melancholie, Hysterie und Hypochondrie im Zeichen der Tonus-Lehre. Thomas Sydenham verbindet zuerst die spiritus animales von Willis mit der Leibkonstitution so, daß leibliche Durchlässigkeit gegen Reize zu der für Frauen charakteristischen Hysterie führen, die sich über die spiritus im ganzen Körper verbreitet; während leibliche Widerständigkeit zu der für Männer charakteristischen Hypochondrie führt. Beides sind Varianten der modernen melancholia nervosa, die nun durch disorder of spirits bezeichnet ist.

Früh assoziiert sich diesen nervösen und leiblichen Dimensionen die soziologische: die luxurierende Lebensform verwöhnter Frauen verkörpert sich als konstitutionelle Durchlässigkeit, als Fehlen der Widerständigkeit gegen die eindringenden Reizfluten der bürgerlichen Kultur; während die arbeitsintensiven Han-

delsberufe und die konzentrative Bewegungslosigkeit der Gelehrten – mit dem ihnen gemeinsamen Zwang zur »Spekulation« – zu der leiblichen Widerständigkeit und Gespanntheit der Männer führen. Hier ist die Folge die Hypochondrie mit ihren disparat ›engenden‹, innerleiblich sich diffus aufdrängenden Körperzonen. Was die Medizin im Blick auf Genese und Struktur der Nervenkrankheiten entwickelt, enthält längst schon jene polare Dynamik von Repulsion und Attraktion, die Kant zu Grundkräften der Materie generalisiert. Cullen vor allem und in seiner Nachfolge der für Novalis, Eschemeyer, Röschlaub, Schelling u.a. so wichtige schottische Arzt Brown, aber auch Tissot entwickeln nämlich das Konzept der morbi neurosi weiter zur Theorie von der polaren Dynamik der sog. Nervenkraft, die schnell als Paradigma der universalen Lebenskraft überhaupt verstanden wird. Nervöse Krankheiten sind danach Unordnungen des Leib-Tonus; Gesundheit ist Homotonie der Fasern; Krankheiten differenzieren sich in Spezies der Atonie bzw. Asthenie (z.B. Hysterie) oder Hypertonie bzw. Sthenie (z.B. Hypochondrie). Dort wo über Sympathie – Empfindungsfähigkeit, Phantasie, Teilnahme, Sensibilität – der Leib zu einem Resonanzraum externer Reize wird, entsteht durch die Überreizung der Fibern eine Erschlaffung und Spannungslosigkeit –: und schon hat man die Gestalt der hysterischen Frau. Von Kant her ist dies aufs Fehlen repulsiver Kräfte zurückzuführen; leiblich gesprochen, auf das strukturelle Überwiegen der Weitung gegenüber dem identitätssichernden Band leiblicher Engung.
Interessant ist dabei die Ineinanderblendung moralischer, kulturkritischer, neurologischer und leiblicher Dimensionen. Lange schon vor Rousseau wird in England bereits die Idee maßgebend, daß die Zivilisationsfolgen der Verbürgerlichung, geschlechtsspezifisch differenziert, sich im Tonus der Nerven-Saiten resümieren. Der Leib ist Resonanz der Gesellschaft. Die Zivilisation breitet sich über die schlaffen Fasern im attraktiven Leib der Frauen aus, ohne auf Repulsionen – es sei denn konvulsische – zu stoßen: die Hysterie zirkuliert haltlos im Körperraum. Dies ist eine Folge der moralischen Porösität der Frauen, deren kraftlos-diffuse Sensibilität, angereizt durch die Phantasmen der Literatur, der Sexualität und des tätigkeitslosen Luxus, in regellose Erregtheit versetzt: »der ganze weibliche Körper

wird von dunklen, aber eigenartig direkten Wegen der Sympathie durchzogen«.[23]

In der Hysterie der Frau wird diskreditiert, was die vernünftigen, moralisch und leiblich zusammengenommenen Männer des Bürgertums fürchten: die Einbildungskraft und die Sympathie, die betroffen machen. So wird der hysterische Leib der Frauen, wiewohl selbst ein Phantasma der männlichen Ärzte, moralisiert: er ist bis in den Tonus der Nerven hinein das Andere der Vernunft.

Freilich diese männliche Vernunft wird aus ihrem Inneren heraus genau von der komplementären Entgegensetzung weiblicher Widerstandslosigkeit bedroht: Die Konzentration des männlichen Leibs, der durch strenge Moralität und Durchrationalisierung der Handlungsfelder repulsiv abgegrenzt ist gegen erweichende Sympathien und attraktive Atmosphären, straft sich durch Empfindungslosigkeit der angespannten Nerven. Im Inneren des männlichen Körperpanzers wachsen unvermutet und regellos Reizbündel auf, phantastische Grillen, illusionäre Organempfindungen, peinliche Selbstaffektationen. Sie sind Konversionen überspannter Selbstkontrolle –: das ist Hypochondrie.

Wie der weibliche Körper porös nach außen wird, so wird der männliche diffus nach innen. Das Apathie-Ideal männlicher Rationalität bezahlt sich mit einer eigenartigen Fühllosigkeit des Leibes; die bloß repulsive Abgegrenztheit schneidet nicht nur von der Attraktivität der Dinge und den sympathischen Atmosphären ab, sondern entfremdet zugleich vom eigenen Leib, der sich widersetzt im wirren Zur-Geltung-Bringen eingebildeter Reizbündel.

In den medizinischen Theorien wird durchschnittlich ein Heranrücken des hysterischen oder hypochondrischen Leibs an die Natur als Therapie empfohlen, um durch jeweils polar entgegengesetzte Reize die Homotonie des Körpers und damit zugleich ein moralisch gesundes Maß des Subjekts wiederzugewinnen. Anders dagegen Kant: er kennt nur das Rezept, durch rituelle Moralisierung den Weg der Affektbeherrschung, Phantasiekontrolle und Verdrängung des Leibes zu Ende zu gehen. Dies trennt ihn nicht nur zunehmend vom eigenen Leib, sondern von dem, was die Bedrohlichkeiten osmotischer Sensibilität, attraktiver Penetrierbarkeit und sensibler Sympathie am reinsten verkörpert: von der Frau. Dieser Abwehrpanzer ermöglicht ihm aber zugleich im Schutz einer rigorosen Diätetik eine Arbeitsintensität, die er zur Entwicklung seiner leibfernen Theorie der Naturerkenntnis und der anästhesierenden Moralität benötigt.

2.3. DIE REPULSIVE ATMOSPHÄRE DES KRANKEN LEIBS: ZUR ANSTECKUNGSFURCHT IM 18. JAHRHUNDERT

Seltsam und unerklärlich scheint Kants Bemerkung, man könne die Repulsion aus dem Chemismus der Ausdünstungen und Gerüche als »unstreitiges Phaenomenon der Natur« (Th. d. H. A 29f.) erkennen. Dies verweist auf einen weiteren, wiederum leiblichen Erfahrungszusammenhang. Die Erfahrung von abstoßenden Ausdünstungen und Gerüchen scheint ein Moment innerhalb des langen Zivilisationsprozesses zu sein, im Zuge dessen sich in das mittelalterliche Gemenge der Leiber Abstände und Zwischenräume und damit neue soziale Ordnungen schieben: in der Ansteckungsangst und Berührungsfurcht werden seit langem schon die kranken, fauligen, lasterhaften, schmutzigen, vermischten Leiber und Bevölkerungsgruppen als von abstoßenden Atmosphären umgeben gedacht. Ihre Stigmatisierung, Exterritorialisierung und Kontrolle gehen von dieser Angst vor Chaos, Krankheit und Schmutz aus. Zugleich wird damit ein Zivilisierungsschub ins Werk gesetzt, der in den medizinischen und sozialhygienischen Konzepten im 18. Jahrhundert hinsichtlich Epidemien, Friedhöfen, Tollhäusern und Spitälern einen Höhepunkt erreicht.[24]

Die leibliche Erfahrung angesichts kranker, toter, stinkender, schmutziger, irrer Körper – und dies gehört zu den neuen Sensibilitäten des 18. Jahrhunderts – nämlich ist Ekel, Angst, Schauder, Widerwille, Abstoßung. Wie nun aber funktioniert diese neue Wirkungsästhetik ekelnder, ausdünstender Körper? Ein kranker Körper oder Leichnam droht mit Ansteckung. Die atmosphärische Ausdünstung hüllt gleichsam den Betrachter ein und steckt ihn kraft sympathetischer Wirkungen, seien diese chemisch oder durch bloße Koexistenz der Leiber magisch vermittelt, mit dem an, was er ausdünstet: Wahnsinn, Krankheit,

Elend, Tod. Ausdünstungen vermischen, was in den großen zivilisatorischen Anstrengungen des 18. Jahrhunderts getrennt gehalten werden soll: Gesundes und Krankes, Vernünftiges und Irres, Lebendiges und Totes, Schmutziges und Sauberes. Dazu bedarf es einer neuen eigenleiblichen Sensibilität: nämlich sich abgestoßen zu fühlen, sich einzuschließen in die Enge des eigenen Leibes, Vermischung mit dem bedrohlich Anderen, dem Ekligen, zu meiden.

In den Theorien der Ausdünstungen und Ansteckungen geht es um die Konstituierung wohlunterschiedener Räume, die miteinander existieren können nur auf der Basis ihrer Getrenntheit. Plötzlich entsteht die Meinung, daß eine Stadt nur überleben könne, wenn man endlich die viel zu enge Koexistenz von Toten und Lebendigen ändert: sickern nicht unterirdisch von den Friedhöfen stinkende Krankheitssäfte in den Körper der Stadt, dünstet nicht faulige, ungesunde Luft von den Kirchhöfen aus? Das chaotische Durcheinander, die unordentliche Verteilung lebendiger und toter Leiber im Raum der Stadt, muß ein Ende haben! Die abstoßenden Toten werden exterritorialisiert: gegen den Widerstand der Bevölkerung setzten die aufgeklärten Sozialhygieniker ihre vernünftige Planung externer Friedhöfe vor den Stadtmauern durch.

Dasselbe geschieht mit den Irren. Ihre Nähe bedroht die Umgebung mit Wahnsinn. Im Tremendum, das sie umgibt, wirkt die Repulsion als abstoßende Kraft, auf die etwa der zeitgenössische Irrenhausbesucher mit Angst, dem engenden Zusammenziehen des Leibes, antwortet. Neue Spezialisten gewinnen Ansehen und werden doch mißtrauisch beobachtet: Anatome, Psychiater, Ärzte, Pfleger, Polizei müssen als professionelle Einstellung lernen, sich gegen Ekel und Angst vor ihren abstoßenden Objekten zu verpanzern. Sie haben die Bevölkerung vor Ansteckung zu schützen.

Was hier an den Chemien der Ansteckung und Ausdünstung entwickelt wird, setzt umfassende operative Strategien frei, welche zu den bekannten Systemen der »medizinischen Polizey« (J. P. Frank, 1788–96) führen: Entwicklung des diakritischen Blicks, nosologische Abgrenzungen, institutionelle Trennung der »ansteckenden« Bevölkerungsgruppen von den gesunden bis hin zu den Internierungen und Exterritorialisierungen der Kranken, Armen, Irren und Toten. In der privaten Leibökonomie des Bürgers aber heißt dies: in der Repulsion, die den ansteckend dünstenden Körper fernhält, weitet sich in Freiheit der somit als gesund identifizierte eigene Leib: er atmet auf, nachdem im Bann der Dünste der Atem angstvoll stockte.

In der Geschichte der Lepra-, Pest-, Syphilis-, Pocken- und schließlich der Cholera- und Typhus-Epidemien bildet sich ein zivilisatorisches Verhaltensmodell, in welchem das Bedürfnis nach Abgrenzung und Distanz so wie nach strikten sozialen Hierarchien sich dramatisch (im Gegensatz zu den ruhigeren Verläufen etwa der Tischsitten) beschleunigt. Separierung des eigenen Leibs vom Leib des Anderen wird zur sozialhygienischen Norm, die sich in einer extremen Vorverlagerung der Scham- und Peinlichkeitsschwellen (N. Elias) automatisiert.

Die repulsiven Atmosphären der Pest und Lepra mit ihren sozialpsychologischen Korrespondenzen Angst, Entsetzen und Flucht bilden bereits vom Mittelalter her die Basis für das Phantasma, zwischen Leibern abstoßende Kräfte zu institutionalisieren. Von der Mitte des 16. Jahrhunderts an und systematisiert dann in der Medizin des 18. Jahrhunderts werden ausführlich Theorien kontagiöser (contagium vitum) und miasmischer Ansteckung diskutiert, die radikale Trennungen zwischen den Körpern erforderlich machen. Sie haben mit bakteriologischen Einsichten nichts zu tun, um so mehr aber mit der Geschichte des sich selbst kontrollierenden, von Schamgefühlen und Angst markierten Leibs: einem immer enger sich zusammenziehenden Leib, der in dieser Enge das Fundament der abgegrenzten Identität bildet – bis zur pathologischen Verpanzerung. Es ist dabei kein Wunder, daß dieser langfristige Zivilisationsprozeß mit der Geschichte der Epidemien verbunden ist. In den Epidemien herrschen paradigmatisch jene repulsiven Energien, die den Leib zum eigenen, abgegrenzten sich zusammenziehen lassen.

Besonders deutlich tritt das an der Syphilis hervor, die seit dem 16. Jahrhundert alle Schichten Europas durchzieht. Gerade in der sexuellen Sphäre, in der der Leib einem anderen sich öffnet, nisten sich repulsive Kräfte ein: der wollüstig geweitete Leib schrickt in der Angst vor Ansteckung zusammen. Selbstkontrolle des fluktuierenden Triebs wird notwendig. Anders als bei der Lepra und Pest, deren Herannahen man von ferne beobach-

ten konnte, erzwingt die Syphilis eine langfristige, ständige Vorsicht und Kontrolle der Impulse, die mit dem fremden Leib sich vermischen wollen. Angst und Selbstzwang in der Ökonomie der Sexualität erhalten gewaltige Zufuhr.
Lange also vor den bahnbrechenden bakteriologischen Entdekkungen von Pasteur und Koch gab es also eine eigene historische Dynamik der Ansteckungsphantasmen, die mit der zivilisatorischen Herausbildung des affekt- und leibkontrollierten Subjekts aufs engste verbunden ist. Daß Kant die Repulsion – jedenfalls 1755 – auf nichts als die phantastische Chemie der Ausdünstungen beziehen kann, hat seinen Grund wohl eher in diesem zivilisatorisch-körperhygienischen als einem naturwissenschaftlichen Zusammenhang. Hierbei ist zu erinnern an die soziokulturell und biographisch tief verwurzelte Angst Kants vor Berührung mit anderen Leibern, seine süchtige Beschäftigung mit Fragen der Medizin und eigenen Gesundheit, die rituelle Distanz, die er ständig einhält. Das extreme Maß, mit dem er seinen Körper kontrolliert, gegen Berührungen verwahrt und gegen Reize schützt, verrät etwas von der panischen Ansteckungsangst, die Kant beherrschte. Sie wurde zur zweiten Natur und zur Quelle der Rationalisierungsleistungen, die Kants Leben und Denken bestimmen: als Normalpathologie des Bürgers im 18. Jahrhundert.

2.4. ABSOLUTES ICH UND NARZISSTISCHES BEGEHREN IN JOHANN GOTTLIEB FICHTES WISSENSCHAFTSLEHRE

Der Königsmantel des absoluten Ich

Auch wenn Fichte in seiner *Grundlage der gesamten Wissenschaftslehre* von 1794 nicht explizit Bezug nimmt auf Kants Begriffe von Repulsion und Attraktion, hat Ernst Bloch recht: Fichte »nimmt Kants dynamische Bestimmung der Materie ins Subjekt selber herein«.[25] Die Dynamik der Kräfte, die bei Kant die physikalischen Körper konstituiert, und sicher auch dessen Entwurf des intelligiblen Subjekts, in dessen Schatten, ihn sogleich überschreitend, Fichte denkt –: sie werden bei Fichte gewendet zu der wohl ersten dynamischen Theorie des Ich.

Wenn Fichte aus dem Spiel polarer Dynamik das Ich hervorgehen läßt, nimmt er die Kantsche PROJEKTION der am eigenen Leibe gespürten Intensitäten zurück in das, worin sie ihrer selbst inne werden: ins Selbstbewußtsein.

Zwar: am Leibe möchte auch Fichte nicht verankert sehen, was die dynamische Entgegensetzung von Ich und Nicht-Ich ins Spiel bringt; sondern – Kants Idealismus noch radikalisierend – werden die weitenden und engenden Dynamiken des Leibes zu Setzungen eines so luftigen Gebildes wie dem des absoluten Ich, dem niemand noch außerhalb psychotischen Größenwahns begegnet ist. Denoch bliebe die angespannte Intellektualisierung Fichtes ein rätselhafter Knoten im Gehirn, wenn man ihn nicht öffnen würde und entdecken, daß das, was Fichte in der Potenz des absoluten Ich verknüpft, seine Kraft der organischen Lebendigkeit des Leibes verdankt. Gerade mit dieser verstohlenen Pointe wird Fichte der Vermittler zwischen Kants Materiebegriff und Schellings Theorie der Natur als Organismus oder Novalis' merkwürdigem Wissen, daß vom eigenen Leib ausgehend »bis zur Sonne und ihrem System« »der Mensch ... gleichsam gewisse Zonen des Körpers« habe.[26]

Nach den extremen Überlastungen des Cogito seit Descartes wird bei Fichte erstmals wieder tentativ der Gedanke versucht, das, was der Mensch ist, in Bezug zu denken auf das, was er nicht ist: Nicht-Ich. Aber nur, um diesem sogleich wieder jede Autonomie und Signifikanz zu rauben.

Aus dem Satz, daß Ich und Nicht-Ich sich wechselseitig durch Entgegensetzung bestimmen, folgt in den *Grundsätzen* und der *Grundlage des theoretischen Wissens* der *Wissenschaftslehre* keineswegs die Anerkennung des Nicht-Ich als Anderem des Ich, also etwa des Leibes oder der Natur. Zwar: »das Ich setzt sich als bestimmt durch das Nicht-Ich«, also muß in diesem Realität sein. Alle Realität aber setzt Fichte ins Ich selbst: als ursprüngliche, nicht weiter ableitbare Tathandlung. Dies ist, was in Kants *Kritik der praktischen Vernunft* ein »Faktum« ist: unvordenkliche Voraussetzung, ohne die ›rien ne va plus‹ (vgl. Wl 138). Durchhalten aber muß sich – idealistischer Emphase gemäß – die »Identität des einigen Bewußtseins« (Wl 28). Und diese wäre nicht, es sei denn als bestimmte und abgegrenzte. Identität bedarf zur Selbstkonstitution der Grenze zu dem, was sie nicht

ist: Nicht-Identität. Hätte diese aber keine Realität, weil sie nur logische Negation des Identischen wäre (Wl 53) und das Ich sein eigenes Sein ursprünglich schlechthin setzte (Wl 18), hinge jene Selbstsetzung des Ich als Sein buchstäblich im Leeren: »denn für das Ich gibt es keine andere Realität ... als eine durch dasselbe gesetzte« (Wl 97). »Aller Realität Quelle ist das Ich« (Wl 55).
Freilich hilft Fichte sich aus der Falle. Die im absoluten Ich gleichsam resümierte Realität ist teilbar, relativ und schließlich auch, durch Setzung, ›übertragbar‹: »alle Realität des Nicht-Ich ist lediglich eine aus dem Ich übertragne« (Wl 93). So wird Realität des Nicht-Ich zur Metapher des Ich. Sie ermöglicht damit die Bestimmung des Nicht-Ich durchs Ich – als Tätigkeit – wie umgekehrt die zur »Identität des Bewußtseins« notwendige Abgrenzung des Ich vom nunmehr als real gesetzten Nicht-Ich –: als Leiden.

Dieses Leiden, worin das Ich seine Bestimmung durchs Nicht-Ich erfährt, wird jedoch – und das ist die idealistische Pointe – eigenartig als in sich selbst zurücklaufende Tätigkeit des Ich selbst gedeutet (Wl 94). Leiden – also Grenzen, Beschränkung, d.h. Identität erfahren – ist nämlich Setzen von etwas nicht in sich, sondern ins Nicht-Ich und damit wieder: Tätigkeit des Ich in der Weise, daß es als Nicht-Ich auf sich zurück, nämlich identifizierend, wirkt (Wl 98). So konstruiert Fichte das ursprüngliche Verhältnis von Subjekt und Objekt, welches letztere ist nur für und durch das Subjekt. Das Kantsche Ding an sich in seiner sich entziehenden Spontaneität und Widerständigkeit ist damit ausgelöscht (vgl. Wl 201).

In der Konsequenz ist auch die Autonomie der Dinge außer uns getilgt. Ich und Nicht-Ich sind Modifikationen eines doppelten Setzens des Ich selbst. Das Ich setzt sich sowohl als setzend dadurch, daß es das Nicht-Ich ausschließt, wie auch das Nicht-Ich setzend dadurch, daß es sich selbst ausschließt.

Dies nun wäre der Punkt der größten Entfernung Fichtes von der Materie-Theorie des jungen Kant. Was bei diesem Projektion der absoluten Räumlichkeit des Leiblichen aufs Außen der Körper war, ist bei Fichte ein Zurücklaufen des Außen in die Ortlosigkeit des absoluten Ich: bloßes Phantasma, idealistischer Wahn. Wird bei Kant in der Projektion des Leiblichen auf die Materie abgewehrt, was bei ihm selbst Quelle der Angst ist, so wird bei Fichte in der radikalen Introjektion abgewehrt, was außen ihm Quelle der Angst ist: die Objekte, nicht als gesetzte, sondern als Dasein. Der Leib als Anderes des Objekts wie Subjekts zugleich wird bei Kant wie Fichte verleugnet. In der Rücknahme der Kantschen Projektion ist Fichte nicht eine Entdekkung gelungen, sondern eine weitere Variante der Verdeckung des Leibes unterlaufen: durch radikale Introjektion.

Zweifellos hat H. E. Richter recht, wenn er dieses Moment des Fichteschen Idealismus als »neue Variante von grandiosem Selbstbewußtsein« versteht.[27] Es ist die Imagination des Ich als einzig und absolut: wäre es nicht Fichte, wäre es Wahnsinn. Die Irrenärzte der Zeit wie Reil oder Pinel erzählen fortlaufend von Kranken, die sich für Gott, Jesus, Ludwig XIV. oder das Universum halten. Hier aber: Wahnsinn als Philosophie, Einbildung eines hybriden Größen-Selbst, das seine Ohnmacht – nämlich die Abhängigkeit von mächtigen Objekten (und seien dies Eltern oder die beengenden deutschen Sozialverhältnisse) – nicht anders abwehren kann als durch ein narzißtisches Manöver: das Ich ist »aller Realität Quelle« (Wl 55), und selbst das Nicht-Ich wird im Zurücklaufen der Tathandlung zum Moment des Ich. Absolut, einzig und mächtig ist nur das Ich: Wiederauflage archaischer Größenphantasien. Das wird uns noch beschäftigen.

Derart mag bei Fichte sich das Ich im Akt wahnhafter Selbstermächtigung die Attribute Gottes aneignen im Schema des Gotteskomplexes. Dagegen verschlägt nicht, wenn Bloch, unter Berufung auf Habermas und Lask, darauf hinweist, daß bei »der erzeugenden Tätigkeit des Ich« »die einzelnen Inhalte der sinnlichen Materie (...) undeduzierbar bleiben«.[28]

Nicht alles einzeln Inhaltliche muß dem Ich emanieren, um die majestätische Geste der Setzung des Nicht-Ich zu bewahrheiten. Die Souveränität Gottes oder des absolutistischen Königs, die vom »absoluten Ich« bewußtlos nachgeahmt wird, bestand nie darin, noch den letzten Sperling oder Hofknecht in ihrer Inhaltlichkeit zu bestimmen: ihrem Wesen, nicht ihrer jeweiligen Erscheinung nach sind sie Geschöpfe des Souveräns, indem sie ihn nämlich repräsentieren. So auch ist der Königsmantel des Fichteschen Ich zu verstehen: nicht muß, um grandios zu werden, das Ich Stern, Berg, Stuhl und Korn wirklich hervorbringen. Sondern es genügt, daß sie gesetzt sind als Nicht-Ich, von dem als seiner Entgegensetzung das Ich siegreich sich abhebt. Darin besteht die ideale Produktion der Dinge. So nämlich wie »das Angeschaute, als solches, wird produziert« durchs Anschauen: dies ist »ein *Hin*schauen (in aktiver Bedeutung) eines unbestimmten Etwas« (Wl 149). Es geht nicht um einen Akt materialer Produktion, sondern produktiver »Einbildungskraft« bzw. »philosophische(r) Reflexion« (Wl 148/9). Und das freilich unterscheidet das Fichtesche, nämlich bürgerliche Subjekt doch von der Souveränität des Königs oder Gottes: daß an die Stelle der Repräsentationslogik wirklicher Macht ein Imaginäres tritt, bei dem Wahn und philosophische Reflexion nicht mehr eindeutig unterscheidbar sind. Im Speculum der philosophischen Reflexion spiegeln sich zugleich die Phantasmen des bürgerlichen Narziß: die Einbildungskraft, die bei Fichte die Vereinigung des Widersprechenden von Ich und Nicht-Ich leistet, kommt mit der Lust des Imaginären von Narziß überein, der ins Andere sich *hin*schaut, so daß er sich hat nur als Imaginäres der Reflexion: Spiegelung. Zuletzt ist bei Fichte jede »nach außen« gehende Anschauung »in sich selbst zurückgehende« »Selbstaffektion« (Wl 158/9).

Philosophie im Speculum des Narziß

Zu retten aber bleibt, worin Fichte das dynamische Gegeneinander von Attraktion und Repulsion bei Kant überschreitet. Fichte nämlich unterscheidet am *Ich*, was Kant an der *Materie* unterscheidet: zwei entgegengesetzte »Richtungen« von »Kraft« (Kant) bzw. »Tätigkeit« (Fichte). »Die ins Unendliche hinausgehende Tätigkeit des Ich« (Wl 147) entspricht dabei der Repulsion: der Ansatz von nur dieser beließe die Materie in chaotischer Verteilung ohne Körperidentität, so wie die bloß »nach außen« gehende Tätigkeit des Ich dieses zerstreute und ohne identisches Selbstbewußtsein ließe. Wie Kant nun mit der Attraktion jene restringierende Kraft einführt, mit der im Zusammenspiel Repulsion allererst Selbsterhaltung der Körper schafft, so setzt Fichte eine »widerstehende Tätigkeit«, die der ins Unendliche gehenden Tätigkeit einen »Anstoß«-Punkt entgegengesetzt, von dem aus das Ich reflektiert und damit als wiederum tätig konstituiert wird. Diese als zentrifugale und zentripetale Richtungen des Ich beschriebenen Dynamiken (Wl 191 ff.) – womit Fichte ausdrücklich Begriffe aus der »Naturlehre«, also Physik übernimmt – korrespondieren dem Gegeneinander von Attraktion und Repulsion bei Kant.

Dieses Konzept erhält Bedeutung besonders in der *Grundlage der Wissenschaft des Praktischen* (Wl 165 ff.). Das Ausgangsproblem ist dabei bestimmt durch den Widerspruch, der entsteht, wenn erklärt werden soll, wie das Ich eine Vorstellung (von etwas) haben kann. Dazu nämlich benötigt die »ins Unendliche hinausgehende Tätigkeit des Ich« »ein(en) Anstoß« (Wl 167), nämlich einen Widerstand und eine Einwirkung durch ein Nicht-Ich, dessen eigene repellierende Kraft vom Ich umgekehrt als zentripetale Attraktion, als »Leiden«, gespürt wird. Damit aber wäre das Ich »als Intelligenz überhaupt« vermittelt durch ein Nicht-Ich und von diesem abhängig: »welches der absoluten Identität des Ich widerspricht« (Wl 167).

Die Logik schon dieses Widerspruchs bleibt zutiefst davon bestimmt, den grandiosen Narzißmus aufrechtzuerhalten bei gleichzeitiger Anerkennung dessen, daß es Objekte, die nicht Ich sind, gibt. »Insofern das Ich absolut ist, ist es unendlich und unbeschränkt. Alles, was ist, setzt es; und was es nicht setzt, ist nicht ... Alles aber, was es setzt, setzt es als Ich; und das Ich setzt es, als alles, was es setzt. Mithin faßt in dieser Rücksicht das Ich in sich alle, d.i. eine unendliche, unbeschränkte Realität.« (Wl 173).

Dies ist *der* klassische philosophische Reflex des archaischen Narzißmus *vor* der ursprünglichen Separation des Infans von der Mutter, wo das Ich alles und alles im Ich ist: absolutes Ich.[29] Leiblich gesprochen ist dies der entgrenzte Zustand privativer Weitung, der aus Zuständen des Fliegens, Schwebens, der mystischen Erfahrung und des Rauschs gut bezeugt ist.[30] Freilich geht darin zugleich das Selbstbewußtsein unter. Ohne Grenze gibt es keine Identität. Das absolute Ich Fichtes ist keine Identität, sondern ins Unendliche gehende Spiegelung: Spekulation. Dies ist philosophische Reflexion des primären Narzißmus auf der Stufe allmächtiger Vollkommenheit.

Die zentripetale Zerstreuung versucht Fichte nun aufzuheben durch eine Gegenbewegung, welche das Ich zur Identität hin zentriert, ohne seine narzißtische Allheit zu kränken. Einerseits benötigt Fichte dazu ein Nicht-Ich, dessen Wirkung aufs Ich dieses als selbstbewußte Identität hervorbringt. Andererseits aber wird diese entgegensetzende Kraft des Nicht-Ich hervorgebracht durchs Ich selbst, so daß dieses in seiner Vollkommenheit gerettet ist: noch seine Abhängigkeit und Bestimmung, sein Leiden und Attrahiertwerden durch Anderes ist Produkt seiner selbst. Das Ich ist »unendlich und unbeschränkt« und »endlich und beschränkt« zugleich (Wl 173). Fichte rettet den primären Narzißmus über die Erfahrung des Anderen hinaus, indem er das Ich spaltet: das narzißtische Trauma, nicht alles zu sein, wird abgewehrt dadurch, daß das Ich sich noch als das behauptet, wovon seine Endlichkeit und Beschränktheit bestimmt wird. Der ursprüngliche »Gegenstand«, der die Erfahrung der Begrenztheit des Ich vermittelt, ist Exkrement des Ich selbst. Indem diese Tätigkeit, die den Gegenstand sekretiert, im Ich liegt, kann auch die Tätigkeit des Gegenstandes, nämlich »Wider- oder Gegenstehendes« (Wl 174) – also Grenze und Beschränkung – zu sein, dem Ich zugerechnet werden (Wl 177f.).

So erfüllt Fichte die Grundbedingung des Narzißmus, daß nämlich »die Bedingung der Möglichkeit ... fremden Einflusses im Ich selbst« (Wl 189) liegt, folglich »im Ich alle Realität sein solle« (Wl 192). Darin aber offenbart sich auch die Angst, die Fichte philosophisch umtreibt: daß nämlich Fremdes, Anderes *da* ist, ein faktischer Block. Angst vor dem Fremden und Anderen, das wir nicht sind und von dem wir doch abhängen, soll philosophisch vertrieben werden – wie der Infans die ängstigende Erfahrung, daß Mutterbrust oder Exkrement nicht er selbst ist, halluzinatorisch in der Wiederherstellung des narzißtischen All-Ich abwehrt. Verblüffend ist die Ähnlichkeit, die Fichtes Ich-Modell mit den Überlegungen hat, die Freud zur Erklärung des ihm selbst rätselhaften »ozeanischen Gefühls« anführt:

> Ursprünglich enthält das Ich alles, später scheidet es eine Außenwelt von sich ab. Unser heutiges Ichgefühl ist also nur ein eingeschrumpfter Rest eines weit umfassenderen, ja – eines allumfassenden Gefühls (...) Der Säugling sondert noch nicht sein Ich von einer Außenwelt als Quelle der auf ihn einströmenden Empfindungen. (...) Es muß ihm den stärksten Eindruck machen, daß manche der Erregungsquellen, in

denen er später seine Körperorgane erkennen wird, ihm jederzeit Empfindungen zusenden können, während andere sich ihm zeitweise entziehen – darunter das Begehrteste: die Mutterbrust – und erst durch ein Hilfe heischendes Schreien herbeigeholt werden. Damit stellt sich dem Ich zuerst ein »Objekt« entgegen, als etwas, was sich »außerhalb« befindet und erst durch eine besondere Aktion in die Erscheinung gedrängt wird. Einen weiteren Antrieb zur Loslösung des Ichs von der Empfindungsmasse, also zur Anerkennung eines »Draußen«, einer Außenwelt, geben die häufigen, vielfältigen, unvermeidlichen Schmerz- und Unlustempfindungen, die das unumschränkt herrschende Lustprinzip aufheben und vermeiden heißt. Es entsteht die Tendenz, alles, was Quelle solcher Unlust werden kann, vom Ich abzusondern, es nach außen zu werfen, ein reines Lust-Ich zu bilden, dem ein fremdes, drohendes Draußen gegenübersteht.[31]

Fichte mit Freud zu lesen, mag unstatthaft erscheinen dem, der in der Philosophie allein die von jedweden historischen Antrieben befreite, geltungstheoretisch ausgewiesene Bewegung von Begriffen sehen will. Den philosophischen Gehalt Freuds kann man dagegen so fassen, daß in noch so gut konsensuell ausgehandelten kognitiven Prozessen dynamische Besetzungen wirken, die den Argumentierenden unbewußt sind und darum als vis a tergo deren aufgeklärtes Selbstbewußtsein mitbestimmen. Der Vergleich der dynamischen Konstruktion des Subjekts bei Fichte mit bestimmten Konzepten der Psychoanalyse hat deswegen nicht etwa einen geistesgeschichtlichen Sinn derart, daß *schon* Fichte Momente der psychoanalytischen Theorie vorausgedacht hat oder Freud *noch* in Bahnen des Idealismus denkt. Fichte mit Freud zu lesen, meint vielmehr den Anspruch, ans Licht treten zu lassen, was geltungslogischem Argumentieren entgeht: und das sind die energetischen Besetzungen, die an kognitive Konstrukte geknüpft sind und in der formalen Allgemeinheit des begriffslogischen Vernunftdiskurses verborgen sind. Daß die erkenntnis- und moraltheoretisch angelegte Wissenschaftslehre Fichtes etwas anderes ist als die psychoanalytische Konstruktion der mehr oder weniger traumatischen Differenzierung von Ich und Objekt beim Kleinkind, bedarf dabei kaum der Erwähnung. Doch scheint auch unabweisbar, daß so grundsätzliche Entscheidungen, welchen Status Ich und Nicht-Ich im Erkenntnisprozeß oder praktischen Handeln zugewiesen bekommen, außer von theoretischen Momenten mitbestimmt sind davon, welche historischen (sozio- und psychogenetischen) Formationen die Bildungsgeschichte des Theoretikers selbst beherrschen. Der Kraft der Vernunft zu vertrauen, eingelebte historische Bedingungen zu überschreiten, ist bloße Emphase, wenn der vernünftige Diskurs sich gegen die analytische Reflexion der in seinem Inneren selbst wirksamen dynamischen Besetzungen und mythischen Mächte absperrt. Vernunft ist vernünftig nur, insofern sie dem diskursiv eingeschlossenen Anderen ihrer selbst ins Gesicht schaut. Anderenfalls geriete Vernunft in den Dienst der Abwehr, der Rationalisierung und Verdrängung.

Der Freudsche Blick auf Fichte nun läßt erkennen, daß die grundlegenden Operationen in der Konstruktion von Ich und Nicht-Ich als philosophische Arbeit an dem grundlegenden narzißtischen Drama verstanden werden können, das den Übergang von der symbiotischen All-Ich-Phase zur Separations- und schließlich zur Individuationsphase begleitet. Diese läuft entwicklungslogisch auf die zwanglose Anerkennung der Selbständigkeit der Objekte hinaus, von denen her das Ich sich als abgegrenzt, endlich, partikular und besonders begreifen lernt. Freuds Versuch der Erklärung des »ozeanischen Gefühls« zielt auf die Wahrnehmungs- und Erlebnisstrukturen des Leibes vor der Ausdifferenzierung von Subjekt und Objekt, vor der Einführung in die symbolische Ordnung der Gesellschaft und vor der Einführung in die Sprache. Dieser Differenzierungsprozeß führt, wie er meint, unvermeidlich zu schmerzlichen Einbrüchen des archaischen Zustands allumfassender Einzigkeit. Traumatische Übergänge in die Phase unvermeidlicher Anerkennung der mächtigen Selbständigkeit der Objekte und der Endlichkeit des Selbst erzeugen nun psychische und mentale Abwehrstrategien, die sowohl die Subjekt-Objekt-Trennung verleugnen oder überspielen wie auch die alten Strukturen präambivalenter Einheit mit den Dingen wiederbeleben. Die philosophische Einverleibung des Nicht-Ich durchs Ich bei Fichte läßt sich als abwehrende Verarbeitung dieser ursprünglichen Trennungs- und Ohnmachtserfahrung identifizieren. Freuds Bemerkung zeigt den genetischen Ort jener Erfahrungsstruktur, in welcher tatsächlich das Nicht-Ich vom Ich »in die Erscheinung gedrängt wird«. Die konstitutive Differenz von Subjekt und Objekt nach Auflösung des primären Narzißmus entsteht in einem schmerzlichen Prozeß wechselseitiger Entgegensetzung. Diese Entzweiung ist gleichsam das Urphänomen dessen, was Hegel später das »unglückliche Bewußtsein« nennt. Vernunft nun aber, wie Fichte es tut, sowohl theoretisch wie praktisch in den Dienst der Restitution des absoluten Ich zu stellen, das jede Differenz zu Anderem in ein Moment der Selbstsetzung zurückverwandelt, heißt sie im mythischen Bann narzißtischer Grandiosität präsentieren.

Von Fichte unterscheidet sich Freud radikal dadurch, daß er niemals den phantastischen Gedanken faßt, jenes als »Außen« entgegengesetzte Nicht-Ich wiederum zur Setzung des Ich zu erklären. Er sieht und anerkennt zwar das Begehren danach – als Lustprinzip, genauer: als narzißtisches Begehren nach dem Hen kai Pan des absoluten Ich. Insofern Freud darin jedoch eine Regression identifiziert, die den entwicklungslogisch unvermeidlichen Trennungsprozeß hintergeht, ist er mehr als Fichte ein ›Aufklärer‹: nicht Denker im Bann des omnipotenten Absoluten, sondern im Dienst des endlichen Ich, das nicht einmal »Herr im eigenen Hause« ist, wie Freud meint. Indem von Freud aus die dynamischen Besetzungen der Fichteschen Konstruktion des absoluten Ich absehbar sind, läßt sich schließlich auch rekonstruieren, daß es sich bei der Fichteschen Dynamik von zentrifugalen und zentripetalen Kräften von Ich und Nicht-Ich um eine (fast explizit gemachte) Theorie des Begehrens handelt. Dies wird an den zentralen Begriffen von »Streben«, »Trieb« und »Sehnsucht« deutlich, die Fichte im praktischen Teil seiner Wissenschaftslehre entwickelt. Von hier aus führt schließlich der Weg auf den leiblichen Grund des Fichteschen Entwurfs, der dann bei seinen romantischen Erben Schelling und Novalis wie schließlich bei Schopenhauer expliziert wird.

»Trieb nach etwas völlig Unbekanntem«: narzißtisches Begehren

»Im Streben des Ich wird zugleich ein Gegenstreben des Nicht-Ich gesetzt, welches dem ersteren das Gleichgewicht halte.« (Wl 202). Von diesem dritten Lehrsatz her wird die »ins Unendliche hinausgehende Tätigkeit« konstruiert nunmehr als »sich selbst produzierendes Streben«, u.d.h. als »Trieb« (Wl 204). Hatte Fichte zuvor die Tathandlung als unvordenkliches Faktum angesehen, erscheint dessen Dynamik jetzt als »Trieb nach realer Tätigkeit« (Wl 205), der seine Herkunft aus leiblichen Regungen kaum verleugnet. Das »Gegenstreben« des Nicht-Ich dagegen erscheint am Ich als »Nicht-Können« (ebd.). Dies ist gegeben als »Gefühl«: »ich fühle, bin leidend, und nicht tätig; es ist ein Zwang vorhanden« (Wl 206).

Das ursprüngliche »Streben, die Unendlichkeit auszufüllen« – die narzißtische Matrix – »kann nicht befriedigt werden ohne Objekt«: dieses begehrend, stößt der Trieb auf Widerstand, wird reflektiert und erneut hinausgetrieben über die Grenze, die das Objekt setzt. Wie Kant erläutert Fichte dabei die Logik von Trieb (Expansion) und Widerstand (Beschränkung) am Beispiel elastischer Körper, so daß das, was als Ich im Spiel von Trieb und Widerstand sich bildet, konstruiert wird aus der Dynamik polarer Kräfte (Wl 209/10). Im Unterschied zu Kant aber sieht Fichte jedoch diese Kräfte verbunden zu einem Selbstbewußtsein. Auf Widerstand stoßender Trieb wird am Gegenstand reflektiert, negativ als Mangel und Nichtbefriedigung, positiv als Gegenkraft gefühlt, wodurch zugleich der Trieb über den Gegenstand hinaus angetrieben wird, sich ins Unendliche aufzulösen: nämlich in Befriedigung, die die narzißtische Vollkommenheit restituiert. Diese Dynamik reserviert Fichte, anders als Kant, dem Lebendigen, dem »Prinzip alles Lebens« versus der »toten Materie« (Wl 212). Dieses Moment, Kraft und Gegenkraft am eigenen Leib zu spüren, polare Richtungen »von außen« und »nach außen« zu fühlen, in deren Wechselspiel das »Prinzip des Lebens und Bewußtseins« sich konstituiert –: dies ist es, wodurch Fichte das Ich sich abheben läßt vom bloßen Körper »für uns« (Wl 191, 212).

»Kraftgefühl ist das Prinzip alles Lebens; ist der Übergang vom Tode zum Leben.« (Wl 212) – dies ist ganz unpathetisch gesagt. Leblos ist, was nicht die Dynamik von Trieb und Widerstand, Kraft und Gegenkraft, Engung und Weitung »an sich selbst« fühlt. Dies aber ist zuerst der Leib. Was Fichte differenziert als Körper und Bewußtsein, ist Unterscheidung von Körper und Leib. Aus letzterem erst wächst Bewußtsein hervor.

Fichte entwickelt dies überraschend genau in der Analytik des Triebes. Dieser ist ohnehin mit Bewußtsein nicht identisch, weil nämlich leibliche Regung; wohl aber erzeugt sich in seiner Dialektik Bewußtsein. Leben ist Kraft, »gefühlt, als etwas Treibendes«. Das Ich fühlt sich »hinaus außer sich selbst getrieben«, will Ursache der Existenz dessen sein, was den Trieb befriedigt. Begehren ist »Produktion«, wie Fichte, ist »Wunschmaschine«, wie ähnlich Deleuze/Guattari sagen. Begehren freilich ist nicht schon Erzeugung des Was des Objekts, sondern des Daß-ein-Objekt-soll-sein, insofern »getrieben nach irgendetwas Unbekanntem«, unersättlich. Trieb ist bis hierher Richtung bloß ins Weite. Zu Bewußtsein wird diese Triebproduktion erst im »Anstoßen« an ein Objekt, das widersteht, den Trieb reflektiert und damit zum *gefühlten* Trieb macht. Erst vom Objekt her, das gegenwirkend und engend Grenzen markiert, über die hinaus ins Unbekannte das Ich treibt, konstituiert sich Bewußtsein als Spiegelung (Spekulation) des Triebs am Objekt.

Trieb ins Weite: Tätigkeit; Fühlen des Triebs an der engenden Grenze des Objekts: Leiden. Vom Mangel des Objekts her gespiegelt als das, was es nicht sein kann – unendliches Ich –, aber sein will, bildet sich in der Enge des Leibs das Ich.

> Es ist demnach eine Tätigkeit, die gar kein Objekt hat, aber dennoch unwiderstehlich getrieben auf eins ausgeht, und die bloß gefühlt wird. Eine solche Bestimmung im Ich aber nennt man ein *Sehnen*; einen Trieb nach etwas völlig Unbekanntem, das sich bloß durch ein Bedürfnis, durch ein Mißbehagen, durch eine Leere, die Ausfüllung sucht, ... offenbart. – Das Ich fühlt in sich ein Sehnen; es fühlt sich bedürftig. (Wl 219)

Dieses Sehnen ist schließlich die zentrale Kategorie der Wissenschaftslehre, von der aus verständlich wird, von welcher Dynamik her Fichte sein System entwickelt. Der Erfahrung von Unlust (Mißbehagen, Leere) muß ein Zustand vollendeter Homöostase von Ich und Nicht-Ich als vorausgehend angenommen werden, eines Zustandes, von dem Fichte (wie Freud) sagt, daß es fürs Ich »bis dahin weder ein Innen noch ein Außen« gebe (Wl 222). Der Status des Ich ist hier absolut und unendlich, aber auch, wie Fichte gut zeigt, eigentlich ohne Ich und Bewußtsein: in privativer Weitung, kosmisch gedehnt, entspricht er dem »ozeanischen Gefühl«, dessen Rätsel Freud so intensiv nachspürt und das er als »uneingeschränkten Narzißmus«[32] identifiziert. Das »Sehnen« ist von daher Resonanz eines primären Mangels, der das synästhetisch verschmolzene Ich/Objekt-Kontinuum zerreißt in die Separation von Subjekt und Objekt. Mit dem »Draußen«, das durch bedrohliches »Mißbehagen« und »Leere, die Ausfüllung sucht«, sich mitteilt, »stellt sich dem Ich zuerst ein ›Objekt‹ entgegen« (Freud). Dies wird als Mangel erfahren, als Vertreibung aus dem Paradies in die Bedürftigkeit und Abhängigkeit von Objekten, welche die eigene Begrenztheit als Enge und Angst erfahren lassen. In Abwehr dieses Traumas bildet das Ich im »Sehnen« ein Ideal-Ich – das reine Lust-Ich Freuds –, das niemals mehr erreichbar ist und darum das Sehnen unendlich macht, hinausschießend »nach etwas völlig Unbekanntem«. Unauflöslich trägt das Sehnen die Male der Trennung in sich: gerade deswegen wird es für Fichte zentral für die gesamte Wissenschaftslehre. Denn erst durchs Sehnen »wird das Ich in sich selbst – außer sich getrieben, lediglich durch dasselbe offenbart sich in ihm selbst eine Außenwelt«. (Wl 220) Es wird in sich selbst getrieben – nämlich in der Reflexion engender Beschränkung durch die Objekte (wodurch das Ich endlich wird); und es wird außer sich getrieben in dem unstillbaren Wunsch danach, »absolutes Ich«, nämlich unendlich und ungeschieden zu werden: »Das absolute Ich ist schlechthin sich selbst gleich: alles in ihm ist Ein und ebendasselbe Ich, und gehört ... zu Einem und ebendemselben Ich; es ist da nichts zu unterscheiden, kein Mannigfaltiges; das Ich ist Alles, und ist Nichts ...« (Wl 182).

Wenn Fichte unterstellt, daß »im Innersten unsers Wesens« die »Idee einer solchen zu vollendenden Unendlichkeit« schwebt (Wl 187) –, so spricht er durchaus übereinstimmend mit der psychoanalytischen Erfahrung, daß am Anfang unseres Lebens eine nahezu universalisierbare Konstellation steht: nämlich vom primären Mangel her konstituiert zu sein, der in der Separation vom archaischen (nutritiven) Objekt – also der Mutter – aufbricht und eine Spur von Sehnsucht durch unser Leben zieht. Zutreffend scheint es ferner, daß die Separation sowohl das »Ich in sich selbst« wie auch die »Außenwelt« erschließt: *darum* ist das narzißtische Trauma Grundlage aller Theorie des Erkennens. Fichte freilich stellt Erkennen und Praxis allein in den

Dienst des Sehnens, das die verselbständigten Objekte ins Ich zurückholen und in sich selbst halten will: Erkennen und Praxis also im Dienst des absoluten Ich. Darin zwar scheint das Leiden gebannt, der Schmerz tilgbar, die Leere ausfüllbar: um den Preis aber der Verleugnung der Quelle der Angst, nämlich der Autonomie der Objekte und der Abhängigkeit von diesen. Freilich geht Fichte nicht so weit, wie H. E. Richter unterstellt, das Ich zur faktischen Grandiosität zu hypostasieren, also bloß das archaische Größen-Selbst wiederaufzulegen. Dazu ist die Kategorie des »Sehnens« zu zentral, welche gerade, auf der Basis der Trennung, die Unerreichbarkeit des absoluten Ich betont. Fichte kennt aber kein anderes Begehren als den narzißtischen Wunsch, der die Autonomie der Objekte zwar kennt, aber nicht anerkennt. Und dies prägt sich seiner Erkenntnis- und Praxistheorie vollständig auf, die damit eher zwischen Grandiosität (absolutes Ich) und Depression (Leere) hin und her pendelt. Nur aus der Logik des narzißtischen Begehrens scheint verständlich, warum die Tatsache, daß es Ich und Nicht-Ich gibt, zur zentralen Herausforderung der Fichteschen Philosophie wird.
Kant hat mit dem (verborgenen) Bezug auf den Leib in seiner Materietheorie den Weg geöffnet, auf dem Fichte die Wende auf das sich selbst fühlende, von polaren Kräften durchzogene Ich zu vollzieht. Daß Fichte dabei auf archaische Formationen des Narzißmus stieß, hat mit Kant mehr zu tun, als bisher absehbar ist. Es wird deswegen noch zu zeigen sein, daß Kants Philosophie sich aus Phantasien speist, die den großartigen Anstrengungen Fichtes um die Restitution narzißtischer Vollkommenheit außerordentlich nahe sind.

2.5. DENKEN AM LEITFADEN DES LEIBES: NATURPHILOSOPHIE UND NARZISSMUS BEIM JUNGEN SCHELLING

»Träumereien«?

Schopenhauer spricht von den »Träumereien der Schellingischen Naturphilosophie«[33], so wie Kant der »Träume der Metaphysik« spottet. Doch Schopenhauers Leib- und Materiebegriff zeigt Nähe gerade zu den verspotteten Träumen Schellings.

Romulus von einer Wölffin ist / aber Jupiter gesäuget
Von einer Geiß / wie solchs das Gerüchte bezeuget.
Was Wunder ist / so wir sagen / daß der Weisen Kind ernehret
Sey von der Erd / so ihm ihre Milch hat gewehret?
So dann die Thier gespeiset han solche grosse Helden gewiß /
Wie groß mag dann der seyn / dessn die Erd Säugmutter ist?

Michael Maier, Atlanta fugiens. Kupfer von M. Merian d. Ä., Oppenheim (1618)

In der hermetischen Tradition wird die Natur als weiblich, die Erde als mütterlich gebärend und nährend, aber auch – wie die animistischen Rituale vorneuzeitlicher Bergwerkstechnik zeigen – als bedrohlich verstanden. In der rationalistischen Naturinterpretation wird diese Deutung verdrängt und bildet eine Arkantradition. In der spekulativen Naturphilosophie Schellings und Novalis' wird das hermetische Konzept einer weiblichen Natur wieder aufgenommen.

So geht Schopenhauer von dem Grundsatz aus, daß die Wahrnehmung unseres Willens, als das »einzige uns *unmittelbar* Bekannte«, der »Schlüssel zu allem Anderen« sei: »Demzufolge müssen wir die Natur verstehen lernen aus uns selbst, nicht umgekehrt uns selbst aus der Natur.«[34] Dies könnte geradezu als methodisches Prinzip der Schellingschen Naturphilosophie gelten. Doch nicht im Blick auf diesen, sondern bekanntlich in den Bahnen Kants entwickelt Schopenhauer seinen Materiebegriff. Im Rückgriff auf Kants Dynamik demonstriert Schopenhauer, daß auf allen Stufen materieller Bildungen die dynamische Polarität in Erscheinung drängender Wille ist. Seine Pointe ist, daß die Dynamik der Natur erschlossen wird von der Dynamik her, die dem eigenen, vom Willen durchwirkten Leib unmittelbar innewohnt.[35] Auch hier ist Schopenhauer Schelling näher als Kant. Er hält es für seine, ja für *die* philosophische Wahrheit, daß der von polarer Dynamik durchzogene Leib unmittelbare Objektivation des Willens ist:

> Endlich ist die Erkenntnis, welche ich von meinem Willen habe, obwohl eine unmittelbare, doch von der meines Leibes nicht zu trennen ...: daher ist der Leib die Bedingung der Erkenntnis meines Willens. Diesen Willen ohne meinen Leib kann ich demnach eigentlich nicht vorstellen. ... Sofern ich meinen Willen eigentlich als Objekt erkenne, erkenne ich ihn als Leib.[36]

Leibliche Intensität – im Modell des dynamischen Antagonismus von Attraktion und Repulsion gedacht – erschließt sowohl den Willen wie materielle Bildungen und Natur insgesamt. Damit ist, von Schopenhauer her, eine Konstellation gegeben, die unmittelbar in die Romantik zurückführt. Kant hatte materielle Körper begriffen als durch Attraktion und Repulsion dynamisch konstituiert; verborgen war darin ein Diskurs über den verdrängten Leib. Fichte dagegen hatte die dynamische Konkurrenz gegengerichteter Kräfte gewendet in eine Konstitutionstheorie des Ich, die ihr leibliches Fundament freigab, insofern sie schlüssig erst wurde im Begriff eines Begehrens, das frühen leibgebundenen Erfahrungen entspricht. Schopenhauer rezipiert die Materietheorie Kants und entwickelt sie zu einem Konzept, in dem Materie erscheinender Wille, dieser aber wiederum gespürte leibliche Intensität ist. Materie, so die Grundtendenz dieses Diskurszusammenhangs, erschließt sich, insofern sie als Kraft verstanden werden soll, nur vom Leib her. Dieser ist »Schlüssel zu allem Anderen«, zu organischen wie anorganischen Körpern.[37] Und genau von diesem Prinzip, der organischen, spürbaren Lebendigkeit der Natur, geht Schelling aus. Es kommt darauf an, in der philosophischen Rede über Materie und Organismus von Kant bis Schopenhauer einen Kryptodiskurs zu entziffern: das Sprechen vom Leib und den psychoanalytisch verstehbaren Dynamiken, die an diesem sich zeigen.

Gegen Kant: Schellings Naturbegriff

Naturphilosophie ist bei Schelling mit »speculativer Physik« identisch.[38] Spekulation heißt, Natur zugleich als Produkt (natura naturata) wie Produktivität (natura naturans) zu verstehen, als Subjekt wie Objekt zumal. Damit ist natürlich die Schranke mißachtet, die Kant in der Bestimmung der Möglichkeit von Erkenntnis durch Erfahrung aufgerichtet hatte. Hatte Kant zwar die Materie aus dem Antagonismus von Grundkräften deduziert, so leugnete er doch jeden Bezug dieser Dynamik auf lebendige Natur. »Gebet mir Materie, ich will eine Welt daraus bauen!«, heißt es selbstbewußt, und Kant läßt daraus ein ganzes Universum erstehen und vergehen. Doch seltsam eingeschüchtert hält er es für unmöglich, zu »zeigen, wie eine Raupe erzeuget werden könne« (Th. d. H. A xxxiv/v). Die Verdrängung im Diskurs über die Materie – Verdrängung dessen, was Schelling »Princip des Lebens« nennt – macht Kant unfähig, Erkenntnis über die Sphäre anorganischer Körper hinaus als Wissenschaft zu denken. Organische Wesen bleiben bis in die *Urteilskraft* hinein nicht erklärlich oder allenfalls im Status des Als-ob faßbar.

Es ist unvermeidlich, diese Grenze des Kantschen Denkens zu überschreiten, wenn das Tabu aufgehoben wird, das auf Attraktion und Repulsion als apriori-Bestimmungen bloß anorganischer Körper lastet. Es zeigt sich dabei, daß diese Enttabuierung möglich nur ist, wenn dabei der Begriff der Natur selbst geändert wird. In der *Kritik der reinen Vernunft* nennt Kant »das mathematische Ganze aller Erscheinungen und die Totalität ihrer Synthesis« WELT. Betrachtet man diese Welt »als ein dynamisches Ganzes« in Ansehung »auf die Einheit im *Dasein* der Erscheinungen«, so hat man NATUR (KdrV B 446/7). Hinter diesen dürren Worten steht die Reduktion von Natur auf das, was mathematisch-physikalisch konstruierbar ist. Natur ist, was den Gesetzen der Erkenntnis folgen muß. Die ›revolutionäre Wende‹ dieses Naturbegriffs besteht darin, daß der Mensch sich nicht länger als Teil einer lebendigen Natur begreift, sondern sich selbst als ihr Herr, d. h. sie als »Produkt (natura naturata)«, wie es Schelling ausdrückt. Die Grenze, die Kant zieht, nämlich daß das Ich über die stummen »Dinge an sich« – und dies wäre die Sphäre der natura naturans – nicht verfügt, ist zugleich die Formulierung des Anspruchs, über alles diesseits dieser Grenze, nämlich über das Ganze der Erscheinungen, total zu verfügen. Kants Kritik der Erkenntnis formiert einen Herrschaftsanspruch über Natur in der Weise, wie das Bürgertum im 18. Jahrhundert Herrschaft durchgehend faßt, nämlich als gesetzliche, notwendige und allgemeine Herrschaft. In der Auseinandersetzung mit Natur geraten damit alle anderen als die vernunftgebotenen Formen der Beziehung zur Natur in den Status der Unvernunft. Rücksicht nehmen auf Natur, sich als abhängig erfahren von Natur, Fürsorge für Natur, Angst vor Natur, Fremdheit und Nähe, Liebe und Dankbarkeit zur Natur, beschwichtigende Anpassung an Natur –: dies sind zwar traditionell vorfindliche Beziehungen einer kommunikativen Praxis mit Natur; aber sie sind prinzipiell nicht vernunftfähig. Es sind gleichsam Beziehungen eines lyrischen Wahnsinns, religiöser Unaufgeklärtheit, ästhetischer Erfahrung oder mythischer Besprechung. Sie haben keinerlei theoretische Legitimität. Im Umgang mit Natur gibt es nur noch die Legitimität des Cogito, das sich von jeder traditionellen Vermischung mit Natur gereinigt hat. Da die Reichweite der Naturgesetze sich auf alles bezieht, was in Raum und Zeit gegeben ist, kann innerhalb dieser Totalität prinzipiell keine Regel angegeben werden, die eine Grenze im Prozeß der Unterwerfung der Natur begründen könnte. Der Zugriff auf Natur ist unlimitiert. Die gequälten Stimmen der unterworfenen Natur wie die ihrer bedrohlichen Mächte oder die liebenden Stimmen der uns nahen Natur sind fortan nur projektive Phantasien, Stimmen nicht der Natur sondern des Wahnsinns. Natur hat keine Stimme, keine Atmosphären, keine Signifikanz; sondern Natur ist, was der einzigen Stimme in den Grenzen von Raum und Zeit notwendig folgen muß: Echo reiner Vernunft. Liebe, Schutz, Fürsorge, Angst, Verschmelzung, Fremdheit, Bewunderung, Ruhe, Geborgenheit, Pflege, Austausch – sofern diese unser Verhältnis zur Natur *konstituieren*, bestimmen wir uns als schwärmerisch, beraubt des Vernunftvermögens. Von hier aus gesehen ist Schellings Naturphilosophie ein Diskurs des Anderen, Rehabilitation des zum Gemurmel erniedrigten Naturlauts. Das mag man »Träumereien« heißen wie Schopenhauer. Treffender charakterisiert Bloch die Naturphilosophie als Sprechen aus einem »Mitwissen«, »das ganz einfühlend sich ins Draußen wandte«.[39] Bei Schelling will Denken Mitvollzug der Natur sein; so wie Malebranche Erkenntnis entwickelt in Analogie etwa zum Schmerz, den am Anderen ich erkenne: mittels Sympathie. Seit Kant spätestens ist Empathie als Erkenntnisform vollends in Verruf geraten. Hieße dies doch: erkennen des Anderen vom betroffenen Eigenen her – und: am Anderen, sofern es Anderes ist, das Eigene wahrnehmen. Erkenntnis bei Schelling ist tätiges, sympathierendes Mitvollziehen. Erkenntnis im Kantschen Sinn geht dagegen aus von der Trennung des Erkenntnissubjekts von seinem Gegenstand.

Erkenntnis als Mitvollzug ist möglich nur im zwanglosen Anerkennen des Gemeinsamen von Subjekt und Objekt. Wir erkennen uns als Natur und erkennen Natur auch als das, was selbst wir sind: Subjekt. Darauf läuft »speculative Physik« hinaus.

Es ist eine eigenartige Verkehrung, daß solches Denken aus Kants Materietheorie herauswächst. In der produktiven Natur (Schelling III, 13 ff.) – und als Produktivität kann niemals sie zum Objekt degradiert werden – herrscht ein »ursprünglichster Gegensatz«, eine »ursprüngliche Dualität« und »Entzweiung« (Schelling III, 260/1), in der die gesamte Evolution spielt. Insofern Evolution Bewegung der Naturgeschichte ist, ist sie »accelerirende Kraft«; ist nur sie gesetzt, wäre »absolutes Außereinander«. Die »Tendenz zur Evolution« der Natur nennt Schelling auch »Expansivkraft«. In ihr ist Kants Repulsionskraft zitiert oder auch Fichtes Zentrifugalkraft. Dem absoluten Auseinander der Evolution – ohne Struktur und Selbsterhaltung der Körper – entspricht bei Kant der Zustand absoluter »Zerstreuung« der Materie.

Dagegen setzt Schelling die retardierende Kraft (Attraktion), deren unbeschränktes Wirken zu »absolutem Ineinander« (Schelling III, 262 ff.) führen würde. Involution korrespondiert also dem Kantschen Gedanken der Körperzentrierung bzw. – bei absoluter Involution – des Zusammensturzes aller Materie im Zentralkörper (vgl. Schelling III, 99 ff.).

Bei Schelling werden die polaren Kräfte zu produktiven Naturprinzipien erhoben, aus denen sich Natur zu »dynamische(r) Organisation«, zu einem Organismus bildet (Schelling III, 268). »Reale Raumerfüllung«, auf die Kant sich nach Schelling beschränkt habe, ist ein bloß Abgeleitetes (Schelling III, 264-8; vgl. III, 114ff.).
»Die Bedingung aller Gestaltung ist die Dualität. (Dieß ist der tiefere Sinn in Kants Construktion der Materie aus entgegengesetzten Kräften.)« (Schelling III, 299). – Für Schelling hat Kants Theorie deswegen nicht die notwendige Allgemeinheit, weil dieser Dualität aufsuche nur im »fixierten Gegensatz«, nämlich im Produkt, dem fixen Körper. Damit ist Kant wohl Begründer der »dynamische(n) Physik« (Schelling III, 326), nicht aber kann man mit ihm einen Begriff von Natur denken, in dem diese »als Ganzes betrachtet *absolut* organisch ist«, u. d. h. organisierende Produktivität (ebd.). Naturproduktivität erschöpft sich niemals im Produkt, sondern geht durch alle Produktionen hindurch aufs Unendliche. Reine Körper, deren Identität aus dem grenzbildenden Gleichgewicht von Attraktion und Repulsion sich bildet, sind immer nur flüchtige Momente der Verausgabung tätiger Natur. Spekulative Physik geht dagegen mehr auf die Darstellung der Natur als perennierende Produktivität. Sie endet damit genau dort, wo die »dynamische Physik« anhebt. (Schelling III, 326, 277; vgl. III, 101ff.).
Schelling kritisiert deshalb an Kant, daß die Charakterisierung von Repulsion als Berührungskraft und Attraktion als durchdringende Kraft nur gelte, »insofern sie schon durch Materie dargestellt sind« (Schelling IV, 27). In der Tat besteht bei Kant ein Hiatus zwischen der logischen Konstruktion der Grundkräfte und ihrem realen Zusammentreffen, das immer schon Materie voraussetzt, an der sich dieses Zusammentreffen vermittelt (Schelling IV, 26ff.). Schelling gibt diesem Hiatus die Auflösung, daß er jedes An-sich-Sein der Materie bestreitet und sie als das Vermittlungsglied bestimmt, worin Attraktion und Repulsion vollständig ineinander übergehen und darin Raumerfüllung erzeugen (ebd.). Im Produkt, in dem Attraktion und Repulsion sich durch eine bis zur Aufhebung potenzierende Gestaltung darstellen, inkorporiert sich eine identische, synthetische Kraft, die nur unter der Bedingung ihrer Entzweiung zur Anschauung

kommt – und das ist »*Natur selbst*«, Natur als Subjekt (Schelling IV, 34).

Eins-Sein mit Natur und Entzweiung

Aber »Natur selbst« – was ist das? Es ist, alter Redetradition gemäß, wie sie sich ähnlich bei G. Bruno und Goethe findet, bei Schelling die Große Mutter, von der wir uns, ebenso wie die Dinge sich, ablösen müssen. Davon ausgehend erst entsteht jene »Geschichte des Selbstbewußtseins« (Schelling IV, 78; vgl. III, 399 ff.), die der junge Schelling darstellen will. Bei Schelling ist der Materie noch mater inhaerent. Philosophie, so die These, wäre Aufarbeitung dieses Prozesses, oder wie Schelling sagt: »alles Philosophieren besteht in einem Erinnern des Zustandes, in welchem wir eins waren mit der Natur«. (Schelling IV, 77). Und dieses Eins-Sein ist die Symbiose mit dem lebendigen Anderen, dem Leib der Natur, dem Leib der Mutter. Eins-Sein bedeutet bei Schelling so wenig wie bei Goethe Identität des Individuums, das – gegen alles Andere abgegrenzt – identifiziert ist mit sich selbst (das wäre die Kantsche Linie); Eins-Sein bezieht sich vielmehr auf den Zustand vor der »Entzweiung«, deren ursprüngliches Modell wiederum die Geburt ist. Geburt aber ist ursprünglich Produktion. Von daher erklärt sich, daß Schelling »Entzweiung« als den ersten Einsatz der Produktion aus dem Einen versteht. Die Mutter Natur nun hat eine »eigene Intention mit dem Menschen« (ebd.), nämlich daß er sich von ihr trennt, ja losreißt von ihr, empfindend, anschauend und schließlich selbstbewußt wird und gerade darin ihre höchste Potenz verkörpert. Unschwer ist daran zu erkennen, daß bei Schelling der Selbstbewußtseinsprozeß anders als bei Kant und Fichte einem Modell nachgebaut ist, in dem eine ›gute Mutter‹ die Ablösung des Kindes zu einem Selbstbewußtsein an und für sich, jenseits der Symbiose, *selbst will*. Im Potenzierungsprozeß – Empfindung, Anschauung, Selbstbewußtsein – generiert sich die Naturmutter selbst. Psychoanalytisch entspricht dem eine Konstellation, in der der Wunsch der Mutter auf das selbstbewußte autonome Kind geht. Gerade weil ein solches positives Modell von symbiotischer und separierender Phase der Schellingschen Philosophie zugrundeliegt, muß er nicht, wie Kant oder Fichte, diese Phase verdrängen bzw. wiederaufleben lassen in grandiosen Phanta-

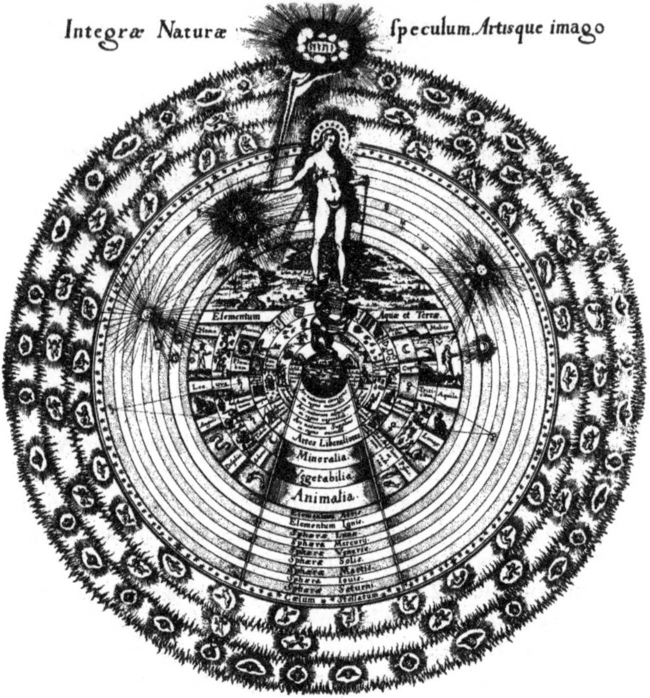

Robert Fludd: Integrae Naturae speculem Artisque imago. (1624)
Die Herkunft der romantischen Deutung der Natur als weiblich aus der hermetischen Tradition verdeutlicht dieses kosmische Schema des Mediziners, Philosophen, Alchemisten und Rosenkreuzers Robert Fludd alias de Fluctibus. Die weibliche Figur, die auf den Elementen Erde und Wasser steht, ist unmittelbar durch die catena aurea mit Gott verbunden. Die Natur als Frau repräsentiert den weiblichen Aspekt Gottes: sie ist die anima mundi. Von ihr – ihrem Sternenkranz – geht die Bewegung des supralunaren Kosmos aus und die Beziehung der Planeten zu den elementarischen Bausteinen der irdischen Welt. Die solaren und lunaren Aspekte ihrer Brüste und ihres Schoßes repräsentieren die schöpferisch-gebärende und erhaltende Kraft der Natur. Von der Linken der Frau geht die Kette des Daseins – von der auch etwa A. Pope und der junge Kant sprechen – direkt zum »Affen der Natur«, der die Künste und wissenschaftlichen Fähigkeiten des Menschen – in Nachahmung der Natur – repräsentiert. Der von der Weltkugel, auf der der ingeniöse Affe sitzt, bis zum Fixsternhimmel reichende Trichter bezeichnet die durch spezifische Naturkompetenzen praktisch beeinflußbaren Sphären des Weltkreises sowie den von Luft und Feuer gebildeten, theoretisch erkennbaren supralunaren Kosmos in der ptolemäischen Ordnung.

sien eines sich omnipotent über die Natur erhebenden Ich. Kant und Fichte müssen die Verlassenheit der ursprünglichen »Entzweiung« und die darin liegende Ohnmacht abwehren bzw. überkompensieren. Schelling dagegen denkt gewissermaßen in der Matrix einer guten Mutternatur und ihrer Obhut. Das Festhalten Schellings, Brunos oder Goethes an der Idee einer natura naturans – *gegen* das historisch siegreiche Konzept der Naturmaschine – hält die Erinnerung an eine mütterlich verstandene Natur in einer Zeit wach, in der, wie Carolyn Merchant zeigte, Natur sterben muß, um Objekt der Erkenntnis und damit beherrschbar zu werden. Einer Natur, der wir entstammen und deren Teil deshalb wir bleiben, entspricht folglich eine Erkenntnis, die vom sympathetischen Mitvollzug mit dem verwandten, lebendigen Anderen der Natur ausgeht und in ihr nicht das Fremde, Feindliche oder Mechanische identifiziert. In *einem* hat dieses heute irrational anmutende Konzept ein höheres Niveau erreicht als die Kantische Vernunft: nämlich in die Philosophie das Erinnern wieder einzuführen an die Herkunft des Menschen aus der Symbiose mit Natur; von ihr sich ablösend, nicht aber sich ihr als dem Anderen entgegensetzend, kommt der Mensch erst zu sich selbst. Erinnernde Philosophie –: das erscheint reifer als die radikal von allem abgetrennte Autonomie der Philosophie Kants.

Zweierlei muß dazu gezeigt werden. Zum einen, daß Schelling die Natur vom Leiblichen her sowie in der Struktur eines archaischen Objekts denkt; und zum anderen, daß Schellings Philosophie der Erinnerung genau auf der Schwelle plaziert ist, wo das Selbstbewußtsein – zunächst nur als Spur und doch sogleich als qualitativ Anderes – sich aus dem undifferenzierten Chaos gewissermaßen eines Protoleibes hebt, der noch nicht zur Einheit hin versammelt ist. Wenn die »Geschichte des Selbstbewußtseins« zurückgeht bis zu jener primären Unabgegrenztheit, die abgelöst wird durch den dynamisch gerichteten »Organismus«, von dem her sich die Unterschiedenheit von Objekten wie die Einheit des Selbstbewußtseins bilden –: wenn dies so ist, dann kann die »Philosophie der Erinnerung« als Rekonstruktion der ursprünglichen Ablösung und Emanzipation des Ich aus der Symbiose mit der Natur/Mutter gelten. Schellings Philosophie wäre Rekonstruktion der ›zweiten Geburt‹, nämlich der grundlegenden Dynamiken, welche die im »lebendigen Organismus« fundierte Geschichte der Menschwerdung bestimmen. Freilich spielt Schelling diese Vorgänge hinüber auf die Ebene der Natur organischer Wesen überhaupt. Nur wenn man realisiert, daß Schelling Natur vom Leibe her konstruiert, wird sichtbar, daß die »organische Construktion«, die er als »Sinnbild der ursprünglichen Construktion allen Produkts« (Schelling III, 306) ansieht, ihr Analogon in der ersten und zweiten Geburt des Menschen hat. ›Erste Geburt‹ wäre Hervorbringung eines Produkts durch Trennung der Mutter-Natur von diesem: Grenzen sind »die Bedingung der ersten Erscheinung« – die Ursachen dieser Grenzen erscheinen selbst nicht, sondern liegen im »Inneren der Natur«, nämlich ihrer ursprünglichen Produktivität. ›Zweite Geburt‹ wäre dann die grenzerhaltende Selbstreproduktion des Produkts, Realisierung also der »Entzweiung« im Dienst der Selbsterhaltung. Psychodynamisch entspricht dem der Erwerb primärer Ich-Kompetenzen in der Verarbeitung der ursprünglichen Separation. Bei Schelling leistet dies, wie wir sehen werden, die aufrechterhaltene leibliche Intensität in ihrem Wechselspiel von Sensibilität und Irritabilität: ist ein sicheres Niveau von Intensität erreicht, ist die ›zweite Geburt‹ – das »Produkt in der zweiten Potenz« (Schelling III, 306) vollendet: es ist für sich. Hierauf dann ruht die Entstehung des menschlichen Selbstbewußtseins.

Leibliche Intensität und Selbstreproduktion des Organischen

Natur erschließt sich vom Organischen her, u.d.h. vom Antagonismus der Grundkräfte. Über Kant hinaus geht Schelling dadurch, daß er in diese »Dyas« die Produktivität der Natur setzt und ihr eine prämaterielle, jenseits der dynamischen Physik liegende Struktur zuweist, nämlich »reine Intensität« (Schelling III, 292f.). Diese heißt auch »reine Aktion« –: Produktivität ohne Produkt. Psychoanalytisch gesehen entspricht dem die ungerichtete Triebdynamik der präobjektalen Phase: »In der reinen Produktivität der Natur ist schlechterdings nichts Unterscheidbares jenseits der Entzweiung; nur die in sich selbst entzweite Produktivität gibt das Produkt.« (Schelling III, 297/8). Produktivität kann mit Intensität nahezu gleichgesetzt werden, weil sie, »in sich selbst entzweit« (Schelling III, 298), nämlich nichts anderes als der Antagonismus der expansiven und der engenden, widerständigen Kraft ist. Intensität ist konstitutives Moment des Organismus, insofern er Produktion und Produkt zugleich, sowohl tätig wie leidend ist (wie Fichte sagt). Es gibt darum keine Intensität reiner Körper. Schellings Bemerkung ist richtig, mit diesem Begriff die dynamische Physik zu verlassen. Intensität ist phänomenologisch nur am Leib aufweisbar als Simultanität engender und weitender, miteinander um Vorherrschaft ringender Tendenzen: oszillierende Konkurrenz von Spannung und Schwellung, wie H. Schmitz sagt.[40]

Der Organismus und damit Natur überhaupt wird bei Schelling also vom Leib her gedacht. In gewisser Hinsicht wird dieser sogar mit dem »Princip des Lebens« (Schelling III, 81) identifiziert. Leben wird gespürt als die Intensität, in der der »Organismus« gegen Widerstände kämpfend sich selbst erhält. Im *System der Naturphilosophie* (1799) entwickelt Schelling diesen Gedanken zum Begriff der Selbstreproduktion, im *System des transzendentalen Idealismus* (1800) zu einer Theorie des Selbstbewußtseins. In der Tat hängen Selbstreproduktion und Selbstbewußtsein eng, nämlich im Leibe, zusammen.

»Die Lebensthätigkeit«, sagt Schelling, »erlischt ... ohne Objekt« (Schelling III, 82). Nur durch den Widerstand des von mir als getrennt erlebten Objekts entsteht jene Grenze, die die gestaltlose Expansivität des Schellingschen Organismus profiliert zu einer Identität, in der sich die gegenläufigen Kräfte zu intensiver Simultanität versammeln. Schelling kann darum sagen, daß das Leben eines Einzelorganismus entsteht im Widerstand der äußeren Natur gegen den Einzelorganismus. Widerstand drängt sich auf als Leiden an der Getrenntheit vom Objekt und ist zugleich, wie bei Fichte, der »Anstoß« zur Bildung abgegrenzter Organismen. Man kann sagen: das im Leiden erfahrene Ende der Symbiose ist Anstoß zugleich fürs Selbstbewußtsein.

Der Organismus ist zwar selbst Natur, wird dies aber erst im »Losreißen« von ihr, in der produktiven Überschreitung der Einschränkung äußerer Natur. Er ist Selbsterhaltung nur durch tätige Abgrenzung gegen die Natur, aus der er kommt. Ohne diese Separation würde der Organismus in vollständiger Sym-

C. D. Friedrich: Frau in der Morgensonne.
Die mikro-makrokosmische Einheit, wie sie Schelling vorschwebt, hat C. D. Friedrich hier ins Bild gesetzt. Das Bildzentrum ist ein doppeltes, nämlich die Sonne und die Herzgegend der Frau: Herz und Sonne liegen, alter astralmedizinischer Tradition gemäß, im göttlichen Monochord – den Oktavschritten des Mikro- und Makrokosmos – auf der selben Linie. Orbis Solis und Orbis Cordis bilden auch Orbis Vita und Sphaera Animae (Robert Fludd): von dieser Korrespondenz ist der Schellingsche Begriff der »Weltseele« bestimmt. Die der Sonne geöffnete Anbetungshaltung betont die den Betrachter ins Bild ziehende erotische Korrespondenz zwischen der unendlichen Kosmos-Natur und der Orantin. »Was in uns erkennt, ist dasselbe mit dem, was erkannt wird.« (Schelling). Wenn für Schelling das Kunstwerk diese (verlorene) Identität zur Erscheinung bringen soll, so ist sie bei Friedrich zum Bild geworden – mit dem Rücken zur Geschichte. Aus dem mystisch ergriffenen Eins der Kosmos-Natur scheint Historie vertrieben.

biose sich auflösen, ja sterben. Die präobjektale Phase muß, um des Lebens willen, verlassen werden. »Leben, wo es zu Stande kommt, kommt gleichsam wider Willen der äußeren Natur ... (unter dem Widerspruch der Natur) durch Losreißen von ihr zu Stande. ... Dieses Ankämpfen stachelt aber gewissermaßen die organische Thätigkeit an.« (Schelling III, 81/2). Leben ist Kampf. Gegen die Bedrohung, von den Objekten assimiliert zu werden, kämpft die Tendenz, »alles in der Natur zu fluidisieren« (Schelling III, 31), alles sich selbst zu assimilieren. Letzteres absolut gesetzt, würde freilich auch zum Untergehen des Organismus führen, nämlich ins »Gestaltlose« und »Flüssige«. Absolute Expansion wäre Regression in die amorphe Formlosigkeit. Unschwer ist in letzterem der symbiotisch aufgelöste Leib ohne Identität zu erkennen. Leben muß gedacht werden »in einem beständigen Kampf gegen den Naturlauf, oder im Bestreben, seine Identität gegen ihn zu behaupten«. (Schelling III, 496).
Die Symbiose bzw. »das Absolutflüssige offenbart alle ursprünglichen Aktionen der Natur« (Schelling III, 35), sowohl äußerer wie innerer, die beide im Flüssigen zusammenfallen. Identität, als Selbsterhaltung des »Individuellen« (Schelling III, 69ff.), erwächst erst, wo die Kampfnatur der leiblichen Intensität sich erhält als »Kampf zwischen der Form und dem Formlosen« (Schelling III, 33) – als Kampf um Abgrenzung also. »Denn nun wird jede *innere* Thätigkeit ..., die *sich selbst* zum Mittelpunkt constituiert, (gegen) die *äußere* Natur ankämpfen.« (Schelling III, 85). Darin besteht der grundlegende »Antagonismus«, in dem das Drama von Symbiose und Separation spielt.
Die Aufrechterhaltung der leiblichen Intensität ist bei Schelling grundlegend für die Selbstreproduktion des Organismus. Hiermit ist etwas Grundlegenderes gemeint als das, was von Darwins Kampf ums Überleben über Nietzsche bis zu Ernst Jüngers »Kampf als inneres Erlebnis« die Männerphantasien bevölkert. Eher sind diese Phantasien Derivate dessen, was Schelling als leibliches Fundament der Selbstreproduktion beschreibt: ideologische Spiegelungen der ursprünglichen ›Geburt‹ des abgegrenzten Leibes aus dem symbiotischen Chaos des »Absolutflüssigen« auf der Ebene des Daseinskampfes oder Krieges. Klaus Theweleit hat dies hinreichend beschrieben.

Die Kampfnatur des Lebens ist bei Schelling aus der Dynamik der ursprünglichen Selbstreproduktion des Organismus entwickelt. Sie ist die Fähigkeit zum Grenzerhalt – gegen die Rückkehr ins symbiotische Chaos bzw. in die absolute Identität mit Natur. Wie sehr dies leibnah gedacht ist, erhellt daraus, daß Schelling seinen Begriff der Selbstreproduktion aus der oben skizzierten medizinischen Tonuslehre, insbesondere aus der neuromedizinischen Reiztheorie John Browns, ableitet, die für das Polaritätsdenken der romantischen Ärzte, Literaten und Philosophen so außerordentlich einflußreich war. Brown seinerseits bezog sich auf A. von Haller, der mit seiner Unterscheidung der Irritabilität der Muskeln und Sensibilität der Nerven bereits die grundlegende Begrifflichkeit weit über physiologische Sachverhalte hinaus generalisiert hatte zu Theorien der Krankheit oder Prinzipien des organischen Lebens überhaupt. Schellings Begrifflichkeit ist von Brown über seine deutschen Vermittler, vor allem Karl Friedrich Kielmeyer, Röschlaub und Marcus (bei denen Schelling persönlich lernte), nachhaltig beeinflußt. Von Kielmeyer übernimmt er besonders die Trias von Sensibilität, Irritabilität und Reproduktionskraft, die er zu seiner Lehre von der Stufenfolge der Natur (in den drei Potenzen) ausbaut und für die Frage der Selbsterhaltung des individuierten Organismus fruchtbar macht (Schelling III, 69-195). Die Fähigkeit der Erregbarkeit ist das, worin die leibliche Intensität – die bei Schelling das »Wesen des Organismus« (Schelling III, 145) ist – nun medizinisch faßbar scheint. Erregbarkeit ist ein synthetischer Begriff, der die polare Dynamik von Sensibilität und Irritabilität vereinigt. Die Duplizität von Attraktion und Repulsion findet damit endgültig ihre von der Physik emanzipierte Fassung, insofern Tätigkeit (Repulsion) und Rezeptivität (Attraktion) organizistisch formuliert werden: »Es muß wiederholt bemerkt werden, daß unter *Sensibilität* nichts verstanden wird, als *die organische Receptivität, insofern sie das Vermittelnde der organischen Thätigkeit* ist. Unter *Irritabilität* aber wird hier ... nicht die bloße *Fähigkeit*, gereizt zu werden ..., sondern ... *die organische Thätigkeit selbst, insofern sie durch Receptivität vermittelt* ist (das organische Reactionsvermögen), gedacht.« (Schelling III, 230/1).

In simultaner Konkurrenz und successiver Verschiebung der Proportion von Sensibilität und Irritabilität, in wechselnden Intensitätsgraden also findet das Spiel der Selbstreproduktion statt als Kampf um die primäre Konstituierung einer Innen/Außen-Abgrenzung. Der Organismus/Leib wird sich als abgegrenzter inne nur, indem die Erfahrung der Getrenntheit von der Natur in sich selbst zurückläuft u.d.h. gespürt wird als die Realentgegensetzung von Reizen, die von innen, und Reizen, die von außen kommen. Dies ist Freud bereits sehr nah. Im Maß, wie der Organismus lernt, in sich selbst Sensibilität als das zu spüren, was auf Irritamente respondiert, und Irritierungen durch Objekte als Antwort auf eigene Tätigkeit zu verstehen, ist das primäre »Losreißen« vom Absoluten der Natur gelungen und das Gerüst einer sich selbst erhaltenden »Lebenskraft« (Schelling III, 80) gebildet: ein Organismus, der Subjekt (produzierend) und Objekt (produziert) zugleich ist, beides in gleicher Ursprünglichkeit. Schelling – und keineswegs Fichte oder gar Kant – ist damit die erste Formulierung der Dialektik von Selbsterhaltung auf der ursprünglichsten Stufe jenseits der Symbiose gelungen, wenn auch freilich in der Form eines für alle organischen Wesen geltenden Strukturgesetzes. Selbsterhaltung ist gespürte Intensität und rhythmischer Fluß sensibler Tätigkeit und irritabler Rezeptivität.

Damit ist Schelling nicht nur bis nahe an das leibliche Fundament der Selbstreproduktion herangekommen, sondern er entwickelt auch bereits Spuren eines triebdynamischen Konzepts. Den »Bildungstrieb« nämlich läßt er hervorgehen als durch Erregbarkeit vermittelte »Richtung auf ein äußeres Objekt« (Schelling III, 190/1). Das Modell des Bildungstriebs nun ist die Geschlechterpolarität – »die allgemeine Sexualität in der organischen Natur« (Schelling III, 191, vgl. 42ff.). Sie setzt die Differenzierung des symbiotisch »Flüssigen« in getrennte Objekte voraus, die sich wechselseitig Reiz, Inzitament zur Produktion sind – jenseits der narzißtischen Verschmelzung. Triebdynamik setzt Polarität zwischen Objekten voraus, die zu Subjekten sich gebildet haben müssen, sich also selbst entzweit als reizend-gereizt, als tätig und rezeptiv spüren. Erregte Erregung aber ist Trieb zur Produktion – sexueller zumal.

Für Schelling sind dabei Sexualität und Kunsttrieb in der Struktur identisch (Schelling III, 191 ff.). Und »Kunst ist eben deßwegen dem Philosophen das Höchste«, sie ist Organon der Philosophie (Schelling III, 628/27). »Deßwegen«? – Im Kunstwerk ist die »unendliche Entzweiung entgegengesetzter Thätigkeiten ... vollständig aufgehoben« (Schelling III, 626). Kunst vermittelt insofern die absolute Identität der Natur, als sie durch die unendliche Entzweiung in der Naturkette gleichsam hindurchgeht und im einzelnen Produkt zur Einheit aufhebt; während in der Natur, weil ihre Produktivität unendlich ist, jedes Produkt erneut in sich entzweit und also wieder produktiv ist. Natur erschöpft sich in keinem Produkt. Darin sind Ähnlichkeit wie Verschiedenheit der Kunst zum allgemeinen Bildungstrieb und zur Sexualität begründet. In Zeugung und Geburt – der organischen Produktion – vollzieht sich zwar die Produktion des Ganzen der Gattung (die Tendenz der Natur aufs Allgemeine); doch immer in einem Produkt – dem Kind –, das wieder nur ein Moment der polaren Einheit und darum auch in sich entzweit ist. Die Eltern geben an das Kind die Geschlechtlichkeit weiter und damit die ursprüngliche Duplizität eines Leibes, der sich selbst sensibel auf einen anderen gerichtet spürt und von einem anderen Leib gereizt wird. Erotische Produktion ist darum unendliche und unabschließbare Arbeit an der Herstellung absoluter Identität der Gattung, die – für Schelling – eben auch der einzige Gegenstand der Philosophie ist. Identität aber ist weder im Individuum noch in der Wissenschaft, sondern allein in der Ästhetik der mit sich selbst versöhnten Entzweiung des Kunstwerks. Was Natur als absolute Identität ist, scheint in der Kunst. Und insofern Natur Mutter ist, arbeitet Kunst, die Identität mit ihr herstellt, immer auch an der Versöhnung mit der ursprünglichen Trennung von dieser. »Die absolute Vereinigung entgegengesetzter Thätigkeiten«: dahin zurückzukehren ist das Bestreben der Natur in allen ihren Erscheinungen, ist Sehnsucht also des Getrennten (Schelling IV, 6). Was Schelling hier in aller Natur wirken sieht oder im Kunstwerk realisiert scheinen läßt, ist die Restitution des narzißtischen Ideals als tiefster Grund aller dynamischer Produktion. Noch der Trieb steht in diesem Dienst.

Zu zeigen ist schließlich noch, daß auch Schellings Theorie des Selbstbewußtseins, die wir mit der letzten Überlegung vorschnell übersprungen haben, um das archaische Drama von Symbiose und Separation kreist, um das also, was wir die ›zweite Geburt‹ nennen.

Selbstbewußtsein entsteht aus »ursprünglicher Empfindung«. Schelling unterscheidet am Selbstbewußtsein zwei Tätigkeiten: »Die eine, ursprünglich ins Unendliche gehende, werden wir die *reelle, objektive, begrenzbare* nennen, die andere, die Tendenz sich in jener Unendlichkeit anzuschauen, heißt die *ideelle, subjektive, unbegrenzbare.*« (Schelling III, 398). In dieser Doppelstruktur bildet sich Selbstbewußtsein als Subjekt und Objekt zugleich, als *Schweben* »zwischen entgegengesetzten Richtungen« (Schelling III, 393). Daran ist erkennbar, daß zwischen dem Begriff der organischen Selbstreproduktion und dem des Selbstbewußtseins nur der Unterschied besteht, daß letztere die Reflexivität der ersteren ist. D. h. aber auch, daß das Selbstbewußtsein – so wie die »reine Intensität« der Erregbarkeit des Leibes – ein synthetischer Akt ist, mittels dessen sich die polaren Dynamiken zur Einheit versammeln, hier: bewußt werden. Selbstbewußtsein ist zuerst die Empfindung davon, *daß dieser* Leib *da jetzt meiner* ist. In diesen fünf Momenten entsteht, wie Schmitz gezeigt hat, aus dem chaotischen Mannigfaltigen des unabgegrenzten Leibes (dem »Flüssigen« Schellings) zum ersten Mal *Gegenwart.*[41] Dies kann man mit Schelling in der Tat einen »absoluten Akt« nennen, »durch welchen für das Ich alles gesetzt ist« (Schelling III, 395) – analog zur Natur, die ebenfalls als *Schweben* zwischen der infinit-unerschöpflichen Produktivität und ihrer Fixierung im Produkt bestimmt wird (Schelling III, 277, 312). In diesem Schweben stellt sich die Identität der Natur bzw. des Selbstbewußtseins dar.

Nun ist die Frage, wie das geschieht. Dabei übergehen wir die an Fichte angelehnte Deduktion des Selbstbewußtseins und konzentrieren uns auf die eigentliche Leistung Schellings: nämlich das Selbstbewußtsein in eine »Geschichte«, in einen genetischen Konstitutionszusammenhang einzubetten. Die Fichtesche Entgegensetzung von Ich und Nicht-Ich sieht Schelling in der

»ursprünglichen Empfindung« gegeben: nämlich das ursprünglich unbegrenzte Ich – ihm entspricht die symbiotische Verschmelzung – findet ein Negatives »als etwas sich Fremdes«. Dieses primäre Finden des Fremden ist »ursprüngliche Empfindung«, *Finden* eines »Begrenztseyn als Affektion eines Nicht-Ichs« (Schelling III, 402/3). Empfinden hebt an als Finden der Grenze in der archaischen Separation: das empfundene Fremde wird in sich als Entgegengesetztes gefunden. Ein Empfinden, das ein Empfundenes erschließt, enthält bereits die widersprüchliche Doppelstruktur der Reflexivität der »Selbstanschauung«: Selbstbewußtsein ist Empfinden des Empfindens und Empfundenen: »Auf dieser Unmöglichkeit, im ursprünglichen Akt des Selbstbewußtseyns zugleich sich Objekt zu werden und sich anzuschauen als sich Objekt werdend, beruht die Realität aller Empfindung.« (Schelling III, 406)

Es ist dabei eine tiefe Einsicht Schellings, daß das Selbstbewußtsein erwächst aus dem Leiden, sich als begrenzt zu erfahren (Schelling III, 411), sich selbst gegeben zu werden durch das empfundene Andere des Nicht-Ich. Der ursprüngliche Akt des Selbstbewußtseins, auf welchem eine ganze Tradition autonomistischer Ich-Theorien beruht, ist zuerst die Anschauung seiner selbst als Objekt: Empfinden des Leidens an der Enge, in die das Nicht-Ich das ins Unendliche laufende Ich setzt.

Dabei scheint Schelling, analog zur Selbstreproduktion, auch das entwickelte Selbstbewußtsein als leibliche Intensität zu denken. An späterer Stelle entwickelt Schelling das Selbstbewußtsein aus der Enge eines »Nichtkönnens«, eines »Zwanges« und »Zurückgetriebenwerdens« – in Strukturen also, die deutlich an leibliche Angst erinnern:

> »Soll das Ich die Grenze zwischen sich und dem Objekt anerkennen als zufällig, so muß es dieselbe anerkennen als bedingt durch etwas, das ganz außer dem gegenwärtigen Moment liegt. Es fühlt sich also zurückgetrieben auf einen Moment, dessen es sich nicht bewußt werden kann. Es *fühlt* sich zurückgetrieben, denn es kann nicht wirklich zurück. Es ist also im Ich ein Zustand des Nichtkönnens, ein Zustand des Zwangs. ... Das Gefühl dieses Zurückgetriebenwerdens auf einen Moment, in den es nicht realiter zurückkehren kann, ist das Gefühl der *Gegenwart*. Das Ich findet sich also im ersten

Moment seines Bewußtseyns schon in einer Gegenwart begriffen. Denn es kann das Objekt nicht sich entgegensetzen, ohne sich eingeschränkt und gleichsam contrahirt zu fühlen auf Einen Punkt. Dieses Gefühl ist kein anderes als was man durch das Selbstgefühl bezeichnet. Mit demselben fängt alles Bewußtseyn an ...« (Schelling III, 465/6)

Dieses Selbstgefühl ist »reine Intensität«, »die nur nach einer Dimension sich expandiren kann, aber jetzt auf Einen Punkt zusammengezogen ist, zum Objekt, aber eben diese nur nach einer Dimension ausdehnbare Thätigkeit ist, wenn sie sich selbst Objekt wird, Zeit.« (ebd.)

Nun scheint Schelling hier eigentlich von der als Enge gespürten Angst zu reden, die in einem gehinderten »Weg!« (Weg vom ängstigenden Fremden!) den Raum versperrt. Diese Angst erschließt aber Zeit als »Gefühl der Gegenwart«: von der Angst gehindertes (Weg-)Streben über das »Zurückgetriebenwerden« hinaus ins Weite. In diesem »höchsten Zustand des Gefühls«, der in intensiver Angstspannung gut nachvollziehbar ist, sieht sich das Ich »concentrirt ... auf einen einzigen Punkt« (Schelling III, 467): in einer gesteigerten Intensität, für die etwa ein unter vollen Segeln stehendes, aber festgezurrtes Schiff oder ein gespannter Bogen Metaphern sein mögen (H. Schmitz). In der Intensität leiblicher Angst liegen bei Schelling die Wurzeln des Selbstbewußtseins!

Nun ist dabei jedoch die Ursache der Angst noch ungeklärt. Schelling verlegt sie in einen Moment, auf den das Ich nicht mehr zurück kann. Es ist dies der Moment der Entzweiung von Ich und Nicht-Ich; auf ihn zurück und hinter ihn auf den Zustand absoluter Grenzenlosigkeit, die als Verschmelzung mit der Mutternatur schon entziffert ist, kann das Ich, es sei denn um den Preis des Untergangs, nicht mehr zurück – und will es doch. Darin liegt die Wurzel der Angst und des Begehrens. An der Schwelle der ›zweiten Geburt‹ liegt das Trauma, sich selbst gegeben zu sein durch ein Anderes. Nicht nur ist das Ich nicht eins und alles, absolute Identität, sondern zuerst empfundene Anschauung seiner selbst durch ein Fremdes. Gegenwart und Selbstbewußtsein setzen erst mit der Entzweiung ein. Die Richtigkeit hiervon ist erst heute durch psychoanalytische Forschungen zu den frühen Spiegelbeziehungen zwischen Infans und

Mutter bestätigt. So hat etwa Jacques Lacan herausgearbeitet, daß die Empfindung, Ich zu sein, auf der primären Verkennung beruht, im Blick des Anderen das Spiegelbild seiner selbst zu *finden*: das Ich konzentriert sich erst im Akt einer Anschauung, die durch das Nicht-Ich dem Ich erst gegeben wird.[42] Selbstbewußtsein entsteht nun daraus, diese Anschauung des Ich zu introjizieren als Bewußtsein. In der Urgeschichte des Subjekts, die Schelling konstruiert, ist es ein solches immer zuerst für einen Beobachter, der bei Schelling der Philosoph ist, richtiger aber der »Glanz im Auge der Mutter« (Heinz Kohut) ist, von dem her das Ich sich – unbewußt – reflektieren lernt. Und in der Tat ist für Schelling der »erste Akt, von welchem die ganze Geschichte der Intelligenz ausgeht ... noch unbewußt«: »In diesem Akt ist das Ich für uns (= die philosophischen Beobachter, Vf.) zwar, aber nicht für sich selbst Subjekt und Objekt zugleich« (Schelling III, 450ff.). Das Ich ist zuerst Empfindung nur des Anderen und Fremden, Leiden an der Entzweiung, nur Objekt also, das erst durch das Reflexivwerden der Anschauung zugleich sowohl Empfindung an sich (Objekt) wie Empfindendes für sich (Subjekt) wird (Schelling III, 412). In der Bildung dieser Doppelstruktur besteht die »Geschichte des Selbstbewußtseyns« hin zur absoluten Identität, die niemals, es sei denn durch Verleugnung, die Spur seiner Herkunft aus dem Anderen tilgen kann.

Damit ist die Rekonstruktion der primären Mechanismen abgeschlossen, die Schelling als den »absoluten Akt« des Selbstbewußtseins bezeichnet. Es zeigt sich: der Ort dieses Akts ist der Leib; sein psychodynamischer Ursprung ist die Übergangskrise von der Symbiose zur Separation, bei der primäre Strukturen eines prinzipiell entzweiten Ich gebildet werden. Fortan ist das Ich eingebunden in die polare Dynamik von Kräften, die von Kant her solche der Materie, bei Schelling solche des Organismus überhaupt sind. Grundlegend ist dabei die Angst, welche für Schelling offensichtlich den bewußtseinserzeugenden Übergang in die Separation begleitet (Schelling redet nicht von Angst direkt, sondern von Leiden). Denn die Angst ist es, die das Ich in beschränkte Enge (die durchs Fremde gesetzt wird) wie zugleich in ein Hinaustreiben ins Weite spannt. Diese Polarität ist zugleich das ursprünglichste Modell der Duplizität des Organismus – besser: des Leibes in der Phase seiner frühen Konstitution.

Schelling weist nun der Philosophie, »weil sie das ursprüngliche Entstehen des Bewußtseyns zum Objekt hat«, die Aufgabe zu, diesen »ursprünglichen Akt des Selbstbewußtseyns« frei nachzuahmen und die Evolutionsgeschichte des Bewußtseins zu konstruieren. Was sich an einem Menschen bei dieser ›zweiten Geburt‹ mit Notwendigkeit – und also bewußtlos – vollzieht, ahmt die Philosophie mit Bewußtsein und damit frei nach (Schelling III, 395 ff.). Man darf sagen, daß Schelling damit das Programm der Psychoanalyse als eines der Philosophie vorweggenommen hat.[43] Erkenntnis als ›freie Nachahmung‹ erzeugt einen Wissenstyp, als als »Mitwissen« (Bloch) gut bezeichnet ist. Es ist gewonnen aus dem »Schweben« des reflektierenden philosophischen Bewußtseins, das erinnernd und einfühlend seine Geschichte *wieder-holt* und sich darin zugleich konstruiert. Dem entspricht ziemlich genau der psychoanalytische Diskurs, der mittels frei schwebender Aufmerksamkeit und Empathie die Geschichte des Ich wiederholt und auf seine grundlegend konstitutive Formationen hin rekonstruiert.

Es ist damit jetzt besser verständlich, warum Schelling (wie übrigens auch Bruno) das Erinnern zum zentralen Moment des philosophischen Diskurses erhebt: in der Geschichte der Vernunft seit Descartes ein ziemlich einmaliger Vorgang. Erst wenn die philosophische Reflexion die Spuren der Erinnerung bis zurück zur archaischen Gründungsakte des Selbstbewußtseins in sich aufnimmt, erschließt sich die Wahrheit des Selbstbewußtseins als Wahrheit nämlich seiner Bildungsgeschichte.

Nun wäre Schelling nicht Romantiker und Idealist zumal, wenn er nicht diesen Gedanken, wie er nüchterner nicht von Freud gedacht hätte werden können, zu überbieten versuchen würde. Denn unübersehbar ist, daß Schelling, auch wenn er mit der Entzweiung in der primären Separation einsetzt, doch intensive Beziehungen zu dem unterhält, was in der Separation gerade verlassen wird: zur narzißtisch strukturierten Symbiose. Das wurde sichtbar zuerst an der Stelle, wo Philosophie als Erinnern des Zustandes charakterisiert wird, »in welchem wir eins waren mit der Natur« (Schelling IV, 77). Diese archaische Identität mit Natur ist für jede Bewußtseinsgeschichte das verlorene Paradies – oder wie die Romantiker, besonders Novalis, gern sagen: das »goldene Zeitalter«. Es enthält offensichtlich die Erinnerungsspur an die frühe harmonische, spannungsfreie Verschmelzung mit dem nutritiven Objekt Mutter, projiziert auf Natur: ein Erinnern an einen Zustand jenseits des Mangels und des Triebes, die durch »Entzweiung« erst konstituiert werden. Und dieses Erinnern bildet schließlich doch den Kern der philosophischen Sehnsucht Schellings.

Auf vielfache Weise wird bei ihm die in der Separation verlorene Harmonie restituiert, welche doch auf immer sich in den unabschließbaren Horizont einer Geschichte der Entzweiung und des arbeitenden Kampfes um Identitätsproduktion aufgelöst zu haben schien. Zum einen zeigt sich, daß die mütterliche Natur, von der das Selbstbewußtsein sich losreißt bzw. getrennt wird, so daß der Mensch als »ewiges Bruchstück« (Schelling III, 608) durch die Geschichte treibt, uns dennoch grundlegend angemessen und nah bleibt. Natur ist nicht restlos Fremdes, sondern als absoluter Organismus von derselben Struktur wie das Bewußtsein des Menschen. Oder man kann sagen: wir sind Leib von ihrem Leib. Und sind damit ihr Teil. Natur hält ferner durch alle Separation hindurch Nähe zu uns: sie verliert niemals ihren Charakter, freundliche nutritive Umgebung unseres um Abgrenzung kämpfenden Einzelorganismus zu sein. Grundlegend steht dieses Urvertrauen hinter aller philosophischen Teleologie der Natur – wie sie auch Schelling annimmt: von seinem organizistischen Naturbegriff her mit einer gegenüber Kant unvergleichlichen Selbstsicherheit und Leichtigkeit. Daß Natur die »Intention« zugerechnet wird, den Menschen zu selbstbewußtem Dasein sich entwickeln lassen zu wollen (Schelling IV, 76f.), ist Reflex einer personalistisch stilisierten Urverbundenheit der Mutternatur mit den Wegen ihres Kindes: Mensch. Wenn dies so ist, kann umgekehrt vom Vertrauen ausgegangen werden, daß die objektive Welt unserer Evolution fördernd angemessen ist: zwischen dem Makroorganismus der Mutternatur und dem Mikroorganismus des Menschen herrscht prästabilisierte Harmonie. (Schelling III, 144, 605ff.)

Im weiteren zeigt sich nun, daß die absolute Identität der Natur in der absoluten Synthesis des Selbstbewußtseins reproduziert wird. Das erklärt den rätselhaften Satz, daß »die organische Natur ... den sichtbarsten Beweis für den transcendentalen Idealismus« (Schelling III, 490) führe. Das Organische der Natur enthält immer schon, was Schelling zur Struktur des Selbstbewußtseins erklärt: sich selbst Objekt zu sein und sich selbst zugleich Ursache und Wirkung zu sein. Das heißt nichts weniger, als daß die unendliche Sukzession in der Zeit, zu der der Mensch als in sich entzweite Existenz (»ewiges Bruchstück«) gestellt zu sein scheint, in der Synthesis des Selbstbewußtseins aufgehoben wird zu einem Kreis. »Die Succession geschieht nur scheinbar in gerader Linie, und fließt beständig in sich selbst zurück.« (Schelling III, 490) Diese »Kreislinie« ist erneut ein Moment jener unverlierbaren harmonischen Geschlossenheit, die die Natur von sich aus (vgl. Schelling III, 127), als gute Mutter, zeigt und zu der das Bewußtsein in der absoluten Synthesis sich potenziert. War bisher unaufgeklärt, was denn jenes Zurückkehren-Wollen aller Erscheinungen in die absolute Identität genau meint (Schelling IV, 6), so ist jetzt klarer, daß darin die Wiederkehr der verlorenen narzißtischen Homöostase, die imaginäre Vollkommenheit des symbiotischen All-Ich auf der letzten Stufe des potenzierten Bewußtseins, gemeint ist: dieses nämlich ist schließlich identisch mit der Mutternatur selbst – vollkommener Kreis wie sie. Und hier kann dann der phantastische Gedanke, den Novalis sofort aufgreift, gefaßt werden, daß das Universum für die Intelligenz »nur das gröbere und entfernteste Organ des Selbstbewußtseyns« (Schelling III, 490) ist. Nicht nur ist das Ich Teil der Mutternatur, sondern als Bewußtsein ist es wie sie: absolut, alles in sich fassend: All-Ich.

Man kann hinsichtlich solcher Konzepte prinzipiell sagen, daß überall da, wo sie für das philosophische oder religiöse Denken grundlegend sind, in der narzißtischen Matrix der archaischen Mutter gedacht wird.

Schellings Denken, insofern es *Geschichte* des Selbstbewußtseins rekonstruiert, geht also von der ursprünglichen Separation aus und denkt in ihrer Logik: Philosophie ist freie Nachahmung der primären Separation, die das traumatische Ende der Symbiose zugleich als Beginn der Produktionsgeschichte des Selbstbewußtseins vollzieht. Das vollendete Selbstbewußtsein jedoch ist zurückgelaufen in das Absolute, von dem getrennt zu werden das archaische Leiden der ›zweiten Geburt‹, nämlich des entzweiten Bewußtseins, bedeutete. Auf dieser letzten Stufe ist Schellings Philosophie Wiederholung der symbiotischen Verschmelzung, Nachahmung nun der allmächtigen, alles in sich vereinigenden und harmonisch wiegenden Mutter. Im romantischen Begriff der Organisation – dieser ursprünglichsten Gestalt der Ruhe (Schelling III, 491) – ist immer die Mutter zitiert. In ihr münden alle Utopien der Romantiker, deren ungebändigter Vorwärtsdrang zuletzt in die archaische Heimat der Mutternatur zurückläuft. Dies ist der eigentliche Grund für das ständige Fluidisieren, Potenzieren und Grenzüberschreiten des romantischen Denkens: es hintertreibt im Bann des narzißtischen Begehrens die Welt der differenzierten Objekte, des Mangels, der Triebspannungen und der Endlichkeit. Bei Novalis am tiefsten ist romantische Utopie die Sehnsucht zurück in die nutritive Einheit mit der Mutter, Suche nach der Rückgängigmachung der Geburt (der ersten Entzweiung) selbst um den Preis des Todes. Von hier aus wird auch die romantische Hochschätzung der Kunst verständlich. Schelling erhebt sie theoretisch in den Rang eines Organon aller Philosophie und schafft damit eines der grundlegenden romantischen Paradigmen der Kunstreflexion. Kunst als das »Höchste der Philosophie«: das erklärt sich daher, daß Kunst als organisierte Einheit, die zugleich endliches Produkt ist, die Identität des Widerspruchs von Subjekt und Objekt in sich vollendet zur Anschauung bringt. Kunst ist darum das ausgezeichnete Medium jener großen Einheit, die mit der Mutter herzustellen das Begehren der Romantik ist.

Seltsame und mächtige Phantasien sind in dieser Wirkungsgeschichte der Kantschen Materietheorie hervorgetreten. Es wäre unsinnig, diesen Rezeptionsstrom, der immer wieder als geheime Rede über den Leib und das narzißtische Begehren sich zeigte, nachgezeichnet zu haben, wenn darin nicht eine These steckte: was bisher nämlich bei der Kantschen Rede über Materie als Verdrängung bezeichnet wurde, kommt hier in der Wirkungsgeschichte zur Sprache. Also wäre der Beweis anzutreten, daß in der frühen Schrift von der *Theorie des Himmels* unbewußte Formationen diskursbildend sind, die diesen aufgeklärten Mann Kant im Bann des narzißtischen Traumas zeigen. Daß dies wirklich so ist, wird gezeigt werden in einer Weise, welche weit über Kant hinaus das archaische narzißtische Trauma und seine Abwehr zum Erklärungsgrund eines Vernunfttyps macht, der die Geschichte der Aufklärung insgeheim begleitet.

2.6. DIE HEGELSCHE RÜCKNAHME VON ATTRAKTION UND REPULSION IN DEN ABSOLUTEN GEIST

In seiner »Wissenschaft der Logik« (1812/13) entwickelt Hegel »das System der reinen Vernunft, als das Reich des reinen Gedankens«:

> Dieses Reich ist die Wahrheit, wie sie ohne Hülle an und für sich selbst ist. Man kann sich deswegen ausdrücken, daß dieser Inhalt die Darstellung Gottes ist, wie er in seinem ewigen Wesen vor der Erschaffung der Natur und seines endlichen Geistes ist. (Logik I, 44)[44]

Lessing – vor die imaginäre Wahl gestellt, die Wahrheit in der rechten Hand Gottes oder die ewige Suche nach ihr in der Linken zugeteilt zu bekommen – fällt Gott in den linken Arm, denn die Wahrheit des Absoluten sei für ihn zu groß. Schillers Jüngling, der die im verschleierten Bildnis des Isistempels verborgene Wahrheit der Natur nachts enthüllt, wird des Morgens tot aufgefunden. Dem Jüngling des Novalis – Hyazinth –, der auf der Suche nach der Wahrheit von allem, auch seiner Geliebten Rosenblütchen sich trennt, entdeckt im Bildnis zu Sais das Antlitz Rosenblütchens –: Wahrheit nicht im Absoluten, sondern immer schon Nächsten. Swedenborg, der sich als wiedergekehrter Christus verstand, entging nur knapp – Freunde verwendeten sich für den bürgerlich ruhigen Mann – der Einsperrung ins Irrenhaus, in das ihn auch hätte schicken mögen Immanuel Kant –: dem seinerseits als 22jährigen sich die Wahrheit, um die sich die größten Meister der menschlichen Erkenntnis vergeblich beworben haben, zuerst dargestellt hat (*Wahre Schätzung* A IX). In den vielen Berichten des 18. Jahrhunderts über Zustände und Insassen von Irrenspitälern fehlen nie jene Verblendeten des Geistes, die sich für Gott halten, den Schöpfer, Weltregenten, Messias. Sebastian Brants Narrenschiff von 1509 beherbergt wie selbstverständlich auch Gelehrte, die, statt sich im Bewußtsein der Endlichkeit der Vernunft zu bescheiden, sich im Besitz absoluter Wahrheit wähnen. Johann Beer in seinem Roman *Das Narrenspital* (1686) läßt den Philosophen seinen Traum der Vernunft im Irrenhaus spinnen. Sarkastisch läßt der Erzähler in den *Nachtwachen des Bonaventura* (1803) den Philosophen im Hospital seine Fichteanische Philosophie des absoluten Ich erkunden.

Hegel allein bleibt es vorbehalten, sein Denken in der »Wissenschaft der Logik« durch einen Akt unnachahmlicher Grandiosität identisch werden zu lassen mit der Sprache Gottes, die vor der Schaffung von Natur und Mensch das Gespräch des absoluten Geistes mit sich selbst ist – gedacht von Hegel. In dieser Attitüde eines absoluten Größen-Selbst kann man zum zentralen Philosophen der Epoche werden – oder zum »Kandidaten des Hospitals«: warum einmal dies und einmal jenes – das wäre eine Untersuchung wert. Die hier nicht folgt.

Untersucht wird, wie Hegel, wie er meint, endgültig Kants Materietheorie abhandelt (Logik 1, 174–208). Das freilich, was für uns ihren Vorzug ausmacht, nämlich ihre Nähe zum dynamischen Materialismus und zu einer im Leibe fundierten, wie Kant sagt: »dem Sinn des Gefühls aufgeschlossenen Metaphysik der Kräfte – dies genau ist es, was Hegel an Kant kritisiert. Den Vorzug der Kantschen Materietheorie sieht Hegel dagegen gerade darin, daß Kant mit ihr wenigstens die (mechanistische) »Äußerlichkeit des Erkennens« überwunden und den »Anstoß zur neueren Naturphilosophie gegeben hat«, »welche die Natur nicht als ein der Wahrnehmung sinnlich Gegebenes zum Grunde der Wissenschaft macht, sondern ihre Bestimmungen aus dem absoluten Begriffe erkennt« (Logik 1, 201).

Hegel meint damit, daß die Rede von Repulsion und Attraktion von der Rede über Materie überhaupt abgetrennt werden muß; Repulsion und Attraktion seien rein, nämlich als absolute Begriffe zu konstruieren. Da wirft ein Idealist dem anderen vor, in der Entfremdung von Natur nicht weit genug gegangen zu sein. Die Spuren der Herkunft menschlicher Begriffe aus dem, was der Mensch nicht selbst schon als Vernunft ist, sind Hegel bei Kant nicht rigoros genug getilgt. Nicht kommt es Hegel darauf an, an den Begriffen Repulsion und Attraktion die Spuren dieses Anderen der Vernunft zu sichern und zu vertiefen – wie wir es an der Wirkungsgeschichte getan haben –; sondern im Gegenteil wird die Nähe zum Anderen im Kantschen Materie- und Körperbegriff aufgehoben in der Bewegung des absoluten Begriffs.

Hegel nimmt jeden noch so geheimen Bezug von Repulsion und Attraktion auf Materie, Leib und organische Natur heraus und stilisiert das, was von Kant bis Schopenhauer als Spiel dynamischer Kräfte verstanden wird, zur Stimme des absoluten Geistes. Innerhalb der »Lehre vom Sein« erhalten Repulsion und Attraktion ihren Ort in der Explikation des Fürsichseins des Eins, das aus der Dialektik des Eins und des Vielen entwickelt wird.

Nun ist schon dies bemerkenswert. Die Frage nämlich ist, ob Hegel für die Bewegung des Begriffs, in der das logische Verhältnis von Eins und Vielem behandelt wird, überhaupt die Kategorien von Repulsion und Attraktion verwenden darf, die als räumlich-dynamisches Verhältnis kraftdurchwirkter Körper *Anschauung* voraussetzen, wenn nicht sogar, wie wir zeigten, das *Empfinden* dieser Dynamik am eigenen Leib.

Merkwürdig ist ferner, daß Hegel in seinen Anmerkungen zu Vorläufern seiner Begriffsentfaltung von Eins und Vielem auf die Atomisten, Spinoza und Leibniz eingeht gerade, insofern diese den kosmologischen Aufbau der Natur im Ganzen und von Körpern insbesondere entwickeln. Dies paßt zwar gut zu Kants Materietheorie, die zuerst entwickelt wird im Kontext seiner Kosmologie, ist aber nicht das erwartbare Beispielmaterial für eine rein begriffliche Konstruktion von Eins und Vielem.

Bezugspunkt dafür wäre eher Platon, den Hegel auch erwähnt (»Parmenides«): doch liegt hierin die dritte Merkwürdigkeit. Denn Platon demonstriert in seiner Dialektik von Eins und Vielem zwar in der Tat eine Art Bewegung (kinesis) des Begriffs und die dadurch sich bildende Vernetzung des Ideenreiches – aber eben ohne jeden Bezug auf Begriffe, die wie Repulsion und Attraktion räumlich-dynamisch gedacht werden müssen.

Die konstitutive Verwendung von Repulsion und Attraktion in Hegels Logik vom Eins und Vielem muß mithin erstaunen. Entweder dürfen Repulsion und Attraktion gar nicht vorkommen, weil sie – wie durchweg in der philosophischen Tradition – ihr Substrat in der Räumlichkeit von Körpern bzw. des Leibes haben. Oder Hegel radikalisiert den Idealismus Kants noch insofern, als er die Herkunft dieser Begriffe aus leiblicher Erfahrung restlos verleugnet, ohne doch auf deren entscheidende Momente: nämlich dynamische Selbsterhaltung des Einen (Körpers) und Zusammenhang der Vielen (Körper) verzichten zu können – womit Hegel unter der Hand den Idealismus verließe.

Kann Hegel wirklich – wie er muß – über Kant hinaus Repulsion und Attraktion als absolute Begriffe denken? Hätten sie dann

überhaupt noch einen Sinn? Oder ist es so, daß die Begriffslogik von Eins und Vielem insgeheim ›verunreinigt‹ ist durch ihre Fundierung im Spiel polarer Dynamik des Leibes?
Repulsion wird eingeführt als voraussetzungslose, unmittelbare Selbsterhaltung der Eins, womit Hegel genau die von Kant bis Schelling entwickelte räumlich-dynamische Struktur der Selbsterhaltung (die diese freilich mit mehr Recht in sich erhaltende Körper bzw. Organismen setzten) übernommen hat.
Hier wie dort bringt ferner dynamische Selbsterhaltung durch Repulsion des Anderen – in der Wechselseitigkeit derselben – gerade die Vielheit hervor: das Medium der Selbsterhaltung ist zugleich die Produktion des Vielen, der vielen Eins. »Festen Halt ihrer Verschiedenheit« (Logik 1, 191) gewinnen die vielen Eins durch ihr gegenseitiges Repellieren. Damit aber ist Hegel in der Bewegung des Eins zu Vielen und von diesen zurück zum Eins dem raumerfüllenden Dynamismus keineswegs entgangen. Unter der Hand wird die Bewegung des Begriffs räumlich vorgestellt – dies aber ist verleugnet.
Wechselseitigkeit der Repulsion ist nun ferner der Ort, an dem Hegel den Begriff der Attraktion einführt. Attraktion ist gewissermaßen das »Außersichkommen« (ebd. 187) des Eins insofern, als in der wechselseitigen Repulsion Eins wie das Andere ist: im selbsterhaltenden Fürsichsein und ihrer (repellierenden) Beziehung zueinander zeigen die vielen Eins an sich »ihre Ununterscheidbarkeit« (ebd. 191). Eins sind an sich Alle. So vermittelt sich im polemischen Repellieren ein durch dieses hindurchgehendes Zusammenziehen (Attrahieren) der vielen Eins zum »einen Eins«: und dieses ist Attraktion.
Damit nun aber bleibt die Bestimmung von Attraktion eigentümlich schwach. Im Bemühen, Attraktion nicht als räumliche Gerichtetheit einer Kraft im dynamischen Verband mit der ihr polar entgegengesetzten Repulsion zu denken, verkümmert Attraktion zu dem Gedanken, daß die Eins, in der Wechselseitigkeit ihres Repellierens, Eins wie das Andere sind. Attraktion ist die bloß abstrakte »Identität, in welche ihr Reppellieren übergeht« (ebd. 192).
In dieser Weise denkt Hegel freilich Repulsion und Attraktion nicht mehr auf einer Ebene. Repulsion ist voraussetzungslose Unmittelbarkeit der Selbsterhaltung der Eins, während Attrak-

tion eine die Repulsion voraussetzende, durch sie vermittelte *Reflexion* darauf ist, daß die Eins in der repellierenden Selbsterhaltung abstrakt identisch sind: »Sich-als-Eines-Setzen«. Diese *Bewegung der Reflexion* von der Unmittelbarkeit der Selbsterhaltung zur Vermitteltheit der abstrakten Identität allein wäre es, die Hegel als *Bewegung des Begriffs* – Logik nämlich – deklarieren dürfte. Selbst wenn dies gelungen wäre, hätte Hegel als Preis dafür die Gleichursprünglichkeit von Repulsion und Attraktion, die von Kant bis Schelling immer gewahrt blieb, zerstört.

In Wahrheit aber ist es so, daß Hegel selbst diese Bewegung der Reflexion von Repulsion zu Attraktion nicht ohne Anleihen beim Dynamismus bewerkstelligen kann. Kant – wie auch Fichte, Schelling, Schopenhauer – hat als spekulativen Grenzzustand der Attraktion den Zusammensturz aller Materie in einem Punkt angenommen (wie umgekehrt als spekulativen Grenzzustand der Repulsion die absolute Zerstreuung). Repulsion war bei Kant die Kraft, die im Dienst der Selbsterhaltung des Körpers gegen seine Auflösung in einem allgemeinen Zentrum der Attraktion steht. Wie umgekehrt gegen die allgemeine Zerstreuung der Körper die Attraktion im Dienst des Aufeinander-Beziehens steht. Hegel übernimmt dies insofern, als er als Liminarzustand der sich selbst erhaltenden Eins ihre abstrakte Beziehungslosigkeit annimmt. Und umgekehrt nennt er Attraktion eine »Konsumtion des Eins«, worin – abstrakt gesehen – die »Vielen auf den Punkt des Eins gebracht« werden: so daß bei Absolutsetzung der Attraktion »ein träges Eins« (analog zum Kantschen allgemeinen Mittelpunkt) entstünde. Diese Trägheit und Starre oder »ruhige Einheit des Seins«, die Hegel ja gerade zu einem »Werden« und »Prozeß« auflösen will (ebd. 193), kann er vermeiden – aber nur, indem das »eine Eins« »attrahierend nur ist durch die Vermittlung der Repulsion« – also in der Struktur dynamischer Raumerfüllung gedacht wird.

Die prozeßhafte Dialektik der Begriffe von Eins und Vielem wird bei Hegel als Bewegung des Absoluten zwar behauptet, ist in Wahrheit aber gedacht in der Struktur der Realdynamik der Kräfte, die Körper bilden. Es ist ein idealistisches Auf-den-Kopf-Stellen der Verhältnisse, wenn Hegel den Fortgang von Repulsion zu Attraktion als Dynamik reiner Begriffsverhältnisse erklärt. Vielmehr scheint es, daß Hegel das ohnehin schon abstrakte Verhältnis des Fichteschen absoluten Ich zum »Anstoßungspunkt« des Nicht-Ich (in dieses Verhältnis hatte Fichte Repulsion und Attraktion hineingedacht) noch einmal überbietet. Man kann sagen: in diesen luftigen Höhen ist das Verdrängte des Kantschen Diskurses – Materie, Leib, Organismus – erneut verdrängt. Unnachgiebig und herrisch hat der absolute Geist sich des Anderen der Vernunft bemächtigt. Das Andere ist zum Eigenen geworden – Besitzstand des mit dem Gott vor der Schöpfung sich eins wissenden absoluten Selbstbewußtseins. Einverleibung, Tilgung des Fremden ist die herrschende Geste dieses Denkens. Ohne die Freilegung des Anderen der Vernunft in dem Diskurszusammenhang von Kant über Schelling bis Schopenhauer behielte Hegel das letzte Wort. Nur das spurensichernde Erinnern in diesem Diskursprozeß verhindert, im Hegelschen Text zu übersehen, daß dieser seine Konstruktion des absoluten Begriffs gar nicht durchhalten könnte, wenn er nicht das kraftvoll Dynamische von Attraktion und Repulsion sich aneignete. Die Begriffsdialektik des Einen und Vielem bliebe starr und undynamisch, ginge nicht in sie, verleugnet und verheimlicht, als »Princip des Lebendigen« (Schelling) das ein, was von Kant bis zur romantischen Naturphilosophie im polaren Spiel von Attraktion und Repulsion freigelegt worden ist.

KAPITEL III
KOSMOLOGIE UND POETISCHER TRAUM

»Wir träumen von Reisen durch das Weltall: ist denn das Weltall nicht in uns? ... Nach Innen geht der geheimnisvolle Weg.«[1] Als Novalis in seinen Blüthenstaub-Fragmenten diese Feststellung trifft, blickt er auf Jahrhunderte gewaltiger Expansion des astronomischen Wissens zurück, die mit der kopernikanischen Wende einsetzten und von vielen als Paradigma der Neuzeit verstanden wurden. Vorbei ist auch das 18. Jahrhundert, das weniger grundlegend neue Konstruktionen des Kosmos schuf, als vielmehr zur Konsolidierung des neuen Weltbilds und zur Popularisierung des Wissens beitrug. Novalis könnte mit Recht auch daran denken, daß die außerordentlich verbreiteten imaginären Weltraum-Reisen, die mit Keplers *Somnium*, einer Mondreise, begonnen hatten, nicht mehr zu den großen Erregungen der gebildeten Stände gehören. Zurück liegt auch die Zeit, in der die Literatur erfaßt wurde von den grandiosen Affekten, die von der neuen Kosmologie ausgingen, und von England her – man denke an Pope, Addison, Young, Richard Glovers u.a. – und Frankreich – Fontenelle, Voltaire – auch in Deutschland eine charakteristisch zwischen Lehrgedicht und Hymnik schwankende Literatur des Universums hervorbrachte: Brockes, Haller, Klopstock, Herder, Schiller. Auch die Kategorie des Erhabenen, insofern sie sich vom heroischen Großen der Tragödie emanzipierte und von J. J. Bodmer über Kant bis Schiller zu einem zentralen Begriff der Ästhetik gemacht wurde, war entscheidend bestimmt durch die Erfahrung jener Räume, die bis dahin für die Menschen eher Quellen der Angst waren: Gebirge, Ozeane, Wüsten und der kosmische unendliche Raum. Die Dichtung des Erhabenen – wie auch die Reiseliteratur – begleitet dabei die Geschichte des Kolonialismus. Den realen oder wissenschaftlichen Landnahmen der Eroberer folgt die Ästhetik der Erhabenheit als großartige Selbstaffirmation des europäischen Menschen unmittelbar nach. Ohne die realgeschichtliche Territorialisierung der alten Angstträume wäre nicht das gegeben, was Kant, in richtigem Kalkül, dem Erhabenen als Bedingung seiner Möglichkeit voransetzt: die Sicherheit des Subjekts vor überwältigenden Bedrohlichkeiten der Natur.

Bernard le Bouvier de Fontenelle: Entretiens sur la pluralité des mondes. (1686)
Zu nächtlich zauberhafter Stunde im barocken Park erklärt der galante Popularaufklärer Fontenelle der Marquise de G. die Neue Ordnung des Planetensystems.

Novalis verweist dagegen radikal auf das Innen des Menschen als der eigentlichen terra incognita; doch ist in seiner Formulierung einbehalten, daß der in den Kosmologien imaginierte Weltraum auch als projizierter Innenraum verstanden werden kann. Dies ist ein Reflex auf die historische Bewegung von Giordano Bruno bis Kant, in der das neue Wissen über den Kosmos erlebt wurde als qualitativ neue Erfahrung auch des Selbst des Menschen; daß die neue Physik zugleich auch der Entschlüsselung des metaphysischen Geheimnisses dienen könne.

Für diese Frage lenkt Novalis den Blick empor zum Himmel zurück auf den Menschen selbst.

Bei Friedrich Schlegel heißt dies:

> Willst du ins Innere der Physik eindringen, so laß dich einweihen in die Mysterien der Poesie.

Im romantischen Wissenschaftsverständnis wird so das ursprünglichste Ausdrucksmedium des Menschen, die Poesie, zur Erschließung der Naturwissenschaft; und umgekehrt verwandelt sich die Sinnreflexion einer nicht nur technisch verstandenen Physik zu einer »Wissenschaft vom Ganzen«[2], in der Erkenntnis und Projektion, Naturwissen und Selbstaussage des Menschen nicht getrennt werden können – wie dies heute grundlegend für jeden erkenntnistheoretisch legitimierten Diskurs wäre. Schelling möchte ähnlich wie Schlegel die Wissenschaften nach ihrer historisch unvermeidlichen »Odyssee« und Zersplitterung in ferner Zukunft in den »Ozean der Poesie« zurückströmen sehen.[3] Im Blick auf diese Idee findet Schelling zu der klassischen Bestimmung kosmologischer Lehrdichtung:

> Es gibt ... kein wahres Lehrgedicht, als in welchem unmittelbar oder mittelbar das All selbst, wie es im Wissen reflektiert wird, der Gegenstand ist. Da das Universum der Form und dem Wesen nach *Eines* ist, so kann auch in der Idee nur *Ein* absolutes Lehrgedicht seyn, von dem alle einzelnen bloße Bruchstücke sind, nämlich das Gedicht von der Natur der Dinge.[4]

Auch Herder hoffte noch, im Blick auf die progressiven Verwissenschaftlichungen der Welt, auf die Möglichkeit einer poetischen Einbindung der Naturwissenschaft in ein Naturepos – ähnlich wie Goethe auf eine Versöhnung von Wissenschaft und Poesie zielte:

Ich zweifle nicht, daß aus Copernicus und Newtons, aus Buffons und Priestley Systemen sich ebenso hohe Naturdichtungen machen ließen, als aus den simpelsten Ansichten; aber warum hat man sie nicht? Warum reizen uns die einfachen rührenden Fabeldichtungen alter und unwissender Völker immer mehr als diese mathematisch-, physisch- und metaphysischen Genauigkeiten? Nicht wahr, weil jene Völker in lebendiger Absicht dichteten, weil sie Alles, Gott selbst, sich gleichförmig dachten, die Welt zu einem Hause verengten und in ihr alles mit Haß und Liebe beseelten. Der erste Dichter, der das in der Welt Buffons und Newtons kann, der wird, wenn sie wollen, mit wahrern oder wenigstens umfassendern Begriffen die Wirkung, thun, die jene mit ihren engen menschlichen Fabeldichtungen thaten. Wir wollen wünschen, daß so ein Dichter bald gebohren werde.[5]

Für Hegel dagegen sind die Sterne nur noch Aussatz am Himmel, beraubt jeder Signifikanz; das unendliche All verkümmert zur schlechten Unendlichkeit und das Wissen ist nur noch in der Selbstbewegung des unendlichen, absoluten Geistes zu erlangen.[6] Vor ihm hatten schon der späte Kant, Fichte und Schelling die Kategorie der Unendlichkeit in die Sphäre des Begriffs zurückgeholt –: das unendliche All, von Bruno bis zum jungen Kant apostrophiert als lebendiges Andere, an dem durch Aufschwünge der Imagination zu partizipieren die Wahrheit des Menschen erscheinen läßt, ist sprachlos geworden.
Dies war bis weit in die 2. Hälfte des 18. Jahrhunderts nicht so. In der kosmologischen Rede waren Naturwissenschaft und Literatur nicht getrennt. Die kopernikanische Wahrheit, so hat Blumenberg deutlich gemacht, übersetzte sich sogleich in eine Wende der Bewußtseinsgeschichte und wurde in einem breiten Traditionsstrom zu einem integrierten, oft sogar konstitutiven Moment literarischer Rede. Das All – wissenschaftlich konstruiert, philosophisch reflektiert und ästhetisch erlebt – enthält die Antwort auf die Frage, was der Mensch im Kosmos, gesetzt auf einen Stern in irgendeinem Winkel des Unendlichen, eigentlich sei. Karl Richter und vor ihm M. H. Nicolson[7] haben gezeigt, daß es bei diesem Prozeß nicht erst praktisch relevant werdender Folgen wissenschaftlicher Erkenntnis bedurfte – z.B. durch Technik –, um die »neue Wissenschaft« zum Objekt der Litera-

tur zu machen. Der »heliozentrische Schock« mit seinen ebenso desillusionierenden wie enthusiasmierenden Folgen drang unmittelbar ins menschliche Bewußtsein ein und wurde zum Moment der Selbsterfahrung. Es schien, als würde durch die neue mathematisch konstruierte Raumfigur des Universums der Mensch in dem, was er ist und sein kann, unmittelbar betroffen. Dies hat auch zur Folge gehabt, daß im Bereich der Kosmologie die Ausdifferenzierung in naturwissenschaftliche, philosophische und literarische Diskurstypen erst sehr spät – nämlich erst nach Kants *Theorie des Himmels* einsetzte. Wie die Sprache der Literaten von der neuen Wissenschaft durchdrungen wurde, so war umgekehrt die Sprache der Naturwissenschaftler oft eine literarische, eine philosophische zumal. Das beginnt bei Giordano Bruno, der entsprechend dem pädagogischen, auf Platon rückbezogenen Dialogprinzip der Renaissance einen Teil seiner Werke von vornherein literarisierte und darüberhinaus wohl der erste Hymniker des unendlichen Alls war. Und dies ist auch bei Kant noch nicht zu Ende, in dessen *Theorie des Himmels* naturwissenschaftliche Darstellung, philosophische Reflexion und poetischer Enthusiasmus eine so unauflösliche Verbindung eingehen, daß gerade bei ihm von einer eigentümlichen Gattungsstruktur der Kosmologie im Zeichen der »neuen Wissenschaft« zu sprechen notwendig ist, wenn man den Charaker dieses Textes nicht grundlegend verfehlen will.

Karl Richter hat bereits von einem »Zusammenhang zwischen dem Enthusiasmus des Erkennens und dem Enthusiasmus ... des Lyrischen« gesprochen[8], damit aber die Entwicklung des Lehrgedichts, der Ode und der Hymnik gemeint. Kant ist dagegen das keineswegs singuläre, doch besonders symptomatische Beispiel dafür, daß es umgekehrt auch keinen Enthusiasmus des Erkennens gibt ohne Literarisierung der wissenschaftlichen Sprache. Teilnehmer an den kosmologischen Vorlesungen Kants berichten noch in den 60er Jahren von dem begeisterten Feuer beim Vortrag seines Weltsystems nach Newtonschen Grundsätzen, der regelmäßig begleitet wurde durch Zitate von Pope, Haller u.a. Doch ist dies Kant zunehmend peinlich geworden. Die Diskussion mit Johann Heinrich Lambert, der in seinen *Kosmologischen Briefen* von 1761 – auch hier die literarische Form! – eine der *Theorie des Himmels* verwandte Kosmologie entwickelt hat, kreist rein sachlich nur um wissenschaftsimmanente Fragen sowie um Kants Programm einer Transzendentalphilosophie.[9] Eine Wiederauflage der *Theorie des Himmels* hat Kant nicht gewünscht. Erst 1791 – motiviert durch die Entdeckungen Herschels, der mit seinen Großteleskopen die Tiefe des Weltraums um quantitative Dimensionen in einem Sinn erweiterte, durch den Kant sich bestätigt fühlte – erst 1791 also hat Kant einen Teildruck erlaubt, der nur die Partien einschloß, die der Norm des rationalen Diskurses, der Sprechweise des alten Kant ungefähr nahekamen. Von Kants Kosmologie ist insofern nur übriggeblieben, was in die rationale Figur der sog. Kant-Laplaceschen-Theorie der Planetenentstehung eingegangen ist. Damit aber ist die authentische Gestalt der *Theorie des Himmels* nicht nur zerstört, sondern entscheidende Momente daran, welche im Gefüge der kritischen Vernunft keinen Platz mehr hatten, werden verdrängt. Die Differenzierung des wissenschaftlichen und literarischen Diskurses ist vollzogen, und davon, als einem fait accompli, geht die Kant-Philologie seither aus: man trennt innerhalb der Kantschen Kosmologie das, was historisch sich dem Prozeß einer progressiven Verwissenschaftlichung des Kosmos einfügen läßt, von dem, was daran als »kolossales Weltgemälde« auf den Müllplatz der Unvernunft und Literatur gehört. Man wiederholt getreu jenen Trennungsprozeß von Vernunft und Unvernunft, den Kant an sich selbst vollzogen hat, um zu werden, was er war: Theoretiker der Vernunft.

2. KOPERNIKANISCHE WENDE: PATHOS UND DEGRATION

Immer wieder hat Hans Blumenberg betont, daß die Interpretation der kopernikanischen Wende, in der diese als traumatische Zerstörung der kosmischen Zentralstellung des Menschen (Schoßkind der Schöpfung) erscheint, eine Verschiebung der authentischen Wahrheitsgestalt der kopernikanischen Astronomie sei. Der aristotelisch-scholastische Kosmos sei zwar geozentrisch; die physikalische Mittelposition der Erde aber stelle gegenüber den Sphären und dem im ewigen Schöpfungsmonolog gleichsam narzißtisch sich spiegelnden »unbewegten Beweger« jedoch die metaphysisch wie religiös niedrigste Stufe dar. Von einer anthropozentrischen Teleologie der kosmischen Weltordnung könne nicht und insofern auch nicht von einer unvordenklichen Daseinssicherheit und Sinnfülle des Menschen gesprochen werden. Im Gegenteil stellt, nach Blumenberg, die kopernikanische Wende – und darin liegt ihr Pathos – einen humanistischen Einspruch gegen das aristotelisch-scholastische Weltbild dar, weil die Erde aus ihrer qualitativ niedrigen Position zu einem Gestirn unter Gestirnen erhoben und der Kosmos in seiner universalen Erkennbarkeit zu einer dem Menschen zugeordneten Raumfigur wird.[10]

Solches Pathos der Naturerkenntnis findet sich noch bei Schiller:

> Alles in mir und außer mir ist nur Hieroglyphe einer Kraft, die mir ähnlich ist. Die Gesetze der Natur sind die Chiffren, welche das denkende Wesen zusammenfügt, sich dem denkenden Wesen verständlich zu machen. (...) Eine neue Erfahrung in diesem Reiche der Wahrheit, die Gravitation, der entdeckte Umlauf des Blutes, das Natursystem des Linnäus heißen mir ursprünglich eben das, was eine Antike in Herkulanum hervorgegraben – beides nur Widerschein eines Geistes.[11]

Wo die Natur zur vermittelnden Chiffrenschrift des menschlichen Vernunftzusammenhangs wird, spiegelt sie nicht mehr einen göttlichen Demiurgen oder das Schöpfungsmonopol des allmächtigen Gottes, sondern – wie das Kunstwerk den Künstler – nur noch den »Geist« des Erkennenden selbst. Unter der Hand hat sich die Natur vom Widerschein der magnalia dei zum Selbst-Objekt der erkennenden Vernunft gewandelt. Ist sie keines Anderen Schöpfung und auch nicht ein Anderes der Vernunft, so wird sie zum universalen Spiegel der menschlichen Vernunft.

Der stoischen teleologischen Kosmologie entnommen, ist der Satz mundus propter nos conditus die eigentliche kopernikanische Weltformel, in der noch an dem ihr äußersten Gegenstand die Souveränität der menschlichen Vernunft sich bewährt. Aus dem physikalischen Zentrum und der metaphysischen Erniedrigung rückt Kopernikus die Erde zwar in einen Winkel des Alls, behauptet in diesem Akt für den Menschen jedoch zugleich seine metaphysische Zentralität und Würde. Ganz auf der Linie Kopernikus' schreibt so Kepler 1599:

> Wo die Größe überwiegt, geht die Bedeutung zurück. Wo das Ausmaß kleiner ist, tritt dafür erhöhte Würde auf ... Schaut mir ... jene Stäubchen an, die man Menschen nennt, die Gottes Bild in sich tragen, die die Herren des ganzen Alls sind.[12]

Im Verhältnis zur kopernikanischen Wahrheit ist für Blumenberg die Rede von der Angst und Leere, dem Sinnverlust und der metaphysischen Entwurzelung eine Übertragung – eine »Metapher« – nachträglicher, zumeist zivilisationskritischer Deutungen ins kopernikanische Ereignis; die Rede von der geozentrischen Qualität der Erde ist »ein Theologumenon ex eventu, das sich erst an der kopernikanischen Metapher in die Tradition projizieren ließ«.[13]

Diese im Dienst der kopernikanischen Authentizität vorgetragene Grundthese Blumenbergs erscheint nicht überzeugend. Die astronomische Struktur des kopernikanischen Kosmos ist der Selbstauslegung des Kopernikus, hierin eine qualitative Erhöhung der Erde und anthropozentrische Teleologie zu sehen, ebenso äußerlich wie der entgegengesetzten Deutung, darin eine existenzielle Marginalisierung des Menschen zu erfahren. Gerade weil bei Kopernikus (wie z. B. auch bei Kepler) Kosmologie zugleich auch metaphysische Rede über die Stellung des Menschen im Kosmos ist, kann man nicht eine – bei identischen astronomischen Grundannahmen – entgegengesetzte Metaphysik zur Metapher erklären. Da bis weit ins 18. Jahrhundert hinein eine Ausdifferenzierung wissenschaftlicher und philosophischer Diskurse nicht existiert, wäre es eine methodische Fehlleistung, eine spezifische, nämlich die kopernikanische Selbstauslegung als die authentische Deutung der kosmologischen Neuerung auszuzeichnen. Die enthusiastischen wie depressiven Reaktionen auf den kosmologischen Gehalt dieser Theorie sind grundsätzlich gleichrangig. Es kommt gerade darauf an, an der kopernikanischen Wende, die nicht schon in Kopernikus, sondern erst in Newton vollendet ist, eine ihr inhärente und darum nichtmetaphorische Ambivalenz herauszuarbeiten.

Zum anderen ist in der Wirkungsgeschichte der kopernikanischen Wende die manifeste traumatische Verlusterfahrung nicht als »Theologumenon ex eventu« zu bezeichnen, durch das einer früheren Zeit als wirklicher Besitz zugesprochen wird, was einem jetzt mangelt. Wenn im aristotelisch-scholastischen Geozentrismus eine teleologische Behütetheit des Menschen nicht gedacht war, so ist es, wenn die neue Physik als »transzendentale Obdachlosigkeit« (Lukács) erfahren wird, gleichwohl angemessen, darin einen Sinnzusammenhang als verloren zu supponieren. Im Bewußtsein des Fehlens von Sinn, Behütung und naturwüchsiger Verbundenheit mit den Dingen entstehen diese als Bilder der Sehnsucht und des abwesenden Glücks, Bilder dessen, was nicht ist, aber im gegenwärtigen Wunsch danach als Imagination des Vergangenen oder noch Ausstehenden virulent ist. Unsere Meinung ist, daß das »kopernikanische Pathos« – der Enthusiasmus angesichts der erkannten Struktur des Kosmos – daß also dieses Pathos die eine Seite eben des Prozesses ist, zu dem strukturell die andere gehört: sich in der Weite des unendlichen Alls verloren und bedroht zu fühlen. Erhebung und Erniedrigung, Fülle und Verlust, Erhabenheit und Angst, Seligkeit und Verlassenheit, Grandiosität und Depression sind authentische Reaktionen auf das, was in der kopernikanischen Wende eingeleitet und in den verschiedenen philosophischen und literarischen Deutungsvarianten ausgefaltet wurde. Dieser Prozeß erhält Sinn gerade, wenn man ihn als grundlegende Ambivalenz in der für die europäische Vernunftentwicklung konstitutiven Verarbeitungsgeschichte einer primären *Trennung* versteht.

3. DER UNIVERSELLE AFFEKT BRUNOS: KOSMISCHE VERSCHMELZUNG

In die Mitte der planetarischen Welt rückt Kopernikus die Sonne als lebensspendende Leuchte dieses »schönsten Tempels«. Die Erde bewegt sich auf der vierten Umlaufbahn um die Sonne, die Fixsterne bilden die »erste und höchste Sphäre«, »sich selbst und Alles erhaltend, und daher unbeweglich«, wie Kopernikus noch annahm. Der Kosmos ist ein unermeßlicher, aber endlicher und gehöhlter Raum. Dies ist die Welt, welche Kopernikus mit Pathos erfüllt: vollkommen transparent in ihrer Ordnung, ist sie eingerichtet in teleologischer Adäquatheit zum Erkenntnisvermögen des Menschen. Dessen Ort, die Erde, ist nicht mehr in größter Gottesferne die unterste Stelle im Kosmos, sondern erhoben zum gleichrangigem Gestirn unter den Gestirnen. Zwischen göttlicher Weltordnung und dem Licht vernünftiger Erkenntnis besteht kein Hiatus mehr. Der »anthropozentrische Vorzug« besteht für Kopernikus »in der rational-konstruktiven Vorzüglichkeit des Menschen«[14], die triumphal sich emanzipiert vom scholastischen Kosmos, der nicht dem Menschen entspricht, sondern zur gloria dei, dem unter Ausschluß des Menschen gesetzten Selbstbezug des omnipotenten Gottes, eingerichtet ist. Schon bei Kopernikus ist die Erkenntnis der neuen astronomischen Gestalt des Kosmos sogleich auch anderes als Astronomie: nämlich Partizipation der Vernunft an der bis dahin Gott allein reservierten Allmacht und Größe.

Wenn etwas, so war dies die Provokation der christlichen Herrenschichten: ein erster, vom frommen Kopernikus nicht intendierter Schritt zur Abdankung Gottes in dem langen Prozeß, in dem die Prädikate Gottes auf den kosmischen Raum übergehen[15], bis sie schließlich als Strukturen des absoluten Geistes erscheinen, in dem der Mensch seine Wahrheit erkennt.

Einen Schritt weiter auf dem Wege dieser Selbstsetzung des Menschen geht schon Galilei, vor diesem jedoch weit radikaler Giordano Bruno, der am 8. Februar 1600 als Ketzer verbrannt wird. Seine letzten Worte sind: »Mit größerer Furcht verkündigt ihr vielleicht das Urteil gegen mich, als ich es entgegennehme.« Und auf diesen selbstbewußten Stolz des Nolaners paßt das Wort des ihm geistesverwandten Spinoza, mit dem dieser seine Ethik beschließt: »Alles Erhabene ist ebenso schwer wie selten.« Das Erhabene ist bei Bruno zum erstenmal Qualität des Menschen selbst, der im Unendlichen sich reflektiert.

Bei Bruno wie nirgendwo sonst ist die kopernikanische Wende verbunden mit einem Hymnus des unendlichen Alls, in welchem Gott, Natur und menschliche Freiheit identisch werden: »das Haupt frei zum Äther empor!« – dies ist die Grundgeste Brunos, Bewegung der Erhöhung des Selbst.

Bruno, so wiederholt man seit Eugen Dühring, sei ein Naturphilosoph des »universellen Affekts«. Ernst Bloch spricht vom »Minnesang der kosmischen Unendlichkeit«. Aber was soll das heißen, dieses Ineins von Physik und Erotik?

Bruno, weiß man, ist keineswegs einfach ein emphatischer Neuerer. Sein Anti-Aristotelismus und seine Feindschaft gegen die verstockten Denker in der Kutte, die Scholastiker: das verbirgt oft das Gemeinsame mit ihnen. Er selbst versteht seine Lehre zudem als Wiederkehr stoischer und noch älterer vorplatonischer Naturphilosophien. Die Spekulationen des Nicolaus von Cues über die Unendlichkeit ermöglichen ihn ebenso wie die »Ubiquität des spätmittelalterlichen Gottes«.[16] Doch setzt Bruno neue Akzente. Nichts ist spürbar von der Verlustangst metaphysischer Geborgenheit, die den Deutschen Kepler in seiner Auseinandersetzung mit der Lehre von dem unendlichen All erfüllt. Sechs Jahre nach Brunos Feuertod sagt er in bezug auf Bruno, daß der unendliche Raum »ich weiß nicht welchen geheimen verborgenen Schrecken in sich trägt; tatsächlich irrt man in dieser Unermeßlichkeit umher, der Grenzen und Mittelpunkt und deshalb jeder feste Ort abgesprochen werden«.[17] Diese Angst (vor Anomie und Verlassenheit) läßt Kepler am endlichen Raum und der qualitativen Auszeichnung der Erde festhalten. Ganz anders Bruno. Nicht Angst, sondern ekstatische Weite erlebt dieser in den Räumen der Unendlichkeit. Er ist der erste, der die archaisch sinnliche Kraft und Poesie des unendlichen Alls entdeckt und ungezügelt phantasiert:

> Es gibt keine Ränder und Grenzen, keine Schranken und Mauern, die uns betrögen um die unendliche Fülle der Dinge und das Dasein denselben hinterzögen. Ewig fruchtbar ist die Erde und ihr Ozean, beständig ernährt bei ihnen die Sonnenglut ihre gierigen Flammen und neue Feuchtigkeit wird den verdampfenden Meeren beschafft, da stets Ersatz geliefert wird aus der Unendlichkeit.[18]

Im Inneren der kopernikanischen Wissenschaft, die Bruno in seinem Lehrgedicht *De immenso* als »Wendepunkt der Zeiten« apostrophiert, entdeckt er die Schubkraft einer gewaltigen Befreiung, »die uns von den Ketten einer so engen Herrschaft erlöst und uns zu freien Bürgern eines so herrlichen Reiches befördert, uns von eingebildeter Armut befreit und mit den unzählbaren Reichtümern dieses unermeßlichen Raumes, dieses herrlichsten Gefildes, so vieler bewohnter Welten beglückt«.[19] In dieser Geste, in der der ständestaatlich eingekastete, theologisch gegängelte Mensch sich zum Weltbürger nicht allein, sondern Bürger des Weltalls erhebt, steckt die Explosivkraft einer intellektuellen Rebellion.

Wahre dein Recht auf des Weltalls Höhn! Nicht haftend am Niedern
Sinke vom Staube beschwert dumpf in des Acheron Flut!
Nein, vielmehr zum Himmel empor! Dort suche die Heimat!
Denn wenn ein Gott dich berührt, wirst du zu flammender Glut.[20]

Hier kündigt sich sozialgeschichtlich das Ursprungsbewußtsein einer neuen Klasse an, des Bürgertums, das zumindest in Deutschland in enge Beschränktheit sich zu fügen schnell lernen wird. Brunos All-Hymnus: das ist ursprünglich und kraftvoll jene Affektlage, deren Schub nach Vorwärts bei Hölderlin mit Wahnsinn geschlagen wird; das ist das Erleben der Einheit von Leib und Natur, deren Unlebbarkeit Goethes Werther in den suizidalen Sog zieht; das ist eine Naturphilosophie, deren Wiederkehr bei Goethe und Schelling bereits mit den Malen des Irrationalismus gezeichnet ist.

»Dem engen, dunklen Kerker nun entronnen« – und: »die Kraft des Flugs«: diese doppelte Geste verleiht der brunianischen Metaphysik der Unendlichkeit ihren ekstatischen Zug. Die infinitistische Kosmologie ist Metaphysik der Befreiung und tiefer noch Inbesitznahme der Prädikate jener Instanz, von der abzuhängen Kerkerexistenz bedeutet: nämlich des unendlichen Gottes. Wenn Bruno »auf des Weltalls Höhn« sein Recht wahrt und gleichsam im freien Flug eins wird mit dem Universum, verwandelt er sich dem Göttlichen an. Darum wird als ekstatische Befreiung das Bersten der Sphären empfunden, »die uns von den weit offenen Räumen und unermeßlichen Schätzen des sich ständig verändernden, ewigen und unendlichen Universums trennten«.[21] Dies ist, wie Schelling später sagen wird, »Spinozismus der Physik«.

Brunos Ästhetik des unendlichen Alls ist nicht nur die Provokation der inquisitorischen Mächte, die ihn auf den Scheiterhaufen bringen; sie ist auch mehr als das »Erkenntnisbegehren der Vernunft«, wie Kant sagen würde; mehr auch als das Aufbruchsbewußtsein, durch das in der italienischen Renaissance das autonome Subjekt sich ankündigt; – es ist dies alles und ist tiefer die

Spur und Sprache jener grandiosen Sinnlichkeit, die in der Vereinigung mit dem ›archaischen Objekt‹ entsteht und in Phantasien des Flugs durch das All ausagiert wird.[22] Und damit beginnt der furore eroico, die Angstlust und die Ästhetik der Erhabenheit, die als spezifische Gefühlsqualität des entgrenzten Raumes der scienza nuova die kosmologische Lyrik bis zu Klopstock und dem jungen Herder erfüllen wird. Kants Kosmologie gehört ebenfalls in diese Geschichte des »universellen Affekts«. Es scheint, daß die Unendlichkeit des Universums und die geheimen, großen und archaischen Gefühle der Menschen eine seltsam direkte Beziehung unterhalten.

GIORDANO VON NOLA AN DIE PRINZIPIEN DES UNIVERSUMS (1594)

Der du im flutenden Meer noch weilst an der Grenze des Orcus,
Titan, steige empor, fleh' ich, zum Sternengefild!
Wandelnde Sterne, o seht den Kreislauf mich auch betreten,
Jenem gesellt, wenn ihr frei nur eröffnet die Bahn.
Gönne mir eure Huld, dass des Schlafes doppelte Pforte
Weit aufstehe, wenn ich eile durchs Leere empor.
Was missgünstig die Zeit in dichten Schleier verhüllet,
Dürft' ich's aus dunkler Nacht ziehen ans freudige Licht!
Zauderst du, schwaches Gemüt, dein hehres Werk zu vollenden,
Weil unwürdig die Zeit, der du die Gabe verleihst?
Wie auch der Schatten Schwall die Länder decke, du hebe,
Unser Olymp, das Haupt frei zu dem Aether empor![23]

4. DER DESILLUSIONIERTE AFFEKT: URSPRÜNGLICHE TRENNUNG

In seinen *Grundlagen der Natur* von 1734, die eine Fülle kosmologischer Reflexionen enthalten, sagt Swedenborg über den Himmel:

Schaust du diese unermeßliche Größe und Fülle und betrachtest und vergleichst du gleichzeitig dich selbst, ach, liebes Menschlein, als welch winziges Teil des Himmels und der

Welt erscheinst du da! Deine Größe kann nur darin bestehen, daß du das Größte und Unendliche anbeten kannst.[24]

Sicher ist dies eine orthodoxe und relativ späte Variante, mit der die räumliche Expansion des Kosmos abgekoppelt werden konnte von einer zugleich qualitativen Erhebung des Menschen, so daß das scholastische Schema von der im Kosmos sedimentierten Größe Gottes und der korrespondierenden kindlichen Frömmigkeitshaltung des Menschen erhalten bleibt. Darin aber besteht, was in der neuen Physik als Desillusionierungsschock verstanden wird, gerade nicht.

Näher kommt dem der Lyriker John Donne, der schon 1611 im Kontext seiner Totenklage *An Anatomy of the World* folgende Verse setzt:

And new Philosophy calls all in doubt,
The Element of fire is quite put out;
The Sun is lost, and th' earth, and no mans wit
Can well direct him where to looke for it.
And freely man confesse that this world's spent,
When in the Planets, and the Firmament
They seeke so many new; then see that this
Is crumbled out againe to his Atomies.
'Tis all in peeces, all cohaerence gone;
All just supply, and all Relation.

Astronomie und experimentelle Physik zerstören für Donne Symmetrie und Ordnung der Welt. Allgemeine Krankheit, Verderbnis und hektisches Fieber, eine Art universelle Entzündung paralysieren Kosmos und Erde, seit die Astronomie den einfachen Kreisbau der Sphären zerstört und die Vielheit komplex gebogener, exzentrischer und disproportionaler Bahnen eingeführt hat. Anstatt durch Arbeit und Gebet hier auf der Erde dem Himmel demütig sich zu nähern, »we make heaven come to us«:

We spur, we reine the starres, and in their race
They're diversly content t'obey our pace.[25]

Der Trauer über die verlorengegangene sinnverbürgende Kreisförmigkeit des Weltbaus entspricht hier bereits – und das charakterisiert Donne als frühen konservativen Kulturkritiker – die Kritik der Moderne, welche in einem Akt grandioser Selbstermächtigung den Sternen Maß und Regierung der Vernunft vorzuschreiben sich anmaßte. Diese Ratiozentrik des Raums kon-

stituiert die qualitative Leere – vanitas –: als Anomie des Universums, Verlust von Schönheit, Ordnung und Sinn.
Dies entspricht der Angst Keplers vor den unheimlichen Leerräumen des Alls. Es formuliert sich hier die Trauer und Angst in einer Welt ohne Direktion, die anomisch zerfällt, keine sicheren Konturen und Objekte, keine Kohärenz und Harmonie hat, die den Menschen tragen und sichern könnten. Es ist *derselbe* Raum, der von Kopernikus teleologisch dem Menschen zugeordnet, von Bruno als Medium der Selbststeigerung und Freiheit erlebt, von Kepler als »Weltharmonik« konstruiert und hier als angsterregende Leere, Disharmonie und Anomie erfahren wird. Es ist dabei jedoch unklar, warum identische Raumstrukturen polar entgegengesetzt erlebt werden können. Diese Unklarheit über die Gründe der unterschiedlichen Besetzungen der Raumstruktur des Alls ist, überblickt man die Quellen von Kopernikus bis zur Romantik, keineswegs theologisch oder philosophisch hinreichend, schon gar nicht physikalisch behebbar, eher ästhetisch, am adäquatesten jedoch psychodynamisch: die These ist, daß die Raumunendlichkeit kein physikalisches faktum brutum, sondern zugleich eine psychoanalytisch rekonstruierbare Objektrepräsentanz ist. Innerhalb eines solchen Interpretationsrahmens kann man, vorläufig ohne Erklärungsanspruch, die historisch vorfindlichen Reaktionsformen auf das All typologisch im Sinne Michael Balints als oknophile bzw. philobatische Besetzungen des Raums differenzieren.[26] Die Reaktion John Donnes ist dabei eine charakteristisch oknophile. Balint bezeichnet damit einen Charaktertyp, der auf der Basis des Verlusts eines primären Objekts – von dem getragen zu werden der treibende Wunsch und von dem fallengelassen zu werden die Quelle der Angst ist –, ein gleichsam konservatives, an erprobte Objekte sich klammerndes Verhalten zeigt. Die Raumstruktur der oknophilen Welt wird von »furchterregenden Leerräumen« zwischen unverläßlichen Objekten gebildet; horror vacui, fehlende Kohärenz, Fragmentierungsangst füllt den Raum: »'Tis all in peeces, all cohaerence is gone.« Oknophile Reaktionen indizieren ein enttäuschtes, verletztes und schwaches Selbst, das in seiner anomischen Diffusität zu konservativem bis regressivem Festhalten an vertraute Objekte neigt – seien dies Personen, fetischisierte Gegenstände, Institutionen, tradierte Werte.

Dem gegenüber ist das unendliche All Brunos charakteristisch für die »freundlichen Weiten«, die der Philobat sucht – der Gegentyp zum Oknophilen. Damit bezeichnet Balint ein Verhaltensmodell, bei dem das Subjekt sich eine Ausrüstung gesichert hat – wie z.B. Bruno in der Neuen Wissenschaft –, die es autonom macht und in sicherer Distanz zu gefährlichen Objekten hält: gerade die unbegrenzte Weite ist es, die als harmonisch und sicher erlebt wird. Zu ihr sich zu erheben, der Welt der begrenzten und angsterregenden Objekte durch eigene Kraft zu entkommen, wie ein Pilot von der Erde abzuheben – dies ist der Moment der Angstlust, des thrills –, die Sphäre des freien Blicks zu erreichen, zu schweben, zu fliegen in einem objektlos scheinenden, harmonischen Raum –: dies charakterisiert die heroische Reaktion des Philobaten.

Nun haftet einer solchen Typologie die übliche Schwäche an, nämlich unhistorisch zu sein. Gleichwohl ist sie für unseren Zusammenhang brauchbar, weil eine Typik von Objektbeziehungen entwickelt wird aus der Psychodynamik polar entgegengesetzter Raumstrukturen. Das macht die Affektivität der Raumerfahrungen im Anschluß an die kopernikanische Wende beschreibbar und wird zu erklärenden Hypothesen führen.

Wir nehmen an, daß die Angst Keplers vor dem unendlichen Raum wie Donnes Verlusterfahrung und konservatives Festhalten an tradierten Werten – für beides gibt es keine aus der Physik ableitbaren hinreichenden Gründe – nicht nur als ideologische Reflexe, sondern auch als psychodynamisch fundierte Reaktionen plausibel sind. Es scheint auch, daß in unmittelbar physikalischen Diskussionen eine solche Psychodynamik eine Rolle spielt. Die Vorstellung, daß der Weltraum von feinem Äther erfüllt sei, in welchem die Gestirne schwimmen, hängt nicht nur mit der Schwierigkeit zusammen, sich von einem kontagiösen Kausalitätsbegriff zu lösen. Sondern die Äther-Theorie macht das an sich bedrohliche Infinitwerden des Raumes erträglicher, wenn dieser von einer diffusen, alles umhüllenden und kohärenten Substanz, einer ›weichen‹ Materie erfüllt ist. Es braucht Zeit, der unheimlichen Vorstellung eines unendlichen und leeren Raums sich gewachsen zu zeigen. Die Äthertheorie scheint darum eine Art philobatische Ausrüstung jener Physiker gewesen zu sein, die die Konfrontation mit einem infiniten Raum wagten. Der Äther hat, jenseits seiner physikalischen Qualität, den Sinn des Wassers: auf einer psychodynamischen Ebene ist dies eine tragende, schützende Umgebung, in der man schwebt – wie die Sterne im Äther. Das Schwimmen der Gestirne im Äther des Alls: dies ist eine seit Bruno geläufige, offenbar affektiv wohltuende kosmologische Metapher. Der Äther ist eine konkretistische Fassung des unendlichen Raums, der Weite und Erhabenheit erleben läßt, ohne auf das Gefühl des Getragenseins verzichten zu müssen. Dieses im Unheimlichen versteckte Sichere und Heimliche ist es, was dem Philobaten erlaubt, die angsterregenden Leerräume zwischen den Objekten als freundliche Weiten zu erleben. Bei Bruno wird ein solcher Hintersinn im Grunde frei formuliert, wenn bei ihm das äthergefüllte All mit der unendlichen Produktivität der Mutter Natur und ihrem gebärenden Schoß identifiziert wird.

Es ist Goethe, der hinsichtlich der kopernikanischen Wende ihre nicht nur metaphysische, sondern auch psychodynamische Ambivalenz formuliert:

> Doch unter allen Entdeckungen und Überzeugungen möchte nichts eine größere Wirkung auf den menschlichen Geist hervorgebracht haben, als die Lehre des Kopernikus. Kaum war die Welt als rund anerkannt und in sich selbst abgeschlossen, so sollte sie auf das ungeheure Vorrecht Verzicht tun, der Mittelpunkt des Weltalls zu sein. Vielleicht ist noch nie eine größere Forderung an die Menschheit geschehen: denn was ging nicht alles durch diese Anerkennung in Dunst und Rauch auf: ein zweites Paradies, eine Welt der Unschuld, Dichtkunst und Frömmigkeit, das Zeugnis der Sinne, die Überzeugung eines poetisch-religiösen Glaubens; kein Wunder, daß man dies alles nicht wollte fahren lassen, daß man sich auf alle Weise einer solchen Lehre entgegensetzte, die denjenigen, der sie annahm, zu einer bisher unbekannten, ja ungeahneten Denkfreiheit und Großheit der Gesinnung berechtigte und aufforderte.[27]

Der Schluß des Zitats enthält die authentische Gestalt der kopernikanischen Lehre. Die Erweiterung des zunächst heliozentrischen, später azentrischen Raums kann sich mit Freiheit und Großheit des Menschen verbinden, insofern die Vernunft diesem Raum gegenüber sich als adäquat erweist. In der Vernunft

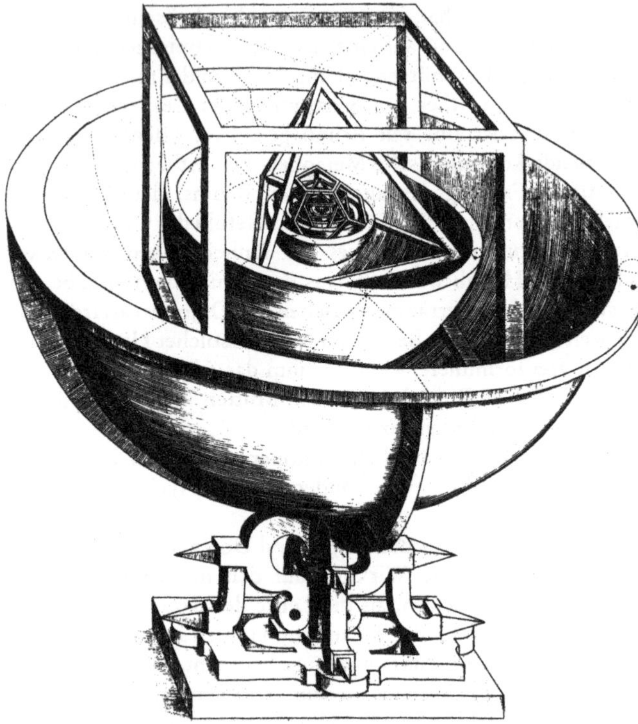

Johannes Kepler: Mysterium Cosmographicum. (1596/1621)

Großer Künstler der Welt,
Ich schaue wundernd die Werke deiner Hände,
Nach fünf künstlichen Formen erbaut
Und in der Mitte die Sonne,
Spenderin Lichtes und Lebens,
Die nach heiligem Gesetz
zügelt die Erden
Und lenkt in verschiedenem Lauf.
Ich sehe die Mühen des Mondes.
Und dort Sterne zerstreut auf unermessener Flur.
Vater der Welt,
Was bewegte dich,
Ein armes, ein kleines,
Schwaches Erdengeschöpf so zu erheben,
So hoch,
Daß es im Glanz dasteht,

Ein weithin herrschender König,
Fast ein Gott,
Denn er denkt deine Gedanken nach.
(J. G. Herder, Nachdichtung des lateinischen Hymnus
von Kepler im »Weltgeheimnis«)

Wie Kepler hier die fünf platonischen Urkörper harmonisch zwischen die Kugelschalen der sechs um die Sonne kreisenden Planeten plaziert, so versucht dieser mystische Astronom lebelang die Chiffrenschrift Gottes in der Harmonie des Weltalls zu ergründen.

also entdeckte man jene dem Menschen inhärente Ausstattung, die die philobatische Interpretation des Alls erlaubte: dieses nämlich als dem Menschen zugeordnete freundliche Weite zu erleben, deren rationale Konstruktion als Weltharmonik zur Quelle nicht neuer Angst, sondern neuer Freiheiten wurde. Angesichts dieser Reaktion ist die Frage, warum es überhaupt zu einem Gefühl des Verlusts hat kommen können; warum die originale Gestalt der kopernikanischen Wende unterging, ja sich ins Gegenteil verkehrte. Goethe macht auch dies klar. Zur Geschichte der kopernikanischen Wende gehört für ihn nämlich, aus der gleichsam phylogenetischen Infantilität der Menschheit herauszutreten. Was hierbei hinter sich zu lassen ist, wird von Goethe durch die Stichworte eines goldenen Zeitalters und poetischen Weltzustands, einer Ungetrenntheit und Unmittelbarkeit zu den Dingen angedeutet. Die Romantiker – Novalis, Schlegel u. a. – werden darin die imaginäre Identität phylogenetischer und ontogenetischer Frühzustände sehen. Die geschichtsphilosophische Hochschätzung der Kindheit in der Romantik hängt hiermit zusammen. Phantasiert wird, genau wie in der Utopie des goldenen Zeitalters, ein Zustand unvordenklicher Seinssicherheit und des Getragenwerdens durch ein primäres, als unverlierbar gewünschtes Objekt. Daß die kopernikanische Wende mit solchen Phantasien verbunden werden konnte, hat guten Grund. Sie löst die Angst aus, im leeren Raum verlassen zu sein, und speist die Sehnsucht nach einer tragenden und unverlierbaren Bindung an die Objekte. Wenn Goethe in der kopernikanischen Wende die vielleicht größte Forderung an die Menschheit sieht, so ist das von hier aus völlig richtig: denn auch in der authentischen kopernikanischen Gestalt bedeutet sie, daß eine

Ungetrenntheit und Unmittelbarkeit zu den Objekten nicht besteht, sondern durch Vernunft erst hergestellt werden muß.

Dabei ist das Argument Blumenbergs, daß es im aristotelisch-scholastischen Weltbild zuvor eine gleichsam universale Auszeichnung des Menschen als Schoßkind des Kosmos gar nicht gegeben habe, nicht von Gewicht. Entscheidend ist, daß schon bei Kopernikus selbst die Grundlage der Objekt- und Raumbeziehungen insofern eine der Fremdheit und Getrenntheit ist, als die Homologie zwischen Mensch und Kosmos nicht unmittelbar ist, sondern erzeugt werden muß durch Vernunft. Und Vernunft ist, wie das Goethe-Zitat deutlich macht, nicht etwas, worin man immer schon steht – wie im Paradies, in der Unschuld, in der Sinnlichkeit, im Glauben und in der Poesie –, sondern was *zugemutet* wird und *erworben* werden muß. Der teleologische Anthropozentrismus des Kopernikus ist von hier aus *Leistung*. Sie erscheint im Goethe-Zitat als eine »Forderung«, weil darin Abschied genommen werden muß von der Phantasie, daß nicht erst die Leistung der Vernunft uns in Beziehung zu den Dingen setzt, sondern wir in diesen immer schon ruhen. Es scheint, daß Goethe die kopernikanische Wende für eine zugleich menschheitsgeschichtlich wie psychodynamisch bedeutsame Wende hält: Sie ist die historische Schwelle, diesseits derer der Menschheit das Erwachsensein zugemutet wird. Deswegen erscheint der kopernikanische Anthropozentrismus als Reifung: gegenüber dem archaischeren oknophilen Festhalten an Phantasien unvordenklicher Sicherheiten repräsentiert er den Leistungswillen des Philobaten, der seine Ausrüstung – die Vernunftkompetenz – erwirbt und *darin* die Sicherheit und Autonomie setzt, sich immer neue Räume, immer weitere Objektverkettungen, immer größere Dimensionen zu erschließen –: die Lust des Nietzscheanischen »gefährlich leben« zu proben, die in den uneroberten Räumen der Erde (Ozeane, ferne Territorien, Wüsten, Gebirge) und im kosmischen All ihn erwartet. In der Tat ist es die ›Leistung der Vernunft‹, in deren Zeichen die Geschichte nun tritt. Ihr sind die Dinge fremd und fern; aber sie produziert in einem umfassenden Sinn Bezüge zu den Dingen, in dem diese als ihr gefügig gesetzt werden; jenseits davon ist ihr alles äußerlich. Von Kopernikus an liegt auf dieser Linie ein anderes Phantasma:

nämlich die philobatische Größenphantasie, daß es kein Draußen und Anderes der Vernunft gibt – noch das Äußerste, das Universum, ist mundus propter nos conditus. Darin ist jede Fremdheit, von der die rationale Konstruktion der Dinge ihren Ausgang nimmt, wieder getilgt: Vernunft ist alles, insofern alles vernunftgemäß ist. Das Trauma der Kopernikanischen Wende, in den angsterregenden Leerräumen sich hilflos und verlassen, klein und erniedrigt zu fühlen und nach dem Einssein mit den Dingen zu suchen, ist fortan das Unreife, Infantile – das Andere der Vernunft. Diese Funktion der Vernunft, nämlich das narzißtische Trauma abzuwehren, bestätigt indirekt auch Blumenberg, wenn er über die zweite kopernikanische Wende, nämlich die Kantische Selbstsicherung der Vernunft schreibt: »Die Selbstergründung der Vernunft in der zweiten kopernikanischen Wende läßt sich als Akt der Selbsterhaltung gegenüber den vermeintlichen Konsequenzen der ersten kopernikanischen Wende verstehen.«[28] Dieses »Vermeintliche« aber ist real: nämlich die geheime Angst der Vernunft, von den Dingen getrennt zu sein.

Es ist kein historischer Zufall, daß Nietzsche als der Philosoph kollabierter Aufklärung, der nicht mehr in der Linie einer selbstgewissen und omnipotenten wissenschaftlichen Vernunft denkt, erneut die narzißtische Kränkung durch Kopernikus hervorhebt. Für Nietzsche werden – und das verbindet ihn bei aller philosophiehistorischen Differenz eigenartig mit etwa John Donne – die »nihilistischen Konsequenzen der jetzigen Naturwissenschaften« in der Kopernikusnachfolge sichtbar. Und damit meint er nicht etwa Momente der Destruktion der Natur durch Naturbeherrschung, sondern der metaphysischen, in Wahrheit eher psychischen Erniedrigung des Menschen, Verlust seiner heroischen Größen-Phantasien, welche mit der Dezentralität der Welt im Kosmos untergehen: »Seit Kopernikus rollt der Mensch aus dem Zentrum ins X.«:

> Ist nicht gerade die Selbstverkleinerung des Menschen, sein Wille zur Selbstverkleinerung seit Kopernikus in einem unaufhaltsamen Fortschritte? Ach, der Glaube an seine Würde, Einzigkeit, Unersetzlichkeit in der Rangfolge der Wesen ist dahin – er ist Tier geworden, Tier, ohne Gleichnis, Abzug und Vorbehalt, er, der in seinem früheren Glauben

beinahe Gott (›Kind Gottes‹, ›Gottmensch‹) war ... Seit Kopernikus scheint der Mensch auf eine schiefe Ebene geraten – er rollt immer schneller nunmehr aus dem Mittelpunkt weg – wohin? In's Nichts? In's ›durchbohrende Gefühl seines Nichts‹?[29]

Was Nietzsche hier einen gleichsam nihilistischen Masochismus durch und seit Kopernikus nennt, ist genauer als Einbruch in den heroischen Narzißmus des Größen-Selbst zu bezeichnen, in dessen Bahnen Nietzsches philosophische Gegenentwürfe einer grandiosen Selbstermächtigung als Abwehrmechanismus plausibel werden. Nietzsches Grundreaktion ist dagegen eher die Angst, Verlassenheit und Schwäche des Ich, die dieses in den Weiten des Raums obdachlos und schutzlos erscheinen lassen. In der *Genealogie der Moral* straft er die eigene Schwäche und die eigene narzißtische Depressivität an anderen – den moralischen Masochisten –, um für sich selbst die grandiose Phantasie des unlimitierten, erhabenen Heros zu reservieren. Noch seine Beschwörung der in der Moderne verlorenen zyklischen Zeitstruktur der Antike und der hermetischen Kosmosphilosophie steht im Dienst der Rettung einer narzißtischen Grandiosität, jenseits derer die philosophische Melancholie in Form des Nihilismus die einzige Alternative zu sein scheint.

Der Nietzscheanische Heroismus zeigt, wie wenig er dem Gedanken des unendlichen Raums und der Leere gewachsen ist: wo diese nicht mehr vom optimistischen Geist der Aufklärung erfüllt werden können, produziert das im Raum verlassene Subjekt zur Abwehr seiner Angst Phantasien der eigenen Großartigkeit, die den Verlust harmonischer Objektbeziehung und die Leere des Alls, d.h. die tödliche Einsamkeit, kompensieren soll.

In der Fluchtlinie Nietzsches steht schließlich Gottfried Benn, dem endgültig der Himmel als Spiegel von Einheit und Kohärenz des Selbst zerbricht. Benn bezeichnet, beraubt noch der ebenso prekären wie hilflosen Abwehrphilosophie des tragischen Heroismus Nietzsches, in seiner Lyrik den geschichtsphilosophischen Endpunkt der nihilistisch depressiven Reaktionen auf die kopernikanische Wende. Im Gedicht *Verlorenes Ich* – zu einem Zeitpunkt, 1943, als die faschistische Variante des Größenwahns ihrem Ende zugeht –, heißt es:

Verlorenes Ich, zersprengt von Stratosphären,
Opfer des Ion –: Gamma-Strahlen-Lamm –
Teilchen und Feld –: Unendlichkeitschimären
auf deinem grauen Stein von Notre-Dame.

Die Tage gehn dir ohne Nacht und Morgen,
die Jahre halten ohne Schnee und Frucht
bedrohend das Unendliche verborgen –
die Welt als Flucht.

Wo endest du, wo lagerst du, wo breiten
sich deine Sphären an – Verlust, Gewinn –:
ein Spiel von Bestien: Ewigkeiten,
an ihren Gittern fliehst du hin.

Der Bestienblick: die Sterne als Kaldaunen,
der Dschungeltod als Seins- und Schöpfungsgrund,
Mensch, Völkerschlachten, Katalaunen
hinab den Bestienschlund.

Die Welt zerdacht. Und Raum und Zeiten
und was die Menschheit wob und wog,
Funktion nur von Unendlichkeiten –
die Mythe log.

Woher, wohin – nicht Nacht, nicht Morgen,
kein Evoë, kein Requiem,
du möchtest dir ein Stichwort borgen –
allein bei wem?

Ach, als sich alle einer Mitte neigten
und auch die Denker nur den Gott gedacht,
sie sich den Hirten und dem Lamm verzweigten,
wenn aus dem Kelch das Blut sie rein gemacht,

und alle rannen aus der einen Wunde,
brachen das Brot, das jeglicher genoß –
o ferne zwingende erfüllte Stunde,
die einst auch das verlorne Ich umschloß.[30]

In diesem Gedicht sind alle Motive der heroischen Phase der Kosmologie und ihres Untergangs im Nihilismus resümiert: die Unendlichkeit von Raum und Zeit, zuerst als Inbegriff der vernunftgemäßen Natur von universellen Affekten erfüllt, hat sich vom Menschen zurückgezogen und lagert ewig unerreichbar, als kosmische Gleichgültigkeit und verschlingender Abgrund, über und unter der Sphäre menschlichen Daseins. Die Unendlichkeit ist von der Gotterfülltheit des Alls über die Ratiozentrizität des Raums bis zum wabernden Nichts diesseits des ebenso trotzigen wie verzweifelten »Gott ist tot« Nietzsches degeneriert. Am äußersten Bewußtseinsrand perenniert die Trauer um eine Vergangenheit, in der einst das Ich sich zentriert und umschlossen wußte: denkend und wissend eine »Mitte«, deren religiöser wie kosmologischer Sinn dem postnietzscheanischen Bewußtseins mythischer Lug und Schimäre geworden ist. Mit Nietzsche und Benn ist der universelle Affekt Brunos, der liebend das göttliche All erfüllte und einsog, in sein Gegenteil übergegangen. Die narzißtische Grandiosität Brunos und die in den »Statischen Gedichten« erreichte melancholische Starre des narzißtisch verarmten, bis zur Nichtigkeit ausgeleerten Bewußtseins bilden die Kontrafakturen der geheimen Psychodynamik einer Vernunftentwicklung, die mit Kopernikus in die noch immer unbewältigte Phase ihrer epochalen Ablösung von der patriarchalischen Autorität wie Fürsorge des großen Gottes und seines Menschensohns getreten ist.[31]

5. KANTS RAUMERFAHRUNG UND DIE POESIE DES UNIVERSUMS

Was Kant in der *Theorie des Himmels* in poetischer Überhöhung zur Sprache bringt, ist nicht nur, aber auch, was er am eigenen Leibe empfindet. Das ist gezeigt worden. Das Weltall ist – wie bei Bruno – so auch bei Kant Resonanz und Spiegelung des im Leibe fundierten Ich. »Zum Himmel empor« hatte Bruno seine lustvollen, erhabenen Flugphantasien gerichtet. Wenn Novalis dagegen diese imaginären Phantasien als Reisen ins »Weltall in uns« bezeichnet, so heißt dies: die Naturgeschichte des Himmels und die großartigen kosmischen Raumvisionen Kants sind als

Signaturen des ›inner space‹ zu entziffern: sie spiegeln den Sprecher eher als das Besprochene.
»Von der Schöpfung im ganzen Umfange ihrer Unendlichkeit, sowohl dem Raume, als der Zeit nach« –: so überschreibt Kant das VII. Hauptstück, das als Herzstück der *Theorie des Himmels* zu gelten hat. Darüber ließe sich vom Standpunkt der »experimentellen Philosophie« (Newton) freilich wenig sagen, und dieses Wenige hat Kant bereits mitgeteilt: Raum und Zeit sind »absolut, wahr und mathematisch«, wie Newton sagt; das Weltgebäude ist wohlgeordnet, also ein »System«, wie Wright of Durham – die unmittelbare Bezugsquelle Kants – schon feststellte. Dem fügt Kant nun die Idee einer Naturgeschichte hinzu: Astralsysteme differenzieren sich aus dem absoluten Chaos des Urnebels durch das Zusammenwirken von Attraktion und Repulsion. Von einem angenommenen allgemeinen Zentralkörper aus schieben sich im Gang der Universalgeschichte schalenförmig Ordnungssysteme immer weiter in den chaotischen Raum hinaus, hinter sich eine Spur von »Ruinen« schon wieder kollabierter Systeme, vor sich die »Nacht« des noch unberührten Chaos. Geschichte ist hier gedacht als das langsame, aber ungeheuer dramatisch gedachte Voranschreiten einer schmalen sphärischen Kugelschale geordneter Systeme im chaotischen Raum. Der Streit von Ordnung und Chaos, die ewige Palingenesie kollabierender Weltordnungen aus der verschlingenden und gebärenden Kraft der Natur – das ist bei Kant »Naturgeschichte«. Es wäre ein sinnloses philologisches Spiel – wir haben es durchgeprobt – hier vorzuführen, ein welch eklektizistisches Tohuwabohu sich ergibt, wenn man die Bezüge dieser Theorie zu vorangegangenen und zeitgenössischen physikalischen und kosmologischen Theorien herstellt: zur stoischen Physik und Kosmologie, zu Bruno, Galilei, Newton, Henry More, Leibniz, Descartes, Wolff usw. Kant hat von allen etwas und widerspricht allen. Wir gehen darum nicht den Weg, die Einheit dieser Theorie in ihren physikalisch-philosophischen Vorstellungsgehalten zu suchen, sondern in der Erlebnisstruktur des infiniten Raums, in der imaginativen Kraft Kants, die als Poesie der Unendlichkeit sich ausphantasiert. Nicht der Verstand, sondern die Einbildungskraft bildet die Einheit des Textes – oder sagen wir besser: 1755 hat Kant noch nicht wie in der *Kritik der reinen Vernunft*

die Einbildungskraft zu einer Magd des Verstandes degradiert. Darum kann Kant hier noch, wie er häufig sagt, zur »kühnen Analogie« greifen, weil er mit Hilfe dieses Urverfahrens der Kunst und Einbildungskraft sprechen kann, wovon zu schweigen Vernunft allemal gebietet, von jenen Gefühlen nämlich, deren Analogon der Himmel, ja das Universum ist. Einbildungskraft ist das gleichsam selbststimulierende Medium, »die Annehmlichkeit des größten und wunderwürdigsten Gegenstandes, den man sich nur denken kann« (Th.d.H. A XLIX) zu erzeugen, »Vergnügen« und »Entzücken« am Spiel von Ordnung und Chaos sowie »Ehrfurcht« und »Erstaunen« vor dem »Abgrund einer wahren Unermeßlichkeit« (Th.d.H. A L, 17, 111, 115, u.ö.) zu wecken.
Ungeheure imaginäre Raumreisen unternimmt Kant und lädt dazu ein, »über die Grenze der vollendeten Schöpfung, in den Raum des Chaos, auszuschweifen« (Th.d.H. A 115). Zeitreisen werden unternommen zu vergangenen oder zukünftigen Katastrophen-Szenarien, wo das imaginäre Auge der Phantasie »erschreckliche Umstürzungen« von Welten und gewaltigen Feuerorkanen und die Wiedergeburt abgegrenzter Individualkörper und Astralsysteme aus dem »ursprünglichen Chaos« des Materiemeeres beobachtet (Th.d.H. A 110-126). In allen Katastrophen des Weltalls – aber auch auf der Erde: Erdbeben, Überschwemmungen, Seuchen, Tod – bewährt sich jedoch die »Fruchtbarkeit der Natur«, deren »unerschöpftes Zeugungsvermögen« aus den Elementen der Zerstörung zu »unzählige(n) neue(n) Zeugungen« von Welten und Objekten (Th.d.H. 118-120) anhebt. Im ewigen Zerstörungs- und Geburtenstrom von »Welten ohne Zahl und ohne Ende« vollendet sich die Idee der Naturgeschichte. Während wir, in irgendeinem Winkel der »ausgebildete(n) Welt ... zwischen den Ruinen der zerstörten, und zwischen dem Chaos der ungebildeten Natur mitten inne beschränket« sind (Th.d.H. A 123) – gleichsam ausgesetzt im »All der Natur« –, faßt die von Einbildungskraft angeleitete Vernunft die Idee einer unendlichen Schöpfung in ihrer Vollkommenheit und füllt sich mit Gefühlen der Entzückung und Seligkeit.
Nun ist es leicht, darin Brunos hymnische Feier der Gebär- und Zeugungskraft der Natur und des Alls wiederzuerkennen. Sicher

setzt sich auch der furore eroico des Nolaners darin fort oder das, was Kant später, disziplinierter als jetzt, das »Dynamisch-Erhabene der Natur« nennt, insofern als Macht sie uns betrifft: ein rätselhaftes, noch unaufgelöstes Gefühl, »welches uns Mut macht, uns mit der scheinbaren Allgewalt der Natur messen zu können« (KdU B 104). Aber anders als bei Bruno gibt es bei Kant auch die Phantasie des »ursprünglichen Chaos«, der Verschlingung ganzer Weltordnungen im »Abgrunde der Ewigkeiten«, von »Verderben und ... Zerstörung« (Th.d.H. A 117, 119, 123): Phantasien also einer archaischen Aggression, der Angst und des Todes. Es ist völlig unklar, wie Kant von diesen zu Gefühlen der Seligkeit kommt – oder: wie das »Sonnenstäubchen« Mensch im All nicht nur seine Selbstbehauptung, sondern seinen Triumph findet.

Die oknophile Reaktion, in den Räumen des Alls Todesängste, Gefühle der Vernichtung und Verlassenheit zu empfinden, zeigt sich durchweg auch bei den Lyrikern des Erhabenen. Selbst der im übrigen durch lückenlos physikotheologische Interpretation der Welt so abgesicherte B. H. Brockes, den Kant sehr schätzte, kennt diese Angst in der »unendlichen, unmäßig-tiefen Höhle« des Alls:

Die ungeheure Gruft voll unsichtbaren Lichts,
Voll lichter Dunckelheit, ohn' Anfang, ohne Schrancken,
Verschlang so gar die Welt, begrub selbst die Gedancken;
Mein gantzes Wesen ward ein Staub, ein Punkt, ein
Nichts,
Und ich verlohr mich selbst. (*Das Firmament*)[32]

Bei A. v. Haller heißt es, im Reflex auf den Raum der neuen Physik:

Furchtbares Meer der ernsten Ewigkeit!
Uralter Quell von Welten und von Zeiten!
Unendlichs Grab von Welten und von Zeit!
Beständigs Reich der Gegenwärtigkeit!
Die Asche der Vergangenheit
Ist dir ein Keim von Künftigkeiten.
Unendlichkeit! wer misset dich?
...
Vollkommenheit der Größe!
Was ist der Mensch, der gegen dich sich hält!

Er ist ein Wurm, ein Sandkorn in der Welt;
Die Welt ist selbst ein Punkt, wann ich an dir sie messe.
Nur halb gereiftes nichts, seit gestern bin ich kaum,
Und morgen wird ins nichts mein halbes Wesen kehren.
(*Unvollkommenes Gedicht über die Ewigkeit*)[33]

Und selbst Klopstock, der wie niemand sonst in der Gewißheit religiöser Erhöhung des Selbst steht und der die Endlichkeit, die Winzigkeit und den Tod des Menschen extrem verharmlost, kennt die Angst des Untergangs in den weiten Räumen: In der Ode »*Die Welten*«, in der das Ich sich emporschwingen will zum »Ocean der Welten«, heißt es:

Wer leitet mich hinauf
Zu den ewigen Hügeln?
Ich versink', ich versinke, geh' unter
In Deiner Welten Ozean!

Und als Parabel dafür, daß die philobatische Lust auf weite Räume auch zum Untergang führen kann – dies ist die bei Klopstock meistens stillgestellte Angst des Oknophilen, der Ruhe nur in physischer Nähe zu behütenden Objekten finden kann –, bringt Klopstock das fast klassische Exempel eines Philobaten, eines »Piloten« des Meeres, der trotz seiner Kühnheit in den Untergang gezogen wird:

Donnernder rauscht der Ozean als du, schwarzer Olymp!
Krachend stürzet der Mast!
Lautheulend zuckt der Sturm!
Singt Todtengesang!

Der Pilot kennet ihn. Immer steigender hebst, Woge, du dich!
Ach die letzte, letzte bist du! Das Schif geht unter!
Und den Todtengesang heult dumpf fort
Auf dem großen, immer offenen Grabe der Sturm![34]

Alles das sind harmlose Phantasien im Verhältnis zu der archaischen Wucht und apokalyptischen Größe, in der Kant seine Szenarien des Chaos, der Wut und des Todes ins Werk setzt. So etwa läßt Kant eine »brennende Sonne ... *von nahem* vorstellen«. Ein Bild entfesselter Wut und chaotischer Zerstörung entsteht – aufgefangen von dem Wissen, daß wir von der warmen Ordnungskraft der Sonne *in der Ferne* leben:

»Man siehet in einem Anblicke weite Feuerseen, die ihre Flammen gen Himmel erheben, rasende Stürme, deren Wut die Heftigkeit der ersten verdoppelt, welche, indem sie selbige über ihre Ufer aufschwellend machen, bald die erhabene Gegenden dieses Weltkörpers bedecken, bald sie in ihre Grenzen zurücksinken lassen; ausgebrannte Felsen, die aus den flammenden Schlünden ihre fürchterliche Spitzen herausstrecken, und deren Überschwemmung oder Entblößung von dem wallenden Feuerelemente das abwechselnde Erscheinen und Verschwinden der Sonnenflecken verursachet; dicke Dämpfe, die das Feuer ersticken, und die, durch Gewalt der Winde erhoben, finstre Wolken ausmachen, welche in feurigen Regengüssen wiederum herabstürzen, und als brennende Ströme von den Höhen des festen Sonnenlandes sich in die flammende Täler ergießen, das Krachen der Elemente, den Schutt ausgebrannter Materien, und die mit der Zerstörung ringende Natur, welche, selbst mit dem abscheulichsten Zustande ihrer Zerrüttungen die Schönheit der Welt und Nutzen der Kreaturen bewirket.« (Th.d.H. A 137/8)

Es braucht wenig, hierin die sprachlich gezügelte Phantasie einer archaischen Angst vor dem primären ›bösen‹ Objekt zu spüren, das in der *Ferne* zu wissen notwendig ist, wenn man sein tödliches Antlitz *von nahem* gesehen hat. Man kann also keineswegs davon ausgehen, daß Kants Phantasien nur in die »freundlichen Weiten« des Philobaten ausschweifen. Eher ist es so, daß seine Idee einer Naturgeschichte, die nicht mehr die statische Ordnung einer Weltharmonik kennt, zu einer ununterbrochenen Kette gewaltiger Zusammenstürze von Planetensystemen in ihre Zentralsonne führt – deren grauenhaftes Medusenantlitz wir nun kennen. Freilich ist das keine logische Konsequenz: aus der offenbar angenommenen Analogie einer Endlichkeit organischer Wesen folgt nicht notwendig der Zusammensturz von Astralsystemen (Th.d.H. A 119); und aus der Idee der historisch fortschreitenden Naturgeschichte und unvollendeten Schöpfung folgt nicht, daß die sich ausdehnende Kugelschale von Weltordnungen hinter sich ein Feld tödlicher Rückverwandlungen ins Chaos läßt. Der unendliche Raum Kants ist also nur im gering-

sten Teil von freundlichen Weiten erfüllt; vielmehr ist seine Vorstellung chaotisch und aggressiv. Die Frage also ist, welchen Sinn dies macht und mit Hilfe welcher ›Ausrüstungen‹ Kant diesem Antlitz des Chaos gegenüber sich behaupten kann.
Es ist klar, daß ein erhabener Affekt erst entsteht, wenn das Subjekt sich von der engenden Angst und dem Gefühl nichtiger Ohnmacht in der Nähe der Allgewalt des destruktiv erlebten Objektes abgestoßen, sichere Distanz gewonnen und mächtige Ausrüstungen seinem Selbst einverleibt hat. Und zweifellos ist es das Ziel Kants, in dieses Gefühl erhabener Größe einzutauchen. Das über »Millionen, und ganze Gebürge von Millionen Jahrhunderten« sich wälzende Drama von Chaos und Ordnung, von Zerstörung und Palingenesie, von tödlicher »Verschwendung« und gebärender »Fülle« der Natur gewinnt seinen Sinn allein dadurch, daß demgegenüber das Ich sich in einer unverletzlichen Grandiosität und wahrhaft »narzißtischen Gelassenheit« verpanzert.
Im Text zeigen sich drei Mechanismen, die als Formen abwehrender Verarbeitung archaischer Angst verstanden werden müssen. Zum einen wird das Chaos, das für sich genommen eine Sphäre der Angst ist, dadurch gezähmt, daß von einem – imaginierten – Zentralkörper eine universale Sicherheit ausstrahlt, die das Vorrücken der an sich instabilen Ordnungssysteme in unvordenkliche Behütung stellt. Dieser imaginäre Zentralkörper übernimmt die Funktion eines guten, schützenden Objekts – insbesondere, wenn klar wird, daß der Zentralkörper die säkularisierte Fassung des »allgemeinen Zentrums« bei Wright of Durham und Pope ist: nämlich des behütenden Gottes.
Zum zweiten wird der Tod, der in den angsterregenden Leerräumen droht – sei er das Meer wie bei Klopstock oder das zerstörerische Chaos des Alls –, gezähmt. Dies geschieht am nachdrücklichsten durch die Idee der Palingenesie, die anders als der Zentralkörper nicht einer patriarchalischen, sondern matriarchalischen Symbolordnung entstammt. Es ist auffallend, daß Kant im VII. Hauptstück der *Theorie des Himmels* über weite Strecken nicht mehr von Gott, nicht mehr von der Materie, sondern von ›der‹ Natur redet. Diese Natur ist durch die grundlegende Ambivalenz charakterisiert, zugleich tödlich verschlingend wie ewig wiedergebärend zu sein. Und diese Ambivalenz wird gelöst

Dante: La Divina Comedia, III, 2. Gesang. Illustration v. G. Doré.
Wie Dante hier, von Beatrice geleitet, vom äußersten Rand des Sternenmeers aus inmitten kreisender Himmelschöre die Lichtmitte, das Wesen Gottes, schaut, so erhebt sich Kant am Ende seiner Weltraumreise über die Grenzen des Alls hinaus, vereinigt sich mit der »Urquelle aller Vollkommenheit« und erreicht den »Ruhestand« der Glückseligen.

durch die Idee der Palingenesie, insofern der Tod in der Natur zugleich die Inkorporierung des Untergehenden in ihre ewig wiedergebärende Potenz ist. (Th. d. H. A 113, 119, 120-125) Die Einverleibung in die »Fruchtbarkeit der Natur«, ihre »unzähligen neuen Zeugungen« aus der Materie zerstörter Körper, ihr »unerschöpftes Zeugungsvermögen« sind die Gewähr für das Überdauern aller Existenz. Die untergegangenen Astralsysteme leben in den neu gezeugten ebenso fort, wie auch die zerstörten »Blumen und Insekten«, »Tiere und Pflanzen«, ja ganze vertilgte Völker den Zeugungsstoff neuer Formen bilden. Der »unendliche Raum der göttlichen Gegenwart« wird bei Kant phantasiert als die unverlierbare Beziehung nicht zum christlichen Vatergott, sondern zum Schoß der Mutter Natur:

> Wir würden sehen, wie der unendliche Raum der göttlichen Gegenwart, darin der Vorrat zu allen möglichen Naturbildungen anzutreffen ist, in einer stillen Nacht begraben, voll von Materie, den künftig zu erzeugenden Welten zum Stoffe zu dienen, und von Triebfedern, sie in Bewegung zu bringen, die, mit einer schwachen Regung, diejenige Bewegungen anfangen, womit die Unermeßlichkeit dieser öden Räume dereinst noch soll belebet werden. (Th. d. H. A 113)

Wenn es demnach »keinen wahren Verlust der Natur« gibt, so auch keinen substantiellen Grund zur Trauer. Von dieser unbewußten Beziehung zur Mutter getragen, kann vielmehr Kant »diese erschreckliche Umstürzungen ... mit einer Art von Wohlgefallen ansehen« (A 122): die Verbundenheit mit der Mutter ist unzerstörbar.[35]

Und schließlich – und darin liegt ein qualitativer Sprung – erhebt sich die Phantasie Kants noch über das Schöpfungsdrama der Natur und verschmilzt in Seligkeit mit der »Urquelle der Vollkommenheit«: das Ziel ist erreicht – unverwundbar, ewig, vollkommen behauptet sich das Kern-Selbst des Menschen. Der Aufstieg zu dieser erhabenen Höhe oder auch: die Regression zurück auf die Stufe narzißtischer Allmachts- und Harmoniephantasien bedarf einer Reihe von Vermittlungen:

> Wenn wir denn diesen Phönix der Natur, der sich nur darum verbrennet, um aus seiner Asche wiederum verjüngt aufzuleben, durch alle Unendlichkeit der Zeiten und Räume hindurch folgen; wenn man siehet, wie sie sogar in der Gegend,

da sie verfällt und veraltet, an neuen Auftritten unerschöpft und auf der anderen Grenze der Schöpfung in dem Raum der ungebildeten rohen Materie mit stetigen Schritten zur Ausdehnung des Plans der göttlichen Offenbarung fortschreitet, um die Ewigkeit sowohl, als alle Räume mit ihren Wundern zu füllen: so versenket sich der Geist, der alles dieses überdenket, in ein tiefes Erstaunen; aber annoch mit diesem so großen Gegenstande unzufrieden, dessen Vergänglichkeit die Seele nicht gnugsam zufrieden stellen kann, wünschet er dasjenige Wesen von nahem kennen zu lernen, dessen Verstand, dessen Größe die Quelle desjenigen Lichtes ist, das sich über die gesamte Natur, gleichsam als aus einem Mittelpunkte, ausbreitet. Mit welcher Art der Ehrfurcht muß nicht die Seele so gar ihr eigen Wesen ansehen, wenn sie betrachtet, daß sie noch alle diese Veränderungen überleben soll, sie kann zu sich selber sagen, was der philosophische Dichter von der Ewigkeit saget:

Wenn denn ein zweites Nichts wird diese Welt
  begraben;
Wenn von dem Alles selbst nichts bleibet als die Stelle;
Wenn mancher Himmel noch, von andern Sternen helle,
Wird seinen Lauf vollendet haben:
Wirst du so jung als jetzt, von deinem Tod gleich weit,
Gleich ewig künftig sein, wie heut.
(*v. Haller.*)

O glücklich, wenn sie unter dem Tumult der Elemente und den Träumen der Natur jederzeit auf eine Höhe gesetzet ist, von da sie die Verheerungen, die die Hinfälligkeit den Dingen der Welt verursacht, gleichsam unter ihren Füßen kann vorbei rauschen sehen. Eine Glückseligkeit, welche die Vernunft nicht einmal zu erwünschen sich erkühnen darf, lehret uns die Offenbarung mit Überzeugung hoffen. Wenn denn die Fesseln, welche uns an die Eitelkeit der Kreaturen geknüpft halten, in dem Augenblicke, welcher zu der Verwandelung unsers Wesens bestimmt worden, abgefallen sein, so wird der unsterbliche Geist, von der Abhängigkeit der endlichen Dinge befreiet, in der Gemeinschaft mit dem unendlichen Wesen, den Genuß der wahren Glückseligkeit finden. Die ganze Natur, welche eine allgemeine harmonische Beziehung zu dem Wohlgefallen der Gottheit hat, kann diejenige vernünftige Kreatur nicht anders als mit immerwährender Zufriedenheit erfüllen, die sich mit dieser Urquelle aller Vollkommenheit vereint befindet. Die Natur, von diesem Mittelpunkte aus gesehen, wird von allen Seiten lauter Sicherheit, lauter Wohlanständigkeit zeigen. Die veränderlichen Szenen der Natur vermögen nicht, den Ruhestand der Glückseligkeit eines Geistes zu verrücken, der einmal zu solcher Höhe erhoben ist. (Th.d.H. A 125-128)

Diese Stelle ist nicht einfach als christliche Frömmigkeit zu verharmlosen – oder es wäre zu fragen, ob diese denn harmlos ist. In einer Folge wohl aufeinander abgestimmter Steigerungen – die einem Klopstock Ehre machten – führt die Versenkung in den unendlichen Raum der Natur dazu, daß die Attribute derselben zu solchen des eigenen Ich werden. Über das infinite Drama der Natur, worin der Mensch ohnmächtiges Sonnenstäubchen ist, über das apokalyptische Chaos mit seinen Verheerungen erhebt sich in »wahrer Glückseligkeit« die Seele »auf eine Höhe«, von wo aus sie das Universum »unter ihren Füßen kann vorbei rauschen sehen«. Das Ziel der Reise in den erhabenen Raum, die zugleich eine Regression auf die archaische Dialektik von allmächtigem Objekt und ohnmächtigem Subjekt wie ihrer Umkehrung ist, ist erreicht: in der Selbstvergottung des Menschen.

Daß diese Wende für Kant charakteristisch ist, zeigt seine verdrehende Zitierung aus Hallers *Unvollkommenes Gedicht über die Ewigkeit*. Haller hat die von Kant verwendete Versgruppe eingebaut in eine Serie von Anläufen, die immer wieder mit der Unmöglichkeit enden, durch räumliche, kosmologische, existentielle oder mathematische Veranschaulichungen einen *positiven* Begriff der Unendlichkeit oder Ewigkeit zu erhalten. Kant zitiert nun den zweiten Teil eines lyrisch entwickelten Gedankengangs, in dem Sein und Nicht-Sein, Geburt wie Tod qualitativ gleich weit von der Ewigkeit entfernt sind. Diese liegt unberührt und unerreichbar darüber. Diese Überlegungen stehen bei Haller im Kontext des Todes eines Freundes und der tödlichen Krankheit seiner, wie man weiß, sehr geliebten Frau Mariane. Im Gegensatz zu dem, was Kant aus dem Zitat macht, ist die Grundstimmung Hallers von depressiven Nichtigkeitsgefühlen, von Trauer um den Verlust eines nahen Menschen und der Unerreichbarkeit eines Trostes, nämlich der göttlichen Ewigkeit, bestimmt. Was bei Haller Moment von Trauerarbeit und der verzweifelten Einsicht in die Endgültigkeit des Todes ist, wird bei Kant *ins Gegenteil* verkehrt: Kant tilgt – und dies ist eine charakteristische Geste seiner Philosophie und Biographie – alle Momente der Trauer, des Todes und des Nichts und attributiert die Merkmale der Ewigkeit, von der bei Haller der Mensch unendlich entfernt ist, dem zu grandioser Erhabenheit erhöhten Selbst.

Wenn überhaupt in dem Zitat des Hallerschen Gedichts, das Kant nachweislich sehr schätzte, ein signifikanter Bezug auf Kant selbst liegt, so ist es der, daß das Zitat – im Kantschen Kontext grandioser Selbsterhöhung – auf ein darin verleugnetes, dynamisch wohl aber tieferes Gefühl verweist: nämlich die depressive Trauer und die unaufhebbar scheinende Verletzung, die vom Verlust eines innig geliebten Objekts ausgehen. Dies ist Hallers wirkliches Thema: es könnte sein, daß er darin zum stellvertretenden Sprecher der bei Kant selbst verleugneten Gefühle gemacht wird.

Die Erhebung des Selbst aus der Winzigkeit eines Stäubchens im All noch über den unendlichen Raum der neuen Physik ist dagegen *die* Grundgeste der hymnischen Oden Klopstocks um 1760:

> Hier steh ich Erde! was ist mein Leib,
> Gegen diese selbst den Engeln unzählbare Welten,
> Was sind diese selbst den Engeln unzählbare Welten,
> Gegen meine Seele!
> ...
> Ich liege vor dir auf meinem Angesicht;
> O läg ich, Vater, noch tiefer vor dir,
> Gebückt in dem Staube
> Der untersten der Welten!
>
> Du denkst, du empfindest,
> O du, die seyn wird,
> Die höher denken,
> Die seliger wird empfinden!

O die du anschaun wirst!
Durch wen, o meine Seele?
Durch den, unsterbliche,
Der war! und der ist! und der seyn wird!
(*Dem Allgegenwärtigen*)[36]

Hier am Ende ist das erhabene Ich – die Seele – verschmolzen mit dem zu Ewigkeit, Allgegenwart und Allmächtigkeit idealisierten Selbst-Objekt, verschmolzen mit Gott. Es kann kein Zweifel sein, daß im Gewand christlicher Hymnik, neuer Physik, ekstatischer Frömmigkeit und neuer Literatursprache bei Klopstock unter der Hand eine grandiose narzißtische Konstellation hergestellt wird. Klopstock übernimmt alle Strukturen der infinitistischen Kosmologie, übernimmt ferner die seit Bruno und Kepler ambivalente Emotionalität des Raums und schreibt dies alles ein in eine lyrische Bewegung, in der die eigene Unvollkommenheit, Ohnmacht und Winzigkeit abgewehrt wird durch eine – in der Logik der Erhabenheit schließlich erreichte – Identifizierung mit einem vollkommenen, allmächtigen und unzerstörbaren Selbst-Objekt. Dieses wird in der Sprache der Zeit Gott genannt, der bei Klopstock ebenso grandiose wie dem Ich zugewandte, fürsorgliche Züge trägt. Die ungeheure Spannung, die zwischen der eigenen Winzigkeit und der Unendlichkeit Gottes bzw. des Alls (als dem sensorium divinum, wie Newton sagte) besteht, löst sich auf in den spannungsfreien Primärzustand einer von Trennungen und Schmerzen befreiten, harmonischen Homöostase: diese ist das immer gleiche Ziel der hymnischen Anläufe Klopstocks.

Die Lyrik der Erhabenheit folgt der unbewußten Logik, in der die oknophilen Fragmentierungsängste in einer leer und unabsehbar gewordenen Welt abgewehrt werden dadurch, daß das Ich sich im Schutz frommer Erhebung eines absolut sicheren, tragenden Objekts versichert. Mit diesem idealisierten Selbst-Objekt gleichsam im Rücken oder sogar identifikatorisch verschmolzen gewinnt das Ich Kraft und Größe, die unheimlichen Räume des Weltalls lustvoll als freundliche, harmonische Weiten zu durchfliegen, ja, ihnen prinzipiell überlegen zu werden: »Was sind diese selbst den Engeln unzählbare Welten/Gegen meine Seele!« – »Rund um mich/Ist Alles Allmacht und Wunder

Alles.« (Die Frühlingsfeier). In dieser Konstellation kann gelten: »Wie klein ich bin!/Aber wie fühl' ich es auch,/Wie groß ich werde sein!« (Die Glückseligkeit Aller)[37]
Bei Klopstock ist es der patriarchalische Vater-Gott, der, als überhöhtes Ideal-Ich verinnerlicht, das Subjekt in die Gewißheit künftiger Grandiosität stellt: diese aber ist dennoch so instabil, daß der identifikatorische Zusammenschluß von ohnmächtigem Selbst und erhabenen Ideal ohne Ende wiederholt werden muß. Darum sind die All-Hymnen Klopstocks z.T. so unerträglich lang.

Dieser Endlichkeit Loos, die Schwere der Erde
Fühlet auch meine Seele,
Wenn sie zu Gott, zu dem Unendlichen
Sich erheben will.

Anbetend, Vater, sink' ich in den Staub und fleh',
Vernimm mein Flehn, die Stimme des Endlichen,
Gib meiner Seel' ihr wahres Leben,
Daß sie zu dir sich, zu dir erhebe!

Allgegenwärtig, Vater,
Schließest du mich ein!
Steh hier, Betrachtung, still, und forsche
Diesem Gedanken der Wonne nach.

Was wird das Anschaun seyn, wenn der Gedank' an dich,
Allgegenwärtiger! schon Kräfte jener Welt hat!
Was wird es seyn dein Anschaun,
Unendlicher, o du Unendlicher!
(*Dem Allgegenwärtigen*)[38]

Für die narzißtische Figuration der Klopstockschen Hymnik ist es ferner charakteristisch, daß er, ähnlich wie Kant, den Tod als die unvermeidliche Kränkung, ja Vernichtung von Omnipotenzphantasien zu verharmlosen sucht. Der Anblick des gestirnten Himmels weckt die magnalia dei nicht nur, sondern zugleich die Angst des Subjekts, in seiner Winzigkeit unterzugehen und zu sterben –: wenn nicht die lyrische Bewegung den Tod umstilisieren würde ins Medium der endgültigen Verschmelzung mit dem hymnisch erhobenen, idealisierten Selbst-Objekt (»sein Gott«):

DER TOD (1764)
O Anblick der Glanznacht, Sternheere,
Wie erhebt ihr! Wie entzückst du,
Anschauung
Der herrlichen Welt! Gott Schöpfer!
Wie erhaben bist du, Gott Schöpfer!

Wie freut sich des Emporschauns zum Sternheer wer
empfindet,
Wie gering er, und wer Gott, welch ein Staub er, und wer
Gott
Sein Gott ist! O sey dann, Gefühl
Der Entzückung, wenn auch ich sterbe, mit mir!

Was erschreckst du denn so, Tod, des Beladnen Schlaf?
O bewölke den Genuß himmlischer Freude nicht mehr!
Ich sink' in den Staub, Gottes Saat! was schreckst
Den Unsterblichen du, täuschender Tod?

Mit hinab, o mein Leib, denn zur Verwesung!
In ihr Thal sanken hinab die Gefallnen
Vom Beginn her! mit hinab, o mein Staub,
Zur Heerschaar, die entschlief![39]

Diese Besetzung des Todes, durch die er geradezu willkommen erscheint, ist aus suizidalen narzißtischen Krisen (B. Henseler) gut bekannt als die Mechanik, durch welche der Untergang des empirisch begrenzten, leidenden Subjekts zugleich als ultima ratio der Erhaltung des Begehrens nach dem unendlichen und unverlierbaren Selbst-Objekt erscheint. Der Tod wird zur Möglichkeit, mit dem unendlich entfernten Ideal-Ich identifikatorisch zu verschmelzen. Der Erhabenheit des Himmels und Gottes wird das Subjekt paradoxerweise gerade teilhaftig durch seinen Untergang. Dies nimmt dem Tod seinen Stachel – nicht anders war es bei Kant, so wird es sein für Goethes Werther.

Es ist Kants Lieblingsschüler Herder, der – in den Jahren seines Studiums von Kant für die Kosmologie und Rousseau enthusiasmiert – eine Reihe von Gedichten schreibt (Fragment; Eine Theodicee; Erhebung und Verlangen; Magnalia Dei; Vorwelt, Gegenwart und Nachwelt; Der Mensch u. a.), die im Reflex auf die kosmologisch-physikalischen Vorlesungen Kants entstanden sind. In diesen trug Kant, wie berichtet wird, stets begeistert auch Dichter wie Pope, Haller, Addison u. a. vor (einmal sogar ein Gedicht seines Schülers Herder).

Es genügt hier zu sagen, daß diese teils ungeschickten, teils eindrucksvollen Gedichte den entwickelten Strukturen der grandiosen Selbst-Erhöhung durch Identifikation mit einem idealisierten Selbstobjekt vollkommen entsprechen. Interessant aber ist, daß das, was die englischen Lyriker mit Newton betrieben – seine Erhöhung zu einer Idealität knapp unterhalb Gottes –, hier von Herder mit Kant selbst gemacht wird:

Wenn Zeit! einst nach zertrümmertem All
du deiner Brust tief deinen Liebling eingräbst,
denn mit den Phönixschwingen dir ein Feuer fachest:
so brenn, der Ewigkeit Nacht unüberglänzbar zu leuchten
auch Dein Name, *Kant*!

In der erhabenen Sprache von Kants Kosmologie und in ausdrücklicher Reihe mit Newton und Kepler wird hier Kant selbst zu göttlicher Ewigkeit erhoben.

Da kam Apoll, der Gott!
Die Feßel weg! – mein Erdenblick
ward hoch – Er gab mir Kant![40]

Dies ist wirkungsgeschichtlich die wohl früheste Idealisierung Kants in genau der Struktur, in der er selbst sich am Ende des VII. Hauptstücks der *Theorie des Himmels* zu einem ewigen, erhabenen Selbst stilisiert hat. Der Lieblingsschüler hatte ihn verstanden. Man kann den nicht nur kognitiven, sondern psychodynamischen Gewinn nachfühlen, den es für Herder bedeuten mußte, von solchem Geist mit Wohlwollen ausgezeichnet zu sein. Und man versteht, daß autonom zu werden, von hier aus für Herder auch bedeuten mußte, sich von Kant kritisch abzugrenzen: die höchst ambivalente Auseinandersetzungsgeschichte Herders mit Kant nimmt hier ihren Ausgang.

6. DAS NARZISSTISCHE TRAUMA UND SEINE VERARBEITUNG BEI KANT

Die sphärisch geschlossene Welt der Antike, der stoische Anthropozentrismus des Kopernikus, die unvordenkliche Weltharmonik des Kepler sind geborsten. Niemand vor Kant hat den Kosmos in seiner zeitlichen wie räumlichen Struktur in dieser Weise als ein infinites Drama von Chaos und Ordnung beschrieben. Schmal und instabil ist die sphärische Kugelschale der Weltordnungen zwischen den Ruinen der ins Chaos zurückgestürzten Systeme und dem unendlichen Raum, der unberührten Nacht des absoluten Tohuwabohu. Wir haben gesehen, auf Grund welcher Mechanismen es Kant möglich wird, dem unendlichen Schöpfungsdrama von Zeugung und Untergang, Wiedergeburt und apokalyptischem Inferno der Welten ›ins Antlitz‹ zu sehen; welcher Kühnheit und vorherigen Absicherung es bedarf, dem aggressiv besetzten, omnipotenten, prästrukturellen Objekt sich anzunähern. Und deutlich wurde, auf welche Weise es Kant in einem Akt grandioser Selbsterhöhung gelingt, durch die Verschmelzung mit einem diffusen, aber vollkommenen und tragenden Objekt elementarer Art sich der tödlichen Fragmentierung der Objekte und verletzlichen Winzigkeit des Ich zu entwinden und eine Sphäre prinzipieller, Zeit und Raum entzogener Unzerstörbarkeit und Allmacht zu erreichen.

Diese Kosmogonie und imaginäre Raumreise Kants wird vollends durchsichtig, wenn sie als archaische narzißtische Konfiguration rekonstruiert wird. Im Grunde wird damit der Weg beschritten, den Novalis gewiesen hatte, als er die im 18. Jahrhundert üblichen imaginären Reisen im Weltraum als Reisen in den ›inner space‹ deklariert. Psychoanalytisch reformuliert heißt dies, den Weltraum als eine »narzißtische Besetzung des Selbst« zu entziffern, als einen ›Raum‹ von Bedeutungen also, »die ein bestimmter unbewußter Vorgang für die eigene Person« annimmt.[41] Die imaginativen Energien nun, mit denen bei Kant (aber auch bei Klopstock, Herder u.a.) der Weltraum besetzt wird, sind ihrer Herkunft nach primärnarzißtisch. Hermann Argelander spricht davon, daß primärnarzißtische Erlebnisse »durch die Abwesenheit eines menschlich konturierten Objektes charakterisiert sind, aber die Verbundenheit mit einem ganz diffusen Objekt elementarer Art zur Voraussetzung haben und gleichzeitig mit einer Aufhebung der natürlichen menschlichen Körpersphäre einhergehen«. Für den Einbruch primärnarzißtischer Phantasien ist es folglich charakteristisch, daß sie »um kosmische Themen und die Beziehung zu den Elementen kreisen« –: »Die große Sehnsucht der Menschheit, die Erde und das Weltall zu erforschen, auf den Meeren zu schwimmen und in der Luft zu fliegen, verdankt ihre Motivation ... unbewußt primärnarzißtischen Phantasien.«[42]

In grandiosen Überschreitungen jeden menschlichen Maßes, wobei die Newtonsche Physik die rationale Deckung bietet, läßt Kant die Welt der differenzierten Objekte und des begrenzten, machtlosen Subjekts hinter sich. Die Logik seiner imaginären Reise im All ist nicht mehr bestimmt von der diskursiven Struktur der Wissenschaft, sondern den imaginativen Energien des Primärprozesses: dies ist der tiefere Grund für die Dominanz ›poetischer Einbildungskraft‹ in diesem Text. Nach langen physikalischen Annäherungen hat Kant im VII. Hauptstück der *Theorie des Himmels* jene Grenze erreicht, wo nicht nur die Sphären des Kosmos allein, sondern die Fesseln des Unbewußten bersten. Schon die Theorie der Materie erwies sich als Diskurs des Unbewußten, insoweit sie ein Sprechen vom verdrängten Leib ist – projiziert auf die Körpermaterie und universalisiert zur Grundstruktur der Natur. Diese Projektion des am eigenen Leib Empfundenen auf das Universum, das damit in den Strukturen des Leibs konstruiert wird – ein Makranthropos wird –, ist die Ermöglichung davon, in den immensen Szenarien der Kosmologie jene Gefühle zur Darstellung zu bringen, die auf einer kaum mehr vorstellbar archaischen Stufe an diesem Leib gespürt werden. In der *Theorie des Himmels* rühren wir damit an die absolut tiefste Schicht zugleich der Philosophie und Biographie Kants. Darin besteht die Kostbarkeit dieser Schrift.

Der primärnarzißtisch besetzte Leib ist der vollkommene, der umfassende Leib – ohne Objekt, allverbunden, weil trennende Grenzen nicht existieren, in nirwanischer Seligkeit eingetaucht in das »ozeanische Gefühl«, wie es Freud nennt, in die unio mystica, wie es die Mystiker nennen. Giordano Bruno oder auch Spinoza bilden den philosophischen Hintergrund, der plausibel macht, Physik oder Philosophie der Neuzeit in solchem Hen kai pan zu treiben. Wir haben gezeigt, warum es gerade die *Theorie des Himmels* ist, deren Wirkungsgeschichte bei Fichte und Schelling es ermöglicht, auch nach Kant noch einmal Philosophie aus einem solchen unbewußten Begehren nach harmonischer Einheit mit dem Objekt hervorgehen zu lassen.

Charakteristisch für Kant ist nun aber, daß er keineswegs aus der Position einer narzißtischen Sicherheit spricht. Seine Phantasien sind vielmehr situiert jenseits der ›ursprünglichen Separation‹, die den Verlust der eigenen Vollkommenheit und Omnipotenz traumatisch herbeiführt und zu schweren Trennungs- und Fragmentierungsängsten – dem Chaos – führt. Die Spuren dieses Traumas sind in den Szenarien der Verschlingung, der Feuerorkane und Systemkollapse deutlich enthalten. Eingeschlossen in diese Phantasien ist die Todesangst vor dem extrem verzeichneten Primärobjekt, welches auf der prästrukturellen Stufe von Aggression, Chaos und Verheerung erlebt wird. Dies enthält die früheste »aggressive Besetzung« des primären Objektes, als Abwehr der todesbedrohten Verlassenheit, die dem Zusammenbruch der symbiotischen Vollkommenheit folgen kann.

Am Textverlauf wird nun sichtbar, mit welchen Maßnahmen die Angst, der Tod und das Chaos bewältigt werden. Es sind vor allem Mechanismen einer grandiosen Idealisierung des Objekts. Das Weltall wird insgesamt im Schema des idealisierten Selbst-Objektes entwickelt – in der zweifachen Funktion, die Fragmentierungsängste der ursprünglichen Separation auszupendeln sowie das Objekt so zu strukturieren, daß die chaotischen und aggressiven Momente in seinen prinzipiell freundlichen, behütenden und tragenden Qualitäten aufgehoben werden. Mit Heinz Kohut wäre also das Weltall als Derivat idealisierter Eltern-Imagines anzusehen.[43]

So geht von dem imaginären Zentralkörper eine unvordenkliche, omnipotente und sicherheitsspendende Stabilität aus. Die zerstörerischen Mächte der Natur, die Ausbrüche einer tödlich empfundenen Aggression repräsentieren, werden integriert in die Phantasie der Palingenesie. Wie Kant diese entwickelt (Th. d. H. A 112-126), macht deutlich, daß die tödliche Aggression als Einverleibung – als »sadistische Einleibung«, wie H. Schmitz sagt[44] – durch das omnipotente Objekt, nämlich die

Natur, erlebt wird. Ihr folgen, im ewigen Zyklus, neue Geburten. Die Palingenesie-Vorstellung ist ein psychodynamisch höchst komplexes Gebilde, das das Agieren ambivalenter Einstellungen zur Mutter dadurch erlaubt, daß in der Bewunderung ihrer Fruchtbarkeitspotenz zugleich die Angst vor dem tödlichen Verschlungenwerden, darin aber wieder der Wunsch nach Vereinigung mit ihr in pränataler Symbiose und zugleich das wieder-frei-Werden, nämlich die Geburt, phantasiert werden können.

Allen diesen Imaginationen eignet nun der Charakter primärnarzißtischer Wiederbelebung, nämlich »die menschliche Konfiguration durch Vergrößerung aufzulösen, um kosmische Weite anzustreben und auf diesem Wege eine unmittelbare Verbindung mit den Elementen einzugehen«.[45] Voraus geht dieser Regression jedoch, daß die primäre Differenzierung von Subjekt und Objekt traumatisch erlebt und das Objekt dabei als unempathisch und zerstörerisch vorgestellt wird. Um dieses Trauma abzuwehren, wird versucht, sich durch umfassende Idealisierungen des Selbst-Objektes mit diesem wieder zu verbinden. Alles Große, Vollkommene, Schöne, Fruchtbare, Allmächtige, Verschwenderische, Herrliche – dies sind die Attribute des Kantschen Weltraums –: dies alles ›bin ich ja nicht‹, sondern es sind die Züge eines grandiosen Objekts, an welchem das winzige, von Fragmentierung bedrohte Selbst zu partizipieren sucht.

Was von Brockes bis zu Klopstock als Struktur des Erhabenen angesehen wird, nämlich jener merkwürdige Umschlag von angstvoller Kleinheit in grandios geweitete Vollkommenheit, hat seine psychogenetische Wurzel in folgendem: das sich in seiner Angst winzig machende Ich ruft in dieser Gestik genau die ›Umarmung‹ durch das omnipotente, schützende Objekt hervor, mit dem zu verschmelzen dann auch leiblich als Verkehrung der engenden Angst in grenzenlose Weitung empfunden wird.

Kant, weniger naiv als etwa Klopstock und vor allem die chaotisch-bedrohlichen Momente des Objekts weniger verleugnend, geht gleichwohl diesen Weg auch. Am Ende seiner »Odyssee im Weltraum« (Stanley Kubrick) steht die phantastische Verschmelzung mit dem idealisierten Selbst-Objekt. Die »Seele«, die sich »mit der Urquelle der Vollkommenheit vereint« weiß, findet zur primären Homöostase zurück: erhöht, erhaben, geborgen, absolut, unverletzlich ist sie in den »Ruhestand der Glückseligkeit« entrückt. Auf dem Weg der projektiven Identifikation mit dem idealisierten Objekt hat Kant schließlich das Größen-Selbst restituiert: in narzißtischer Unberührbarkeit, auf die gelassene Höhe der Allmacht gerückt, sieht die »Seele« das Universum »unter ihren Füßen ... vorbei rauschen«.

Kant hat mit der Physik des unendlichen Raumes ein Medium gefunden, das ihm Schutz und rationale Deckung für die Sprache seiner unbewußten Phantasien bietet. Er ist nicht schlicht den Weg Brunos, Popes, Brockes, Klopstocks oder des jungen Herder gegangen, das Zerbrechen der Sphäre hinein in das unendliche All nur durch Abwehr des Verlusts kosmischer Sicherheit zu beantworten –: nämlich mit der enthusiastischen Feier des Alls ein vollkommenes Objekt zu schaffen, an dem zu partizipieren ein Stück von der verloren geglaubten Zentralität des Menschen zurückbringt. Kant hat auch die Linie ausgezogen, auf der man erstmals bei John Donne und Kepler die Fragmentierungsangst und Verlassenheit des verwundeten Ich inmitten des Leeren findet. Kant hat beide Pole versucht zu integrieren. Die angsterregenden Aspekte des aggressiv besetzten, ›bösen‹ Objekts hat er in die »Naturgeschichte« des Himmels so eingezeichnet, daß sie als Phasen innerhalb eines Prozesses erscheinen, in dem die produktiven, sicherheitsspendenden Aspekte des ›guten‹ Objekts sich in Richtung auf Vollkommenheit und Schönheit der Welt durchsetzen.

Es scheint also, als habe Kant unbewußt die Gestalt des Kosmos, die dieser durch die kopernikanische Wende erhielt, verstanden in genau der Konfiguration, in der lebensgeschichtlich sein eigenes narzißtisches Trauma und die Strategien seiner Verarbeitung erwuchsen. Goethe hat auf die lebensgeschichtliche Signifikanz der kopernikanischen Wende dadurch aufmerksam gemacht, daß er in ihr die traumatische Kränkung identifizierte, die die Menschheit als ganze zwingt, aus den Illusionen der Unmittelbarkeit und Ungetrenntheit herauszutreten und durch Tätigkeit und Erkenntnis sich zu reproduzieren. Wenn die neue Physik auf einer symbolischen Ebene der Geschichte eine solche Markierung bedeutet, so ist sie geradezu prädestiniert, lebensgeschichtlich homolog konfigurierte Szenarien mit ihr zu kombinieren. Im Verhältnis zu den Philosophen und Literaten, die in

der kopernikanischen Wende Verlust, Trennungsangst und Trauer erfahren, wird man die Interpretation des Kopernikus neu verstehen müssen: wenn Kopernikus die neue Raumgestalt einem universal geweiteten Anthropozentrismus teleologisch einfügt, so ist er damit zugleich der historisch erste Denker, der die Vernunftentwicklung in die Matrix einer grandiosen narzißtischen Zentrierung des Universums und aller in ihm begriffenen Objekte auf die erkennende Vernunft rückt.
Sigmund Freud hat nach Nietzsche nur die définition noire der kopernikanischen Wende hervorgehoben, wenn er sie in eine Reihe mit Darwin und der Psychoanalyse selbst setzt –: als eine Folge narzißtischer Traumatisierungen, die der Selbstgewißheit und Exklusivität des Menschen zugefügt worden sind.

> Zwei große Kränkungen ihrer naiven Eigenliebe hat die Menschheit im Laufe der Zeiten von der Wissenschaft erdulden müssen. Die erste, als sie erfuhr, daß unsere Erde nicht der Mittelpunkt des Weltalls ist, sondern ein winziges Teilchen eines in seiner Größe kaum vorstellbaren Weltsystems. Sie knüpft sich für uns an den Namen Kopernikus, obwohl schon die alexandrinische Wissenschaft ähnliches verkündet hatte. Die zweite dann, als die biologische Forschung das angebliche Schöpfungsvorrecht des Menschen zunichte machte, ihn auf die Abstammung aus dem Tierreich und die Unvertilgbarkeit seiner animalischen Natur verwies. Diese Umwertung hat sich in unseren Tagen unter dem Einfluß von Ch. Darwin, Wallace und ihren Vorgängern nicht ohne das heftigste Sträuben der Zeitgenossen vollzogen. Die dritte und empfindlichste Kränkung aber soll die menschliche Größensucht durch die heutige psychologische Forschung erfahren, welche dem Ich nachweisen will, daß es nicht einmal Herr ist im eigenen Hause, sondern auf kärgliche Nachrichten angewiesen bleibt von dem, was unbewußt in seinem Seelenleben vorgeht.[46]

Wenn Blumenberg solchen Interpretationen vorhält, sie seien projektive Übertragungen von Erfahrungen der Entwertung, die anderswoher stammen, in die kopernikanische Wende hinein, so hat Freud gegen Blumenberg in gewisser Weise gleichwohl recht. Denn Blumenberg sieht nicht, daß die von ihm als authentisch ausgegebene Wahrheit der kopernikanischen Wende historisch sich als das entwickelt hat, was H. E. Richter als den Gotteskomplex der neuzeitlichen Vernunft herausgearbeitet hat: nämlich die introjizierende Aneignung der Vollkommenheits-Attribute des idealisierten Selbst-Objektes Gott durch die Vernunft.[47] Dies ist ein genuin narzißtischer Mechanismus, durch den die in der mittelalterlichen Scholastik allein Gott reservierte, d.h. theozentrische Teleologie der Welt umgekehrt wird in eine ratiozentrische Teleologie, in der das, was der Vernunft nicht adäquat ist, nicht länger zum Inbegriff der Welt zählt. Darin aber steckt so etwas wie eine historische ›Unreife‹ der Vernunft: nämlich zu dem, was sie nicht selbst ist oder kontrollieren kann, jede Beziehung abzubrechen, es zu verleugnen, auszuschließen, zu vernichten. Darin aber ist die traumatische Angst, von den Dingen getrennt zu sein und nicht immer schon in der großen Einheit mit ihnen zu stehen, abgewehrt durch die Stilisierung zum narzißtischen Größen-Selbst, das als Einheit der Welt sich setzt oder im Erkenntnisprozeß dazu sich synthetisiert.

Freuds Bemerkung ist einseitig jedoch insofern, als zu der Geschichte der narzißtischen Traumata auch eine Geschichte des Wachstums jener Kräfte gehört, die sich ihnen aussetzen können und sie verarbeiten. Georges Devereux hat darauf aufmerksam gemacht, daß in der Kette Kopernikus–Darwin–Freud auch eine Vorverlagerung der Grenze enthalten ist, diesseits derer Kränkungen und Relativierungen hingenommen werden müssen und *können*: von der kosmologischen über die phylogenetische bis zur intrasubjektiven Realisierung zeigt sich, daß die Konfrontierung mit angsterregendem Material immer näher an den Menschen heran und schließlich in ihn hinein gelegt werden konnte.[48] In der Wirkungsgeschichte der ›kopernikanischen‹ Kränkung zeigt sich, daß sich der Mensch gegen sie schützt durch die Hypostasierung einer noch über das Universum erhobenen Kompetenz: das intelligible Ich. Die ›darwinsche‹ Kränkung wurde ausgependelt, indem sich der Mensch als das im Kampf ums Dasein absolut erfolgreichste Tier setzen und von hier aus sich als Macht phantasieren konnte. Und die Freudsche Kränkung, im Unbewußten den größeren Bereich des Menschen zu erkennen, wo er nicht einmal Herr über sich selbst ist, konnte verarbeitet werden durch die merkwürdig ungeprüfte Unterstellung, daß alles dies, Bewußtes wie Unbewußtes, in einem den

Menschen qualitativ auszeichnenden, besonderen Raum, nämlich dem psychischen Apparat, der »Seele« enthalten ist. Demgegenüber wäre wohl als fernere Kränkung noch zu verarbeiten, daß es dieses besondere Ding – die ›Psyche‹ – vielleicht gar nicht gibt und daß alles, was als bewußtes und unbewußtes Geschehen das Selbstbewußtsein des Menschen formiert, nichts autonom Seelisches ist, sondern erwächst dem, was der Mensch nicht als Seele ›hat‹, sondern immer schon ist: und dies ist der Leib.

7. KANTS THEORIE DES ERHABENEN

»Newton demands the Muse«, heißt es in Richard Glovers »Poem on Sir Isaac Newton« (1728).[49] Alexander Pope verfertigt die Grabschrift: »Nature and Nature's Laws lay hid in night; / God said, ›Let Newton be!‹ and all was light.« Die Gottgleichheit durch Vernunft schränkt Pope im »Essay on Man« freilich wieder ein, wenn dort Newton den höheren Wesen als das erscheint, was uns ein Affe dünkt. Bescheidenheit statt Stolz soll das Zeichen der Vernunft sein: Vernunft ist, sich als endlich zu erkennen.[50] So verlief weder die Vernunftentwicklung, noch hielt sich daran die von Newton herausgeforderte Muse, jene Dichtung also im Bann der neuen Wissenschaft. Vielmehr zeigt sich, daß unterhalb christlicher Bemäntelungen und physikotheologischen Gottespreises gerade die hymnische Dichtung des Alls den Weg geht, mittels lyrischer Apostrophe der Attribute des Universums teilhaftig zu werden. Koyré hat gezeigt, daß in der Geschichte der Raumtheorie das unendliche All »das Erbe aller ontologischen Attribute der Gottheit angetreten« hat.[51] Insofern spielt in den kosmologischen Hymnen eine eigentümliche Doppelheit: im Kontext des Christentums sind sie Preisgebete Gottes – aber solche, in denen das Ich, das sich in die »Höhen des Weltalls« (Bruno) geschwungen hat, insgeheim seine Selbstvergottung betreibt.

M. H. Nicolson und K. Richter[52] haben gezeigt, daß die Ästhetik der Erhabenheit wesentlich geprägt ist von der (imaginativen) Erfahrung, die von den neu eroberten Räumen der Neuzeit ausgeht: den fremden, unwirtlichen Zonen der Erde – Ozean, Hochgebirge, Wüste, Wildnis – und den unheimlichen Fernen des Alls. Es sind dies Räume der Angst, in denen der Mensch nicht zu Hause und nicht Herr ist und wo gleichwohl – und das ist die Geste der neuen Erhabenheit – er die Zeichen seiner Selbstbehauptung und Herrschaft setzt. Wie in der Kosmologie die Ordnung des Alls nicht mehr das Abbild von Gottes Größe allein ist, sondern im Schatten davon als Raum der Vernunft, nämlich als ihre Konstruktion sich erweist, so werden in der Physikotheologie des 17. und 18. Jahrhunderts die menschenfeindlich scheinenden Bereiche der Erde tentativ erobert, indem sie theoretisch vereinnahmt werden durch die naturgeschichtliche Ordnung zum Nutzen des Menschen. Erst dadurch öffnen sich die neuen Räume der Affektlage des Erhabenen, wie sie Addison in seinen *Pleasures of Imagination* charakterisiert:

> By *Greatness*, I do not only mean the Bulk of any single Object, but the Largeness of a whole View, considered as one entire Piece. Such are the Prospects of an open Champain Country, a vast uncultivated Desart, of huge Heaps of Mountains, high Rocks an Precipices, or a wide Expanse of Waters, where we are not struck with the Novelty or Beauty of the Sight, but with that rude kind of Magnificence which appears in many of these stupendous Works of Nature.[53]

Addison stellt im selben Kontext fest, es gäbe niemanden, »who more gratifie and enlarge the Imagination, than the Authors of new Philosophy«. Nicolson und Richter gehen übereinstimmend davon aus, daß die erweiterten Raumdimensionen als Ermöglichungen der Ästhetik des bürgerlichen Erhabenen zu gelten haben. Merkwürdig aber ist, daß sie dabei nicht auf Kant eingehen, der die wohl konsistenteste Theorie des Erhabenen entwickelt hat. Wie in ihr das narzißtische Trauma aus der Frühschrift verlängert und sublimiert wird, soll jetzt gezeigt werden.

Am Ende der *Theorie des Himmels* heißt es:

> So gibt der Anblick eines bestirnten Himmels, bei einer heitern Nacht, eine Art des Vernügens, welches nur edle Seelen empfinden. Bei der allgemeinen Stille der Natur und der Ruhe der Sinne redet das verborgene Erkenntnisvermögen des unsterblichen Geistes eine unnennbare Sprache, und gibt unausgewickelte Begriffe, die sich wohl empfinden, aber nicht beschreiben lassen. (Th.d.H. A 200)

Was Kant hier in der Unsagbarkeit der Erfahrung beläßt und zu einem geheimnisvoll schweigenden Monolog des Subjekts stilisiert, welches sich beim Anblick des Himmels seiner narzißtischen Grandiosität versichert: – das wird später zum Gegenstand einer umfassenden diskursiven Entfaltung in der kritischen Philosophie. Den Kern dieses Erlebens wird Kant aufs genaueste ›in Begriffe auseinanderwickeln‹. Das Programm der praktischen Philosophie wird sein, die in der theoretischen Vernunft entwikkelte Trennung von Phänomenon und Noumenon (Erscheinung und Ding an sich) dahingehend zu nutzen, das intelligible Subjekt gegen den Einwurf, bloß ein ›Traum der Metaphysik‹ zu sein, abzusichern. Das intelligible Subjekt aber hat in der *Theorie des Himmels* seine gleichsam rohe Vorform: nämlich die narzißtisch erhöhte »Seele«. Dem Beschluß der Frühschrift entspricht aufs genaueste der Beschluß der *Kritik der praktischen Vernunft*, der die klassische Formel vom »bestirnten Himmel über mir und moralischen Gesetz in mir« entfaltet:

> Ich sehe sie vor mir und verknüpfe sie unmittelbar mit dem Bewußtsein meiner Existenz. Das erste fängt von dem Platze an, den ich in der äußeren Sinnenwelt einnehme, und erweitert die Verknüpfung, darin ich stehe, ins unabsehlich Große mit Welten über Welten und Systemen von Systemen, überdem noch in grenzenlose Zeiten ihrer periodischen Bewegung, deren Anfang und Fortdauer. Das zweite fängt von meinem unsichtbaren Selbst, meiner Persönlichkeit an und stellt mich in einer Welt dar, die wahre Unendlichkeit hat, aber nur dem Verstande spürbar ist, und mit welcher ... ich mich nicht wie dort in bloß zufälliger, sondern allgemeiner und notwendiger Verknüpfung erkenne. Der erstere Anblick einer zahllosen Weltenmenge vernichtet gleichsam meine Wichtigkeit als eines *tierischen Geschöpfs* das die Materie, daraus es ward, dem Planeten (einem bloßen Punkt im Weltall) wieder zurückgeben muß, nachdem es eine kurze Zeit (man weiß nicht wie) mit Lebenskraft versehen gewesen. Der zweite erhebt dagegen meinen Wert als einer Intelligenz unendlich durch meine Persönlichkeit, in welcher das moralische Gesetz mir ein von der Tierheit und selbst von der ganzen Sinnenwelt unabhängiges Leben offenbart, wenigstens soviel sich aus der zweckmäßigen Bestimmung meines

Daseins durch dieses Gesetz, welche nicht auf Bedingungen und Grenzen dieses Lebens eingeschränkt ist, sondern ins Unendliche geht, abnehmen läßt. (KdpV A 288/9)

In nuce hat Kant hier schon die Theorie des Erhabenen entworfen, die das Erhabene nicht mehr wie die Tradition in den Gegenstand – Himmel, Gott, Ozean, Gebirge – setzt, sondern ins Subjekt: dieses findet die Erhabenheit in sich. Das ist von der narzißmustheoretischen Deutung her zu erwarten gewesen. Entscheidend aber ist, daß Kant diese Wendung nunmehr durch die Erfindung rechtfertigen kann, die ihn zum Begründer der Transzendentalphilosophie hat werden lassen. Indem er das Weltall und sich selbst, sofern er Leib ist, der Sphäre der Erscheinungen zuweist, gewinnt er in der Vernunft, insofern sie eine intelligible Sphäre des sittlichen Zusammenhangs nach Zwecken begründet, jenen Reservatsbereich, in welchem der Mensch als intelligibles Subjekt sich über Raum und Zeit *erhaben* denken darf. Nur als Körper-Erscheinung in einer empirischen Welt empfindet sich das Subjekt als winzig und vergänglich im Verhältnis zum Universum und ist in seinem Narzißmus gekränkt: im Gefühl »meiner Wichtigkeit vernichtet«. Während das intelligible Ich – das »unsichtbare Selbst« jenseits von Raum und Zeit – »wahre Unendlichkeit« hat.

Ohne Zweifel ist eine Funktion der Kantschen Unterscheidung von Erscheinung und Ding an sich, eine innere Instanz zu schaffen, die das Erbe der mit der Gottheit grandios verschmolzenen »Seele« übernehmen kann. Aus der klinischen Forschung der Psychoanalyse ist gesichert, daß primärnarzißtisch besetzte Objekte – wie hier das Weltall, die Natur, Gott – reintrojiziert werden können ins Ich, dort neutralisiert und zum Aufbau des psychischen Instanzenapparats verwandt werden. Die primärnarzißtische Herkunft von Substrukturen des Subjekts bleibt jedoch daran erkennbar, daß diese die Züge der primärnarzißtischen Besetzung behalten. So ist innerhalb der praktischen Philosophie bei Kant deutlich, daß das intelligible Subjekt in seinen Funktionen (Sitz des heiligen Sittengesetzes sein; alle sinnlichen Ansprüche strengstens kontrollieren; lückenlose Aufsicht über den »tierischen Menschen« führen und progressiv sich einem idealen Selbst, nämlich dem »heiligen Willen«, anähneln) zweifellos den Substrukturen des Über-Ich und Ich-Ideals ent-

C. D. Friedrich: Morgen im Riesengebirge. (1810)
»So muß diejenige Größe eines Naturobjekts, an welcher die Einbildungskraft ihr ganzes Vermögen der Zusammenfassung fruchtlos verwendet, den Begriff der Natur auf ein übersinnliches Substrat (welches ihr und zugleich unserm Vermögen zu denken zum Grunde liegt) führen, welches über allen Maßstab der Sinne groß ist, und daher nicht sowohl den Gegenstand als vielmehr die Gemütsstimmung in Schätzung desselben als *erhaben* beurteilen läßt« (I. Kant, Kritik der Urteilskraft, 1790). – Die ins ozeanisch Unendliche geweitete Gebirgslandschaft bringt die winzigen Menschen fast zum Verschwinden. Schon im Vordergrund »ungestalte Gebirgsmassen, in wilder Unordnung über einander getürmt« (Kant), sind zu groß für den Menschen. Friedrich verdichtet die erhabene Unendlichkeit der Natur tröstend ins Kreuz, an das die Frau, den Mann nachziehend, sich rettend hält. Während Kant, bei ähnlicher Ausgangsempfindung, das Unendliche der Natur raubt und als »übersinnliches Substrat« »für Vernunftideen und deren Erweckung als zweckmäßig« ansieht: die Lust der Vernunft an ihrer eigenen Unendlichkeit.

spricht. Die Omnipotenzansprüche und Vollkommenheitsideale, die majestätische Überlegenheit des sittlichen Willens und die Allwissenheit des Gewissens sind in diesem Entwurf sittlicher Vernunft *Derivate* der primärnarzißtischen Besetzungen, wie sie in der *Theorie des Himmels* entwickelt wurden. Das Niveau ist freilich reifer, insofern durch Introjektion die narzißtischen Idealisierungen von Selbst-Objekten ins Ich zurückgenommen worden sind und dort Strukturen bilden, die zu Ich-Autonomie befähigen – freilich einer, die bei Kant in die splendid isolation narzißtisch verpanzerter Autarkie mündet. Gerade diese Autarkie der Vernunft macht, daß sie zum Sitz der Erhabenheit avanciert.

Kant entwickelt dies ausgefeilt durch die »Analytik des Erhabenen« in der *Kritik der Urteilskraft*, einem Stück reifer Spätphilosophie, das von der im Frühwerk etablierten narzißtischen Matrix bestimmt bleibt. Kant führt aus, daß das Erhabene an Erscheinungen der rohen Natur aufzuzeigen sei (KdU B 89). Naturschönheit, die aufgrund ihrer formalen Zweckmäßigkeit adäquat dem Erkenntnisvermögen ist, eignet sich nicht zur Erzeugung des erhabenen Affekts, der auf die »Erweiterung des Gemüts« (KdU B 93) zielt. Nur das kann eine solche Erweiterung bewirken, was schlechthin (also nicht relativ) groß ist. Dies ist, in guter Tradition der Ästhetik, das Unendliche.

Das mathematisch Unendliche ist nun aber ebenfalls auszuschließen. Es ist nicht subjektiv-ästhetisch, sondern objektiv zweckmäßig, weil der Verstand die Progression ins Unendliche durch »Zahlbegriffe« reguliert, wozu die Einbildungskraft nur das Schema hergibt. Dabei wird nichts empfunden. So erledigt Kant nebenher alle (auch in der poetischen Tradition und seiner Frühschrift vorgenommenen) Versuche, des Erhabenen durch veranschaulichende Progression ins Unendliche von Raum und Zeit teilhaftig zu werden. Das Erhabene setzt Kant nunmehr in die Beziehung von Einbildungskraft und Vernunft, insofern letztere zu jeder ins Infinite gehenden Vorstellungsreihe »Totalität« fordert:

> So muß diejenige Größe eines Naturobjekts, an welcher die Einbildungskraft ihr ganzes Vermögen der Zusammenfassung fruchtlos verwendet, den Begriff der Natur auf ein übersinnliches Substrat (welches ihr und zugleich unserm Vermö-

gen zu denken zum Grunde liegt) führen, welches über allen Maßstab der Sinne groß ist, und daher nicht sowohl den Gegenstand, als vielmehr die Gemütsstimmung in Schätzung desselben, als *erhaben* beurteilen läßt. (KdU B 94)

In dieser für den Spätstil charakteristisch verklausulierten Formulierung steckt der entscheidende Übergang, der das Erhabene nicht mehr als ein Attribut des Gegenstands, sondern des Subjekts erscheinen läßt. Das erhaben Unendliche wird zum ideellen Besitz der Vernunft, insofern die Einbildungskraft vergeblich sich daran abarbeitet, in der Reihe der Naturerscheinungen »das absolute Ganze« aufzufinden. Dazu ist ein Vermögen gefordert, »das selbst übersinnlich ist«:

»Denn nur durch dieses und dessen Idee eines Noumenons, welches selbst keine Anschauung verstattet, aber doch der Weltanschauung, als bloßer Erscheinung, zum Substrat untergelegt wird, wird das Unendliche der Sinnenwelt, in der reinen intellektuellen Größenschätzung ... zusammengefaßt.« (KdU B 92/3)

Gebirgsmassen, Eispyramiden, tobende See oder das Universum (KdU B 95) *sind* nicht erhaben, sondern der »Gebrauch« (KdU B 85), den der Mensch von ihnen macht, erzeugt das Erhabene *im* Menschen.

Kant entwickelt dabei sehr genau die affektive Dynamik des Erhabenen. Erscheinungen der rohen Natur enthalten Unlust, insofern an ihnen sich die Unangemessenheit der Einbildungskraft in der ästhetischen Größenschätzung erweist: sie ist unfähig, das Unendliche als intelligibles Substrat der Natur zu veranschaulichen. Diese frustrierende Vergeblichkeit ästhetisch arbeitender Phantasie vermittelt nun aber gerade Lust, insofern es die eigene Vernunft ist, die in sich das Erhabene, nämlich die Idee des absoluten Ganzen der Natur, hat. Lust – das heißt:

Alles, was die Natur als Gegenstand der Sinne für uns Großes enthält, (ist) in Vergleichung mit Ideen der Vernunft klein zu schätzen. (KdU B 97/8)

Nun ist freilich die Natur auch mächtig. Und Kant muß also zeigen, daß es gerade die mächtige Natur ist, die das Erhabene in uns hervorruft, weil sie über uns als Vernunft keine Gewalt hat. Der Anblick mächtiger Natur evoziert zwar Angst, Fluchtimpulse und verbindet sich mit Gefühlen der physischen Ohnmacht. Das hat mit Erhabenheit nichts zu tun. Erhabenheit empfinden wir, »wenn wir uns ... in Sicherheit befinden« (KdU B 104). Diese Sicherheit liegt nicht in irgendeiner physischen Distanz zum mächtigen Naturobjekt, sondern auf einer prinzipiellen Ebene: so sehr auch Natur ästhetisch als angsterregende Macht und imponierende Größe empfunden wird, so weckt gerade dies in einem Akt kontraphobischer Selbstbehauptung im Subjekt die Idee, als Vernunftwesen eine »Überlegenheit über die Natur selbst in ihrer Unermeßlichkeit« zu haben (KdU B 104):

> So gibt auch die Unwiderstehlichkeit ihrer Macht uns, als Naturwesen betrachtet, zwar unsere physische Ohnmacht zu erkennen, aber entdeckt zugleich ein Vermögen, uns als von ihr unabhängig zu beurteilen, und eine Überlegenheit über die Natur, worauf sich eine Selbsterhaltung von ganz andrer Art gründet, als diejenige ist, die von der Natur außer uns angefochten und in Gefahr gebracht werden kann, wobei die Menschheit in unserer Person unerniedrigt bleibt, obgleich der Mensch jener Gefahr unterliegen müßte. (KdU B 104/5).

Es ist eine für den späten Kant höchst charakteristische Geste der Verinnerlichung, die hier stattfindet: indem er nämlich ein praxisloses, rein kontemplatives Verhältnis zur Natur als Macht setzt, kann er jene an den Gegenständen roher Natur empfundene Angst und Machtlosigkeit durch Urteilskraft reflexiv ins Gegenteil verkehren, so daß der Angst das lustvolle Bewußtsein seiner selbst als unverletzliches, jeder empirischen Macht überlegenes Subjekt entspringt.[54] Die Unterscheidung der kritischen Philosophie von Ding an sich und Erscheinung bzw. intelligiblem und empirischen Ich ist, psychodynamisch gesehen, darin motiviert, daß sie den selbsterhaltenden Umkehrakt von Ohnmacht zu Macht ermöglicht durch den Übergang von empirischer Ebene (mächtige Natur, kleines Ich) zu übersinnlicher Ebene (jeder Naturmacht überlegenes Ich). Dieses Muster der kontraphobischen Verkehrung ist es, das der Dynamik des erhabenen Affekts zugrundeliegt. Die Erhabenheit enthält keinerlei Bewunderung und Erfurcht mehr für Natur als einem Anderen der Vernunft, sondern ist umstilisiert zu einer Affirmation allein dieser Vernunft. Durch umwandelnde Verinnerlichung ist es

C. D. Friedrich: Der Wanderer über dem Nebelmeer. (vor 1818)
»Auf solche Weise wird die Natur in unserm ästhetischen Urteile nicht, sofern sie furchterregend ist, als erhaben beurteilt, sondern weil sie unsere Kraft (die nicht Natur ist) in uns aufruft, um das, wofür wir besorgt sind (Güter, Gesundheit und Leben), als klein, und daher ihre Macht ... für uns und unsere Persönlichkeit demungeachtet doch für keine solche Gewalt anzusehen, unter die wir uns zu beugen hätten. ... Also heißt die Natur hier erhaben, bloß weil sie die Einbildungskraft zu Darstellung derjenigen Fälle erhebt, in welchen das Gemüt die eigene Erhabenheit seiner Bestimmung, selbst über die Natur, sich fühlbar machen kann.« (I. Kant, Kritik der Urteilskraft, 1790)

Kant gelungen, die primärnarzißtische Besetzung von Selbst-Objekten zu einer Instanz des Subjekts, nämlich seiner intelligiblen Struktur umzuarbeiten. Aus der Unmittelbarkeit einer Empfindung, die eine »unnennbare Sprache« partikularer Privatheit spricht, hat Kant in der Perspektive des Programms kritischer Philosophie die universal verbindliche, begrifflich intersubjektiv mittelbare Idee sittlicher Vernunft destilliert. Sie allein darf Gegenstand des erhabenen Affekts sein. In der majestätischen Größe, der idealen Entrücktheit und unverletzlichen Mächtigkeit und Strenge des Sittengesetzes wirken – rationalisiert, entstellt und verschoben – die Energien weiter, die den jungen Kant zu seinem imaginären Flug »auf des Weltalls Höhn« und noch über diese hinaus motivierten. Die Kosten, die mit diesem Prozeß der Verinnerlichung verbunden sind, werden aufrechenbar erst durch die Analyse der *Kritik der praktischen Vernunft*.[55]

8. KRITIK DER SCHLECHTEN UNENDLICHKEIT

Hegel hat verstanden, daß für Kant das Erhabene »in keinem Dinge der Natur, sondern nur in unserem Gemüte enthalten sei« (*Ästhetik* I, 467).[56] Letztlich ist das Erhabene bloße Selbstaffektation der Vernunft – befreit von ihrem »Anstoß«, dem Dynamisch-Mächtigen und Quantitativ-Großen der Natur. Die Unendlichkeit, die das Subjekt in sich selbst identifiziert, reflektiert die absolute Souveränität der Vernunft, »sofern wir der Natur in uns und dadurch auch der Natur außer uns überlegen zu sein uns bewußt werden« (*Ästhetik* I, 467). Die durch Rationalität erzwungene Trennung von Natur – erkenntnishistorisch wie psychogenetisch ein Prozeß, der subkutan von Leiden und Verlust begleitet ist – wird in der Ästhetik der Erhabenheit kompensatorisch ausgeglichen durch die Macht des Subjekts über das, wovon es sich unter Schmerzen getrennt hat. Erhabenheit belohnt das solipsistisch abgesperrte Subjekt der Erkenntnis und Moral mit der Selbstattribuierung einer Unendlichkeit, die es qualitativ aus der Kontingenz der Dinge und der Hinfälligkeit des Leibes hebt.

Hegel hat dem Brunianischen furore eroico die »schöne Begeisterung eines Selbstbewußtseins« nicht absprechen können, »das den Geist sich inwohnen fühlt und die Einheit seines Wesens und alles Wesens weiß« (*Vorlesungen* III, 24). Bei Bruno setzt niemals das Subjekt sich als getrennt von Natur. Das Selbstbewußtsein Brunos lebt aus der Einheit mit Natur und All, von Geist und Leib, die alle als variante Formationen des ursprünglichen Einen der mütterlichen Materie gefeiert werden. Die Erhabenheit verschmilzt das Erkennen des Alls mit der Leidenschaft der Erkenntnis. Diese mystische Erkenntnistheorie, dieser »objektive Spinozismus«, wie Hegel sagt, gerät in der Kantschen ratiozentrischen Auslegung des Erhabenen und erst recht in Hegels Lehre vom Unendlichen in Verruf.

Das Unendliche und Erhabene ist kein Anderes des Geistes, in dem dieser sich, eintauchend in den Strom des lebendigen Universums, wiederfindet. Wie Kant die unendliche Macht der Natur zum bloßen Scheinen depotenziert und dem erhabenen Subjekt aneignet, so destruiert Hegel radikal die sehnsüchtig-poetischen Veranschaulichungsbemühungen, mit denen Autoren wie Brockes, Klopstock, die jugendlichen Kant, Herder, Schiller wie die Romantiker am ›Draußen‹ des unendlichen Alls zu partizipieren suchten. Die Ästhetik des Unendlichen qualifiziert Hegel als die vergebliche Arbeit der Einbildungskraft, durch Progression des Quantitativen ins Unendliche vorzustoßen (*Logik* 1, 265). »Ohne daß das Unendliche ein Positives und Gegenwärtiges würde« (*Logik* 1, 262), fallen rhetorische Klimax, hyperbolische Apostrophe und poetische Progression ins immer Größere auf ihre »Unbeträchtlichkeit«, ihr »Nicht-sein«, ihre »Ohnmacht« zurück. Dem poetischen und kosmologischen Traum ist wahre Unendlichkeit uneinholbares »Jenseits«. Es ist Hallers, von Kant schon zitiertes *Unvollkommenes Gedicht über die Ewigkeit*, an dem Hegel demonstriert, »daß nur durch das Aufgeben dieses leeren unendlichen Progresses das wahrhafte Unendliche selbst zur Gegenwart vor ihn komme« (*Logik* 1, 266).

Der Weg von Astronomen und Poeten, durch Einbildungskraft ins unendlich Große sich zu erweitern, führt wie für Kant, so auch für Hegel unausweichlich zum Erliegen, Fallen und Schwindeln des Subjekts – im positiven Fall bleibt »Dürftigkeit dieser subjektiv bleibenden Erhebung« in dem »nichtigen Nebel und Schatten« der Phantasie (*Logik* 1, 264/76).

Doch Hegel befriedigt auch nicht Kants Weg der kontraphobischen Selbstbehauptung, angesichts des übermächtig Großen auf das »reine Ich« in seiner abstrakten Identität zu rekurrieren. Angeblich aus Kants Kritik der praktischen Vernunft (KdpV A 289/90) zitierend, in Wahrheit jedoch Kantsche Motive nur aufnehmend und umspielend, sieht Hegel, sinngemäß das Richtige treffend, das intelligible Ich als in sich zurücklaufend und gegen »Draussen« sich verpanzernd, wenn

>›das Individuum auf sein unsichtbares Ich zurückgeht und die absolute Freiheit seines Willens als ein reines Ich allen Schrekken des Schicksals und der Tyrannei entgegenstellt, von seinen nächsten Umgebungen anfangend, sie für sich verschwinden, ebenso das, was als dauernd erscheint, Welten über Welten in Trümmer zusammenstürzen läßt und einsam *sich als sich selbst gleich* erkennt.‹ (*Logik* 1, 267)

Diese erhabene Selbstbehauptung, die die wahre Unendlichkeit unter sich zu haben vermeint, entziffert Hegel als die Fixierung des solipsistischen Subjekts »in seiner Abstraktion und Inhaltslosigkeit«. Der Rückhalt, den das Subjekt in seiner uneinnehmbaren narzißtischen Verpanzerung findet, hat seinen Preis: dem in sein reines Selbstbewußtsein zurückgekehrten Ich »verschwindet«, in seiner abstrakten Negation, »das Dasein überhaupt, die Fülle des natürlichen und geistigen Universums« (ebd.). Auch die moralische Autonomie, die das Kantsche Subjekt wenigstens in die Perspektive des Unendlichen stellt und im erhabenen Affekt gleichsam die Vorlust der wahren Unendlichkeit spüren läßt, desillusioniert Hegel, indem er das Reich der Zwecke als »absolutes unerreichbares Jenseits« und bloßes Objekt der Fichte'schen Sehnsucht, d.h. als Mangel wahrer Unendlichkeit erkennt (*Logik* 1, 267/8).

In der Tat hatte Fichte schon in seiner *Wissenschaftslehre* von 1794 die Einbildungskraft bestimmt als »Schweben« zwischen Endlichem und Unendlichem, als perennierendes Streben des Ich ins Unendliche hinaus, in welchem Ich und Nicht-Ich absolut zusammenfielen. Mehr als ein »absolutes, in das Unbegrenzte und Unbegrenzbare hinausgehendes Produktions-Vermögen«[57] billigt aber sogar Fichte dem Ich nicht zu. Das Schweben der Imagination arbeitet vergeblich an der Aneignung des Unendlichen, am narzißtischen Ideal der Verschmelzung des Ich mit dem ins Unendliche geweiteten »Objekt seines Strebens« – welches gerade im Augenblick seiner Setzung als unendliches sich auflöst und das Ich zurückwirft auf den ständig um seine Erfüllung gebrachten Wunsch nach Unendlichkeit. Schreibt Fichte zwar diesen archaischen Wunsch – der psychodynamisch der All-Ich-Stufe, den ältesten Ich-Formationen also entspricht – dem

C. D. Friedrich: Das Eismeer. (1824)
»Wir haben gezeigt, daß wir den Menschen nicht bloß, wie alle organisierten Wesen, als Naturzweck, sondern auch hier auf Erden als den *letzten* Zweck der Natur, in Beziehung auf welchen alle übrigen Naturdinge ein System von Zwecken ausmachen, nach Grundsätzen der Vernunft zu beurteilen hinreichende Ursache haben.« (I. Kant, Kritik der Urteilskraft, 1790) – Das winzige, von der chaotisch aufgetürmten Eispyramide verschlungene Schiffswrack ist das romantische Dementi einer autonom gesetzten Vernunft, die sich der Natur prinzipiell überlegen weiß.

»Innersten unseres Wesens« ein, so beläßt er mit einem Rest von Realismus die Verschmelzung des Ich mit dem Unendlichen doch im Status des Imaginären.

> Das Ich ist unendlich, aber bloß seinem Streben nach; es strebt unendlich zu sein. Im Begriffe des Strebens selbst aber liegt schon die Endlichkeit, denn dasjenige, dem nicht widerstrebt wird, ist kein Streben.[58]

Philosophie im Zeichen eines im narzißtischen Bann verbleibenden Bewußtseins verfällt zu Recht der Hegelschen Kritik. Konsequent wäre es, hiernach Philosophie aus dem Idealismus herauszuführen und auf der Grundlage weder kontraphobischer Selbstbehauptung noch narzißtischer Grandiosität, sondern der Endlichkeit der Vernunft und der Anerkenntnis des Anderen zu betreiben. Die Hegelsche Kritik steht nicht in solcher Perspektive, sondern im Dienst noch radikalerer Hypostasierungen des Geistes. Kant wird kritisiert nicht, weil er den Weg solipsistischer Selbstzeugung des Subjekts, sondern weil er ihn nicht konsequent genug gegangen ist. Kritisiert wird, daß die geheime narzißtische Grandiosität des intelligiblen Subjekts nicht absolut gedacht ist und darum verletzbar bleibt.

Im Begriff der »absoluten Idee« holt Hegel noch ein, was der Undurchdringlichkeit des Kantschen Subjekts noch mangelt: die Fülle des Daseins, das dem Geist nicht länger gegenübersteht, sondern »in seinem Andern« zugleich das Eigene des Geistes ist:

> Der Begriff ist nicht nur *Seele*, sondern freier subjektiver Begriff, der für sich ist und daher die *Persönlichkeit* hat, – der praktische, an und für sich bestimmte, objektive Begriff, der als Person undurchdringliche, atome Subjektivität ist, der aber ebensosehr nicht ausschließende Einzelheit, sondern für sich *Allgemeinheit* und *Erkennen* ist und in seinem Anderen *seine eigene* Objektivität zum Gegenstande hat. (*Logik* II, 549)

Dies ist »der einzige Gegenstand und Inhalt der Philosophie«.

Die geheimen Phantasmen des Größen-Selbst von Kant über Fichte zu Schelling noch überbietend, ist bei Hegel Philosophie endgültig in den Dienst getreten, das Andere der Vernunft als Moment ihrer Selbstbewegung zu erweisen. Im dialektischen Prozeß verleibt sich das Wissen die Unendlichkeit »des natürlichen und geistigen Universums« ein – es ist, nach einem Wort Novalis': Nutrition des Geistes. Philosophie ist Produktion des narzißtischen Glanzes, der Eins und Alles in sich aufnimmt. Dies hätte das Sich-selbst-Begreifen des Begriffs nachzuholen, wahrmachend den Schmerz, daß das Andere der Vernunft sich nicht auflöst, indem es als Objektivation des Geistes gespiegelt wird.

KAPITEL IV
DER KAMPF DER VERNUNFT MIT DER EINBILDUNGSKRAFT

Die Austreibung der Phantasie

Wie die Vertreibung des Narren aus seiner gesellschaftlichen Position[1], so bringt die Aufklärung auch die Austreibung der Phantasie aus der Philosophie. Wurde der Einbildungskraft schon immer mit Vorsicht begegnet, waren in der Philosophie seit je Vorkehrungen gegen ihre Täuschungen getroffen worden, so hatte sie doch bis ins 17. Jahrhundert ihren angestammten Platz unter den Erkenntnisvermögen. Diese Position verliert sie mit Kant – endgültig, möchte man sagen, wenn man die romantische Philosophie als Intermezzo betrachtet. Freilich erlebt sie in den mannigfaltigen Beziehungen zum Noch-nicht-Bewußten bei Bloch eine philosophische Wiedergeburt.

Die Disqualifizierung der Einbildungskraft als Erkenntnisvermögen wird kompensiert durch eine immer stärker werdende Würdigung ihrer Bedeutung in der Ästhetik, die sich im Laufe des 18. Jahrhunderts von Gesetz und Regel emanzipiert und schließlich im Geniekult die Kreativität als solche verherrlicht.[2] Diese ambivalente Entwicklung in der Einschätzung der Einbildungskraft läßt vermuten, daß es sich dabei um einen tiefgreifenden Prozeß, um eine Veränderung in der menschlichen Konstitution selbst handelt. Analysiert man den Vorgang in der Philosophie für sich, so erscheint er als eine Veränderung im Gefüge der menschlichen Erkenntnisvermögen. Diese Analyse hat Heidegger[3] an Kants Erkenntnistheorie durchgeführt, wobei sein besonderes Interesse dem Unterschied der beiden Auflagen der Kritik der reinen Vernunft galt.

Nach Kant hat Erkenntnis ›bekanntlich‹ zwei Quellen, Sinnlichkeit und Verstand, Rezeptivität und Spontaneität. Demgegenüber ist aber in der ersten Auflage der KdrV von *drei* Quellen die Rede: »Es sind aber drei ursprüngliche Quellen (Fähigkeiten oder Vermögen der Seele), die die Bedingungen der Möglichkeit aller Erfahrungen enthalten, und selbst aus keinem andern Vermögen des Gemüts abgeleitet werden können, nämlich, *Sinn, Einbildungskraft* und *Apperzeption*« (KdrV A 94). Ganz entsprechend heißt es KdrV A 115: »Es sind drei subjektive Erkenntnisquellen, worauf die Möglichkeit einer Erfahrung überhaupt, und Erkenntnis der Gegenstände derselben beruht:

Sinn, Einbildungskraft und *Apperzeption.*« Wie Heidegger feststellt, ist dann in der 2. Auflage der KdrV die Einbildungskraft »nur noch dem Namen nach da«.[4] Das heißt: die Einbildungskraft hat ihre Stellung als selbständiges Vermögen verloren, »Einbildungskraft« erscheint nur als Bezeichnung für ein anderes Vermögen in einer bestimmten Funktion. Dieses andere Vermögen ist der Verstand. Kant sagt: Der Verstand bestimmt »unter der Benennung einer *transzendentalen Synthesis der Einbildungskraft*« den inneren Sinn (KdrV B 153).

Die Funktion der Einbildungskraft bleibt erhalten – welche war es? Kant hält an einer Kennzeichnung von Erkenntnis fest, die schon bei Platon für den Unterschied zwischen Menschen und Göttern stand: menschliche Erkenntnis ist auf Bilder angewiesen. Wir können uns erkennend nicht direkt auf die Gegenstände beziehen, sondern müssen uns ›ein Bild machen‹, wir müssen uns unseren Gegenstand anschaulich gegeben sein lassen.

Tatsache ist nun, daß Kant das bildermachende Vermögen radikal der Herrschaft des Verstandes unterwirft, so radikal, daß es seine Eigenständigkeit verliert: Der Verstand übernimmt selbst die Funktion der Einbildungskraft. Er übt sie aus durch eine Regulierung der Sinnlichkeit. Daß der Verstand die Sinnlichkeit bestimmt, heißt, daß wir Gegebenes in objektiver Erfahrung so auffassen, besser: so auffassen müssen, daß es den Begriffen des Verstandes adäquat ist. Es sind diese Begriffe selbst, die – als Regeln verstanden – die Regulierung der Sinnlichkeit bestimmen. Wie das vor sich gehen kann, hat Kant an einem empirischen Beispiel zumindest plausibel gemacht. Im Schematismuskapitel erläutert er das Verfahren, das auch ›figürliche Synthesis‹ heißt, am Begriff ›Hund‹: »Der Begriff vom Hunde bedeutet eine Regel, nach welcher meine Einbildungskraft die Gestalt eines vierfüßigen Tieres allgemein verzeichnen kann ...« (KdrV A 141/B 180). Einen Hund sehend, mache ich mir ein Bild vom Hunde, indem ich meine Wahrnehmung dem Schema Hund entsprechend organisiere. Weiter geht Kant in der Erläuterung nicht, vielmehr bezeichnet er den Vorgang als das Wirken »eine(r) verborgene(n) Kunst in den Tiefen der menschlichen Seele, deren wahre Handgriffe wir der Natur schwerlich jemals abraten, und sie unverdeckt vor Augen legen werden« (KdrV B 180f.).

Entscheidend ist, daß der Einbildungskraft in diesem Prozeß jede Selbständigkeit und Freiheit genommen ist, daß der Verstand allein die Regie führt. Entscheidend: denn daran hängt alles, was Kant in seiner Erkenntnistheorie beweisen kann: die objektive Gültigkeit der Verstandesbegriffe, die Grundsätze des reinen Verstandes, die Prinzipien der mathematischen Naturwissenschaft. Denn wie anders sollte die Anwendbarkeit von Begriffen des Verstandes und die Gültigkeit von Sätzen a priori für empirische Gegenstände bewiesen werden, wenn nicht das in der Erfahrung Gegebene bereits nach den Regeln des Verstandes aufgefaßt würde? Die Möglichkeit objektiver Erfahrung hängt an der Austreibung der Phantasie aus dem Bereich der Erkenntnis, daran daß der Verstand die Sinnlichkeit bestimmt.

Das klingt plausibel, solange man sich im Rahmen der Erkenntnistheorie der KdrV allein bewegt. Denn würde nicht die Einbildungskraft durch ihr freies Spiel nur stören, uns ihre eigenen Bilder vorgaukeln? Die Ausschaltung der Einbildungskraft als Erkenntnisvermögen erscheint als rein sachliche Maßnahme. Dieser Eindruck ändert sich, sobald man Kants anthropologische, pädagogische und medizinische Schriften hinzunimmt. Dort finden sich nämlich alle Anzeichen einer panischen Furcht vor der Einbildungskraft. Heidegger, der es an sich ablehnt, diesen Schriften eine systematische Bedeutung einzuräumen, identifiziert dennoch den Grund, aus dem die Einbildungskraft in der zweiten Auflage der KdrV eliminiert wurde: Kant weicht vor der Einbildungskraft zurück, »um die Herrschaft der Vernunft zu retten«.[5]

Einbildungskraft als empirisches Vermögen

Wo Kant als Empiriker spricht, in seinen Bemerkungen zur Medizin (Streit der Fakultäten), in der Pädagogik, in der Anthropologie, ist die Existenz der Einbildungskraft als Grundkraft unbestritten. Sie gehört zur Ausstattung des Menschen als *Lebewesen*. Auch Tiere haben Einbildungskraft, sie gehört – wie noch deutlicher werden wird – offenbar zur Bestialität im Menschen. Sie ist etwas Urtümliches, das in die Nähe der Lebenskraft selbst gerückt wird. So ist sie es, die verhindert, daß wir sterben, wenn wir schlafen: Es tritt dann nämlich »ein unwillkürliches Spiel der Einbildungskraft (das im gesunden Zustande der

Traum ist) (ein), in welchem, durch ein bewundernswürdiges Kunststück der tierischen Organisation, der Körper für die animalischen Bewegungen *abgespannt*, für die Vitalbewegung aber innigst *agitiert* wird, und zwar durch Träume, ... weil sonst bei gänzlicher Ermangelung derselben ... das Leben sich nicht einen Augenblick erhalten könnte« (Streit A 183f.). Kant formuliert hier den faszinierenden Gedanken, daß der Mensch nicht nur vom Brot allein –, sondern eben auch von Bildern lebt. Schon dadurch wird die Einbildungskraft zu einem Vermögen, das sich überhaupt nicht wegschaffen läßt, das unverzichtbar bleibt, demgegenüber, wenn es bedrohlich wird, allenfalls Disziplinierung oder Einschränkung auf irrelevante Bereiche möglich ist. Vielleicht auf den Traum?

Ist die Einbildungskraft nahe mit der Vitalkraft selbst verschwistert, so nimmt sie auch besonders gerne ihren Ursprung von leiblichen Sensationen, hebt vom Körperlichen an. Es scheint geradezu, daß die verdrängte Leiblichkeit immer wieder auf dem Wege der Einbildungskraft sich ins Bewußtsein schiebt. Kant weiß davon als Pädagoge und aus seinen eigenen Leiberfahrungen. So bleibt die Sexualität, über die man nicht reden darf und die auszuleben nur im engen Bereich der Ehe erlaubt ist, doch immer präsent durch die Phantasie. »Wie viel Witz ist nicht von jeher verschwendet worden, einen dünnen Flor über das zu werfen, was zwar beliebt ist, aber doch den Menschen mit der gemeinen Tiergattung in so naher Verwandtschaft sehen läßt, daß die Schamhaftigkeit dadurch aufgefordert wird, und die Ausdrücke in feiner Gesellschaft nicht unverblümt ... hervortreten dürfen.« Doch schamhaft verborgen und im Diskurs nur indirekt angedeutet, die Einbildungskraft hält die Sache der Sexualität lebendig: »Die Einbildungskraft mag hier gern im Dunkeln spazieren«, fährt Kant an dieser Stelle fort (Anthr. BA 18). Ähnlich im Kampf gegen die Onanie: mag man die Sache eingedämmt haben, so bleibt doch der noch schrecklichere, schwerer zu besiegende Gegner, die Phantasie: »Wenn der Gegenstand auch nur bloß in der Imagination bleibt, so nagt er doch an der Lebenskraft« (Über Pädagogik, A 141).

Das Tier im Menschen soll man nicht wecken. Aber man spielt damit, wenn man die Einbildungskraft erregt. Das bekannteste Mittel dazu, den Alkoholrausch, versteht Kant als einen Zustand angeregter Einbildungskraft. Und diese leichte Anregung – Kant denkt hier noch nicht einmal an Sinnenverwirrung oder Halluzination – bedeutet schon, daß die Herrschaft der Vernunft durchbrochen wird, »die Grenzlinie des Selbstbesitzes (wird)«, sagt Kant, »leicht übersehen und *überschritten*« (Anthr., B 73, A 72). Der Mensch ist dann nicht mehr zu objektiver Erkenntnis fähig, trunken oder berauscht sein heißt nämlich, »daß er die Sinnenvorstellungen nach Erfahrungsgesetzen zu ordnen auf eine Zeitlang unvermögend wird« (Anthropologie, B 72, A 71).

Durch die Einbildungskraft erreichen auch andere, schwächere und unbestimmtere leibliche Regungen als die der Sexualität das Bewußtein. Kant, von Blähungen geplagt, ständig von Unregelmäßigkeiten des Stoffwechsels beunruhigt, durch eine schwache und enge Brust behindert, kann ein Lied davon singen: Er kann seinen Leib nicht vergessen. Und dieses Nicht-vergessen-Können, dieses ständige Sichmelden, wird unter den Bedingungen der Verdrängung von der Einbildungskraft geleistet, sie repräsentiert im Bewußtsein die verdrängten leiblichen Regungen. Kant, von einer Anerkennung des Leibes noch weiter entfernt als von der der Einbildungskraft, mißdeutet die Hypochondrie als ein Geschöpf dieser (Streit, A 178). Er glaubt, daß die diffusen Ängste und Befürchtungen des Hypochonders eine Störung in der Kontrolle der Einbildungskraft sind, obgleich ihr Spiel doch nur die Repräsentanz eines tieferliegenden Verdrängten im Bewußtsein ist. Sexualität, Hypochondrie, Trunkenheit – auf diesen Wegen hat die Einbildungskraft den Menschen schon in die Randzonen des Wahnsinns geführt. Und wenn Kant Genie auch als »Originalität (...) der Einbildungskraft, wenn sie zu Begriffen zusammenstimmt«, definiert (Anthr., B 76), so ist in dieser positiven Würdigung der Einbildungskraft eben doch gerade ihre Einschränkung (wenn sie zu Begriffen zusammenstimmt) entscheidend. Denn für Kant ist klar, »daß dem Genie eine gewisse Dosis von Tollheit beigemischt« ist (Anthr., BA 102). Er möchte es deshalb lieber unerörtert lassen, »ob der Welt durch große Genies im ganzen sonderlich gedient sei, weil sie doch oft neue Wege einschlagen und neue Aussichten eröffnen, oder ob mechanische Köpfe, wenn sie gleich nicht Epoche machten, mit ihrem alltägigen, langsam am Stecken und Stabe der

Erfahrung fortschreitenden Verstande, nicht das meiste zum Wachstum der Künste und Wissenschaften beigetragen haben (indem sie, wenn gleich keiner von ihnen Bewunderung erregte, doch auch keine Unordnung stifteten« (Anthr., BA 162). Aber man merkt doch, was Kants eigentliche Meinung ist. Man kann auf das produktive Vermögen der Einbildungskraft nicht verzichten, doch selbst qua Genie ist es nur brauchbar, wenn es diszipliniert wird. »Das muß nun mit Schulstrenge gelernt werden, und ist allerdings eine Wirkung der Nachahmung. Die Einbildungskraft aber auch von diesem Zwange zu befreien, und das eigentümliche Talent, sogar der Natur zuwider, regellos verfahren und *schwärmen* zu lassen, würde vielleicht originale Tollheit abgeben; ...« (Anthr., BA 161).

Wenn man die Einbildungskraft nur ein wenig anregt, ist man schon zu objektiver Erkenntnis nicht mehr fähig; wenn man seinen leiblichen Regungen zu sehr nachhängt, handelt man sich mit der Hypochondrie bereits eine harmlose Form von Geisteskrankheit ein; wenn man das Genie nicht strengen Regeln unterwirft, produziert man einen Narren. Und schließlich, wenn die Einbildungskraft die Anschauung mit ihren Bildern überschwemmt, wird man verrückt: Verrücktheit ist nach Kants Definitionen im »Versuch über die Krankheiten des Kopfes« von 1764 diejenige Geisteskrankheit, die das regelmäßige Funktionieren der Wahrnehmung außer Kraft setzt. Sie besteht darin, daß man seine Einbildungen für Realität hält. Kant hatte in seiner Satire über Swedenborg, nämlich der Schrift »Träume eines Geistersehers, erläutert durch die Träume der Metaphysik« von 1766, bereits dessen Sehertum als eine Geisteskrankheit, verursacht durch das Ausufern der Einbildungskraft, zu identifizieren versucht. Auch in der Anthropologie findet sich diese Ansicht vielfach belegt (BA 58, BA 86, BA 145). Für ihn ist es deshalb natürlich, daß man solche Leute »kurz und gut als Kandidaten des Hospitals abfertigt« (Träume eines Geistersehers, A 72). Freilich meint er, daß, »da man es sonst nötig fand, bisweilen einige derselben zu brennen, so wird es itzt gnug sein, sie nur zu purgieren« (Geisterseher A 72).

Wenn man mit der Einbildungskraft einen solchen unvermeidlichen, aber gefährlichen Mitbewohner in sich trägt, so wird man gut daran tun, ihn früh zu dressieren. So redet denn Kant auch in

seiner Pädagogik von einer Kultivierung der Einbildungskraft, die darauf abzuzielen habe, sie »nur zum Vorteile des Verstandes« (Über Pädagogik, A 78) zu gebrauchen. Die Kinder haben naturgemäß – denn sie sind ja noch nicht zur Menschheit kultiviert – eine sehr rege Einbildungskraft. Es ist ganz unnötig, diese Einbildungskraft zu stärken oder anzuregen, »sie muß vielmehr gezügelt, und unter Regeln gebracht werden« (Über Pädagogik, A 87). Zwar soll man sie nicht unbeschäftigt lassen – hier wird wieder deutlich, daß man auf diese Kraft gleichwohl angewiesen bleibt –, aber sie muß eben doch so beschäftigt werden, daß sie nur dem Verstande dient. Auch sonst empfiehlt Kant Methoden, das Schwärmen der Einbildungskraft einzudämmen. So soll man die Zeiten vor dem Einschlafen und nach dem Aufwachen nicht ausdehnen, sondern vielmehr für harte Schnitte zwischen Wachen und Schlafen sorgen. Man soll seine Aufmerksamkeit gut im Griff haben, um der Beschäftigung der Einbildungskraft mit leiblichen Regungen Einhalt gebieten zu können oder das assoziative Fortschreiten der Einbildungskraft, das zu gefährlichen Vorstellungen führen könnte, jederzeit stoppen zu können. Die Bezähmung der Einbildungskraft durch frühes Schlafengehen, um früh wieder aufstehen zu können, ist eine zur psychologischen Diät gehörige sehr nützliche Regel (Anthr., BA 90).
Wenn man sich die verheerenden Tendenzen der Einbildungskraft vor Augen führt, begreift man, warum Kant auf ihre positive Mitwirkung beim Zustandekommen von Erkenntnis verzichtet und sie nach Möglichkeit auf ihre unvermeidliche vitale Funktion im Schlaf zu beschränken versucht. Und doch deutet sich in einem bestimmten Charakterzug der Einbildungskraft bei Kant eine tiefere Ahnung an. »Man kann zu allen diesen noch die Wirkungen durch die Sympathie der Einbildungskraft zählen« (Anthr., BA 88). Nach diesem etwas sibyllinischen Satz schildert Kant Phänomene, bei denen Menschen durch bloße Beobachtung sich das Leiden ihrer Mitmenschen zuziehen. Er nennt Phänomene, anfangend mit so harmlosen wie dem ansteckenden Gähnen bis zur Massenhysterie. Auch hier natürlich wieder die Warnung vor der Einbildungskraft, denn diese »Schwäche« durch Sympathie, durch Mitleiden sich ein Leiden zuzuziehen ist natürlich nicht eben ratsam, speziell wird Nervenschwachen abgeraten, Tollhäuser zu besuchen. Aber diese Beziehung von

Einbildungskraft und Sympathie läßt doch die Vermutung zu, daß die Einbildungskraft in ihrer ursprünglichen Produktivität vielleicht das Vermögen sein könnte, das die Verwandtschaft des Menschen mit der Natur, mit dem Anderen zum Ausdruck bringt. Man erinnert sich, wie es ganz zweifellos auch Kant getan hat, daß Rousseau auf das Mitleiden ontogenetisch die Möglichkeit von Intersubjektivität überhaupt aufbaute. Sollte die Einbildungskraft vielleicht ein Zeuge für eine nähere Beziehung des Menschen zum Gegenstand seiner Erkenntnis sein, als es Kants ›Theorie entfremdeter Erkenntnis‹ zulassen will?

Aber für die Erkenntnis taugt die Einbildungskraft bei Kant nur in ihrer Knechtsgestalt. Dagegen scheut er sich nicht, ihr, wo es nicht so darauf ankommt, ihre Spielwiese zu lassen: im Bereich der schönen Künste. In der Kritik der Urteilskraft erscheint die Einbildungskraft wieder als selbständiges Vermögen, sie wird nämlich als das Vermögen der Anschauungen, dem Verstande als dem Vermögen der Begriffe gleichwertig, entgegengesetzt (KdU, XLIV). Wohlgemerkt: Die Einbildungskraft bringt die Anschauungen, und das heißt natürlich auch die Einheit in der Anschauung, zustande. Jedermann weiß, wovon Kant redet: davon, daß wir in Bildern sehen, daß das Gegebene in Bildern gegeben ist. In der Kritik der reinen Vernunft dagegen wurde jede Einheit, auch die Einheit in der Anschauung, der Verstandestätigkeit zugeschrieben (vgl. KdrV, Anm. B 152). Hier nun wird der Einbildungskraft ihre Freiheit gelassen, die Freiheit eines »Spiels«.

Wenn dieses Spiel nun wie aus Versehen sich so vollzieht, daß es der Gesetzmäßigkeit des Verstandes entspricht, dann – so meint Kant – entsteht ein Gefühl der Lust, eine Lust an dieser Entsprechung zwischen Einbildungskraft und Verstand. Und dieses Gefühl der Lust wiederum ist die Basis des Geschmacksurteils, nämlich des Urteils, daß der Gegenstand der Einbildungskraft schön sei. Wir wollen uns hier nicht mit der Reduktion der Erfahrung des Schönen auf ein abgestimmtes Zusammenspiel des inneren psychischen Apparates beschäftigen, auch nicht mit der bürgerlichen Reduktion der Philosophie der Kunst auf eine Theorie des Geschmacksurteils. Wohl aber bleibt festzustellen, daß auch hier noch, wo die Selbständigkeit der Einbildungskraft zumindest als Spiel akzeptiert wird, die Freude an diesem Spiel sich genau dort einstellt, wo es gesittet ist, wo es dem Verstande gemäß ist. Es sind die allegorisierten und domestizierten Figuren griechischer Mythologie, an denen die Klassik sich freut. Figuren, die doch einst ergreifende und überwältigende Mächte waren. Die Einbildungskraft selbst wird vom Eros zum Putto, zum Kind, an dem man seine Freude hat, weil es von selbst tut, was man sonst gebieten würde. Die Freiheit der Einbildungskraft in der Kunst ist auch nur eine Scheinfreiheit, wie sie Kant hier wie anderswo zu verteidigen versteht. In der Anthropologie heißt es darüber: »Übrigens kann ein politischer Künstler, eben so gut wie ein ästhetischer, durch Einbildung, die er statt der Wirklichkeit vorzuspiegeln versteht, zum Beispiel von *Freiheit* des Volks ... oder des Ranges und der *Gleichheit* ... die Welt leiten und regieren (...); aber es ist doch besser, auch nur den Schein von dem Besitz dieses die Menschheit veredelnden Guts für sich zu haben, als sich desselben handgreiflich beraubt zu fühlen« (Anthr., B 91/2).

Traum ist keine Erkenntnis

»Meinetwegen: Wir träumen«, sagt Descartes in der ersten Meditation, als mache ihm das gar nichts aus. Und trotzdem drängt er weiter und jagt nach der Sicherheit, die ihm garantiert, daß, was er sieht, fühlt, denkt, eben nicht Traum ist, sondern Wirklichkeit, daß es nicht ein böser Dämon ist, der ihm all das vorspielt. Woher überhaupt diese Angst? Woher die Unsicherheit? Was hat die Sicherheit zerstört, daß wir selbst, daß die Umgebung um uns herum wirklich ist, und daß unsere Sinne von diesem Wirklichen uns Mitteilung machen? Gleichzeitig mit den ersten großen Erfolgen neuzeitlicher Wissenschaft gegen Ende des 17. Jahrhunderts entschwindet dem Menschen die Vertrautheit in seiner Umgebung, Calderons »Das Leben ist Traum« erscheint im richtigen Moment. Der cartesische Stolz, sich selbst als res cogitans, als denkende Substanz, erkannt zu haben, ist gepaart mit dem Entsetzen darüber, mit nichts mehr in Zusammenhang zu sein, philosophisch gesehen mit der Verlegenheit, diese denkende Substanz in irgendeine plausible Beziehung zur res extensa, zum Rest der Welt zu setzen. Immer tollere Konstruktionen diese Kluft zu überbrücken, steigern sich wie der immer schärfer und radikaler werdende Idealismus: esse est percipi. Am konsequentesten auch hier wieder Leibniz, der die totale Entfremdung als Preis für den Fortschritt in der Erkenntnis in seiner Monadologie formuliert. Jeder eine isolierte Monade, die kontaktlos den Rest der Welt in der endlosen Folge ihrer Vorstellungen innerlich an sich vorüberziehen läßt.

Kant entgeht diesem Schicksal keineswegs. Vielmehr bleibt auch bei ihm Erkenntnis ständig bedroht von dem Zweifel, daß das, was wir zu erfahren glauben, nur Traum ist. Zwar ist die größte Angst überwunden: Kant beweist sich, beweist gegen den Idealismus, daß uns die Existenz der Außenwelt ebenso gewiß ist, wie wir uns selbst sind. Die Monade hat Fenster bekommen, aber wir bleiben drinnen. Es dringen Signale von außen ein, und diese erzeugen in uns Bilder, aber wir wissen nicht, was die Bilder mit der Außenwelt gemein haben. Denn empirisch kommen sie nicht ohne das Spiel der Einbildungskraft zustande, dieses ständig tätigen Vermögens, das auch dann noch Bilder produziert, wenn es von außen dazu keinen Anlaß gibt: »Die Seele eines jeden Menschen ist, selbst in dem gesundesten Zustande geschäftig, allerlei Bilder von Dingen, die nicht gegenwärtig sein, zu malen, oder auch an der Vorstellung gegenwärtiger Dinge einige unvollkommene Ähnlichkeit zu vollenden, durch einen oder andern chimärischen Zug, den die schöpferische Dichtungsfähigkeit mit in die Empfindung einzeichnet. Man hat gar nicht Ursache zu glauben: daß in dem Zustande des Wachens unser Geist hiebei andere Gesetze befolge als im Schlafe« (Versuch über die Krankheiten des Kopfes, A 22). Unsere Vorstellungen können auf Empfindung beruhen oder auf dem freien Spiel der Einbildungskraft, und wenn auf ersterem, so ist ein Mitspielen der Einbildungskraft nicht auszuschließen, mehr noch, sogar notwendig. Ihr Ursprung ist den Vorstellungen nicht anzusehen. »Der Unterschied aber zwischen Wahrheit und Traum wird nicht durch die Beschaffenheit der Vorstellungen, die auf Gegenstände bezogen werden, ausgemacht« (Proleg. A 65 f.).

Von Descartes bis Kant: Die Erhebung des Menschen zum Geistwesen, die Etablierung der Herrschaft der Vernunft werden erkauft mit der Angst, von allem abgeschnitten zu sein, und vor der Auslieferung an die Gespinste der Innerlichkeit. Für Kant, den nüchternen Mann, der nach übereinstimmender Meinung aller Biographen allem Mystischen fernstand, muß diese Situation unerträglich geworden sein, als er selbst biographisch mit Fantasten, Mystikern und Sehern konfrontiert wurde. Das Auftreten des sogenannten Ziegenpropheten in Königsberg veranlaßt Kant zu der Schrift »Versuch über die Krankheiten des Kopfes« (1764). Auf das große Aufsehen, das der Mystiker und Seher Swedenborg in der gebildeten Welt erregt, reagiert Kant mit der Schrift »Träume eines Geistersehers, erläutert durch Träume der Metaphysik« (1766).

In dieser Schrift macht Kant sich und seinen Lesern klar, daß es gerade die traditionelle Metaphysik ist, die der Geisterseherei Raum gibt. Die rationalistische Position, die der äußeren Welt bloß den Rang von toter Materie gegeben hatte und ihre Erkennbarkeit auf die Ordnung der Phänomene reduzierte, hatte Raum geschaffen, sich hinter den Phänomenen und innen in der Materie beliebig organische, pneumatische, geistige Substanzen als ihre Ursachen zu denken (Geisterseher, A 29f.). Deshalb ist Kants Verdikt gegen die Geisterseher, ihre Verbannung ins Hospital, zugleich seine Wende gegen die traditionelle Metaphysik, die *kritische Wende*.

Erkenntnis hat sich von nun an durch ihren Unterschied zum Traum als solche zu erweisen. Das fällt nicht leicht, da ja Traumvorstellungen sich von solchen, die auf Empfindung beruhen, nicht unterscheiden. Mit sicherem Griff identifiziert Kant aber Charakteristika des Traums, die auf der Beziehung der Träume zueinander und der Beziehung der Traumvorstellungen untereinander beruhen. Es ist die Lückenhaftigkeit, der Mangel an Zusammenhang, die Privatheit von Träumen, die sie gegen objektive Erfahrung abzugrenzen gestatten. Wäre das nicht so –, »würde es nicht beim Erwachen viele Lücken (...) in unserer Erinnerung geben; würden wir die folgende Nacht da wieder zu träumen anfangen, wo wir es in der vorigen gelassen haben: so weiß ich nicht, ob wir nicht uns in zwei verschiedenen Welten zu leben wähnen würden« (Anthr. AB 81). Zustimmend zitiert Kant mehrfach ein vermeintliches Diktum des Aristoteles, »wenn wir wachen, so haben wir eine gemeinschaftliche Welt, träumen wir aber, so hat ein jeder seine eigne« (Geisterseher, A 58). Von daher werden Zusammenhang und Öffentlichkeitsfähigkeit zu Kriterien der Wahrheit. So empfiehlt Kant in der

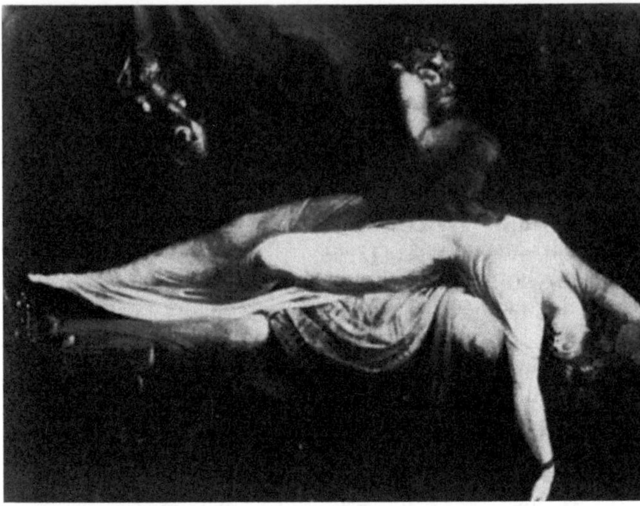

Johann Heinrich Füßli: Die Nachtmahr. (1781)
In seinem berühmten Gemälde läßt Füßli den weißen Leib der Schlafenden besetzt halten von den dämonischen Repräsentanten des Unbewußten. Schreckbilder des Verbotenen und Verdrängten quälen die träumende Einbildungskraft, die selbst im Schlaf nicht von der Zensur des Gewissens entlastet ist. – Freud hatte eine Reproduktion des Gemäldes in seinem Arbeitszimmer –: als sei die Schlafende die Bildwerdung seiner frühen hysterischen Patientinnen, in denen sich die im Aufklärungsprozeß verdrängte Phantasie Raum schafft – als Krankheit.

Kritik der reinen Vernunft als Regel gegen Träume und Sinnestäuschungen: »was mit einer Wahrnehmung nach empirischen Gesetzen zusammenhängt, ist wirklich« (A 376). Über den Unterschied von Wahrheit und Traum heißt es an der oben schon zitierten Stelle aus den Prolegomena, er werde ausgemacht, »durch die Verknüpfung (der Vorstellungen) nach denen Regeln, welche den Zusammenhang der Vorstellungen in dem Begriffe eines Objekts bestimmen, und wiefern sie in einer Erfahrung beisammen stehen können oder nicht« (Proleg. A 66). Alle Vorstellungen, die nicht in eine notwendige Folge gebracht werden können, eine Folge, die (wegen der Öffentlichkeit) nicht nur meine eigenen Vorstellungen, sondern auch die anderer

Subjekte muß umfassen können, »würde ich ... für ein subjektives Spiel meiner Einbildungen halten müssen, und stellete ich mir darunter doch etwas Objektives vor, sie einen bloßen Traum nennen« (KdrV, B 247f.).

Die Kriterien sind gut. Sie verlangen zur Sicherung der Wahrheit den Zusammenhang von Erfahrung intersubjektiv herzustellen, sie reichen sogar aus, die politische Forderung nach einem Stück Freiheit zu begründen, der Freiheit der Feder (Anthr. BA 151). Aber die Decke ist dünn. Mag sie vor Verrücktheit schützen – Verrücktheit wird von Kant als die Geisteskrankheit definiert, in der man seine eigenen Einbildungen für Empfindungen hält –, so hält sie doch nicht den Wahnsinn ab. Denn es könnte doch sein, daß sich jemand auf der Ebene des Zusammenhanges der Vorstellungen ein konsistentes System erdichtete.

Aber was schlimmer ist, mit dem Wachtraum als Verrücktheit (Krankheiten des Kopfes, A 22) verfällt noch weiteres demselben Verdikt: Nach der Kritik der reinen Vernunft ist »das empirische Bewußtsein an sich zerstreut« (KdrV, B 133). Und auch das Wahrnehmungsurteil ist nicht intersubjektiv, bleibt privat. Die Sicherung von Erkenntnis als objektiver Erfahrungszusammenhang läßt außer ihr ein undifferenzierteres Gemisch von Einbildung, Traum, subjektive Erfahrung und Wahrnehmung entstehen. Die individuelle Erfahrung zählt nichts, das subjektive Urteil ist belanglos, das personengebundene Wissen verliert jede Würde.

Heideggers philosophische Rehabilitierung der Einbildungskraft

Heidegger hat in *Kant und das Problem der Metaphysik* versucht, mit und gegen Kant die Einbildungskraft zu rehabilitieren. Er macht sie zur gemeinsamen Wurzel, aus der die beiden Erkenntnisquellen, Rezeptivität und Spontaneität, entspringen. In beiden vollzieht sich nämlich ein ursprüngliches Vorbilden, auf dem dann erst Anschauungen und Begriffe möglich werden: Für die Sinnlichkeit muß in der reinen Anschauung durch Raum und Zeit jenes

Ganze *gebildet* werden, in das hinein überhaupt erst dem erkennenden Subjekt etwas gegeben werden kann (131). Im reinen Verstand als Ursprung der Kategorien wirkt ein bildendes Vermögen, das die Horizonte möglichen Begreifens entwirft (138). Heidegger liest damit Kant ›gegen den Strich‹, nämlich den Fortschritt seiner Gedankenentwicklung als Rückschritt, als ein Zurückweichen vor einer ursprünglicheren, tieferen Einsicht. Die fundamentale Rolle, die nach Heidegger der Einbildungskraft in der ersten Auflage der KdrV zukommt, hätte nämlich das Programm einer Selbstbegründung der Vernunft in Frage gestellt: Die Vernunft hätte sich auf ein Fundamentaleres verwiesen gesehen. Heideggers konsequente Mißachtung der Sozio- und Psychogeschichte der Einbildungskraft läßt ihn übersehen, daß Kants ›Zurückweichen‹ keineswegs aus einem Begründungsproblem herrührt, sondern der Fluchttendenz seiner Zeit, der Aufklärung, entspricht.

Dennoch ist Henrichs Kritik an Heidegger nur für Kantstudenten nützlich. Denn daß Heidegger Kant auf Wolf und seine vis repraesentativa als das eine fundamentale Vermögen zurückbringe, ist nicht wahr. Die transzendentale Einbildungskraft als Wurzel von Verstand und Sinnlichkeit ist kein menschliches Vermögen, sondern ein Existential, das das Seiende Mensch allererst ermöglicht. Sie entspricht dem entwerfenden Charakter des Daseins in *Sein und Zeit*. Entgegen der Auffassung Henrichs, der Kant vor regressiven Interpretationen schützen will, ist Heideggers Wiederholung der Grundlegung der Metaphysik in erschreckender Weise progressiv. Sie gibt nämlich in keiner Weise dem Anderen der Vernunft sein Recht zurück, diesem Anderen, dem doch die Aufklärung in Strategien der Verdrängung und Disziplinierung ihre Achtung erwies: Im radikalen Herrschaftsanspruch noch war sich die Vernunft bewußt, *nicht* Herr im eigenen Hause zu sein. Heideggers Philosophie – unter dem bescheidenen Fähnlein der ›Endlichkeit des Menschen‹

vorgetragen – ist der Ausdruck einer radikalen Selbstermächtigung des Menschen, die die Herrschaft der Vernunft in der Aufklärung noch zu überbieten trachtet. Der Vorrang der Existenz vor der Essenz und das Ontologisch-Sein des Menschen bezeichnet das Programm des Menschen, sein eigenes Wesen und darüber hinaus die Natur und das Seiende im ganzen seinem ›Entwurf‹ zu unterwerfen. Eine Arbeit für die Anerkennung des Anderen der Vernunft hat mit solcher Rehabilitation der Einbildungskraft nichts zu schaffen.

Martin Heidegger, Kant und das Problem der Metaphysik, Frankfurt, 2. Aufl. 1951
Dieter Henrich, Über die Einheit der Subjektivität, in: Phil. Rundschau 3 (1955), 28ff.

2. AUFKLÄRER UND PHANTASTEN

Wenn sich das 18. Jahrhundert selbst als Jahrhundert der Aufklärung definierte, als Jahrhundert der Philosophie, als Jahrhundert der Kritik, so weil die Aufklärer, Philosophen und Literaten die Definitionsmacht hatten. Es waren Männer wie Voltaire, D'Alembert, Kant, die versuchten, das Jahrhundert auf dieses Selbstverständnis festzulegen. Der Historiker, rückblickend, könnte das Jahrhundert ebensogut als Jahrhundert des Irrationalismus bezeichnen. So resümiert Promies seine Geschichte der Bürger und des Narren im 18. Jahrhundert, in der nach anfänglicher Vertreibung die Narrheit immer mächtiger und vielfältiger hervortritt: »was zuletzt der deutschen Geistesgeschichte im Verlauf jenes Jahrhunderts das Gepräge gab: (ist) der Kampf wider die Vernunft, wider den abstrakten Rationalismus«.[6]

Das 18. Jahrhundert ist erfüllt von Phantasten, Geistersehern, Wundermännern, Heiligen, Mystikern und Narren und wahren Bewegungen von Schwärmern, Fanatikern, Heilssuchenden, die ihnen folgen. Hat das Jahrhundert die kritische Philosophie, so ebenso die Literatur der Empfindsamkeit, des Sturm und Drang, der Romantik hervorgebracht. Die Philosophen der Aufklärung wollen diese Zeitgenossenschaft nicht wahrhaben. Was sich im Namen von Phantasie, Gefühl, Frömmigkeit, von Unmittelbarkeit und Natürlichkeit rührt, ist für sie ein Anachronismus, das Alte, Finstere, Überlebte. Sie reagierten immer wieder verstört und heftig auf die Erscheinungen ihrer Zeit – wie auf Gespenster der Vergangenheit. Fr. Nicolai beispielsweise beschreibt die Szene so: »Vor wenigen Jahren konnte Gaßner noch mit den unsinnigsten Gaukeleyen viele Tausende von Menschen zusammen ziehen. Dem Segen des Papstes liefen ebensoviel Tausende in Wien nach. Der Urinprophet Schuppach zog von allen Enden von Europa leichtgläubige Menschen zusammen. Mesmer machte in Wien mit Magnetkur die größten Charlatanerien, geht von da nach Paris, macht noch größere Charlatanerien mit einem Magnetismus, der nicht einmal magnetisch ist ... Saint Germain ward für einen Gott ausgegeben, und erregte die Aufmerksamkeit vieler Fürsten und anderer gar nicht geistloser Köpfe. Cagliostro wüßte mit offenbaren Gaukeleyen in ganz Europa, und auch bey Lavatern sich den Anstrich eines außerordentlichen Mannes zu geben, und setzte Männer von der größten Bedeutung in Bewegung ... Die Anhänger von Swedenborgs tollen Schwärmereyen vermehren sich täglich, Geisterbanner und Geisterseher sind an vielen Orten im größten Ansehen.«[7] Diese Phänomene zwingen die Aufklärer immer wieder, ihre Position zu formulieren. Ja, was Aufklärung ist, wird explizit erst in dieser Abwehr – rückblickend scheint es fast so, als seien Aufklärer und Phantasten aneinander gebunden, riefen in immer neuen Auftritten sich wechselseitig auf die Bühne. Rationalismus und Irrationalismus bedingen sich gegenseitig – und doch ist diese Beziehung asymmetrisch: Was Vernunft ist, definiert sich selbst – das ist das Programm der kritischen Philosophie –, das Andere ist nur das Andere, das Irrationale, ein wolkiges Gemisch, das allenfalls in der Polemik noch auf einen Nenner gebracht wird: Einbildungskraft. Die erhitzte, die ungezügelte, die kranke Einbildungskraft soll für alles verantwortlich sein. Der Historiker wird diese Verkürzung nicht mitmachen. Der Versuch, das Andere der Vernunft wieder zur Sprache zu bringen, muß gerade zeigen, daß dieses ›Andere‹ nicht bloß Einbildung ist, muß also vom Leib, von den atmosphärischen Gefühlsmächten, von sozialen Bewegungen, von Natur und ihrer Aneignung reden.

Doch worin besteht diese Wechselbeziehung zwischen Aufklärern und Phantasten? Welches Gleichgewicht ist verlorengegangen, daß das Pendel zwischen Rationalismus und Irrationalismus so heftig hin und her geht? Manche Historiker definieren die Aufklärung geradezu als Abwehr von Sehern, Schwärmern, Enthusiasten. So Schings in seinem Buch ›Melancholie und Aufklärung‹: »Aufklärung erscheint solchermaßen, ganz wörtlich genommen, als Diätetik der Vernunft, als therapeutisches Ereignis größten Stils«.[8] Er folgt seinen Autoren in der reduzierenden Tendenz, den Feind in der Einbildungskraft und tiefer noch in der charakterlichen und körperlichen Konstitution der Melancholie zu stellen. In der Tat sind viele der Schriften schon der Frühaufklärer, etwa die H. Mores, Casoubons, Lockes, Shaftesburys, gegen den Enthusiasmus gerichtet und durch Schwärmerwellen hervorgerufen. Und es ist verständlich, daß dem ›positiven‹, auf Erwerb und Fortschritt gerichteten Bürgertum das Schwärmerische, Depressive, die Unentschlossenheit und das Nichtstun zutiefst zuwider waren und gefährlich erscheinen mußten, kurz, daß der aufgeklärte, fortschrittliche Bürger den melancholischen Menschen als den anderen seiner selbst definieren mußte, – aber man fragt sich doch: woher diese immer erneuten Schübe von Melancholie im ›Zeitalter der Aufklärung‹?

Die Aufklärung hatte ›handfestere‹ Gegner: kirchliche und philosophische Lehren, Institutionen wie die Kirche und den Staat, die Ständegesellschaft, Autoritäten überall. Sollte sie etwa in der Bekämpfung dieser Gegner sich ihre hauseigenen Widersacher großgezogen haben? Das Bürgertum bekämpfte den Adel, aber indem es sich selbst zur Herrschaft anschickte, wurde ihm das Volk bedrohlich. Ebenso findet sich die Vernunft, die sich gegen äußere Mächte, natürliche wie Autoritäten und übernatürliche wie Geister und Dämonen, durchgesetzt hatte, mit einem neuen Gegner konfrontiert: der Einbildungskraft und den Gefühlen.

Die Vernunft, die sich zur Herrschaft anschickt, wird eng. Aufklärerische Vernunft im 18. Jahrhundert ist nicht mehr die

Goya: Der Traum der Vernunft erzeugt Ungeheuer. (1797/8)

Für Kant wäre die Auslegung eindeutig: »*Mahomets* Paradies oder der *Theosophen* und *Mystiker* schmelzende Vereinigung mit der Gottheit, sowie jedem sein Sinn steht, würden der Vernunft ihre Ungeheuer aufdringen, und es wäre ebensogut, gar keine zu haben, als sie auf solche Weise allen Träumereien preiszugeben.« (KdpV A 217/8) Hiernach wären es die dunklen Mächte der Vergangenheit und des Aberglaubens, welche die Einbildungskraft umflattern, wenn Vernunft schläft. Goya's Capricho meint dies auch und doch mehr: die Ungeheuer sind Produkte der Vernunft selbst – ihre Kehr- und Nachtseite, ihr Verdrängtes und Anderes. Aufklärung kann nicht wirklich werden, wenn Vernunft sich nicht ihrem eigenen Traum stellt: dies ist die Arbeit Goyas. Kant dagegen vertreibt den »Traum der Vernunft« 1766 aus dem philosophischen Diskurs – wie Gottsched 60 Jahre zuvor den Narren von der Bühne.

selbstsichere und weitauslangende Vernunft eines Leibniz, aber auch nicht mehr die radikale und aggressive Kritik eines Bayle. Die Vernunft, die herrschen will, grenzt sich ein. Sie läßt Anderes draußen und ist zugleich durch dieses Andere mitbestimmt, wie sie dies Andere durch Ausgrenzungen zum Anderen macht. Abwehr und Angst begleiten fortan die Herrschaft der Vernunft. Aufklärer wie Locke, Shaftesbury, Kant fühlen sich geradezu persönlich bedroht – zumindest herausgefordert und irritiert durch das Auftreten von Sehern, Mystikern und Wundermännern. Die ›Zusammenrottungen‹ des einfachen Volkes – Erscheinungen, so anders als die Idee einer Diskursgemeinschaft freier Bürger –, die religiösen Bewegungen, das massenweise Zusammenkommen im Sog charismatischer Figuren war ihnen unheimlich. Fasziniert wie abgestoßen müssen sie sich immer wieder mit diesem Phänomen beschäftigen. Shaftesbury mischt sich unter die Anhänger Casimards, Kant sieht sich persönlich das Treiben um den Ziegenpropheten an. Manche Aufklärer ahnen, daß sie hier das Andere ihrer Selbst erblicken. So schreibt D'Alembert, nachdem er die Fortschritte seines Jahrhunderts gefeiert hat: »Neues Licht, das über viele Gegenstände verbreitet wurde; neue Dunkelheiten, die entstanden, waren die Frucht dieser allgemeinen Gärung der Geister«.[9] Und Kant beschließt seine Klassifikation der »Krankheiten des Kopfes« mit der Feststellung: »In der bürgerlichen Verfassung finden sich eigentlich die Gärungsmittel zu allem diesem Verderben, die, wenn sie es gleich nicht hervorbringen, gleichwohl es zu unterhalten und zu vergrößern dienen.« (A 29)

Wie? Die Aufklärung erzeugt Dunkelheit, die bürgerliche Verfassung nährt Wahnsinn? Wie geht das zu?

Die Herrschaft der Vernunft erzeugt Widerstand, die Abgrenzung des Vernünftigen macht andere Humaniora ortlos. Die Säkularisierung des öffentlichen Lebens läßt Propheten wie Swedenborg zu Spinnern, entschiedene Christen wie Antonia Bourgignon zu Asozialen werden. Spekulatives Denken wird zu ›Träumen der Metaphysik‹ wie Ahnungen und Gesichte zu ›Träumen der Sinnlichkeit‹. Was aus dem Bereich vernünftiger Rede herausfällt, verfällt damit der Sprachlosigkeit, wird zum Irrationalen: Leib, Gefühle, ›metaphysische Bedürfnisse‹, Bedürfnisse nach Unmittelbarkeit, Leben, Natur. Sich selbst überlassen, werden diese Bereiche ›irr‹, nehmen skurrile oder chaotische Züge an – und der vernünftige Mensch verlernt die Umgangsformen mit diesem Anderen, reagiert mit Panik und Berührungsangst.

Kants Vernunftkritik ist ein Teil dieses Prozesses. Man mag es tragisch nennen: Gerade Kants Bemühen um die Sicherung des festen Landes der Wahrheit, seine Grenzziehung des Vernunftgebrauches, hat dazu beigetragen, den Rest der Welt unsicher zu machen. Die Vernunft zog sich auf sich selbst zurück und entzog sich damit dem Anderen. Der Verkehr über die befestigte Grenze wurde schwierig. Das Andere wurde fremd und unverständlich.

3. KANT UND SWEDENBORG ODER DER URSPRUNG DER KRITISCHEN PHILOSOPHIE

Daß Kants Pläne zu einer Vernunftkritik in eben der Zeit entwickelt wurden, in der er sich mit Swedenborg auseinandersetzte, ist schon im 19. Jahrhundert durch Kuno Fischer hervorgehoben worden. Trotzdem hat man daran festgehalten, Kants Philosophie aus einer dialektischen Bewegung zwischen dem Rationalismus Leibniz/Wolffscher Prägung und dem englischen Sensualismus hervorgehen zu lassen. Kants Bemerkung, Hume habe ihn aus seinem dogmatischen Schlummer gerissen, schien diese Auffassung zu legitimieren. Es fehlt in dieser Auffassung die Bezeichnung jener Irritation, die Kant an den Erkenntnisvermögen des Menschen überhaupt irre werden ließ und ihn zwang, in seiner Arbeit auf die Metaebene überzugehen – nicht mehr Probleme der Physik, Moral, Theologie, Logik zu behandeln, sondern die Vernunft selbst zum Thema zu machen; und es fehlt eine Vorstellung der Motivation, der Herkunft jener unerhörten Energien, mit denen Kant dann über 20 Jahre das um 1765 entworfene Programm der Vernunftkritik bearbeitete. Die kritische Wende bloß als kognitiven Fortschritt zu beschreiben, ist der Radikalität dieses Umbruchs nicht angemessen. Man muß versuchen, ihn auch als psychodynamischen Prozeß zu begreifen. Den Schlüssel dazu gibt uns Kants Beziehung zu Swedenborg. Wir vermuten, daß Kant in Swedenborg eine Art Zwillingsbruder, das Gegenbild seiner selbst erblickte, von dem sich zu trennen für ihn lebenswichtig war.

Zunächst war für Kant, wie für jeden guten Aufklärer, jemand wie Swedenborg einfach dégoutant. Kant fand es, wie er an Frl. v. Knobloch in dieser Sache schreibt, »jederzeit der Regel der gesunden Vernunft am gemäßesten ..., sich (bei solchen Sachen) auf die verneinende Seite zu lenken«, aber er mußte feststellen, daß ihm die Philosophie für diese Entscheidung aufklärerischen Geschmacks keine Gründe lieferte, daß sie ihn im Stich ließ, mehr noch – wie er dann in den ›Träumen eines Geistersehers‹ selbst demonstriert, daß sie beliebige Mittel entwickeln konnte, auch Geisterseherei noch plausibel zu machen. Schließlich muß Kant bei seiner intensiven Swedenborg-Lektüre gemerkt haben, daß er mit seinen eigenen phantastischen Streifzügen im Universum und seinen Spekulationen über die Bewohner anderer Welten und ihre geistigen Fähigkeiten, wie sie sich in der ›Theorie des Himmels‹ finden, Swedenborg nicht unähnlich war. Dies begann ihm unheimlich zu werden.

1766 erscheint die Schrift gegen Swedenborg: »Träume eines Geistersehers, erläutert durch die Träume der Metaphysik«. Aus demselben Jahre existiert ein Brief an Lambert, in dem Kant davon spricht, daß sein Verleger Kanter bereits ein Buch von ihm über »die eigenthümliche Methode der Metaphysik« angekündigt habe, daß er, Kant, nun aber doch der Auffassung sei, daß er zuvor die ›metaphysischen Anfangsgründe der natürlichen Weltweisheit‹ und ›die metaphysischen Anfangsgründe der praktischen Weltweisheit‹ vorausschicken müsse. Die Reihenfolge war schließlich doch umgekehrt, die KdrV erschien 1781, die MA 1786, die Grundlegung der Metaphysik der Sitten 1785 – aber das Programm war offenbar klar. Ebenso die Prinzipien der ›eigenthümlichen Methode der Metaphysik‹. Sie werden in der

Schrift über den Geisterseher selbst formuliert: es sind die Prinzipien der Vernunftkritik.
Kants Schrift zeigt, wie sehr Geisterseherei und spekulative Metaphysik miteinander verschwistert sind. Das eine macht das andere möglich, und sie haben verwandte Züge: sie sind nämlich nur bevorzugten Menschen zugänglich, fügen sich nicht ein in einen Erfahrungszusammenhang aller, in einen Diskurs, an dem jeder Vernünftige teilnehmen kann. Geisterseherei wie traditionelle Metaphysik sind deshalb als Träumereien zu bezeichnen, wenn anders nach dem von Kant fälschlich Aristoteles zugeschriebenen Wort[10], wir träumend jeder unsere eigene Welt haben und nur wachend in einer gemeinsamen leben. Respektlos auf Crusius und Wolff weisend, sagt Kant, »wir (werden) uns bei dem Widerspruche ihrer Visionen gedulden, bis diese Herren ausgeträumet haben«. Dann, wenn die Philosophen wach geworden seien, werden sie eine »gemeinschaftliche Welt bewohnen« (Geisterseher A 58/9). Daran anschließend redet er von »gewissen Zeichen und Vorbedeutungen«, die diese Zeit ankündigen, und »die seit einiger Zeit über dem Horizonte der Wissenschaften erschienen sind«. Was anders als eine Selbstankündigung vollzieht Kant hier?!
Kant erwähnt in seinem Brief an Lambert die »eigenthümliche Methode der Metaphysik«. Obgleich er drei Jahre vorher bereits in der für die Berliner Akademie angefertigten Preisschrift »Untersuchung über die Deutlichkeit der Grundsätze der natürlichen Theologie und der Moral« (veröffentlicht 1764)[11] von der »einzigen Methode, zur höchstmöglichen Gewißheit in der Metaphysik zu gelangen« gesprochen hat, wird man die Bemerkung im Brief an Lambert nicht hierauf beziehen wollen. Denn in der genannten Preisschrift stellt Kant lediglich heraus, daß die Metaphysik – im Gegensatz zur Mathematik – analytisch zu verfahren habe. Begriffsexplikation wäre danach die Methode der Metaphysik. Dagegen hat schon Borowski in seiner 1804 publizierten Kantbiographie auf die ersten Formulierungen der Prinzipien der Kritischen Philosophie, wie sie sich im Geisterseher finden, hingewiesen.
Die Kritische Philosophie hat ihre Aufgabe in einer Grenzbestimmung des wahren, des legitimen Vernunftgebrauchs. Sie erfüllt diese Aufgabe, indem sie die Erkenntnis von Gegenstän-

den durch eine Reflexion auf die Beziehung der Gegenstände zu den menschlichen Erkenntnisvermögen absichert, durch die sog. transzendentale Methode. Diese Methode lehrt zu unterscheiden: Dinge, wie sie an sich sein mögen, von Dingen, wie sie uns erscheinen. Nur von letzteren kann es Erkenntnis geben. Denn Gegenstände, die wir erkennen wollen, müssen uns gegeben sein. Für die Erkenntnis dieser muß immer aus zwei Quellen geschöpft werden, a priori und a posteriori. Schließlich ist die Objektivität von Erkenntnis dadurch sicherzustellen, daß sie in den allgemeinen Erfahrungszusammenhang eingefügt werden kann.

Das alles findet sich in der Tat in den Träumen eines Geistersehers, und zwar dort zuerst und mit den Insignien des Neuen: Kant bestimmt dort die Metaphysik – deren Themen doch bis dato inhaltlich bestimmt waren – als Gott, Freiheit, Unsterblichkeit – als »eine Wissenschaft von den *Grenzen der menschlichen Vernunft*« (A 115). Ihre Methode ist im Sinne der ›Kritik der reinen Vernunft‹ als ›transzendentale‹ zu bezeichnen. Als transzendental wird in der KdrV eine Erkenntnis definiert, »die sich nicht so wohl mit Gegenständen, sondern mit unserer Erkenntnisart von Gegenständen ... beschäftigt« (KdrV B 25). In der Geisterseherschrift heißt es: »Wenn diese Nachforschung aber in Philosophie ausschlägt, die über ihr eigen Verfahren urteilt, und die nicht die Gegenstände allein, sondern deren Verhältnis zu dem Verstande des Menschen kennt, so ziehen sich die Grenzen enger zusammen, und die Marksteine werden gelegt, welche die Nachforschung aus ihrem eigentümlichen Bezirke niemals mehr ausschweifen lassen« (A 120). Daß die Unterscheidung von Erscheinung und Ding an sich und die Einschränkung der Erkenntnis auf erstere in der Geisterseherschrift zentral sind, werden wir sogleich noch herausarbeiten. Sie erscheinen in der Geisterseherschrift als die Unterscheidung von empirischer Wirklichkeit (Gravitation, organische Wesen, sittliches Gefühl) und sie hervorbringenden »Geistern«. Ferner findet sich die Lehre von den zwei Quellen der Erkenntnis in dieser Frühschrift: »Denn man muß wissen, daß alle Erkenntnis zwei Enden habe, bei denen man sie fassen kann, das eine a priori das andere a posteriori« (A 93). Schließlich ist es natürlich das zentrale Anliegen der Schrift gegen den Geisterseher, Traum von Erkenntnis zu unterscheiden – eine Bemühung, die später auf das Kontinuitätskriterium hinausläuft.

Daß Kant also überhaupt in den Jahren 1764-66 das Programm der Kritischen Philosophie entwarf, ist ein in der Forschung unbezweifeltes Faktum. Daß sich deren Prinzipien in der Schrift gegen den Geisterseher skizziert finden, haben wir gezeigt. Aber es bleibt doch die Frage, ob die Auseinandersetzung mit Swedenborg in einer inhaltlichen Beziehung zur Konzipierung der Kritischen Philosophie steht oder gar ihr Anlaß war. Es könnte doch auch sein, daß Kant – in diesen Jahren mit dem Entwurf der Kritischen Philosophie beschäftigt – in eine ›Nebenarbeit‹, die Geisterseherschrift, einzelne Andeutungen hat einfließen lassen. Führen wir uns nach den Veröffentlichungen zwischen 1764 und 66 einmal vor Augen, was Kant in diesen Jahren beschäftigte: Neben der Arbeit an Swedenborg – Kant arbeitete die 8 Bände der Arcana Coelestica durch, schon quantitativ gesehen keine Nebenarbeit – beschäftigte ihn der ›Ziegenprophet‹ Jan Komarnicki, der ihm Anlaß gab zu der Schrift ›Versuch über die Krankheiten des Kopfes‹ (1764). Außerdem schreibt er noch die »Beobachtungen über das Gefühl des Schönen und Erhabenen« (1764) und die genannte Arbeit für die Berliner Akademie »Untersuchungen über die Deutlichkeit der Grundsätze der natürlichen Theologie und der Moral« (1764). Es sind also im wesentlichen drei Themen, die ihn beschäftigen: Schwärmerei, das Gefühl des Schönen und Erhabenen, die neue Methode der Metaphysik. Was geht im Kopf eines Mannes vor, der mit diesen drei Themen gleichzeitig beschäftigt ist? Wie hängen sie zusammen? Haben sie vielleicht eine gemeinsame Wurzel?

Was die Auseinandersetzung mit den Schwärmern und die neue, die kritische Methode der Metaphysik miteinander zu tun haben, das zu zeigen ist unser Thema. Die »Untersuchungen über die Deutlichkeit der Grundsätze ...« zeigen zwar, daß Kant offenbar schon seit längerer Zeit über den Zustand der Metaphysik beunruhigt war, aber was er dann als »einzige Methode« der Metaphysik angibt, ist gegenüber den im Bewußtsein eines Aufbruchs geschriebenen Formulierungen in der Geisterseherschrift so nichtssagend, daß diese Preisschrift höchstens als terminus post von Bedeutung ist. Der eigentliche Anstoß zur ›kritischen Wende‹ stand noch aus.

Die *Beobachtungen über das Gefühl des Schönen und Erhabenen* scheint viel eher eine Nebenarbeit zu sein, entstanden durch die Lektüre der englischen Geschmackstheoretiker und Commonsense-Philosophen. Es ist aber wichtig, daß Kant, indem er mit den sentiments zu tun hat, sich mit den »Kräften, die das menschliche Herz bewegen«, beschäftigt, von denen er in der Geisterseherschrift sagt, daß »einige der mächtigsten außerhalb demselben zu liegen (scheinen)« (A 40). Kant tut hier etwas, was er *nach* der kritischen Wende sich nicht mehr erlauben wird, nämlich er spürt objektiven Gefühlsqualitäten nach, Charakteren. Die Charaktere des Schönen und Erhabenen findet er an Menschen, Tieren, Landschaften, Nationen gleichermaßen. Das eigentümliche Auftreten solcher Charaktere in so unterschiedlichen Bereichen und die Möglichkeit ihrer Wirkung auf das menschliche Herz müssen in Kant Fragen aufgeworfen haben, deren Beantwortung in den Schriften Swedenborgs, die er gleichzeitig las, ihn erschreckte: Nach Swedenborg nämlich basiert diese Möglichkeit auf der Existenz eines Reiches geistiger Wesen, die ihre »Neigung« in der gewöhnlichen Welt nur ausdrücken, aber in ständiger direkter Kommunikation gemäß ihrer inneren Verwandtschaft sind. Explizit nimmt Kant in der Geisterseherschrift diese Deutung von Swedenborg auf, wo es um ein weiteres dieser von den englischen Philosophen benannten Gefühle geht, nämlich das sittliche, das »Gefühl« für das Gute. Kant hat offenbar die Gefahr gespürt, die mit Kräften verbunden ist, die das menschliche Herz bewegen und so mächtig sind, daß wir geneigt sind, sie anderen Wesen außer uns zuzuschreiben. Kant hat richtig notiert, daß Swedenborg auch anderes, das ohne unseren Willen – spontan – in uns entsteht, nämlich die Einfälle der Einbildungskraft, als Wirkungen von ›außen‹ deutet, nämlich als die Weise, in der Engel mit uns sprechen (A 51). Was hier bedroht ist, hat er später die Autonomie der Vernunft genannt. Unter ihrer Herrschaft ist ›Herz‹ allmählich ganz aus den Vermögen des Gemüts verschwunden, das Erhabene und Schöne sind zu Leistungen der Urteilskraft geworden. Das sittliche Gefühl wird substituiert durch das Bewußtsein des Gesetzes.

Die außerordentliche Arbeit, die Kant in den Fall Swedenborg investiert, kann nicht nur durch die Interessen seiner Bekannten, die ihn um Aufklärung gebeten hatten, motiviert sein. Im

E. Swedenborg. Photo Svenska Porträttarkivet, Nationalmuseum Stockholm.

Emanuel Swedenborg (1688-1772) erwarb auf ausgedehnten Reisen nach England, Holland, Italien umfassende Kenntnisse der Naturwissenschaft und Technologie seiner Zeit. In England verkehrte er mit Newton und Flamsteed. 1716-1744 war er Bergassessor im Dienste Karls XII. von Schweden. Er publizierte eine große Reihe naturwissenschaftlicher Schriften. Im April 1745 hatte er eine Vision, in der er den göttlichen Auftrag erhielt, »den Menschen den geistigen Sinn der Heiligen Schrift auszulegen«. Im Bewußtsein, nach dem Diktat von Engeln zu schreiben, widmete er den Rest seines Lebens dieser Aufgabe. Es entstanden etwa 100 Bände, in lateinischer Sprache geschrieben. (Erste deutsche Übersetzung 1770 ›Von den Erdcörpern der

Planeten und des gestirnten Himmels Einwohnern etc.« durch C. F. Oetinger; Übersetzung von ›De Coelo et ejus Mirabilibus, et de Inferno, ex auditis et visis‹ 1775). Obgleich Swedenborg nicht als Sektenhaupt auftrat, sammelten sich seine Anhänger zu Gemeinden, die bis heute unter dem Namen ›Kirche von Neu Jerusalem‹ weiterbestehen.
Das aufgeklärte Publikum beschäftigten vor allem die ›Beweise‹, die dafür angeführt wurden, daß Swedenborg in Kontakt mit der Geisterwelt stehe. So hat Swedenborg der Witwe des holländischen Gesandten in Schweden mit Hilfe ihres verstorbenen Gatten eine verlegte Quittung wiederfinden lassen, einer Gesellschaft in Gotenburg eine zur selben Zeit in Stockholm ausgebrochene Feuersbrunst mitgeteilt. Kant wurde als ›Weltweiser‹ zu einer Stellungnahme über die Möglichkeit solcher Ereignisse gedrängt. Er stellte ausführliche Nachforschungen an, versuchte mit Swedenborg selbst Kontakt aufzunehmen. Er kam zu dem Schluß, daß die Berichte nach üblichen Kriterien der Glaubwürdigkeit als zutreffend einzuschätzen seien, seine Haltung blieb gleichwohl ablehnend. Von seiner intensiven Beschäftigung mit dem Fall zeugt sein Brief an Charlotte von Knobloch (wahrscheinlich 1763, s. K. Fischer, I. Kant und seine Lehre, Bd. 1, Heidelberg 1918, S. 292) und seine satirische Schrift »Träume eines Geistersehers erläutert durch die Träume der Metaphysik« (1766).

Gegenteil: Kant hatte durch seine *eigene* intensive Beschäftigung mit Swedenborg das Interesse bei seinen Freunden überhaupt erst hervorgerufen. An Mendelsohn schreibt er im 8. 4. 66 darüber: »denn da ich einmal durch die Vorwitzige Erkundigung nach den visionen des Schwedenbergs sowohl bey Persohnen die ihn Gelegenheit hatten selbst zu kennen als auch vermittels einiger Correspondenz und zuletzt durch die Herbeyschaffung seiner Werke viel hatte zu reden gegeben so sahe ich wohl daß ich nicht eher vor die unabläßige Nachfrage würde Ruhe haben als bis ich mich der bey mir vermutheten Kenntnis aller dieser Anecdoten entledigt hätte.«
Es ist die Irritation, die Kant selbst daran erlebt hat, insbesondere das Licht, das von daher auf die ›Methode der Metaphysik‹ fiel, was Kant zur intensiven Beschäftigung mit Swedenborg veranlaßte. So kann man zumindest sagen, daß die Arbeit an der Geisterseherschrift ›Umwegproduktion‹ auf dem Wege zur Methode der Metaphysik war. Es stellt sich nämlich am Ende der Schrift heraus, daß Kant in bezug auf Swedenborg so klug ist wie zuvor, daß sie »zu demselben Punkte der Unwissenheit geführet habe« (A 114). Nachdem Kant dies festgestellt hat, sagt er, daß

ihn in der Tat eigentlich nur das Schicksal der Metaphysik beschäftigt habe: »Allein ich hatte in der Tat einen Zweck vor Augen, der mir wichtiger scheint, als der, welchen ich vorgab, und diesen meine ich erreicht zu haben. Die Metaphysik, in welche ich das Schicksal habe verliebt zu sein« (A 114/5). Und dann kommt er auf die Bestimmung der Aufgabe der Metaphysik als Grenzbestimmung der menschlichen Vernunft zu sprechen, die wir oben zitiert haben.

Kant hat am Fall Swedenborg etwas über die Metaphysik gelernt und damit etwas über sich. Er hat eine Verwandtschaft zwischen Schwärmertum und Metaphysik entdeckt, vor der er zurückgeschreckt ist. Dort, wo er den Inhalt der von ihm gelesenen Bücher Swedenborgs darstellt, sagt er über diese: »(Es) herrscht darinnen eine so wundersame Übereinkunft mit demjenigen, was die feinste Ergrübelung der Vernunft über den nämlichen Gegenstand herausbringen kann, ...« (A 97). Diese Übereinstimmung zeigt dasselbe (nämlich das Geisterreich) von zwei verschiedenen Seiten, nämlich – mit dem späteren Kant zu sprechen – von der Anschauung bzw. dem Begriff her: in der Geisterseherschrift setzt er das ›fanatische Anschauen‹ Swedenborgs der ›verkehrtgrübelnden Vernunft‹ der Metaphysik entgegen. Das Sehertum ist quasi die Erfahrungsbasis der Metaphysik, wie die Metaphysik ihrerseits zeigt, daß Sehertum möglich ist. In der Tat ist ja die christliche Metaphysik eine Theorie des Jenseits oder der Geisterwelt gewesen. Kant demonstriert diesen Zusammenhang in seiner Schrift, indem er zeigt, wie durch metaphysische Konstruktionen die Möglichkeit Swedenborgscher Geisterkommunikation dargetan werden kann. Wir wollen diesen Nachweis jetzt skizzieren: Kant weist darauf hin, daß das empirische Wissen und damit die Wissenschaft auf drei Bereichen die entscheidenden Antworten schuldig bleibt, ja geradezu zur Spekulation herausfordert: Bei der Frage nach der ›Ursache der Gravitation‹, der Herkunft der Organisation in der Materie, der Herkunft des sittlichen Gefühls im Menschen.

Kant ist sich noch deutlich bewußt, daß Newton gesagt hat, er habe zwar das Gesetz der Gravitation angegeben, die ›Ursache der Gravitation‹ sei ihm aber unbekannt. »Gleichwohl trug er kein Bedenken, diese Gravitation als eine wahre Wirkung einer allgemeinen Tätigkeit der Materie ineinander zu behandeln« (A

43). Von den organischen Wesen sagt Kant, daß sie nicht aus bloß mechanischen Wirkungen zu verstehen seien, »sondern durch innere Tätigkeit sich selbst und überdem den toten Stoff der Natur rege machen« (A 31). So seien hier ›immaterielle Wesen‹ (A 30) anzunehmen, »deren besondere Wirkungsgesetze pneumatisch, und so fern die körperlichen Wesen Mittelursachen ihrer Wirkungen in der materiellen Welt seien, organisch genannt werden« (A 30). Dies sind nur Beispiele, die Analogien liefern, um die entscheidende Argumentation auf der Basis des sittlichen Gefühls zu führen. Dieses ist »vielleicht eine empfundene Abhängigkeit unserer eigenen Urteile vom *allgemeinen menschlichen Verstande* ..., und ein Mittel ..., dem Ganzen denkender Wesen eine Art von Vernunfteinheit zu verschaffen« (A 41). Also: das sittliche Gefühl drängt uns zur Einstimmung in einen allgemeinen Willen. Was liegt näher, als diesen allgemeinen Willen als wirkende Macht zu hypostasieren, die uns zu dieser Einstimmung nötigt? »Eine geheime Macht nötiget uns, unsere Absicht zugleich auf anderer Wohl oder nach fremder Willkür zu richten ...« (A 42). Danach wären also für die empirischen Fakten der Gravitation, für die lebendige Organisation und das sittliche Gefühl geistige Wesen als Ursache anzunehmen: wenn das so ist, steht dem auch nichts mehr im Wege, eine besondere Wechselwirkung zwischen diesen geistigen Wesen zu postulieren. Dann läßt sich sagen: »Die menschliche Seele würde daher schon in dem gegenwärtigen Leben als verknüpft mit zweien Welten zugleich müssen angesehen werden, von welchen sie, so ferne sie zu persönlicher Einheit mit einem Körper verbunden ist, die materielle allein klar empfindet, dagegen als ein Glied der Geisterwelt die reine Einflüsse immaterieller Naturen empfängt und erteilet, so daß, so bald jene Verbindung aufgehört hat, die Gemeinschaft, darin sie jederzeit mit geistigen Naturen stehet, allein übrig bleibt, und sich ihrem Bewußtsein zum klaren Anschauen eröffnen müßte« (A 36f.). Das heißt: Swedenborg ist deduziert.

Geisterseherei und Metaphysik, Schwärmertum und Vernunft stützen sich gegenseitig. Das ist Kants Erfahrung, und er weiß, daß er selbst von dieser Verschwisterung betroffen ist – wir erinnern an Kants ›Schwärmertum‹ in der *Theorie des Himmels*. Hatte die Aufklärung in der ersten Phase Seher, Propheten,

Schwärmer verteidigt, nämlich gegen die institutionelle Verketzerung und Verfolgung durch die Inquisition, so muß sie sie jetzt als Bedrohung empfinden: die Kant in Swedenborg deutlich werdende Verwandtschaft zwingt ihn zur Kritik, zur Eingrenzung der Vernunft.

Wie peinlich ihm diese Verwandtschaft ist, zeigen seine immer wiederholten Entschuldigungen und Rechtfertigungen für seine so ausführliche Beschäftigung mit Swedenborg. Er sieht sich unter den Philosophen, die »zwischen den Beteurungen eines vernünftigen und festüberredeten Augenzeugen und der inneren Gegenwehr eines unüberwindlichen Zweifels, die einfältigste Figur gemacht« (A 4), er fühlt »einige() Beschämung« (A 114) über seine Einlassungen. In der Schrift über den Geisterseher erklärt er deshalb mit einiger Vehemenz, »daß ich keinen Spaß verstehe« (A 96), wenn nämlich jemand fürderhin die Nähe von Geisterseherei und Metaphysik bei ihm vermuten würde – im privaten Brief an Mendelsohn aus demselben Jahre gibt er aber unumwunden zu, daß die Kur, die er in seiner Satire Swedenborg zukommen läßt, eine Art Selbstheilung war: »Es schien mir ... am rathsamsten andren dadurch zuvorzukommen daß ich über mich selbst zuerst spottete wobey ich auch ganz aufrichtig verfahren bin indem wirklich der Zustand meines Gemüths hiebey wiedersinnisch ist und so wohl was die Erzehlung anlangt ich mich nicht entbrechen kan eine kleine Anhänglichkeit an die Geschichte von dieser Art als auch was die Vernunftgründe betrift einige Vermuthung von ihrer Richtigkeit zu nähren ...«

Kant hat nie sonst in seinem Leben eine solche Intensität an einen anderen Autor gewandt. Wie nahe er ihm ist, zeigt nicht nur die Tatsache, daß er ihm so erfolgreich seinen metaphysischen Verstand leiht, sondern das hervorragende Verständnis, das er für die inhaltliche Lehre Swedenborgs in seinem Abschnitt »Ekstatische Reise eines Schwärmers« zeigt. Und das, obgleich er behauptet, die Schriften von Swedenborg seien ›wirr‹. Herder, der damals Hörer von Kant war, hatte offenbar für diese Nähe ein Gespür, denn er attestiert Kant gerade das, was dieser an Swedenborg kritisiert. In seiner Rezension von Kants Geisterseherschrift schrieb er: »... man sieht allenthalben, daß der Verf. (also Kant!) den Genius der Philosophie so zu seinem Freunde habe, als Sokrates sich mit seinem Dämon auch in heiligen Träumen besprach« (Herder, Sämtl. Werke, Bd. 1, Berlin 1877, S. 130).

Aber Kant wollte mit Dämonen, Träumen, Geistern nichts mehr zu tun haben. Obgleich er bei einem nihil sequitur angekommen ist, obgleich er von all den geistigen Dingen, deren Denkmöglichkeit er zunächst so ausführlich entwickelt hat, schließlich doch nur sagen kann, »wie viel Dinge gibt es doch, die ich alle nicht brauche« (A 118), schiebt er sie mit einer heftigen, angeekelten Geste weg und stimmt in das durchschnittliche ›aufgeklärte‹ Urteil seiner Zeit ein, daß es sich hier um »eine wirkliche Krankheit« (A 54) handelte und Swedenborg als »Kandidat() des Hospitals« anzusehen sei (A 72).

Die Vernunft zieht sich auf sicheres Terrain zurück. Ihr, wie der Einbildungskraft, sind hinfort ›ekstatische Reisen‹ verboten. Sie soll nicht mehr träumen. Der Gewinn ist, daß die Philosophen, einmal erwacht »eine gemeinschaftliche Welt bewohnen« (A 59). Aber wieviele ›Träume‹ werden dafür ins Hospital geschickt, und wie lange wird es dauern, bis die Bereiche wiedergewonnen sind, die die Vernunft durch ihren Rückzug zu irrationalen gemacht hat.

4. DIE SPRACHE DER ENGEL

Seher, Schwärmer, Phantasten setzen in ihrem Gemurmel fort, was unter der Vernunftzensur der Aufklärung aus dem offiziellen Diskurs verschwinden mußte. Ortlos geworden erscheint es skurril, äußert sich in uneigentlichen Sprachformen. Mehr noch: die Vernunft erzeugt ihr eigenes Anderes, die Durchrationalisierung des Daseins ihr Irrationales, ihr Arreton. Das Verdrängte äußert sich dann in der Sprache der armen Irren. Wir wollen hier nur ein Beispiel dafür diskutieren: nämlich zeigen, wie in Swedenborgs Vision von der Sprache der Engel der durch die höfische und dann bürgerliche Konvention menschlichen Umgangs erzeugte Wunsch nach Unmittelbarkeit verfremdet zum Ausdruck kommt. Man könnte andere Beispiele aus Swedenborgs Schriften wählen: etwa die Wiederkehr der durch die neuzeitliche Naturwissenschaft geächteten Mikrokosmos/Makrokosmos-Analogie in seiner Lehre vom Großen Menschen: daß das

Weltall mit seinen Systemen und Planetenkörpern einen Organismus bilde, den ›Großen Menschen‹; oder seine Lehre von den ›Entsprechungen‹, in die hinein wie in einen fernsten Winkel sich die nach dem neuzeitlichen Realitätsprinzip nicht mehr denkbare Bedeutsamkeit der Welt geflüchtet hat. Wir wählen die Lehre von der Sprache der Engel, weil sie sich besonders deutlich gerade mit Kantischen Anweisungen zu rationalem Verhalten konfrontieren läßt.

Swedenborgs Schriften sind nicht wirr – sie wirken zwar auf den modernen Leser skurril und ›haltlos‹, eben, wie Kant schon feststellte, als Ausgeburten einer ungezügelten Phantasie –, aber sie lassen sich doch durchweg als Beispiel einer bestimmten Redetradition begreifen, nämlich, wie Ernst Benz[12] gezeigt hat, die der Propheten. Nur ist mit diesem Verständnis Swedenborgs eigentlich nur dem Religionswissenschaftler und seinem Auditorium gedient, denn – das weiß auch Benz – Swedenborg stellte sich ja nicht nur mit dem, *was* er sagte, seiner Zeit entgegen – wie die Propheten der vorhergehenden Geschichte –, sondern mit seiner bloßen Existenz als ›Prophet‹ oder ›Seher‹, mit seiner Art zu reden. Aber obgleich man Swedenborgs Existenz in scharfem Kontrast zur Ideologie der Aufklärung sehen muß, setzt die Aufklärung historisch die Bedingungen, unter denen es überhaupt möglich ist, Swedenborg ernst zu nehmen. Ihn in die historische Reihe der Propheten einzureihen, macht ihn schon in seiner eigenen Zeit zum Anachronismus. Wir wollen zeigen, daß das, was er zu sagen hatte, aufs intimste zu seiner Zeit gehört, und daß die Uneigentlichkeit seiner Rede ein komplementäres Produkt zur Ausbildung des rationalen Diskurses ist.

Zunächst ein ausführliches Stück aus Swedenborgs ›Bericht‹ über die Sprache der Engel.[13]

> Im ganzen Himmel haben alle nur eine Sprache und verstehen einander, aus welcher Gesellschaft sie auch stammen mögen, einer benachbarten oder einer entfernten. Die Sprache wird nicht erlernt, ist vielmehr einem jeden eingepflanzt. Sie fließt unmittelbar aus der Neigung und ihrem Denken hervor. Der Ton entspricht der Neigung, die Lautgliederungen, also die Wörter, entsprechen den Denkvorstellungen, die der Neigung entspringen. Weil die Sprache diesen entspricht, ist sie

ebenfalls geistig, ist tönende Neigung und artikuliertes Denken.

Wer aufmerksam ist, kann bemerken, daß jeder Gedanke aus einer Neigung hervorgeht, die ihrerseits einer Liebe angehört, und daß die Denkvorstellungen nur verschiedene Formen sind, in welche sich die allgemeine Neigung aufgefächert hat. Jeder einzelne Gedanke und jede Idee wird nämlich durch eine Neigung beseelt und belebt. Deshalb erkennen die Engel den anderen schon an seiner Redeweise, aus dem Ton seine Neigung und an der Gliederung des Tons, den Wörtern, seine Gesinnung. Die weiseren Engel können schon an einem einzigen Satz die vorherrschende Neigung erkennen, auf die sie vor allem ihre Aufmerksamkeit richten. Bekanntlich hat jeder Mensch verschiedene Neigungen, je nachdem ob er Freude, Schmerz, Nachsicht und Barmherzigkeit, Aufrichtigkeit und Wahrhaftigkeit, Liebe und Nächstenliebe, Eifer oder Zorn empfindet, ob er sich verstellt und Betrug übt, nach Ehre und Ruhm strebt usw. – die herrschende Neigung oder Liebe liegt allem zu Grunde. Die weiseren Engel nehmen dies wahr und können schon an seiner Redeweise den Zustand des anderen vollständig erkennen. Das wurde mir durch zahlreiche Erfahrungen zu wissen gegeben. So hörte ich, wie Engel das Leben eines anderen aufdeckten, kaum daß sie ihn reden gehört hatten. Sie sagten auch, daß sie den ganzen Lebensinhalt eines anderen schon aus wenigen seiner Denkvorstellungen erkennen könnten, weil diese ihnen seine herrschende Liebe aufzeigten, die der Ordnung nach alles in sich birgt. Bei dem »Lebensbuch« des Menschen handele es sich um nichts anderes.

Das Besondere an der Sprache der Engel liegt vor allem in der Unmittelbarkeit ihrer Ausdrucksweise. Genaugenommen ist es schon verkehrt, überhaupt von Ausdruck zu sprechen, denn es gibt nicht die Differenz von Gedanke und Rede, von Gefühl und Ausdruck. Engel sind nach Swedenborg Menschen, die in der zweiten Phase ihrer postmortalen Karriere den ›äußeren Menschen‹ abgelegt haben. Danach gibt es nicht mehr den Unterschied von Innen und Außen, ihre Sprache ist unmittelbare Kommunikation, ›tönende Neigung und artikuliertes Denken‹.

Die verzweifelte Sehnsucht, die sich in einer solchen Vorstellung kommunikativer Unmittelbarkeit äußert, muß auf zivilisationsgeschichtlichem Hintergrund gesehen werden, ebenso wie die Form ihrer Äußerung auf den Zustand aufklärerischer Sprachtheorie verweist, die eine Alternative nicht mehr rational artikulierbar machte.
Die Umgangsformen und Redeformen bei Hofe – und in Nachahmung höfischer Sitten mehr und mehr auch im Bürgertum – waren im 18. Jahrhundert strengsten Regeln der conduite, der façon de parler unterworfen. Es war ›bäurisch‹, sich ›einfach so hin‹ zu verhalten. Eine direkte Äußerung von Gefühlen oder Gedanken war schon als solche dégoutant. Machte diese Stilisierung des Verhaltens und Redens den Menschen aus, nämlich den zivilisierten oder ›politischen‹ Menschen, so empfahl es sich auch aus ›Klugheit‹, seine wahren Absichten und Gefühle zu verbergen. In den Intrigen und Ränken höfischen Lebens wie in bürgerlichen Geschäften wollte man ja etwas durch den Umgang mit anderen Menschen erreichen. Schrieb also die gesellschaftliche Rolle schon ein gewisses Verhalten vor, das unabhängig davon war, wie man sich eigentlich fühlte, so war Verstellung zur Erreichung von Zwecken auch nützlich. Schließlich herrschte bei Skeptikern die Meinung, daß ohne diese zivilisatorische Glättung des Äußeren eine menschliche Gesellschaft überhaupt nicht möglich sei – weil nämlich darunter das unausrottbare Chaos der Laster verborgen werden müßte. Zu diesen Skeptikern ist Kant zu zählen. »Es gehört also schon zur ursprünglichen Zusammensetzung eines menschlichen Geschöpfs und zu seinem Gattungsbegriffe: zwar anderer Gedanken zu erkunden, die seinigen aber zurückzuhalten«, schreibt er in der Anthropologie in pragmatischer Hinsicht (A 333).
Hier wird also die Differenz von Gedanken und Gefühlen zum äußeren Verhalten, die Differenz von innerem und äußerem Menschen, zur Gattungseigenschaft hochstilisiert. Tatsächlich ist diese Differenz aber eine durch Erziehung und Disziplin erzeugte – wie das Jahrhundert im sentimentalischen Blick auf Kinder und einfache Leute ja durchaus auch weiß. Aber Menschsein ist nichts Gegebenes, es muß entwickelt werden. »Der Mensch kann nur Mensch werden durch Erziehung«, sagt Kant (Pädagogik A 7). Dadurch wird im Menschen eine Gespaltenheit

erzeugt, unter der er auch leidet und die »von *Verstellung* zur vorsätzlichen *Täuschung*, bis endlich zur *Lüge* fortzuschreiten nicht ermangelt« (Anthr. A 333). Die Skepsis gegenüber dem Menschengeschlecht und die Hypostasierung des zivilisatorischen Zustandes seiner Zeit haben auch bei Kant dazu geführt, daß er sich eine Alternative nur im Phantasma der Kommunikation zwischen Engeln vorstellen kann. Man kann eine Wirkung seiner Beschäftigung mit Swedenborg darin sehen, wenn er schreibt, »Es könnte wohl sein: daß auf irgend einem anderen Planeten vernünftige Wesen wären, die nicht anders als laut denken könnten, d.i. im Wachen, wie im Träumen, sie möchten in Gesellschaft oder allein sein, keine Gedanken haben könnten, die sie nicht zugleich *aussprächen*. Was würde das für ein von unserer Menschengattung verschiedenes Verhalten gegen einander, für eine Wirkung abgeben? Wenn sie nicht alle *engelrein* wären, so ist nicht abzusehen, wie sie nebeneinander auskommen, einer für den anderen nur einige Achtung haben und sich miteinander vertragen könnten« (Anthr. A 333).
Für die Ermöglichung einer *menschlichen* Gesellschaft offenbar ist die Differenz von Wesen und Erscheinung, von innerem und äußerem Menschen essentiell. Sie muß daher durch Erziehung und Disziplinierung erzeugt werden. Der Einzelne mag darunter leiden, moralisch gesehen ist dieser Zustand der Menschen nur ein kleineres Übel. »Wir leben im Zeitpunkte der Disziplinierung, Kultur und Zivilisierung, aber noch lange nicht in dem Zeitpunkte der Moralisierung« (Kant, *Pädagogik* A 25) Kant bezeichnet deshalb diesen Schein, mit dem die Roheit und Feindseligkeit der Menschen gegeneinander verdeckt wird, als »moralisch erlaubten Schein« (Anthr. § 12). Erlaubt ist er – eben wegen seiner zivilisierenden Wirkung – aber auch, weil die damit verbundene Täuschung auf Gegenseitigkeit beruht. Gesellschaftlicher Umgang ist ein – freilich ernstes – Spiel: »Ein Kind ist der, welcher (die Scheidemünze) für echtes Gold nimmt« (Anthr. BA 45). »Die Menschen sind insgesamt, je zivilisierter, desto mehr Schauspieler: sie nehmen den Schein der Zuneigung, der Achtung vor anderen, der Sittsamkeit, der Uneigennützigkeit an, ohne irgend jemand dadurch zu betrügen; weil ein jeder andere, daß es hiermit eben nicht herzlich gemeint sei, dabei einverständig ist ...« (Anthr. BA 42).

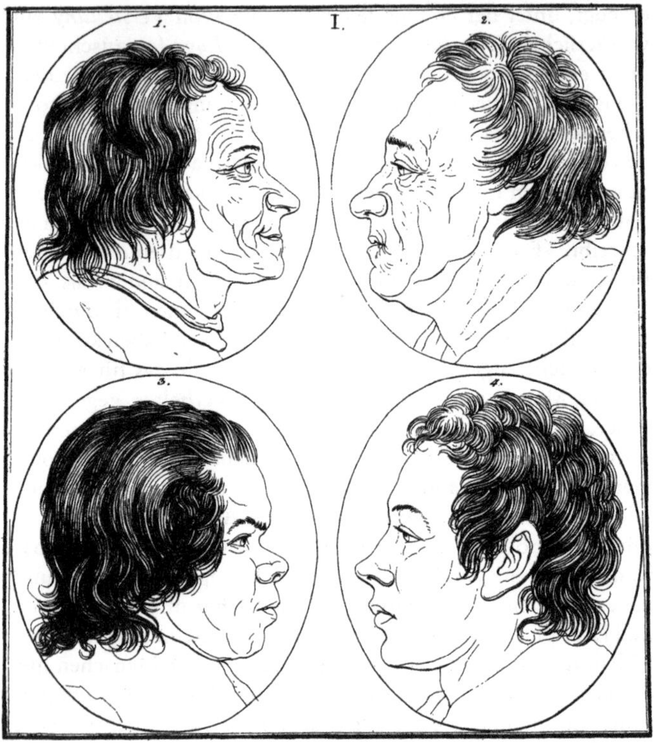

SECHZEHNTES FRAGMENT.

SCHWACHE, THŎRICHTE MENSCHEN.

Låssige Verzogenheit, thierische Stumpfheit, zuckendes Behagen, schiefes Låcheln, Unståndigkeit, Unbestimmtheit, Stierigkeit, Lockerheit – die gewőhnlichsten, allgemeinsten, auffallendsten Zeichen der angebohrnen und natůrlichen Dummheit.

Låssige Verzogenheit, Lockerheit, Unståndigkeit – nicht nur Zeichen, Sache . .

Und was ist am Menschen bloß Zeichen, und nicht Sache?

O wir schlauen Taschenspieler mit Worten – wie verfůhren wir uns! – was ist am Menschen Sache, das nicht Zeichen? Zeichen, das nicht Sache sey? welches Glied? welches Gliedes Glied? welcher Muskel? welcher Zug? welche Miene?

Doch, ich scheine vielleicht auszugleiten? Sey's! – der Gedank' ist wesentlich, und mehr als Grundpfeiler der Physiognomik! Neue Beståtigung davon die vorliegenden ziemlich åhnlichen Profilumrisse von mehr und minder thȯrichten Menschen.

ERSTE TAFEL.

VIER UMRISSE VON MÅNNLICHEN THOREN.

Diese vier sind alle Thoren, aber Thoren von dem verschiedensten Charakter.

Die Thorheit hat ihre Classen, Gattungen, Arten, wie die Weisheit. Ihre Charakter sind so verschieden, als sie selber.

Die zween obern, von wie ganz anderer Art, als die zween untern! Der Einen Thorheit zeigt sich in der *Vielfaltigkeit*; (im eigentlichsten, buchståblichsten Sinne des Wortes) der andern in *faltenloser Flachheit*; der einen in *Verzogenheit*, die sich *anspannen will*; der andern in *ruhiger Trieblosigkeit*.

Die obern sind einem aufgerůhrten Moraste, die untern einem stillstehenden, seichten, mit Schleim ůberzogenen Teiche åhnlich.

4. scheint (das große Ohr ausgenommen) am wenigsten von Natur Thor zu seyn. 1. und 3. am meisten.

2. scheint ein entsetzlich heftiger, hartnåckiger Kopf zu seyn. Welch ein Hals im Verhåltnisse mit dem obern Theile des Schåedels! – Man erinnere sich des Kahlkopfs, Silhouette 4. auf der sechzehnten Tafel des zwȯlften Fragments.

(I. C. Lavater, Physiognomische Fragmente zur Beförderung der Menschenkenntnis und Menschenliebe, Leipzig und Winterthur 1775-78, Bd. II, S. 183)

Zivilisiertes Verhalten als Kunst der Verstellung ruft nun auf der anderen Seite die entsprechende Kunst der Entlarvung hervor. Auch bei Kant erscheint diese zweite Kunst zugleich mit der ersten, wo es in der Erziehung darum geht, dem Kind ›Klugheit‹ beizubringen. Klugheit ist die Kunst, »unsere Geschicklichkeit an den Mann zu bringen, d.h. wie man die Menschen zu seiner Absicht gebrauchen kann« (*Über Pädagogik*, A 113). Sich verkaufen können – und die anderen manipulieren: dazu gehört eben auch, daß man die anderen durchschaut. »Wenn das Kind der Weltklugheit überlassen werden soll: so muß es sich verhehlen und undurchdringlich machen, den andern aber durchforschen können. Vorzüglich muß es sich in Ansehung seines Charakters verhehlen. Die Kunst des äußern Scheines ist der Anstand. Und diese Kunst muß man besitzen. Andere zu durchforschen ist schwer, aber man muß die Kunst notwendig verstehen, sich selbst dagegen undurchdringlich machen. Dazu gehört das Dissimulieren, d.h. die Zurückhaltung seiner Fehler, und jener äußere Schein ...« (*Über Pädagogik*, A 113).

Als solche Entlarvungskunst ist im 18. Jahrhundert die praktische Psychologie entstanden. Auch Kants *Anthropologie in pragmatischer Hinsicht* verschrieb sich diesem Ziel: der zweite Teil ist ganz »der Art, das Innere des Menschen aus dem Äußeren zu erkennen«, gewidmet. Auch Lavaters Bemühungen um eine Physiognomik gehören in diesen Zusammenhang. 1762 preist Chr. Thomasius dem Kurfürsten von Brandenburg die Erfindung einer neuen Wissenschaft »Das Verborgene des Herzens anderer Menschen auch wider ihren Willen aus der täglichen Konversation zu erkennen«.[14] Unverhohlen dient er sie ihm als Herrschaftsinstrument an, ja er verweist sogar auf die erfolgreichen Spionagetechniken Richelieus und Mazarins als Vorbild.[15] Es gebe bei Hofe genügend Leute, »die diese Wissenschaft praktizieren«, und es komme jetzt darauf an, sie auf Prinzipien zu bringen und auf den Universitäten zu lehren.

Man darf aber nicht vergessen, daß neben diesem weltklugen bis zynischen Umgang mit der Spaltung des Menschen in Innen und Außen auch das Leiden daran und eine verzweifelte Sehnsucht nach Nähe sich äußerten. Hierher gehören Rousseaus Phantasien natürlichen Lebens und die Sehnsucht Lessings einer Begründung von Gesellschaft auf sympathetischer Liebe, hierher gehört die Freundschafts- und Briefkultur der Empfindsamkeit. Ohne Zweifel sind Swedenborgs Visionen vom Umgang der Engel miteinander dem Leiden an der Zivilisation entsprungen. »Wer im bürgerlichen Leben steht«, sagt er in *Himmel und Hölle*, »beurteilt zwar andere danach, was er entweder durch Gerücht oder persönlichen Umgang von ihnen gehört und erfahren hat, aber wenn er mit ihnen redet, läßt er es sie nicht merken; obwohl sie schlecht sein mögen, benimmt er sich ihnen gegenüber höflich ... Dies alles zeigt, daß es ein doppeltes Denken gibt, ein äußerliches und ein innerliches, und daß die Genannten aus dem Äußeren heraus reden, wobei sie in ihrem Inneren ganz andere Gedanken haben«.[16] Man lebt ›aufgrund der bürgerlichen Verhältnisse auf Erden‹ beständig in der Furcht, »die Gedanken seines Willens könnten nackt zum Vorschein kommen«.[17] Es gibt daher eine innere Kontrolle, die das äußere Denken (also was man äußert) überwacht, »damit es die Grenze des Anstandes und der Ehre nicht überschreitet«.[18] Dieser Zwang, den man sich selbst auferlegen muß, die Fremdheit, in der der andere Mensch aufgrund der Differenz von innerem und äußerem Menschen einem gegenüber immer verharren muß, die eigene Zerrissenheit – das alles wird aufgehoben sein, wenn der Mensch sich nach dem Tod zum Engel fortentwickelt. Engel sehen oder hören gegenseitig ihr wahres Wesen und sie folgen unmittelbar der Neigung, die sie sind, und die sie innerlich als Menschen auch schon in sich trugen. Deshalb erhält neben der Lehre von der Sprache der Engel die von den ›Ehen im Himmel‹ bei Swedenborg eine solche Bedeutung. Im Himmel nämlich kommen von selbst diejenigen zusammen, die sich wirklich lieben. In den bürgerlichen Verhältnissen dagegen, heiratet man nach Konvention, aus Eitelkeit oder ökonomischer Absicht.

Nun fragt man sich natürlich, warum Swedenborg ein so ›vernünftiges‹ Anliegen nicht hat vernünftiger formulieren können. Sicherlich gilt auch für ihn, was wir schon bei Kant feststellten, daß er das zivilisatorische Produkt einer Innenwelt zum unausweichlichen Bestandteil menschlichen Daseins rechnete. Es kommt aber ein anderes dazu. Wenn wir Swedenborgs Rede von der Kommunikation der Engel verstehen, so doch wohl, weil in unserer gewöhnlichen Kommunikation immer auch Anteile einer solchen Kommunikation enthalten sind. Aber diese Anteile werden nicht nur durch die Forderungen der Zivilisation unterdrückt, sondern sind in der zugehörigen Sprachtheorie des 18. Jahrhunderts nicht formulierbar. Diese, etwa in ihrer charakteristischen Ausprägung in der *Logik von Port Royal*, ist als Zeichentheorie konzipiert. Sprachliche Ausdrücke sind nicht – wie dann später im Gegenzug Herder will – Handlungen, sondern vielmehr Zeichen, deren Übermittlung die Vorstellung von etwas anderem, dem Bezeichneten, hervorrufen soll. Selbst die Kommunikation des Wünschens, Betens, Befehlens geschieht durch Zeichen *für* Wünschen, Beten, Befehlen.[19] Für eine solche Sprachtheorie ist die Möglichkeit der Täuschung dem Wesen der Sprache eingeboren: ein Zeichen vermag »als Ding das zu verbergen, was es als Zeichen offenbart«, heißt es in der *Logik von Port Royal*. Arnauld erläutert dies durch ein Beispiel, das wegen der Beziehung zu Swedenborgs Engeltheorie wert ist, zitiert zu werden: »So verdecken die von den Engeln angenommenen Gestalten als Dinge verstanden die Engel, als Zeichen zeigen sie sie an«.[20]

Diese Sprachtheorie, ebenso wie die Erkenntnistheorie, steht in einer eigentümlichen Korrespondenz zum gesellschaftlichen Zustand des 18. Jahrhunderts: Sprache wie Erkenntnis sind Repräsentation. Wie die Vorstellung eine innere Repräsentation des äußeren Gegenstandes ist, so die Rede eine äußere Repräsentation des inneren Gedankens. Sprache ist so ihrem Wesen nach Vermittlung – die Idee einer unmittelbaren Sprache eine Absurdität.

Eine solche Absurdität liegt in der rudimentären Sprachtheorie Swedenborgs vor. Da die Differenz von innerem und äußerem Menschen wegfällt, sind die Gefühle dasjenige, was die Engel kommunikativ verbindet. In ihren Gefühlen erfahren sie gegenseitig die Harmonie oder Diskrepanz ihrer Neigungen. Swedenborg berichtet, daß die Gefühle der Ton der Sprache der Engel sind, – sagen wir: die Tönung ihrer kommunikativen Beziehung. Die Gedanken sind dann die Artikulation dieses Tons. Die Gedanken bestehen also in ihrer sprachlichen Äußerung. Auch diese Möglichkeit scheint nicht so absurd, wenn man Gedanken als innere Rede oder inneres Gespräch versteht – dann scheidet einen von Swedenborg nur noch, daß eben nicht jeder Gedanke geäußert sein muß. Nur ist, so gesehen, die Repräsentationstheorie der Sprache absurd. Wie soll Rede Gedanken repräsentieren, wenn sie selbst schon Rede sind?

Die Repräsentationstheorie der Sprache enthält essentiell die Möglichkeit der Täuschung und der Unwahrhaftigkeit. Sie spiegelt insofern die Realität zivilisationsbedingter Kommunikationsformen wider. ›Die Sprache der Engel‹ mußte deshalb die uneigentliche Form sein, in der Swedenborg seine Vision eines anderen Lebens formulierte.

5. ANGESTRENGTE VERNUNFT

»Es ward ... aus dem sogenannten Baumwalde im Amte Alexen, ein Abenteurer, ongefähr 50 Jahre alt – ein neuer Diogenes und ein Schaustück der menschlichen Natur, nach Königsberg gebracht. Es suchte das Lächerliche und Unanständige seiner Lebensart mit einigen Feigenblättern aus der Bibel zu bemänteln. Dieserwegen und, weil er bis dahin außer einem kleinen 8jährigen Knaben, eine Herde von 14 Kühen, 20 Schafen und 46

Ziegen umherführte, erhielt er hier den Namen eines Ziegenpropheten von der ihn angaffenden Menge.«[21]
Auch Kant ging hin. Borowski schließt seinen Bericht über dies Ereignis aus der Königsberger Provinz mit der Bemerkung: »Man ließ den Abenteurer, der zu der Schrift: *Über die Krankheiten des Kopfes*, die erste Veranlassung war, samt dem jungen Wilden über die Grenzen bringen.«[22]
Die institutionelle Reaktion aufs Lächerliche, Unanständige ist Ausgrenzung, die philosophische: Klassifikation. Das ist das bekannte, von Foucault und Dörner analysierte Verfahren, durch das die bürgerliche Aufklärung mit dem Wahnsinn fertigzuwerden versucht. Doch seien wir genauer: ›Wahnsinn‹ wird durch Hospitalisierung und begriffliche Definition erst produziert.
War der Ziegenprophet ein Wahnsinniger? Er lebte offenbar durchaus unbürgerlich, zog umher, trug nicht gehörige Kleidung, aß nicht wie andere Leute. Weiter hört man, daß er an einer Krankheit mit Magenkrämpfen litt und das Gelübde zu einer siebenjährigen Pilgerfahrt abgelegt hatte. Allerdings gab er auch an, nach zwanzigtägigem Fasten Jesum mehrere Male gesehen zu haben. Das war offenbar zu viel für Kant: er geht nach Hause und schreibt eine Abhandlung über die Krankheiten des Kopfes. Diese unterscheidet er streng von denen des Herzens und bestimmt sie als rein kognitive Störungen. Sie sind deshalb nach den Erkenntnisvermögen einzuteilen: Störungen der Wahrnehmung (Verrücktheit), Störungen des Urteils (Wahnsinn), Störungen des Schließens (Wahnwitz). Als Ursachen bevorzugt Kant somatische, verweist die Betroffenen deshalb an den Arzt, nur gelegentlich will er den Philosophen hinzugezogen wissen. Für Kant als echten Aufklärer war Kowarski nicht, was er für das Volk war, ein Ziegenprophet, für Kant war er ein Geistesgestörter.
Doch Kant schrieb noch etwas, als er nach Hause kam: eine kurze Notiz über den Jungen des Ziegenpropheten. Er schildert den ›Kleinen Wilden‹ in Rousseauscher Manier als ›vollkommenes Kind‹, munter, freimütig, bar jeder ›blöden Verlegenheit‹. Er schildert ihn als Beispiel ursprünglicher Natur[23].
Auf der einen Seite das wilde Naturkind – auf der anderen der unanständige Geistesgestörte: Kant muß in diesem Erlebnis in

Kranker in Ketten. Im Londoner Hospital Bedlam. (Aus: J. E. C. Esquirol ›Des maladies mentales, Paris 1838)

Daher verdenke ich es dem Leser keineswegs, wenn er, anstatt die Geisterseher vor Halbbürger der andern Welt anzusehen, sie kurz und gut als Kandidaten des Hospitals abfertigt, und sich dadurch alles weiteren Nachforschens überhebt. Wenn nun aber alles auf solchen Fuß genommen wird, so muß auch die Art, dergleichen Adepten des Geisterreichs zu behandeln, von derjenigen nach den obigen Begriffen sehr verschieden sein, und da man es sonst nötig fand, bisweilen einige derselben zu *brennen*, so wird es itzt gnug sein, sie nur zu *purgieren*. (Geisterseher A 72)

eins erfahren haben, was er selbst als zivilisierter Vernunftmensch war und was die Grenzen seiner Existenz markierte.

Der Mensch ist nicht vernünftig von Geburt. Ein vernünftiges Wesen wird er erst durch Erziehung und Disziplin. Und er wird es nie ganz. Vielmehr besteht seine Vernünftigkeit gerade in der Verdeckung und Disziplinierung der ursprünglichen Wildheit, von der er sich lossagen muß. Zivilisation konstituiert sich als der gesittete Schein über der rohen Natur. Vernünftig zu sein bedeutet eine dauernde Anstrengung. Jederzeit ist dieser Status bedroht durch das Andere, durch dessen Beherrschung er sich konstituiert. Es ist der Leib, es sind die Gefühle, die Natur und die Einbildungskraft, denn sie ist es, die das Andere selbst im Bewußtsein repräsentiert. Die Vernunft der Aufklärung, die Kantische Vernunft, ist von Anstrengung und Furcht gezeichnet. Es ist eine spastische Vernunft: rigide, verschlossen.

»Die Grenze des Selbstbesitzes ist leicht überschritten«, schreibt Kant. Ständig bedroht, zieht sich die Vernunft zurück. Sie befestigt ihr eigenes Territorium und macht die Grenzen dicht. Was hinter den Grenzen liegt, bleibt sich selbst überlassen. Keine Vernunft mehr in den Sinnen, keine Vernunft mehr im Leibe, keine Vernunft mehr in der Religion, keine Vernunft mehr in der Natur. So produziert die Vernunft durch ihren Rückzug zugleich ihr Irrationales. Die Sinne werden zur bloßen Sinnlichkeit, der Leib wird zum bestialischen Teil im Menschen, die Religion außerhalb der Grenzen der bloßen Vernunft zur Schwärmerei, die Natur zur teils gefürchteten, teil verehrten Wildnis. Das kritische Programm erweist sich vom Anderen der Vernunft her gesehen als ein Rückzug. Zwar bestimmt die Vernunft ihre legitimen Grenzen und befestigt das Land der Wahrheit, doch dies Land der Wahrheit erweist sich als eine Insel: die Vernunft isoliert sich.

KAPITEL V
KANTS THEORIE ENTFREMDETER ERKENNTNIS

Was ist Erkenntnis?

Ich erkenne Herrn X, Adam erkannte sein Weib, Einstein erkannte die Konstanz der Lichtgeschwindigkeit: wenn wir über Erkenntnis reden, vergessen wir gewöhnlich unsere Alltagssprache und meinen, daß die Erkenntnisbeziehung nichts weiter sei als eben – Erkenntnis, daß das Subjekt der Erkenntnis mit seinem Objekt nichts weiter zu tun habe. Wenn ein Wissenschaftler ein Naturgesetz erkennt, so mag ihm das Ruhm eintragen oder auch Geld, er mag stolz, freudig und selbstbewußt sein ob seiner Leistung, aber dieses Gesetz tangiert ihn doch nicht, es verändert ihn nicht, als solches läßt es ihn kalt, ja nach Robert K. Merton sind es gerade für den Wissenschaftler charakteristische Tugenden, skeptisch und uninteressiert zu bleiben. Auch umgekehrt affiziert er natürlich das Gesetz nicht oder die Natur – bei Leibe nicht, das würde ja die Objektivität zerstören. Nein, der Naturwissenschaftler tritt der Natur gegenüber als ein Fremder, der vorsichtig, skeptisch, möglichst ohne sie zu berühren zur Kenntnis nimmt, was der Fall ist.

Das war nicht immer so, das muß nicht so sein, unsere alltäglichen Wendungen geben Zeugnis davon, und auch wissenschaftliche Erkenntnis hat sich zuzeiten an anderen Modellen orientiert. Wenn ich Herrn X erkenne, so gerade weil er mir nicht fremd ist, weil ich schon mit ihm zu tun hatte und sein Gesicht mir vertraut ist. Erkenntnis ist dann eine Aktualisierung dieser Vertrautheit, sie setzt den Umgang mit dem Gegenstand der Erkenntnis voraus, Subjekt und Objekt hatten schon vorgängig miteinander zu tun. Erkenntnis ist Wiedererkenntnis. An diesem Modell orientierte Platon seinen Begriff von Erkenntnis. Etwas erkennen, εἰδέναι, heißt schon vom Wort her ›gesehen haben‹, beruht also auf dem immer wiederholten Sehen und Vertrautwerden. Platon mußte seine Theorie, um sie konsequent zu formulieren, durch die Hypothese der Wiedererinnerungslehre abstützen: wenn Erkenntnis für uns Menschen immer Wiedererkennen ist, dann müssen wir voraussetzen, daß wir vor unserem irdischen Leben alle Dinge schon einmal gesehen haben, um sie dann hier in der sinnlichen Welt als das, was sie sind, identifizieren zu können. Erkennen als Wiedererkennen vollzieht sich aber auch, wenn wir erkennen, was auf einem Bild zu sehen ist, oder bei einer Skulptur: zu erkennen, *was* sie ist, heißt herauszufinden, was sie darstellt. Dieser Art ist nach Platon die wissenschaftliche Erkenntis der sinnlichen Welt. Zu erkennen, was die einzelnen Dinge sind, heißt herauszufinden, welche Idee in ihnen dargestellt ist. Das gilt von den einzelnen Dingen wie vom Weltsystem: die Erkenntnis des Planetensystems ist die Identifizierung der harmonischen Zahlen, die in den Planetenumschwüngen dargestellt sind.

Luthers Rede vom Vollzug leiblicher Liebe als Erkenntnis ist heute nicht ohne weiteres verständlich, aber gibt zu denken. Was soll es heißen, daß ein Mann eine Frau erkennt, wenn er sexuell mit ihr umgeht? Doch wohl kaum, daß er weiß, was sie für sich als Weib ist, was sie fühlt. Viel eher, was sie als Weib für ihn ist, in welcher Weise sie ihm als Mann enstpricht. Klar ist jedenfalls, daß diese Art Erkenntnis auf einer realen Beziehung zwischen Erkenntnissubjekt und Erkenntnisobjekt beruht, ja geradezu die Realisierung dieser Beziehung ist. Das Andere, die Frau, wird erkannt in ihrer Komplementarität zum Mann. Daß Erkenntnis sich nicht auf das richten muß, was etwas an sich sein mag, wird hier deutlich. Nicht einmal für erfolgreiche Praxis ist das nötig. Ich erkenne ein Schloß, in dem ich den Schlüssel finde, der zu ihm paßt. Diese Art von Erkenntnis ist nicht Aneignung, das Erkannte wird nicht einverleibt, nicht der eigenen Form und sei es der Denkform angepaßt. Das Andere der Erkenntnis bleibt »an sich« unbekannt, man läßt es sein, was es ist, und erkennt es doch in seinem Verhältnis zu einem selbst im praktischen Vollzug.

Mehr noch hat man mit seinem Gegenstand zu tun in der Erkenntnis durch Sympathie. Es ist Malebranche, der wohl als letzter die Sympathie als einen integralen Bestandteil der Erkenntnistheorie formuliert, zugleich aber auch mit allen Gefahren, die darin enthalten sind. Derartiges findet sich in seiner Behandlung der Einbildungskraft. Einbildungskraft wird verstanden vom Prozeß des Lernens her, des Lernens durch Nachahmung: Man bildet sich etwas ein, indem man, was man sieht oder hört, in sich nachbildet. Das gehörte Lied singt man innerlich mit, die Figuren, die man sieht, werden in Bewegungsanmutungen gespürt. Erkenntnis ist so Teilhabe an dem Erkannten, das Erkenntsubjekt wird in gewisser Weise, was das Erkannte ist, und weiß so das Andere, das es an sich selbst erfährt. Auch diese Auffassung von Erkenntnis hat ihre lange Tradition, sie geht zurück auf die griechische Lehre von der Erkenntnis des Gleichen durch das Gleiche, oder wie Aristoteles modifiziert formuliert: das Subjekt der Erkenntnis ist der Möglichkeit nach, was das Objekt ist, und erkennt, indem es selbst wird, was das Erkannte ist. Das Kältere erkennt das Wärmere, indem es warm wird, das Dunklere das Helle, indem es hell wird. Die Distanz zum Erkannten ist hier gewahrt, Erkenntnis setzt diese voraus, und doch wird Erkenntnis gerade möglich, dadurch, daß man die Distanz aufgibt und sich dem Erkannten aussetzt. Erkenntnis durch Sympathie setzt eine Verwandtschaft von Erkennendem und Erkanntem voraus, und diese Verwandtschaft ist deshalb umgekehrt ein hinreichender Erklärungsgrund. Was die Tiere sind, was die Pflanzen sind, was die Welt als ein großer Organismus ist, ist einem im Prinzip nicht fremd, weil man es von innen her kennt, weil man etwas Derartiges selbst ist. Daher die Erklärungskraft der Mikrokosmos-Makrokosmos-Analogie.

Die Tradition einer Erkenntnis durch innere Verwandtschaft kehrt wieder im modernen Verstehensbegriff, durch den die Geisteswissenschaften ihre Selbständigkeit gegenüber den Naturwissenschaften begründen wollten. Seine methodische Reinigung von »Einfühlung« hat ihn allerdings von dieser Tradition weitgehend entfernt. Die bloße Vorstruktur des Verstehens, wie sie Heidegger und Gadamer in der Hermeneutik herausgearbeitet haben, verblaßt tendenziell zu einer bloßen Sinnvermutung, mit der man an Texte oder Kunstwerke herangeht, und unterscheidet sich dann kaum noch, wie Heide Göttner[1] gezeigt hat, von einer wissenschaftlichen Hypothese, die das Datenmaterial aufschließt und sich an ihm zu bewähren hat bzw. durch die Daten modifiziert wird. Die Vorstruktur des Verstehens braucht keineswegs zu bedeuten, daß man mit dem Text schon etwas zu tun hat, vielmehr wird hier der Erkenntnisgegenstand zu etwas Fremdem, das angeeignet werden muß, das modifizierend in die eigene Vorurteilsstruktur zu integrieren ist. Dieser Vorgang heißt dann Bildungsgeschichte. Mehr verlangt ist allerdings, wenn soziale Kompetenz als Voraussetzung sozialwissenschaftlicher Kompetenz reklamiert wird. Dann heißt es, man könne gesellschaftliche Zusammenhänge nur verstehen auf der Basis des eignen gesellschaftlichen Seins, d.h. also weil man irgendwie schon dazugehört, weil man mit seinem Erkenntnisgegenstand in einer sozialen Beziehung steht.

Kant orientiert sich nicht an solchen Erkenntnisweisen. Seine Erkenntnistheorie geht, wie ihre schließliche Konkretion zeigt, vom Modell der Physik aus. Diese Physik ist nicht mehr die Physik Galileis, der von der Natur sagen konnte, sie sei ein Buch in Zahlen geschrieben, oder Keplers, der im Planetensystem die Gedanken Gottes lesen wollte. Die Natur erkennen ist nicht Lesen; es wird nicht ein wie immer chiffrierter Sinn erschlossen – Sinndeutungen werden erst wieder in der *Urteilskraft* und dann auch nur in der Weise des ›Als ob‹ zugelassen. Es ist die nachcartesische Physik, die nach der Methodologie der regulae in der Natur die Elemente aufsucht, um aus deren Zusammensetzung die Phänomene zu verstehen. Erkennen ist nicht Wiedererkennen, ist nicht der geglückte Vollzug eines Umgangs mit dem Erkenntnisgegenstand, Erkennen ist nicht Teilhabe, Kennen ist nicht Lesen, sondern Erkennen ist – Synthesis. Hatte seinerzeit Vico mit der Doktrin ›verum et factum convertuntur‹ sich gegen die Erkennbarkeit von Natur ausgesprochen, weil eben nur Geschichtliches vom Menschen gemacht sei, so wird dieses Prinzip bei Kant gerade für die Erkennbarkeit der Natur reklamiert. Naturerkenntnis heißt Natur zu synthetisieren. Kant folgt damit Descartes' programmatischer Forderung, Natur so zu verstehen, wie wir die Verrichtungen unserer Handwerker verstehen.[2]

Erkenntnis ist nach Kant Vollzug von Synthesen, Synthesis eines gegebenen Mannigfaltigen, Synthesis von Anschauungen, Synthesis von Begriffen. Daß dies ein mögliches Modell von Erkenntnis ist, scheint plausibel, denn was sollte man besser kennen als das, was man selbst zusammengesetzt hat. Erkenntnis durch Synthesis ist Erkenntnis des inneren Bauprinzips, des Mechanismus, es ist konstruktives Erkennen. Fragt sich nur, mit welchem Recht diese Erkenntnis als Naturerkenntnis bezeichnet wird. Ist sie nicht von vornerein auf das bezogen, was man aus der Natur macht, eben das Synthetische, die technischen Geräte und Maschinen? Wenn aber auf Grund solcher Charakterisierungen einige Autoren wie Janich[3] der Naturwissenschaft den Titel einer Wissenschaft von der Natur absprechen und sie als bloße Technikwissenschaft charakterisieren wollen, dann wird ihr Anspruch nicht ernstgenommen, ein Anspruch, dem Kant sich stellt: daß sie nämlich die Erkenntnis der gegebenen Natur sei. So ist es auch gerechter zu sagen, daß nach Kant Erkenntnis Rekonstruktion ist: der Erkennende weiß nicht nur, wie er aus Gegebenem etwas konstruiert, sondern er behauptet, daß seine Konstruktion die Rekonstruktion von etwas sei.

Aber dieses Etwas, die Natur, wo ist sie, wie geht sie in die Erkenntnis ein? Naturwissenschaftliche Erkenntnis ist nicht bloß Synthesis, sondern sie folgt dem analytisch-synthetischen Verfahren: doch was ist das Ganze, das analysiert wird? Es liegt vor und außerhalb der Erkenntnis, es bleibt Bezugspunkt der Erkenntnis, und es ist doch unbekannt: das Ding an sich. Für Kant ist das Gegebene der Erkenntnis bereits das Mannigfaltige, also das Produkt der Analyse, seine ursprüngliche Einheit ist nicht gegeben. Wenn die wissenschaftliche Erkenntnis anfängt, ist diese Einheit immer schon verloren; wenn die Mannigfaltigkeit der Daten gegeben ist, ist der Kontakt zur Natur schon abgerissen. Die Erkenntnis fängt mit einem Scherbenhaufen an, aus dem sie ein Ding konstruiert, in der Hoffnung und in dem Anspruch, daß es eine Rekonstruktion dessen sei, was sie nicht kennt.

Die Erkenntnis des Fremden

Die Trennung war gesetzt, die Distanz sollte gewahrt bleiben. Neuzeitliche Naturwissenschaft trat unter den Maximen Bacons und Descartes' ein in das schon begonnene Projekt der Beherrschung der Natur. Das hieß: die Natur fernhalten, sich nicht betreffen lassen, sich nicht vermischen; es hieß der Natur nicht selbst gegenübertreten, sondern die Naturkräfte gegeneinander in Bewegung setzen; es sollte heißen: der Natur die Gesetze vorschreiben.

Doch wie erkennt man, was einen nicht betrifft? Wie macht man Erfahrungen, ohne sich einzulassen? Wie soll man das wissen, was man nicht kennt? Neuzeitliche Naturwissenschaft entfaltete sich als ein Programm der Erkenntnis des Fremden.

Der Botaniker, der eine Blume bestimmt, zerlegt ihre Blüte, er zählt, mißt und bestimmt Lagen – das würde der Gärtner nicht tun. Der Botaniker hat seine Systematik und untersucht die gegebene Pflanze nach Merkmalen, die ihre Einordnung ins System erlauben. Zumindest tut er so, als ob er die Pflanze nicht kennt. Er behandelt sie so, als ob er von ihr nichts wüßte, als ein Fremdes, und weiß doch ›im Prinzip‹ Bescheid. Er weiß – a priori –, was an ihr vorkommen kann und was für das, was sie ist, relevant ist. Es geht nur noch darum, die einzelnen Daten zu gewinnen. Dabei kann er sich nicht auf den Eindruck verlassen, den die Blume auf ihn macht. Auch darf er sich nicht dadurch bestimmen lassen, daß sie ihm vielleicht gefällt. Er darf sich nicht rühren lassen, er muß vielmehr zerlegen.

Fremdheit: Distanz, Sachlichkeit und Kälte – das mag bei einer Blume noch hingehen. In vielen Fällen muß sie erst methodisch erzeugt werden. Daß es nicht das Fremde ist, mit dem er zu tun hat, mag den Wissenschaftler beim Tier schon rühren – wenn es um den Menschen geht, spätestens, tut er sich Gewalt an. So hat die Medizin in Anatomie und Chirurgie immer besonderer Strategien der Desensibilisierung[4] bedurft, aber auch Ethnologie und Psychiatrie[5] setzen solche voraus.

Erkenntnis des Fremden ist Aneignung. Das Fremde ist auffällig und erklärungsbedürftig. Was vertraut ist, versteht sich von selbst. Die Distanz zum Fremden läßt nicht zu, daß es zu einem spricht. Das soll es auch gar nicht, es darf einen nicht erreichen. Als Fremdes bleibt es bedrohlich und gefährdet den eigenen Bestand. Die Irritation durch das Fremde findet erst Ruhe, wenn es dem Bekannten eingegliedert ist. Erklärung heißt deshalb im Sinne neuzeitlicher Naturwissenschaft Zurückführung auffälliger Phänomene auf grundlegende Prinzipien mit Hilfe von ›Kräften‹. So sind die anderen Menschen, die man auf Entdekkungsreisen traf, Menschen, d.h. Europäer unter anderen klimatischen Bedingungen.

Wo es um Vertrautes geht, hätte die Naturwissenschaft nichts zu sagen. Sie bemüht sich dann um verfremdende Prinzipien. Newtons Apfel konnte nur Thema werden, weil sein Herunterfallen zu etwas Fremdem geworden, nicht mehr selbstverständlich war. Das Prinzip der Trägheit machte eine besondere Kraft erforderlich, den Apfel in Bewegung zu bringen.

Edward Topsell's »The true picture of the Lamia.« From The Historie of Four-Footed Beastes (London, 1607).
Das Interesse des neuzeitlichen Menschen an der Natur galt primär dem Kuriosen, Monströsen, dem Fremden, dem »Effekt«.
»Die Lamia hatte das Antlitz einer schönen Frau und große wohlgeformte Brüste. Diese Bestien stellten eine ernste Gefahr für Reisende dar, denn, wenn sie einen Mann sahen, entblößten sie ihre Brüste, und verführten die Männer durch deren Schönheit näherzukommen. Und wenn sie sie dann in Reichweite hatten, töteten sie sie und verschlangen sie«. (A. G. Debus, in: Man and Nature in the Renaissance, Cambridge 1978, S. 36f., nach Topsell.)

Trennung und Herrschaft

Jeder Herrscher weiß, daß er Abstand halten muß. Verlöre er die Distanz, so wäre er der Einwirkung durch das Beherrschte ausgesetzt. Aber auch die Gewalt, die er ausübt, wäre als distanzlose nicht Herrschaft – sondern Kampf. Im Kampf mag es Sieger geben und Besiegte, Herrschaft beginnt, wenn der Kampf vorüber ist. Gewalt, wo sie zur Herrschaft nötig ist, muß die Distanz wahren, muß vermittelt sein. Am besten, wenn die Beherrschten sie gegeneinander üben und der Herrscher ihnen das Gesetz des Handelns vorschreibt.

Auch die Beherrschung der Natur verlangt Distanz. Auch sie hat zwei Seiten: daß der Mensch durch die Natur nicht mehr betroffen wird und daß er sie für sich arbeiten läßt. Auch die Herrschaft über die Natur beginnt, wo der Kampf vorüber ist.
Nicht der Bauer beherrscht die Natur, nicht der Schiffer, der in kleiner Jolle mit den Wogen kämpft. Naturbeherrschung setzt Trennung voraus. Schon gibt es feste Städte, in denen die Bewohner die Natur nur noch als das Draußen kennen. Schon bestimmt die Architektur den Garten, schon organisiert der Maler die Landschaft zum Bild. Schon ist der Leib im höfischen Zeremoniell, im Tanz und im militärischen Exerzitium verschwunden. Schon befriedigte man die Bedürfnisse über den Markt, ohne die naturale Produktion noch zu kennen. Die Idee der Naturbeherrschung ging von den höfischen Kreisen und der entwickelten Stadtkultur der Renaissance aus, sie setzte die Trennung von der naturalen Existenz und einen hohen Stand materieller Naturaneignung voraus.
Man sagt, daß die neuzeitliche Naturwissenschaft aus einer Ehe zwischen Gelehrtentum und Handwerk entstanden ist. Was haben die Gelehrten von den Handwerkern gelernt, was haben sie gelernt, insofern sie selbst Handwerker waren? Sie lernten Geometrisieren und Zerschneiden, Isolieren und Reinigen, sie lernten, daß erst die materiell angeeignete Natur sich dem Willen des Menschen fügt. Ihre nächsten Kollegen waren nicht die Werkleute, die sich noch unmittelbar mit dem Naturstoff auseinandersetzten: nicht der Bauer, nicht der Gerber, nicht der Bergmann oder der Metallurg. Ihre Kollegen waren Instrumenten- und Werkzeugmacher: Glasschleifer, Graveure, Uhrmacher: Handwerker zweiter Stufe, die schon als Material angeeignete Natur einer neuen Bestimmung zuführten.
Die Wissenschaftler lernten von den Handwerkern Distanz. Sie schoben das Instrument zwischen sich und die Natur. Sie gingen nicht vor die Mauern, sondern arbeiteten im Haus mit der Natur als Material. Aber sie lernten auch Disziplin von den Handwerkern. Zwar kannten sie seit je ihre eigene Disziplin, die Disziplin des Diskurses. Aber in der Natur hatten sie sich bewegt wie der Reisende auf Abenteuerjagd. Sie lernten die Disziplin materieller Arbeit: verläßliche Resultate über die Natur können nur dann erwartet werden, wenn man ihr regelrecht begegnet. Und

schließlich lernten sie ›disinterestedness‹ von den Handwerkern. Die ›sachliche Beziehung‹ des Handwerkers zu seinem Werkstück, des Handwerkers, der nicht mehr für sich, sondern für den Markt produzierte, wurde Vorbild wissenschaftlicher Naturbeziehung. Nicht was ihn an einem Phänomen berührte oder was ihn zu einem Naturgegenstand hinzog, war relevant, sondern was als für alle brauchbares Resultat der Öffentlichkeit präsentierbar war.

Naturbeherrschung durch Selbstbeherrschung

Bacons Maxime: natura non nisi parendo vincitur klingt heute, als sei darin die Selbständigkeit der Natur gewahrt, die Abhängigkeit des Menschen von der Natur noch bewußt. Sie formulierte aber, damals unüberhörbar, die pädagogische These, daß, wer befehlen will, zuerst müsse gehorchen lernen. Das neuzeitliche Programm der Naturbeherrschung setzt ein mit einer rigiden Selbststilisierung des Menschen, seiner Zurichtung zum Erkenntnissubjekt.

Selbstbeherrschung als Voraussetzung von Naturbeherrschung ist eine alte Moral. Sie bezog sich primär auf die innere Natur: Herr über die Lüste zu sein, versprach auf lange Sicht erfolgreiche Bedürfnisbefriedigung. Das ist der Ursprung des ›Realitätsprinzips‹. Entsagung, Abhärtung, Triebaufschub, d.h. die Zerstörung von Unmittelbarkeit, sollten den Gebrauch der äußeren Natur zur eigenen Befriedigung ermöglichen. Daß dadurch die äußere Natur beherrscht würde, war nicht die Meinung – das wäre Magie: durch rituelles Verhalten, durch Tanz, Gebärde und Sprache die Natur bezaubern zu können.

Magie und Realitätsprinzip widersprachen einander. Wo in der realistischen Beziehung zur Natur, etwa bei den Griechen, der Natur etwas abgewonnen werden sollte, hieß Realismus gerade: die Natur so lassen, wie sie ist, nicht sie beherrschen. Die Natur war als das Andere anerkannt, das es zu versöhnen galt, wenn ihm Gewalt angetan wurde, wie in der Jagd, dem Ackerbau, dem Bergwerk. Magie ihrerseits setzt eine innere Beziehung und Verwandtschaft des Menschen mit der Natur voraus. In der Magie glaubt der Mensch das Andere in sich selbst zu zwingen. Neuzeitliche Naturwissenschaft ist Realismus und Magie zugleich. Sie setzt die Differenz zur Natur als dem Anderen und

beherrscht sie doch durch Selbstzwang. Die Formierung der Natur als Objekt ist eins mit der Selbststilisierung des Menschen zum Erkenntnissubjekt.
Das Realitätsprinzip verlangt die Trennung: nicht Mitgefühl und Teilnahme, nicht das Gefühl von Verwandtschaft, aber auch nicht die eigenen Bedürfnisse dürfen sich auswirken, soll realistische Erkenntnis sein. Der Gegenstand ist das Fremde, das einen nichts angeht. Mitgefühl und Teilnahme, das Gefühl von Verwandtschaft, aber auch der Appetit, der vielleicht das Interesse am Gegenstand motivierte, werden verdrängt und vergessen.

Zwischen die Natur und den Menschen schieben sich das Instrument und der geregelte Diskurs, die wissenschaftliche Sprache. Sie trennen Subjekt und Objekt und verbinden, indem sie beide unterwerfen.
Bestimmt der Apparat die Möglichkeiten, wie Natur erscheinen kann, so nur für den Menschen, der seine Erfahrung von der Natur zur apparativen macht. War das wissenschaftliche Instrument zunächst als Verlängerung der menschlichen Sinnesorgane gedacht, so stellte sich bald die Frage, ob der menschliche Leib geeignet sei, die durchs Instrument definierten Phänomene zu bemerken. Der Leib als Erkenntnisorgan muß so diszipliniert werden, daß er die Selektivität und Genauigkeit von Instrumenten erreicht. Selbst als Ableser, als Experimentator kann der Mensch nicht bleiben wie er ist. Das Instrument verlangt ihm eine genaue Sehtechnik ab, der Aufbau von Experimenten, durch die reproduzierbare Effekte erzeugt werden sollen, setzt als erstes ein reproduzierbares Verhalten des Wissenschaftlers voraus. Man darf seinem Auge nicht trauen, soll es verläßlich erkennen, man muß methodisch wahrnehmen, nicht sich etwas widerfahren lassen, soll wissenschaftliche ›Erfahrung‹ sein. Die Naturbeherrschung auf der Ebene praktischen Umgangs mit der Natur wird also durch eine rigide Einschränkung menschlicher Zugangsweisen und Erfahrungsweisen erkauft. Nicht der Spaziergänger beherrscht die Natur, aber auch nicht der Bauer, wenn er die Kuh melkt. Der ›Herrscher‹ ist der Mensch am Steuer: eingeschränkt in seinen Bewegungsmöglichkeiten wie in seiner Wahrnehmung, entspricht er in seinem rituellen Verhalten den gesteuerten Prozessen der Natur.

Zwischen Natur und Mensch schiebt sich das Instrument...

Nicht anders auf der Ebene der Sprache. Die Natur wird verfügbar im Kalkül ihrer wissenschaftlichen Repräsentationen. Wer daran partizipieren will, muß sich den Normierungen dieser Repräsentation fügen. Verständigung über Natur wird auf die Möglichkeiten wissenschaftlichen Diskurses eingeschränkt. Dessen Erfolge in Voraussagen und der Gestaltung nützlicher Realität erweisen ihn als den einzig rationalen. Jede andere Verständigungsmöglichkeit über Natur wird als irrational diskreditiert, als bloße Poesie. Daher der Kampf gegen Vorurteile und Ahnungen. Wo Urteile sein sollen, sind Vorurteile nutzlos. Wo Voraussagen möglich sein sollen, muß man auf Ahnungen verzichten. Wo Wissenschaft sein soll, wird alles andere zu ›wildem Denken‹ und muß verschwinden. Als letzter diskursiver Zusammenhang, der Anspruch auf Aussagen über die Natur erhob, scheidet die Theologie aus. Nach der Diskreditierung der Physiko-Theologie muß sie fortan der Naturwissenschaft allein das Feld überlassen. Zwar hört das andere Sprechen über Natur nicht auf, aber es zählt in der Auseinandersetzung mit der Realität nicht mehr. Auch hier gilt: die Naturbeherrschung gelingt nur durch Selbstbeherrschung. Wer rechnend über die Natur verfügen will, muß sich selbst dem Kalkül fügen – er kann sich wildes Denken nicht leisten.

Erkenntnis und Erkenntnistheorie

Wozu betreibt man Erkenntnistheorie? Ist zu erkennen nicht genug? Offenbar wird Erkenntnistheorie nötig, wo sich die Erkenntnis ihrer selbst nicht sicher ist – Erkenntnistheorie dient dann der Begründung. Aber seit alters war dies nicht die einzige Funktion von Erkenntnistheorie: Immer schon war sie eine Strategie der Ab- und Ausgrenzung. Erkenntnis zu bestimmen hieß schon bei Platon zu sagen, was alles *nicht* Erkenntnis ist: Wahrnehmung nicht, Meinung nicht, Glauben nicht. Erkenntnis im strengen Sinne ist Wissenschaft – technisches Wissen, praktisches Wissen, alltägliches Wissen sind *nicht* Erkenntnis. Dieses Bemühen um Demarkation blieb niemals nur kognitiv, sondern war immer auch soziale Ausgrenzung. Der Wissenschaftler grenzte sich gegen den Handwerker, der Professionelle gegen den Laien, der Gebildete gegen den Ungebildeten ab. Die Hierarchie der Wissensformen sollte soziale Hierarchie begründen und rechtfertigen.

Warum treibt Kant Erkenntnistheorie? Die Bedrohung, die ihn dazu bestimmt, wurde deutlich: Einbildung und Metaphysik, die Träume der Sinnlichkeit und der Vernunft, die Überflutung mit den Ausgeburten einer hypertrophierten Innerlichkeit und den haltlosen Spekulationen einer Vernunft, die glaubte, im Ich den Archimedischen Punkt gefunden zu haben – demgegenüber mußten Grenzen gezogen werden, mußte gesagt werden, was eigentlich Erkenntnis ist: Anschauung und Begriff. Anschauungen ohne Begriffe sind blind, Begriffe ohne Anschauungen sind leer.

Beschäftigt mit der Grenzziehung gegen Einbildung und Spekulation, hat Kant übersehen, was sonst noch auf der Strecke blieb. Denn je genauer man hinsieht, desto mehr wird deutlich, daß er nicht Anschauung schlechthin meinte, sondern eine bestimmte Form: Anschauung, die den Anschauungsformen Raum und Zeit gemäß ist, d.h. sich nach dem bloßen Nebeneinander und Nacheinander ordnen läßt. Und daß er nicht Begrifflichkeit schlechthin meint, sondern die Kategorien: Quantität, quantifizierte Qualität (als intensive Größe gedachte Realität), Substanz/Akzidenz, Kausalität, Wechselwirkung. Anschauen, das nicht *so* anschaut, Denken, das nicht nach *diesen* Begriffen verfährt, ist also nicht Erkenntnis. Daß dadurch eine Fülle von Formen menschlichen Wissens herausfällt, wird bei Kant nicht deutlich, weil sie nicht genannt werden – nur die Wahrnehmung kommt gelegentlich noch vor. Im Gegenteil, da Kant nur von Erkenntnis überhaupt spricht, entsteht der Schein, er könne beispielsweise lebensweltliche *und* wissenschaftliche Erkenntnis meinen. Aber faktisch trifft Kants rigide Analyse nur auf die wissenschaftliche Erkenntnis zu. Und als Wissenschaft, als ›eigentlich so genannte Wissenschaft‹, läßt er dann schließlich nur die Physik oder gar nur die Mechanik zu. Alles andere, Chemie, Biologie, Psychologie – bloße Lehre, bloß Experimentierkunst! Ja Kant gibt ihnen nicht einmal die Chance, in Zukunft sich zur Wissenschaft zu mausern. Die Kantische Erkenntnistheorie läuft schließlich darauf hinaus, den Herrschaftsanspruch wissenschaftlichen Wissens und innerhalb der Wissenschaften den Herrschaftsanspruch der Physik zu begründen.

Daß dies zugleich eine soziale Ausgrenzungsstrategie ist, scheint offensichtlich. Die Herausstellung naturwissenschaftlichen Wissens als einzig legitimer Wissensform drängt alle anderen in die Irrationalität ab. Das heißt aber auch, daß ihre Träger nicht legitim mitreden können, daß ihr Wissen letztlich nicht zählt.

Diese Konsequenz wird verdeckt durch den Anspruch auf Universalität und Generalität des maßgeblichen Wissens. Was Naturwissenschaft erkennt, gilt immer und für jedermann – nur daß jedermann durch erhebliche Zugangsschranken, von der Wissenschaftssprache bis zum Diplom, von diesem universalen Wissen ausgeschlossen ist. Bei Kant findet dieselbe Verdeckung statt: Er formuliert seine Anschauungsformen und Kategorien als universal und generell, sie gelten für alle Gegenstände und alle Menschen. Aber gleichwohl gehören sie nicht zur Naturausstattung des Menschen – sie *definieren* den Menschen als vernünftigen. Wer dazugehören will, wer zum ›Reich der vernünftigen Wesen‹ gehören will, muß sich nach ihnen richten. Er muß sein individuelles Anschauen, sein individuelles Denken so stilisieren, daß er den Ansprüchen der Vernunft genügt. Er muß seine individuellen Erfahrungsmöglichkeiten so einschränken, daß seine Erfahrungen in den großen Zusammenhang objektiver Erfahrungen eingefügt werden können. Der Prozeß der Zivilisation vollzieht sich hier als Prozeß der ›Zivilisierung‹ des Denkens. Wer Mensch sein will, muß vernünftig sein. Wem das nicht gelingt, bleibt draußen.

Erkenntnis als Gericht

Man *könnte* Erkenntnis vom Sehen her begreifen. Dann wäre die Situation die des Theaters: So sitzen die Bewohner von Platons Höhle auf den Zuschauerbänken, während hinter den Schranken Schattenspieler ihre Figuren vorübertragen. Erkenntnis wird dann aus der Beobachtung der Schatten, ihrer Deutung und der Berechnung ihres Auftretens gewonnen: »Ehre, Lob und Belohnung haben sie für denjenigen bestimmt, der das Vorübergehende am schärfsten sah und am besten behielt, was zuerst zu kommen pflegte und was zuletzt und was zugleich, und daher also am besten vorhersagen konnte, was nun erscheinen werde.« (Platons Staat, VII, 516 c, d,)

Anders Kant. Er bestimmt die Erkenntnissituation als eine der Frage, genauer, des Verhörs. Es ist die Frage vor Gericht, die Kant zum Leitbild der Erkenntnissuche dient: »Die Vernunft muß mit ihren Prinzipien, nach denen allein übereinkommende Erscheinungen für Gesetze gelten können, in einer Hand, und mit dem Experiment, das sie nach jenen ausdachte, in der anderen, an die Natur gehen, zwar um von ihr belehrt zu werden, aber nicht in der Qualität eines Schülers, der sich alles vorsagen läßt, was der Lehrer will, sondern eines bestallten Richters, der die Zeugen nötigt, auf die Fragen zu antworten, die er ihnen vorlegt.« (KdrV, B XIII) Auch die Polizei sucht Erkenntnisse. Der Erkenntnissuchende ist im Kantischen Bild nicht in einer demütigenden oder abwartenden Haltung, er ist nicht der Bittende oder der Empfangende gegenüber seinem Objekt, der Natur, sondern er ist in einer institutionell abgesicherten herrscherlichen Position: Er ist nicht Schüler, sondern Richter. Jetzt sitzt er jenseits der Schranken, bleibt frei und unberührt, während auf der anderen Seite die Zeugen im Stuhl »genötigt« werden. Sein Fragen ist kein Fragen im Gespräch: Nicht daß sein Partner die Chance hätte, durch seine Antwort dem Gespräch eine eigene Wendung zu geben, zu sagen und zu erzählen, was er möchte. Der Erkennende lehnt es ab, sich von seinem Gegenstand etwas sagen zu lassen, sich wie ein Schüler belehren zu lassen, überhaupt diesem Gegenstand als Partner irgendeine Spontaneität zuzugestehen. Zeugen wollen ja gewöhnlich ihre Version und Deutung und auch ihr Urteil abgeben, aber das wird ihnen schnell ausgetrieben. Nicht was sie zu sagen haben zählt, sondern nur was sie genötigt sind zu sagen. Als Wahrheit gilt, was das Objekt unter Zwang äußert.

Diese Nötigung des Objektes, der Natur, geschieht durch das Experiment. Es bringt den Naturgegenstand, wie Kant mit Recht feststellt, in eine Situation, in der er sich nur noch nach vorher bestimmten Alternativen zeigen kann. Die entscheidbare Alternative wird die Grundbestimmung einer empirisch erfahrenen Natur. Wahrheit als abgenötigte Antwort? Darin liegt ein tiefes Mißtrauen gegenüber der Natur. Wie vor Gericht man den Zeugen nicht traut, weil sie nur ihren eigenen Interessen, nicht dem der Wahrheitsfindung folgen – zu verschleiern suchen, zu beschönigen oder auch nur ihre völlig unsachliche Deutung des Geschehens zum besten geben –, so mißtraut der Wissenschaftler der Natur: So wie sie von sich aus ist, was sie von sich aus hergibt, zählt nicht; sollte sie spontan sein, so ist diese Spontaneität auszuschalten, sollte sie eine Geschichte zu erzählen haben, so ist sie zum Schweigen zu bringen. Verwertbar sind nur die Antworten, die sie, genötigt, auf vorher ausgedachte Fragen gibt.

Platon, nachdem er seine eigene Naturtheorie in Form einer Deutung der sinnlichen Welt als Abbild ewiger Ideen gegeben hat, sagt im ›Timaios‹ (68 d): Wer meint, daß er diese Lehren dadurch zu bestätigen oder zu widerlegen imstande ist, daß er die Natur aufs Streckbett spannt, hat nichts von der Sache verstanden. Das Streckbett, die Tortur, die peinliche Befragung – Feierabend hat schon in seinem Buch ›Wider den Methodenzwang‹ die Identität naturwissenschaftlicher Methodologie mit der Hexeninquisition behauptet. Die Hypothese (daß die Frau vom Teufel besessen sei) in der einen Hand, das Experiment, das er nach jener ausdachte (das Streckbett oder die Daumenschraube), in der anderen, tritt der Inquisitor an die vermeintliche Hexe heran und versucht durch ihr abgenötigte Antworten seine Hypothese zu bestätigen. Was schief zu sein scheint an dieser Analogie, ist, daß anders als die Frauen in den Hexenprozessen die Natur ja kein Subjekt ist, kein fühlendes Wesen – oder ist es etwa umgekehrt: Was sich als Natur nach dieser Methodologie von Erkenntnis zeigen kann, ist nur noch ein totes, zwanghaft funktionierendes Ding?

Kant redet von Zeugen – wer ist der Angeklagte? Vermutlich ist der Angeklagte die Natur selbst, und Kant deutet, indem er über Zeugen spricht, an, daß die Wahrheit über diesen Angeklagten auch nur indirekt gewonnen wird, über Zeugenbefragung und Indizien. Vielleicht ist die Natur nicht einmal in ihrem Prozeß anwesend. Sie wird in effigie verurteilt. Es geht ja auch gar nicht um ihr Anliegen oder um ihre Selbstdarstellung, sondern es geht nur darum, was den Richter interessiert. Er legt die Sprache des Diskurses fest, und nur was in dieser Sprache formuliert werden kann, ist eine Tatsache. Eine Tatsache vor Gericht ist nur, was in der Rechtssprache formulierbar ist. Sofern mögen der Angeklagte, die Zeugen erzählen was sie wollen, der Richter wird aus ihren Darstellungen nur bestimmte Stücke und Ausdrücke entnehmen, die sich in juristische Terminologie übersetzen lassen und Beiträge zur juristischen Tatsachenkonstruktion darstellen können. Erkenntnis vor Gericht: das heißt, daß Tatsachen im Rahmen einer vorgegebenen Sprache und nach im vorhinein festgesetzten Prinzipien, daß Tatsachen auf der Basis von Daten konstruiert werden, die dem Objekt unter Zwang abgenötigt werden. »Und so hat sogar Physik die so vorteilhafte Revolution ihrer Denkart lediglich dem Einfalle zu verdanken, demjenigen, was die Vernunft selbst in die Natur hineinlegt, gemäß, dasjenige in ihr zu suchen (nicht ihr anzudichten), was sie von dieser lernen muß, und wovon sie für sich selbst nichts wissen würde.« (KrdV, B XIII f.)

2. DIE ELEMENTE DER KANTISCHEN ERKENNTNISTHEORIE

Das Ding an sich

Das Ding an sich ist ein Unding. Deshalb haben es auch viele Autoren einfach aus der Kantischen Theorie streichen wollen. Andere haben behauptet, daß es uns doch irgendwie bekannt sei – vielleicht in lebensweltlicher Erkenntnis. Andere, wie Sellars, meinten, daß die wissenschaftliche Erkenntnis es mit dem Dinge an sich zu tun habe – eben nicht bloß mit Erscheinungen wie die lebensweltliche. Andere haben behauptet, daß das Ding an sich eben nicht schlechthin, sondern daß es bloß historisch unbekannt sei und daß man sich mit dem Fortschritt der Erkenntnis in der Wissenschaft der Kenntnis des Dinges an sich allmählich annähert.

Was wir erkennen, sagt Kant, sind Erscheinungen, was die Dinge an sich sein mögen, ist uns unbekannt. Das mag trivial klingen, wenn man betont, daß die Dinge als erkannte jedenfalls Dinge *für uns* sind, nicht an sich. Aber warum sollte das ausschließen, daß die Strukturen, die wir an ihnen erkennen, ihnen auch wirklich, wie man sagt, an sich, nämlich unabhängig von unserer Erkenntnis zukommen? Sind wir nicht gerade an diesen interessiert? Daß wir nichts darüber sagen können, ob, was wir an den Erscheinungen erkennen, den Dingen an sich zukommt, ist eine harte Lehre. Es gilt nicht sie zu verbessern, sondern herauszufinden, was Kant über den Erkenntnistyp sagt, für den seine Erkenntnistheorie gemacht ist. Diese Erkenntnis enthält ein Ding an sich, das systematisch unbekannt bleiben muß.

Dennoch – das Ding an sich ist und bleibt der Gegenstand der Erkenntnis. Wie sollte es anders sein, wenn nicht unsere Erkenntnisse bloße Phantasien sein sollen. Wir beziehen unsere Erkenntnis auf etwas, das wir nicht sind, und das von sich aus so ist, wie es ist, unabhängig von uns. Unter dem Titel ›transzendentaler Gegenstand‹ führt Kant das Ding an sich ein als dasjenige, »was dawider ist, daß unsere Erkenntnisse nicht aufs Geratewohl« bestimmt seien (KdrV A 104). Freilich, auch als transzendentaler Gegenstand bleibt das Ding unbekannt, es ist ein bloßes X, und man fragt sich, wie es als solches dann das beliebige Ausufern unserer Vorstellungen verhindern soll. Da es unbekannt bleibt, kann dies nicht geschehen, indem es seine eigenen Strukturen und Gesetze uns entgegenhält, an denen unsere Erkennntis sich abzuarbeiten hätte. Das einzige, was ihm bleibt, ist nach Kant, daß es eben ein Ding ist, *ein* Ding – aber auch diese Einheit ist uns nicht gegeben, die Erkenntnis vom Kantischen Typ fängt mit dem zusammenhanglosen Mannigfaltigen an. Das Ding an sich kann also auch nicht selbst unsere Vorstellungen kontrollieren. Kant bemüht deshalb ein Substitut, die Einheit des Selbstbewußtseins: wenn alle unsere Vorstellungen sich auf ein Ding beziehen sollen, so müssen sie auch untereinander eins sein, d.h. in *ein* Bewußtsein vereinigt werden können. Das ist wenig, aber immerhin ist damit ein Kriterium für Objektivität gewonnen. Das Ding an sich als transzendentaler Gegenstand bleibt auch hier systematisch außerhalb der Erkenntnis. Kant führt deshalb noch einen anderen Gegenstandsbegriff ein, den Gegenstand in der Erscheinung. Er ist das, was inhaltlich erkannt wird, die mehr oder weniger vollständige Rekonstruktion des Dinges in der Vorstellung. Das ist eine sehr effektive Strategie, mit der es Kant gelingt, durch die Frage, wie Vorstellungen untereinander zur Einheit gebracht werden können, die fundamentalen Strukturen von Gegenständen in der Erscheinung auszumachen: das sind die Kategorien.

Aber warum bleibt das Ding an sich unbekannt, und was ist das für eine Erkenntnis, die sich auf ein Ding bezieht, das eben dieser Erkenntnis unbekannt bleibt? Das Ding an sich ist Symbol einer Trennung. Wir können es nicht erreichen, wir können es nicht sehen, es hat uns nichts zu sagen: nur passiv noch werden wir von ihm betroffen. Aber das geschieht nicht in der Weise, daß es uns ergreift wie der Anblick eines Gebirges oder uns umwirft wie eine Windböe am Meer, sondern eher so wie wir Nadelstiche spüren: solcherart ist nach Kant die Affektion. Durch das Ding an sich erhalten wir unsere Empfindungen: warm/kalt, leicht/schwer, hell und dunkel. Diese Unterschiede sind uns gegeben und auch das Mehr oder Weniger der Empfindung, aber nichts

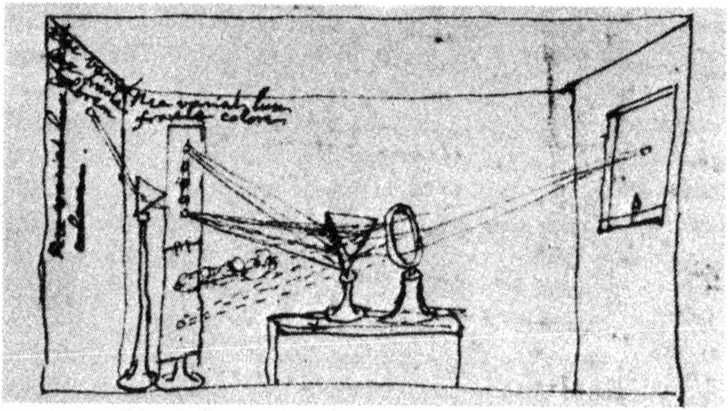

Newtons Zeichnung von seinem Prismen-Experiment.
Damit aber diese Lichter zum Vorschein kommen, setzt er dem weißen Licht gar mancherlei Bedingungen entgegen: durchsichtige Körper, welche das Licht von seiner Bahn ablenken, undurchsichtige, die es zurückwerfen, andre, an denen es hergeht; aber diese Bedingungen sind ihm nicht einmal genug. Er gibt den brechenden Mitteln allerlei Formen, den Raum, in dem er operiert, richtet er auf mannigfaltige Weise ein, er beschränkt das Licht durch kleine Öffnungen, durch winzige Spalten, und bringt es auf hunderterlei Art in die Enge. Dabei behauptet er nun, daß alle diese Bedingungen keinen andern Einfluß haben, als die Eigenschaften, die Fertigkeiten (fits) des Lichtes rege zu machen, so daß dadurch sein Innres aufgeschlossen werde, und was in ihm liegt, an den Tag komme. (Goethe, Farbenlehre, Polemischer Teil § 18)

darüber. Nichts Ausgedehntes, nichts Strukturiertes, nichts Geordnetes. Man glaubt Newton in seinem verdunkelten Zimmer sitzen zu sehen, wie er mit Lichtstrahlen experimentiert, die durch ein kleines Loch von draußen durch die Verdunkelung dringen: Er untersucht nicht die Sonne, sondern das Licht in seinem Raum. Leibnizens fensterlose Monaden haben keine Fenster bekommen, wohl aber Löcher. Sie projizieren nicht mehr den Kursus ihrer Ideen auf das Innere ihrer Kugelwand, aber sie können auch nicht nach draußen schauen. Sie müssen sehen, wie sich aus den punktuellen Informationen, die durch die Löcher dringen, ein einheitliches Bild konstruieren läßt. Der Erkennende bleibt vom Erkenntnisgegenstand durch diese löchrige Wand getrennt. Kants radikale Charakterisierung dieser Erkenntnisweise besteht darin, die Illusion auszuräumen, als sei das Bild, das sich der Erkennende macht, ein Bild der Außenwelt jenseits der Wand. Es ist nicht die Natur, könnten wir wieder sagen, die wir in der Naturwissenschaft erkennen. Es ist gerade charakteristisch für diesen Erkenntnistyp, von der Natur radikal getrennt zu sein. Freilich verwendet man dann das Wort Natur anders als Kant: denn wenn er Natur in den ›Metaphysischen Anfangsgründen der Naturwissenschaft‹ als das erste innere Prinzip alles dessen, was zum Dasein eines Dinges gehört, definiert, dann meint er damit das Ding in der Erscheinung, Natur als Erscheinung. Was ist aber die Natur, die erscheint?

Natura naturans, natura naturata: Die Naturwissenschaft hat systematisch darauf verzichtet, erstere zu erkennen. In Kants reifer Erkenntnistheorie spiegelt sich das noch im Unterschied von Ding an sich und Erscheinung. Die Gesetze der Natur, a priori oder empirisch, sie sind die Gesetze der Natur als Erscheinung. In seiner frühen Schrift *Träume eines Geistersehers* ist bei Kant noch deutlich dieser fundamentale Verzicht der Naturwissenschaft präsent. Wenn Newton von Gravitation spricht, so meint er die mathematischen Gesetze, die die Gravitationserscheinungen untereinander verbinden: Die Ursache der Gravitation ist mir unbekannt, formulierte er. War Newton an dieser Ursache noch eminent interessiert, so wurde später über dem Erfolg des Gravitationsgesetzes diese Frage nach den Ursachen der Gesetze aus der Naturwissenschaft überhaupt verdrängt. In den *Träumen eines Geistersehers* parallelisiert Kant diese Beziehung zwischen dem Ursprung der Körperanziehung und ihren phänomenalen Gesetzen mit der Beziehung zwischen der Lebenskraft und der biologischen Organisation, mit der Beziehung zwischen einer vielleicht existierenden Einheit der Geister und dem phänomenalen common sense in moralischen Dingen. In allen diesen Fällen wird eine ursprüngliche Kraft unterstellt, die jeweils für die Einheit der Erscheinungen, der Gravitation, der organischen Organisation und des moralischen common sense verantwortlich gemacht wird. Die kritische Wende Kants ist der Verzicht auf diese Fragedimension. Kant vollzieht damit in der Philosophie, was in der Naturwissenschaft schon geschehen war.

Die Trennung von Ding an sich und Erscheinung macht Sinn, sie charakterisiert die methodische Disziplin naturwissenschaftlicher Erkenntnis, unser Schicksal als erkennender Menschen ist sie nicht. Wir sind nicht schlechthin von den Dingen an sich, der natura naturans getrennt, selbst Kant muß das zugeben – oder besser: er braucht einen positiven Bezug zum Ding an sich sogar systematisch. Denn im Zusammenhang praktischer Philosophie ist es ihm wichtig, daß wir selbst ein solches Ding an sich sind. Es gibt also eine Zugehörigkeit, eine Art Innenschau, nur alles, was man sonst noch weiß oder zu wissen glaubt, *soll* für die Naturwissenschaft irrelevant sein. Sie lebt auf der Basis disziplinierten Nichtwissens. Alles, was man selbst als Natur, als Organismus, als lebendiger Mensch ist und weiß, was man im praktischen Umgang mit der Natur erfahren hat, was einem aus dem Mitleben mit Tieren und Pflanzen geläufig ist, all dies gehört nicht in die Naturwissenschaft, es trägt zu diesem Typ von Erkenntnis nichts bei. Das Resultat in der Erkenntnistheorie: die Unterscheidung vom Ding an sich und Erscheinung verdeckt, daß zu diesem Typ von Erkenntnis ein gerüttelt Maß an Vergessen gehört, systematischem Verlernen, Vernichtung von Wissen – jeder Schüler, jeder Student, der heute Physik lernt, spürt dies noch am eigenen Leibe. Das Ding an sich ist nicht unbekannt, sondern es soll unbekannt sein, d.h. jedes Vorwissen ist zunächst zu vernichten wegen seiner Kontingenz, seiner Historizität, seiner persönlichen Färbung – damit sich später das Selbstbewußtsein universalen Wissens um so sicherer erheben kann.

Das gegebene Mannigfaltige

Erkenntnis ist für Kant immer Erkenntnis von Gegebenem. Gegebenes ist das, was man nicht aus eigenem hat, das Fremde, das von außen kommt. Kant kämpft leidenschaftlich darum, diese Wissensform von anderem abzugrenzen, in dem man es nur mit eigenem, mit Gemachtem zu tun hat – von den sinnlichen Phantasien auf der einen Seite, Traum, Einbildung und Halluzination, von den Träumereien der Metaphysik auf der anderen Seite. Fremdheit ist geradezu ein Kriterium der Wahrheit, das Merkzeichen dafür, daß man überhaupt den eigenen Kreis verlassen hat. Diese Furcht, in den eigenen Kreis eingesperrt zu sein und sich darin zu verstricken, ist erstaunlich. Positiv gewendet bezeichnet Kant einen Grundzug moderner

Naturwissenschaft: Sie trat nicht an zur Erläuterung von Bekanntem, zum Verstehen des Alltäglichen, sondern als Entdeckerwissenschaft. Der neuzeitliche Wissenschaftler ist nicht der Gelehrte, sondern der Forscher, er erwirbt Zugehörigkeit zum Kreis der Wissenschaft und Reputation durch die Entdekkung des Neuen, des Fremden, durch Überschreiten von Grenzen. Natürlich muß dieses Fremde zum Eigenen gemacht werden: Erkenntnis ist Aneignung.
Das Erkenntnisorgan, durch das uns etwas gegeben wird, nennt Kant Rezeptivität oder Sinnlichkeit. Was uns gegeben wird, sind Empfindungen, sie werden gedacht unter dem Begriff der Realität. Der Inhalt des Gegebenen besteht in sinnlichen Qualitäten. Sie sind mehr oder weniger intensiv gegeben, und sie unterscheiden sich spezifisch voneinander wie Wärme von Schwere. Aber – Kant betont immer wieder, daß das Gegebene als solches keine Einheit enthält, keine Ordnung, kein Gesetz: »allein die Verbindung (coniunctio), eines Mannigfaltigen überhaupt, kann niemals durch Sinne in uns kommen, ...« (KdrV, B 129). Das gegebene Mannigfaltige enthält keinerlei Verbindung, Ordnung, Gesetzmäßigkeit. Man hat sich gefragt, ob das der Wahrheit entspricht. Jede natürliche Erfahrung lehrt uns, daß uns nicht zusammenhangloses Mannigfaltiges gegeben ist, sondern Dinge. Die Gestaltpsychologie hat daraus ein eigenes Thema gemacht und empirisch, wenn das möglich ist, Kant widerlegt. Ist Kants Theorie also falsch? Die Wissenschaft hat nicht mit Stühlen oder Bäumen zu tun, jedenfalls nicht die Naturwissenschaft, die für Kant die Leitdisziplin war, die Physik. Sie hat es mit Datenmannigfaltigkeiten zu tun. Daten werden erzeugt in Meßreihen mit Hilfe von Meßgeräten, als Produkte der Analyse in der Chemie, als Resultate von Schneiden und Zerreißen in der Biologie. Wie Descartes in den Regulae vorschrieb, ist der erste Schritt wissenschaftlicher Erkenntnis der der Zerlegung, das Aufsuchen von Elementen. Das Resultat dieses ersten Schrittes ist, wie Kant mit Recht formuliert, ein zusammenhangloses Mannigfaltiges. Mag dem gewöhnlichen Bewußtsein eine Blume gegeben sein, so ist das Gegebene wissenschaftlicher Untersuchung in der Pflanzenbestimmung eine Liste und Zahl von Blütenblättern, Stempeln, Pollen usw. Mag dem gewöhnlichen Bewußtsein ein menschlicher Leib gegeben sein, so ist das Gegebene der naturwissen-

schaftlichen Medizin das Resultat der Anatomie: Organe, Muskelfasern, Gewebe, schließlich Zellen. Ist für den Naturalienfreund ein Stein, den er auf dem Spaziergang fand, das Gegebene, so für die Chemie dessen Analyse in chemische Elemente. Daß etwas ein Stein ist, ein Leib oder eine Blume, wird über der Analyse zunächst einmal vergessen, es muß vergessen werden, denn diese Einheiten enthalten die vorwissenschaftliche Vertrautheit, alles vorwissenschaftliche und damit unwissenschaftliches Wissen, das man vom Gegenstand hat. Die Entfremdung findet in der Analyse statt. Hatte die neue Wissenschaft mit den Entdeckungsreisen, aber auch mit Monstren und Kuriositäten das Fremde zunächst außerhalb des Gewöhnlichen finden können, so wendet sich ihre Methode dann eigentlich nach innen: es ist die Verfremdung des Vertrauten, die dieses erst zum Erkenntnisgegenstand erhebt. Was man weiß, muß vergessen werden, was verbunden war, muß getrennt werden, was ein Ganzes war, muß zerschnitten werden: damit fängt die Wissenschaft an.

Die Fremdheit wird also selbst wissenschaftlich produziert. Man mag mit dem Gegenstand vertraut sein, aber das soll man vergessen, man mag schon wissen, was er ist, doch dieses Wissen zählt nicht. Doch wenn das Gegebene nur zusammenhangloses Mannigfaltiges ist, was hindert dann, daß wir Beliebiges daraus machen? Fällt nicht Kant gerade in das zurück, was er fürchtet, nämlich die Beliebigkeit innerer Phantasien und Träumereien? Natürlich wird die Einheit des Bewußtseins festgehalten als unabdingbares Kriterium für Objektivität. Aber wenn dieses Kriterium etwas ausmachen soll, so darf doch das Mannigfaltige sich nicht beliebig verbinden lassen; es muß der synthetischen Bemühung des Verstandes seine eigene Struktur widerspenstig entgegensetzen. Hier zeigt sich nun eine wirkliche Schwäche der Kantischen Theorie. Schon um die Anwendung der Kategorien unter Bedingungen zu setzen, muß Kant voraussetzen, daß das gegebene Mannigfaltige Strukturen hat. Um die gegebene Realität als intensive Größe denken zu können, muß vorausgesetzt werden, daß die Empfindung einen Grad hat. Um die Kategorie der Kausalität anwenden zu können, muß vorausgesetzt werden, daß es empirische Regelmäßigkeiten in der Folge des Gegebenen gibt. Aber welches Vermögen belehrt uns über diese Regelmäßigkeiten? – Darauf gibt Kant keine Antwort.

Und natürlich soll die Naturerkenntnis nicht nur aus gegebenen Bausteinen ein Irgendetwas konstruieren, sondern sie soll Erkenntnis von *Natur*gesetzen sein, das heißt solchen, die nicht aus der Struktur des Verstandes allein folgen. Naturerkenntnis soll die Erkenntnis von Ordnung und Regelmäßigkeit in der gegebenen Natur sein. Doch wo ist das Vermögen, durch das uns diese Ordnung und Regelmäßigkeit gegeben sein soll?

In der Kritik der Urteilskraft behandelt Kant die Gewinnung der empirischen Naturgesetze. Es ist die reflektierende Urteilskraft, die für ihre Auffindung zuständig ist, das Vermögen, das Allgemeine im Besonderen aufzusuchen. Die reflektierende Urteilskraft hat dafür Kriterien, sie entstammen den Prinzipien des reinen Verstandes. Doch wer garantiert, daß diese Kriterien überhaupt greifen und schließlich greifen, worin? Soweit nicht der Verstand sich im Gegebenen einfach selbst wiederfindet, sondern mit *empirischen* Gesetzen zu tun hat, bleibt das ein großes Rätsel. Das Staunen über dieses Rätsel deckt Kant durch das große ›Als ob‹ zu: Das Prinzip der Urteilskraft besagt, daß die Urteilskraft so verfahren solle, als ob sich die Natur in ihren empirischen Gesetzen dem Verstande gemäß spezifiziere.

Schlimmer wird es noch bei den organischen Wesen. In Tieren und Pflanzen ist in so überwältigender Evidenz Einheit des Mannigfaltigen gegeben, daß Kant dies nicht leugnen kann. Er muß zugeben, daß er hier in hohem Maße Ordnung vorfindet, von der nicht behauptet werden kann, sie sei ein Produkt des menschlichen Verstandes. Kant weiß sich nicht anders zu helfen, als anzunehmen, daß sie das Produkt eines höheren Verstandes als des menschlichen sind, eines göttlichen Urhebers. Wir können uns diese Ordnung nur begreiflich machen, indem wir die organischen Wesen so betrachten, *als ob* sie Produkte eines göttlichen Verstandes seien.

Aber was, ermöglicht uns, die Organisation von Lebewesen zu bemerken und nicht nur das: sondern sie auch zu verstehen? Doch wohl unsere Vertrautheit mit ihnen, letzten Endes, daß wir zu ihnen gehören. Die radikale Verfremdung der Natur, die in Kants Behauptung mündet, daß es der Verstand ist, der der Natur die Gesetze vorschreibt, wird bezahlt mit der Unfähigkeit, sich Ordnungen geben zu lassen, bezahlt mit der Verleugnung unmittelbarer Gestaltwahrnehmung. Durch das klägliche

»Als ob« wird nachträglich die Fiktion formuliert, daß die Natur uns ähnlich sei, sich unserm Verstand gemäß spezifiziere und daß ein Verstand, freilich ein höherer, in ihr wirke, um uns die Natur als phantastisches Produkt einer höheren Ingenieurskunst zu präsentieren.

Das transzendentale Subjekt

»Bisher nahm man an, alle unsere Erkenntnis müsse sich nach den Gegenständen richten; aber alle Versuche, über sie a priori etwas durch Begriffe auszumachen, wodurch unsere Erkenntnis erweitert würde, gingen unter dieser Voraussetzung zu nichte. Man versuche es daher einmal, ob wir nicht in den Aufgaben der Metaphysik damit besser fortkommen, daß wir annehmen, die Gegenstände müssen sich nach unserem Erkenntnis richten ...« (KdrV B XVI). Kant bezeichnet diese Revolution der Denkungsart selbst als Kopernikanische. Er hätte besser sagen sollen: als Anti-Kopernikanische. Denn im Kopernikanischen Universum sieht sich der Mensch an den Rand des Systems verwiesen – in die demütigende Stellung eines Mitfahrers auf einem unbedeutenden Trabanten. Noch in Kants Frühschrift, der *Theorie des Himmels* ist, wie wir zeigten, diese Kränkung zu spüren: eingeordnet selbst in eine mittlere Position vernünftiger Wesen, kann der Mensch seinen Anspruch auf absolute Überlegenheit über das Ganze nur behaupten durch die Vorstellung der Vernichtung: daß das Universum in seiner Hinfälligkeit an der Unvergänglichkeit der Seele zerschellt. Dieser Weg ist nach der kritischen Wende verstellt. Die Unvergänglichkeit der Seele hat sich selbst als Traum der Metaphysik erwiesen. Doch diese Wende bringt in anderer Weise die verlorene Machtposition zurück: Mag der Mensch in seiner hinfälligen Existenz sich weiterhin auf einem marginalen Planeten bewegen, das Ich als Erkenntnissubjekt ist in die Stellung der Sonne zurückgekehrt: der Himmel und alle Planeten stehen unter seiner Regie: »die Gegenstände müssen sich nach unserer Erkenntnis richten«. Doch wer ist dieses gewaltige Ich? Offenbar nicht ›ich‹ als dieser hinfällige Mensch, Kant zum Beispiel, der seinen Tageslauf nach der Sonne richten muß. Verglichen mit dem empirischen Ich ist das Ich als Subjekt der Erkenntnis eine Projektion. Die Vorstellung eines Selbst, das unberührbar von der Natur, unabhängig von Tag und Nacht, Hunger und Krankheit nicht unterworfen, den Gegenständen gebietet. In Theorie und Praxis ist dies Kants Ideal. Die Gewißheit objektiver Erkenntnis wie die Freiheit praktischen Handelns hängen davon ab, ob es mir als empirischem Subjekt gelingt, diesem Ideal zu entsprechen. Kant nennt dieses Superich das ›transzendentale Subjekt‹. Es ist das Subjekt objektiver Erkenntnis, das Ich, das der Natur die Gesetze vorschreibt. Will ich als empirisches Subjekt an dieser Machtfülle partizipieren, so muß ich mich zum transzendentalen Subjekt machen. Meine Vorstellungen zählen als Beiträge zur objektiven Erkenntnis nur insoweit sie nach den Regeln zustandekommen, die das Subjekt als transzendentales definieren.

Es ist nicht leicht, das transzendentale Subjekt zu sein. Das transzendentale Subjekt ist das »ich denke« – genauer sollte es heißen »ich stelle vor«, denn das cogito ist bei Kant die Vorstellung, »die alle meine Vorstellungen muß begleiten können.« Ich, als transzendentales Subjekt, stelle mir etwas vor – und nur das. Ich fühle nicht, ich handle nicht, ich schlafe nicht, ich esse nicht. Als ›Mensch‹ werde ich kaum darauf verzichten können. Aber vom Vorgang der Gewinnung objektiver Erkenntnis ist dies alles strikt fernzuhalten. Als erkennendes Subjekt muß ich also in der Lage sein, eine rigide Trennung in mir vorzunehmen, eine Trennung zwischen meinen Vorstellungen und allen anderen Regungen. Und ich muß diese Trennung aushalten. Als Subjekt objektiver Erkenntnis ist der Mensch vorstellendes Ich – was er sonst noch sein mag, fällt aus der Humanität heraus.

Manche glauben, daß sie ihr ideales Ich, das transzendentale Subjekt, wie einen unverlierbaren Schatz in sich haben, als den unsterblichen und unverlierbaren Kern der Seele. Manchem erscheint es wie ein Ding, auf das man alle seine Vorstellungen beziehen muß, um sie zu objektiven Erfahrungen zu machen, als ein Stein der Weisen, der ihnen den goldenen Glanz der Objektivität mitteilt. Manchem erscheint das transzendentale Subjekt wie eine Spinne, die im Netz des Bewußtseins sitzt und die Fäden zusammenhält. Sagt nicht Kant, daß das empirische Bewußtsein an sich zerstreut sei, daß ich meine Vorstellungen auf die Einheit des Selbstbewußtseins beziehen muß, um sie zu objektiven zu machen? (KdrV B 133).

Aber das transzendentale Subjekt ist kein Seelending, das jedem

Exemplar der Gattung homo sapiens mitgegeben wäre. Vernunft ist keine Naturanlage, sondern ein Produkt der Disziplin. So finde ich in meinen Vorstellungen keineswegs die Identität eines Ich wieder. Meine Vorstellungen sind an sich zerstreut, und das empirische Ich ist vielfarbig. Vielmehr *soll* ich meine Vorstellung zu einem einheitlichen Bewußtsein verbinden – dann erst hefte ich ihnen das unverwechselbare Merkmal des ›ich denke‹ an. Die Forderung der Einheit unter meinen Vorstellungen ist eine Folge der Forderung der Objektivität: Nur Vorstellungen, die unter sich zusammenhängen, können Vorstellungen eines Objektes sein – allgemeiner gesprochen: zu einem Erfahrungszusammenhang gehören. Um also das transzendentale Subjekt zu sein, muß man das empirische Subjekt so vorstellen, daß seine Vorstellungen untereinander eine Einheit ausmachen. Identität des Subjektes ist keineswegs eine Eigenschaft des empirischen Menschen, sie ist vielmehr Produkt einer Disziplin, der er sich unterwerfen muß, soll er als vernünftiges Subjekt mitreden können. Nun verbinde ich als empirisches Subjekt ja meine Vorstellungen immer schon zu Geschichten. Auch meine Träume weisen eine gewisse Einheit auf. Doch auch dies zählt nicht. Die Einheit muß nach den Kategorien des reinen Verstandes zustande kommen. Sonst wäre nämlich nicht zu verhindern, daß jeder Mensch seine eigene Einheit zustande bringen, daß jeder in einer privaten Welt oder gar in mehreren Welten leben würde. Als objektiv gilt aber nur, was für alle gilt. Objektivität und Generalität sind Wechselbegriffe, sagt Kant. Die Generalität wird so hergestellt, daß jedes empirische Ich seine Vorstellungen so miteinander verknüpft, daß sie mit den Vorstellungen aller anderen – vernünftigen – Subjekte verknüpft werden können.

Das transzendentale Subjekt ist das Subjekt der objektiven Erkenntnis. Für das einzelne Subjekt, den empirischen Menschen, ein Ideal, dem er sich aber strikt fügen muß, wenn seine Vorstellungen zum objektiven Erfahrungszusammenhang gehören sollen – wenn er selbst als vernünftig gelten will. Dieses Ziel verlangt eine strikte Trennung von Vorstellungen und anderen Regungen und eine Unterwerfung der eigenen Vorstellungen unter die Normen objektiver Erkenntnis, die Kategorien.

Der Verstand schreibt der Natur die Gesetze vor

Wenn Bacon formulierte, man solle die Natur beherrschen, indem man ihr gehorche, so war sie damit noch als das Andere anerkannt, als das Übermächtige, das wilde Tier, dem man durch Zähmung oder List Nutzen abgewinnt. Die Natur für sich arbeiten lassen, indem man sein Rad in den Strom stellt, ihrer Ordnung sich fügen, indem man die rechten Zeiten des Säens erkennt, das, was von selbst geschieht, sich dienstbar machen: das waren Formen von Naturnutzung, in denen der Mensch zugleich seine Abhängigkeit von der Natur anerkannte. Unverständlich und maßlos dagegen wirken die Kantischen Sätze: Wir schreiben der Natur a priori die Gesetze vor (KdrV, B 163 f.); der Verstand ist der Gesetzgeber der Natur, »der Quell der Gesetze der Natur« (KdrV, A 127); »die Ordnung und Regelmäßigkeit ... an den Erscheinungen, die wir *Natur* nennen, bringen wir selbst hinein« (KdrV, A 125). Obgleich Kant mit dem Ausbau seiner Theorie diese Behauptung einschränkt, obgleich er zugesteht, daß es nur die höchsten Gesetze seien und daß wir die empirischen Gesetze eben doch von der Natur lernen müßten, hat er sie in ihrer Schroffheit nie gemildert, den Anspruch nie zurückgenommen. Alle Einschränkungen blieben auch ohne Gewicht, weil Kant kein Vermögen anzugeben wußte, das uns über die Gesetze der Natur, die sie von sich aus hat, belehrt. Kant hat sich deshalb, wo er an die Grenzen dessen stieß, was er sinnvoll behaupten konnte, mit Fiktionen geholfen: er mußte, soll die Naturwissenschaft überhaupt empirische Gesetze enthalten, Regelmäßigkeiten in der Natur, die unabhängig vom Menschen sind, unterstellen. Und schließlich wäre es absurd gewesen, die Ordnung, die uns in organischen Wesen entgegentritt, als Verstandesprodukte auszugeben. Kant tut es gleichwohl, in der Form des ›Als ob‹. Wir müssen die Natur so betrachten, als ob sie für die Zwecke des menschlichen Verstandes gemacht sei; und wir müssen die organischen Wesen so betrachten, als ob sie von einem höheren Verstand konstruiert worden wären. Der göttliche Verstand als Hypothese muß so das Werk hinter den Kulissen vollenden, zu dem der menschliche eben doch nicht hinreicht. Hier spätestens wird der hybride

Anspruch der Naturbeherrschung, der sich in Kants These ›wir schreiben der Natur die Gesetze vor‹ äußert, deutlich. Kant lebt in einer Zeit, in der noch die Ordnung der Natur als göttliche Ordnung verstanden werden kann. Die Physikotheologie von Ray über Derham bis zu Sulzer war der Versuch, diese bewundernde und hinnehmende Haltung gegenüber der Natur, die in der herrschenden Wissenschaft schon keinen Platz mehr hatte, unter dem Dach der Theologie weiter zu pflegen. Wenn für Kant dieses Gedankengut zur bloßen Fiktion herabsinkt, der gesetzgebende Gott nur noch als methodologische Hilfsgröße auftritt, macht das deutlich, daß nun der Mensch es ist, der sich zum Gesetzgeber der Natur aufschwingt.
Der Herrschaftsanspruch, der sich in den Kantischen Formulierungen äußert, ist total. Nicht, daß wir die Natur nur beherrschen, indem wir ihr Bedingungen setzen, sie in die Enge treiben, Kanäle bauen und Land trockenlegen – das faustische Programm –, sondern mehr noch: wir schreiben der Natur die Gesetze vor, nach denen sie sich dann, von selbst, verhält. Daß diese Natur die Gesetze, die wir ihr vorschreiben, durchbrechen könnte, sich dagegen auflehnen, Überraschendes zeigen und Katastrophen produzieren könnte, wird undenkbar. Die Herrschaft ist ins Innere der Natur vorgedrungen – behauptet Kant jedenfalls –; die Natur, kann sich nicht mehr anders verhalten als nach den Gesetzen, die wir ihr vorschreiben. Wirklich nicht? Hat nicht das 18. Jahrhundert die Selbsttätigkeit der Natur mit Schrecken erfahren? Etwa beim Erdbeben in Lissabon 1755? Wer ist denn der Mensch, der der Natur die Gesetze vorschreibt? Man stelle sich den kleinen ängstlichen Kant in seiner Studierstube vor mit der gepuderten Perücke und den seidenen Kniehosen, der diese Sätze hinschreibt – ist das nicht eine Herrschaft auf dem Papier? Oder die Herrschaft jenes weisen Königs in Exupérys Erzählung ›Der kleine Prinz‹, der den Sternen aufzugehen befahl, als ihre Zeit gekommen war. Es sei unklug, sagte er, Soldaten Befehle zu geben, die sie nicht ausführen. Wovon spricht Kant überhaupt? Schreiben wir wirklich der Natur die Gesetze vor? Nichts ändert sich doch da draußen, indem wir die Natur nach den Kategorien des Verstandes *vorstellen*. Es ist Idealismus, und Kant sagt es selbst, transzendentaler Idealismus, der sich hier ausspricht. Die Naturbeherrschung, die Kant so

»Herr ... worüber herrscht Ihr?«
»Über alles«, antwortete der König mit großer Einfachheit.
»Über alles?«
Der König wies mit einer bedeutsamen Gebärde auf seinen Planeten, auf die anderen Planeten und auf die Sterne.
»Über all das?« sagte der kleine Prinz.
»Über all das ...«, antwortete der König.
Denn er war nicht nur ein absoluter Monarch, sondern ein universeller.
»Und die Sterne gehorchen Euch?«
»Gewiß«, sagte der König. »Sie gehorchen aufs Wort. Ich dulde keinen Ungehorsam.«
Solche Macht verwunderte den kleinen Prinzen sehr. Wenn er sie selbst gehabt hätte, wäre es ihm möglich gewesen, nicht dreiundvierzig, sondern zweiundsiebzig oder sogar hundert oder selbst zweihundert Sonnenuntergängen an ein und demselben Tage beizuwohnen, ohne daß er seinen Sessel hätte rücken müssen. Und da er sich in der Erinnerung an seinen kleinen verlassenen Planeten ein bißchen traurig fühlte, faßte er sich ein Herz und bat den König um eine Gnade:
»Ich möchte einen Sonnenuntergang sehen ... Machen Sie mir die Freude ... Befehlen Sie der Sonne, unterzugehen ...«

»Wenn ich einem General geböte, nach der Art der Schmetterlinge von einer Blume zur andern zu fliegen oder eine Tragödie zu schreiben oder sich in einen Seevogel zu verwandeln, und wenn dieser General den erhaltenen Befehl nicht ausführte, wer wäre im Unrecht, er oder ich?«
»Sie wären es«, sagte der kleine Prinz überzeugt.
»Richtig. Man muß von jedem fordern, was er leisten kann«, antwortete der König. »Die Autorität beruht vor allem auf der Vernunft. Wenn du deinem Volke befiehlst, zu marschieren und sich ins Meer zu stürzen, wird es revoltieren. Ich habe das Recht, Gehorsam zu fordern, weil meine Befehle vernünftig sind.«
»Was ist also mit meinem Sonnenuntergang?« erinnerte der kleine Prinz, der niemals eine Frage vergaß, wenn er sie einmal gestellt hatte.
»Deinen Sonnenuntergang wirst du haben. Ich werde ihn befehlen. Aber in meiner Herrscherweisheit werde ich warten, bis die Bedingungen dafür günstig sind.«
»Wann wird das sein?« erkundigte sich der kleine Prinz.
»Hm, hm!« antwortete der König, der zunächst einen großen Kalender studierte, »hm, hm! das wird sein gegen ... gegen ... das wird heute abend gegen sieben Uhr vierzig sein! Und du wirst sehen, wie man mir gehorcht.«
(A. de Saint-Exupéry, Der Kleine Prinz, 1943)

emphatisch formuliert, als sei das regnum dei nun endgültig zum regnum hominis gemacht worden, betrifft nur die intellektuelle Aneignung der Natur: *sie* wird beherrscht durch den Verstand. Aber es ist auch Ideologie, weil die immer wieder unqualifizierte Rede von der Natur unterstellt, als sei auch die Natur da draußen gemeint, der Idealismus ist zugleich Verdrängung, indem er vergessen macht, daß es diese Natur da draußen überhaupt gibt. Kants Theorie ist nicht falsch. Sie beschreibt adäquat einen bestimmten Typ von Erkenntnis, die Erkenntnis der Naturwissenschaft. Diese ist zu verstehen als intellektuelle Aneignung der Natur auf der Basis einer vorgängigen, bereits hochentwickelten praktischen Beherrschung der Natur. Was behauptet Kant in seiner These?
In den Axiomen der Anschauung und den Antizipationen der Wahrnehmung wird behauptet, daß die Mathematisierbarkeit der Naturerscheinungen unser Werk ist. In der ersten Analogie der Erfahrung wird behauptet, daß wir die Struktur der Gegenstände, nämlich ihre Konstitution als Substanzen mit wechselnden Akzidenzien, bestimmen. In der zweiten Analogie der Erfahrung wird behauptet, daß wir die Form der Naturgesetze festlegen.

Doch wie ist das möglich? Präsentiert nicht die Natur von sich aus Gegenstände eigener Art: Steine, Pflanzen, Tiere, ökologische Systeme? Ist das Buch der Natur denn nicht schon an sich in Zahlen geschrieben? Ist die Form der Naturgesetze nicht durch die natürlichen Regelmäßigkeiten schon festgelegt? – Erste Voraussetzung aller Gesetzgebung ist auch hier die Zerschlagung jeglichen Widerstandes. Gegebene Einheiten müssen zerlegt, systematische oder ökologische Zusammenhänge aufgelöst, Kontinuitäten zerstört werden, dann erhält man jenes relativ widerstandslose Mannigfaltige, mit dem die Kantische Erkenntnistheorie beginnt. Und nun ist es die Form der Aneignung dieses Mannigfaltigen, die der Natur die Gesetze imponiert. Die sukzessive Apprehension des Mannigfaltigen in der Anschauung ist verantwortlich für seine Zählbarkeit: damit wird der Begriff der Quantität anwendbar (KdrV, B 202 f.). Und wenn, wie bei den Qualitäten, gegebene Einheiten sich nicht in Teile zerlegen lassen, so hilft doch die Fiktion ihres allmählichen Wachsens in der Zeit, sie noch als Quanta zu repräsentieren (KdrV, A 143/B 182 f.). Will man Gegenstände vorstellen, so suche man, das ist die Vorschrift der regulativen Ersten Analogie, im Mannigfaltigen nach einem Bleibenden und ordne diesem als Substanz anderes im Mannigfaltigen als die wechselnden Zustände zu. Finden sich Regelmäßigkeiten in der Folge des gegebenen Mannigfaltigen, so rekonstruiere man das ganze dieser Folge als eines von Ursache und Wirkung (KdrV, A 144/B 183).
Wir schreiben der Natur die Gesetze vor – der Natur als Erscheinung. Heißt das, daß es nur die vorgestellte Natur ist, die wir beherrschen? Ist nicht Kant in Gefahr, sich gerade in der Welt bloßer Vorstellungen zu verfangen, der er entkommen wollte? Kant wurde die Klaustrophobie in seiner Erkenntnistheorie nicht los. Und es wäre auch schlecht um sie bestellt, wenn wir nicht als lebendige, als handelnde Menschen immer schon in Kontakt mit der Natur stünden. Dadurch haben wir vorwissenschaftliche Erfahrungen von der Natur, die unsere wissenschaftlichen Konstruktionen schon am Anfang kontrollieren und beschränken. Kant macht unausdrücklich immer wieder von solchen Erfahrungen Gebrauch. Um die Natur nach Substanz und Akzidenz konstruieren zu können, muß man vorwissenschaftlich schon Erfahrung von Permanentem haben. Damit eine

Rekonstruktion von Erfahrungen nach Ursache und Wirkung nicht ins Leere greift, muß sich schon vorwissenschaftlich Regelmäßigkeit in der Folge der Erscheinungen finden lassen.
Wir schreiben der Natur die Gesetze vor, weil wir sie zählend apprehendieren, weil wir ihre Gegenstände als Substanzen mit wechselnden Bestimmungen begreifen, weil wir ihre Gesetze als Kausalgesetze konzipieren. Das heißt: Wir bestimmen die Natur in unserer intellektuellen Aneignung – zunächst nur dort. Die Natur, von der Kant spricht, ist Erscheinung, es ist die Natur in der Vorstellung. Also schreiben wir der Natur da draußen nicht die Gesetze vor? Die Natur in der Vorstellung ist synthetische Natur, rekonstruierte. Die rekonstruierte Natur ist nicht identisch mit der gegebenen. Aber sie *kann* in der gegebenen realisiert werden. Das geschieht stückweise im Experiment, im kleinen im Labor, langfristig und im großen in der Technik.

Philosophie als Wahnwitz

Gegen die Verrücktheit, die Ausschweifung der Phantasie und die Privatisierung der Wahrnehmungen rief Kant den Verstand zu Hilfe: Der Zusammenhang der Erfahrungen nach Verstandesgesetzen konnte ihm garantieren, daß einzelne Vorstellungen sich nicht verkehrten. Aber was sollte helfen, wenn der Verstand sich selbst verirrte? Gegen die Verkehrung des Verstandes im Wahnsinn konnte die Vernunft helfen, zwanghafte Fehlurteile waren durch den Zusammenhang möglicher Schlußweisen zu identifizieren. Und die Vernunft, wer bewahrt uns vor ihren Zwangsystemen, vor dem Wahnwitz, wie Kant definiert?
Vielleicht wäre die Reihenfolge hier umzukehren und der common sense als Wächter der Vernunft anzurufen. Die thrakische Magd gegen Thales, daß sie im rechten Moment lache. Faktisch scheinen den großen Philosophen wenig Mägde begegnet zu sein. So finden wir denn überall Zeichen von Wahnwitz. Philosophische Systeme in ihren exzentrischen Behauptungen erinnern nicht selten an die Systeme von Schizophrenen. Platons Anamnesislehre: Daß die Seele alles, was ihr begegnet, vorgeburtlich schon einmal gesehen habe; Hegels Weltgeist: daß sich mit ihm, Hegel, die Geschichte vollende; Berkeleys esse est percipi: daß es materielle Dinge nicht gebe, die Vorstellungen von ihnen durch Gott in unserem Bewußtsein induziert seien;

Fichtes ›das Ich setzt das nicht-Ich‹, Machs Reduktion der Welt auf Empfindungskomplexe ... und Kants: Wir schreiben der Natur die Gesetze vor.
Philosophisches Denken ist trocken und unnachgiebig, sein Wahnwitz ist die Folge von Konsequenz. Aber was ist es jeweils, was so konsequent verfolgt wird, und woher diese Leidenschaft, konsequent sein zu müssen? Common sense heißt sich im Unbestimmten zurechtzufinden, mit Unsicherheiten leben können. Die Umgangssprache ermöglicht Verständigung, gerade weil ihre Termini nicht fest definiert sind, sondern indexical von Situation zu Situation Bedeutungsverschiebungen erleiden. Intersubjektivität funktioniert im Alltag regionalistisch; Begriffe verbinden die Dinge nicht über Identität, sondern über Familienähnlichkeiten. Und die Praxis funktioniert genau deshalb, weil Ansprüche nicht strikt genommen werden: Erkenntnis heißt hier, unzulängliche Exemplare als das hinzunehmen, als was sie sich geben, und mit ihnen umgehen zu können.
Philosophie fängt dort an, wo man diese Unbestimmtheit nicht mehr aushält und es einem unmöglich wird, mit Unsicherheiten zu leben. Dann will man es genauer wissen, braucht Beweise, will Dingen auf den Grund gehen, Gedanken zu Ende denken. Metaphysik als Naturanlage, von der Kant spricht, ist nicht die pure Fortsetzung eines Denkschemas ins Unendliche, von den Wirkungen zu den Ursachen und von diesen weiter fort zu deren Ursachen, sondern getrieben von einer Verunsicherung: Konsequenz soll die Unsicherheit zum Verschwinden bringen.
Der Riß war seit langem da. Descartes' Zweifel an der Wirklichkeit der Außenwelt, das Zerfallen des Menschseins in Leibsubstanz und Seelensubstanz; Leibniz' Monaden, die totale Innenwelt, in der das Universum als imaginäres Theater vorüberzieht; Berkeleys Idealismus, in dem die Wirklichkeit von Dingen gänzlich geleugnet wird. Diese schmerzliche, beängstigende Trennung von den Dingen, vom eigenen Leib schon, von den anderen Menschen, von der Natur ist das Signum dieser Philosophien wie der Kants. Die äußerste Anstrengung an dem festzuhalten, was man hat, ist zugleich die Strategie, den Verlust vergessen zu machen. Die Trennung vom Anderen wird überspielt durch einen konsequenten Zugriff: *es ist ja gar nicht das Andere*, es ist auf der eigenen Seite. Sein ist Vorstellen, wir schreiben der Natur

die Gesetze vor. Die Natur wehrt sich nicht, sie bedroht einen nicht mehr, sie leistet keinen Widerstand, als das *Andere* ist sie zu jenem namenlosen, eigenschaftslosen und wirkungslosen X des Dinges an sich zusammengeschrumpft.

Der Verstand bestimmt die Sinnlichkeit

Synthetische Sätze a priori sind Kants ganzer Stolz. Daß es so etwas gibt, ist der Kern alles dessen, was in seiner Erkenntnistheorie behauptet wird. Daß Mathematik möglich ist, daß Naturwissenschaft möglich ist, daß es Metaphysik gibt, alles hängt hiervon ab. Die Möglichkeit analytischer Sätze a priori ist trivial: Durch Zergliederung dessen, was man sich denkt, diesem Prädikate zuzuschreiben – bei dieser Operation bleibt man bei sich und seinen Produkten. Doch synthetische Sätze sind Sätze über das Andere, das man nicht ist, über den Gegenstand der Erfahrung. Über diesen etwas zu wissen, doch unabhängig von der Erfahrung, a priori, das ist der höchste Triumph Kantischer Erkenntnistheorie. So paradox es klingt, die Wissenschaft von den Gegenständen der Erfahrung wird gerade möglich, weil wir vieles, das Wesentliche, über sie bereits unabhängig von Erfahrung wissen. Der Stolz Kants, den er in die Aufstellung synthetischer Sätze a priori legt, ist sicherlich der professionelle des Philosophen: endlich ist gezeigt, daß Metaphysik auch Erkenntnis ist, der Makel der Beliebigkeit, der Spekulation und des Persönlichen ist von ihr genommen. Und sie ist der Naturwissenschaft über, jene Kränkung, die die Philosophie mit der Entstehung neuzeitlicher Naturwissenschaft hat hinnehmen müssen, daß nämlich diese die eigentliche Wissenschaft ist, kann überwunden werden: ohne metaphysische Anfangsgründe hängt auch Naturwissenschaft in der Luft.

In den synthetischen Sätzen a priori manifestiert sich die Autonomie des Subjekts. Es ist unabhängig von der Erfahrung, von der ganzen kruden und bedrohlichen Wirklichkeit. Das Subjekt hat sich von dieser Wirklichkeit gelöst, es ist von ihr nicht mehr erreichbar, wird nicht modifiziert, braucht sich nicht belehren zu lassen, bleibt unbetroffen – und weiß doch Bescheid. Dieses zusammen: Ohne sich selbst auszusetzen, doch die entscheidenden Erkenntnisse haben, ist die Perfektion von Kontrolle. Wir werden sehen, wie teuer dieser Triumph erkauft wird. Was besagen synthetische Sätze a priori? Kurz, daß der empirische Gegenstand den reinen Verstandesbegriffen genügt. Doch wie will man das wissen? Und vor allem wie will man das beweisen – denn bewiesen werden muß es, wenn anders es a priori gültig sein soll.

Der empirische Gegenstand ist in der Anschauung gegeben, er wird durch Begriffe gedacht: Dieses Zusammenspiel macht nach Kant Erkenntnis aus. Kants synthetische Sätze formulieren: wir wissen a priori, daß empirische Gegenstände in den Anschauungen uns so gegeben sind, daß sie durch bestimmte Begriffe, die reinen Verstandesbegriffe, gedacht werden können. Die Anschauungen, die wir von der Natur haben, sind bereits verstandeskonform. Nun könnte man natürlich behaupten, der Verstand habe sich der anschaulich gegebenen Natur phylogenetisch angepaßt. Aber von Autonomie des Verstandes wäre dann keine Rede mehr und auch nicht von Erkenntnis. Denn Erkenntnis setzt Freiheit voraus. Was wir vorstellen *müssen*, mag zutreffen, doch es unterscheidet sich nicht vom zwanghaften Irrtum. Wenn also der Verstand nicht den Anschauungen folgt, dann – die Anschauungen dem Verstande? Das ist in der Tat Kants Lehre: Der Verstand bestimmt die Sinnlichkeit. Anschauungen sind Vorstellungen, die sich veranlaßt durch Empfindungen bilden. Ist das ursprünglich Gegebene nach Kant das Mannigfaltige der Empfindungen, so sind Anschauungen Vorstellungen, die ein solches Mannigfaltiges integrieren, man könnte auch sagen: in einem Bild zusammenfassen. Wenn der Verstand die Sinnlichkeit bestimmt, so muß er in diesen Prozeß eingreifen. Der Verstand regelt die Bildung von Anschauungen auf der Basis von Empfindungen.

Wenn Sinnlichkeit die Fähigkeit ist, »Vorstellungen durch die Art, wie wir von Gegenständen affiziert werden, zu bekommen« (KdrV, A 19, B 33), so bestimmt also der Verstand die Sinnlichkeit.

Nun ist das Vermögen, sich anschauliche Vorstellungen zu machen, ja eigentlich die Einbildungskraft. Sie ist das Vermögen der Bilder, der sinnlichen Repräsentation. Wenn Kant also sagt, daß der Verstand die Sinnlichkeit bestimmt, so kann das auch so formuliert werden: Er wird Herrr über die Einbildungskraft: Ein erklärtes Ziel Kants, formuliert seit den *Träumen eines*

Geistersehers. Als Programm der Erziehung von Kindern formuliert er es in seiner Pädagogik: Die Einbildungskraft muß kultiviert werden, man solle sie nur zu Zwecken des Verstandes gebrauchen. Faktisch kommt diese Unterwerfung der Einbildungskraft ihrer Vernichtung gleich, denn sie war doch das Vermögen, innerlich mit dem Gegenstand mitgehen zu können, was sinnlich gegeben ist, in sich zu wiederholen. Genau dies soll nicht geschehen. Die Produktion von Bildern soll dem Verstande gemäß sein. Deshalb ist es ganz konsequent, wenn Kant in der zweiten Auflage der ›Kritik der reinen Vernunft‹ die Einbildungskraft als besonderes Erkenntnisvermögen überhaupt streicht und dadurch dem Verstand allein, der nur noch in dieser Funktion den Namen der Einbildungskraft trägt, die bilderschaffende Tätigkeit in den Anschauungen zuschreibt. Er kann damit seine These retten, daß alle Verbindungen in den Vorstellungen ein Produkt des Verstandes sind. Auch die Einheit, die wir in Anschauungen antreffen, wird vom Verstand erzeugt. Nicht daß in den Anschauungen bereits gedacht wird, aber der Verstand reguliert die Art und Weise, wie wir Gegebenes ins anschauliche Bewußtsein aufnehmen – Kant nennt das figürliche Synthesis (KdrV B 151).
Doch was wird dabei aus der Sinnlichkeit? Daß der Verstand die Sinnlichkeit bestimmt, könnte ja als eine Anreicherung der Sinnlichkeit oder doch als Ordnen gegebener Vorstellungen verstanden werden. Die Ausschaltung der Einbildungskraft aus der Sinnlichkeit zeigt aber, daß die Wirkung fundamentaler ist: Die Sinnlichkeit wird in ihrem Wesen selbst verändert. Wenn Sinnlichkeit, Rezeptivität, das Vermögen ist, von gegebenen Gegenständen Vorstellungen zu empfangen, so sind diese Vorstellungen – bei lebendiger Einbildungskraft – ein inneres Mitvollziehen dessen, was diese Gegenstände sind und was mit ihnen geschieht. Hören ist mitsingen, Leiden wahrnehmen ist mitleiden, Bewegungen beobachten heißt am eigenen Leibe Bewegungstendenzen erfahren. Wenn der Verstand die Sinnlichkeit bestimmt, indem die Einbildungskraft ausgeschaltet wird, so wird dieser Typ von Sinnlichkeit überhaupt zerstört. Es gibt keine sinnlichen Vorstellungen mehr, solche, die durch die Sinne ins Bewußtsein gelangen – vielmehr es soll sie nicht geben. Diese Tendenz des Mitmachens, der Teilhabe, diese Betroffenheit

durch den Gegenstand muß überwunden werden, wenn man zur Erkenntnis mit Kant gelangen will. Die Sinnlichkeit gibt nur noch Anlaß zu Vorstellungen, sie wird reduziert auf das Vermögen, Stimuli, sprich Empfindungen, von den Gegenständen zu bekommen. Die Beziehung zu den Gegenständen heißt bei Kant weiterhin Affektion, doch es geschieht dem Subjekt dabei nichts mehr, es wird lediglich durch Empfindungen angeregt.

Sinnlichkeit ist niemals bloß rezeptiv, es gehört zu ihr ein inneres Mitmachen, ein Nachzeichnen, die bilderschaffende Tätigkeit der Einbildungskraft. Und wie diese arbeitet, hängt davon ab, was sie gelernt hat im Laufe der kulturellen Evolution und in der Sozialisation des Individuums. Was wir heute sehen, wird bestimmt durch die Schulung, die wir durch Fernsehen und Reklame erfahren. Das ist nichts Neues, allenfalls auffällig durch die Einseitigkeit und Macht der Indoktrination. Wenn Kant hier jedoch sagt, daß der Verstand die Sinnlichkeit bestimmt, dann geht es um mehr, nicht bloß um die immer noch vielfältige und individuelle Ausbildung der Einbildungskraft, sondern um ihre innere Kontrolle anhand der universellen Regeln des Verstandes.

Idealismus

»Ein Skandal der Philosophie und allgemeinen Menschenvernunft«, sei es, sagt Kant (KdrV B xxxix Anm.), »das Dasein der Dinge außer uns (...) bloß auf Glauben annehmen zu müssen«. Ein Skandal ist es, einen Beweis dafür zu fordern, Ausdruck jener skandalösen Trennung von den Dingen, die neuzeitliches Bewußtsein auszeichnet.

Als Descartes zu zweifeln anfing – ob die Menschen, die vor seinem Fenster vorübergingen, vielleicht bloß Chimären, die Möbel um ihn nur Kulissen, die Gerüche in seiner Nase bloße Einbildung seien – als er sich vornahm, einmal so recht an alledem zu zweifeln, saß er gemütlich am Ofen, er hatte Muße und keine Sorgen. Das Zweifeln fiel ihm leicht, ging fast von selbst. Es wurde zum faszinierenden Abenteuer, diese Flucht der Dinge zu beobachten, mit denen er nichts mehr zu tun hatte. Cogito, dachte er sich. Das *hätte* auch eine Strategie sein können, wenn er in Schmerzen gelegen und kaum einen Kanten zu beißen gehabt: Aber dann wäre zu zweifeln anstrengend gewesen. Kaum möglich, die Existenz des Leibes zu bezweifeln, wenn er schmerzt, das Dasein von Brot, wenn einen hungert. Berkeleys Arzt schrieb, nachdem er ihn behandelt hatte: »Der arme Philosoph Berkeley hat jetzt die Idee der Gesundheit; es hat schwer gehalten, ihm diese beizubringen; denn eine seltsame Fieber-Idee hatte sich bei ihm so festgesetzt, daß es nicht leicht war, dieselbe durch Einführung der entgegengesetzten zu vertreiben.«[6]

Nicht schlechter als die des Descartes war Kants Lage, als er sich hinsetzte und bewies: »Lehrsatz: Das bloße, aber empirisch bestimmte, Bewußtsein meines eigenen Daseins beweiset das Dasein der Gegenstände im Raum außer mir« (KdrV B 275). Der Arbeitsraum wohltemperiert, sommers und winters auf gleichem Wärmegrad gehalten, das störende Singen der Strafgefangenen hinter den Fenstern zum Schweigen gebracht, die Aussicht nach draußen durch das Wohlwollen des Nachbarn, der seine Bäume verschnitt, die immer gleiche. Kant sitzt am Schreibtisch und beweist das Dasein der Dinge der Außenwelt. Vergeblich. Doch die Anstrengung zeigt, daß er unter der Trennung litt.

Wozu Mitleid haben mit den Leuten, denen es gutgeht? sagen die Gegner. Daß der Idealismus eine Krankheit der leisure class ist, wissen wir doch, eine eingebildete dazu. Nur übersehen die materialistischen Kritiker, wie sehr ›Trennung‹ zu jenem Typ von Wissen gehört, auf den sie so stolz sind, zur neuzeitlichen Naturwissenschaft.

Widerlegt Kant den Idealismus? Keineswegs. Den Beweis vom Dasein der Dinge der Außenwelt zu fordern, heißt im Idealismus bleiben. Kant weiß das und nennt seine Philosophie »transzendentalen Idealismus«. Er beweist, daß ich der Existenz der Außenwelt wenigstens ebenso bewußt bin wie meines eigenen empirisch bestimmten Daseins. ›Mein empirisch bestimmtes Dasein‹: da hätte ein Durchbruch möglich sein können. Doch freilich am Schreibtisch fällt Kant nichts anderes ein als: ›ich denke erst dies und dann denke ich das‹: »Ich bin mir meines Daseins als in der Zeit bestimmt bewußt« (KdrV B 275). Ein Wechsel im Dasein kann aber nur gedacht werden als Wechsel an einem Beharrlichen, ein Beharrliches aber nur als Beharrliches im Raume. Also ... Ob dieses Beharrliche nun eine Uhr ist, oder – wie er im Paralogismuskapitel erwägt – »das denkende Wesen (als Mensch)«, (KdrV B 415, vgl. A 360), läßt Kant hier offen. Die Konsequenz jedenfalls ist, daß ich meiner selbst als empirisches Wesen ebenso gewiß aber auch ebenso ungewiß bin wie der Dinge der Außenwelt.

Erkennen ist Vorstellen, sagt Kant. Das heißt, daß sogar, »nur wie wir uns erscheinen, nicht wie wir an uns selbst sind«, uns bewußt ist (KdrV B 152). Kants Erkenntnistheorie formiert sich als transzendentaler Idealismus; denn: »jener Raum selber aber, samt dieser Zeit, und, zugleich mit beiden, alle Erscheinungen, sind doch an sich selbst keine *Dinge*, sondern nichts als Vorstellungen, und können gar nicht außer unserem Gemüt existieren...« (KdrV B 520). Was wir, als erkennendes Subjekt, von den Gegenständen haben, sind ihre symbolischen Repräsentanten. Wir hantieren mit ihnen, wir rechnen mit ihnen, wir schieben sie – auf dem Papier – hin und her. Da drängt sich die Frage auf, ob ihnen auch wirklich etwas außer uns, »außer unserem Gemüt«, entspricht. Die Furcht meldet sich wieder, daß wir uns in unseren Einbildungen verfangen. Eine Sehnsucht wird wach nach Berührung, nach Vermischung, nach Versöhnung: »Ach könnt ich doch auf Bergeshöhn, in Deinem lieben Lichte gehn...« Doch dieser Versuchung muß widerstanden werden: hier am Schreibtisch zählt nur der Beweis.

Naturwissenschaftliche Erkenntnis setzt Trennung, setzt Distanz voraus. Zwischen den Leib und die Dinge wird das Instrument gesetzt, selbst der eigne Leib wird nur ›erkannt‹ im Blick des Anderen, dem anatomischen, dem diagnostischen, dem ärztlichen Blick. Was uns zweifelsfrei unserer selbst als Leib versichern könnte, der Schmerz, was uns den Zweifel an der Existenz der Außenwelt austreiben würde, unsere materielle Abhängigkeit, muß suspendiert sein, damit Naturwissenschaft möglich wird. Erkenntnis in Schmerzen oder durch Schmerzen, Erkenntnis von Abhängigen, Erkenntnis von Betroffenen wäre anders. Naturwissenschaft ist schmerzfreie, zwanglose, unbetroffene Erkenntnis der Natur. Diese Freiheit garantiert ihre Allgemeinheit und Neutralität. Neuzeitliche Naturwissenschaft ist wesentlich idealistisch. Wie sehr auch ihre Repräsentationen von Natur gesellschaftlich vermittelt sein mögen, sie leugnet ihren materiellen Bezug zur Natur. Der konkrete Bezug durch Experiment und Messung wird nicht als Bearbeitung von Natur verstanden. Natur ist, was uns erscheint. Erkenntnis in der Arbeit und durch Arbeit wäre anders. Sie würde Mensch und Natur in der Einheit ihrer Stoffwechselbeziehung zum Thema haben. Naturwissenschaft ist von materieller Arbeit freigesetzte, uninteressierte Erkenntnis der Natur. Die Unterstellung ihrer konkreten Wirkungslosigkeit gegenüber der Natur garantiert ihre Objektivität. Freilich sind die Kosten hoch, zumindest für den Wissenschaftler. Das Zerschneiden jedes konkreten Bezuges zu den Dingen, die professionelle Distanziertheit, erzeugt ein Gefühl des Schwebens, eine Unsicherheit, ein Gefühl der Verlassenheit. Es gibt eine Art Platzangst in der Welt der Repräsentanten, eine Art Klaustrophobie in der fiktiven Welt der Wissenschaft. Die Entlastung von Schmerz und Arbeit rächt sich als Verlust des Zusammenhangs. Der Weg in die Mystik wäre eine Konsequenz. Wer ihn ablehnt, wie Kant, mag einen Beweis vom Dasein der Außenwelt fordern. Idealismus ist der Preis für die Freisetzung des Individuums.

Idealismus: Freiheit durch Verdrängung des Leibes

Nach den Postulaten des empirischen Denkens gibt es eine Möglichkeit, auf das Dasein von etwas zu schließen, nämlich »wenn es nur mit einigen Wahrnehmungen, nach den Grundsätzen der empirischen Verknüpfung derselben (den Analogien), zusammenhängt« (KdrV B 273/A 225). Der von Kant bewiesene Lehrsatz könnte diesen Eindruck erwecken: »Das bloße, aber empirisch bestimmte, Bewußtsein meines eigenen Daseins beweiset das Dasein der Gegenstände im Raum außer mir« (B 275). Das könnte doch heißen: meines Daseins bin ich gewiß, und es hängt nach Erfahrungsgesetzen mit den Dingen außer mir so zusammen, daß ich deren Dasein mit Sicherheit erwarten darf. Das würde allerdings voraussetzen, daß dieses empirisch bestimmte ›Ich denke‹ bereits selbst als ein in der Zeit existierender Gegenstand begriffen wäre – der dann natürlich nach Erfahrungsgesetzen mit anderen Dingen zusammenhinge. Es würde voraussetzen, daß man sich bereits auf einen Standpunkt stellt, wie er im Paralogismenkapitel

erwähnt wird, daß nämlich nicht ›Seelen‹ denken: »es würde vielmehr wie gewöhnlich heißen, daß Menschen denken« (KdrV A 359f.).
Es hat aber den Anschein, als würde Kant durch seinen Beweis erst zeigen wollen, daß man das cogito so auffassen muß, wenn es als empirisch bestimmtes Bewußtsein gelten soll. Im Paralogismuskapitel 2. Auflage sagt Kant, daß ›Ich denke‹ allerdings ein empirischer Satz sei und deshalb auch ein Dasein anzeige: er beruhe nämlich auf einer Affektion des inneren Sinnes. Aber es sei dadurch nur ein bestimmbares Dasein angezeigt, keineswegs schon ein bestimmtes (KdrV B 420). Sollte dieses Dasein wirklich bestimmt werden, so bedürfte ich »hiezu zuerst etwas Beharrliches« (KdrV B 420). Wenn Kant also in seinem Lehrsatz ein empirisch bestimmtes Bewußtsein meines eigenen Daseins voraussetzt, so geht er in dieser Behauptung über das, was nach seiner eigenen Analyse in Descartes' cogito liegt, nämlich das Bewußtsein ›ich existiere denkend‹ (KdrV B 420) hinaus – und widerlegt so, streng genommen, Descartes nicht.
Man kann Kant darin ohne weiteres folgen, daß einem mehr gewiß ist, als Descartes annahm. Kant zeigt nun im ersten Schritt, daß empirisch bestimmtes Selbstbewußtsein Beharrliches in der Wahrnehmung voraussetzt (KdrV B 275). Der Schluß bedient sich der 1. Analogie, nach der ein Wechsel im Dasein nur mit Hilfe von etwas Beharrlichem bestimmt werden kann, nämlich als Wechsel von Akzidenzien an einer Substanz. »Denn alle Bestimmungsgründe meines Daseins, die in mir angetroffen werden können, sind Vorstellungen, und bedürfen, als solche, selbst ein von ihnen unterschiedenes Beharrliches, worauf in Beziehung der Wechsel derselben, mithin mein Dasein in der Zeit, darin sie wechseln, bestimmt werden könne« (KdrV B xxxix, dies ist der Satz, der nach Kants Anweisung in den Beweis B 420 einzufügen ist).
Damit ist Kant schon fast bei der Formulierung ›der Mensch denkt‹ – jedenfalls liegt in seinem Satz die impli-

zite Konsequenz, daß Denken eine Akzidenz ist –, für Descartes sicherlich eine verheerende Konsequenz. Auch für Kant ist sie offenbar bedenklich, denn nirgends stellt er sich offen auf diesen Standpunkt. Der Grund ist darin zu suchen, daß er in dem ›ich denke‹ ja den Kontakt des Menschen zum Noumenon bewahren möchte, daß nämlich der Mensch sich darin als eines Dinges an sich und damit als frei bewußt ist. So laufen seine Gedanken an der Stelle in den Paralogismen, wo er vom Menschen, der denkt, redet, auch gerade in anderer Richtung: daß nämlich der räumlich erscheinende Mensch, eine Erscheinung des denkenden ist.

Kant müßte die Konsequenz ziehen: daß das Beharrliche, das den wechselnden Vorstellungen als Bestimmungen meines Daseins zugrunde liegt, der Leib ist. Denn er weist nun darauf hin, daß die Vorstellung von etwas Beharrlichem nur die von etwas im Raume sein kann. Denn »um dem Begriffe der *Substanz* korrespondierend etwas *Beharrliches* in der Anschauung zu geben, ... (brauchen) wir eine Anschauung im *Raume*« (KdrV B 291). In Klammern setzt er sogar noch hinzu: der Materie! Im Text der Widerlegung des Idealismus drückt sich Kant darum, deutlich zu werden. Er sagt: »Also ist die Wahrnehmung dieses Beharrlichen nur durch ein Ding außer mir ... möglich«. Wir könnten natürlich unsere Vorstellungen etwa auf eine Uhr beziehen und dadurch ihr Dasein empirisch bestimmen. Durch diese Verschleifung kann Kant einerseits die Formulierung vermeiden, daß es der Leib ist, der als Substanz der Vorstellungen anzusetzen ist, auf der anderen Seite kann er sogleich auf ›Dinge außer mir‹ zu sprechen kommen – weil nämlich in landläufiger Sprache dieses erwartet wird. Tatsächlich aber ist das erste ›äußere Ding‹, dessen ich mir als empirisch bestimmten Daseins bewußt bin, der eigene Leib.

Kants Erkenntnistheorie ist eine Theorie naturwissenschaftlicher Erkenntnis. Physik: das heißt messen, heißt experimentieren, es heißt rechnen, Theorien aufstellen und überprüfen. Physik ist eine durch und durch nach außen gewandte Wissenschaft. Es scheint unerklärlich oder falsch, daß in einer Theorie dieser Erkenntnisform die Innerlichkeit des Subjektes irgendeine Rolle spielen sollte. Doch nach Kant gibt es keine Erkenntnis, die nicht den inneren Sinn passiert hätte. Gerade die Objektivität der Erkenntnis hängt an der Selbstwahrnehmung, dem möglichen cogito. Selbstaffektion und Reflexivität sind Charakteristika objektiver Erkenntnis – das heißt der Physik!

Seit Max Weber und Robert Merton wird die Beziehung neuzeitlicher Naturwissenschaft zum Geist des Puritanismus diskutiert. Die innerweltliche Askese hat auch den selbstlos dedizierten Naturwissenschaftler hervorgebracht, Sparsamkeit und Akkumulation förderten auch das Anhäufen von Wissen, das Streben nach Heilsgewißheit durch Arbeit war auch die Basis für die Weltlichkeit von Wissenschaft. Aber woher die Innerlichkeit in der Physik?

Natürlich muß man das nicht wörtlich nehmen: kein Physiker versenkt sich in sein Innenleben, wenn er Physik treibt – das geschieht erst nach Feierabend. Der Eindruck, das cogito, Selbstaffektion und Reflexion ereigneten sich im eigenen Busen, ist ein Schein, erzeugt durch Kants mißliche Darstellung seiner Theorie, mißlich, weil in den Termini einer Vermögenslehre. Was zählt, ist vielmehr die strukturelle Analogie zwischen genauester Gewissensprüfung und der Form objektiver Erkenntnis. Es ist die pietistische Frömmigkeit mit ihren Vorreitern oder besser Vorbetern Madame de Guyon und Fénelon, die die innere Seelenprüfung zum essentiellen Bestandteil christlichen Glaubens und Tuns gemacht haben. Schon der Protestantismus als solcher hatte diese Verschiebung eingeleitet: Nicht die Werke, sondern der Glaube wird das Heil bringen. Aber nun nicht nur der Glaube, sondern der aufrichtige Glaube, nicht das Gebet, sondern das Gebet, das von Herzen kommt, nicht das Vertrauen, sondern das zweifelsfreie Vertrauen. Kein Gedanke konnte passieren, ohne auf seine Reinheit geprüft zu werden,

kein Gefühl, ohne geläutert zu werden: Christliche Innerlichkeit wird erzeugt als Produkt von Selbstprüfung, der innere Mensch wird zum Schauplatz der Auseinandersetzung um das Heil.
Daß man seine Vorstellungen nicht nur hat, sondern wahrnimmt, sie sich bewußt aneignet, ist ein Resultat des Willens zur Kontrolle. Vorstellungen werden überprüft, zugelassen oder verworfen, sie werden Maßstäben unterworfen und reorganisiert. Der innere Sinn ist formal der Ort, an dem diese Kontrolle sich ereignet. Kant redet von Selbstaffektion, davon, daß der Verstand den inneren Sinn bestimmt. Diese Selbstaffektion besteht darin, daß die durch den äußeren Sinn gegebenen Vorstellungen unter der Anleitung der Regeln des Verstandes bewußt angeeignet werden. Das cogito, das alle meine Vorstellungen muß begleiten können, das »ich denke« also, ist das Signum dieses Bewußtwerdens meiner eigenen Vorstellungen: Sie werden bewußt, weil sie die Kontrollinstanz inneren Sinns passieren und so ihre Verstandesgemäßheit erhalten. Der Verstand affiziert die Sinnlichkeit, indem er diese kontrollierende Funktion in der Aneignung der eigenen Vorstellungen im inneren Sinn ausübt. Vorstellungen werden reflexiv, weil der Verstand sich so an der Sinnlichkeit spiegelt, er sorgt dafür, daß das sinnlich Gegebene nachher auch durch Verstandesbegriffe gedacht werden kann.
Naturwissenschaft heißt nicht, sich äußeren Eindrücken, heißt nicht, sich der gegebenen Natur hingeben. Ihre Basis ist zwar empirisch, sie verlangt, daß dem Erkennenden vom Anderen, dem Objekt, etwas gegeben sei. Aber dieses Gegebene wird erst ein wissenschaftliches Datum nach Kontrolle und Selektion, durch Messung und Experiment setzt der Verstand bereits im Gegebenen sich durch. Zählbar muß es sein, Permanentes aufweisen, in geregelter Folge auftreten, soll es als wissenschaftliches Datum gewertet werden können. Dann wird es quantifizierbar sein, nach Substanz und Akzidenz, nach Ursache und Wirkung gedacht werden. Das Gegebene sind nicht die Eindrücke, die man hat, sondern das, was man sich bewußt angeeignet hat.

KAPITEL VI
MORAL ALS HERRSCHAFTSZUSAMMENHANG

Odo Marquard[1] hat die von Platon erstmals zu historischer Geltung gebrachte Vernunft als »exklusive Vernunft« – als Strategie der Ausgrenzung des Anderen und Fremden beschrieben. Der Orientierung aufs Bleibende und Unendliche wird das Veränderliche und Endliche geopfert; vom Geistigen und Notwendigen her wird das Sinnliche und Zufällige ausgegrenzt; das Allgemeine und Argumentative demarkiert das Vereinzelte und Affektive; vom Souveränen und Freien ist strikt das Zustoßende und Widerfahrende zu trennen; das Barbarische ist das Andere des Hellenischen. Dieser Gründungsgeschichte europäischer Vernunft entspricht, was Foucault in seinen Studien zur Geschichte des Wahnsinns, des Gefängnisses und der Klinik für das 16. bis 18. Jahrhundert als zunehmend differenzierte Mechanismen der Macht beschrieben hat.[2] In den Diskursen der (wissenschaftlichen und philosophischen) Vernunft bilden sich die Strategien vor, mittels derer die Zonen des Irrationalen, der Angst und des Fremden bestimmt und herrschaftstechnisch durchdrungen werden können. Immer wieder neu muß gesellschaftlich herrschende Vernunft sich als Kontrapunkt des von ihr selbst erst demarkierten Unvernünftigen konstituieren und durchsetzen.

Marquard sieht diesen Begriff einer exklusiven Vernunft seit etwa 1750 durch den einer inklusiven Vernunft abgelöst. An der Geschichte der Theodizee, die mit dem Widerspruch des miserablen Diesseits und einem als gut gesetzten Schöpfergott philosophisch fertig zu werden suchte, demonstriert er, daß im Zuge der Auflösung des Theodizee-Problems zunehmend eine »permission du mal« beobachtbar sei. Das vormals Ausgegrenzte reüssiert in steiler Karriere. Das erkenntnistheoretische Übel, der Irrtum, wird zum Vehikel des Erkenntnisfortschritts; das moralische Übel, z.B. das Wilde und Triebhafte, wird im Rousseauschen Naturbegriff geradezu zum Guten; das physische Übel, etwa Krankheit und Schmerz, modifiziert sich zum Medium höherer Gesundheit; das metaphysische Übel, die Endlichkeit, wird als häresieunfähiger Raum des Menschlichen akzeptiert. Humor und Mitleid – man mag hierbei an Wieland oder Lessing denken – bilden die Struktur einer inklusiven Vernunft, die der

Verflechtung mit der Macht sich entwunden hat und versöhnungsfähig geworden ist. Vernunft ist gerettet, will Marquard. Aber so war es nicht.

Was Marquard für die Zeit nach 1750 feststellt, das Inklusivwerden der Vernunft, ist zu beschreiben eher als Vervielfältigung und Differenzierung der Macht. Marquard übersieht, daß es sich um einen historisch höchst komplizierten Prozeß der Komplettierung des Machttyps der Ausgrenzung um den Machttyp der Durchdringung handelt, der sich philosophiegeschichtlich als Übergang von der exklusiven zur inklusiven Vernunft spiegelt – der comprehensive rationality.

Das erkenntnistheoretische Übel, die Abgründe des Unwissens und der Ohnmacht der Vernunft wurden gezähmt und beherrschbar durch die experimentelle Methode einer enttäuschungsfesten Rationalität. Neue Techniken der Verzeitlichung der rapide vervielfältigten Wissensbestände, nosographische Systematisierungen, erkenntniskritische Trennung des Unerkennbaren vom Noch-nicht-Erkannten und Institutionalisierung der Wissensproduktion machen Vernunft zu einem mächtigen Monopol der Weltkenntnis und degradieren wie niemals zuvor alternative Wissensbestände und -techniken zur Unvernunft.[3] Im prinzipiell als beherrschbar angesehenen Raum, der durch die Grenzen der Erfahrung markiert wird, verlieren Irrtum und Unwissen alles Ängstigende und Identitätsbedrohende. Fortschreitende Unterwerfung und Durchdringung des Anderen wird mit gesellschaftlichem Fortschritt überhaupt identifiziert.

Das moralische Übel, das Böse menschlicher Natur, wird in den Rousseauschen Phantasien über den bon sauvage und die gute Natur zugelassen um den Preis ihrer Idyllisierung und Infantilisierung. Beides sind Verkennungen des Fremden und der inneren Natur. Kurzfristig wird damit zwar eine Phase der Kultur- und Vernunftkritik eingeleitet, von der selbst Kant nicht unberührt bleibt. Langfristig führt dieses Deutungsmuster jedoch dazu, die Naturvölker, die man als Kindheit der europäischen Gesellschaft begriff, gleichsam von Europa aus zu adoptieren, d. h. realgeschichtlich imperialistischen Transformationsstrategien zu unterwerfen. Entsprechend werden in Europa die Kinder oder wilden Findlinge systematisch einer pädagogisch inter-

venierenden, beobachtenden und moralischen Vernunft einverleibt. Die Zonen des Barbarischen, Wilden und Sündigen, soweit sie Stimmen unserer Natur sind, werden entsprechend der Kolonisierung fremder Völker durch »Kolonisation des Inneren« der Disziplin der Vernunft einverleibt.[4] Hierfür ist Kants Moral das Paradigma.
Die physischen Übel, durch die bisher überpersönliche Mächte wie Natur, Schicksal, Dämonen, Sternbewegungen, Gott sich in das kranke Subjekt einschrieben, werden strikt vom Kranken gelöst und als desymbolisierte kausale Körperprozesse nosologisch und therapeutisch eingekreist.[5] Krankheit als die Erfahrung, in der das, was wir nicht sind, in uns eindringt und uns beherrscht, wird dem Kranken genommen und zum beherrschbaren Erfahrungsraum allein des Arztes gemacht.
Das metaphysische Übel, die Endlichkeit, die in ihren Signifikanten Geburt, Tod und Zeit immer transparent war für das, was wir weder sind noch beherrschen, wird zur bedeutungslosen Immanenz, die rückstandslos der bisher schwachen Vernunft unterworfen wird. Endlichkeit ist nicht das Feld des Leidens, sondern der Raum, dessen Beherrschung uns bedingungslos überlassen scheint.
Es scheint nun so, daß in allen diesen Strategien der Einverleibung des Anderen ein durchgehender Zusammenhang von Angst und Vernunftentwicklung herrscht, den Marquard übersieht. Die inklusive Vernunft ist nicht durch Humor und Mitleid gekennzeichnet; sondern sie ist ein Verfahren, ihren Zusammenhang mit der Angst zu verleugnen, durch den allererst sie konstituiert wird. Der Rationalisierungsschub der inklusiven Vernunft seit 1750 ist als ein »Versuch zur Neutralisierung angsterregenden Materials«[6] zu interpretieren. Die Souveränität, die das Vernunftsubjekt dabei gewinnt, ist eine ebenso erfolgreiche wie scheinbare. Es gelingt erfolgreich, jene Daseinsbereiche, die Angst machen, in Felder ›objektiver Erkenntnis‹ zu transformieren und rationalen Strategien zu unterwerfen. Die dabei verdrängte Angst vor dem Draußen, Anderen und Fremden, das es für aufgeklärte Vernunft nicht geben darf, kehrt jedoch als innere Angst wieder. Der horror vacui der Vernunft, den Kant als Angst vor Gesetzlosigkeit beschreibt, beherrscht sie nicht als von Draußen Drohendes, sondern als im Innern des Subjekts

selbst Entstandenes. Vernunft, die widerstandslos mit dem Gesetz sich identifiziert, erzeugt allererst die Anarchie des Begehrens, mit dem sich zu versöhnen sie unfähig ist. Der Imperativ der Vernunft, bei Strafe des Untergangs außen wie innen alles zu beherrschen, wird getrieben von der Angst vor dem Aufstand des Beherrschten. Die endlose Spirale von Angst und Ordnungsproduktion, wie sie bis heute die bürgerliche Gesellschaft bestimmt, hat begonnen.

Für die Bildung dieses ›rationalisierten‹ Sozialcharakters hat Norbert Elias die sozialgeschichtlichen Voraussetzungen beschrieben. Es müssen Staaten gebildet sein, die durch ein Monopol körperlicher Gewalt und die Stabilität zentraler Steuerungsinstanzen gesichert sind. Die Zentralisierung der Macht im sog. Königsmechanismus, stehende Heere, funktionierende Verwaltung und die Integration der zuvor dezentral konkurrierenden Adligen und Fürsten in der höfischen Gesellschaft schaffen in Europa erstmals staatliche Gebilde, die nach außen wie innen weitgehend befriedete Räume darstellen.

Unter diesem Dach bildet sich langsam die bürgerliche Gesellschaft. Sie setzt gesicherte Verkehrs- und Handelswege, die Konzentration des Lebens in immer größeren Städten, den ökonomischen Sektor als ersten Relevanzbereich des sozialen Handelns, die Familie als Reproduktionsraum und eine dynamische, gewaltfreie Beschleunigung des sozialen Wandels in Richtung auf ein höheres Niveau von Produktivität und Funktionsdifferenzierung voraus.

Diesen über Jahrhunderte hin sich bildenden Sozialstrukturen entsprechen die zivilisatorischen Modellierungen der physischen, psychischen, moralischen und interaktiven Kompetenzen der Menschen, zunächst in den weltlichen Oberschichten. Die Befriedung der Räume durch staatliches Gewaltmonopol und die Entstehung differenzierter Handlungsfelder erfordern vom Individuum für eine erfolgreiche soziale Reproduktion die Dämpfung körperlicher Spontaneität und die Kontrolle affektiver Regungen. Realangst nimmt ab. Innere Angst aber, die als Scham, Peinlichkeit, Gewissen, Konkurrenzangst und Angst vor Statusverlust Stützpunkte der sozialen Kontrolle darstellt, nimmt stark zu.[7]

Zum einen also ist ein Mechanismus der Psychologisierung

beobachtbar, durch den neue Sensibilisierungen gegenüber Körpervorgängen und eine Differenzierung von öffentlicher und privat-intimer Sphäre entstehen. Zum anderen bildet sich ein höheres Niveau der Rationalisierung, das erforderlich wird, um in differenzierten Interdependenzen und langen Handlungsketten die nötige Planungskompetenz, Langsicht und Selbstkontrolle aufbringen zu können. So unterschiedlich höfische und bürgerliche Rationalität sein mögen, ist ihnen doch die Fähigkeit zur Körperkontrolle, Affektdämpfung, Kalkulation des Handlungseinsatzes und seiner Folgen gemeinsam. Die Introjektion von Fremdzwängen in Selbstzwänge oder, wie Elias auch sagt, die Bildung bewußter Selbstkontrolle und einer unbewußten Selbstzwangapparatur[8] ist eine notwendige Mechanik innerhalb des europäischen Zivilisationsprozesses. Unbeabsichtigte, aber auch unvermeidliche Nebenfolge dieser Zivilisierung ist dabei, daß wir uns mit einem »Zaun von schweren Ängsten«[9] umgeben, massive Frustrationen unserer Bedürfnisse hinnehmen und die Stabilität rationaler Orientierung mit der Anästhesierung der leiblichen Regungen bezahlen müssen.

Vernünftige Orientierungen des Handelns – Moral also – sind dabei »Aspekte jener Modellierung, mit der sich im psychischen Haushalt schärfer und schärfer Triebzentrum und Ichzentrum voneinander differenzieren.«[10]

In terms der Freudschen Analyse gesprochen, muß man die Ausdifferenzierung der im 18. Jahrhundert weitgehend abgeschlossenen dynamischen Ordnung von Über-Ich, Ich und Es als das Ergebnis eines jahrhundertelangen Prozesses verstehen, in dessen Verlauf die normativen Mächte sich in das Innere des Menschen vorverlagert haben und dort einen psychodynamisch funktionierenden Selbstbeherrschungsapparat bilden. Die innerpsychischen Stützpunkte der Macht gelten zugleich als Kompetenzen des vernünftigen Subjekts. Moralischer Selbstzwang gilt als Autonomie, und apathische, rationale Strukturierung des Handelns erhält die höchste Prestigezuweisung, nämlich die Auszeichnung, vernünftig und gerecht zu sein.

Für die Psychodynamik der Selbstbeherrschung ist dabei immer zu berücksichtigen, daß soziale Instanzen der Normenkontrolle – Eltern, Erzieher, Institutionen, Landesherren – höchst wirkungsvolle Koalitionen mit archaischen Ängsten und Phantasien narzißtischer und ödipaler Herkunft eingehen – vermittelt über den Sozialisationszusammenhang Familie. Die patriarchalisch domestizierte Kleinfamilie und die Defunktionalisierung der Frau, die ihre Identität nur noch als Mutter findet, verstärken ungeheuer die Tendenz, das eigene Selbst als Spiegelung eines narzißtisch überhöhten, idealen Objekts zu strukturieren, wie sie zum anderen die regressiv ödipale Lösung disponieren, das eigene, im Kleinfamilienzusammenhang extrem stimulierte wie tabuierte Begehren zu diskreditieren und der Kontrolle der zum Über-Ich verinnerlichten Verbotsinstanz zu unterwerfen. Welche Konfliktlösungen auf narzißtischer bzw. ödipaler Matrix im einzelnen auch notwendig sind, so kommen sie sämtlich darin überein, daß sie eine Strukturierung des Subjekts nach idealisierten Bildern externer Macht begünstigen, denen gegenüber das, was immer auch an eigener Regung erwächst, niedrig, sündig und schmutzig erscheint. Vernunft aber als normatives Zentralorgan des Menschen, die sich in der Identifikation mit gewaltigen Mächten und glanzvollen grandiosen Selbst-Objekten bildet, kann nicht anders denn als Agent der gesellschaftlichen Ordnung funktionieren.

Dieser Bildungsprozeß von Vernunft ist ohne die psychische Habitualisierung von Angst nicht möglich. An den Erziehungsprogrammen der Philanthropen des 18. Jahrhunderts etwa läßt sich beobachten, daß sie Sozialisierung der Kinder und Jugendlichen auf die Verankerung normativer Ziele und kognitiver Kompetenzen durch die Automatisierung moralischer Angst abzielen.[11]

Das gleiche gilt weitgehend für die innerfamilialen Verkehrsformen. An Kants moraltheoretischen, pädagogischen und anthropologischen Schriften ist die paradigmatische Geltung derartiger Strategien für die 2. Hälfte des 18. Jahrhunderts abzulesen. Die strategisch erzeugte Schuldangst und Gewissensnot, die konstitutiv für den Aufbau des Vernunftsubjekts sind, werden jedoch weitgehend verdrängt. Denn es ist gerade die unbewußte Angst, die die physischen Ressourcen für die Vernunft bereitstellt:

> Wir sind uns kaum noch dessen bewußt, wie schnell das, was wir unsere ›*Vernunft*‹ nennen, wie schnell diese relativ langsichtige, triebbeherrschte und differenzierte Steuerung unseres Verhaltens abbröckeln oder zusammenbrechen würde,

wenn sich die Angstspannung in uns und um uns veränderte.[12]

Dieser Zusammenhang von Angst und Vernunft ist strategisch ebenso notwendig, wie er verdrängt wird. An Kants Theorie der Moral wird gezeigt werden, wie die Selbstkonstitution des moralischen Subjekts gebunden ist an die Dialektik von Schuldangst und Sehnsucht nach Schuldfreiheit. In beidem diktiert das Gesetz, was für *Gefühle* das Subjekt hat: demütigender Schmerz und Wunsch nach Erhebung; so wie umgekehrt diese Gefühle das Gesetz affirmieren. Moral ist der Versuch, die Angst zu vertreiben, die sie allererst selbst erzeugt. Der innere double bind, in den Moral das Subjekt stellt, fesselt dieses unausweichlich ans Gesetz. Ohne diese Angst gäbe es nicht *diese* Form von Vernunft. Dem Verdrängten der Kantischen Vernunft wäre nur durch eine zweite Aufklärung zu entgehen. Ohne diese bleibt Moraltheorie ein Aggregat der Macht.

2. DER DEUTUNGSRAHMEN DER PRAKTISCHEN VERNUNFT

Moraltheorie und Freiheitslehre Kants sind eins. Das »Faktum« des Sittengesetzes führt zur Freiheit als seiner Voraussetzung, wie umgekehrt diese ohne Bindung ans Sittengesetz ein Unding ist, nämlich ins Chaos führt. Zu diesem Ergebnis kommt Kant, wie von Henrich demonstriert wurde, nach einer Kette von Fehlschlägen alternativer Deduktionsversuche des sittlichen Wissens.[13] Am Ende steht die *Kritik der praktischen Vernunft* als erster universalistischer Entwurf einer Profanethik. Auf nichts als ein dem Menschen immanentes Prinzip, seinen Willen als »Kausalität durch Freiheit«, ist Moral zu begründen – auf nichts anderes: also nicht auf Gott, ein höchstes Gut, das Glückseligkeitsstreben, einen moralischen Sinn, schon gar nicht auf common sense oder die leibgebundenen Stimmen der Wünsche und Triebe.

Vielmehr versteht sich Moraltheorie als Theorie menschlicher Autonomie, transzendent zwar seiner theoretischen, strikt immanent jedoch seiner praktischen Vernunft. Moralfähigkeit, nicht schon Erkenntnisvermögen, qualifiziert den Menschen

Titelblatt der »Encyclopédie«. (1751-80)
Die lichtumstrahlte Wahrheit wird einzig durch die Vernunft (gekrönte Figur) entschleiert: dies ist die Grundaussage des paradigmatischen Werks der französischen Aufklärung. Deutlich unterhalb der Vernunft rangieren (rechts) die Theologie, Philosophie und Geschichtsforschung als ihre Helferinnen. Links die Frauengruppe stellt die Künste dar – der Wahrheit huldigend. Die Frauengruppe mitterechts unter der Theologie und Philosophie

stellt die Physik, Astronomie und Geometrie dar, rechts darunter Optik, Botanik, Chemie. Unter diesem Pantheon der (weiblich allegorisierten) Wissenschaften und Künste wird schließlich eine Männergruppe sichtbar: die dankbaren praktischen Nutznießer des Vernunftzeitalters.

zum Menschen. Um so weniger definiert ihn sein Begehrungsvermögen; dies teilt er mit jedem Tier. Nicht also schon, daß er Vernunftwesen überhaupt ist, sondern endliches Vernunftwesen, das einen freien Willen hat, ist die differentia specifica des Menschen. Wäre Moral nicht philosophisch demonstrierbar, bliebe rätselhaft, warum der Mensch nicht nur Tier ist, verfallen dem Naturkreislauf. Das Erkenntnisvermögen allein begründet nicht hinreichend die Ausnahmestellung des Menschen in der Ordnung der Welt. Erkenntnis und Selbsterhaltungstrieb, der dem bedürftigen Leib entspringt, konstituieren, in der Sprache der praktischen Vernunft, allenfalls hypothetische Imperative, die einem vorgestellten Zweck den Weg zur rationalen Mittelorganisation weisen. Derlei materiale Bestimmungsgründe des Handelns, in denen Vernunft dem Begehren ihre Klugheit leiht, sind zwar subjektiv notwendig, doch objektiv zufällig: nämlich nicht gegründet auf allgemeine Prinzipien praktischer Vernunft, durch die der Mensch allererst seine Identität konstituiert.
Auch wenn an der Kantschen Erkenntnistheorie ein weit über Selbsterhaltung hinausgehendes Surplus, nämlich Naturbeherrschung durch Erkenntnis, nachgewiesen ist, hieße das nur, daß der Mensch das erfolgreichste Tier ist: Vernunft, die allein dem »Auftrag von seiten der Sinnlichkeit« (KdpV A 108), nämlich Maximierung der Mittelbeschaffung, folgt, verfiele dem Bann der Natur vollends.

> Denn im Werte über die bloße Tierheit erhebt ihn (= den Menschen, Vf.) das gar nicht, daß er Vernunft hat, wenn sie ihm nur zum Behuf desjenigen dienen soll, was bei Tieren der Instinkt verrichtet; sie wäre alsdann nur eine besondere Manier, deren sich die Natur bedient hätte, um den Menschen zu demselben Zwecke, dazu sie Tiere bestimmt hat, auszurüsten, ohne ihn zu einem höheren Zwecke zu bestimmen. (KdpV A 108)

Diesen »höheren Zweck« philosophisch zu beweisen – d.h. zugleich dem Deutungsmonopol der Religion wie dem bloßen

Meinen des common sense zu entziehen –, ist die zentrale Funktion der Moraltheorie. In ihr resümiert sich, was Kant als Wahrheit des Menschen gilt. Unzureichend ist es darum, wenn die Moraltheorie im Sinne einer philosophischen Teildisziplin als erster ernstzunehmender Versuch zur Normenbegründung und Konstruktion eines moralischen Diskurses entziffert wird. Damit bleibt außerhalb der Betrachtung, daß praktische Vernunft der Ort ist, wo Entscheidungen über das, was der Mensch ist und zu sein hat, gefällt werden: hinsichtlich der leiblichen, sozialen, politischen, normativen, intellektuellen und selbst utopischen Dimensionen seiner Existenz. Und ausgeblendet bleibt die charakteristische Konvergenz von Moral und Aufklärung im genauen Sinn davon, daß Moral Entfremdung ist von dem, worüber sie sich als gesetzliche Herrschaft entfaltet: das Inkommensurable, Unwiederholbare, das Viele und Verschiedene, kurz: die chaotische Mannigfaltigkeit innerer Natur, wo immer diese der Ordnung sittlicher Vernunft entgegensteht, sich widersetzt, entzieht, verzweigt, sich auflöst und wieder erscheint in den Repräsentationen des Leibes, der Einbildungskraft, den Lüsten und Begierden, den Wünschen nach Glück und selbst so tugendhaften Gebilden wie der Liebe.

Eine Moraltheorie, die den Menschen als intelligibles Subjekt knapp unterhalb der Vollkommenheit Gottes situiert und ihn zugleich als empirisches Subjekt aufs Niveau bloß naturhafter Gier nach Bedürfnisbefriedigung degradiert, ist zu entziffern als Herrschaftsentwurf, der die Mittel zur Vorverlagerung von Zwang ins Innere des Menschen bereitstellt. In der Forschung wird dies zumeist als die große historische Leistung der Emanzipation von äußeren Autoritäten und dogmatischen Handlungszwängen gewürdigt. Die Kosten werden selten mitberechnet. Merkwürdig unbeleuchtet ist bis heute geblieben, daß Kants Theorie der Moral die Vollendung der protestantischen Ethik in ihrer nur noch rationalen, um ihre eschatologische Dimension beraubten Gestalt ist. Sie ist auf der Basis sehr präziser Durchdringung des von Trieb und Normativität dynamisch strukturierten Innenraums des Menschen die erste neuzeitliche Theorie eines Menschentyps, der kraft normativer Verinnerlichungsprozesse die für die historisch anstehenden Modernisierungsschübe der Gesellschaft notwendigen Apparaturen zur Selbstbeherrschung und Selbstkontrolle mitbringt. Der Menschenentwurf Kants zielt so auf den Menschen der Zukunft – der freilich nicht ins intelligible Reich der Zwecke, sondern ins System der Fabriken integriert werden wird.

3. NATURMECHANISMUS UND AUTOMAT

Warum muß die Möglichkeit von Moral überhaupt bewiesen werden? Weiß nicht jedermann, daß Handeln von Normen geleitet wird, und arbeiten wir nicht ohnehin uns daran ständig ab? Gewiß. Doch bleibt unsicher, ob das, was als moralische Norm gilt, nicht nur Mittel ist zu einem vorgestellten Zweck, der die Sinne affiziert, insofern er ihnen Lust verspricht; ungewiß, nach welchem Kriterium Normenkonflikte gelöst werden können, wenn nicht naturwüchsig, also nach Gewohnheit oder Herrschaftsdekret; ungewiß ferner, ob überhaupt der Mensch als moralisches Subjekt angesehen werden kann, d.h. nicht fremdbestimmt ist durch Natur, Triebe, ein Schicksal, einen Gott, Dämon oder gesellschaftliche Mächte; ungewiß mithin, ob der Mensch als frei sich zu denken berechtigt ist – im *Gegenzug* zu dem überwältigenden *Wissen* um die Determiniertheit seines im Naturmechanismus spielenden Lebens.

Denn Leben »ist das Vermögen eines Wesens, nach Gesetzen des Begehrungsvermögens zu handeln« (KdpV A 16). Für Kant steht »Leben« demnach unterm Lustprinzip, welches im Begehrungsvermögen die Naturressource zur Hand hat, die ein Lebewesen zur »Ursache von der Wirklichkeit der Gegenstände« solcher Vorstellungen, die Lust versprechen, zu machen kräftig genug ist (ebd.).

Hierin aber herrscht nicht moralische Selbstbestimmung, sondern Zwang der Natur. Kant ist nun in die Schwierigkeit, die Möglichkeit von Moral beweisen zu müssen, keineswegs nur durch die Unzulänglichkeiten bisheriger Ethiken getrieben worden, sondern ebenso durch den Gang seiner eigenen Philosophie.

Die *Kritik der reinen Vernunft* hat alles, was innerhalb von Raum und Zeit zur Erscheinung kommt, lückenlos dem Kausalmechanismus unterworfen. In bezug auf den Menschen heißt dies, daß alles, was an ihm raum-zeitlich oder durch innere Wahrnehmung nur zeitlich wahrnehmbar ist, gesetzlich bestimmt ist; der ganze Umfang des historisch-gesellschaftlich-leiblichen Daseins, also im Sinne Kants: sein »Leben«.

Wir wissen, durch theoretische Vernunft belehrt, daß wir im Umfange unseres sinnlich-empirischen Daseins unaufhebbar unfrei sind. Alle anderen Meinungen sind »Träume der Metaphysik«. Von der *Kritik der reinen Vernunft* her ist die Maschine das Modell, nach dem der empirische Mensch sich erkennt. Genauer: die theoretische Vernunft selbst ist es, die das »Leben« des Menschen als Maschine konstruiert. Gerade darin liegt Aufklärung: in der zur Einheit der Erfahrung gebrachten Gewißheit des Kausalzusammenhangs der Natur in uns und außer uns. Lächelt hier nicht, bestätigt, La Mettrie mit seinem »L'Homme machine«? Natürlich ist Kant strikter Anti-Materialist. Holbach, Condillac und La Mettrie sind für die deutsche Philosophie dégoutant, allenfalls für den jungen Rebellen Schiller eine flüchtige Versuchung. Dennoch muß man sich klarmachen, daß Kant über den Menschen als Lebewesen nur ein Wissen erzeugen kann, das vollständig dem »L'Homme machine«-Modell entspricht.

Keine striktere Unterwerfung des sinnlich-empirischen Menschen unter den Mechanismus der Natur ist denkbar als die innerhalb der erkenntnistheoretischen Partien der *Kritik der reinen Vernunft*. Was in den Reihen unserer empirischen Wahrnehmungen, Vorstellungen und Handlungen »an sich« zirkuliert, bleibt stumm, verborgen, unerkennbar. Erkennbar ist nur, was Vernunft an ihnen nach Regeln der Erfahrung »zur Erscheinung« bringt: das ist ihre eigene Stimme: das Gesetz, das sie der Natur imputiert, Erkenntnis als Zwang. Aus der Würde der Wahrheitsfähigkeit ausgeschlossen, gibt die sinnliche Natur nur noch zwanghaft, stumpf und stumm das Material her, in welchem Vernunft ihre gesetzliche Ordnung und ihre Wahrheit entfaltet. Nicht geben die Phänomene etwas zu erkennen, sondern die Vernunft legt Erkenntnis in jene hinein.

Gerade diese Perspektive der *Kritik der reinen Vernunft* macht Moralität beweisbedürftig. Moral als Selbstbestimmung des Subjekts hat in der Natur keinen Ort, denn das Naturgesetz »leidet keinen Abbruch« (KdrV B 564). Im Naturzusammenhang ist keine Lücke zu erwarten, in die Freiheit einspringen könnte – natura non fecit saltus. *In* der Natur ist folglich »Freiheit nicht zu retten« (KdrV B 564). Kant sieht das Problem, in das er durch seine Erkenntnistheorie getrieben ist, also sehr genau, und noch in der *Kritik der praktischen Vernunft* droht die Möglichkeit, daß die »Freiheit unseres Willens« »nichts besser als die Freiheit eines Bratenwenders sein (würde, Vf.), der auch, wenn er einmal aufgezogen worden, von selbst seine Bewegungen verrichtet« (KdpV A 174). Jede Begründung also von Moral durch Momente innerhalb des raum-zeitlichen »Lebens« des Menschen würde diesen unausweichlich zu einem »*Automaton materiale*, da das Maschinenwesen durch Materie, oder mit Leibniz *spirituale*, da es durch Vorstellungen betrieben wird« (ebd.), degradieren. In der Natur also keine Freiheit; aber auch keine Moral ohne Freiheit. Dies ist das Grundproblem, das Kants Moraltheorie zu lösen hat.

4. DAS »DING AN SICH«: DEUS EX MACHINA DER MORAL

Wir erinnern: Das »Ding an sich« ist die Besiegelung der ursprünglichen Trennung: es *ist*, aber was und wie es ist, *soll* gleichgültig sein, um das Wissen, das wir allein aus Sinnlichkeit und Verstand erzeugen, unberührbar zu machen gegen das Betroffen- und Verstricktsein durch die Dinge. Dem korrespondiert auf Seiten des Subjekts eine durch Selbstdisziplin (nämlich die Erkenntnisprozeduren) erzeugte Distanz und Kälte: das Erkenntnisideal der Apathie und der Verleugnung der Gefühle, in denen sympathetisches Betroffensein durch die Dinge in uns mächtig wird. Diese Selbstbeherrschung qualifiziert das Subjekt, sich dem »Reich der vernünftigen Wesen« zuzurechnen. Leib, Sinnlichkeit, Anschauung, Wahrnehmung und Einbildungskraft werden vom Verstand so zugerichtet, daß sie ihrerseits das Mannigfaltige nur noch zerhackt zu Datenmengen dem Verstand zuliefern. Das »Ding an sich« verkommt zu jenem unerkennbaren Etwas, das die Sinne affiziert: deren »transzendentale(s) Objekt« (KdrV B 522).
Das Kantsche Erkenntnissubjekt bleibt, psychologisch gesehen, auf einem niedrigen Niveau: es macht von den Dingen einen rein

egozentralen Gebrauch. Es bezieht sich auf sie nur, insofern es sie in eine solche Erscheinungsform drängt, die seinem Interesse an Naturbeherrschung entspricht. Die Formierung der Natur zur Erscheinung anerkennt diese nur, insoweit sie beherrschbar ist – alles andere wird aus der Erkennbarkeit normativ ausgeschlossen.

Die theoretische Trennung von Ding an sich und Erscheinung funktioniert dabei auch als »Reizschutz« vor dem Überwältigtwerden durch jene Mächte der Natur, die nicht in unserer Verfügung stehen. Dies *soll* nicht mehr sein: dies ist der Sinn des Ausschlusses des Ding an sich, womit die kritische Philosophie anhebt. Das Erkenntnissubjekt hat sich zur uneinnehmbaren Festung der »transzendentalen Einheit der Apperzeption« verpanzert. Das Universum steht fortan unter seiner Regie.

Die Perspektive, in der Kant die Möglichkeit von Moral glaubt beweisen zu können, ist von dieser Fundamentalunterscheidung in Ding an sich und Erscheinung in der *Kritik der reinen Vernunft*, im sog. Antinomien-Kapitel, vorgezeichnet. Die Blickrichtung wird dabei jedoch vertauscht: wenn in der Naturerkenntnis das Wissen vom Ding an sich getrennt sein soll und nur möglich ist im Erscheinungszusammenhang, so ist es nunmehr umgekehrt: moralisches Wissen kann es nicht im Blick auf die Erscheinungen des »Lebens« geben – hier dekretiert allein der Verstand, »was da ist« (KdrV B 575) –, sondern nur in der Sphäre des Noumenon, das gegenüber dem »Leben« als raum- und zeitlose Instanz praktischer Vernunft ›erkannt‹ wird.

> »Als deus ex machina springt der Ding-an-sich-Begriff ein. Verborgen und unbestimmt, markiert er eine Leerstelle des Gedankens; einzig seine Unbestimmtheit erlaubt, ihn nach Bedarf zur Erklärung heranzuziehen.«[14]

Dieser »Bedarf« ist nunmehr da – er entspringt dem Interesse der praktischen Vernunft, »Kausalität durch Freiheit« zu vereinbaren mit der »Kausalität nach Gesetzen der Natur« (KdrV B 472). Der Sinn der Kantschen Differenz von Ding an sich und Erscheinung wird durchsichtig: »Denn, sind Erscheinungen Dinge an sich selbst, so ist Freiheit nicht zu retten.« (KdrV B 564) – mithin wäre auch das moralische Bewußtsein entlarvt als Selbsttäuschung des Menschen über seine Verfallenheit an Natur. Das darf nicht sein. Kant fährt jetzt seine Ernte ein, die das Ziel seiner

Trennung in die zwei Felder von Ding an sich und Erscheinung war. Das Feld der Moral ist nicht von dieser Welt. Der intelligible Charakter, als welcher sich an diesem einen Punkt das Ding an sich zu erkennen gibt, steht »unter keinen Zeitbedingungen«: »In ihm würde keine *Handlung entstehen*, oder *vergehen*, mithin würde es auch nicht dem Gesetze aller Zeitbestimmung, alles Veränderlichen, unterworfen sein«. (KdrV B 567/8). Hier steht die Gralsburg der Moral –: ihr gepanzerter Heros, der intelligible Charakter, und ihre Ordnung, der kategorische Imperativ (das Gralswissen der sittlichen Einsicht), sind vorab, per definitionem des »Ding an sich«, universal, zeit- und raumunabhängig, unverletzlich, ewig, vollkommen.

5. ANGST VOR DEM CHAOS

Es fällt schwer, derartige Operationen nicht als trickreiche List der Vernunft zu bezeichnen. Achtet man auf die Funktionen dieses Spiels wechselnder Perspektiven – mal Ding an sich, mal Erscheinung; mal soll das erste, mal das zweite ausgeschlossen werden –, so versteht man den geheimen Sinn dessen, was Kant unter den Titel bringt: »Der transzendentale Idealism, als der Schlüssel zu Auflösung der kosmologischen Dialektik« (KdrV B 518ff). Es geht nicht nur darum, nach dem strengen Diskurs der Erkenntniskritik nunmehr die konservativ-lutherische Doktrin des Zusammenhangs von Schöpfung, Unsterblichkeit, Freiheit und Gott (Erste bis viere Antinomie) als notwendige Ideen der *Vernunft* zu retten. Vielmehr ist es Kant hinsichtlich des zentralen Begriffs der Freiheit darum zu tun, diesen strukturell ans Gesetz zu binden –: an ein Gesetz, dessen Apodiktik der des Naturgesetzes in nichts nachgibt. Das Gesetz ist der Obertitel von Natur *und* Freiheit, von empirischer wie intelligibler Welt. Sein Gegenbegriff ist das Chaos, die Anarchie. Als Kritik der theoretischen wie der praktischen Vernunft –: Philosophie ist Austreibung des Anarchischen aus Natur und Gesellschaft. Dieses wird zum Exterritorialen schlechthin, von Angst bewacht, die seiner Verlockung widerstehen soll. Der Horror vacui der Vernunft, von dem Kant mehrfacht spricht, hat hier sein Zentrum. Der »Schlüssel« des transzendentalen Idealismus funktioniert so: ist auch die gesamte »Welt« und »Natur« als Zusammenhang der Erscheinungen bedingt und unfrei, so vermögen wir dennoch zu denken, daß als »Ding an sich«, d. h. als intelligible Subjekte, wir uns als frei verstehen dürfen.

Betrachten wir ein Handeln, also z. B. eine Lüge, so stoßen wir – in empirischer Einstellung – immer auf Bedingungen des Lügners (Erziehung, soziale Umstände, Gelegenheitsursachen, Leichtsinn etc.: KdrV B 582): folglich resümieren sich in der Lüge moralisch nicht qualifizierbare Ursachen, welche das empirische Subjekt notwendig zur Lüge determinieren. In transzendentaler Einstellung *beurteilen* wir dagegen dieselbe Handlung als frei, *als ob* der Lügner aus freiem Willen lügen würde. Wir rechnen ihm sein Handeln zu und qualifizieren im moralischen Diskurs die Lüge als verwerflich. Der Beweis der Freiheit bezieht sich deswegen grundsätzlich nicht auf Freiheit des sinnlich erscheinenden Handelns. Sondern Freiheit wird als transzendentale erwiesen durch die Denkmöglichkeit, jede Handlung so betrachten zu können, *als sei* sie Wirkung frei handelnder Subjekte. Transzendentale Freiheit ist Freiheit des »Als ob«.

Man muß sich die großartige Geste vergegenwärtigen: alles in Raum und Zeit, auch wir selbst als empirische Wesen, werden ohne Zögern der Unfreiheit preisgegeben, denn *frei* können wir gleichwohl uns – denken. Die Idee bürgerlicher Freiheit, die als Freiheitspraxis sich begründen will, flüchtigt sich ins Denken, das demonstriert, daß alle Praxis interpretiert werden kann, als ob sie »Wirkung aus Freiheit« (KdrV B 571) sei. Die Freiheit des Bürgers ist »Kopf ohne Welt«; das Leben des Bürgers ist »Welt ohne Kopf« (Elias Canetti).

Kant ist ehrlich genug zu sagen, warum dies so sein soll. Er hat dies bereits bei der Aufstellung der 3. Antinomie erläutert: »Die Freiheit (Unabhängigkeit), von den Gesetzen der Natur, ist zwar eine *Befreiung* vom *Zwange*, aber auch vom *Leitfaden* aller Regeln.« (KdrV B 475). Natur aber ist Gesetz; Freiheit, die in sie eintreten würde, wäre ein Unding: »Gesetzlosigkeit« (ebd.), Zwanglosigkeit, Regellosigkeit – etwas so Unausdenkbares, daß Kant es schnell als »Blendwerk der Freiheit« (ebd.) exkludieren muß. Und doch formuliert Kant – gleichsam aus Versehen – die verbotene Utopie bürgerlichen Denkens in jenem einzigen Satz der *Kritik der reinen Vernunft*, welcher e contrario Wunschbild und Angst zugleich der Freiheit enthält; die Rede ist von der »nimmermehr erlaubten« Freiheit »in der Welt selbst«:

> Denn es läßt sich, neben einem solchen gesetzlosen Vermögen der Freiheit, kaum mehr Natur denken; weil die Gesetze der letzteren durch die Einflüsse der ersteren unaufhörlich abgeändert, und das Spiel der Erscheinungen, welches nach der bloßen Natur regelmäßig und gleichförmig sein würde, dadurch verwirret und unzusammenhängend gemacht wird.« (KdrV B 479)

Das System des organisierten und zwingenden Zugriffs auf Natur geriete in Unordnung in jenem »Spiel«, welches materiell werdende Freiheit in der Welt der Erscheinungen beginnen würde. Gesetzlosigkeit, Regelfreiheit, Unordnung – Anarchie würde beginnen. »Der Anarchie der Naturneigungen Widerstand leisten« erfordert die »Despotie des kategorischen Imperativs«.[15] Freiheit muß auf den transzendentalen Gebrauch eingeschränkt werden, identifiziert mit dem Gesetz selbst.

Was sich hier zeigt, ist bürgerliche Angst: Freiheit, die in Erscheinung tritt – sinnlich wird, konvergiert mit Chaos. »Die Freiheit«, weiß Kant, »ist eine subjektive Gesetzlosigkeit ... Sie verwirret also ... Die ganze Natur wird dadurch in Verwirrung gebracht. Daher ohne moralisches Gesetz der Mensch selbst unter das Tier verächtlich und mehr als dasselbe hassenswürdig wird.« (Nachlaß 6960). Aggressiv wird subjektive Freiheit verfolgt als eigentlich Böses, als durcheinanderwerfendes Prinzip des Diabolos. Doch selbst im Denken Kants finden sich Spuren der Verlockung dieser Freiheit; noch in ihrem Schreckbild schimmert, was sie wäre: Auflösung des Naturzwangs, Traum, Gesetzlosigkeit, unaufhörliches Spiel der Veränderungen, Verwirrungen. Es geht nicht darum, ob derlei Freiheit möglich oder sinnvoll wäre; sondern darum, daß die Phantasie solchen Lebens den Ordnungsentwürfen Kants heimlich zugrundeliegt und mit der Strenge des Gesetzes zensiert wird: diese korrespondiert jener.

> Der Inhalt seiner eigenen Freiheit – der Identität, die alles Nichtidentische annektiert hat – ist eins mit dem Muß, dem Gesetz, der absoluten Herrschaft. Daran entflammt das Kantische Pathos. Noch Freiheit konstruiert er als Spezialfall von Kausalität. ...Sein bürgerlich verzagter Abscheu vor Anar-

chie ist nicht geringer als sein bürgerlich selbstbewußter Widerwille gegen Bevormundung. (Adorno, Neg. Dial. 246). Kants Theorie der Freiheit ist die radikale Trennung von Natur und Freiheit, ihre Vertreibung aus erscheinender Praxis, ihre Exilierung ins Reich der Zwecke.

Psychologisch gesehen ist die Identifikation von Freiheit und Gesetz als Abwehrvorgang zu lesen: Abwehr von Wünschen, die die intelligible Identität, die Einheit des Selbstbewußtseins, gefährden. Die Demarkationslinie zwischen Ding an sich und Erscheinung funktioniert als Abwehrwall praktischer Vernunft, insofern dadurch sämtliche Begehrungen von der Möglichkeit abgeschnitten werden können, sich der Vernunft mitzuteilen, Gehör bei ihr zu finden, Einfluß auf sie zu haben. Moralische Vernunft konstituiert sich durch die Fähigkeit zum Ausschluß der Sinnlichkeiten.

Solche Manöver sind aus Wahnsystemen gut bekannt. Zur Struktur wahnhafter Abwehrsysteme gehört durchweg, einen ›Gegner‹ zu identifizieren und ihn mit den Mächten des Chaos zu assoziieren, gegen die mächtige Wälle der Ordnung aufgerichtet werden müssen. Der ›Feind‹ hier ist der Leib mit seinen Sinnen, Begehrungen, Lüsten. Diese stillzustellen, zu verdrängen, zu tabuieren, und sich als »eigentliches Selbst« zurückzuziehen in eine Abstraktion, von der aus das Strömen der inneren und äußeren Welt zu einem maschinenhaften Ablauf degeneriert, wobei mal das Subjekt sich zum Gott der Maschine, mal die Maschine sich zur Bedrohung des identischen Selbst verdichtet –: das ist die Philosophie des Wahns oder Wahn der Philosophie.

6. DAS »FAKTUM« DER VERNUNFT: KEIN SKANDAL?

In der *Kritik der reinen Vernunft* hat Kant demonstriert, daß die Möglichkeit der »transzendentalen Freiheit« nicht in Widerspruch zur theoretischen Vernunft gerät, sofern man nur die 3. Antinomie nach dem »Schlüssel« des transzendentalen Idealismus aufzulösen in der Lage ist. Sittlichkeit ist damit noch nicht begründet; wohl aber die Möglichkeit legitimiert, neben dem Diskurs über das, was ist, einen solchen über das, was sein soll, zu eröffnen. Die Moraltheorie hat dann die sittliche Einsicht zu

Jean Baptiste Regnault: Freiheit oder Tod. (1794).
Die malerische Idealisierung der Parole der Konstitution des Jahres III (1793) enthält eine gänzlich andere Dichotomie als die bei Kant herrschende. Die revolutionäre Botschaft des Merkur nachgebildeten Genius von Frankreich meint die politisch praktisch werdende Freiheit: als Lichtgestalt auf dem Thron, mit der revolutionären phrygischen Mütze in der Rechten, in der Linken den Winkel im Lot, zu Füßen das Brüderlichkeit symbolisierende Liktorenbündel, ist sie die Alternative zur düsteren Allegorie des Todes, der auch der Dämon der Mächte des Ancien Regime ist. Freiheit bei Kant meint nicht das Hier und Jetzt sich verwirklichender revolutionärer Praxis, sondern das im Strahlglanz idealer Unerreichbarkeit ruhende Reich der Zwecke im Gegensatz zur Gefangenschaft in der Hölle des Begehrens mit ihren Trugbildern falschen Glücks.

bestimmen, ihre Struktur, ihr Prinzip, ihr Wirken und schließlich ihren Bezug auf ein »Reich der Zwecke«. Sicher ist, daß Moral ohne Freiheit nicht denkbar ist, wie Freiheit nicht ohne Gesetz. Kategorischer Imperativ und Freiheit verweisen aufeinander, ja konvergieren in praxi: du kannst, was du sollst. (KdpV A 54).

Die *Kritik der praktischen Vernunft* beginnt mit dem, was Georges Devereux Grundoperationen wissenschaftlichen Handelns nennt, mit einer »Entgiftung des Materials« und einer »Entgiftung des Subjekts«.[16] Dies heißt hier, alle jene Momente auszuschließen, die den freien sittlichen Willen durch ›Materie‹ des Begehrungsvermögens verunreinigen könnten: die Sphäre gesellschaftlicher Intersubjektivität, wie sie etwa im common sense oder der Kultur des moral sense vorliegt; die Orientierung an der Glückseligkeit als allgemeinem Streben der Menschen; selbstverständlich die Ebene der Triebe und Lüste und der Einbildungskraft; die Sphäre aber auch lebensgeschichtlicher Erzeugung moralischen Wissens ebenso wie den historischen Prozeß kumulativer oder evolutionärer Ausdifferenzierung moralischer Standards; die im Dienst des Glücks stehende Vernunft. In diesen empirischen Bereichen werden zwar Imperative formulierbar, immer aber nur subjektiv oder intersubjektiv notwendige, nämlich hypothetische Imperative, niemals aber objektiv notwendige Prinzipien. Kant aber ist ein angstvoller Feind der Vielfalt und ein Pathetiker der Identität, die alles ihr Andere aufgezehrt hat: nur wo immer »ebenderselbe Bestimmungsgrund« den immer einen identischen Willen auf immer »einunddasselbe Objekt« (KdpV A 46/50) richtet, ist reine Vernunft »für sich allein praktisch« (KdpV A 44). ›Für sich allein‹ ist diese Vernunft in der Tat; um den Preis ihrer monadischen, von jeder sozialen Vermittlung abgesperrten Exklusion ist sie reine Form der Identität.

Kant hat jedoch die Frage nach dem moralischen Wissen, wie Henrich gezeigt hat, so gestellt, daß sie das Wesen des Menschen definierend betrifft.[17] Damit steht vorab fest, daß das Wesen des Menschen nicht in den Modalitäten leiblichen und sozialen Daseins zu suchen ist, sondern allein in jener intelligiblen Identität, die den Willen durch die bloße Form des Gesetzes bestimmt. Dies ist der kategorische Imperativ – sein apodiktisches Sollen bestimmt den Menschen, mit Heidegger zu reden, in seinem eigentlichen Seinkönnen. Das Andere der Vernunft ist zugleich auch das Andere des Menschen.

Weil nun die sittliche Einsicht die Verbindlichkeit des Guten bedeutet, dieses Gute in der Form des moralischen Gesetzes aber das »eigentliche Selbst« des Menschen allererst konstituiert, bedeutet folglich das Böse zu tun, ja weniger noch: nicht das Gute zu tun, prinzipiell Selbstentfremdung des Menschen. Selbstentfremdung heißt für die aufgeklärte Philosophie nicht Entfremdung von Leib und Gefühl, Trennung von Tätigkeit und Objekt, sondern umgekehrt: Entfremdung von der abstrakten Identität des Sittengesetzes, das die Form des intelligiblen Subjekts eigentlich bestimmt. In dem horror vacui der Vernunft vor der dispersen Ungestalt des Begehrens wirkt der lutherische ›altböse Feind‹ fort: die Furcht vor der inneren Natur des Menschen als Zone des »radikal Bösen«, wie es Kant in der *Religion innerhalb der Grenzen der bloßen Vernunft* nennt. Gegenüber der allenthalben andrängenden Realität des Begehrens steht gleichwohl die Moral auf wackligen Füßen. Nach zwanzig Jahren des Bemühens kommt Kant mit der *Kritik der praktischen Vernunft* zum Eingeständnis nämlich der Undeduzierbarkeit des Sittengesetzes. Er nennt es nunmehr »Faktum der Vernunft« (KdpV A 56 u.ö.) – und eigentlich ist dies ein Skandal der Transzendentalphilosophie, jedenfalls das Scheitern eines der grundlegenden Prinzipien des Kantischen Denkens, nämlich nichts gelten zu lassen, was nicht aus den Bedingungen seiner Möglichkeit konstruierbar ist.

Denn die Bedingung der Möglichkeit des Sittengesetzes ist Freiheit; diese aber ist weder »unmittelbar bewußt« noch »aus der Erfahrung« gesichert (KdpV A 53). Von Freiheit gibt es kein positives Wissen, sondern nur, wie Kant im Antinomien-Kapitel zeigt, den Nachweis, daß ihre Denkmöglichkeit nicht im Widerspruch zur theoretischen Vernunft steht. »Unmittelbar bewußt« – und damit entschuldigt sich Kant für das theoretisch unerklärliche Faktum der Vernunft – sei dagegen das Sittengesetz: nämlich in der uns unmittelbar verbindenden Notwendigkeit, mit der es uns die Vernunft vorschreibt, unter Absonderung »aller empirischen Bedingung« (KdpV A 53/74).

Dieses »Faktum der Vernunft«, das seine Faktizität daraus

gewinnt, daß es nicht anders als durch apodiktische Inanspruchnahme des Subjekts diesem ins Bewußtsein tritt, ist nun wahrhaft der papierne Drache Kantischer Moralphilosophie. Denn, darauf haben Horkheimer/Adorno aufmerksam gemacht, »Tatsachen ... gelten dort nichts, wo sie nicht vorhanden sind«.[18] Die Gegenrechnung, die Horkheimer/Adorno in der Konfrontation Kants mit Sade aufmachen, stimmt völlig: in den de Sadeschen Libertins treten ›vernünftige Wesen, die einen Willen haben‹ auf, deren Selbstbewußtsein keineswegs vom Faktum des Sittengesetzes, sondern der Vernunft des Lasters bestimmt ist. Sade's Libertins exekutieren das Böse in der gleichen Besonnenheit, Selbstdisziplin, intellektuellen Kontrolle und apathischen Vernunft, mit der bei Kant das Sittengesetz herrscht. Die Ehrlichkeit, mit der Kant die Undeduzierbarkeit des Sittengesetzes eingesteht und demonstriert, verweist auf eine charakteristische Schwäche bürgerlicher Moral: im Maß, wie sie allen materialen Bestimmungen des Guten gegenüber abstinent sein zu müssen glaubt, droht sie in ihr Gegenteil überzugehen, die Inhumanität. Sade ist jener radikale Gegenspieler zu Kant, der mit gleicher Konsequenz und formaler Vernunft das Laster zu unmittelbarem Bewußtsein erhebt wie Kant den kategorischen Imperativ. Die Kantische Verweigerung allem Faktischen gegenüber rächt sich darin, daß schließlich das Sittengesetz selbst zum bloßen Faktum wird. Seine absolute Allgemeinheit gerade läßt es der Kontingenz verfallen: in Kant ist es so unmittelbar wie es in Sade »nicht vorhanden« ist. Da hilft wenig, daß Kant immer wieder versichert, noch der gemeinste Mensch sei sich des kategorischen Imperativs inne. Wenn moralisches Wissen verbindend ist, weil als Faktum es ins Bewußtsein tritt, heißt dies nur: wer moralisch ist, den verpflichtet Moral; andere nicht.

Die fehlgeschlagene Deduktion des Sittengesetzes wendet Kant in dem Abschnitt »Von der Deduktion der Grundsätze der reinen praktischen Vernunft« durch eine Volte zur Deduktion der Freiheit. Wenn der kategorische Imperativ dem Selbstbewußtsein der praktischen Vernunft als Faktum unmittelbar inne ist, bietet dieses Faktum umgekehrt das »Prinzip der Deduktion eines unerforschlichen Vermögens«, nämlich der Freiheit (KdpV A 82). Diese ist nämlich als Bedingung der Möglichkeit des sittlichen Willens notwendig, der anderenfalls dem Naturmechanismus verfiele. Beiläufig wird daraus eine Bankrotterklärung der Transzendentalphilosophie:

> Wie nun dieses Bewußtsein der moralischen Gesetze oder, welches einerlei ist, das der Freiheit, möglich sei, läßt sich nicht weiter erklären. (KdpV A 79/80)

Moralität ist das Selbstbewußtsein solcher Vernunftwesen, »die dies Gesetz als für sie verbindend erkennen« (KdpV A 82). Moral ist nicht Wissen, sondern dieses nur, insofern es als verbindend anerkannt wird. Darum nennt Kant es ein »Faktum« im Selbstbewußtsein praktischer Vernunft, undeduzierbar, aber, wie er schnell beifügt: unmittelbar, ewig, universal, unvordenklich. Das Sittengesetz, das seine Form schon dem Naturgesetz entliehen hat, annektiert schließlich noch, was es nicht sein kann: Faktum. An diesen tief ins Nichts geschlagenen Nagel knüpft Kant, als sei nichts geschehen, das Netz der Sittlichkeit: als Gericht über das, was wirklich faktisch ist: das Begehren, und als die Teilhabe des Selbstbewußtseins an der Heiligkeit des intelligiblen Reichs der Zwecke. Es ist so, als sei jemand notgelandet und fliege gleichwohl weiter.

7. KATEGORISCHER IMPERATIV, GESTÄNDNISZWANG, ZWECK-MITTEL-RELATION

Das Sittengesetz lautet:

> Handle so, daß die Maxime deines Willens jederzeit zugleich als Prinzip einer allgemeinen Gesetzgebung gelten könne. (KdpV A 54)

Oder:

> Handle so, als ob die Maxime deiner Handlung durch deinen Willen zum *allgemeinen Naturgesetze* werden sollte. (Grundlegung A 52).

Beides meint dasselbe, nämlich nicht Formierung wirklichen Handelns, sondern der diesem vorausgehenden Maximen. Der kategorische Imperativ formiert damit eine innere Gestalt des Menschen, nicht erscheinendes Handeln, das niemals selbst moralisch ist, sondern nur als solches beurteilt werden kann. Insofern ist der kategorische Imperativ konsequenter Ausdruck einer Gesinnungsethik. Gut ist, wie Kant immer wieder betont, allein der gute Wille – und dieser ist intelligibel, insofern er vom Sittengesetz bestimmt wird, das für alle endlichen Wesen, sofern sie Vernunft und einen Willen haben, also nicht nur für Menschen gilt (was immer das heißen mag).

Nun weiß Kant, »daß alles Wollen auch einen Gegenstand, mithin eine Materie haben müsse« (KdpV A 60) – es wäre denn kein Wollen. Diese Materie wird durch die Maximen, die jene als Wunsch und Begehren in sich enthalten, dem moralischen Bewußtsein zugespielt, das sie seinerseits einem Gerichtsverfahren unterwirft, nämlich der Überprüfung ihrer Verallgemeinerbarkeit.

Der kategorische Imperativ funktioniert als Normenkontrollverfahren. Insofern kann man ihn als Regulativ moralischer Diskurse verstehen: als gerechtfertigt können nur solche Maximen gelten, die die Allgemeinheit von Naturgesetzen, z.B. der Newtonschen Physik haben.

Denn in der Tat ist letzteres gemeint. Die Gesetze der Physik geben die »Typik« ab, nach der Maximen auf ihre Form hin – d.h. ihre Allgemeinheit – überprüft werden. Darin drückt sich nicht allein aus, daß der naturwissenschaftliche Wissenstyp für Kant auch in dem völlig anders strukturierten Bereich normativer Geltungsansprüche maßgeblich ist; sondern vor allem seine tiefe Ängstlichkeit, von der Verbindlichkeit von Moral etwas zu verschenken, wenn diese nicht die Strenge von Naturgesetzen habe. Wie Kant bereits Naturerkenntnis als Gericht konstruiert hat, vor dem die Natur unters Verhör der Vernunft genommen wird, so gilt dies um so mehr für Moral: das Verallgemeinerungsprinzip und die Gesetzesform des kategorischen Imperativs etablieren genau das Verfahren, das einer lückenlosen Gesinnungsüberprüfung durch einen bestallten Richter entspricht.

Wünsche, subjektive Willkür, Begehrungen, Neigungen, Glücksstreben, Lüste müssen vor der immer einen und wiederholten Frage: Kann, was du willst, als allgemeines Gesetz gelten? ihre Wahrheit gestehen. Das Auge des Sittengesetzes schafft eine vollkommen transparente Ordnung ohne Geheimnis, in welches Wünsche sich bergen möchten. Im ewigen Zenit ruht das Gesetz, das den Menschen schattenlos ausleuchtet. Geblendet vom Licht des Sittengesetzes schließen die Wünsche – wie Lemuren des unteren Reiches – ihre Augen, voll Scham ihrer nächtlichen Herkunft, bekennen die Schuld ihrer Partikularität, vergessen und verleugnen, was sie sind: einzelne, viele, unwiederholbare, inkommensurable, von regionaler Reichweite, verliebt ins Objekt, das Glück verheißt. Dies ist ihr Vergehen. In das Schweigen, das ihrem Verhör und Geständnis folgt, ertönt die majestätische Stimme des Gerichts. Das Urteil ergeht.

Und kein Urteil ohne Sanktionsgewalt. Im Sittengesetz ist Judikative und Exekutive identisch. Die »pathologisch affizierte (...) Willkür« (KdpV A 57) – also Begehren – wird in die »Pflicht« genommen, unter die objektive »Nötigung« des Gesetzes gestellt: »innerer, ... intellektueller Zwang« (ebd.). Es ist, als erhielte Caliban eine Allongeperücke, Kniehosen, Seidenstrümpfe und Gehrock. Die Wünsche und Begehrungen, die schließlich ganz vom intellektuellen Zwang durchdrungen sind, haben die Form des allgemeinen Naturgesetzes erhalten und dürfen nun, als Maximen mit Gesetzeskraft, ihre dynamische Antriebspotenz einspeisen ins Handeln.

Das ist zwar eine Phantasie. Doch stellt jede Deutung des kategorischen Imperativs, die diesen als kontrafaktische Bedingung moralischer Diskurse über normative Geltungsansprüche versteht, eine Verharmlosung dar, die die interne polizeiliche Energie des Imperativs im Kern nicht ernst nimmt. Moralische Geltungsfragen werden nicht im herrschaftsfreien Diskurs zwischen gleichberechtigten, handlungsentlasteten Herren besprochen, sondern in einem inneren Dialog exekutiert, dessen gesamtes Setting von Herrschaft durchdrungen ist. Sollte man das innere Gerichtsverfahren, das im Namen des Sittengesetzes über die Maximen geführt wird, durch soziale Modelle veranschaulichen, müßte man zurückgehen: auf die protestantische Gewissensprüfung, die das Muster der Hexeninquisition ins Innere des Menschen vorverlagert hat, oder besser noch nach vorne gehen: in die kühl-hygienischen Verhörräume und die schweigenden, eleganten Computerarsenale der verwissenschaftlichten Polizei, deren Ideal das des kategorischen Imperativs ist: die lückenlose Erfassung und Kontrolle alles Partikularen und Widerständigen bis ins Innere der Menschen hinein. Und hier, wie nirgends sonst, gilt a priori: Du sollst nicht lügen! – in der Form des Geständniszwangs, der Geheimnislosigkeit, des Panopticons. Ihre Identität mit Herrschaft gibt auch die dritte Formulierung des kategorischen Imperativs zu erkennen. In sie geht ein anderes Interesse der bürgerlichen Klasse ein als das an den ersten Varianten ablesbare. Hier soll durch die Identifikation von Freiheit, Gesetz, Schuld und Selbstzwang die Koalition von Freiheit und Begehren gebrochen werden, hinter der politisch allemal die Revolution droht: als Begehren der Freiheit und freies Begehren ist sie dem deutschen Bürgertum wenn nicht a priori, so spätestens nach 1793 identisch mit Chaos und Antigeist. Anders dagegen die dritte Formulierung des kategorischen Imperativs:

> Handle so, daß du die Menschheit, sowohl in deiner Person, als in der Person eines jeden andern, jederzeit zugleich als Zweck, niemals bloß als Mittel brauchest. (Grundlegung A 66/7)

Niemals bloß – jederzeit zugleich: hier wird die ideologische Balancekunst sichtbar, die zwischen dem Menschenrecht auf Würde und Unversehrtheit – obligatorisch für jede Verfassung seit der amerikanischen 1773 – und dem handfesten Interesse an ökonomischer Ausbeutung und sozialer Repression erforderlich ist, wie sie von der bürgerlichen Gesellschaft entfaltet werden. »Verteufelt human« möchte mit Goethe man diesen kategorischen Imperativ nennen, von dem Horkheimer meint, daß Kant hier in erhabener Nüchternheit die Hoffnung der bürgerlichen Klasse – auf ein Reich der Zwecke – zurückbinde an ihr materielles Substrat: daß nämlich zum Mittel des ökonomischen Kalküls jedermann sich zu verdinglichen habe.

Niemals bloß als Mittel – jederzeit zugleich als Zweck: daraus ist flugs ein ›sowohl als auch‹ zu machen. So wird der Fabrikherr des 19. Jahrhunderts seine Arbeiter jederzeit zugleich als Zwecke anerkennen, nämlich freie Rechtssubjekte, die kraft ihrer »Menschheit« ihre Arbeitskraft verkaufen, und als Mittel sie hernach gebrauchen – »niemals bloß«: denn das ideologische Häubchen, Mensch an sich und Vertragspartner für sich zu sein, bleibt dem Arbeiter allemal. Für die dritte Formulierung des kategorischen Imperativs hat die bürgerliche Gesellschaft jene Lösung gefunden, die Marx gut trifft, wenn er sagt: daß in der bürgerlichen Verfassung der Grundrechtsteil die Phrase der Freiheit, der Gesetzesteil aber deren Aufhebung formuliere.

»Niemals bloß als Mittel« – das bringt die bürgerliche, zumal kulturindustrielle Ideologieproduktion zur Hochkonjunktur,

An alle diesem Elende ist meine Unmæßigkeit Schuld. Chr. G. Salzmann, Moralisches Elementarbuch, Leipzig 1785. Illustriert von D. Chodowiecki

die den Menschen, welche erst dadurch vollends ihrer selbst enteignet werden, ununterbrochen suggeriert, sie würden »jederzeit zugleich als Zweck« geachtet.

8. DAS GEWISSEN: VON DER LIBIDO ABGEZWEIGTE INSTANZ

Die idealisierten Strukturen des Sittengesetzes sind bei aller Majestät und Gesetzesförmigkeit, mit denen Kant sie auszustatten rastlos bemüht ist, eigenartig kraftlos. Dies wird leicht übersehen, wenn man die Rede von der objektiven Nötigung der Moralität hört. Kant jedoch war das Problem restlos durchsichtig und Anlaß ständiger Sorge. Das kategoriale Urteil »Du sollst« bleibt intellektuell, solange es nicht von objektiver Nötigung in subjektive Unwiderstehlichkeit übergeht. Es sind Stützpunkte im Subjekt selbst auszumachen, welche der Einsicht ins Gesetz nicht nur kognitive, sondern auch dynamisch wirksame Geltung verschaffen.

In pietistischer, später dann profanethischer Gewissensstrenge lebenslang befangen, glaubt Kant im Gewissen einen solchen Stützpunkt der sittlichen Einsicht gefunden zu haben – ohne Blick für die sozialen und psychogenetischen Konstitutionsbedingungen gerade des Gewissens. Dabei ist dessen Herkunft aus dem Empirischen nicht zu übersehen; wenn Kant es, gemäß seiner Vorstellung vom transzendentalen Gerichtshof, zu einem apriori-Szenario modelt, in welchem die Urteilskraft über die angeklagten Begehrungen rechtskräftig urteilt, bleibt er eigenartig vormodern. Im Jahrzehnt der Kantschen Ethiken veröffentlicht Karl Philipp Moritz, ebenfalls pietistischer Herkunft, seinen Roman *Anton Reiser*, in dem aufs genaueste die sozio- und psychogenetischen Konstitutionsbedingungen des Gewissens nachlesbar sind. Dagegen setzt bei Kant ein biographisches Faktum als transzendentale Doktrin sich naturwüchsig durch, in säkularisierter Form die alte Meinung von einer eingeborenen conscientia fortspinnend.

Gleichwohl hat Kant, in juridischer Metaphorik auch hier, sehr genau die »empirische Unwiderstehlichkeit des psychologisch existenten Gewissens« (Adorno, Neg. Dial. 265), beschrieben:

> Jeder Mensch hat Gewissen, und findet sich durch einen inneren Richter beobachtet, bedroht und überhaupt im Respekt (mit Furcht verbundener Achtung) gehalten, und diese über die Gesetze in ihm wachende Gewalt ist nicht etwas, was er sich selbst (willkürlich) *macht*, sondern es ist seinem Wesen einverleibt. Es folgt ihm wie sein Schatten, wenn er zu entfliehen gedenkt. (MdS 2. Tl. A 99)

Peter Schlemihl, der dem als bürgerlichen Geschäftsmann in Grau gekleideten Teufel seinen Schatten verkauft, ist noch einmal Zeuge der Selbstverständlichkeit, in der Gewissen und Identität zusammengedacht sind. Ersteres ist letzterer wahrhaft »einverleibt« – so sehr, daß keinen Schatten zu haben Schlemihl sogleich ein ›Gewissen‹ macht, das fortan als sein Heil er sich inständig zurückwünscht. Der Gewissenlose wird vom Gewissen eingeholt. Genauer heißt diese bürgerliche Wahrheit noch: es gibt keine Gewissenlosigkeit, wenn dieses nicht zu den empirischen Tatsachen, sondern zum Faktum reiner praktischer Vernunft gerechnet wird. Noch Fausts Drama ist davon überschattet, daß Leben ohne Gewissen nicht möglich ist. Schillers Räuber und edle Gesetzesbrecher sind solche, denen – mit Kant zu reden – die »idealische Person« des Gewissens ein »Herzenskündiger« ist (MdS 2. Tl. A 101). Spiegelberg, der solcherlei moralischer Räuberei, auf egoistischen Vorteil allein denkend, sich verweigert, bestätigt nur die Regel: wer kein Gewissen hat, ist nicht Mensch, sondern viehisch – und wird aus dem Kreis der Verbrecher höheren Gewissens verstoßen. Erst Nietzsche wird, den Menschen als Tier, das Gewissen hat, definierend, die knechtische Seite dessen hervorheben, was im 18. Jahrhundert zum heroischen Pathos höherer Menschlichkeit stilisiert ist.

Daran ist die Inständigkeit zu entziffern, mit der im 18. Jahrhundert das Bürgertum jene bereits voll säkularisierte Instanz nach Innen hin verallgemeinert hat, die Über-Ich heißt, mit dem natürlich das Kantische Gewissen aufs vollständigste zur Dekkung kommt.

Der »im Inneren des Menschen aufgeschlagen(e)« Gerichtshof, in welchem Richter und Angeklagter »als eine und dieselbe Person vorgestellt« sind (MdS 2. Tl. A 100/1), ist ein Paradox, das Kant durch die Konstruktion eines »doppelten Selbst« auflöst: setzt ein innerer Gerichtshof zwar eine identische Person

voraus (numero idem), so spaltet sich diese in den sowohl anklagenden wie urteilenden Richter (homo noumenon) und den mit Vernunft begabten Sinnenmenschen (specie diversus) (MdS 2. Tl., A 101, vgl. Anthr. A 26/28). Dies liest sich wie eine rohe Vorform der Instanzenordnung von Ich, Es und Über-Ich. Indes fehlt Kant – aufgrund seiner systematischen Verweigerung jedes genetischen Denkens – jede Einsicht in das entstehungsgeschichtliche Moment des Gewissens. Dieses, das zwar wirklich die sinnlichen Antriebe und Wünsche »beobachtet, bedroht und überhaupt im Respekt« hält und tatsächlich dem Subjekt »einverleibt« ist, entstammt den normativen Gewalten, denen das Kind ausgesetzt ist. Um den Preis des Liebesverlustes oder der Züchtigung – dies ist in der »Schwarzen Pädagogik« des 18. Jahrhunderts nachzulesen[19] – ist das Kind auf die identifikatorische Introjektion der externen Handlungssteuerungen angewiesen. Darin jedoch wird zugleich ihre Herkunft von außen getilgt: im Gewissen entziffert das Subjekt nicht mehr die Stimme der Anderen, zumal nicht der Eltern, sondern erkennt sich selbst. Noch die verinnerlichten Strukturen zehren von dem Glanz, mit dem das Kind seine mächtigen Sozialisationsinstanzen – die idealisierten Selbst-Objekte – ausgestattet hat. An der »idealische(n) Person ..., welche die Vernunft sich selbst schafft« und der Deutung des Gewissens als stellvertretendes Moment des absolutesten Selbst-Objektes, nämlich des richtenden und liebenden Vatergottes, ist dieser archaische Glanz noch zu spüren (MdS 2. Tl. A 100).
Ferner nun annektiert das Gewissen Energien des Es, zweigt vom energetischen Reservoir der Wünsche mächtige Ströme ab, die als Schuldangst und vom Über-Ich Geliebtseinwollen paktieren mit dem Sittengesetz. *Daher* seine effektuierende Kraft, an der Kant so rätselt. Ihr Funktionieren und ihre Herkunft müssen ihm so unbewußt bleiben, wie das Gewissen selbst in weiten Teilen unbewußt arbeitet: gerade die automatisierte unbewußte Kraft leiht ihm den Schein der Eingeborenheit und läßt Kant es als Faktum der praktischen Vernunft verkennen. Die Absperrung der philosophischen Reflexion gegen das Gewordene und sozial Produzierte des Sittengesetzes paktiert nicht nur mit den repressiven Zügen der Kantischen Moral, sondern führt notwendig dazu, daß das effektuierende Moment der Moral, um das Kant es allererst zu tun war, opak bleibt.

Noch heute ist Philosophie weitgehend gleichgültig dem gegenüber, was Adorno an den Strukturen der Kantischen Moral festhielt: »die empirische Genese dessen, was, unanalysiert, Kant als zeitlos intelligibel glorifizierte.« (Adorno, Neg. Dial. 267).

9. KASUISTISCHES: »SETZUNG DER UNSITTLICHKEIT«

Das Regime des kategorischen Imperativs und des Gewissens muß am Einzelnen sich bewähren. Kant spürte das. Darum auch und nicht aus Gründen bloßer Veranschaulichung für den gemeinen Verstand flicht er bereits in die *Grundlegung* und die *Kritik der praktischen Vernunft* immer wieder Fälle ein. Sie sollen, was sie nicht können; nämlich demonstrieren, daß »Vernunft dennoch, unbestechlich und durch sich selbst gezwungen, die Maxime des Willens bei einer Handlung jederzeit an den reinen Willen halte, d.i. an sich selbst« (KdpV A 56).
Hegel hat schon 1802[20] mit einiger Sophistik, die freilich derjenigen Kants gegenüber aufzubieten nötig ist, an dem berühmten Beispiel des veruntreuten Depositums gezeigt, daß in der Moraltheorie »die absolute Abstraktion von aller Materie des Willens«, welche Sittlichkeit begründen solle, in ihr Gegenteil übergehe: beliebige inhaltliche Besonderheit kann zur apriorischen Nötigung erhoben werden. Wie funktioniert das Beispiel?
Meine Maxime laute: Ich möchte mein Vermögen durch alle sicheren Mittel vergrößern. Der Sachverhalt ist: Ich habe ein Depositum in Händen, dessen Eigentümer verstorben ist; es gibt keine Zeugen. Der Sachverhalt fällt unter meine Maxime. Nun setzt der kategorische Imperativ ein: kann ich wollen, daß meine Maxime die Form eines Naturgesetzes annehmen solle: daß also jedermann ein Depositum ableugnen dürfe, dessen Niederlegung ihm niemand sonst beweisen kann? Der Schluß lautet: Nein – denn das machte, »daß es gar kein Depositum gäbe«. Damit geriete ich in Widerspruch zu meiner Maxime: gäbe es kein Depositum, könnte ich keines mir aneignen; gäbe es keinen Eigentumsschutz, könnte ich keines akkumulieren (KdpV A 49). In der Tat –: im Maß wie Kant die apriori-Gel-

William Hogarth: Der Weg des Liederlichen (The Rake's Progress) 8. Platte. Seine Karriere durch die Welt des Lasters endet Rake im Wahnsinn, der Strafe der Unmoral. Lichtenberg kommentiert: »Hier wird unser Held... endlich zur Ruhe gebracht. Die Handlung ist eine *sepultura inter vivos*, eigentlich eine Beisetzung unter den bürgerlich Toden; er wird hier in Bedlam, dem Londonschen Tollhause, an Ketten gelegt. ... Es wurde oben vermutet, daß sich Rakewell vielleicht außerhalb Englands setzen würde. Dieses ist nun sein Etablissement. – Also doch im Lande? Ich wage es nicht, hierüber zu entscheiden. Unsere Philosophie weiß noch viel zu wenig von dem eigentlichen Sitz der *civiliter* Seligen. Was man, nach ihrem Hinscheiden, noch immer *Sie* nennt, sind doch führwahr nichts als Bilder, die sie uns hinterlassen zum Aufstellen – als Leichensteine über dem Grabe ihrer Vernunft!«
Inmitten des Pandämoniums der Unvernünftigen nimmt der Lasterhafte im 18. Jahrhundert einen prominenten Platz ein. In der Wirkungsgeschichte der Moralphilosophie Kants wird dem Irren seine Krankheit als selbstverschuldeter Abfall von jener Vernunft zugerechnet, die das moralische Subjekt allererst konstituiert. Folgerichtig ist umgekehrt das Laster eine Form des Wahnsinns.

tung von Prinzipien auf die Ebene besonderer Handlungsregeln zieht, ist der kategorische Imperativ zur Rechtfertigung jedweder materialer Inhaltlichkeit manipulierbar. Hegel hält ihn, vielleicht absichtlich mißverstehend, für tautologisch: »das Eigentum ist Eigentum und sonst nichts anderes, und diese tautologische Produktion ist das Gesetzgeben dieser, der praktischen Vernunft: das Eigentum, wenn Eigentum ist, muß Eigentum sein« (Naturrecht, 463).

Jede inhaltliche Bestimmtheit einer Maxime ließe sich »auf diese Weise zu einem sittlichen Gesetz« machen – und dies ist der Umschlag des abstrakt-formalen, inhaltlich leeren Sittengesetzes in ein »Prinzip der Unsittlichkeit«: »wo aber eine Bestimmtheit und Einzelheit zu einem Ansich erhoben wird«, – dies wäre hier das Eigentum –, »da ist Vernunftwidrigkeit, und in Beziehung aufs Sittliche, Unsittlichkeit gesetzt.« (Naturrecht, 463).

Nehmen wir, zweitens, als Beispiel das siebte Gebot. Die Maxime sei, ›deines Nächsten Weib‹ zu begehren. Ihre Verallgemeinerung zum Gesetz hieße, daß es keines Nächsten Weib mehr gäbe, das du begehren könntest, womit du in Widerspruch zu deiner Maxime gerietest. Der Imperativ, der zu begehren deines Nächsten Weib untersagt, ist hier identisch mit der kontingenten Faktizität: daß Ehe, wenn Ehe ist, Ehe sein soll, nämlich Besitz des Ehemanns an seiner Frau.

Nun haben Beispiele dieser Art etwas von unfreiwilliger Absurdität. Es ist eine schlechterdings törichte Vorstellung zu meinen, der kategorische Imperativ setzte sich auf diese Weise als Vermeidung des Widerspruchs der Maxime zu sich selbst durch. Wäre dies so, dann gälte: »Der Bürger, der aus dem kantischen Motiv der Achtung vor der bloßen Form des Gesetzes allein einen Gewinn sich entgehen ließe, wäre nicht aufgeklärt, sondern abergläubisch – ein Narr.«[21] So wie der Mann, der nur aus dem Kalkül, wenn alle die Ehe brächen, keine Ehe mehr zu brechen wäre, von seinem Begehren Abstand nähme, nicht etwa sittlich wäre, sondern ein ausgemachter Tropf.

Wenn dieser Jemand das Depositum nicht an sich bringt und seines Nächsten Weib nicht beschläft, so entweder aus Klugheitsregeln oder aus der gesellschaftlichen Geltungskraft der naturwüchsig entstandenen Institute von Eigentum und Ehe, die im Innern der Subjekte als Schuldangst und libidinöse Besetzung zugleich verankert sind: *dies* wäre ihr kategorischer Imperativ und ihr Gewissen.

Kant stand so sehr in der kulturellen Selbstverständlichkeit bürgerlicher Normativität von Eigentum und Familie, daß er als Philosoph deren kontingenter Materialität die Absolutheit der Form unterschob, bis die bürgerlichen Werte zum Himmel universaler Geltung hinaufgeheiligt waren. Das nennt Hegel zu Recht die Setzung der Unsittlichkeit: die Identifikation des Kontingenten und historisch Gewordenen mit der Apriorität praktischer Vernunft. Besessen vom bürgerlichen Wahn, noch das Beiläufigste an lebensweltlicher Praxis mit objektiver Nötigung zu adeln, geht Kant denn auch in der *Metaphysik der Sitten* den Weg der totalen Verrechtlichung bürgerlichen Interesses an ökonomischem Handeln und gesicherter Familie. Eigentums- und Personenrechte werden so nicht aus den materiellen Beweggründen der bürgerlichen Klasse, sondern aus der universalen Rechtsförmigkeit des kategorischen Imperativs bis in die Winkel eines Schenkungsvorgangs oder bis in den durch Rechtsform einzig geheiligten, wechselseitig sich verdinglichenden Gebrauch der Geschlechtsteile (d.i. Ehe) hinein deduziert.

Jede sittliche Einzelbestimmung, damit sie nicht ihrer empirischen Herkunft verfalle, muß Kant zwanghaft in die Regie des kategorischen Imperativs nehmen und seiner Herrschaft subsumieren. Gerade dadurch gerät das Sittengesetz in den Bann des Historischen. Es dient schließlich nur noch der Rechtfertigung bürgerlicher Interessen, denen es entsprang: dem im Ursprung progressiven Wunsch, daß in der Gesellschaft rechtlich es zugehe. Wo aber das Sittengesetz herhält, z.B. noch den Selbstmord, die Onanie und das Fressen als die drei Pflichtverletzungen gegen sich selbst als animalischem Wesen vor dem obersten Gerichtshof des Gewissens zu verhandeln (MdS 2. Tl. A 63 ff.) – wo dies so ist, verkommt das Interesse am aufrechten Gang, das im Anspruch auf Rechtsförmigkeit ursprünglich wirkte, zum Wahn restloser Durchdringung des Lebensweltlichen durchs Gesetz; da verkehrt sich, was als Freiheitsbegehren begann, in Ordnungsmacht und den Selbstzwang des Untertans.

Hegel spürte dies, wenn er Kant die Vermischung von formalem Prinzip und inhaltlicher Materie vorwarf und gerade das notwendig inhaltliche Interesse an Sittlichkeit dort verletzt sieht, wo

jedwedem Inhaltlichen der Schein der Gesetzesform geliehen wird. Daß er dies Unsittlichkeit nannte, hängt mit der Ahnung davon zusammen, daß das Bürgertum unter dem weiten Himmel universalistischer Moral höchst partikulare Ziele verfolgte. Diesem Widerspruch ist Kant nicht entgangen, vielmehr gab er ihm Ausdruck und rechtfertigenden Schein. »Es geht gegen die alte Unterdrückung und befördert die neue, welche im rationalen Prinzip selbst steckt.« (Adorno, Neg. Dial. 211).
Freiheit, die bekanntlich nur am Konkreten und Anderen sich bewährt, wird in der bürgerlichen Fassung das Abstraktum, das gesetzliche Herrschaft in den Subjekten befestigen hilft. Die Entgegenständlichung und Entsubjektivierung des Freiheitsbegriffs bei Kant überläßt die Gegenstände und Subjekte dem Gesetz. Nicht als dessen Gegenkraft mobilisiert, sondern zu seiner Ermöglichung wird Freiheit mißbraucht, dieses noch mit ihrem Strahlglanz vergoldend. Darum ist nicht Freiheit zum »Herzenskündiger« der Menschen geworden, sondern ihr Gewissen, das in ihrer Ohnmacht sie befestigt und auf Schuld fixiert. Von Kant führt ein direkter Weg zu Kafka. Das majestätisch Erhabene des Sittengesetzes bringt im Innern des Subjekts die Herrschaft zustande, die es als äußere ohnehin dulden muß: innen wie außen ist das Gesetz das »Rien ne va plus« des Subjekts – dies ist die aufgeklärte Doktrin Kants und ex negativo zugleich die Wahrheit Kafkas. Was länger noch aufmuckt, ist nicht Freiheitsstimme, sondern das knechtische Begehren: Widerständiges nur noch im Unfreien. In Kafkas *Verwandlung* wird er schließlich als »Zeug« beseitigt, stürzt als Verurteilter er selbst sich in den Fluß (*Das Urteil*) oder wird im *Prozeß* kühl abgeschlachtet. In der *Strafkolonie* gibt es eine großartige Maschine: sie schreibt Schuld und Urteil dem Angeklagten tödlich auf den Leib – dies ist das Gesetz des Vaters.

10. OBJEKTLOSE INNERLICHKEIT

Daß das moralische Gesetz leer und universal, mithin reine Form sei, mache seinen Vorzug aus gegenüber allen vorangegangenen Ethiken, welche ihre Begründung zuletzt immer in einem

Gegenstande fänden. Nichts vermeidet Kant so sorgfältig wie die Berührung des freien Willens mit einem Objekt. Von Berührungsangst zu sprechen, trifft den Punkt.

Der angegebene Grund dafür ist, daß jedes Objekt als Bestimmungsgrund des Begehrungsvermögens wie dieses selbst empirisch ist: die Frage der Moral aber verhält gegen Empirie sich exklusiv. Sie wird entschieden mit dem Rücken zum Gegenstand im Blick allein auf die Reinheit des Wollens. Daß dieses unvermeidlich auf Objekte zielt, wird dadurch verleugnet, daß es nicht um sein Was, sondern allein um seine Form gehe.

Was Kant damit eigentlich meint, erhellt daraus, daß er jede Objektbeziehung von Begehren vergiftet sieht. Was für Freud, wenn auch bürgerliches Vorurteil genau dieses ihm vorwirft, nicht zutrifft, nämlich ein Pansexualismus in der Deutung der Objektbeziehung, gilt radikal für Kant, der eben davor sich entsetzt. Sein Blick auf die Objekte und was an sie libidinös sich knüpft, ist überwältigend sexualisiert. Das barocke »Du siehst, wohin du siehst, nur Eitelkeit auf Erden« (Gryphius) ist bei Kant vom Allüberall des Begehrens abgelöst. Sein Bild des empirischen Menschen fixiert diesen auf der infantilen Stufe des allesbeherrschenden Lustprinzips: dies nennt Kant das Streben nach Glückseligkeit.

Gleichwohl ist der freie Wille dieser Allmacht der Libido spiegelverkehrt nachgebaut. Wie man umgekehrt den freien Willen nur versteht, wenn als sein Phantasma die ubiquitäre Mächtigkeit des Triebs entziffert ist. Das Objekt, das einzig dem freien Willen zugeordnet ist, ist das Gute und das Böse nicht als erscheinender Gegenstand, sondern als dessen imaginiertes Abziehbild. Auf das Gute und Böse bezieht sich der freie Wille so unmittelbar und zwingend wie der Trieb aufs Objekt, dem jener Kontrapart bietet (KdpV A 100-105). Das Gute muß jedermann so unvermittelt begehren wie das Böse verabscheuen (ebd. A 106). Freilich noch diese Rede gibt preis, daß praktische Vernunft vom Begehren abgezweigtes Wollen ist. Daß das moralische Gesetz den Willen »unmittelbar« bestimme (KdpV A 126), ist bloßer Traum der Vernunft. Zwischen Willen und Gesetz klafft ein unüberbrückbarer Hiatus: wie dieser noch seiner Form nach dem Begehren entstammt, ist jenes dessen Richter und Polizei. Das Kapitel vom »Begriffe eines Gegenstandes der reinen praktischen Vernunft« gerät deswegen zu sophistischer Balancekunst zwischen dem Widerspruch, dem Willen ein Objekt lassen zu müssen und gleichzeitig ihm dieses zu rauben. Kant hilft sich aus dieser Schwierigkeit, indem er das Sittlichgute und -böse – als Gegenstand – »nicht (...) auf Objekte« ihrem Dasein als Erscheinung nach bezieht, sondern zu »Modi einer einzigen Kategorie, nämlich der der Kausalität... als Gesetz der Freiheit« (KdpV A 114) erklärt. Damit rettet er die Rede vom Gegenstand der praktischen Vernunft, indem er diesen zu »etwas dem Objekte nach Übersinnliches« (KdpV A 120) verflüchtigt. Dieses Schimärische allein bleibt dem moralischen Willen, damit überhaupt Wille er noch genannt werden darf.

Als sei hiermit immer noch zuviel gesagt, was an die Herkunft selbst des freien Willens aus dem Begehren erinnern könnte, dekretiert Kant schließlich, daß das Gute und Böse als Gegenstand des sittlichen Willens gar kein Objekt sei: sondern der Wille allein sei gut oder böse. Damit ist die objektlose Innerlichkeit der Moral erst vollendet. Eingeschlossen in reine Reflexion ist der Wille bloßer Spiegel des intelligiblen Sittengesetzes. Am Willen scheint jede Spur der von Begehren verseuchten Objektbeziehung getilgt. Ein Ring von Abwehrblöcken legt sich um ihn, um seine Reinheit im Hohlraum der Innerlichkeit zu destillieren. So sehr noch der Begriff selbst von einem Willen ans Objekt erinnert, ohne das er blind wäre, hat Kant ihn seiner ursprünglichen Antriebskraft beraubt: gut ist der Wille, der nicht etwas will, sondern sich selbst als Spiegelung des Gesetzes. Damit hat Kant der Verbrüderung des Guten mit Freiheit ihr Wesentliches beraubt: ihr Drängen zur Erscheinung, damit Praxis sie werden. In der *Anthropologie* spricht Kant beiläufig einmal von Freiheitsneigung – als sei ihm dies kein Oxymoron –, die er als heftigste Leidenschaft des Naturmenschen identifiziert: beim Wilden, Kinde und bei nomadischen Völkern (Anthr. A 230f.). Davon hat Kant, in eurozentrischem Hochmut und der Überlegenheit des selbstbeherrschten Erwachsenen, sich nicht belehren lassen. Seiner Beobachtung aber hätte er entnehmen können, daß der Wille zur Freiheit, ohne den kein freier Wille denkbar ist, seine Kraft vorrationalen Impulsen verdankt. Kant geht darüber als zur bloßen Empirie des Naturmenschen gehörig gleichmütig hinweg.

Den freien Willen, dem er nicht einmal ein Schema oder Symbol eines Gegenstandes gönnt (KdpV A 120/5) – was schon Schiller provozierte –, sperrt er in objektlose Kontemplation ein. Durch den Ausschluß des Anderen aber, dessen der Wille als sein Gewolltes und vom Wunsch nach Leben Getriebenes bedarf, zwingt Kant den Willen zur Inzucht mit dem Gesetz. Der daraus jungfräulich und ohne Begehren entsprungene freie Wille will nichts als er soll: statt fröhliches Kind der Freiheit ein Bastard des Gesetzes. Nur negativ ist Freiheit konkret: als Abweisung und Ausschluß jeden Begehrens und Wunsches nach Glück; positiv verschwimmt sie ins Imaginäre des philosophischen Speculums, dem nur in reiner Kontemplation das Bild der Freiheit aufscheint.

Wie in der Erkenntnis das Subjekt selbstdisziplinär sich gegen die Dinge verschließt und an den zugerichteten Erscheinungen genug hat, so umgekehrt extinktiert das moralische Subjekt das erscheinende Begehren und gewinnt sittliche Identität in der vollendeten Autarkie des guten Willens, der nichts will als die Figur seines Ideals zu sein.

Mit vollendeter Sicherheit ist Kant dem Gang des Bürgertums gefolgt, das Trieb mit Terror identifizierte und den Mangel an Objektbeziehungen durch Idealisierung der Innerlichkeit ausglich. Die Rache der Dinge war unvermeidlich: auf empirischer Ebene wurde der Bürger Beute seiner blinden Gier nach akkumulierbaren Gütern, während der freie Wille zum Dekor der Sonntagsreden degenerierte – nur noch das Gespenst glanzvoller Idealisierungen.

11. DAS UNBEWUSSTE, DAS BEGEHREN UND DAS GESETZ DES VATERS

»Da das erste, was die Wesenheit der Seele ausmacht, die Idee des wirklich existierenden Körpers ist, so ist das erste und hauptsächlichste an unserer Seele das Streben, die Existenz unseres Körpers zu bejahen.« (Spinoza, Ethik, III. Teil, Lehrsatz 10).

Die Bejahung des Leibes und seiner Regungen als Grundgeste der Tätigkeit des Bewußtseins zu unterstellen –: das scheint der unvermittelbare Gegensatz zum Königsberger Philosophen.

Unvertraut ist Kant diese Idee nicht, freilich nur als »Traum der Metaphysik«. In der Frühschrift *Träume eines Geistersehers* bezweifelt er tentativ das geläufige anthropologische Vorurteil, »daß mein denkendes Ich in einem Orte sei, der von den Ortern anderer Teile desjenigen Körpers, der zu meinem Selbst gehöret, unterschieden wäre.« Statt dessen setzt er versuchsweise: »wo ich empfinde, da *bin* ich.« Dies ist ein kühner Schlag gegen den unheilbar scheinenden cartesianischen Riß zwischen res cogitans und res extensa. »Ich bin eben so unmittelbar in der Fingerspitze wie in dem Kopfe.« – Wenn Kant derart »die Seele ausgedehnt und durch den ganzen Körper verbreitet« (Geisterseher A 19/20) denkt, hat er, hypothetisch zwar nur, die Grundlage zur Revision des seit Platon herrschenden anthropologischen Dualismus geschaffen. Freilich als »Traum« weist Kant diesen Gedanken zurück und macht sich zum Theoretiker der gegen alle leibliche Regung abgesperrten Seele. Damit aber schließt Kant an Vertrautes und zugleich Finsterstes an: der Leib ist der Feind. Was aus ihm als Regung spricht, ist Stimme der Unterwelt, freilich eine gewaltige.

Aus der Welt des Begehrens und der Lüste spricht, gut calvinistisch, die feindliche Natur. Mit ihr kann es Austausch und natürliche Synthese nicht geben, sondern nur Kampf. Philosophisch vollzieht sich dieser durch rastlose Produktion von diskursiven Ordnungen, in die die Spielarten des Triebs eingezeichnet werden. Ironischerweise dadurch erst wird die Macht des Triebes in seiner Ubiquität und feinen Verteilung erzeugt und vervielfacht.

Michel Foucault hat in *Sexualität und Wahrheit*[22] darauf hingewiesen, daß die bürgerliche Klasse wie keine vor ihr die Sexualität beredet, mit Diskursen durchzieht, katalogisiert, systematisiert, differenziert – und so ihre Macht erst schafft, vor deren Dämonie und Hinterlist gewaltige Wälle der Ordnung und Kontrolle zu errichten sind. Auf Kant trifft diese Deutung vollkommen zu.

Kants Analysen der zwei Gemütsvermögen, nämlich des Begehrungsvermögens und des Gefühls von Lust/Unlust, sind unverkennbar eine Rede auch über Sexualität. Kein Theoretiker vor Freud hat so nachdrücklich darauf bestanden, daß die »dunklen Vorstellungen«, deren Quelle der begehrende Körper, die Sinnlichkeit und die wünschende Einbildungskraft sind, am Menschen den weitaus größten Teil ausmachen. Klar und distinkt, nämlich bewußt, sind nur »unendlich wenige Punkte« im Vorstellungsfeld. Von Freud könnte der Satz stammen, »daß gleichsam auf der großen *Karte* unseres Gemüts nur wenige Stellen *illuminiert* sind«: »So ist das Feld *dunkler* Vorstellungen das größte im Menschen.« (Anthr. A 16ff.). Kein Philosoph des Bewußtseins sah sich wie Kant von der überwältigenden Macht und den unübersehbaren Wildnissen des Unbewußten umstellt: in ihm arbeitet unablässig das Begehren mit seinem Anspruch auf Lust. Endlos muß die kontrollierende und erkennende Aufmerksamkeit gespannt sein, um an den Regungen des Gemüts zu entziffern, was Botschaft des Triebs und was moralischer Imperativ ist. Erkenntnis in die Welt des dunklen Triebs zu bringen, um Vernunft vor den Einflüsterungen des tausendfach verkleideten Begehrens wirksam zu schützen – das ist die Herkules-Arbeit Kants: »nur die Höllenfahrt des Selbsterkenntnisses bahnt den Weg zur Vergötterung.« (MdS 2. Tl. A 104).

Dieser höchst erstaunliche Satz des 74jährigen läßt etwas ahnen von der ungeheuren Arbeit an der Durchdringung des Triebs, bis dieser wie ein aus dem Meer gezogener Medusenleib dem analytischen Blick des intelligiblen Subjekts freigegeben ist. Wie Odysseus nur gefesselt den Gesang der Sirenen zu hören vermochte, blickt Kant auf seiner »Höllenfahrt« ins Inferno des Triebs nur durch die Sehschlitze der Panzerung, die als das Intelligible ihn umhüllt. Dann erst, nach inniger Durchdringung des Begehrens mit Erkenntnis, lohnt das Sittengesetz seinen Ritter mit »Vergötterung«: durch Erhebung zum narzißtischen Ideal-Ich.

Kant setzt Leben mit Begehren gleich (KdpV A 16 u. ö.), genauer mit dem »Spiel des Antagonismus« aus schmerzlicher Bedürfnisspannung und Lust (Anthr. A 170/3).

Nichts Empirisches, das nicht bis in die feinsten Verästelungen des Leibes und die verstecktesten Nischen der Einbildungskraft hinein vom Begehren durchdrungen wäre. Kants analytischer Blick spürt das Begehren überall auf und bekämpft nichts so streng wie den common sense oder gar philosophische Vernünftler, die im Empirischen selbst ein Sittliches aufzufinden vermeinen. Gerade in diesen hat der Philosoph versteckte Lobredner des Begehrens zu entlarven; sie sind die modernen advocati diaboli. Denn das Tückische am Begehren ist, daß es Vernunft sich zu verbinden weiß – in jedem hypothetischen Imperativ arbeitet das Begehren im Pakt mit Vernunft. Noch die Leidenschaften, die »Krebsschäden für die reine praktische Vernunft (sind) und mehrenteils unheilbar« (Anthr. A 227), bedienen sich der Vernunft als ihrem Mittel. Kants größte Anstrengung ist es, ein wirksames analytisches Erkennungsschema des in Vernunft verborgenen Begehrens zu entwickeln, um einen Begriff restlos desexualisierter Vernunft destillieren zu können. Es erübrigt sich, an Kants Schriften zur praktischen Philosophie im einzelnen seine Strategie zu demonstrieren. Kant durchforstet systematisch die Welt des Triebes, der Sinnlichkeit und der Lust in einer restlos entpsychologisierten und entsubjektivierten Form. Affekte, Begierden, empirischer Wille, Lüste, sinnliche Antriebe, Neigungen, Laster, Rausch, Völlerei, Onanie, Wahnsinn, Verrückungen, Selbstmord, Grillenkrankheit, Ehrsucht, Geschlechtsliebe, Enthusiasmus, Manie, Glücksstreben, auch Schmutz und Gestank – alles, was willkürlich hier aus Kants »Garten der Lüste« hergezählt ist, wird von ihm systematischer Klassifikationen unterzogen. Die Ordnung, die Kant in der Welt des Begehrens herstellt, ist nicht die des beobachtenden Blicks, wie er sich zu seiner Zeit in der Medizin oder auch in den Expeditionsreisen konstituiert, sondern die Ordnung diskursiver Vernunft. Vorgängig jeder Erfahrung, erhalten die Phänomene ihren Ort im Raum eines Diskurses, der ausschließlich aus sprachlichen und logischen Operationen konstituiert wird. Nosologischer Abgrenzungswahn bildet die Systematik von Kants Anthropologie. Nicht gegenstandsnahe Analyse interessiert Kant, sondern allein das Geflecht sprachlicher Relationen, Zuweisungen und logischer Bestimmungen in der Topographie der Praktiken. Uninteressant ist, als was Begehren, Schmerz oder Lust in der Matrix des Leibes oder der des sozialen Lebens sich zeigen; die Frage ist vielmehr: welche Örter nehmen sie im diskursiven Raum der Klassifikationen ein. Unabhängig auch von dem, der Begehren, Schmerz oder Lust empfindet, bilden diese einen abstrakten Raum; beiläufig nur verkörpern sie sich im Subjekt. An diesem sind Begehren und Empfinden, sind soziale Praktiken und objektlibidinöse Beziehungen das Unper-

sönlichste. Trotz der Geste dessen, dem nichts Menschliches fremd ist, fehlt Kant jeder Blick für die Qualitäten seiner Gegenstände. In Wahrheit handelt es sich um deren Annexion und Kolonisierung. Was immer auch Kant an Varianten des Glücksstrebens, des Triebs und der leiblichen Praktiken bespricht, er lokalisiert es in der erfahrungsfreien und subjektlosen Topographie der Vernunft. Nicht die Phänomene sprechen, sondern Vernunft als Katalogisierungsmaschine. Wie dem europäischen Menschen die Naturvölker das Draußen und Fremde sind, so repräsentieren Trieb und Wunsch die »Wildheit« im Menschen selbst: ihre »Unabhängigkeit von Gesetzen« der Vernunft muß man »den Zwang der Gesetze« fühlen lassen (Über Pädagogik A 3). Was als Kolonisierung fremder Kulturen begann, vollendet sich in der Kolonisierung innerer Natur. Nur als restlos einverleibte und unterworfene erscheint die innere wie äußere Natur gezähmt. Am Ende der »Höllenfahrt« geht Kant als Heros der inneren Kolonisierung in die Geschichte ein.
Die diskursive Vervielfältigung der Macht des Begehrens korrespondiert dabei der Angst vor diesem. Erst wo diese mächtig wird, verzerrt sich das Begehren zur Obsession. Dessen lückenlose Klassifikation entfremdet es zum Außen, vor dem das Subjekt sich geschützt weiß. Es flüchtet in Apathie, die zu seinem Ich-Ideal wird. Geradezu rührend offen rückt Kant das »Prinzip der *Apathie*«, das »glückliche *Phlegma* (im moralischen Sinne)« (Anthr. A 206/7) in den Mittelpunkt des Wünschbaren. In seiner Temperamentenlehre ist das Phlegmatische das »glückliche Temperament« des Weisen und Philosophen (Anthr. A 262f.). In der *Metaphysik der Sitten* wird »moralische Apathie« kurzerhand als zur Tugend notwendig vorausgesetzt (MdS 2. Tl. A 51f.). Dem entspricht, daß Kant bereits in der *Kritik der praktischen Vernunft* die radikale Anästhesierung des Subjekts zur Voraussetzung moralischer Selbstbestimmung erklärt hatte. Freilich erst durch diesen Akt der Exterritorialisierung des Begehrens wird dieses zur Wildnis, zum bösen Tier im Menschen, das als Anderes der Vernunft deren Herrschaft herausfordert. Im Maß, wie innere Natur wie die Sirenen lockt und wie Medusa mit dem Tod der Vernunft droht, wird sie Quelle der Angst und Objekt zugleich der Aggression. Ihre aggressive Erniedrigung auf das Niveau des Pöbels, der Masse, des Tiers

und der Frau schützt das Subjekt vor der Angst, in Begehren verstrickt zu werden. Das Glück, das dieses verspricht, ist der Untergang. Apathie dagegen ist Akt der Selbstbehauptung.

> Der Affekt wirkt wie ein Wasser, was den Damm durchbricht; die Leidenschaft wie ein Strom, der sich in seinem Bette immer tiefer eingräbt. (Anthr. A 205).

Die Metaphern verraten das Phantasma, von dem Kant besessen ist: Trieb ist Zerstörung – unstrukturiertes, anarchisches Strömen, wildes Wasser, das die Kolonisierungswerke, die Dämme der Vernunft gefährdet. Diese Angst der Vernunft wendet sich kontraphobisch in Aggression, die heimlich den Antrieb zu den Kolonisierungstaten des intelligiblen Ich hergibt. Wasser und Strom assoziieren sich auf unbewußter Ebene mit dem Weiblichen, gegen das der Mann sich zu ermächtigen hat: das ist sein kategorischer Imperativ. Kants Rede von der Frau erfaßt an dieser vor allem ihre Nähe zur Natur; sie ist nicht voller Mensch, so daß die Bürgerrechte ihr (wie dem Kind oder Besitzlosen) entzogen sind, weil ihre Schwäche sie der Natur aussetzt. Immer steht die Frau in Gefahr, von Rührungen, Empfindungen, Affekten und Wünschen überflutet zu werden. Die Frauen tragen die Schuld am männlichen Begehren – durch die »geheime Zauberkraft ..., wodurch sie unsere Leidenschaft ... geneigt machen«, durch die »Gewalt über das andere Geschlecht« (Gefühl des Schönen und Erhabenen A 48/51). Vernunft und Wissenschaften sind sie nicht zugetan; ihre Welt ist die der Empfindung – und in dieser, wie immer verkleidet, spielt das Begehren. Daraus zutiefst entspringt das Hausherrenrecht des Mannes (MdS 1. Tl. A 115ff.). Wo nämlich männliche Herrschaft nicht gesichert ist, wird der »weibliche Charakter« freigesetzt: als »Eroberung dieses ganzen Geschlechts« (Anthr. A 287) – des männlichen nämlich. Im Hintergrund Kantscher Philosophie drohen die Amazonen. Dies ist die tiefste Angst: das Überwältigtwerden vom Weiblichen, das sein Muster in dem Affekt hat, der als wildes Wasser den Damm durchbricht.

Angst und Aggression sind die dynamische Basis des Kantschen Verhältnisses zur Natur, die mit Weiblichkeit unbewußt identifiziert ist. Dies ist ein kollektives Phantasma des Bürgertums, in der Romantik dann erstmals literarisch entfaltet. Die intelligible Sphäre der Moral ist dagegen männliche Verpanzerung. Geistern in Kants Theorie des Begehrens archaischer Gesang der Sirenen und das Schreckbild der Medusa, so beschwört das Sittengesetz dagegen als Gegenmacht den Namen des Vaters. Indem der männlich-sittliche Wille diesem sich unterwirft, nimmt das intelligible Subjekt unbewußt eine homosexuelle Position zum Vater ein. Im Sittengesetz, dem freiwillig und rückhaltlos das Subjekt sich unterwirft, sucht es Liebe und Schutz des Vaters vor dem (von diesem selbst) verbotenen und bedrohlichen Begehren der Frau. Nichts schützt vor der Frau nachhaltiger als die latente homosexuelle Position und die Kastration der eigenen Wünsche. Diese sind, als zum »sensiblen Charakter« gehörig, eingeborener »Hang zur tätigen Begehrung des Unerlaubten« und darum »auch als (von Natur) böse zu beurteilen« (Antr. A 320).

Bei Kant wird die ödipale Strukturierung des Subjekts zur Theorie des Menschen. Seine »tätige Begehrung des Unerlaubten« meint die tabuierte Frau. Die dem Sittengesetz im Namen des Vaters gegenüber eingenommene latent homosexuelle Position entspricht dem latenten Homosexualismus der patriarchalischen Gesellschaft überhaupt: in dieser Variante des ödipalen Dramas erwächst als Generationenvertrag zwischen den Männern, daß zwischen ihnen Frieden herrscht und der Haß auf die Frau gerichtet wird. Das innersubjektive Verhältnis von Sittengesetz und freiem Willen ist Spiegel dieses patriarchalischen Generationenpakts. Dem entspricht völlig die herzliche Empfindsamkeit, mit der Kant von der Freundschaft zwischen Männern als »von der innigsten Vereinigung der Liebe« und dem »ganze(n) Glück des Lebens« spricht (MdS 2. Tl. A 152ff.), als kulminiere darin das »Ideal des Wunsches« (MdS 2. Tl. A 158). Wohingegen er von Geschlechtsliebe nie anders als in Ausdrücken der Erniedrigung, des Tierischen, der Verdinglichung und Verachtung spricht. Otto Weiningers »Geschlecht und Charakter« ist nicht mehr fern.

Zutiefst ist in der Moraltheorie Kants verankert, daß Begehren identisch mit Schuld ist. Nicht nur das Begehren, auch sein Objekt ist von Schuld vergiftet. Hier erst versteht man, warum das intelligible Subjekt radikal von Begehren entseucht und der freie Wille in objektlose Innerlichkeit eingeschlossen werden muß. Moral, die zusammengedacht ist mit Gesetz, Schuld, Gericht und Strafe, ist unmittelbar auf die Macht des Verbotenen bezogen. Darum müssen Freiheit und Glück radikal auseinandertreten; erstere konstituiert sich geradezu ex negativo als Freisein vom Glück des Verbotenen. Darin setzt das Gesetz des Vaters sich durch als Untersagung des Glücks, das in den unbewußten Mutterphantasien versprochen ist. Das moralische Subjekt identifiziert sich mit der verbietenden Instanz, introjiziert sie als Gesetz und erbt so den Namen des Vaters und die Geschlechterordnung fort. Hinter der ersten Universalethik steht als ihr wahrhaft Allgemeines der bekannte Familienroman; dessen anhaltende historische Gültigkeit macht das Sittengesetz Kants auch theoretisch so unwiderstehlich.

12. TRIEBFEDERN PRAKTISCHER VERNUNFT: MORALISCHER MASOCHISMUS UND IDEALISIERUNG

Im Triebfeder-Kapitel (KdpV A 126–159) wird Kant deutlich. Ein Prinzip, wie sittliches Wissen wirksam werden kann, hat er, nachdem alles Kontingente an jenem gelöscht ist, immer noch nicht gefunden. »Die moralischen Gesetze haben an sich keine vim obligatoriam, sondern enthalten nur die Norm.« (Nachlaß 7097), weiß Kant. Der Vernunft »eine Kraft zu geben«, nennt Kant einmal den »Stein der Weisen«.[23] Diesen »Stein der Weisen« gedenkt Kant jetzt zu heben.

Ist im Gang seiner Kritik der bisherige Diskurstyp als Sperrdispositiv zu bezeichnen, dessen Grundmechanik vom rechtsförmigen Ausschluß und der Exterritorialisierung des Empirischen bestimmt ist, so vollzieht Kant jetzt den Übergang zum Durchdringungspositiv, dessen Strategie polizeiförmig ist.[24] Nicht Ausgrenzung, sondern wirksame Kontrolle, Sicherung der Ordnung, Sichtbarmachung und Durchdringung des Unrechtmäßigen werden mobilisiert. Ging es bisher darum darzutun, daß der freie Wille »nicht bloß ohne Mitwirkung sinnlicher Antriebe, sondern selbst mit Abweisung aller derselben und mit Abbruch aller Neigungen« (KdpV A 128), d.h. durch Ausgrenzung sich allererst konstituiert, zielt der Diskurs nunmehr darauf, die exekutive Macht des Willens zu erklären, also »auf welche Art das moralische Gesetz Triebfeder werde, und was, in dem sie es ist, mit dem menschlichen Begehrungsvermögen ... vorgehe«

(ebd.). Dies ist im Kern eine herrschaftstechnische Frage; ihre Modernität liegt darin, daß Kant nicht allein an rechtsförmiger Ausgrenzung interessiert ist, sondern an der »Mikrophysik der Macht« (Foucault), Darstellung der sittlichen Macht in jener feinen Verteilung, mit der sie das Innere des Subjekts erfüllt.

Das »Prinzip der Selbstliebe oder eigenen Glückseligkeit« (KdpV A 40, 45/6 u.ö.) ist das »gerade Widerspiel des Prinzips der Sittlichkeit« (KdpV A 61) und darum »am meisten verwerflich« (Grundlegung A 90). Die Ausgrenzung von Selbstliebe und Glückseligkeit bezieht sich nicht, wie man meinen könnte, auf narzißtische, sondern objektlibidinöse Antriebe. Glück ist bei Kant Lust des befriedigten Triebs, nicht gesättigtes Selbstgefühl. Die Pointe der Kantschen Moral besteht gerade darin, aus der Knechtung des Triebs einen auf Endlosigkeit zielenden narzißtischen Gewinn zu ziehen; die Frustration des Triebs wird narzißtisch kompensiert: »Die Selbstzufriedenheit der Vernunft vergilt auch die Verluste der Sinne«. (Nachlaß 7204).

Um dieses Ziel zu erreichen, müssen die Triebe allererst unterworfen werden. Das Triebfeder-Kapitel stellt, strategisch gesprochen, einen massierten Ausfall der Vernunft aus der Burg des Intelligiblen dar. Kant marschiert ins Land des Triebs, das zuvor er erkundet und vermessen hat, nunmehr ein; er überschreitet die Demarkationslinien, um Stützpunkte des Gesetzes im Feindesland anzulegen.

Dadurch erst vollendet sittliche Vernunft ihre Herrschaft. Dem Eroberungszug der Vernunft entspricht seitens des Triebs »unendlicher Abbruch«, Niederschlagung, Demütigung und Schmerz, Zwang und Disziplin. Was aber demütigt, weckt »Achtung«. Der schmerzenden Demütigung der Triebe folgt »Achtung« als positive Triebfeder der Moral nach. Sie ist ein intellektuell gewirktes, »moralisches Gefühl« – im Land des niedergeworfenen Begehrens gleichsam die ins Affektive gewendete Sittlichkeit, deren Besatzungstruppe und Polizei. Lassen wir Kant sprechen:

> Achtung fürs moralische Gesetz ist also die einzige und zugleich unbezweifelte moralische Triebfeder... Freiheit, deren Kausalität bloß durchs Gesetz bestimmbar ist, besteht aber eben darin, daß sie alle Neigungen, mithin die Schätzung der Person selbst auf die Bedingung der Befolgung ihres rei-

nen Gesetzes einschränkt. Diese Einschränkung tut nun eine Wirkung aufs Gefühl und bringt Empfindung der Unlust hervor... Da sie aber bloß sofern eine *negative* Wirkung ist, die, als aus dem Einflusse einer reinen praktischen Vernunft entsprungen, vornehmlich der Tätigkeit des Subjekts, sofern Neigungen die Bestimmungsgründe desselben sind, mithin der Meinung seines persönlichen Werts Abbruch tut..., so ist die Wirkung dieses Gesetzes aufs Gefühl bloß Demütigung... Weil aber dasselbe Gesetz doch objektiv, d.i. in der Vorstellung der reinen Vernunft ein unmittelbarer Bestimmungsgrund des Willens ist, folglich diese Demütigung nur relativ auf die Reinigkeit des Gesetzes stattfindet, so ist die Herabsetzung der Ansprüche der moralischen Selbstschätzung, d.i. die Demütigung auf der sinnlichen Seite eine Erhebung der moralischen, d.i. der praktischen Schätzung des Gesetzes selbst auf der intellektuellen, mit einem Worte Achtung fürs Gesetz also auch ein seiner intellektuellen Ursache nach positives Gefühl, das apriori erkannt wird. (...) Es enthält also, als *Unterwerfung* unter ein Gesetz, d.i. als Gebot (welches für das sinnlich-affizierte Subjekt Zwang ankündigt), keine Lust, sondern sofern vielmehr Unlust an der Handlung in sich. Dagegen aber, da dieser Zwang bloß durch Gesetzgebung der eigenen Vernunft ausgeübt wird, enthält es auch *Erhebung*... (...) Wir stehen unter einer *Disziplin* der Vernunft und müssen in allen unseren Maximen der Unterwürfigkeit unter derselben nicht vergessen, ihr nichts zu entziehen, oder dem Ansehen des Gesetzes... durch eigenliebigen Wahn... etwas abkürzen (...). Wir sind zwar gesetzgebende Glieder eines durch Freiheit möglichen, durch praktische Vernunft uns zur Achtung vorgestellten Reichs der Sitten, aber doch zugleich Untertanen, nicht das Oberhaupt desselben, und die Verkennung unserer niederen Stufe als Geschöpfe und Weigerung des Eigendünkels gegen das Ansehen des heiligen Gesetzes ist schon eine Abtrünnigkeit von demselben dem Geiste nach, wenngleich der Buchstabe desselben erfüllt würde. (KdpV A 139/40, 143, 147)

Man kann diese Sätze die klassische Formulierung des moralischen Masochismus nennen. Signifikant ist dessen Affektschaukel von Demütigung und Lust, oder, wie Kant sagt, von »Unter-

Johann Heinrich Füßli: Hephaistos, Bia und Kratos schmieden Prometheus an den Kaukasus. (ca. 1800)
Mit sadistischer Energie vollzieht sich die Strafe des Gesetzes am wehrlos gewordenen Rebellen. Was hier als äußere Gewalt der Herrschaft am selbstbewußten und klugen Freund der Menschen leibhaft vollzogen wird, verlagert die ›Moral im Namen des Vaters‹ ins Innere des Subjekts. Der moralische Masochismus ist die Fesselung des lebendigen Leibes in die Ketten der Selbstdisziplin – im Namen des Gesetzes und des Scheins von Freiheit.

werfung« und »Erhebung«: freiwillige Unterwerfung unter Gebote, die Schmerz bedeuten; Zwang der Begierden und Verheiligung der Pflicht; Unvermeidlichkeit der Schuld, weil Natur wir doch immer sind, und Genuß der Schuld, weil gerade sie moralische Erhebung verspricht; schmerzlicher Verzicht auf

Glück und Identifikation mit einer idealisierten Macht. Dies *ist* die Mikrophysik der Macht, nämlich das Überflüssigwerden repressiv-äußerer Erzwingung herrschaftskonformen Handelns der Subjekte, statt dessen: das Funktionieren der Macht in den Subjekten selbst. Ihre Triebökonomie und Ich-Organisation suspendiert Herrschaft als äußeren Zwang, indem sie als »Selbstzwang, d.i. innere Nötigung zu dem, was man nicht ganz gern tut« (KdpV A 149), introjiziert wird. Sozialgeschichtlich wird hier präzise die Charakterstruktur bürgerlicher Ohnmacht und aufgeklärter Untertänigkeit im 18. Jahrhundert beschrieben. Darin erscheint Unfreiheit, die als Selbstzwang man sich antut, zur Freiheit im höheren Sinn verklärt. Zugleich hat Kant den »autoritären Charakter« vorgezeichnet, wie ihn die Sozialpsychologie der Frankfurter Schule und Wilhelm Reich auf der Suche nach der psychologischen Ermöglichung des Faschismus erst im 20. Jahrhundert entdeckten. Der »autoritäre Charakter« hat seinen Großvater im intelligiblen Subjekt Kants, der die masochistische Struktur ideologisch zur Struktur von Sittlichkeit überhaupt verklärt.
Im intelligiblen Subjekt hat Kant den Ich-Anteil gefunden, für den das »Sollen eigentlich ein Wollen« ist (Grundlegung A 102, vgl. 113). Diesen Ich-Anteil nennt Kant auch »bessere Person« oder »das eigentliche Selbst« (ebd. 117), das dem sinnlichen Ich »ein *Gefühl der Lust* ... an der Erfüllung der Pflicht einzuflößen« (ebd. 122) mächtig genug ist. In seiner Antwort auf Schillers *Anmut und Würde* (worin dieser übrigens an dem Programm der Versöhnung von sittlicher Vernunft und innerer Natur durchaus scheitert) spricht Kant davon, daß »das Gute auch *lieb gewonnen*« werden kann (Religion B 12). In der Tat gehört zu Kants Moraltheorie, daß sie als bloß repressive Knechtung der Sinnlichkeit mißverstanden wäre. Gegen den Vorwurf, eine bloße Theoretisierung »sklavische(r)« und »karthäuserartige(r) Gemütsstimmung« zu leisten (Religion B 10/11)[25], wehrt Kant sich zu Recht. Denn alle Kritiker seines Rigorismus haben den Anteil der Lust und des ungeheuren narzißtischen Gewinns daran völlig übersehen. Zur Charakteristik des Übergangs vom Sperr- zum Durchdringungsdispositiv innerhalb der Herrschaftstechnik der Vernunft gehört jedoch die Transformation bloßer Repression, die Sklaven erzeugt, in einen moralischen

Masochismus, der die Gestalt des aufgeklärten Bürgers hat, der darin seinen Garten der Lüste pflegt. Im Selbstzwang nämlich liegen zugleich »Selbstbilligung«, »Selbstzufriedenheit« und »unveränderliche Zufriedenheit« des Subjekts, die ein »Analogon der Glückseligkeit«, die dem Trieb verweigert ist, darstellt (KdpV A 211/2). Kant sieht genau, daß diese Lust nicht die des Triebs ist – weswegen sie, »genau zu reden«, »nicht Glückseligkeit heißen kann«: diese wäre definitionsgemäß objektlibidinöses Glück. Sondern diese Lust liegt auf einer anderen Matrix, die wir heute die narzißtische nennen. Die »unveränderliche Zufriedenheit« des Selbst hat darum ihr wirkliches Analogon in der autarken »Selbstgenugsamkeit«, »die man nur dem höchsten Wesen beilegen kann« (KdpV A 214), d.i. Gott. Das Gefühl, das positiv im moralischen Masochismus erzeugt wird, ist »Erhebung«, bzw. das »Gefühl des Erhabenen« (*Religion* B 11) nennt. Dieses Gefühl aber ist uns aus der *Theorie des Himmels* und der *Kritik der Urteilskraft* als narzißtische Grandiosität bekannt, die Kant im Verlauf seiner philosophischen Entwicklung aus ihrer rohen primärnarzißtischen Räumlichkeit über den Weg der Introjektion zu einer Qualität des intelligiblen Subjekts selbst macht. Im »eigentlichen Selbst« der Moral sedimentiert sich der archaische Narzißmus in der verwandelten Form des Ich-Ideals.
Die Frage ist nun, wie die masochistische Struktur mit der narzißtischen zusammenarbeitet. Als theoretische Bewegung hat Kant dies so beschrieben, daß die freiwillige Unterwerfung des Triebapparats unter den Kontrollapparat des Sittengesetzes den Umkehrpunkt zu einer Partizipation an der Erhabenheit des Sittengesetzes bildet. Indem das Subjekt die Disziplinierung des Triebs *selbst* leistet, entdeckt es zugleich, daß es dadurch zu einem *Teil* der »feierlichen Majestät« (KdpV A 137) des Sittengesetzes und des vollkommensten Wesens, nämlich Gottes, wird. Der Selbstzwang läßt »uns die Erhabenheit unserer eigenen übersinnlichen Existenz spüren« (KdpV A 158). Freie Unterwerfung begründet die »Würdigkeit, glücklich zu sein« (KdpV A 223-237, Nachlaß 6844, 7059). Dieses Glück ist Teilhabe am narzißtischen Glanz und der zeit- und raumenthobenen, unveränderlichen Vollkommenheit des sittlichen Ideals.
Kant kann dabei die Aggression auf das idealisierte Selbst-Objekt – sei dies das Sittengesetz oder Gott als Derivate narzißti-

Goya: Der Koloß. (um 1810)
Die kosmisch dimensionierte Vision Goyas zeigt den Koloß, thronend auf dem Erdkreis mit kaum sichtbaren Spuren der Zivilisation, zwischen dem abnehmenden Gestirn der Nacht und der Morgenröte der Sonne: Symbol des Endes der Herrschaft der dunklen Mächte und Beginn des Zeitalters lichter Aufklärung? – Innerhalb des moralischen Diskurses gesehen, kann der Koloß in seiner klobig-erdhaften Körperlichkeit und seiner erschreckenden, düsteren Macht jedoch auch als Repräsentant der Angst vor den dunklen Mächten im Subjekt selbst verstanden werden – Grauensvision der Triebwelt und des Unbewußten, aufgestanden und allbeherrschend.

scher Übertragungsfiguren – durch Introjektion desselben vermeiden. So sagt er in der Anmerkung zu Schiller zu Recht, daß das sittliche Subjekt nicht im »Haß des Gesetzes« handelt; aber nur deswegen, *weil* Kant durch Introjektion des Gesetzes den Haß auf dieses in Aggression gegen sich selbst gewendet hat. Darin besteht gewissermaßen die List der bürgerlichen Vernunft: sie tauscht den Haß aufs Gesetz durch Verinnerlichung in eine masochistische Position, in der dieses als normatives Ich-Ideal funktioniert und als Gewissen das Es aggressiv verfolgt. Diese Mechanik ist das Unbewußte der Kantischen praktischen Philosophie.

Die Dynamik, die unbewußt in Kants Moral wirkt, hat Freud als Dynamik der Melancholie analysiert. Wenn Adorno einmal sagt, daß »das Arcanum seiner Philosophie ... Kant notwendig verborgen« war (Neg. Dial. 270), so ist dieses Arcanum als Melancholie zu entziffern, die als »Pathologie der Normalität« des Bürgertums im 18. Jahrhundert bei Kant ihren theoretischen Ausdruck findet. Die Ausarbeitung der melancholischen Dynamik zu einer Theorie der Moral aber, wodurch das, was als unbearbeitete Trauer im Bürgertum unbewußt ist, zur Figur des Sollens wird, ist freilich nicht mehr nur pyschogenetisch zu verstehen, sondern politisch zu kritisieren.[26]

Denn den melancholischen Masochismus und die narzißtische Identifikation mit dem Gesetz zur *praktischen Vernunft* und *vernünftigen Praxis* zu erheben, heißt Philosophie zu einem Programm der Selbstzerstörung der Substanz des Lebens im Menschen zu machen. Da wird nicht einfach christliche Leibfeindschaft und innerweltliche Askese weitergedacht und als Aufklärung geadelt, sondern der Grundriß moderner Untertanengesellschaft entworfen, in der das Auge, das uns kontrolliert, unser eigenes ist: vor welchem es kein Geheimnis, sondern nur die grenzenlose Sichtbarkeit vor dem allwissenden Gewissen, als Agenten jedweder politischen Herrschaftsform, gibt. Die Architektonik der Kantschen Moral zeigt sich darin als das in Philosophie gefaßte Panoptikum Benthams von 1793.[27] Dessen modellhafte Bedeutung für die Struktur der Disziplinargesellschaft hat Michel Foucault beschrieben. Dem hat Kant in der Theorie der Moral die Seite des Funktionierens der Macht in den Subjekten beigefügt.

13. DAS REICH DER ZWECKE: WIEDERKEHR DES NARZISSMUS

»Glücklich zu sein, ist notwendig das Verlangen jedes vernünftigen, aber endlichen Wesens« (KdpV A 45). Von dieser Wahrheit, die Kant als Wahrheit des Begehrungsvermögens mit allen philosophischen Mitteln bekämpft, wird er am Ende der *Kritik der praktischen Vernunft* eingeholt: Glück allerdings nicht mehr als gestilltes Verlangen, sondern narzißtische »Selbstgenugsamkeit«. Diese ist Gott abgelauscht (KpdV A 214).
Kant hat seine Philosophie charakterisiert durch das berühmte Wort, daß er die Vernunft habe kritisieren müssen, um den Weg freizulegen zur »Endabsicht« aller »Spekulation der Vernunft«, der Freiheit des Willens, der Unsterblichkeit der Seele und dem Dasein Gottes (KdrV B 798, B 697ff.). Das transzendentale Verbot, darüber im Schein eines *theoretischen* Wissens zu reflektieren, schließt die Möglichkeit ein, dies in *praktischer* Absicht zu tun. Im »herrliche(n) Ideal eines allgemeinen Reichs der Zwecke an sich selbst (vernünftiger Wesen), zu welchem wir … als Glieder gehören« (Grundlegung A 127), wird ein grandioses Panorama der »Endabsicht« aller Vernunft entworfen. Nach aller theoretischen Abstinenz darf Kant schließlich als »Herzenskündiger« sprechen. Dieses Erweiterungsrecht reiner Vernunft ist wiederum eine Frucht der Unterscheidung von »Ding an sich« und »Erscheinung«: die Utopie des Reichs der Zwecke bezieht sich streng auf uns als »Dinge an sich«, als Intelligenzen also, und gibt sich somit als Phantasie absoluter Identität aller Vernunftwesen überhaupt zu erkennen.
Die Idee absoluter Identität, in der alle Verschiedenheit gelöscht ist, bestimmt bereits den sittlichen Willen, der nur als für alle Vernunftwesen identischer und auf »einunddasselbe Objekt« bezogener moralisch genannt werden darf. Das Ideal dieses Willens ist jetzt als narzißtisches zu lesen.
Das Ideal des Willens ist seine Identität mit der Majestät des Sittengesetzes selbst. Da der Wille des Menschen jedoch immer im »Kampfe« (KdpV A 151) mit dem Begehren liegt, ist diese Identität nur vorstellbar als am Ende eines »ins Unendliche gehenden Progressus« liegend (KdpV A 220, 57/8). Die Synthesis dieses Progressus wäre der Zusammenfall von Wille und

Eroberung der Bastille am 14. Juli 1789.

Gesetz in der »Heiligkeit des Willens« (KdpV A 58), die nur Gott vorbehalten ist. Denn dieser ist »höchste Vollkommenheit in *Substanz*« (KdpV A 70), nämlich absolute Identität von Wille und Zweck im »höchsten Gut«, dem summum bonum. Diese Definition Gottes enthält die Gleichsetzung von Gott und Glückseligkeit. Denn Glückseligkeit ist der Zustand eines Wesens, »dem es im Ganzen seiner Existenz *alles nach Wunsch und Willen geht*, und beruht also auf der Übereinstimmung der Natur zu seinem ganzen Zwecke, imgleichen zum wesentlichen Bestimmungsgrunde seines Willens.« (KdpV A 224).

Dies ist eine andere Definition des Paradieses – und Kant hat solches ›Sein im Paradiese‹ allein Gott reserviert: kraft seiner Heiligkeit des Willens und Vollkommenheit der Übereinstimmung von Wille und Zweck (d.i. die »Zulänglichkeit dieses Wesens zu allen Zwecken«, also Omnipotenz). In Gott ist der Traum der Vernunft erfüllt, »Beziehungspunkt der Vereinigung aller Zwecke« (Religion A VIII) zu sein, wie er in der Idee der

»Zusammenstimmung des Reichs der Natur mit dem Reiche der Sitten« (KdpV A 262, Religion B VIII) gesetzt ist. In Gott ist höchstes Gut (Glückseligkeit) und ursprünglichstes Gut (Schöpfungspotenz) dasselbe.
An dieser Konstruktion ist der Einbruch archaischer narzißtischer Phantasien nicht übersehbar. So sehr Kant sich gegen anthropomorphe Gottesvorstellungen wendet, ist sein Gott die Imago der Vollkommenheit, Umkehrbild der Ohnmacht, Endlichkeit und Bedürftigkeit des Menschen. Darum auch schiebt sich in das Bild Gottes das Bild des Paradieses: früheste Repräsentation eines spannungsfreien, vollkommenen Primärzustandes.
Gott ist in der *Kritik der praktischen Vernunft* der Titel »der einzigen intellektuellen Anschauung«, die das Ganze der raumzeitlichen endlosen Welt in seiner Angemessenheit zum Sittengesetz ad hoc *sieht*. Diese Anschauung war in der *Theorie des Himmels* auch noch der mit der »Urquelle aller Vollkommenheit« grandios verschmolzenen »Seele« möglich, die alle »Verheerungen, die die Hinfälligkeit den Dingen der Welt verursacht, gleichsam unter ihren Füßen vorbeirauschen sehen« kann (Th. d.H. A 127). Das narzißtische Ideal des Frühwerks, in dem Kant noch nahezu ungeschützt die Glückseligkeit in der »Gemeinschaft mit dem unendlichen Wesen« phantasiert, kehrt jetzt sublimiert als Krönung der praktischen Philosophie wieder.
Sublimiert insofern, als Kant an die Stelle grandioser Verschmelzung nun die Idee des unendlichen Progresses setzt. Das intelligible Subjekt (die »Seele« der Frühschrift) ist nicht identisch mit dem allmächtigen Selbst-Objekt, doch ähnelt diesem sich progressiv an. Das ist der »Weg zur Vergötterung«, den Kant sich nach der »Höllenfahrt des Selbsterkenntnisses« gebahnt hat (MdS 2. Tl. A 104).
Die gewaltigen Idealisierungsschübe der Kantischen Transzendentalphilosophie, insbesondere der praktischen, erhalten von hier aus ihre Erklärung. Es kam für Kant alles darauf an, die Möglichkeit der Verschmelzung mit einem absoluten, guten Objekt zu erhalten bei gleichzeitiger Respektierung der Realität. Diesen Widerspruch hat er durch die Konstruktion zweier völlig getrennter Matrizes zu lösen versucht: die Welt der Erscheinun-

gen ist die Konstruktion erfolgskontrollierter Realitätsbewältigung, wie das »Ding an sich« im Bereich der praktischen Philosophie die Matrix eines raum- und zeitunabhängigen Reichs der Zwecke bildet. Kant hat auf der einen Seite einen Praxistyp entwickelt, der ein wissenschaftlich-technologisch erfolgreiches Umgehen mit der Gegenstandswelt freisetzt. Hier gehen die narzißtischen Größenphantasien des Frühwerks, nahezu unkenntlich gemacht, nur noch insofern ein, als die Welt der Erscheinungen einen Erfahrungszusammenhang bildet, in welchem das Erkenntnissubjekt das Universum in seine Regie nimmt, indem es ihm seine Gesetze imputiert. Dies ist der geheim megalomanische Kern der rationalen Naturbeherrschung. Auf der Seite der praktischen Philosophie hat Kant mit der Idee des »Endzwecks aller Dinge«, der Idee des höchsten Gutes und der progressiven Anähnelung des intelligiblen Subjekts an sein Ideal-Ich, nämlich Gott, einen Weg geschaffen, die frühen narzißtischen Größenphantasien in Postulate der reinen Vernunft umzuwandeln.

Die Struktur dieser Ideen ist mit der Phantasie von 1755 einer absoluten Einheit und spannungsfreien Homöostase identisch. Mit einem wesentlichen Unterschied: der Abstand des Ich-Ideals (der gute Wille des intelligiblen Subjekts) zum Ideal-Ich (der heilige Wille, d.i. Gott) bleibt unaufhebbar erhalten. Das Subjekt muß sich mit der Ähnlichkeit Gottes begnügen.

Der Gewinn, den Kant aus der imperativen Verpflichtung des Menschen auf die progressive Anähnelung an ein grandioses Selbst-Objekt bezieht, ist der, daß die Identifikation mit diesem Ideal ihn vor der Welt der bedrohlichen objektlibidinösen Beziehungen zu schützen scheint. Das objektlibidinöse Begehren konstituiert sich erst auf der Basis der Trennung vom Objekt, das Befriedigung verspricht. Diese Trennung erzeugt das Begehren als zuerst leiblich gespürte Macht, die unabläßlich das Ich in seine Regie fordert: so erfährt das Ich sich als abhängig vom Trieb wie dieser vom Objekt. Damit aber enthält diese Trennung auch die Ohnmacht, über die Objekte der Befriedigung nicht omnipotent zu verfügen: im Trieb ist unaufhebbar der Zusammenbruch des narzißtischen Phantasmas eingeschlossen, ein und alles zu sein. Alle Erfahrung der Kontingenz, der Abhängigkeit, der Angst, Ohnmacht und Endlichkeit nimmt hiervon ihren

Ausgang. Diese Wundmale strukturieren unaufhebbar das Begehren, das Kant am Subjekt restlos tilgen möchte, um dessen Schmerzen ledig zu werden. Mangelwesen zu sein aber ist der Ausgang jeden Bewußtseins, das dem entbehrenden Begehren erwächst.

Wenn Kant dagegen den Menschen normativ auf die Suche nach dem »höchsten Gut«, das im Reich der Zwecke ideal existiert, verpflichtet, so bindet er ihn an das Phantasma eines Lebens jenseits des Begehrens, damit jenseits der Kontingenz, der Verfallenheit an den Leib und der Schmerzen der Unvollkommenheit. Die Idee solchen Lebens zielt auf ein Utopisches, das die Züge des unaufhebbar hinter uns liegenden Paradieses aufnimmt. Dieses nämlich ist das Bild eines Lebens *vor* dem Begehren, wie das Reich der Zwecke das Bild eines Lebens *jenseits* des Begehrens enthält. Die Suche nach dieser Gestalt des höchsten Guts ist bei Kant *Verpflichtung* des Menschen. Das erklärt sich daraus, daß Begehren mit Schuld identifiziert ist. Dem heiligen Willen ähnlich zu werden, ist Sehnsucht nach Schuldfreiheit, die im Begehren verloren ist (wie das Paradies). Der »Selbstgenugsamkeit« Gottes näherzukommen, ist der Wunsch, vor diesem, in der verinnerlichten Gestalt des Gewissens, ohne Schuld zu sein. Wir hatten gesehen, daß die Identifikation von Begehren und Schuld aus der ödipalen Strukturierung des Triebs und der Moral resultiert. Kant versucht nun, dem ödipalen Dilemma dadurch zu entgehen, daß er zum sittlichen Ideal eine präödipale Position wählt – das Nicht-Begehren, die Kastration. Als moralisches Ziel befriedigt dies nicht nur, weil es den Schuldspruch des Gewissen im »Namen des Vaters« (Lacan) abwendet, sondern zudem durch die progressive Kastration des Begehrens einen Zustand vor der Geschlechterdifferenzierung anzielt, der mit dem prästrukturellen Zustand narzißtischer Autarkie assoziiert ist.

Auf einen Satz gebracht: die Moral Kants ist gekennzeichnet durch ein regressives Ausweichen vor den ödipalen Konflikten, die unbewältigbar, übermächtig und demütigend erscheinen. Insofern sein Moralentwurf eine plausible Theoretisierung dieses hoch verallgemeinerbaren Musters enthält, ist sein Geltungsanspruch zwar weitreichend, nicht aber universal für Vernunftwesen überhaupt legitimierbar.

Freilich enthält die unendliche Progression in Richtung auf die Heiligkeit des Willens als Preis eine neue Form der Melancholie. Niemals ist das Subjekt sich des Ideals substantiell inne. Das narzißtische Ideal des höchsten Gutes und der Glückseligkeit läuft durch die Kette der Repräsentationen des Willens hindurch als niemals in diesen Eingeschlossenes, sondern endlos Abwesendes. Der unendliche Progreß, der die Struktur nahezu aller bürgerlichen Utopien bis heute bestimmt, ist das *credo quia absurdum* des narzißtischen Mangels der Vernunft. Das Reich der Utopie erwächst nicht primär aus der Abwesenheit eines begehrten Objekts, sondern aus der Unerreichbarkeit des narzißtischen Ideals: nämlich der Identität von Wille und objektivem Gesetz in omnipotenter Vollkommenheit. In der als unaufhebbar gesetzten Abwesenheit des Absoluten ist Kant weitaus realistischer als Hegel, der jenes in der Bewegung des Geistes einzuholen versucht. Kant steht Fichtes unaufhörlichem »Sehnen« näher, das Hegel als unfruchtbares Sehnen nach Unendlichkeit, die der absolute Geist in sich schließe, kritisiert.
Das Sehnen in Kants unendlichem Progress wünscht sich aus der Endlichkeit des Leibes, aus der beklemmenden Macht und erniedrigenden Partikularität des Triebs und schließlich aus der Kontingenz dessen, was Kant »Leben« nennt. In Kants Philosophie steckt als tragische Wunde, daß er mit der Ohnmacht des Ich und der Autonomie der Dinge sich nicht abzufinden gelernt hat. Das auch ist der Grund für die heimliche Melancholie seines Denkens. Es ist getrieben vom Wunsch nach einer »höheren, unveränderlichen Ordnung der Dinge«, in der die Kontingenz des Daseins als Last von den Subjekten genommen ist.
Dieser Wunsch muß in der Aufklärung sich behelfen ohne die Stützen der Religion. Die Übereinstimmung von Reich der Natur und Reich der Sitten ist als Voraussetzung des Glaubens zerstört und rettet sich in die Sphäre des intellektuellen Postulats reiner Vernunft. Diese aber kann den Riß zwischen der Kontingenz der menschlichen Natur und dem Wunsch nach Erlösung nicht heilen. Erlösung flüchtet sich bei Kant in die Idee des Reichs der Zwecke, das in *keinem* Hier und Jetzt mit Natur vermittelbar ist. Kant ist darin wahrhaft Vertreter der Aufklärung, daß Kontingenzbewältigung nicht mehr wie in den Instituten des Glaubens oder des Mythos lösbar erscheint. Nur noch als

Untergründiges der Philosophie bilden das Leiden an der Kontingenz und der Wunsch nach Glückseligkeit die heimliche Einheit der vorkritischen und kritischen Philosophie. Wo aber die Endlichkeit des begehrenden Leibs als Stimme bloßer Natur diskreditiert und aus der moralischen Dignität ausgeschlossen wird, verbleibt der Philosophie nur noch die melancholische Geste, mit der sie das Glück aufs ideale Nimmerdar verweist. Als moralischer Schmutz perenniert das empirische Dasein, das einzig uns bleibt.

KAPITEL VII
DIE FURCHT VOR DER EINBILDUNGSKRAFT UND DIE HYPOCHONDRIE ALS ZIVILISATIONSKRANKHEIT IM 18. JAHRHUNDERT

In unserem Jahrhundert wurden von den Philosophen die Angst und die Sorge zur Grundbestimmung menschlichen Daseins gemacht. Im 18. Jahrhundert hatte die Vernunft diese Position inne. Aber auch damals lief die Angst unter den Fahnen des Optimismus, des Fortschritts, der Vernunft immer mit, ja es scheint, als ob sie der Aufklärung, die auszog, sie zu vertreiben, immer im Rücken war. »Hast du die Sorge nie gekannt?« mußte Faust, der furchtlose Welteroberer, sich am Ende von dieser übermannt fragen lassen. Die antike Sage, nach der es die Sorge war, die den Menschen machte, und auf die sich in unserm Jahrhundert Heidegger in seiner Existenzialphilosophie wieder berief, erscheint im 18. Jahrhundert in Bilguers Buch über die Hypochondrie: Die Sorge habe gedankenlos spielend den Menschen aus einem Kloß Erde gemacht, Zeus diesem dann Leben eingehaucht. Als die drei danach in Streit gerieten, wem der Mensch nun gehöre, war die Einigung: nach dem Tode geht der Leib an die Erde, der Geist an Zeus zurück, aber der *Sorge* soll er gehören, so lange er lebt.

Die Furcht des Menschen, der sich als Vernunft definiert, ist die Furcht vor sich selbst als dem Anderen. Kants Furcht vor der Einbildungskraft, ihre Verdrängung zeigten sich so motiviert: Furcht vor der Einbildungskraft, das war die Furcht vor der überflutenden Bilderwelt, vor der Natürlichkeit, vor der Bestialität im Menschen, vor dem, was im Bewußtsein den Körper wieder und wieder repräsentiert. Dieses Zurückweichen vor der Einbildungskraft ist nicht bloß eine Verschiebung im Kantischen System, sondern eine Veränderung der klassischen Gliederung der Epistemologie »Sinne, Einbildungskraft, Verstand«. Die Kontraposition von Einbildungskraft und Vernunft ist keine Ausgeburt Kantischer Idiosynkrasie, sondern ein gängiger Topos des 18. Jahrhunderts. So schreibt beispielsweise J. G. Krüger in seiner Experimental-Seelenlehre von 1756: »Je gewisser es ist, daß wir ohne Einbildungskraft keine Vernunft haben würden, desdo wunderbarer ist es, daß sich diese Vernunft vor nichts so sehr als vor dieser Mutter zu fürchten hat. Denn sobald die Einbildungskraft ihre Stärke zusammennimmt, so ist es um die gute Vernunft geschehen.«[1]

Die für den Eingang des Jahrhunderts maßgebliche Bestimmung der Einbildungskraft stammt aus Nicole Malebranches *Recherche de la Verité*. Schon aus dieser wird deutlich, daß die Furcht vor der Einbildungskraft mehr ist als die Furcht vor Täuschung und Sinnenverwirrung. Den 3. Teil seiner Untersuchung dieses Vermögens widmet Malebranche »der ansteckenden Mitteilung einer starken Einbildungskraft«. Nicht das Erfinderische, nicht das Spielerische, das Kreative der Einbildungskraft ist hier für Malebranche das ursprüngliche Phänomen, an dem er sich orientiert, sondern die Nachahmung: das Vermögen des Menschen, durch unmittelbare Teilhabe am anderen dessen Bewegungen, Sprache, Gedanken nach- oder besser: mitzuvollziehen. Was bei Kant fast schon zum bloßen Additum degeneriert ist, steht hier im Zentrum der Einbildungskraft: Sympathie. Nachahmung heißt nicht sehen, erkennen, nachmachen, sondern mitvollziehen unter der Suggestion des Gesehenen. Und hier ist Warnung natürlich am Platz: Einbildungskraft *ist* ein Erkenntnisvermögen, aber nicht ein solches, durch das das Erkannte dem Erkennenden unterworfen wird, sondern eher umgekehrt: Der Erkennende setzt sich dem Erkannten aus. Malebranche illustriert das durch dramatische Beispiele wie etwa das des jungen Mädchens, das zusah, wie einem Mann Blutegel gesetzt wurden. Tagelang mußte sie danach das Bett hüten mit Schmerzen an eben den Stellen des Fußes, »an welchem dem andern die Ader geschlagen war«.[2]

Daß Mitleid wirklich mitleiden ist, daß Gemütskrankheiten ansteckend sind, hat im Vermögen der Einbildungskraft seinen Grund. Malebranche kennt über dieses quasi passive Sicheinbilden aber noch ein aktivisches, daß man dem *anderen* etwas einbildet. Als Vermögen des Rhetors und des Schriftstellers behandelt Malebranche diese Art von Imagination als legitimes, wenn auch gefährliches Spiel. Wenn er aber entwickelt, wie Abhängigkeitsverhältnisse, wie Herrschaft auch das Vermögen, über die Vorstellungen des andern zu bestimmen, erhöhen, betritt er ein gefährlicheres Gebiet. Er betritt es mit dem nonchalanten »alles Unfug!« des Frühaufklärers, aber er weiß doch noch, daß es das Gebiet war, das die Hexen, die Magier und schließlich der Teufel besetzt hielten. Der böse Blick: bloße Einbildung, Besessenheit: bloße Einbildung, Heimsuchungen: bloße Einbildung.

Malebranche, der katholische Schriftsteller, leugnet den Teufel noch nicht schlechthin[3] wie die Aufklärer nach ihm, aber der Effekt ist schon derselbe: Was *sein* Werk war, muß nun der Mensch sich selbst zuschreiben, und die Furcht vor dem Teufel wird nun die Furcht vor etwas Furchtbarem *im* Menschen: der Einbildungskraft.

Die rätselhaften Beunruhigungen, die Bedrückungen, die Ängste werden nun namenlose »Zufälle«, sie können nicht mehr als Heimsuchung, Besessenheit, Versuchung verstanden werden, sondern nur noch als Krankheit, als Hypochondrie.

Damit hat sich der Mensch eine selbstverschuldete Krankheit erfunden. Wenngleich er sie erleidet, so ist er doch selbst ihr Urheber oder vielmehr etwas in ihm, dessen er nicht Herr ist, die Einbildungskraft. Wenngleich Opfer, ist er doch selbst schuld – der »moralische Arzt« tritt auf den Plan.[4] Stets in Gefahr, als bloß eingebildeter Kranker verlacht zu werden, ist er doch wirklich krank, die eingebildete Krankheit ist eine Krankheit der Einbildung, kranke, gekränkte, verstörte, undisziplinierte Einbildungskraft.

2. KANT ALS HYPOCHONDER

Was wir an biographischen Nachrichten von Kant haben, Jachmann, Wasianski, Borowski, reicht in vielem an die großen intimen Autobiographien des Jahrhunderts, Madam De Guyon, Adam Bernd, Rousseau, heran. Kants häusliche Freunde, Betreuer und schließlich Krankenwärter haben hier seinen leiblichen Umgang mit sich selbst festgehalten. Doch es sind die Berichte der letzten Jahre, der letzten zwanzig Jahre aus Kants Leben allenfalls, d.h. also seine Greisengeschichte, in der sich schon alles beruhigt hatte, die sicherlich langwierige Disziplinierungsarbeit ihre Resultate zeigte, und ganz zu allerletzt noch in ihr Gegenteil umschlug. In dieser Zeit stellt Kant sich selbst – im Brief an den Arzt Hufeland – als jemanden dar, der bei einer natürlichen Anlage zur Hypochondrie diese inzwischen überwunden hat. Das wird ihm um so leichter gefallen sein, als die Hypochondrie im 18. Jahrhundert allgemein als die Gelehrtenkrankheit galt. »Die Hypochondrie, noch besser: die gehabte, überstandene Hypochondrie, galt im 18. Jahrhundert als Zeichen eines gehobenen geistigen Status«, schreibt die Medizinhistorikerin Esther Fischer-Homberger.[5] Die hypochondrischen Züge Kants, die sich bei seinen Biographen finden, werden deshalb nur ein schwaches Anzeichen dessen sein, was Kant noch als Krankheit verstand. Immerhin schreibt er, daß sie in früheren Jahren »bis an den Überdruß des Lebens grenzte« (Streit der Fakultäten, A 180).

Aus diesen früheren Jahren ist fast nichts bekannt. Zeugnisse eines Berufs- und Gelehrtenlebens, aber keine eines Menschen mit Leib und Seele sind geblieben. Keine Liebesgeschichte, keine Wanderung, keine Krankheit, kein Unfall, nichts von körperlicher Arbeit aus diesen früheren Jahren, d.h. also bis zu seinem 60. Lebensjahr nichts. Um so wichtiger, daß sich gelegentlich Zeugnisse eines sehr feinfühligen Leibverständnisses in Kants Schriften finden. In den *Träumen eines Geistersehers* von 1764 schreibt Kant bei der Erörterung des Ortes der Seele im Körper: »Ich würde mich also an der gemeinen Erfahrung halten und vorläufig sagen: wo ich empfinde, da *bin* ich. Ich bin eben so unmittelbar in der Fingerspitze wie in dem Kopfe. Ich bin es selbst, der in der Ferse leidet und welchem das Herz im Affekte klopft. Ich fühle den schmerzhaften Eindruck nicht an einer Gehirnnerve, wenn mich mein Leichdorn peinigt, sondern am Ende meiner Zehen« (A 19f.). Dann eine Seite weiter, in einer Anmerkung, schreibt er: »In der Bangigkeit oder der Freude scheint die Empfindung ihren Sitz im Herzen zu haben. Viele Affekten, ja die mehresten, äußern ihre Hauptstärke im Zwerchfell. Das Mitleiden bewegt die Eingeweide und andre Instinkte äußern ihren Ursprung und Empfindsamkeit in andern Organen.« Kant folgt hier, wie er ausdrücklich sagt, der gemeinen Erfahrung, dem gesunden Verstand. Er kann sich dies um so mehr leisten, als die Sache nicht eigentlich sein Thema ist, das Ganze nur im Zusammenhang satirischer, hypothetischer Überlegungen, die gegen Swedenborg gerichtet sind, auftritt. Aber der gemeine Verstand, dem Kant hier gegen die Schulmeinung das Wort redet, ist offenbar auch seiner. Diese gemeine Erfahrung lehrt, was, wie er schon damals meint, sich aus Gründen nicht einsehen läßt: nämlich die leiblich Präsenz von Affekten. Kant kannte sich offenbar dort gut aus, konnte seelische Empfindungen leiblich verorten, die Freude im Herzen, Mitleiden im Unterleib und andere Affekte im Zwerchfell. Zwerchfell, Phrenos, das war bei den Alten noch ein Ausdruck für Seele. Wenn Kant davon redet, meint er nicht das anatomische Ding, sondern die Gegend, die wir heute Sonnengeflecht nennen. Das Mitleiden, also die Sympathie, ist im Unterleib spürbar, in den Hypochondrien – aber diese Verbindung stellte Kant damals noch nicht her. Drei Jahre später hätte er in Bilguers Buch über die Hypochondrie lesen können oder hat er womöglich gelesen: »Es ist gewiß, daß die meisten Fehler der Einbildungskraft ihren entfernten Grund im Unterleib haben.«[6]

Kant zeigt sich hier als Mensch mit einem sensiblen Leibe oder besser gesagt, als jemand, der noch sensibel für die leibliche Erfahrung seelischer Regungen war. Vielleicht war *das* seine natürliche Anlage zur Hypochondrie. Später in dem zitierten Brief an Hufeland gibt er diese nur noch mechanisch an: »Ich habe wegen meiner flachen und engen Brust, die für die Bewegung des Herzens und der Lunge wenig Spielraum läßt, eine natürliche Anlage zur Hypochondrie« (Streit der Fakultäten, A 180). Und er bezeichnet es als den endlichen Sieg über seine hypochondrische Anlage, daß es ihm gelungen sei, den seelischen Affekt von der leiblichen Regung zu trennen. »Aber die Überlegung, daß die Ursache dieser Herzbeklemmung vielleicht bloß mechanisch und nicht zu heben sei, brachte es bald dahin, daß ich mich an sie gar nicht kehrte, und während dessen, daß ich mich in der Brust beklommen fühlte, im Kopf doch Ruhe und Heiterkeit herrschte, die sich auch in der Gesellschaft, nicht nach abwechselnden Launen (wie Hypochondrische pflegen), sondern absichtlich und natürlich mitzuteilen nicht ermangelte« (Streit der Fakultäten, A 180). Es ist ihm also gelungen, die Beklommenheit des Herzens als eine pure mechanische Enge in der Leibmaschine zu deuten, wenngleich er auch noch immer nicht umhinkann, was er spürt, eben »Beklommenheit« zu nennen. Konnte er früher mit dem gemeinen Verstand noch zugeben, daß es Freude oder auch Bangigkeit sein kann, was man im Herzen empfindet, so ist es jetzt sein Stolz, bei aller Beklommenheit »im Kopf« ruhig und heiter zu sein.

Zwischen dieser frühen und dieser späten Stelle liegt die Geschichte der Kantischen Hypochondrie. Was er im Kopf gewonnen hat, hat er am Leibe verloren, was er als Sieg über die Krankheit feiert, mag ihre Ursache sein: Durch die Leugnung der Erfahrung affektiver Betroffenheit im Leibe werden die leiblichen Regungen zu unverständlichen Signalen, die man als Anzeichen von Störungen, als Symptome von Krankheit zu deuten sich veranlaßt sieht. Was soll das Herzklopfen, wenn die Aufregung verleugnet wird, was die Unruhe im Unterleib, wenn das Mitleid beherrscht wird? Das erwähnte Schreiben Kants an Hufeland ist sein Dank für die Übersendung von Hufelands Buch ›Makrobiotik oder die Kunst, das menschliche Leben zu verlängern‹. Dies Buch war ihm aus dem Herzen gesprochen, es war die medizinische Rechtfertigung dessen, was er geübt hatte: Lebensverlängerung durch Haushalten und Disziplin. Hufeland unterstellt für jeden Menschen eine endliche Summe an Lebenskraft, die entweder heftig und eruptiv oder sparsam – und mit Gewinn verbraucht werden kann. Insbesondere betont Hufeland immer wieder, daß die menschliche Zeugungskraft oder der Samen die Lebenskraft selbst ist, die sich nach außen verströmen oder zur Stärkung und Lebensverlängerung des eigenen Körpers aufgespart werden kann. Hohes Alter ist – wie Kant unterstreicht – deshalb etwas moralisch Verdienstliches (Streit der Fakultäten, A 170/1). Den Umgang mit dem eigenen Leib als Haushaltung zu gestalten, die mit den endlichen Kräften, die einem zugeteilt sind, Nützliches zu produzieren erlaubt: Das ist es, was man, was Kant Diätetik nennt. Diätetisch ist Kants Beziehung zu seinem Leib, wie wir sie aus den Biographien kennen, und nur diätetisch. Er bestimmte sich ein ganz festes, völlig unverrückbares Maß an Schlaf: morgens um fünf aufstehen, abends um zehn ins Bett gehen. Sein Zimmer wurde streng nach dem Thermometer sommers und winters immer auf derselben Temperatur gehalten. Er rauchte, um die Verdauung zu befördern, er ging spazieren nicht zum Vergnügen, sondern als gesundheitliche Maßnahme. Aber hören wir den Biographen Borowski (52f.): »Öftere Bewegung hielt er für notwendig. Er machte sie sich täglich, welche Witterung auch eintreffen mochte. In früheren Jahren wandelte er nach entferntern Orten und recht gerne in Begleitung eines Freundes oder auch junger Studierender, deren einen oder zwei er in der letzten Vorlesungstunde dazu aufforderte. Für diese waren's dann Stunden, wo gar

»Ich habe wegen meiner flachen und engen Brust, die für die Bewegung des Herzens und der Lunge wenig Spielraum läßt, eine natürliche Anlage zur Hypochondrie, welche in früheren Jahren bis an den Überdruß des Lebens grenzte.« (Streit der Fakultäten, A 180)

nicht gelehret zu werden schien und – doch vieles gelernet ward. In spätern Jahren ging er weit lieber ganz einsam, weil Gehen und zugleich Sprechen, obwohl er immer leise nur sprach, ihn, wie er sagte, zu sehr ermüdete. Auch wollte er dem Ausbruche des Schweißes, den er sich nicht zuträglich hielt, vorbeugen. Zuletzt hielt er es für heilsam und als Verhütung des Hustens und Schnupfens (und deswegen vermied er die Begleitung andrer auf Spazierwegen) – daß der Gehende den Mund verschlossen halte und durch die Nase bloß respiriere. Von jenem Schmerz unter der Brust konnte er, wie er oft äußerte, leicht abstrahieren, so bald er sich hinsetzte, um zu lehren oder die Feder zu führen.« Um auch gelegentlich bei der Arbeit etwas Bewegung zu haben, legte er sich sein Schnupftuch auf einen entfernten Stuhl.

Über die allgemeinen Regeln – des gleichmäßigen Schlafens und Wachens, des Essens und Stuhlgangs und der täglichen Bewegung – hinaus hatte Kant von Zeit zu Zeit besondere Vorstellungen, was seinem leiblichen Befinden zuträglich sein könnte. So hatte er, wie wir schon hörten, die Theorie, daß er durch Atmen durch die Nase Husten und Schnupfen vermeiden könne. Husten, wenn er da war, versuchte er durch den Willen zu unterdrücken. Schweiß, meinte er, müsse man vermeiden, und hielt dann in seiner Tätigkeit und im Gehen eigens inne, wenn er einen Schweißausbruch meinte befürchten zu müssen. Die Strumpfbänder, die man zu den Kniebundhosen der damaligen Zeit benötigte, hielt er für schädlich, weil sie den Blutfluß in den Beinen hemmten. Er hatte sich deshalb eine eigene Konstruktion ausgedacht, durch die er die Strümpfe an Fäden vom Hosenbund aus straffhalten konnte. Zeitweise meinte er, Luft zu schlucken sei für die Verdauung förderlich. Wasianski schreibt darüber: »Nicht die gewöhnlichste Handlung übte Kant mechanisch und nach Herkommen und altem Brauche aus; sondern immer nach eigenem Räsonnement und womöglich nach einer von ihm verbesserten Methode. So kam er einst auf den Gedanken, ein Hauptnutzen beim Trinken bestehe in dem mit dem Getränk zugleich verschluckten, aus der Atmosphäre angezogenen Sauerstoff, weshalb er denn jedesmal beim Trinken den Mund weit öffnete und tief und hörbar einen Luftzug tat, den er dem Magen zudachte, wo der Sauerstoff als auxiliäres Reizmittel nützlich sei« (Wasianski 205).

Kant hatte sich so eine wohldosierte, monotone Lebensweise zugelegt. Er verreiste nie, in seinen späten Jahren ging er, außer zu seinen Spazierwegen, kaum noch aus. Einzige Abwechslung und Freude, die er sich gönnte, waren die Tischgespräche bei der einzigen Mahlzeit in der Mitte des Tages. Der Körper kommt hierbei nur als sein Werkzeug vor, als ein Gefährt, was möglichst unauffällig gehalten werden muß, dessen gleichmäßiges Funktionieren gleichwohl schwierig zu gestalten ist und der sich immer wieder doch meldet.

Dieses Sich-Melden des Körpers registrierte Kant schließlich nur noch als »Druck auf dem Magenmunde«, also in der Gegend der Hypochondrien, als Verdauungsbeschwerden. Gelegentlich kommen dazu noch Kopfschmerzen. Es gelang ihm, diese dumpfen Beunruhigungen nicht mehr als Zeichen für etwas anzusehen, sondern quasi nur als dumpfe, tote Dinge, von denen man am besten wegblickt, »abstrahiert«. Dies ist denn auch das Hauptmittel, das er in der an Hufeland adressierten Schrift gegen die Hypochondrie empfiehlt: wegblicken, nicht die Aufmerksamkeit darauf richten. Denn die Hypochondrie, genauer die hypochondria vaga (im Gegensatz zur topischen, der hypochondria intestinalis) definiert er hier als Grillenkrankheit, als ein Geschöpf der Einbildungskraft. Er meint, daß sie zwar eine gewisse Basis in körperlichen Störungen, etwa Blähungen und Verstopfungen habe, daß ihr eigentlicher Krankheitscharakter aber darin bestehe, daß die Einbildungskraft in diesen Regungen Anzeichen für bevorstehende Übel sieht, und daß sie so Anlaß von Angst werden. Er empfiehlt dagegen eine Diätetik des Gedankenspiels – sich also nicht mit diesen Regungen zu beschäftigen und sie als bloß topisch, d.h. als rein körperlich lokale Affekte, zu behandeln. »Ein vernünftiger Mensch *statuiert* keine solche Hypochondrie: sondern, wenn ihm Beängstigungen anwandeln, die in Grillen, das ist, selbst ausgedachte Übel ausschlagen wollen, so fragt er sich, ob ein Objekt derselben da sei. Findet er keines, welches gegründete Ursache zu dieser Beängstigung abgeben kann, oder sieht er ein, daß, wenn auch gleich ein solches wirklich wäre, doch dabei nichts zu tun möglich sei, um seine Wirkung abzuwenden, so geht er mit diesem Anspruche seines inneren Gefühls zur Tagesordnung, das ist, er läßt seine Beklommenheit (welche alsdann bloß topisch ist) an ihrer Stelle liegen (als ob sie ihm nichts anginge) und richtet seine Aufmerksamkeit auf die Geschäfte, mit denen er zu tun hat.« (Streit der Fakultäten, A 179f.).

Man wird Kant die Achtung nicht versagen, daß er gleichsam auf der Metaebene seine Hypochondrie in den Griff bekommen hat. Doch das gelingt ihm durch eine Verdrängung der Verdrängung, durch dieselben Methoden, durch die er sie vermutlich auch verursachte: Leugnung der affektiven Regungen im Leibe, Disziplinierung des Körpers und dann der Einbildungskraft und schließlich der Aufmerksamkeit. Trotz allem blieb Kant zeit seines Lebens ein Hypochonder, er beschrieb seinen Gesundheitszustand mit eben dem Satz, mit dem Bilguer 1767 eine Schrift über die Hypochondrie einleitete: »§ 1: Die Hypochondrie ist eine langwierige Krankheit, bey welcher man sich selten recht krank und niemals recht gesund befindet«. Borowski schreibt in seiner Kantbiographie (Borowski 52): »Einmal in meinem Beisein äußerte er zu einer Dame, die ihn nach seinem Befinden fragte, daß er eigentlich nie gesund und nie krank sei. Jenes, weil er einen Schmerz, ein Drücken unter der Brust, auf dem Magenmunde, wie er sagte, fühle, das ihn nie, nie verließe; dieses, weil er niemals auch nur einen Tag krank gelegen oder der ärztlichen Hilfe (außer einem Paar Pillen, die er sich gegen Obstruktionen von seinem Schulfreunde, dem Dr. Trummer, hatte verschreiben lassen) bedürftig gewesen wäre.«

Wie alle Hypochonder hatte er eine stets wache Aufmerksamkeit für jede kleine Regung und Störung in seinem Körper, er sprach gerne darüber und las alle möglichen medizinischen Bücher. Jachmann schreibt: »Es hat vielleicht nie ein Mensch gelebt, der eine genauere Aufmerksamkeit auf seinen Körper und auf alles, was diesen betrifft, angewandt hat als Kant; aber höchst merkwürdig ist es, daß zu dieser genauen Aufmerksamkeit ihn nicht hypochondrische Grillen, sondern vernünftige Gründe bewogen. Ihn interessierte die Erreichung eines hohen Alters.« (Jachmann 194) »Obgleich Kant nie seinen Geist zum Gegenstande seines Gesprächs wählte und auch jedes Gespräch darüber absichtlich vermied, so sprach er desto mehr von seinem Körper. Er rezensierte sehr oft seine körperliche Beschaffenheit, er teilte seinen Freunden jedes körperliche Gefühl und jede Veränderung mit, die sich mit seinem Körper zutrug. Besonders sprach er ganz gewöhnlich über das Übel, welches ihn öfters drückte und auf seinen Kopf so vielen Einfluß hatte. Er brachte dabei sehr viele gelehrte und scharfsinnige Erklärungen an und pflegte bei der Gelegenheit darüber zu scherzen, daß man in unsern Zeiten, selbst in großen Gesellschaften, dergleichen Gespräche über natürliche Angelegenheiten, zum Beispiel über Hämorrhoiden, nicht mehr für unschicklich halte, da man sich ehemals als ein Geheimnis ins Ohr geraunt, daß jemand die güldene Ader habe« (186f.).

Kants Biographen scheinen so gegen ihn zu zeugen, wenn er behauptet, die Hypochondrie durch Ablenkung der Aufmerksamkeit gemeistert zu haben: sie schildern ihn als einen, der wie kaum ein anderer Mensch auf seinen Körper aufmerksam war. Aber beides ist wohl dasselbe, er bannte die leiblichen Regungen, deren lebensweltliche und affektive Bedeutung er leugnete, an ihren Ort, indem er ihnen ungewöhnliche, aber rein technische Aufmerksamkeit schenkte. Er wurde mit der dumpfen Beunruhigung, die von diesen Regungen immerzu ausging, fertig, indem er sie eifrig bei Tische besprach. Die Ungezwungenheit, die ihm das ermöglichte und die er an seinem Zeitalter lobt, ist gerade der Zwang, über Dinge sprechen zu müssen, die auszuleben er sich nicht gestattete, der Zwang, sie im aufgeklärten Gespräch über diätetische Maßnahmen zur Ruhe bringen zu müssen. Durch diese Diätetik des Gedankenspiels hielt er wenigstens seine Arbeitsstunden frei davon und hatte die Hypochondrie auf ein Maß beschränkt, das ihn eben nicht mehr bis an den Überdruß des Lebens brachte. Er erscheint deshalb in den späten Nachrichten als ein harmloser Fall von Hypochondrie, die wahre Bedrohung, der auch er ausgesetzt war, ist darin nicht mehr abzulesen; wir müssen sie in anderen Zeugnissen suchen.

3. DER ARME HYPOCHONDRISTE ADAM BERND

Adam Bernd, heute kaum noch bekannt, galt im 18. Jahrhundert geradezu als Prototyp des Hypochonders. Bilguer in seinem Hypochondriebuch, wie auch Moritz und Pockels im Magazin für Erfahrungsseelenkunde[7] bringen lange Auszüge aus seiner Autobiographie. Adam Bernd dient der Literatur über Hypochondrie als Prototyp, weil ihm nichts erspart blieb, aber auch weil der Literatur über Hypochondrie wenig Selbstzeugnisse zur Verfügung standen. Adam Bernds eigene Lebensbeschreibung ist – 40 Jahre vor Rousseaus Confessions – das erste Beispiel einer intimen Autobiographie in der neueren Literatur. Sein Einfluß ist deshalb nicht nur für die theoretischen Überlegungen zur Hypochondrie, sondern auch für die Entwicklung des psychologischen Romans spürbar.

Adam Bernd, dessen Lebenszeit von 1674-1748 reicht, war ein protestantischer Prediger, jedenfalls einen Teil seines Lebens, den er als den Gipfel verstand. Geboren in einer Kohlgärtnersfamilie am Rande von Breslau, hat er das gefährdete Leben eines sozialen Aufsteigers geführt, von Protektionen abhängig, um Reputation bemüht, um Ämter buhlend und zeit seines Lebens ohne jede sichere Basis, ständig von seiner Leistung abhängig. Das Amt des protestantischen Predigers war der Öffentlichkeitsberuf par exellence. Die Kanzel war Bildungsinstitution und moralische Anstalt, aber zugleich auch Ort der Selbstdarstellung des Predigers, war Theater. Alle Bedürfnisse nach Schau, affektiver Ergriffenheit, nach Wissen und Spektakel konzentrierten sich in den protestantischen Städten auf den Prediger. Sie wurden kritisiert und umworben, mit Gage und Geschenken zu Gastpredigten eingeladen, wie heute nur Stars aus dem Schaugeschäft. Das Amt des Predigers war für soziale Aufsteiger *das* begehrte Ziel, da es wie kaum eine geachtete gesellschaftliche Position im Prinzip jedem, unabhängig von sozialer Herkunft, offenstand. Es war ein alter und reflektierter Beruf, er verlangte Wirksamkeit nach außen und Frömmigkeit nach innen. Er kann als der Ursprung des modernen Intellektuellen bezeichnet werden: reflektiert und klassenlos.

Prediger zu sein war Adam Bernd die entscheidende Erfüllung seines Lebens. Er hat lange darum kämpfen müssen und hat auf dem Wege dazu Theologie, Philosophie und viele Sprachen gelernt und gelehrt. In seinem Leben ringen mittelalterliche Lebens- und Erfahrungsformen mit den Ideen neuzeitlicher Aufklärung. Das Universitätsleben, das Bernd erfahren hat, vollzieht sich noch ganz in streitbaren Disputationen, seine Welt ist noch erfüllt von Aberglauben, Hexerei und Teufeln. Das Leben spielt sich noch regional ab und ist kaum organisiert. Aber

Bernd versucht, sich von alledem zu lösen, selbst zu denken, selbst zu sein. Schließlich ist es seine Tätigkeit als Schriftsteller, die ihm sein Amt kostet: bestimmte theologische Schriften von ihm werden als ketzerisch angesehen.

Bernd schreibt danach aller Schranken ledig seine Autobiographie, indem er, wie er im Titel[8] sagt, seine Leibes- und Gemütsplagen darlegen will. »Den Unwissenden zum Unterricht, den Gelehrten zu weiterm Nachdencken, den Sündern zum Schrekken und den Betrübten und Angefochtenen zum Troste.« Diese Lebensbeschreibung ist vor allem die Geschichte seiner Hypochondrie, sie ist, wie man schon aus dem Titel entnehmen kann, dargestellt noch auf der Grenze zwischen Heimsuchung durch böse Mächte und Krankheit, für die der Arzt zuständig ist. Das ganze schreckliche Drama von Symptomen und Zufällen zwischen Melancholie bis Neurose, wie Esther Fischer-Homberger sagt, findet sich bei Bernd. Er leidet an Zwangsvorstellungen, hat Selbstmordtendenzen, Bedrückungen und entsetzliche Ängste aller Art, er leidet an Durchblutungsstörungen, Hitze- und Kälteanfällen, Appetitlosigkeit, an Durchfällen, Verstopfungen, Schwächeanfällen, Schlaflosigkeit.

Der Ursprung seiner Krankheit ist, wenn man ihn nicht gleich wie sein moderner Herausgeber, Volker Hoffmann, psychoanalytisch in seiner Familie und frühen Kindheit suchen will, nach Bernds Buch in Zwangssituationen seiner Jugend zu identifizieren. Er berichtet, daß er mit zwölf Jahren zwanghaft an eine Fluchformel ständig hat denken müssen, die er als frommer Mensch aufs äußerste verabscheute. Immer wenn er etwas dachte oder sich vornahm, bekräftigte er dieses im stillen durch ein »Das mich der Teufel hole« (Bericht aus dem Jahre 1688, S. 40). Aus seinem 18. Lebensjahr berichtet er von schweren inneren Kämpfen »über die Untugenden meiner Jugend zu siegen« (67). Pokkels, der Mitherausgeber des Magazins für Erfahrungsseelenkunde, identifiziert diese Untugenden der Jugend wohl mit Recht als Onanie und meint, einer verbreiteten Meinung des 18. Jahrhunderts folgend, darin überhaupt den Ursprung von Bernds Hypochondrie sehen zu müssen: Onanie ist frühzeitiger Verbrauch von Lebenskraft aus mangelnder Selbstbeherrschung, Hypochondrie ist Schwäche und Mangel an Disziplin. Darin irrt Pockels zweifellos, wenngleich auch Bernd das Leiden

über diese seine frühe Sünde zeit seines Lebens nicht losgeworden ist und Anzeichen bestehen, daß er aus diesem Grunde sich für die Ehe als verdorben ansah. Beide Ursprünge sind aber gleichgewichtig zu sehen, die zwanghaft lästerliche Idee und das geheime lästerliche Tun. Was Bernd erfährt, ist das selbständige Auftauchen von Gedanken und das Sichregen der Bedürfnisse des Körpers. Indem Bernd diese Regungen zum Schweigen zu bringen versucht, erzeugt er – würden wir sagen – zugleich ihren zwanghaften Charakter. Die Kontrolle von Gedanken und Regungen, ihre Verdrängung machen sie zu dem Anderen seiner selbst, das sich als Fremdes aufdrängt. Damals, in seinen Jugendjahren, erfuhr Bernd dieses Andrängen noch deutlich als die Wirkung des Bösen. Später, rückblickend, kann er sich aufgeklärt anders darüber äußern: »Jetzt, da ich nach der Philosophie solches betrachte, kann ich es leichter aus der Natur, und aus den Kräften der Imagination, wie solche bei schwachen Leibern und Gemütern, so Temperamenti melancholici (haben), und zur Furcht sehr geneigt sind, anzutreffen, auflösen. Dazumal aber dachte ich nicht anders, als daß der Satan allein sein Spiel mit mir hätte, und mich mit solchen Einfällen quälete, dessen Mitwürkung ich doch bei dergleichen Zufällen keines Weges in Zweifel zu ziehen gesonnen bin.« (40) Hier also schon das Thema: Der Teufel oder die Einbildungskraft? Und auch noch spät rückblikkend von 1738 ist er nicht gesonnen, die Mitwirkung des Teufels ganz zu leugnen, wenngleich die Einbildungskraft seinen Part zum Teil übernommen hat. Bernd hat die Auseinandersetzung mit seiner Hypochondrie deshalb auch zeit seines Lebens als religiösen Kampf gelebt. Zwar hat er auch Ärzte zugezogen, aber immer waren es doch hauptsächlich das Gebet, die Lektüre religiöser Schriften, die Meditation, durch die er sich wehrte.
Es ist kaum möglich, heute diese halbmittelalterliche Atmosphäre zu reproduzieren, in der die Seele noch Schauplatz der Auseinandersetzungen religiöser Mächte war und die Beziehung zwischen Menschen durch die räumliche Präsenz von Gefühlsatmosphären bestimmt wurde. Lassen wir deshalb Adam Bernd selbst sprechen.

> Allein ista tranquillitas tempestas erat, diese kurze Ruhe war ein Vorbote von desto größern Stürmen und Ungewittern, die über mich kommen sollten. Bisher war die Magd der Frau

Schultzin, deren Sohn ich informirte, und welche auf dem roten Collegio ihre Stube neben der meinigen hatte, krank gewesen. Gleichwie dieselbe eines Temperamenti summe melancholoci war, so schlugen jetzt schwere Anfechtungen bei ihrer Krankheit zu. Ob sie in Kleinigkeiten ihrer Frauen etwan mochte untreu gewesen sein, wie einige bald urteilen wollten, weiß ich nicht, und kann auch solches nicht glauben; sie sorgte aber vor das Zukünftige, und machte ihr [sich] ängstliche Gedanken, wenn die Frau Schultzin sterben, oder sie beständig krank sein sollte, und aus dem Dienste müßte, wo sie hin sollte, und wer sie würde aufnehmen. Diesen und andern Gedanken mehr hatte sie so lange nachgehangen, bis ihr Herz wie ein Stein, und ihr Haupt ganz verwüstet wurde. Sie bekam Gedanken vom Selbst-Mord, welches ich aber lange hernach erst erfahren; und, ob sie schon nach etlichen Wochen wieder ausgieng, so trug sie doch das Gift bei ihr [sich], womit sie sich vergeben [vergiften] wollte, oder gieng damit um, wie sie sich oben im roten Collegio herunter stürzen wollte, war aber immer auf eine wunderbare Weise daran gehindert worden, wie sie solches uns nach diesem, da ich bereits meiner Plage los worden, selbst erzählte. Dazumal, nämlich am Sonntage Palmarum, lag sie noch darnieder. Weil sie schreckliche Dinge redete, so ersuchte mich Herr M. Gehr nach der Predigt, als der dazumal auch auf dem roten Collegio wohnte, ich möchte doch kommen, und ihr einen Trost zusprechen. Ich kam vor Tische; und siehe, ihre entsetzliche Reden, als wenn der Satan in ihr wäre, wie sie vorgab, erneuerten meine Plagen. Ich erschrak über sie, daß mir alle Glieder meines Leibes zu zittern und zu beben anfiengen, und gedachte, *geschiehet dies im grünen Holze, was will am dürren,* und mit dir *werden* [Luk. 23, 31], der du viel ein größerer Sünder bist? Es war, als spräche jemand zu mir, oder der Satan selbst: *Du unterstehest dich andere zu trösten, und steckst selbst im Kot der Sünden bis über die Ohren: ich will sie verlassen, und dich baß* [besser] *plagen.* Ich konnte fast kein Wort mehr reden, absonderlich [besonders], da sie abscheuliche Gottes-Lästerungen ausstieß. Ich blieb da bei dem Essen, aber kein Bissen wollte mir schmecken. Ich gieng in die Vesper-Predigt, konnte aber vor Angst kaum in der Kirche bleiben. Ich fieng schon an auf der Gassen zu erschrecken, wenn mir Leute von häßlichem Angesichte vorkamen, und zu denken, als ob es der Teufel selbst wäre. Ich wußte wohl, daß dem nicht also sei; doch ist es bei erfahrnen Lehrern eine bekannte Sache, daß man zu solcher Zeit, und in dergleichem Zustande gleich wie vor allen ungestalten Gesichtern erschrickt, also dabei auf traurige, und erschreckliche Gedanken verfällt. Dergleichen begegnete mir auch Montags Abends, als ich bei Bertholden aß, und ein unbekannter Mann in einem Mantel in der Türe stund, und in die Stube hinein kam, und ihn niemand kannte. Was ich vor eine ängstliche Nacht darauf gehabt, ist nicht zu beschreiben....

Dienstags frühe kunte ich vor Schwermut nicht zu Hause bleiben, sondern lief vor Angst in das Philosophicum [Philosophievorlesung], und in die Disputation, so gehalten wurde. Es war mir höchst heiß um den Kopf, und das Herze auf das höchste zusammen gepreßt. Ich stehe, und höre der Disputation zu; und, siehe, ehe ich michs versehe, so kriege ich die Idée, und das Bild eines Messers, das mir an die Gurgel gesetzt wird. Nicht, als ob ich (wie Menschen etwan aus Ungedult, die des Lebens überdrüssig sind, zuweilen tun mögen,) bei guter Überlegung gedacht und beschlossen hätte: Weil du in so schreckliche Not und Angst geraten, so willst du dich umbringen, so kommst du der Marter los. Keineswegs, sondern dies begegnete mir schnelle, wie ein Pfeil, ohne alles Denken, Raisonniren, ohne allen Schluß [Entschluß], und Vorsatz; und wollte es dir eher mündlich erklären, und zeigen, wie dies zugehet, als mit Worten recht beschreiben. Wie einem etwan, der ein Lied, oder ein musicalisches Stücke gehöret, hernach ehe er sichs versiehet, ohne Vorsatz und Entschluß daran wieder zu gedenken, ihm doch solches wider seinen Willen wieder einfällt: so schnelle entstund ein dergleichen schreckliches Bild in meinem Gehirne. So stark, so unvermutet, und lebhaftig diese Idée und Einbildung war, so tief schnitte sie in das Gehirne ein, und legte einen Grund zu den Gedanken, und zu der Furcht, das zu tun, wofür [wovor] ich doch den größten Abscheu hatte, mit der ich hernach lange Zeit bin geplaget worden. Je mehr ich vor diesem Selbstmörderischen Bilde erschrak: je tiefer imprimirte es sich

> [drückte es sich ein], und je öfterer mußte es mir hernach natürlicher Weise wieder einfallen. Doch es blieb nicht bloß bei dieser Gattung und Specie; sondern ich wurde eben so stark hernach mit den Idéen von Stürzen, Ersäufen und Hängen gemartert, worbei ich im Leibe abzehrte, und ganz zu verdorren anfieng. Wann dergleichen Zufälle bloß vom Leibe herkommen, und die Melancholie nur ihren Grund in verstopften Gefäßen, und verbrannten Geblüte hat, so kann ich nicht anders, ich muß der Ärzte ihren Rat billigen, nach welchem sie in solchen Fällen das Aderlassen vorschlagen, sintemaln sie die Erfahrung gelehret, daß dieses die Patienten oft von solchem Übel befreiet. Wenn aber bei solcher Schwermut und Melancholie, und dergleichen betrübten Einfällen ein Gewissens-Kummer, und eine Angst wegen begangener Sünden zu finden, so hat mich die Erfahrung in meinem Amte gelehret, daß alsdenn das Aderlassen die Krankheit nicht hebe, ja daß, weil durch Aderlassen die Kräfte des Menschen noch mehr geschwächet werden, das Übel nur desto ärger werde, wenn das Gewissen durch *Gottes* Wort nicht zuvor geheilet, und beruhiget worden; sintemal die große Gewissens-Angst hernach desto leichter die durch das Aderlassen geschwächte Lebens-Geister verwirren, und den Menschen seines Verstandes berauben kann, so daß derselbe hernach ohne Verstand nach dem erschrecklichen Bilde würket, was in seinem Haupte entstanden, und selbst Hand an sich leget.
> Ob der Satan solche Gedanken würke, und die Imagination mit einem solchem mörderischen Bilde, wo kein Schluß [Entschluß] und Vorsatz ist, vergifte, oder ob sie natürlicher Weise entstehen, daran liegt mir wenig, oder nichts.[9]

Dieser Text zeigt deutlich die Erfahrung von der ansteckenden Wirkung von Gemütskrankheiten. Mitleid heißt wirklich mitleiden, es ist die sympathetische Wirkung der Einbildungskraft, vor der Malebranche schon gewarnt hat. Dieses Betroffensein durch das Leid, durch den Irrsinn, durch die Bosheit des andern wird zugleich als Angriff von außen erfahren, als böser Blick, als der Satan selbst. Bernd, der Aufklärer, macht die treffende Beobachtung, daß das Auftreten solcher Zwangsvorstellungen auch nicht anders geschieht, als wenn einem eine Melodie spontan einfällt. Nur diese Idee, die Idee des Selbstmordes beispielsweise, sollte einem nicht einfallen. Verdrängung und Zwanghaftigkeit hängen aufs engste zusammen. Er erwägt, ob es für diese Leiden nicht eine physische Basis gebe, ob sie deshalb vielleicht in den Bereich des Arztes – der damals nur für den Leib zuständig war – gehörten. Aber solange der moralisch-religiöse Haushalt nicht in Ordnung ist, wird, so meint Bernd, der Arzt wenig Chancen haben. Auch hier taucht wieder die Frage auf ›Teufel oder Einbildungskraft?‹, nur kann Bernd sie hier dahingestellt sein lassen, denn der moralische Arzt ist in jedem Falle zuständig.

Obgleich Adam Bernd seine Hypochondrie quasi mittelalterlich als Heimsuchung und Versuchung erfährt und sie im Schema eines religiösen Kampfes lebt, setzt er doch als Aufklärer alles daran, sie als *Krankheit* seinen Zeitgenossen zu demonstrieren und als Thema für die Ärzte durchzusetzen. Das führt dem Verständnis der Zeit entsprechend, das der ärztlichen Wissenschaft primär den Körper zuwies, zu einer gewissen Betonung der körperlichen Seite der Krankheit. Indem Bernd aber dafür kämpft, daß diese Zustände nicht »Narrheit«, sondern Krankheit sind, eröffnet er zugleich den Kampf für die Anerkennung psychischer Störungen als Thema der Medizin. Hören wir wieder Adam Bernd selbst:

> Nun die bisher erzählten Zufälle [Krankheiten], und weitere Fortsetzung meines Lebens, und viele andere Leibes- und Gemüts-Krankheiten, die mir zugestoßen, werdens verständigern Lesern weisen, ob ich ein solcher Narr gewesen; oder ob vielmehr diejenigen unweislich und unverantwortlich an mir gehandelt, die mich zuerst vor einen solchen Tor ausgeschrien, als ob ich mir krank zu sein nur einbildete, es mögen dieselben nun gewesen sein, wer sie wollen.
>
> Und gesetzt, es wäre nur eine bloße Einbildung bei mir gewesen; so ist es ja eine recht unvernünftige und unchristliche Sache, einen solchen armen Menschen, der an bloßer Einbildung krank ist, als einen Narren auszulachen, und ihn zum Gaukel-Spiel vor den Leuten darzustellen. Willst du ein Medicus, oder ein Philosophus sein, so curire doch lieber einen solchen armen Menschen von seiner Gemüts-Krankheit. Wer sich einbildet, daß er krank ist, der statuiret und schließet, daß er krank sei. Da er aber keine Bestie, sondern

ein vernünftiger Mensch ist, so kann er solches unmöglich anders schließen, als er muß medios terminos und rationes [Mittelbegriffe und Symptome] zum Grunde haben, aus welchen er die Conclusion [Schluß] ziehet, daß er krank sei. Wohlan! so zeige ihm denn, daß seine Rationes null und nichtig sind, und gar nicht beweisen, was sie beweisen sollen. Denn damit ist einem solchen armen Menschen nicht geholfen, daß du zu ihm sagest, er bilde sich nur ein, er wäre krank: und wenn du tausend Eide dazu schwürest, dadurch würdest du ihn nicht von seinem irrigen Wahn curiren. Ich will dir sagen, was ich vor medios terminos damals hatte, die mich bewegten, daß ich statuirte, daß ich nicht gesund, sondern eines Arztes bedürftig wäre. Ich war 1) verstopft im Leibe, 2) hatte keinen Appetit zum Essen und Trinken, 3) stieß es mir den ganzen Tag auf, 4) der Ober-Teil des Magens war geschwollen, 5) es drückte mich auf der rechten Brust, und fieng mich es auch an zuweilen auf derselben zu stechen, so gar, daß ich des Nachts nicht auf der rechten Seite liegen kunte, 6) wenn ich mich kaum des Abends ins Bette geleget hatte, so brach der Schweiß Haufen-Weise heraus, und währte bis an Morgen. 7) Ich kunte vor Schwindel auf der Gasse nicht mehr gehen, 8) öfters spürte ich starkes Herz-Klopfen, 9) das Fleisch fiel zusehende vom Leibe, und kamen alle Adern hervor, 10) in vola und in der Fläche der Hände und der Füße hatte ich solche Hitze, daß, wo ich nur einen Stuhl, Tisch, oder nur was Kühlendes antraf, ich die flache Hand drauf legte, um die Hitze nicht so sehr zu empfinden, 11) nach der Mahlzeit war der rechte Backe, und das rechte Ohr-Läpgen Feuer-rot, und die linke Seite hingegen blaß, so daß die, so um mich waren, sich recht darüber verwunderten; andere Dinge zu geschweigen, die mir jetzt nicht mehr alle einfallen. Nun so will ich alle verständige Medicos auf Erden gefraget haben, ob ein solcher Mensch seine rechte Gesundheit habe, bei dem dergleichen Merkmale sich finden, und ob es vor eine närrische bloße Einbildung zu halten, wenn derselbe einen solchen Zustand dem Medico entdecket, wie ich denselben meinen Medicis zulänglich entdeckt habe.

Ich kann also nicht begreifen, was sowohl den Herrn D. Drechsler, als den, der um ihn war, müsse bewogen haben, zu schließen, daß ich mir krank zu sein nur einbildete. Vielleicht hat es der D. nicht böse gemeint, und mir nur einen Mut dadurch machen wollen, so überzeugt er auch von meiner würklichen Krankheit gewesen. Doch, noch vielweniger kann ich begreifen, wie ein gewisser berühmter Doctor in Halle, dessen ich bald Meldung tun werde, schier auf gleiche Gedanken geraten, und mich vor einen malade imaginaire ansehen wollen.[10]

Hier entfaltet Bernd das ganze Spektrum psychosomatischer Symptome. Da er nun an Stelle des Teufels die Einbildungskraft für die Krankheit verantwortlich macht, hat er mit dem Problem zu kämpfen, die Krankheit als ein Produkt der Einbildungskraft gegen den Verdacht »bloßer Einbildung« zu verteidigen. Die Einbildungen sind leibliche Wirklichkeit und umgekehrt ist die Hypochondrie eine leiblich bedingte Krankheit der Einbildungskraft. Adam Bernd hat offenbar die Notwendigkeit gespürt, für diese psychosomatische Beziehung eine Theorie der Einbildungskraft zu entwickeln. Wenn sie auch von ihm selbst als skizzenhaft empfunden wurde, so ist es erstaunlich genug und Zeugnis für die zentrale Bedeutung des Themas, daß sich eine solche im Rahmen der Autobiographie findet.

Adam Bernd ist, wie alle seine Zeitgenossen, wie das ganze 18. Jahrhundert und wie auch heute noch wir Cartesianer. Es gibt den Körper, und es gibt die Seele, und es gibt das schier unlösbare Problem der Vermittlung zwischen beiden. Bernds Behauptung ist, daß es die Einbildungskraft ist, die diese Vermittlung leistet. Dabei bleibt aber der Mensch eigentlich Vernunft, und die Einbildungskraft gehört für Bernd zur tierischen Ausstattung des Menschen. Die Einbildungskraft ist das Vermögen, durch die Vorstellung von Bildern den Körper in bestimmte Zustände zu bringen oder zum Handeln zu bewegen – und das zwangsläufig. Vernunft und Verstand dagegen sind es, die den Menschen frei machen. »Denn, wo keine Vernunft ist, da agieret ein Tier mechanice, und physica necessitate, nach den Bildern, die ihm eingedruckt worden. So lange aber noch der Verstand und Vernunft vorhanden, so hat ein Mensch noch Macht, durch dieselbe die Phantasie zu überwinden, und doch nicht nach dem Bilde zu tun, das er im Gehirne hat.« (137) Oder an einer anderen Stelle: »Fällt nun der Verstand bei dergleichen Menschen weg, die mit der Furcht des Selbst-Mords, und täglichen Bildern davon gemartert werden, so daß bei ihm nichts, als die Einbildungskraft übrig bleibet, die, wie wir oben gehöret, den Leib figuriret nach dem Bilde, das der Mensch im Gehirne hat, so müssen sie notwendig den unvernünftigen Tieren ähnlich werden, die auch keinen Verstand noch Vernunft haben, und also gleich denselben nach den Bildern würken, welche sie im Gehirne haben, und nach keinen Bildern eher, als welche am tiefsten eingedruckt worden. Ein Hund, der zum Holen gewöhnet worden, weil er diese Tat oft vollbracht, lauft den Augenblick dem Holze nach, welches ich ihm hinwerfe; und, weil er weder Verstand noch Freiheit hat, seine Tat zu hemmen, zu muß er laufen, wenn nicht andere natürliche Ursachen ihn daran hindern. Solange der Mensch Verstand hat, so hat er auch Freiheit, seine Taten zu hemmen, und also nach dem Bilde nicht zu tun, was er von der Tat hat.« (185)

Die bildliche Vorstellung von etwas bringt also den Leib in bestimmte Dispositionen bzw. läßt ihn sich bewegen: das ist die Wirkung der Einbildungskraft auf den Körper. Das treffendste Beispiel gibt nach Bernd die leibliche Liebe: »Am besten kann diese Sache mit dem Exempel von den Gliedern erläutert werden, so zur Fortpflanzung des menschlichen Geschlechts bestimmet.« (158) Allgemeiner beschreibt Bernd den Vorgang so: »Wenn wir Menschen an ein groß Gut, oder Übel gedenken, und ein Bild davon bekommen, so gedenken wir auch zugleich, und erinnern uns, oder können uns doch leicht erinnern solcher Mittel, und solcher Dispositionen und Beschaffenheiten des Leibes, der Arme, der Füße, Ohren, Augen, und anderer Glieder, die zur Abwendung des Übels, und zur Erhaltung des Guten nötig sein werden. Und nach diesem Erinnerungs-Bilde im Gehirne bildet und figuriret auch die Seele den Leib und die Glieder. Wenn mich einer angreift, auf mich zukommt, und mich töten will; bei dem Bilde des Todes und des Übels kriege ich auch noch ein Bild von meinen Armen, wie die werden sein müssen, und was ich mit ihnen werde tun müssen, den Mörder abzuhalten und mich zu wehren; folgentlich wird mein Arm gebildet und figuriret nach dem Bilde im Gehirne: und Zorn, und Furcht treiben als denn die Lebens-Geister in großer Menge in die Armen, dieselben stark, und stärker, als sonst zu machen,

F. X. Messerschmidt (1736–1784).
Messerschmidt war ein Mann von sehr feuriger Imagination, dabey blutreich und von starken kőrperlichen Kråften, lebte fast beståndig einsam, und von seiner ersten Jugend an sehr keusch. Diesen letzten Umstand betheuerte er selbst gegen mich, und fůhrte ihn als einen Beweis an, daß er wirklich Geister såhe und nicht bloß Einbildungen habe; mir hingegen war dies gerade ein Beweis des Gegentheils. Seine ausschweifende Thorheit hatte wirklich einen sehr edlen Ursprung. Ein so gesunder Mann, der beståndig sehr enthaltsam lebte, beståndig seine Einbildungskraft anstrengte, beståndig sitzend arbeitete, und fast beståndig einsam war, mußte nothwendig Unordnungen im Kőrper, Folgen des stockenden Bluts, ångstliches Pochen des Herzens, empfinden; und seine lebhafte Einbildungskraft, vereint mit seinen Lieblingsvorurtheilen, bildete sich sehr bald allerley geistige Gestalten, welche vermeintlich diese Wirkungen, deren Ursachen doch in ihm selbst lagen, außer ihm hervorbringen sollten. (Aus: F. Nicolai, Beschreibung einer Reise durch Deutschland und die Schweiz im Jahre 1781, Bd. 6, Berlin und Stettin 1785, S. 407f.)

das Übel abzuwenden.« (157) Sich einbilden heißt also hier zugleich den Körper in eine bestimmte Disposition bringen. Die leibliche Präsenz der Bilder ist ihre figurierende und organisierende Wirkung im Körper.

Umgekehrt wird dann aber auch verständlich, daß, wenn der Körper in gewissen Zuständen ist, die von außen bestimmt sind, dadurch bestimmte Bilder entstehen: »So weiset das, was ich jetzt gesaget, und noch weiter sagen und dartun werde, daß die Affecten auch aus einer gewissen Beschaffenheit des Leibes und der Gefäße desselben herrühren können, wenn dieselben Kraft einer Krankheit just in den Zustand gesetzet werden, in welchem sie sind, wenn sie von Affecten beweget werden. Siehe, du weist, wie dir im Leibe ist, wenn dich jemand von außen zum Zorne reizet: wie du im Gesichte blaß wirst: wie dir übel und seltsam im Leibe und im Magen wird, so daß du wohl gar denkest, du werdest das böse Wesen bekommen. Nun merke wohl, wie dir jetzund ist, da dich jemand von außen zum Zorn durch Schmähung, oder auf andere Weise gereizet: so kann zu anderer Zeit bei dir eben eine solche übele Leibes-Beschaffenheit durch Krankheit und durch unordentliche Diät erzeugt werden, wie diejenige war, da man dich zum Zorne würklich reizete. Und wenn dieses geschieht, so entstehet der Affect des Zornes daraus natürlicher und gezwungener Weise...« (165, vergl. 149 Anm.)

An der Person Adam Bernds wird sichtbar, welche anthropologische Reorganisation die Durchrationalisierung menschlichen Daseins im Zeichen der Aufklärung bedeutete. Was Heimsuchung, Versuchung, Besessenheit war, wurde Krankheit, was man Hexen, bösen Geistern, dem Teufel zugeschrieben hatte, muß nun der Mensch in sich selbst hineinnehmen; es ist ein Teil seiner selbst, es ist die Einbildungskraft, die nun als Ursprung dieser Plage angesehen wird. Die Einbildungskraft wird zum Repräsentanten der Mächte, deren der Mensch, der sich nun als Vernunft definiert, in sich selbst nicht Herr wird: des Leibes, der spontanen Einfälle, der Affekte. Als Erbin des Teufels wird die Einbildungskraft selbst verteufelt. Die geradezu panische Angst vor der Einbildungskraft läßt sich nur so erklären. Hypochondrie als Krankheit, als gekränkte Einbildungskraft ist die erlebte Wirklichkeit des Vorgangs, durch den der Mensch Teile seiner selbst aus sich herausdefiniert. Sie werden ihm dadurch fremd. Leibliche Regungen, spontane Affekte wirken bedrohend und beängstigend und erscheinen unter der Perspektive rationaler Lebensführung und der Herrschaft der Vernunft als Zwänge. Die Hypochondrie als Modekrankheit des 18. Jahrhunderts ist die Kehrseite der Aufklärung, sie gehört zu den Kosten der Vernunft.

4. HYPOCHONDRIE UND DIE KOSTEN DER VERNUNFT

Die Medizingeschichte ordnet die Hypochondrie in eine Tradition ein, die von der Melancholie des Galen bis zu den Neurosen unserer Zeit reicht (Fischer-Homberger, 1970). In dieser Geschichte ist das 18. Jahrhundert eine herausgehobene Epoche, denn in ihr entwickelte sich dieses Krankheitsbild als Hypochondrie zur Modekrankheit. Es war Mode, gewissermaßen schick, Hypochonder zu sein, denn man verstand sie als Gelehrtenkrankheit oder allgemeiner noch als Zivilisationskrankheit, die also anzeigte, daß man auf der Höhe seiner Zeit war. ›Mode‹: dieser Terminus zeigt wiederum an, was in der Beziehung von Hypochondrie und Einbildungskraft immer angelegt ist, nämlich daß diese Krankheit immer etwas mehr zu sein scheint, als sie ist, und das mehr Krankheit zu sein scheint, als sich rechtfertigen läßt. ›Mode‹ heißt aber auch, daß diese Krankheit gehäuft auftrat, eine Krankheit war, die die Masse der Bevölkerung oder gar den Bestand der Bevölkerung offenbar bedrohte. So schreibt Bilguer in seinen »Nachrichten an das Publikum in Absicht der Hypochondrie« von 1767 im Titel bereits, »daß die Hypochondrie heutigentags eine fast allgemeine Krankheit ist, und daß sie eine Ursache der Entvölkerung abgeben kann«. Was es mit diesen Befürchtungen in Wahrheit auf sich hat, läßt sich für ein Zeitalter, in dem es keine Krankheitsstatistik gab, schwer herausfinden. Immerhin führt die Medizinhistorikerin Esther Fischer-Homberger in ihrem Buch über die Geschichte der Hypochondrie eine Reihe von bekannten Ärzten des 18. Jahrhunderts an, nach deren Angabe ihr Krankenstand zu einem bis zu zwei Dritteln von Hypochondern gebildet wurde. Diese Klienten gehörten sicherlich den gehobenen Ständen an, denn die Behandlung durch Ärzte war damals für das ›Volk‹ noch nicht möglich und üblich. Aber diese waren es ja auch vornehmlich, die an ihrer Zivilisiertheit zu leiden hatten. An sie war auch die wachsende Hypochonder-Literatur adressiert – von Lustspielen wie Quistorps ›Der Hypochondrist‹ (1745) über diätetische Ratgeber wie J. Todes »Nötiger Unterricht für Hypochondristen« (Leyden 1739) bis zur ausgedehnten wissenschaftlichen Literatur zum Thema Hypochondrie/Melancholie. Umgekehrt ist für uns die Fülle dieser Literatur auch ein Beweis für die Verbreitung der Krankheit. Wie hätte sonst eine holsteinische Wochenzeitschrift unter diesem Titel ›Der Hypochondrist‹[11] erscheinen können, wie hätte sonst der bekannte englische Publizist James Boswell über sechs Jahre im London Magazine eine feste Rubrik »The Hypochondriack« interessant erhalten können! Wenn Bilguer ein Bild vermittelt, nach dem fast jeder seiner Zeitgenossen als Hypochonder anzusehen ist, so mag das übertrieben sein. Es liegt daran, daß die Hypochondrie im 18. Jahrhundert zu einer Art Sammelbecken für jede Art psychosomatischer Störungen geworden war. Es stellt sich damit die Frage, warum diese gerade im 18. Jahrhundert zur Massenerscheinung wurden.

Die Autoren des 18. Jahrhunderts verstanden die Krankheit bereits als Zivilisationskrankheit. Ihr Hauptsitz war England als das damals fortgeschrittenste Land, daher auch der Name »Englische Krankheit«.[12] Der »Spleen«, ein Ausdruck, der zunächst

Melancholie. (aus: J. E. D. Esquirol, Des maladies mentales, Paris 1838)

Mit dem englischen Spleen war nicht zu spaßen. Bernard de Mandeville läßt einen Betroffenen so zu Wort kommen: »Ich kann an kein Teil von mir denken, der nicht irgendwann einmal betroffen worden ist. Monatelang habe ich ein dauerndes Tönen und Klingen in meinen Ohren gehabt, das sehr lästig war. Und wenn die Krankheit in meinem Kopf ist, dann habe ich eine solche Trübe in meinen Augen, als ob ich durch Nebel sähe, obgleich ich sonst, gemessen daran, daß ich viel gelesen habe und 55 Jahre bin ziemlich gute Augen habe. Selbst wenn es mir am besten geht, kann ich feststellen, daß die lange Gewohnheit krank zu sein mein Gemüt verändert hat: Früher fürchtete ich nichts und hatte die Festigkeit eine Mannes ... und nun bin ich voller Zweifel und Ängste: Ich führe das Leben eines Hasen. Ich bin reizbar und furchtsam, unentschlossen und mißtrauisch geworden, alles widersteht mir und eine Kleinigkeit bringt mich aus der Fassung« (B. d. Mandeville, A Treatise on the Hypochondriack and Hysterick Diseases [1711], London, 2. Aufl. 1730, 46f.).

auch nichts anderes als eben die Hypochondrien, die Gegend unterhalb des Brustknorpels bezeichnete, wird zum Ausdruck für nervöse Verrücktheit, für die fixe Idee. In Deutschland wird entsprechend von konservativen Kräften auf die Hypochondrie durch Abwehr fremden Wesens reagiert, durch Ermahnung zur guten alten deutschen Art. So führt etwa Moritz im Magazin für Erfahrungsseelenkunde unter dem Titel ›Zur Seelenheilkunde‹ folgende Äußerung an: »Den schönen Wissenschaften, die die Einbildungskraft auf die Folter englischen Spleens spannen ... bin ich nicht gut«. Und weiter: »Ich bemühe mich, ein Teutscher zu seyn. Die Teutschheit, in allen Stücken, ist ein wahres Antiseptikum gegen dieses giftige Uebel. Auch waren wir nicht so leicht hypochondrisch, so lange wir nicht von fremden Sitten zu sehr angesteckt waren.«[13] Entsprechend meint Bilguer, daß hier weniger die Ärzte als vielmehr die Politiker zuständig seien – nämlich insbesondere den eingerissenen Luxus zu steuern.[14]
In der Medizin wurde unter dem herrschenden Aspekt der Humoralpathologie Hypochondrie als falsche Zusammensetzung der Lebenssäfte oder als ihr gehemmter Umlauf verstanden. Die schwarze Galle vorzüglich wurde wie für die Vorläuferin der Hypochondrie, die Melancholie, verantwortlich gemacht. Auch die Tatsache, daß anatomisch die schwarze Galle nicht zu finden war, konnte sie aus dieser Rolle nicht so schnell, wie man meinen könnte, verdrängen.[15] Bis weit ins Jahrhundert hinein geistert die schwarze Galle durch die medizinischen Bücher. Die eigentlich konkurrierende medizinische Theorie ist die von den Nervenfasern und ihren Reizungen, durch die schließlich die Hypochondrie ihres festen Ortes im Leibe, näm-

lich in den Hypochondrien, verlustig geht. Vorerst aber wird die Säftelehre festgehalten, auch wenn man sich nicht spezifisch auf die schwarze Galle bezieht: Hypochondrie wird so erklärt durch eine Art allgemeiner Verstopfungslehre, einer Lehre von der Verstopfung der Milz (daher auch der Name Milzsucht), vom gehinderten Stoffwechsel oder dickflüssigen Blut. Die ursprüngliche Auffassung der Krankheit als Gelehrtenkrankheit wies nicht nur auf einen vornehmlich von dieser Krankheit heimgesuchten Stand, sondern war ein erster Ansatz zur Erklärung der Krankheit aus der Lebensweise: Dabei waren es offenbar zwei nicht notwendig verbundene Momente in der Lebensweise des Gelehrten, die zur Hypochondrie Anlaß gaben: das viele Lesen und Denken einerseits, und das viele Sitzen andererseits.[16]
Aber bald zeigte sich, daß die Gelehrten keineswegs die einzigen Betroffenen waren, andere Berufsgruppen folgten – bei denen man zunächst noch eine gewisse Verwandtschaft mit der Lebensführung der Gelehrten bemerken konnte, so beispielsweise bei den Webern. So heißt es im Magazin für Erfahrungsseelenkunde (1, 1. Stück, 21): »Das beständige krumme Sitzen, oft scharfes Nachdenken, und weitläuftiges Ueberrechnen bei schweren und künstlichen Mustern, veranlaßt fast alle die Leute, welche auf dem sogenannten Stuhl arbeiten, zur Hypochondrie und daraus entspringenden Uebeln.« In England wird der Kaufmann als besonders anfällig für den spleen angesehen – seine Lebensweise ist durch ›Sitzen und Spekulieren‹ ja der des Gelehrten nicht unähnlich. Aber bald werden auch andere Stände, die mit den Gelehrten kaum noch vergleichbar sind, in den Einzugsbereich der Krankheit einbezogen, und es erweiterte sich das Spektrum der dafür in der Lebensführung verantwortlich gemachten Tatsachen rapide, wird schließlich diffus und umfaßt das gesamte ›moderne‹ Leben. So nennt Bilguer als Ursachen das frühe Heiraten, aber ebenso den Zölibat, langes Sitzen, Luxus, schlechte Erziehung, Zuckerwerk, Tabak, Nachahmung der höheren Stände, das Stadtleben, die Verachtung der Religion, Freigeisterei, philosophische Gleichgültigkeit, Naturalismus, Ehelosigkeit wie übertriebenes Venusspiel usw. Interessant ist dabei, daß er insbesondere den Berufswechsel, besser gesagt das Streben nach sozialem Aufstieg und die Entwurzelung aus dem angestammten Stand behandelt (§ 14, 15). Ein von Bilguer zitierter

Bericht Unzers über das ›heimliche Elend‹ der meisten Menschen, die in der Stadt leben, erweckt den Eindruck, daß es in der Tat tiefgreifende Umstellungen der Lebensführung sind, die zu dieser Art von Massenelend geführt haben. Wenn wir versuchen, in die etwas chaotisch angehäufte Menge von Ursachen für die Hypochondrie Ordnung zu bringen, so lassen sie sich wohl um drei Cluster ordnen: Das erste ist, was mit dem Stichwort ›sitzende Lebensweise‹ genannt wurde: Mit der beginnenden Industrialisierung, die sich im 18. Jahrhundert von England aus über den Kontinent verbreitet, haben wir den ersten Schub einer verschärften Arbeitsteilung, Verlängerung der Arbeitszeit und Monotonisierung der Verrichtungen. Was früh schon für den Gelehrten und Weber zutraf: stundenlange, pausenlose und einseitige Benutzung des Körpers wird für viele Berufe schnell die Regel.

Das zweite Cluster rankt sich um den Begriff des Luxus. Luxus wird regelmäßig, besonders von den englischen Autoren[17] Burton, Mandeville, Boswell, als Ursache der Hypochondrie angeführt. Hypochondrie als Zivilisationskrankheit traf besonders die ›zivilisierten‹ Stände, nämlich die sich einem Leben des raffinierten Genusses ohne Arbeit hingeben konnten. Deren psychosomatische Leiden entsprangen dann der Langeweile, der Unentschlossenheit, der übertriebenen Aufmerksamkeit auf ihr leibliches Wohlbefinden. An sie ist Burtons Rat adressiert »There is no cause of melancholy than idleness, no better cure than business« (a. a. O. 22).

Freilich wäre es verfehlt, bei ›Luxus‹ nur ans müßige Wohlleben zu denken. Vielmehr weisen die von den zeitgenössischen Autoren genannten neuen Luxusartikel wie Kaffee, Tee, Tabak noch in eine ganz andere Richtung. Im Unterschied zum Alkohol sind diese Genußmittel nämlich weniger Ausstattungen des Müßiggangs als vielmehr Förderer der ›Industrie‹, des unentwegten Beschäftigtseins. Sie erlauben den »Rausch mit klarem Kopf«, wie W. F. Haug in der *Kritik der Warenästhetik* (1971) feststellt, und sind daher die Genußmittel des Bürgertums par excellence geworden. Sie sind Mittel, die als Stimulanzen erlauben, Arbeiten gegen den natürlichen Rhythmus von Schlafen und Wachen durchzuhalten. Allgemeiner muß man dieses Abkoppeln von biologisch-klimatischen Lebensrhythmen wohl für eine Fülle

psychosomatischer Störungen, die damals unter dem Titel Hypochondrie geführt wurden, verantwortlich machen.
Schließlich bildet das dritte Cluster die Ätiologie des »Aufsteigers«. Hier könnte man analog von einer Abkopplung von den sozialen Rhythmen reden. Es geht darum, daß im 18. Jahrhundert erstmalig weite Bevölkerungskreise aus dem Zusammenhang ihres ständisches Lebens fallen und ihre soziale Stellung durch Leistung sichern müssen. Diese soziale Chance der beginnenden »Meritokratie« bringt mit der Chance sozialen Aufstiegs auch die beständige Leistungsanspannung und den Verlust substantieller Sicherheit mit sich.
Als viertes Cluster könnte man noch ›Stadtleben‹ hinzufügen. Städtisches Leben gab es natürlich schon lange, ohne daß es als Krankheitsursache angesehen wurde. Doch das städtische Leben wandelt sich im 18. Jahrhundert selbst, es sind viele der in den anderen Clustern schon genannten Momente, die diesen Wandel bewirken: die neuen Arbeitsweisen, der Luxus und die Genußmittel, die in die Städte strömenden ›Aufsteiger‹ oder Outdrops. Hinzu kommen die Vergrößerung der Stadt als solcher und die damit entstehenden ungünstigen ›Miasmen‹, die Isolierung der Menschen voneinander, die Privatisierung des Alltagslebens, die Einsamkeit. So ist es kein Wunder, daß das Landleben als solches zum Heilmittel gegen Hypochondrie wird, gepriesen von Ärzten wie Bilguer und Literaten wie Sulzer gleichermaßen.
Aber verlieren wir nicht durch diese Aufsuchung sozialgeschichtlicher Hintergründe für die Hypochondrie als Massenkrankheit im 18. Jahrhundert den Bezug zur Einbildungskraft? Es gibt doch nicht einen Autor, bei dem dieser Bezug nicht hergestellt ist. Allerdings wird im allgemeinen versucht, für die psychosomatische Krankheit Hypochondrie die Ätiologie vom Körperlichen her zu bestimmen. Auch wenn die Ursachen in der Lebensführung genannt werden, so wird doch ihr Angriffspunkt zunächst im Leibe gesucht. Aber wie in Zedlers lexikalischer Definition von der Hypochondrie, so ist auch bei andern Autoren alles, was an leiblichen Symptomen wie Verstopfung, Blähung, Herzklopfen usw. genannt werden kann, noch immer nicht Hypochondrie, wenn nicht Angst, Traurigkeit, Tendenz zur Einsamkeit usw. dazukommen. Auf der anderen Seite wird auch immer wieder darauf hingewiesen, daß es diese Affekte

auch ohne leibliche Beschwerden geben kann, und dann sind auch sie eben nicht als Hypochondrie zu bezeichnen. Die sozialgeschichtlichen Gründe für die Hypochondrie werden also erst dann wirklich erklärend sein, wenn sie eine veränderte Beziehung von Leib und Seele im Menschen oder, besser gesagt, eine veränderte Beziehung des bewußten Menschen zu seinem Leib ergeben.

Zur Deutung dieses Zusammenhanges war nun allerdings die Säftelehre keine brauchbare Voraussetzung. Hier erwies sich die beginnende Neurologie als überlegen. Schon Malebranches Theorie der Einbildungskraft ruhte auf dieser Basis: Er verstand Einbildung als die Erregung der körperinneren Enden der Nervenfasern – wie die Erregung an den äußeren Enden als Empfindung definiert wurde. Nach dieser Theorie konnten also Störungen in der Einbildung körperliche Störungen, und Störungen im Körper Verwirrung der Einbildung erzeugen.

Ähnliche Vorstellungen, wenn auch viel weniger mechanistisch und erfahrungsreicher, finden sich bei Adam Bernd. Adam Bernd geht von der leiblichen Präsenz der Affekte aus. Aufgrund dieser Tatsache können affektiv bedeutsame Vorstellungen den Körper »figurieren«, und auf der anderen Seite können bestimmte Zustände des Leibes seelische Zustände, insbesondere Angst, erzeugen. Zwar wird sich Sündenangst auch immer leiblich äußern, aber ein bloß leiblicher Zustand kann sich dem Bewußtsein auch als Sündenangst präsentieren. Um ihn noch einmal selbst zu zitieren: »Allein, wie ich oben bewiesen, so entsteht die Furcht und Einbildung eines selbsterwählten Todes nicht allemal aus Sünden-Angst, und Furcht der Verdammnis, sondern auch aus einem kranken Leibe, schwachem Haupte, natürlichen Schwermut, und Melancholia hypochondriaca, ...« (149 Anm.). Eine Störung dieser an sich natürlichen leibseelischen Beziehung tritt vor allem dann auf, wenn sie als solche nicht mehr gelebt werden kann: Wenn beispielsweise eine leibliche Bedrückung als beängstigend erlebt wird und diese Angst wiederum neue leibliche Bedrückungen erzeugt und so fort. Diese Art von Entfremdung vom eigenen Körper als dem beseelten Leib war in der Entwicklung Kants zu beobachten. Hatte er ursprünglich ungezwungen Beklemmung als leibliche Wirklichkeit eines Affektes sehen können, so setzt er später seinen Stolz darein, sie bloß noch »topisch«, bloß noch als lokale Störung in der Leibmaschine zu betrachten.

Alle Autoren, die die Hypochondrie von der Einbildungskraft her deuten, haben mit der Schwierigkeit zu tun, daß diese Krankheit auf der Basis eines natürlichen Bezuges zwischen leiblicher Disposition und affektiver Erfahrung auch immer ein Moment an Täuschung enthält, daß die positive figurative Einbildung auch immer »bloße« Einbildung ist. Dieses Moment der Täuschung entspringt aus dem Verlust der Fähigkeit, die Beziehung von Leib und Seele zu leben oder, besser gesagt, die leibliche Präsenz von Seele zu leben. Ideengeschichtlich muß man sagen, daß mit der Aufklärung der Mensch als Vernunftwesen den Leib aus dem Humanum herausdefiniert hat und ihn zur unverstandenen Bestialität hat werden lassen. Sozialgeschichtlich hat die Disziplinierung des Körpers, seine Pädagogisierung, seine Abrichtung zum bloßen Arbeitsinstrument, zum diätetisch gesteuerten Vehikel bürgerlichen Daseins, das Verständnis der Leiblichkeit seelischer Regungen vernichtet. Kant schließlich leugnet überhaupt die humane, d. h. seelische Bedeutung körperlichen Leidens. Adam Bernd meinte noch, daß gelegentlich der Körper zu Unrecht Affekte erzeugt. In jedem Fall bedeutet das Eingebildete der Krankheit in der Hypochondrie, daß der Patient ängstlich als Symptome körperlicher Krankheit deutet, was doch nur die leibliche Präsenz seiner Affekte ist.

Zum Schluß wollen wir auf eine Theorie eingehen, die uns innerhalb der medizinischen Literatur des 18. Jahrhunderts die fortgeschrittenste zu sein scheint, nämlich die Ernst Platners. Platner, ein Arzt, der insbesondere in der Gerichtsmedizin tätig war, aber auch sonst als medizinischer Schriftsteller hervorgetreten ist, gehört zu den neurologischen Theoretikern der Hypochondrie. Seine Besonderheit, die er in seiner neuen Anthropologie als solche auch hervorhebt, besteht darin, daß er an der Seele ein tierisches und ein geistiges Vermögen unterscheidet. Das geistige Vermögen ist dem Jahrhundert entsprechend das Vermögen, Vorstellungen hervorzubringen. Tierische Vermögen dagegen jene, »durch welches sie (die Seele) die Werkzeuge der unwillkürlichen Bewegungen Herz, Lungen, Adern, Absonderungsgefäße, Auswurfsgänge, Magen, Gedärme usw. nach bewußtlosen Eindrücken belebt und regiert«.[18]

Mit diesem Instrumentarium, d.h. der Unterscheidung eines tierischen und eines geistigen Seelenteils, kann nun Platner sehr gut zeigen, wie bloße Einbildung mit wirklichem Leiden zusammengehen kann. Denn was man weiß oder sich bloß einbildet, das sind ja die Vorstellungen im geistigen Seelenteil. So kann man sich zum Beispiel einbilden, schwach zu sein, obgleich man es nicht ist, weil die Vorstellung von Stärke das Bewußtsein nur auf der Basis wirklicher Tätigkeit erreichen kann. Wenn aber die Verhältnisse so sind, daß man sich nicht ausleben oder, besser gesagt, ausarbeiten kann, entsteht ein Gefühl von Schwäche und Niedergeschlagenheit – eines der charakteristischen Symptome von Hypochondrie. Ein anderes, nach Platner komplementäres, ist das Gefühl der Unruhe (die berühmte uneasiness der Engländer). Unruhe kommt dadurch zustande, daß man auf einen Reiz nicht reagieren, ein Bedürfnis nicht ausleben kann. Platner hat dafür ein eindrucksvolles Beispiel: Er schildert einen Soldaten, der zur Parade angetreten ist. Weil eine Fliege sich auf seiner Nase niedergelassen hat, die er der Umstände wegen nicht verscheuchen kann, gerät er zunehmend in Zuckungen, die sich schließlich fast zu einem epileptischen Anfall steigern. Auch bei der ›Unruhe‹ als hypochondrischer Krankheitserscheinung kann also Platner ein Leiden beschreiben, daß man als Leiden anerkennen, aber zugleich als unberechtigt ansehen kann. In jedem Fall, bei Niedergeschlagenheit wie bei Unruhe, handelt es sich um Symptome, die dadurch entstehen, daß der Mensch nicht seine Kräfte und Bedürfnisse ausleben kann. Beides zusammen ergibt nach Platner das charakteristische Symptom hypochondrischer Angst. Einen Reiz, d.h. Anforderungen, spüren und sich zugleich zu schwach zu fühlen, das erzeugt, wie Platner sagt, Angst. Die Symptome sind wirklich und doch bloß eingebildet, Lebensschwäche, weil man seine Kräfte nicht äußern kann, diffuse Unruhe, weil man Affekte unterbindet. Wie leicht hätte Platner seine Theorie an die sozioökonomischen Gründe, die von anderen Autoren in so reicher Fülle gesammelt wurden, anbinden können! Die Verleugnung der Affekte, die Disziplinierung des Körpers, die Durchrationalisierung des gesamten Daseins führten zu einer tiefen Störung unmittelbarer leiblicher Existenz: Das Syndrom Hypochondrie ist ein Produkt der Aufklärung.

»Man weiß«, schreibt Bilguer in seinen ›Nachrichten an das Publikum in Absicht der Hypochondrie‹ (1738), »daß auch sogar alle diejenigen wunderbar scheinende Wirkungen, welche man sonst für Wirkungen des Teufels gehalten, jetzt aber nach den Gründen der Arzeneygelahrtheit ... als für Wirkungen des kranken Leibes- und Gemüthszustandes überhaupt oder ... hypochondrischen und hysterischen Zufällen insbesondere, oder als Erscheinungen der höchsten Enthusiasterey oder aber auch, als Werke des Betrugs beurtheilt und erkannt werden müssen« (268).

»Man weiß«, – das sagt sich so leicht. Noch zwanzig Jahre später berichtet Pockels im Magazin für Erfahrungsseelenkunde: »Neulich gestand mir noch ein gescheiter ... Mann, daß er seinen Glauben an einen Teufel gleich aufgeben wolle, wenn man ihm unwillkürlich böse Gedanken auf eine natürliche Art in Absicht ihres Ursprungs erklären würde« (Magazin III, 3. Stück, 108).

Wahrscheinlich ist zwischen Wissen und Erfahren noch ein Unterschied. Woher kommen die Eingebungen? Das aufgeklärte Bewußtsein »weiß«, daß es die Phantasie ist, die dafür verantwortlich ist. Hundert Jahre früher war nicht nur die Erfahrung, sondern auch das Wissen darüber ein anderes. Robert Burton stellt in seiner Anatomy of Melancholy (1621) der langen Liste natürlicher Ursachen die übernatürlichen voran: Es wirken Gott, der Teufel, Hexen und Zauberer. Gott, das ist klar, schickt manchmal Krankheiten zur Strafe. Der Teufel ›sucht einen heim‹, und er bedient sich dabei der Hexen und Zauberer, aber auch der natürlichen Ursachen. Die Phantasie wird als Mittel bei der Erzeugung der Melancholie benutzt. »Er setzt bei der Phantasie an«, zitiert Burton eine bereits alte Lehre, »und erregt sie so stark, daß kein Verstand dem widerstehen kann. Die Phantasie wiederum bewegt er vermittels der Lebensgeister (humours)« (Burton, 264).

Hinter der Maske der Phantasie ›wußte‹ man damals den Teufel. Noch 1699 schien es Fr. Chr. Bücher schwierig »unter der Wirckung des Teuffels und der verderbten Fantasie einen gründlichen Unterschied zu zeigen«.[19]

Als man sich dann geeinigt hatte, daß es den Teufel nicht gibt, was lag näher, als die Phantasie selbst zu verteufeln. Für alles ›Böse‹ machten sie die Aufklärer verantwortlich: für Unordnung, für Schwärmerei, für soziale Unruhe, für sexuelle Ausschweifung, für das ganze psycho-somatische Syndrom der Hypochondrie. Die Geschichte der Hypochondrie im 18. Jahrhundert läßt sich als Negativ zur Entwicklungsgeschichte des modernen Subjekts lesen. Wie schon in der Antike einmal – zu Platons Zeit – wird die Autonomie des Menschen durch eine radikale Trennung von Innen und Außen etabliert. Äußere Mächte erreichen ihn nicht mehr, sollen ihn nicht erreichen. Aber die Erfahrungen bleiben: Träume, Eingebungen und Einfälle, Regungen des Leibes, Phantasien. So findet der Mensch in sich selbst die Mächte wieder, deren er nicht Herr werden kann. Die Geschichte des Rückzugs, der Introversion, der Abstaltung geht weiter: Der Leib als Ort nicht wegzubringender Affizierbarkeit, als Quell ständiger Beunruhigungen wird aus dem Subjekt ausgeschlossen, die Phantasie als anarchische Spontaneität der Tierheit im Menschen zugeschlagen. Als Krankheit muß verarztet werden, was dem disziplinierten Subjekt nicht zu integrieren gelang. So quält sich die autonome Vernunft als Hypochonder mühsam durchs Jahrhundert.

»DER GELAHRTEN KRANKHEIT«

Melancholie bzw. Hypochondrie werden seit alters mit intellektueller Tätigkeit in Verbindung gebracht, teils als Ursache, teils als Wirkung. Aristoteles Frage in Problemata Physica xxx, 1 wird durch die Jahrhunderte immer erneut gestellt. »Warum erweisen sich alle außergewöhnlichen Männer in Philosophie oder Politik oder Dichtung oder in den Künsten als Melancholiker?« Manche glauben, daß die Ursache der Krankheit, sei es nun die schwarze Galle, die Einbildungskraft, die ›Nervenschwäche‹ oder der ›spleeny juice‹, wie Mandeville sagt, zugleich die Ursache für geistige Kreativität sei: »Which kind of Spleeny-Juice being dilated to the Brain, sharpens the animal spirits and raise them up, being sloathful, and

irritates them into quick Motions, from whence it is commonly said the Sharpness and Sagacity of the Mind doth proceed from the Spleen, and splenetic People are accounted ingenious« (Mandeville, 104).
Andere vermuten eher, daß Melancholie und Hypochondrie die Folge geistiger Tätigkeit sind. So schon Burton (1621), der in dem Kapitel »Study, a cause«, schreibt: »The one (cause) is, they live a sedentary, solitary life, sibi et musis, free from bodily exercise ... but the common cause is overmuch study« (400).
Ob Ursache oder Wirkung geistiger Tätigkeit: Melancholie und Hypochondrie waren wegen dieser Verbindung ›edle‹ Krankheiten. Wer unter der ›Gelahrten Krankheit‹ (Mandeville, 106) litt, stand auch im Verdacht, ein Genie zu sein.

ARBEITSKAFFEE

»Deswegen könnte der Kaffee bei denen für dienlich gehalten werden, welchen mehr darum zu tun ist, ihre Zeit, als ihr Leben und ihre Gesundheit zu sparen, und genötigt sind, bis in die Nacht zu arbeiten« (C. v. Linnè, Gedanken vom Kaffee, 1758).
»In den ersten Augenblicken oder Viertelstunden des Erwachens, vorzüglich wenn es früher als gewöhnlich geschieht, hat wohl jedermann, wenn er nicht imstande der rohen Natur lebt, eine Empfindung von nicht völlig erwachtem Bewußtsein, von Düsterheit, von Trägheit und Ungefügigkeit in den Gliedern; die schnelle Bewegung ist beschwerlich, das Nachdenken mühsam. Aber, siehe, der Kaffee verscheucht dies naturgemäß unangenehme Gefühl, die Unbehaglichkeit des Geistes und Körpers fast augenblicklich; wir leben plötzlich auf. Nach vollbrachter Tagesarbeit müssen wir, dem Lauf der Natur gemäß, lässig werden; eine widrige Empfindung von Schwere und Ermattung in unseren Körper- und Geisteskräften macht uns mißmutig, verdrießlich, und zwingt uns, der nötigen Ruhe und dem Schlafe uns zu überlassen.

Diese Verdrossenheit und Trägheit, diese unangenehme Ermattung des Geistes und Körpers beim natürlich herannahenden Schlafe verschwindet schnell von diesem arzneylichen Tranke, und eine Entschläferung, eine künstliche Munterkeit, ein der Natur abgetrotztes Wachen tritt ein« (Samuel Hahnemann, Der Kaffee und seine Wirkungen, 1803).
Beides zitiert nach W. Schivelbusch, Das Paradies, der Geschmack und die Vernunft. Eine Geschichte der Genußmittel, München: Hanser 1980.

KAPITEL VIII
FIN DE PARTIE: BRUCHSTÜCKE EINES BEZWUNGENEN LEBENS

Über Kants Leben wissen wir wenig. Über seiner Kindheit und Jugend liegt Dunkel, was schon einer seiner ersten Biographen, Jachmann, 1804 bedauerte.

Leidlich ist bekannt, wie seine Mannesjahre verliefen. Nur über den älteren und alten Kant sind wir besser informiert. Doch sind die Quellen – neben Jachmann noch Borowski und Wasianski, die Kant in seinen letzten Jahrzehnten aus großer Nähe erlebten – von starken Idealisierungen geprägt.[1] Es sind Männer mittleren Formats, die dem Publikum einen Philosophen von weltgeschichtlichem Rang nahebringen wollten als ›Mensch im Alltag‹. Dies lenkt Wahrnehmung und Erzählweise. Doch ohne diese Quellen wüßten wir fast nichts über Kant. In gewisser Hinsicht ist die Idealisierung, die bei allen Biographen herrscht, auch ein Vorteil: die Untadeligkeit, Größe und Humanität Kants stehen allen dreien so unerschütterlich fest, daß in ihrem Schatten naiv und gleichsam aus Versehen eine Fülle aufschlußreichen Materials miterzählt wird.

Freilich muß man dazu die Quellen gegen den Strich lesen, was die beiden maßgeblichen späteren Kant-Biographen Kuno Fischer und Karl Vorländer oder in jüngster Zeit Gulyga sicher nicht getan haben.[2] Unter diesen sind Vorländers Arbeiten (1911/1924) noch immer das Zuverlässigste, was zu Kants Leben geschrieben wurde. Vorländer stellt freilich nur die traditionelle Meinung auf breitere Basis, Kant sei, trotz einiger Schrullen, als Mensch der Inbegriff jener Humanität gewesen, die immer das Ziel seiner praktischen Philosophie war. Die philosophische Naivität letzterer gegenüber verdoppelt sich damit hinsichtlich der Biographie. Liest man dagegen die Moralphilosophie kritisch, läßt einen die Vorstellung, Leben und Lehre seien bei ihm völlig identisch gewesen, eher Angst werden um ein Leben, das solcher Lehre restlos korrespondiert haben soll.

Die philosophische Zunft hat untergründig davon immer etwas geahnt, freilich mit der Trennung von Genesis und Geltung auch das methodische Prinzip zur Hand gehabt, die pathogenen Züge der Moral und die pathologischen Strukturen des Lebens von Kant zu verharmlosen. In der ersten Vorlesungsstunde gibt man der leichten Irritation Raum, daß der Denker irgendwie etwas skurril und sonderlich gewesen sei. Anekdoten erzählend, wendet man den geheimen Schrecken dieses Denkens und Lebens in den Witz: und hat nicht länger mehr damit zu tun. Entscheidend ist, was Kant denkt, welche Geltungsansprüche und welche Rechtfertigungsgrenzen in diesem Denken liegen.[3] Dies ist ein vernünftiges Verfahren – so lange jedenfalls, wie es nicht zur Verdrängung der diesem Denken immanenten Gewaltförmigkeiten, Ängste und Abwehrstrategien führt. Die Verharmlosung von Kants Biographie ist aber ebenso wie deren Idealisierung ein Symptom der Verharmlosung des Denkens, das rückhaltlos von diesem Leben Besitz ergriffen hat. Darum ist hier erneut von Kants Leben zu reden; Bekanntes ist neu in den Blick zu nehmen. Dabei wird die Meinung Borowskis, Jachmanns und Wasianskis, Leben und Denken Kants entsprächen einander, als richtige Hypothese unterstellt; mit dem Unterschied freilich, daß einem Denken, welches im tiefsten heillos, unversöhnt und zugleich melancholisch ist, kein Leben »als ein Muster der Humanität« (Jachmann, 144) entspricht.

Einem angemessenen Blick auf Kants Leben kommt am nächsten Lewis S. Feuer, der 1970 einen weitgehend wirkungslosen, psychoanalytisch orientierten Aufsatz zu Kant veröffentlicht hat.[4] Feuer interpretiert biographisches Material sowie ›lebensnahe‹ Stellen aus der *Anthropologie* und anderen Schriften ziemlich überzeugend als Strategien zur Abwehr einer mit Schuld identifizierten Sexualität. Der Mangel der Arbeit Feuers besteht darin, daß er die biographischen Konflikte und Abwehrmuster Kants als unbewußte Ursachen der philosophischen Systematik, methodischen Operationen und materialen Tendenzen des Kantschen Denkens versteht. Dieses Vorgehen gerät leicht zu einer biographistischen Reduktion des Werks. Die Einführung der Psychoanalyse in die Philosophie hat nicht über die Hintertür der Biographie zu erfolgen. Psychoanalytische Deutungen haben nicht die supplementierende Funktion, das ›Leben‹ als Appendix des Denkens besser zu verstehen. Wie umgekehrt Psychoanalyse nicht aus der Pathographie eines ›Lebens‹ Denksysteme herzuleiten vermag. Psychoanalyse ist weder Magd noch Herrin der Philosophie, sondern ein Moment an dieser. Wie aber das?

Gegenstand der Psychoanalyse ist das Unbewußte. Der philosophische Anspruch Freuds ist dahin zu verstehen, daß der Mensch nicht vollständig verstanden ist ohne Rücksicht auf die Einschreibung der unbewußten Energien in die zur Erscheinung kommenden Lebenstätigkeiten. Verkürzt wäre es, wenn philosophische Reflexion über den Menschen diese Einsicht nur ergänzend aufnehmen würde in die bestehenden anthropologischen Diskurse. Das Unbewußte ist der Philosophie nicht äußerlich. Philosophische Selbstreflexion muß auf das Verdrängte, Zensierte und Unbewußte der Philosophie selbst sich richten, um ihrem Anspruch auf Luzidität der Diskurse zu genügen.

In der Tradition der Bewußtseinsphilosophie ist diese Dimension weitgehend verloren. Wie der Mensch vom Bewußtsein her verstanden wurde, begriff Philosophie sich als höchste Form des zu sich selbst kommenden Selbstbewußtseins. Denkformen wie die Giordano Brunos, der wie selbstverständlich vom Ineinander der bewußten Denktätigkeit und das Denken ergreifenden Leidenschaft ausging, oder ein Ansatz wie der Schellings, der die Selbstvergewisserung des Bewußtseins an die rekonstruktive Erinnerungsarbeit seiner opaken Herkunftsgeschichte band, sind in der philosophischen Tradition eher die Ausnahme. Philosophie vom Bewußtsein her hieß immer auch Ausgrenzung, Verleugnung, Abwehr oder Kontrolle dessen, was es nicht selbst schon ist. Dadurch erst erzeugt philosophische Reflexion das Andere ihrer selbst – das Unbewußte der Philosophie. Einführung der Psychoanalyse in die Philosophie hieße also, diese zu verstehen als Diskurs des Bewußten und Unbewußten in einem. Die Funktion der Psychoanalyse hierbei wäre, die intensiven, aber unthematischen Beziehungen zwischen bewußter und unbewußter Diskursebene aufzunehmen – intensiv: weil Ausgrenzung, Verleugnung, Abwehr, Verdrängung Ausdrücke intensivster Beziehungen sind; unthematisch: weil in der Philosophie diese Beziehungen schon in ihrem Bestand geleugnet werden.

Philosophie auch als Diskurs des Unbewußten ist dieses nicht als verhüllter Ausdruck des Unbewußten eines denkenden Individuums, also etwa Kants. Die im Denken eingeschlossenen Energien des Unbewußten markieren weit über den einzelnen Denker hinaus kollektive, historisch und soziokulturell wirksame Verdrängungen, von denen Philosophie als öffentlicher, institu-

tionell abgesicherter Redezusammenhang so mitbestimmt sein kann wie kollektive politische Prozesse oder Kunstwerke.
Unsere Auslegungen z. B. der Kantschen Theorie der Materie, der Kosmologie oder der Moralphilosophie sind Entzifferungen eines solchen überindividuellen Unbewußten, das als Anderes der Vernunft in den philosopischen Diskurs selbst eingebaut ist. Dabei zeigte sich, daß das Unbewußte keine Sprache hat oder unmittelbaren Ausdruck findet, sondern durch die philosophische Rede selbst mitrepräsentiert wird – besser: Philosophie formiert sich auch unter der Bedingung des Unbewußten. Diese Bedingung ist, *daß* es zum Ausdruck komme auch unter den ihm selbst gesetzten Bedingungen der Zensur, der Verhüllung und Unkenntlichmachung. Die Entzifferung des Unbewußten des Kantschen Diskurses bedurfte dabei deshalb keinerlei Bezugnahme auf die Biographie, weil das Unbewußte nicht ›draußen‹ in der Biographie versteckt ist und von da aus rätselhaft in die philosophische Rede einwirkt, sondern in einen kollektiven Diskurszusammenhang, etwa dem kosmologischen, selbst schon eingebaut ist, dessen Teil Kants Rede über den Kosmos ist.
Darum ist der hier eingeschlagene Weg, von dem im Denken rekonstruierten Unbewußten her die Biographie aufzuschließen (und nicht umgekehrt), methodisch der angemessene. Leben wird als Philosophie verstanden – gewissermaßen als Produkt der Philosophie in dem Sinne, wie Kant in seiner *Pädagogik* den Menschen als Produkt versteht. Kants Leben spiegelt in den Grenzen, in denen er es zur Repräsentation der Philosophie hat stilisieren können, mit deren bewußten auch ihre unbewußten Gehalte. Doch stößt man dabei auf Grenzen. Die Einschreibung der Philosophie in die Lebenspraxis Kants endet dort, wo lebensgeschichtliche Brüche sich der philosophischen Durchdringung widersetzen und spezifisch persönliche Profile produzieren, welche von Philosophie weder erfaßt noch getilgt werden können. Von hier aus wird dann die Lebensgeschichte signifikant für die Philosophie, insofern in jener das aufgefunden werden kann, was das philosophisch Unbewältigte in Kants Denken ist. Die Brüche, die Trauer und Sehnsüchte, die Zwänge, Angst und Wut, die wir entziffern werden, gehören damit zum unversöhnten Anderen der Philosophie Kants.
Das Leben Kants, genauer: die Gestalt dieses Lebens ist aus

einem weiteren Grund von Interesse. Es bildet nämlich das lebensweltliche Paradigma der modernen, vernunftgeleiteten Bürgerlichkeit. Dies interessiert hier nun nicht im Verhältnis von Gesundheit und Krankheit – so wie etwa die nachfreudianische Psychoanalyse bestimmte Eigentümlichkeiten der Freudschen Konzepte, sehr zu Recht, mit nicht bearbeiteten neurotischen Anteilen des Begründers der Psychoanalyse in Zusammenhang bringen konnte. Es interessiert auch nicht das Verhältnis von Normalität und Anormalität – so wie man etwa im Verhältnis zu zeitgenössischen kulturellen Selbstverständlichkeiten oder fraglos in Geltung stehenden philosophischen Denkgewohnheiten die Kantsche Produktivität und Lebenspraxis aus charakteristischen Abweichungen und normativen Dissonanzen verstehen könnte. Sondern es geht uns, bezogen auf die Lebensform, um das Verhältnis von Vernunft und Unvernunft, das – von Kant – als Ausschließungsverhältnis gedacht, in seinem Leben ein Durchdringungsverhältnis darstellt, an welchem der Wahnsinn der Vernunft ablesbar wird. Vernunft, die als Freiheit sich versteht, zielt auf praktische Wirksamkeit. Das Leben Kants, in diesem Schema verstanden, demonstriert eine Wirksamkeit von Vernunft, in der ihre freiheitsvernichtenden, nämlich anankastischen Züge und ihr verdrängtes Anderes, nämlich die unbewußten Phantasmen, hervortreten.

Es ist ein Leben der abgerungenen Höchstleistung, der vollständig dem Nützlichen unterworfenen Energien, der disziplinären Durchherrschung aller spontanen Antriebe und leiblichen Befindlichkeiten im Namen der Selbsterhaltung der Vernunft. Dies ist das Programm des fortgeschrittenen Bürgertums bis heute. Diese Selbsterhaltungsform konvergiert mit Selbstentfremdung, Autonomie mit Selbstzerstörung (R. zur Lippe). Dies jedenfalls dann, wenn man – gleichsam von außen – das in Gewohnheit, Langeweile und starrer Rhythmisierung vernichtete Lebendige eines Subjekts versteht, das erst auf dieser Basis sein Selbst konstituiert. Auf Zwang und Entfremdung ein Selbst gründen, ist aber im Hegelschen Sinn Wahnsinn. Die Angst und die Zwanghaftigkeit dementieren untergründig ununterbrochen die Gestalt dieses Lebens als vernunftgewirkte – oder: in diesem Leben geht Vernunft in ihr Gegenteil über.

Dies gilt auch, ja um so mehr, wenn man nicht das, was Kant als

Hinrichtung Ludwig XVI. auf dem Revolutionsplatz. Am 21. Januar 1793 oder 1. Pluviose, Jahr 1 der Republik.

»Man sagt, die Nachtgeister erschrecken, wenn sie das Schwert eines Scharfrichters erblicken – wie müssen sie erst erschrecken, wenn man ihnen Kants ›Kritik der reinen Vernunft‹ entgegenhält! Dieses Buch ist das Schwert, womit der Deismus hingerichtet worden in Deutschland.

Ehrlich gestanden, Ihr Franzosen, in Vergleichung mit uns Deutschen seid Ihr zahm und moderant. Ihr habt höchstens einen König töten können, und dieser hatte schon den Kopf verloren, ehe Ihr köpftet. Und dabei mußtet Ihr so viel trommeln und schreien und mit den Füßen trampeln, daß es den ganzen Erdkreis erschütterte. Man erzeigt wirklich dem Maximilian Robespierre zu viel Ehre, wenn man ihn mit dem Immanuel Kant vergleicht. Maximilian Robespierre, der große Spießbürger von der Rue Saint-Honoré, bekam freilich seine Anfälle von Zerstörungswut, wenn es das Königstum galt, und er zuckte dann furchtbar genug in seiner regiziden Epilepsie; aber sobald vom höchsten Wesen die Rede war, wusch er sich den weißen Schaum wieder vom Munde und das Blut von den Händen, und zog seinen blauen Sonntagsrock an, mit den Spiegelknöpfen, und steckte noch obendrein einen Blumenstrauß vor seinen breiten Brustlatz.

Die Lebensgeschichte des Immanuel Kant ist schwer zu beschreiben. ... Sonderbarer Kontrast zwischen dem äußeren Leben des Mannes und seinen zerstörenden, weltzermalmenden Gedanken! Wahrlich, hätten die Bürger von Königsberg die ganze Bedeutung dieses Gedankens geahnt, sie würden vor jenem Manne eine weit grauenhaftere Scheu empfunden haben als vor einem Scharfrichter, vor einem Scharfrichter, der nur Menschen hinrichtet – aber die guten Leute sahen in ihm nichts anderes als einen Professor der Philosophie, und wenn er zur bestimmten Stunde vorbeiwandelte, grüßten sie freundlich, und richteten etwa nach ihm ihre Taschenuhr.
Wenn aber Immanuel Kant, dieser große Zerstörer im Reiche der Gedanken, an Terrorismus den Maximilian Robespierre weit übertraf, so hat er doch mit diesem manche Ähnlichkeiten, die zu einer Vergleichung beider Männer auffordern. Zunächst finden wir in beiden dieselbe unerbittliche, schneidende, poesielose, nüchterne Ehrlichkeit. Dann finden wir in beiden dasselbe Talent des Mißtrauens, nur daß es der Eine gegen Gedanken ausübt und Kritik nennt, während der Andere es gegen Menschen anwendet und republikanische Tugend betitelt. Im höchsten Grade jedoch zeigt sich in beiden der Typus des Spießbürgertums – die Natur hatte sie bestimmt, Kaffee und Zucker zu wiegen, aber das Schicksal wollte, daß sie andere Dinge abwögen, und legte dem Einen einen König und dem Anderen einen Gott auf die Waagschale ...«
(Heinrich Heine, Zur Geschichte der Religion und Philosophie in Deutschland, 1834)

Selbstverwirklichung versteht, von außen als ihre Verkehrung in Selbstzerstörung verurteilt, sondern empathisch hineingeht in die Dynamik dieses Selbst – seine Wünsche und Lüste, Idealbildungen und Grandiositäten. Hier nämlich zeigt sich, daß die lebenspraktische Stilisierung zum vernunftgeleiteten Subjekt in der Matrix des Unbewußten als des Anderen der Vernunft verharrt. Eingeschrieben ins Programm der vernünftigen Autonomie ist der unbegriffene Wunsch nach Anerkennung durch einen Anderen, durch dessen bestätigenden Blick das Selbst sich gerade nicht autonom – an und für sich – bildet, sondern für Andere als Spiegelungen des Selbst. Daß es zur unbewußten Lebensstruktur Kants gehört, im Blick der Anderen zu sich selbst zu kommen, vollendet die Selbstentfremdung in der heimlichen Sehnsucht nach der niemals vollkommenen Spiegelung des Selbst, in der Wut darüber und dem Leiden daran. Das unerfüllbare narzißtische Begehren geht als Dynamik in den Heroismus der Leistung ein. Von eben diesem ist Glanz und Leiden des bürgerlichen Helden bestimmt.

2. »GRÜNDUNG DES CHARAKTERS«: ZEUGUNGSMYTHOS DER VERNUNFT

In seiner *Pädagogik* bestimmt Kant den Menschen als »das einzige Geschöpf, das erzogen werden muß« (Päd. A 1), um allererst zu werden, was er ist: Mensch. Kant schätzt die Philanthropen hoch. Ihren Strategien entsprechend wird, in einem modernen Sinn, der Mensch interpretiert als *Produkt* von Disziplinen, denen seine Natur (»Tierheit«) unterworfen wird: sogar als Körper, um wieviel mehr als moralisches Subjekt, ist der Mensch ein Erzeugnis. Erziehung ist die Produktionsmaschine der Vernunft, die Menschen hervorbringt.

Innere Natur wird hier nicht mehr – und das kennzeichnet den pädagogischen Diskurs als modern – einfach als Sitz der Sünde ausgegrenzt, sondern verstanden als Material, aus dem der pädagogische Prometheus Menschen nach seinem Bilde formt. Doch ist der Pädagoge nicht der Goethesche Prometheus, der erzeugen will ein »Geschlecht, das mir gleich sei, / Zu leiden, weinen, / Genießen und zu freuen sich, / Und dein nicht zu achten, / Wie ich.« (*Prometheus*). Mit diesem sensualistisch-rebellischen Selbstbewußtsein hat die gnadenlose Helle aufklärerischer Pädagogik nichts zu tun: ihr eignet die ernste »Kunst« restloser Durchdringung gerade der rebellischen »Wildheit« ungesetzlicher Natur (Päd. A 4/5). Die disziplinären Praktiken der physischen und moralischen Erziehung arbeiten Natur um nach dem Modell praktischer Vernunft. Ihrem Bilde allein sollen die Menschen, die so verschieden sind, gleichen: »Gleichförmigkeit«, die »zur andern Natur« wird, ist ihr Ziel (Päd. A 10). Der aufgeklärte Prometheus verwandelt Menschenbildung in eine Protofabrik nach dem Muster totaler Organisationen: der uniforme Mensch ist das Ziel.

Aufgeklärte Pädagogik heißt, die Disziplin der Vernunft, der (als Erzieher) selbst man mit Mühen und Schmerzen sich unterworfen hat, anderen aufzuerlegen. Im 18. Jahrhundert ist Pädagogik noch sichtbar mit den Biographien der Erzieher verbunden. Kant gehört zu jener Gründungsgeneration, die ihre erlittenen Zwänge, selbstauferlegten Askesen und abgerungenen Abwehrstrategien zu notwendigen Erzeugungsbedingungen des Menschen hypostasiert. Was Kindern und Zöglingen angetan wird, ist der genaue Spiegel dessen, was die Erzieher sich selbst antaten.[5]

»Kant«, so meint Jachmann, »gehörte zu den Menschen, die keiner Erziehung fähig, aber auch keiner bedürftig sind. Er ward alles durch sich selbst«. (Jachmann, 124) – Zwar ist dies auch ein Reflex von Kants ständiger Selbststilisierung, sich autark erzeugt zu haben; doch weist die Stelle allgemeiner darauf, daß es zu den Ursprungsmythen des Bürgertums gehört, unter Ausschluß alles Heteronomen sich selbst hervorgebracht zu haben. Dies ist der geheime Sinn der Pädagogisierung der anderen in der Aufklärung – der Frauen, Kinder, Wahnsinnigen, Wilden, des Pöbels. Die Selbstzwänge dieser mythischen Urzeugung des bürgerlichen Subjekts gehen als anankastische Praktiken in die Erziehung und Moral ein. Der bürgerliche Mann (denn um diesen handelt es sich) verdankt sich niemandem als sich selbst – oder er ist nicht.

Menschen zu zeugen unter Ausschluß des Weiblichen, ist der heimliche Traum der Aufklärungspädagogik. »Aus dem Mutterschoße der Natur« (Mutmaßlicher Anfang A 11) sich zu emanzipieren, von ihr radikal sich zu trennen, die innere Natur als unser Anderes zum Eigenen des Selbst zu machen: nichts offenbart mehr die Angst und das heimliche Grauen vor der als weiblich identifizierten Natur, die mächtig daran erinnert, daß wir aus dem herkommen, was wir nicht sind und haben.

Am Ende seines Lebens feiert der 74jährige Kant in eigenartiger Ergriffenheit die Produktion des Charakters als gebärenden Akt der Vernunft. Er, der lange vom pietistischen Einfluß des Elternhauses und der Schule abgelöst scheint, wird eingeholt von der Sprache pietistischer Bekehrungsfrömmigkeit: »Wiedergeburt«, »Angelobung, die er sich selbst tut«, »Umwandlung in ihm« – dies sind die pietistischen Vokabeln für das Umkehrerlebnis, nach dessen Muster Kant jetzt den Ursprungsmythos der Selbstzeugung des Vernunftssubjekts beschreibt.

> Der Mensch, der sich eines Charakters in seiner Denkungsart bewußt ist, hat ihn nicht von der Natur, sondern muß ihn jederzeit *erworben* haben. Man kann auch annehmen: daß die Gründung desselben, gleich einer Art der Wiedergeburt, eine gewisse Feierlichkeit der Angelobung, die er sich selbst tut, sie und den Zeitpunkt, da diese Umwandlung in ihm vorging,

Pierre Jaquet-Droz: Der Schreiber-Androide. (1760)
Der Mensch als Produkt –: die Automaten-Kunst des 17. und 18. Jahrhunderts bebildert den – ehemals alchemischen – Traum der Aufklärung, Menschen zu zeugen durch rationale Konstruktion. Der Maschinenmensch, die wissenschaftliche Durchdringung des Körpers, ist im Kontext einer Pädagogisierung zu sehen, die das Material der Natur mit Hilfe eines strikten Erziehungskalküls allererst zum Menschen umbaut. Die »zweite Geburt«, Menschenzeugung durch vernünftige Männer unter Ausschluß der Frau, ist das Phantasma des pädagogischen Prometheus des 18. Jahrhunderts. Nicht ohne Grund ist der Schreibautomat ein Kind: die strategische Durchdrin-

gung des Leibes, der Triebe und der Vermögen des »natürlichen« Kindes ist das Ziel der Aufklärungspädagogik – für jene oft ein experimentum crucis. Den Phantasmen der Erzieher entspringt die Neurotisierung der Zöglinge.

> gleich einer neuen Epoche, ihm unvergeßlich mache. – Erziehung, Beispiele und Belehrung können diese Festigkeit und Beharrlichkeit in Grundsätzen überhaupt *nicht nach und nach*, sondern nur gleichsam durch eine Explosion, die auf den Überdruß am schwankenden Zustande des Instinkts auf einmal erfolgt, bewirken ... Fragmentarisch ein besserer Mensch werden zu wollen, ist ein vergeblicher Versuch; denn der eine Eindruck erlischt, während dessen man an einem anderen arbeitet; die Gründung eines Charakters aber ist absolute Einheit des innern Prinzips des Lebenswandels überhaupt. (Anthr. B. 268/9)

Der »Mutterschoß der Natur«, den Kant nicht ohne psychologische Wahrheit lebelang in Spuren der Erinnerung ans Paradies wirken sieht (Mutmaßlicher Anfang A 12/13), ist das Gegenbild zur Vernunft: diese dagegen enthält das Pathos der Wiedergeburt des Subjekts aus sich selbst zur »absoluten Einheit« seiner Moralität. Das genau beschreibt die mythische Gründungsakte des (männlichen) Charakters, wie Kant sie phantasiert oder gar, was Vorländer vermutet, erlebt hat.[6] Von Fichtes durch »Tathandlung« gesetztem »absoluten Ich« bis zu Sartres existentieller Entschiedenheit des Subjekts wird dieser Mythos auch philosophiegeschichtlich immer neu variiert.

Kants Auffassung vom Charakter, die er seiner Umwelt wirkungsvoll vorzuleben verstand, speist sich aus der männlichen Ökonomie der Zeugung: die zweite Geburt des Menschen unter Ausschluß der Produktivität der Frau. Das grandiose Phantasma aber, die eigene Biographie zum Modell und Beweis solcher Selbstzeugung zu erheben, kann nicht ohne Brüche umgesetzt werden. Das zu demonstrieren, erfordert ein empathisches Sich-Einlassen auf die Lebenspraxis Kants.

Anekdotisches zuerst erschließt, welche Bedürfnisse und Ängste Kant bewegten. Anekdoten sind oft alles andere als liebenswürdige Spiegelungen des Alltags großer Männer. Die Beiläufigkeit ihrer Erzählform verbirgt die Auffälligkeit ihres Inhalts. Das irritierend Sonderbare der Anekdote, die in ihrem Miniatur-Charakter sich der Großheit eines Mannes nicht fügen will, figuriert ihn in den Augen einer Umwelt, welche weder die exponierte Höhe seiner öffentlichen Existenz noch die Geheimnisse seiner Privatheit verstehend zu entziffern vermag. Das Anekdotische ist die biographische Form, welche auf der Grenze zwischen Öffentlichkeit und Privatheit wie eine matte Scheibe die tiefenstrukturellen Umrisse eines Menschen erscheinen läßt, dabei wahrend die Diskretion des Erzählers und seine Hochachtung vor dem, dessen öffentliche Exposition noch nicht – wie in der Legende – alles Private aufgezehrt hat. Dessen Rätselcharakter geht in die Anekdotenform ein, die scheinbar nur in ihrer Pointiertheit das Erzählte beherrscht. Eher als Harmlosigkeit zu verbreiten, bannt die Anekdote Befremden und Erschrecken, das Opake der Lebensgeschichte ins Gewand des Liebenswürdigen – darum wird sie so gerne tradiert. Die frühen Kant-Biographien, obwohl durchweg in der vor-rousseauschen Form der Lebenshaushaltung geschrieben, sind voll von Anekdoten, voll von nicht bewältigtem, nur scheinbar in Form und Ordnung gebrachtem Material des Lebens von Kant. Hieran vor allem werden wir uns zu orientieren haben – in langsamer Annäherung.

Gegen die Lust, über die jahrzehntelang rituell eingehaltene Aufstehenszeit, fünf Uhr morgens, hinauszuschlafen, gibt Kant seinem Diener Lampe den Befehl, ihn zum Aufstehen zu *zwingen*. Kant hat »eine so große Neigung zum Kaffee, daß es ihm die größte Überwindung kostete, ihn nicht zu trinken« (Jachmann, 189) – statt dessen trinkt er morgens schnell zwei Tassen schwachen Tee. Das Pfeiferauchen ist für Kant »vielleicht sein höchstes sinnliches Vergnügen« (Jachmann, 150) – also raucht er zum Morgentee in großer Hast die einzige Pfeife des Tages (schnupft aber »stark Tobak und genoß ziemlich sybaritisch selbst darin«;

Jachmann, 208). Gegen die lebenslange Verstopfung, über die er gern und viel redet, nimmt Kant jahrzehntelang eine Pille täglich: als ihm vom Arzt zwei empfohlen werden, überfällt ihn die Angst, er könne tablettensüchtig werden. Immer gibt es vernünftige medizinische oder diätetische Gründe: zu langes Schlafen verkürzt das Leben – nach dem Mittagessen kämpft Kant gegen seine Müdigkeit durch den gesunden Spaziergang. Im Kaffee ist ein schwer verdauliches Öl. Eine Pfeife ist gut für die Verdauung. Mehr als sieben Stunden im Bett zu verbringen, ist ungesund, denn das Bett ist der Sitz vieler Krankheiten.

Kants rituelle Tageseinteilung über Jahrzehnte hin ist bekannt; Spötter meinten, man könne die Uhr nach Kants Gewohnheiten stellen. Alles muß seinen festen Ort haben. Nichts darf sich ändern. Ein fehlender Knopf am Rock eines Studenten irritiert den Vortragenden im Gedankenfluß. Im Lauf der Jahre emporwachsende Pappeln stören den gewohnten Blick auf den Löbenichter Turm derart, daß Kant nicht mehr nachdenken kann: der »gutdenkende« Nachbar sägt die Wipfel ab. Mehrere Wohnungen werden gewechselt, weil Kant, wenn er Geräusche hört, nicht arbeiten kann. Die eingeschaltete Polizei unterbindet nicht das Lärmen von Gassenjungen; wenig hilft eine Eingabe beim befreundeten Oberbürgermeister v. Hippel, das Singen der Insassen des nahegelegenen Gefängnisses unterbinden zu lassen. Was geschieht hier?

L.S. Feuer hat auf die Abwehrstrukturen hingewiesen, mit denen Kant sein leiblich-sinnliches Leben zu bemeistern versucht. Sicher stellen die präzise Zeiteinteilung, die absolute Rhythmisierung der Ereignisse und die Fixierung räumlicher Ordnungen eine Ökonomie dar, die Kant vor dem Überwältigtwerden durch mächtige sinnliche Antriebe schützen soll. Medizinische und diätetische Maßnahmen dienen vor allem der Triebkontrolle. Kant scheint beherrscht von dem Phantasma, sinnliche Antriebe könnten ihn suchtartig überfluten. Seine Eß-, Rauch- und Schlafgewohnheiten sind arrangiert, als gelte es einen Kampf gegen die Sucht zu führen. Diese schimmert gleichwohl durch als ständige Gefahr oder kommt verschoben an harmlosen Objekten zutage: dem »sybaritischen« Schnupfen, der notorischen Senf- und Käsegier.

Im Alter, als die Abwehrstrukturen langsam zergehen, tritt der auf Verzicht trainierte Trieb an harmlos scheinenden Objekten unverhüllt hervor. Am Greis wird sichtbar, was den Mann Kant ängstigte. Wasianski berichtet, daß Kant zunehmend herrisch auf der sofortigen Erfüllung von Wünschen besteht. Aufschub wird nicht geduldet; schon die winzigste Spanne zwischen Wunsch und Erfüllung erscheint quälend lang. Es überrascht nicht, daß es der Kaffee ist, den der Greis mit Gier verlangt – gegen die Manöver Wasianskis, der versucht, den schon gedächtnisschwachen Kant sein vorgeblich gesundheitsabträgliches Bedürfnis vergessen zu lassen. »Unerträglich lang« wird Kant die Zeit bis zum Servieren des Kaffees:

> Sagte man: der Kaffee wird gleich gebracht werden, so erwiderte er: »Ja, *wird*; das ist der Knoten, daß er erst gebracht werden *wird*.« Hieß es: er kommt bald! so fügte er hinzu: »Ja, bald; eine Stunde ist auch bald, und so lange hat es schon nach der Zeit gedauert, als es auch bald hieß.« Endlich sagte er mit stoischer Fassung: »Nun darüber kann ich ja sterben; und in jener Welt will ich keinen Kaffee trinken.« Er stand wohl auch vom Tische auf und rief zur Türe hinaus und das ziemlich verständlich: Kaffee! Kaffee! Hörte er endlich den Diener die Treppe hinaufkommen, so rief er jauchzend: »*Ich sehe Land!* wie der Matrose vom Mastkorbe.« (Wasianski, 242)

Ein eigentümliches Bild: der Kaffee, ersehnt wie das Land nach langer Schiffsreise. Mächtiges Begehren, keinen Aufschub duldend, bestimmt Kant – wie ein Kind, das nicht warten kann. Merkwürdig auch der Jubelruf »Ich sehe Land!«, der so wenig zu einem Mann zu passen scheint, der vor Reisen zeitlebens Angst hatte und fremde Länder, ja außer Königsberg selbst Deutschland, nur aus Reisebeschreibungen kannte. Die Abwesenheit des begehrten Objekts nicht ertragen können, ja schließlich mit dem eigenen Tod verknüpfen, als könne dieser zwischen Kaffeekochen und Genuß eintreten: dies zeigt weniger den altersschwachen Mann, als vielmehr die Dekomponierung der Abwehr ahnen läßt, daß unterhalb der hochkontrollierten Lebensform eine weitgehend unmodifizierte Triebstruktur herrscht. Kant hat nie geahnt, daß erst seine gepanzerten Abwehrstrukturen es waren, die den Trieb in den Status einer unterweltlich-dämonischen Macht setzen. Seine Angst vor der Sucht demonstriert, daß für ihn Begehren mit Überwältigung, ja Entsubjektivierung

Kant rührt Senf an.

zusammenfällt. Gegen diese angsterregende Macht mobilisiert Kant die Rituale der Ordnung, in denen er Halt vor den Bedrohungen des Begehrens findet. Seine diätetische Disziplin besteht vor allem in Rationalisierungen, die der Stärkung des Ich im Kampf gegen die Antriebe des Es dienen. Die Derangierung der Abwehrkräfte im Alter führt deswegen zu einer weitgehenden Entstrukturierung auch des Ich. »Er bestand mit Ungestüm auf Stillung seines ausgearteten Appetits« (Wasianski, 286) – dies ist ein charakteristischer Satz des Biographen, der belegt, wie trotz allgemeiner Appetitlosigkeit unstrukturierte orale Begierden überwältigend durchbrechen. Kant schlingt geriebenen Käse in sich hinein, der seinem Befinden höchst abträglich gewesen zu sein scheint. Als Wasianski Kant den Käse – nach einer Gesundheitskrise – entzieht, bricht dieser in »wehmütige Klagen« aus und »entwöhnte sich endlich desselben« (Wasianski, 287).
Am geschwächten Subjekt tritt sein Verdrängtes hervor. Die Beispiele demonstrieren eine frühe Triebstruktur sowie die Angst vor Abhängigkeit und Sucht, welche den Anlaß geben für den gewaltigen Kampf um Autonomie, die Kant nur als restlos von Begehren gereinigte denken und leben kann. Begehren ist die Vernichtung der Freiheit und Persönlichkeit. Darin resümiert sich die lebensgeschichtliche Erfahrung, daß nur ein hochgepanzertes Abwehr-Ich – dies nennt Kant »Gründung eines Charakters« – dem übermächtigen, unbearbeiteten und desintegrierten Begehren entgegengesetzt werden kann.

4. AUTARKIE UND ZWANG DER SINNLICHKEIT

Dem Aufbau eines Abwehrpanzers und der anankastischen Ritualisierung verdankt Kant, was er Charakter nennt: absolute Einheit der Grundsätze. Beiläufiges, Zufälliges, auf »ersten Eindruck« Beruhendes sind aus dem Handeln getilgt. Jachmann schildert eine bezeichnende Episode: »ohne Überlegung« folgt Kant, der auf einem Spaziergang von einem ihm bekannten Grafen angetroffen wird, dessen Einladung, in der Kutsche eine kleine Fahrt zu unternehmen. Höflichkeit fesselt Kant an den Grafen, der mit ihm in der Kutsche verschiedene Aufenthalte nimmt, »so daß er ganz gegen seine Lebensweise erst gegen zehn

Uhr voll Angst und Unzufriedenheit bei seiner Wohnung abgesetzt wird« (Jachmann, 150). Diese Erfahrung von Abhängigkeit bestimmt Kant, »nie wieder in einen Wagen zu steigen, den er nicht selbst gemietet hätte ... und sich nie von jemandem zu einer Spazierfahrt mitnehmen zu lassen«: erst jetzt, als die Angst vor Abhängigkeit per Grundsatzentscheidung ausgeschaltet scheint, ist Kant »mit sich selbst einig« (ebd.).

In nuce nehmen wir hier teil an dem qualitativen Sprung aus der Sphäre situativer Spontaneität, entstehender Angst und Heteronomie in die Sphäre moralischer Willensbestimmung und Autonomie. Die »absolute Einheit« der Grundsätze ist dynamisch als eine kontraphobische Selbstbehauptungsstrategie zu verstehen. L.S. Feuer[7] deutet diese Funktion der »Einheit des Selbstbewußtseins« bei Kant dadurch, daß sie zuerst und vor allem die Fähigkeit zur Abstraktion von aller Sinnlichkeit, von eindringenden affizierenden Objektwahrnehmungen wie von eigenleiblichem Spüren sei. »Ihn, der eine uneingeschränkte Herrschaft über seine Neigungen und Triebe ausübte, konnte nichts in der Welt von seiner erkannten Pflicht abwendig machen. (...) Kant konnte sich alles versagen, er konnte alles überwinden, er konnte alles über sich vermögen, denn er war ganz Herr seiner selbst.« (Jachmann, 151, vgl. Anthr. B 10/1) – Was Jachmann hier als Triumph praktischer Vernunft feiert, ist das Phantasma eines Zwangscharakters. Der Omnipotenzwahn der Selbstbeherrschung ist eine Reaktionsbildung auf sinnliche Lust und darin verdrängte Schuld. Im Streben nach Autarkie hat Kant sein sinnliches Dasein desensibilisiert und polizeiförmiger Kontrolle unterworfen.

Freilich – schon Jachmann beobachtet dies – kann Kant diese Fiktion nur aufrechterhalten durch Selbsttäuschungsmanöver. So rechnet er sich Gesundheit und Alter als Leistung und Produkt der Vernunft an; während er jedes Übel als von außen verursacht oder organisch determiniert versteht (Jachmann, 187). Sein Arzt der letzten Jahre schreibt dazu:

> Schwäche wollte und konnte er sich nicht zugestehen, wenn er sich nicht hätte als selbstschuldig bekennen und einer Inkonsequenz zeihen wollen, da er nichts tat, um diesem Übel vorzubeugen oder abzuhelfen, welches doch zu einem gewissen Grad in seiner Macht stand. (Jachmann, 206)

Wie unglůcklich macht mich der Eigensinn!
Da warf er sich voller Unmuth unter einen Baum und klagte: ich armes Kind, *wie unglůcklich macht mich der Eigensinn!* Er hat mich heute schon um die Wachtel, die mir mein guter Bruder zugedacht hatte, um das Frůhstůck, ach! um meiner Eltern Gunst, um so vieles Vergnůgen gebracht. Kein Mensch will ja etwas mit mir zu thun haben.. Wenn ich doch niemals wieder eigensinnig wåre!
Christian Gotthilf Salzmann: Moralisches Elementarbuch (1785), Stich von Daniel Chodowiecki.
Der Eigensinn der Triebe läuft in die Falle bürgerlicher Moral: Lerne – die Undiszipliniertheit der Triebe gerade bringt dich um ihre Erfüllung – um Wachtel, Frühstück, Liebe der Eltern! – Nachdem Kant den Eigensinn der Wünsche sukzessive zerkleinert hat und in einen Abwehrpanzer gefangen hält, bricht im Alter das Begehren wieder durch: »Er bestand mit Ungestüm auf Stillung seines ausgearteten Appetits.«

Um die Idee des vernunftgewirkten Körpers aufrechtzuerhalten, verschiebt Kant jede Schwäche des Leibs auf externe Faktoren. Für seinen Kopfschmerz und Kräftezerfall (Marasmus) erfindet er z.B. die Luftelektrizität als Ursache und reagiert aggressiv (»wirklich böse«), wenn dem widersprochen wird: »Nehmen Sie mir meinen Glauben, ich werde mich deshalb doch nicht totschießen!« (Jachmann, 187).
Eine denkwürdige Reaktion – als trachte der Arzt Kant nach dem Leben, wenn er ihn vorsichtig mit der Verantwortlichkeit dafür konfrontiert, daß etwas an Kants Körper *nicht* funktioniert oder beherrscht wird. Hochempfindlich zeigt sich das Selbstgefühl Kants, wenn sein Ich-Ideal, das auf die völlige Inbesitznahme der eigenen Natur zielt, von anderen in Frage gestellt wird. Im Leib zuerst, wieviel mehr in Krankheit, Schmerz oder Angst drängt sich auf, was er ist, aber nicht besitzt. Dies zutiefst lehnt er als Gefährdung seiner autarkiesüchtigen Identität ab, ja er fühlt sich tödlich bedroht, wenn ihm zugemutet wird, Krankheit als zu ihm gehörig anzuerkennen.
Wenn Kant von sich sagt, daß er »eigentlich nie gesund und nie krank sei« (Borowski, 52), verdrängt er das unglückliche Bewußtsein darin und zählt Nicht-Krankheit und hohes Alter als »Werk der von ihm angewandten Kunst« (Borowski, 53). »In strenger Ordnung froh dahin« (Wasianski, 230) wäre das Motto einer Diätetik, die als Kunst des Lebenserhalts und der Lebensverlängerung den Körper zum Objekt umfassender Disziplin

macht. So lebt Kant im Bewußtsein, daß er längst tot wäre, wenn nicht Vernunft die schwache Natur seines Körpers an das Gängelband wirksamer Kontrollpraktiken genommen hätte. Gierig hängt Kant am Leben, das »leidenslos« (Borowski, 53) er zu erhalten hofft, nur weil jeder Tag über die nach seiner Natur vermeintlich abgelaufene Lebensuhr hinaus ein Beweis der Wirksamkeit moralischer Durchdringung des Körpers ist. So vermittelt sich ihm, der niemals glücklich ist, ein indirektes Glück, nämlich Zufriedenheit der Vernunft damit, daß schließlich alles, was er ist, und sogar noch das factum brutum des Lebens er sich selbst verdankt. Dies meint die »Wiedergeburt« aus der Entscheidung zur »absoluten Einheit« des Charakters, wovon er in der *Anthropologie* so bewegt spricht.

Der Preis, den Kant für die Aufrechterhaltung dieser Autogenesie-Fiktion zu zahlen hat, ist die zwanghafte Abwehr sinnlicher Affekte und leiblicher Gefühle, die prinzipiell der Idee selbstermächtigter Personalität widerstreiten. Was immer mit Lust und Begehren sich assoziiert, wird nicht nur moralisch diskreditiert, sondern auch als gesundheitsgefährlich gedeutet.

L.S. Feuer hat in seiner Analyse des Kantischen Umgangs mit seiner Sinnlichkeit gezeigt, daß dieser die fünf Sinne unter eine gestufte Zensur stellt. So sind Geruch und Geschmack untere Sinne, weil sie mit dem affizierenden Gegenstand durch Berührung verbunden sind und aufgrund der absoluten bzw. relativen Distanzlosigkeit zum Objekt der Freiheit »zuwider« sind (Anthr. B 51-55, Jachmann, 208). Auch der Gehörsinn – obwohl distant zum Objekt – ist der intellektuellen Selbstbehauptung gefährlich, weil vom Hören schlecht abstrahiert werden kann. Darum auch reagiert Kant auf Geräuschstörungen so hysterisch und wechselt eher die Wohnung, als sich mit der Macht akustischer Reize zu arrangieren. Auch das kultivierte Geräusch, nämlich Musik, gilt Kant wenig, weil diese »Sprache bloßer Empfindungen (ohne alle Begriffe)« (Anthr. A 49) ist. Das Auge ist der edelste Sinn, als Fernsinn der Freiheit des Subjekts am angemessensten. Doch ist gerade das Auge auch sexualisiert, so daß andrängende sexuelle Signale und reizende Beweglichkeit der Objekte vermieden werden müssen durch kontemplationsbegünstigende Fixation des Blicks.[8]

Man darf ferner annehmen, daß Kant alles Tasten, Spüren und

hantierende Umgehen mit Objekten weitgehend vermieden hat. Wohl kaum mehr denn Bücher, Federkiel sowie flüchtig Kleidungsstücke und seine Haut bei den notwendigen hygienischen Verrichtungen hat Kant je gespürt. Bis ins hohe Alter ließ er sich nicht durch den Diener ankleiden. Nie wird von den zeitüblichen herzlichen Umarmungen unter Freunden berichtet. Sexueller Körperkontakt unterbleibt strikt. Auch in konventionellen Situationen wird auf Distanz zu Körperobjekten geachtet. Als todesnaher Greis küßt Kant – völlig überraschend und nahezu bewußtlos – den ergriffenen Wasianski; dieser erinnert sich nicht, daß Kant je einem Menschen einen Kuß geboten habe (Wasianski, 301/2).

Charakteristisch ist ferner Kants Angst vor körpereigenen Sekretionen, öffentlich beredet als Angst vor Schweiß. Wann immer Anflüge von Schweiß beim Spaziergang sich spürbar machen, bleibt Kant im Schatten stehen: »mehr durch ängstliche, als sorgfältige Vermeidung alles dessen, was Schweiß erregen konnte« (Wasianski, 228), nähert er sich dem Ideal der Körpertrockenheit. Trockenheit ist eine moralische Norm insofern, als Körpersekretion mit Sexualzensur belegt ist. In der Angst vor Schweiß larviert sich die von Kant mit bewegten Worten geschilderte Onanie-Schuld (Pädagogik, 137-41; MdS A 75 ff.), ja das Sexualtabu überhaupt. Der trockene Körper ist der desexualisierte, schuldfreie Körper. Alles Flüssige, Fließende, Strömende ist mit Sexualität besetzt. Kant ist »zuletzt vertrocknet – wie eine Scherbe« (Borowski, 52, 93).

Der Körperkontrolle korrespondiert die Angst vor Körperempfindungen. In beidem wirkt unbewußte sexuelle Schuldangst.[9] Freiheit wird von Kant alltagspraktisch verstanden als Entsinnlichung bzw. Ritualisierung unvermeidlicher sinnlicher Prozeduren. Das Autarkie-Ideal wirkt praktisch als *Zwang zur Freiheit* bei Strafe des Schuldigwerdens. Angst und Schuldvermeidung mauern den Körper Kants ein, vertrocknen ihn und trennen ihn von Objekten und anderen Körpern. Dieser Kontrollzwang des Körpers entspricht der beobachteten Gleichförmigkeit und Rhythmisierung der Zeitabläufe sowie den räumlichen Ordnungen, in denen Kant seinen Tag organisiert. Gegen jedes Dazwischentretende, Unvorhergesehene, Ungeplante und Überraschende muß der untergründig sexualisierte und affizierbare

Körper geschützt werden.[10] Die Rhythmisierung nach Regeln intellektueller und moralischer Selbstbeherrschung ist der wahnhafte Versuch, noch der Biorhythmen des Körpers Herr zu werden, der Versuch aber auch der Beherrschung von Fremdobjekten, die nur angepaßt an das eigene Planungskalkül in Kants Leben eintreten können.

»Von Jugend auf« sei es das Bestreben Kants gewesen, »sich selbständig und von jedermann unabhängig zu machen«. Diese »freie Unabhängigkeit« steht jedoch unbewußt im Dienst der Schuldabwehr. Auf der Bewußtseinsebene erscheint diese immer dann, wenn Kant Autonomie mit Freiheit von Schulden gleichsetzt und zu einem wesentlichen Faktor des Charakters erklärt.

> Er hielt sich deshalb auch für ganz vorzüglich glücklich, daß er nie in seinem Leben irgend einem Menschen einen Heller schuldig gewesen ist. Mit ruhigem und freudigem Herzen konnte ich immer: herein! rufen, wenn jemand an meine Thür klopfte, pflegte der vortreffliche Mann oft zu erzählen, denn ich war gewiß, daß kein Gläubiger draußen stand. (Jachmann, 149; vgl. Borowski, 64)

Man kann diese Versicherung auch so verstehen, daß hinter der verschlossenen Tür nichts Sexuelles geschieht. Dazu paßt, daß Kant sich, obwohl immer allein, »nur in der Art« auskleidet, »daß er in jedem Augenblick, ohne verlegen zu werden, oder bei seinem Aufstehen andere verlegen zu machen, erscheinen konnte« (Wasianski, 226). Welch ein Überfluß an Zartsinn, der Scham und Schuldangst verdeckt und noch den ›Körper für sich‹ jederzeit zu einem Körper im Kontrollblick der anderen entfremdet. Bis in den Schlaf hinein demonstriert Kant, er praktiziere keine Sexualität.

Es verwundert nicht, daß Kant, als er wegen Altersschwäche seine Geldverwaltung Wasianski überträgt, diesem mit Feierlichkeit die »Schlüssel, die er sein *Heiligtum* zu nennen pflegte«, übergibt und ihn mit seinem *Vermögen*, das er »als ein *Geheimnis* bewahrte« bekannt macht (Wasianski, 246; Kursivierung vom Vf.). Schamhaft verläßt Kant das Zimmer, als Wasianski das erste Mal sich mit Kants Vermögen vertraut macht. Es ist, als ängstige Kant, daß an der Größe des aufgesparten geheimnisvollen Vermögens man die Größe der vermiedenen Schuld ablesen

könne. Nach dieser endgültigen symbolischen Entschuldung der Schuld zieht Kant sich auf eine präsexuelle Stufe zurück, auf der dann seine infantilen unstrukturiert-oralen Begierden ausagiert werden. Es scheint nicht ohne Hintergrund, wenn Kant in der *Metaphysik der Sitten* nur drei Pflichtverletzungen gegen sich selbst als animalischer Existenz kennt: den Suizid, die Onanie und Unkeuschheit, sowie orale Sucht (MdS 2. Tl. A 72-82). Es sind dies – wie für den Suizid noch zu zeigen ist – die drei großen Gefährdungen, denen Kant sich selbst ausgesetzt sah. In ihrer Abwehr konstituiert sich als Reaktionsbildung der moralische Charakter. Sein Grundprinzip ist das Verbot der Lüge, bzw. die »Wahrhaftigkeit im Inneren des Geständnisses vor sich selbst« (Anthr. A 272). Hierin aber liegt eine Paradoxie, denn das Geständnis bezieht sich immer auf die Schuld libidinöser Begehrungen, über die Kant nicht reden kann, weil er sie ins Unbewußte verdrängt hat. Der Geständniszwang bezieht sich auf das Unaussprechliche, denn das Denken der Sexualität selbst ist sexuell. Bereits der Gedanke der Onanie »erregt eine Abkehrung von diesem Gedanken, in der Maße, daß selbst die Nennung eines solchen Lasters bei seinem eigenen Namen für unsittlich gehalten wird« (MdS 2. Tl. A 77, vgl. Wasianski, 253). Die Sexualzensur wirkt bei Kant bis in die Sprache hinein: so daß durch sie zwei Sphären geschaffen werden, einmal die der bewußten, sprachfähigen Wahrhaftigkeit des moralischen Subjekts, zum anderen die unbewußte, aus der Sprache exterritorialisierte Sphäre namensloser Sexualschuld.
Tief vergraben sind die Spuren, die auf den eigenen sexuell bedürftigen Körper verweisen. Verstümmelt und fragmentarisch spricht das Begehren aus Kant, der ihm den Zugang zur Sprache verweigert. Seltsam verzweigt sich das Begehren in der Sprache:

> War aber in einer schwülen Sommernacht nur eine Spur von Schweiß bei ihm eingetreten, so erwähnte er dieses Falles mit einer Art von Wichtigkeit, als eines ihm zugestoßenen widrigen Ereignisses. (Wasianski, 229)

Gegen alle Zensur und Schuldangst sucht sich die Sexualität durch Verschiebung auf öffentlich *besprechbare* Objekte den Weg zur verschlüsselten Mitteilung, daß nachts etwas zugestoßen sei. So dementiert der Körper subversiv das Autarkie-Ideal

Das einsame Laster. (Radierung von Mihaly Zichy)

Zu diesen Teilen unseres Körpers, die so leicht auf eine höchst gefährliche Weise verletzt werden können, gehören ganz vornehmlich auch diejenigen, welche die Schamhaftigkeit vor allen Menschen, ja vor sich selbst, zu verbergen gebietet und welche man daher die *Schamteile* zu nennen pflegt. Kinder, ich bitte euch um euerer Glückseligkeit willen, diese Teile ohne Not

niemals zu berühren, noch weniger daran zu reiben oder zu zerren oder damit zu spielen. Ihr würdet über kurz oder lang die allerschrecklichsten Folgen davon erleben.
Ich habe junge Menschen gekannt, die das nicht wußten und sich deswegen unaussprechlich unglücklich machten ... so hatten sie sich unverständigerweise angewöhnt, mit den Händen oder sonst einer Weise daran zu reiben, zu drücken, zu zerren oder zu kitzeln; und weil ihnen das anfangs Vergnügen machte ..., so fuhren die Unglücklichen von einem Tage zum andern damit fort. Aber was erfolgte? Kinder, Gott ist mein Zeuge, daß ich euch die Wahrheit sage, so unbegreiflich euch die Sache auch jetzt noch klingen mag – einige zehrten ab und wurden wie ein Schatten; andere bekamen Zuckungen oder das sogenannte schwere Gebrechen; einige wurden trübsinnig und melancholisch davon; andere verloren ihr Gedächtnis und ihren Mutterwitz, wurden einfältig und dumm, oft ganz verrückt; einige wurden mit Blindheit, andere mit andern schrecklichen Krankheiten und Leibesgebrechen dafür bestraft. (Joachim Heinrich Campe: Kleine Kinderbibliothek. Hamburg 1783)

Kants. Der desexualisierte Freiheitsraum und der Imperativ der Schuldlosigkeit können niemals das Begehren ausrotten, sondern immer nur auf die Wege der metonymischen Verschiebungen und metaphorischen Verdichtungen zwingen. Auf der Ebene des Bewußtseins kann so Kant das Bild des tadellosen und wahrhaftigen Mannes aufrechterhalten, während auf der namenlosen Ebene des Unbewußten unaufhörlich das Begehren und die Schuld zirkulieren. L.S. Feuer hat darum dem kategorischen Imperativ folgende Variante unterschoben:

»Act so that your senses can sense no object
which provokes your sexual instinct.«[11]

5. KÖRPER, SEXUALITÄT UND DISKURS DER HYPOCHONDRIE

Es hat vielleicht nie ein Mensch gelebt, der eine genauere Aufmerksamkeit auf seinen Körper und alles, was diesen betrifft, angewandt hat als Kant. (Jachmann, 194)
Obgleich Kant nie seinen Geist zum Gegenstand eines Gesprächs wählte und jedes Gespräch darüber absichtlich vermied, so sprach er desto mehr von seinem Körper. Er rezensierte sehr oft seine körperliche Beschaffenheit, er teilte seinen Freunden jedes körperliche Gefühl und jede Verände-

rung mit, die sich mit seinem Körper zutrug. (Jachmann, 186, vgl. Borowski, 53)

Genitale Sexualität ist »ohne Namen«. Kuno Fischer nennt Kant einen »Cölibatär«, ohne eigentlich zu begreifen, was er damit sagt. Das Bemühen vieler Biographen bis heute, Kant irgendwelche Historien mit Frauen zuzutrauen oder gutmütig ihm zu gönnen, ist eher komisch angesichts Kants Unfähigkeit zu objektlibidinösen Beziehungen. Sexualität – insonderheit Onanie und Beischlaf mit Frauen – ist Kant ekelhaft. Abgründe von Angst trennen Kant von genitaler Praxis. So wie sein Schlafzimmer Tag und Nacht verdunkelt gehalten sein sollte, liegt Dunkelheit und Schweigen über der Sexualität Kants. Der nicht-genitale Körper dagegen wird einem endlosen Diskurs unterzogen: über seine Blähungen, den abgemergelten Hintern, Magenschmerzen, Kopfdruck, Verstopfung, Verdauung, Hämorrhoiden, Schweiß, Schlaf, Atmen, Wetterfühligkeit, enge Brust, dünne Beine, Muskelschwund, skoliotische Entstellungen, Krankheiten, Kuhblattern-Impfung sowie alle Erkrankungen der Freunde spricht Kant unermüdlich – ebenso wie über diätetische Strategien, medizinische Erkenntnisse oder Essen und Kochen.

Es ist, als ob Kant die »uneingeschränkte Herrschaft über seine Neigungen und Triebe« (Jachmann, 151) dadurch ermöglicht, daß er die geknebelten sexuellen Energien auf seinen Körper rückwendet, verwandelt und endlos bespricht. Diätetik und Medizin erweisen sich schließlich nicht nur als Mittel der Sexualunterdrückung, sondern zugleich als Medium einer ungeheuren Vervielfachung eigenleiblicher Aufmerksamkeiten und Körper-Diskurse. Konstitution und organische Mißbildungen, die er selbst als Ursache seiner besonderen Aufmerksamkeit auf den Körper angibt, verdunkeln freilich den relevanteren Zusammenhang von Sexualunterdrückung und narzißtischer Besetzung des eigenen Leibes. Erst dieser Zusammenhang schafft den Zwang und die Lust zu ständiger Beschäftigung mit dem eigenen Körper, den in sinnliche Praktiken einzubringen Kant durch panische Ängste gehindert ist.

Da in der 2. Hälfte des 18. Jahrhunderts die medizinischen und diätetischen Diskurse im Bürgertum sich explosiv vermehren, hat Kant hier die öffentliche Deckung dafür, in geselliger wie sogar wissenschaftlicher Form kontinuierlich über seinen Leib zu räsonieren und zu schreiben.[12] Die Schrift *Der Streit mit der medizinischen Fakultät* – hier entwickelt Kant sein persönliches Bioprogramm –, aber auch Teile aus der *Anthropologie* und der *Metaphysik der Sitten* handeln unmittelbar von Kant selbst. Nicht ohne Grund stellt Kant sich im Streit der Fakultäten die Diagnose der Hypochondrie. Diese definiert er als diffuses Zirkulieren der Einbildungskraft im Leib, der als Resonanzraum imaginierter Leibgefühle wiederum der Phantasie ständige Nahrung gibt (Streit A 178f., Anthr. B 410f.). Das lästige »Tschirpen« des Leibes, das wie eine Grille in der Nacht die Gemütsruhe stört und die Aufmerksamkeit auf sich zieht – daher Grillenkrankheit –, dieses Tschirpen also versteht H. Schmitz als unwillkürlich auftauchende Leibinselgefühle, die nicht durch das Band der Enge zur Einheit des Leibes zusammengehalten werden.[13] Kant glaubt nun, durch intellektuellen »Vorsatz seiner krankhaften Gefühle Meister zu sein« bzw. ihnen durch »Abstraktion« entgehen zu können. Das Philosophieren z.B. hält er für ein geeignetes »Mittel der Abwehrung mancher unangenehmer Gefühle« (Streit A 177) –: womit er einsichtsvoll sein Philosophieren in der dynamischen Funktion einer Reaktionsbildung erkennt.

Nun ist unzweifelhaft, daß Kant das anarchische Andrängen dispers verstreuter Leibinselgefühle in gewissem Grade zu kontrollieren gelernt hat; wie ebenso zweifellos ist, daß er gar nicht gewollt hat, seine ständige Aufmerksamkeit auf den Leib möge aufhören. Die Beschäftigung mit der leiblichen Befindlichkeit sowie das öffentliche Räsonieren darüber ist vielmehr als Lust zu verstehen. Es ist darum wenig hilfreich, wie Kant die Hypochondrie als Krankheit der Einbildungskraft oder Wirkung von Organmängeln zu verstehen, oder, wie Schmitz, bei der phänomenologischen Analyse der Hypochondrie stehenzubleiben. Hypochondrie bildet eine spezifische Leibstruktur, die jedoch psychodynamisch das Schicksal der objektlibidinösen wie auch exhibitionistischen Bedürfnisse widerspiegelt.

Zum einen wirken die sexuelle Zwangsmoral und Schuldangst blockierend auf die objektlibidinösen Energien, die sich nicht an Objekte knüpfen dürfen. Der hypochondrische Diskurs Kants entspringt einer sexuellen Inversion, in der das Ich den eigenen Leib zum Objekt des Verlangens macht. Die im Leib zirkulierende Aufmerksamkeit ist gegen das Entdecktwerden als sexuelle Lust dadurch geschützt, daß sie sich an der Negativität des Körpers festmacht (den Kränklichkeiten, Schwächen, Schmerzen, Anomalien) sowie die genitale Zone vollständig ausklammert. Zum anderen entsteht der hypochondrische Diskurs aus der Blockierung exhibitionistischer Wünsche des Größen-Selbst, die nicht abgeführt und in zielgerichtete Praktiken transformiert werden können. Im hypochondrischen Räsonieren findet Kant einen Ausweg zur Abfuhr narzißtischer Spannungen, welche – wie wir noch sehen werden – in seiner Lebenspraxis sonst extrem zensiert werden und nur auf Umwegen Ausdruck finden. Einer dieser Auswege ist der hypochondrische Leib, der die Wünsche nach exhibitionistischer Selbstdarstellung, die nicht nach außen dringen dürfen, aufzunehmen hat und durch endloses Sichaufdringen körperlicher Mißhelligkeiten dem Ich Kants unbegrenzte Möglichkeiten schafft, in der Öffentlichkeit sich zu exhibitionieren.

Die narzißtische Struktur des hypochondrischen Diskurses über Körper und Diätetik kommt in folgendem Bericht Wasianskis deutlich zum Ausdruck:

> Er sah daher auch seine Gesundheit und sein hohes Alter fast als sein eigenes Werk an; ja als ein Kunststück, wie er es selbst nannte: bei so vielen Gefahren, denen das Leben ausgesetzt ist, sich noch bei allem Schwanken im Gleichgewicht zu erhalten. Er tat sich darauf so viel zu gut, wie der gymnastische Künstler, der lange auf einem schlaffen Seile äquilibriert, ohne von demselben nur einmal hinabzugleiten. Triumphierend über jeden Anfall von Krankheit stand er fest ... (Wasianski, 230/1)

Das Bild des Hochseilkünstlers enthält sehr schön den exhibitionistischen Anteil, die philobatische Lust an vollkommener Kontrolle und schwerelosem Gleichgewicht inmitten gefährlicher Objektwelten und den narzißtischen Jubel, eine einmalige und vollkommene Leistung vollbracht zu haben. Der winzige, schwächliche Körper Kants – der insgeheim zu einer für alle sichtbaren Einmaligkeit zubereitet wird, die ihn hoch erhebt zu vollkommenem Gleichgewicht –: diese Dynamik ist unmittelbar assoziiert mit den grandiosen Flugphantasien im Weltraum, wie wir sie in der *Theorie des Himmels* kennengelernt haben.

6. »ICH BLEIBE GERN ZULETZT« – ABWEHR DES EXHIBITIONISMUS

»Ich bleibe gern zuletzt« – damit begründet Kant, daß er seine Tischgenossen immer erst wenige Stunden vor dem Essen einlädt, weil er nicht möchte, daß einer seiner Freunde seinetwegen eine andere Einladung ausschlägt (Jachmann, 182). Es ist dies eine charakteristische Geste Kants, der in gesellschaftlicher Interaktion wie in seinen Schriften nicht müde wird, ein Bild von »Anspruchlosigkeit«, »Bescheidenheit«, »Gutmütigkeit«, »Pünktlichkeit« etc. – kurz: das »Muster der Humanität« zu figurieren. »Er selbst wollte nie anders scheinen, als er wirklich war, aber ihm war auch nichts so sehr zuwider, als wenn er eitle Anmaßungen an anderen Menschen bemerkte.« (Jachmann, 145) Was Jachmann hier übereinstimmend mit allen Biographen berichtet, ist sicher ebenso korrekt wie naiv. Denn alles, was über Kants bescheidene Selbstinszenierung erzählt wird, spiegelt eben diese Inszenierung. Daß Wesen und Erscheinung bei ihm zusammenfielen, ist nicht nur eine moralische Forderung (nach Wahrhaftigkeit), sondern auch das Ergebnis der lebenslangen, diskret wie effektiv inszenierten Wirkungsgeschichte eines Selbstbildes, das von den Zeitgenossen bis heute als Kant-Bild Anerkennung gefunden hat.

Wenn Kant eitle Anmaßung an anderen so zuwider ist, wenn er heftig gegen »gleißnerischen Schein«, »eitle Ruhmsucht«, »hochmütiges Brüsten«, gegen das exhibitionistische Genietreiben, gegen die narzißtisch gesättigten Rollenstrukturen höfischen Verhaltens, gegen rhetorische Sprechkunst (außer in moralischen Vorlesungen, wo er selbst als Redner glänzt), wenn er strikt gegen jede »Zelebrität des Namens« und die Sucht nach Titeln und Ehrenzeichen, gegen Protektions- und Prestigewesen der scientific community polemisiert; wenn er gegen die luxurierende, glanzvolle Einrichtung von Häusern sein eigenes Haus mit einfachen Möbeln, billigem Geschirr, ohne Bibliothek (die dem Narzißmus eines Gelehrten sonst so wichtig ist), in biederer Schmucklosigkeit einrichtet –: dann straft er an anderen, was an sich selbst er unterdrücken muß. Die sprichwörtliche Bescheidenheit Kants ist in Frage zu stellen. In den sich selbst zurücknehmenden Gesten, die Kant so wirkungsvoll seiner Umwelt vorzuleben versteht, bekämpft Kant ihr Gegenteil: das Eindringen nicht-modifizierter Größenphantasien und exhibitionistischer Forderungen. Aber »ich bleibe gern zuletzt«.

Dies verhüllt den Wunsch, Mittelpunkt und Erster zu sein. Kant selbst mochte wohl glauben, daß er nur scheinen wollte, was er wirklich war. Fragt sich, ob er war, was ihm selbst schien. Der Wahrheit näher als die Bescheidenheitsversicherungen Kants und seiner Biographen kommt schon das Gemälde »Kant und seine Tischgenossen« von Dörstling. Dieses Bild ist zwar in Details unrealistisch – z. B. ist der Raum viel zu prächtig ausgestattet – jedoch erfaßt Dörstling, wie in einer Momentaufnahme, Kant als den absoluten Mittelpunkt einer (von ihm) lebhaft angeregten Gesellschaft von Männern, die sämtlich ihn mit gespannter Aufmerksamkeit, Bewunderung und Freude anblikken. Kant als Blickpunkt (nur der Diener Lampe schaut weg). Aber »ich bleibe gern zuletzt«.

In der Tat ist Kant ein anziehender Gastgeber und glanzvoller Unterhalter seiner Freunde und Gäste. Immer ist er im Mittelpunkt. Gesprächführung, Themenwahl, Stil und Verhaltensformen werden ausschließlich durch ihn geprägt. Die versteckt autoritäre Regie der Tisch- und Rederituale stößt fast nie auf Widerspruch. Kant unterbindet jede Abweichung und lenkt geschickt von ihm unleidlichen Themen ab. In den Ausnahmefällen, wo Gegenmeinungen sich hartnäckig halten oder unangenehm insistiert wird, gerät der friedliche Mann in Rage. Dennoch haben alle Gäste das Gefühl, physisch, psychisch und geistig gestärkt vom Tisch aufzustehen. Aus den Berichten geht hervor, wie sehr Kant dies genießt.

Die Freunde Kants, wie auf Dörstlings Gemälde erkennbar, funktionieren als sein Spiegel. Er stößt in ihnen nicht auf autonome Subjekte, sondern spiegelt in ihren Blicken sich selbst. Während der einzigen Mahlzeit des Tages sättigt Kant nicht nur den Leib, sondern verspeist zugleich die Bewunderung und dankbare Verehrung der Gäste. Darum sind die Stunden des Mittags so wichtig. Der bescheidene Mann ist im Kreis der Freunde Erster und Mitte. Wie sie sein Spiegel sind, ist er ihre »Sonne« (Jachmann, 131), an deren Strahlkraft sie partizipieren. Dieser psychische Vertrag hält das Tischritual Kants so stabil und widerspruchsfrei.

Kant und seine Tischgenossen. Gemälde von Dörstling.
Er war in seiner Unterhaltung besonders bei Tische ganz unerschöpflich. War die Gesellschaft nicht viel über die Zahl der Musen, so daß nur ein Gespräch am ganzen Tisch herrschte, so führte er gewöhnlich das Wort, welches er aber sich nicht anmaßte, sondern welches ihm die Gesellschaft sehr gern überließ. Aber er machte bei Tische keineswegs den Professor, der einen zusammenhängenden Vortrag hielt, sondern dirigierte gleichsam nur die wechselseitige Mitteilung der ganzen Gesellschaft.
(Jachmann über Kant, 1804)

Aber »ich bleibe gern zuletzt«.
Dem narzißtischen Kern kommt schon näher, wenn Jachmann berichtet, Kant habe bei seiner »anspruchslosen Bescheidenheit« »doch ein zartes Gefühl für die Anerkennung seiner Verdienste« (Jachmann, 147). In der Welt der Gelehrten, heißt es, beansprucht und genießt Kant Anerkennung und Hochschätzung durch Kollegen sowie die bewundernde, dankbare Verehrung der Schüler (Jachmann, 147/8).

Jede, auch nur dem Schein nach geäußerte Geringschätzung oder Vernachlässigung, besonders von Männern, auf deren

Achtung er schon als Gelehrter Anspruch machen zu können glaubte, war selbst imstande, seinen edlen Stolz zu erregen, den er denn auch unverhohlen äußerte. (Jachmann, 148)

Hier im Bereich der Arbeit, die von allem narzißtischen Schein gereinigt scheint, in Wahrheit aber in seinem Dienst steht, zeigt Kant sich kränkbar und darf stolzes Selbstbewußtsein demonstrieren.

Schon in seinen Frühschriften waren, wie wir gezeigt haben, grandiose, fast mythische Bilder auffällig, in die Kant seine Philosophie faßt. Es sind Metaphern kühner Weltentdeckung und gefährlicher Seereisen, die die Wahrheitsarbeit Kants an die Seite der Arbeit der Heroen der unbemessenen Horizonte, wie Kolumbus, stellen:

> Ich habe auf eine geringe Vermutung eine gefährliche Reise gewagt, und erblicke schon die Vorgebürge neuer Länder. (Th. d. H. A x)

In der Schrift *Der einzig mögliche Beweisgrund zu einer Demonstration des Daseyns Gottes* von 1763 wagt sich Kant heroisch in den »bodenlosen Abgrund der Metaphysik« – und natürlich ist dieser

> ein finsterer Ozean ohne Ufer und ohne Leuchttürme, wo man es wie der Seefahrer auf einem unbeschifften Meere anfangen muß, welcher, so bald er irgendwo Land betritt, seine Fahrt prüft und untersucht, ob nicht etwa unbemerkte Seeströme seinen Lauf verwirrt haben ... (Beweisgrund A 6).

Nicht anders stilisiert sich Kant in der *Kritik der reinen Vernunft* zum Konquistador und Seehelden, der das uneroberte »Land des reinen Verstandes« bereist, durchmessen und allem darin seinen Ort bestimmt hat.

> Dieses Land aber ist eine Insel, und durch die Natur selbst in unveränderliche Gesetze eingeschlossen. Es ist das Land der Wahrheit ..., umgeben von einem weiten und stürmischen Ozeane, dem eigentlichen Sitze des Scheins, wo manche Nebelbank, und manches bald wegschmelzende Eis neue Länder lügt, und indem es den auf Entdeckungen herumschwärmenden Seefahrer unaufhörlich mit leeren Hoffnungen täuscht, ihn in Abenteuer verflechtet, von denen er niemals ablassen und sie doch auch niemals zu Ende bringen

kann. Ehe wir uns aber auf dieses Meer wagen, um es nach allen Breiten zu durchsuchen, und gewiß zu werden, ob etwas in ihnen zu hoffen sei, so wird es nützlich sein, zuvor noch einen Blick auf die Karte des Landes zu werfen, das wir eben verlassen wollen, und erstlich zu fragen, ob wir mit dem, was es in sich enthält, nicht allenfalls zufrieden sein könnten, oder auch aus Not zufrieden sein müssen, wenn es sonst überall keinen Boden gibt, auf dem wir uns anbauen können; zweitens, unter welchem Titel wir denn selbst dieses Land besitzen, und uns wider alle feindlichen Ansprüche gesichert halten können. (KdrV B 294/5)

So spricht der Mann, der auf seiner einzigen kleinen Schiffspassage seekrank wird und angstvoll sich an Königsberg festklammert. Ein Mann, der es für das grandiose Gleichgewichtsvermögen eines Hochseilkünstlers hält, wenn er seinen schwächlichen Körper »weder krank, doch niemals gesund« durch die Jahre schleppt. Ein Mann, der in seiner Angst vor allem Begehren seine moralische Selbstbehauptung eine Herkules-Arbeit nennt und eine »Höllenfahrt des Selbsterkenntnisses«, die den »Weg zur Vergötterung« bahnt (MdS 2. Tl. A 104, Religion B 11).

Aber »ich bleibe gern zuletzt«.

Unverkennbar sind die intensiven narzißtischen Energien, mit denen Kant die philosophische Arbeit an der einzigartigen Wahrheit besetzt. Er, der wie wenige große Männer der Philosophie von tiefen Ängsten beherrscht ist, die ihn starr an Raumorte und Zeitrituale fesseln; der lebensgeschichtlich die typischen Züge des oknophilen, untergründig von panischer Angst erfüllten, anankastisch klammernden Charakters trägt: – er also findet in seiner Arbeit das kulturell anerkannte Medium, seine geheimen Wünsche auf großartige Raumeroberungen und heroische Selbstbehauptung zu befriedigen. In Metaphern spricht sein Unbewußtes: wie er nämlich gesehen werden möchte. Unauffällig und signifikant zugleich sind die metaphorischen Chiffren des Größen-Selbst in die Texte verstreut. In dem großartigen Bild der *Kritik der reinen Vernunft* spricht Kant ohne Wissen sehr präzise von sich selbst. Primär kommt es darauf an, sich eines vertrauten, tragenden und völlig beherrschten Objekts zu versichern: dies ist die Insel, die vermessen, zu eigen gemacht wird, auf der man sich anbauen kann. Ein solches Objekt hat Kant

Johann Heinrich Füßli: Meeresgrotte in Margate mit Rückenakt eines Mannes. (1816)
Die Triumphgeste heroischer Selbstbehauptung inmitten der bedrohlichen Räume der Weiblichkeit: vaginale Grotte – verschlingendes Meer. Radikaler

kann das »phallisch-narzißtische Heldentum« (Michael Balint) nicht ins Bild gesetzt werden. Die heroischen Ozean-Visionen Kants lassen die Philosophie unter der Hand zum grandiosen Traum des Konquistadors und zur herkulischen Ordnungsarbeit in den wüsten Räumen des Chaos werden.

nicht mehr – daß es verloren ist, begründet seine Melancholie. Aber er schafft in sich selbst jene Sicherheit, Beherrschbarkeit und Nähe nach: im Instrument des Verstandes, der die Funktion des ›heimatlichen Objekts‹ übernimmt. Umgeben sieht Kant seine Insel von den wüsten und täuschenden Weiten des Ozeans, des unstrukturierten Chaos, in dem man heimatlos auf ewig sich verirren kann – schlimmer als Odysseus, den gute Mächte im chaotisch Fremden begleiteten. Bei Strafe der Irrnis und des Untergangs kann auf den Ozean sich wagen nur, wer sich völlig in den Besitz des absolut sicheren Objekts gebracht hat. Das Abenteuer, die wüsten Weiten »nach allen Breiten zu durchsuchen«, kann nur der Held der Vernunft wagen. Diese ist gleichsam die Ausrüstung des Expediteurs, Vermessers und Eroberers im Meer des Chaos –: wie das Flugzeug die Ausrüstung des Fliegers ist, der den Traum, in der Luft wie im eigenen Element sich zu bewegen, ohne dieses absolut zueigen gemachte Objekt nicht erfüllen kann.

In den metaphorischen Chiffren gibt Kant zu erkennen, wie tief er von der Sehnsucht nach »phallisch-narzißtischem Heldentum« (M. Balint) erfüllt ist, das er jedoch nur sublimiert (dafür aber auch kulturell anerkannt) in der Herkules-Arbeit und im konquistadorischen Anspruch seiner Philosophie erfüllen kann. Seine Vernunft erbt diesen Wunsch, der sie strukturiert insofern, als Vernunft die Ausrüstung für die inneren Expeditionen ins Chaos des Unerkannten und Unbekannten bereitstellt. »Höllenfahrt« und »Weg zur Vergötterung« ist auch die *Kritik der reinen Vernunft*.

Die intellektuellen Leistungen Kants sind es, in denen er gesehen werden möchte in der mythischen Dimension des Helden der Welteroberung und in der archaischen Dimension des einmaligen omnipotenten Kindes. Im Blick der Verehrer, der Freunde und der Öffentlichkeit sucht Kant, was diese immer nur ungenügend stellvertreten können: den verlorenen Blick der Mutter, der ihn als den eingeborenen Sohn spiegelt.

Aber »ich bleibe gern zuletzt«.
Seine Biographen bis heute haben dies geglaubt: »Sich selbst maß Kant nach einem verhältnismäßig kleinen Maßstabe« (Jachmann, 146). Als Kant beiläufig auf seine Beziehung zu Newton zu sprechen kommt, setzt er hinzu: »wofern sich etwas Kleines mit etwas Großem vergleichen läßt«. (Jachmann, 147) Von anderen Gelehrten spricht er »stets in Ausdrücken einer besondern Achtung« (ebd.). Einen weit unter ihm stehenden Wissenschaftler, seinen Schüler Kraus, vergleicht er mit Kopernikus – er selbst aber ist neben Newton »etwas Kleines«. Seinem Schüler gibt er, was als sich gegeben er wünscht.
Und seine Umwelt spendet, was an narzißtischer Nahrung er braucht. Die Ausdrücke tiefster Verehrung und Bewunderung, die Anerkennung seiner als absolute Autorität ziehen sich durch alle Beziehungen und Biographien. Die »wahre echte Größe des unsterblichen Mannes«, die »vollendete Größe« hat man ihm, der vor sich und anderen peinlich verleugnet, sie jemals gewollt zu haben, schon zu Lebzeiten gezollt.

> Kants Geist war eine helleuchtende Sonne, die nichts verdunkelte, die alles um sich her erleuchtete und erwärmte. Sie wird ewig am Sternenhimmel großer Geister glänzen. (Jachmann, 131)

In dieser grandiosen Idealisierung Jachmanns ist etwas von der »Vergötterung« spürbar, die untergründig Kant suchte und die seine bewundernden Verehrer ihm um so eher geben konnten, als sie dadurch vom Licht des Vollkommenen selbst »erleuchtet« wurden. (Im absolutistischen Reich des Geistes ist Kant der Sonnen-König.)
Die Spiegelübertragungs-Beziehung zwischen Kant und seiner Umwelt hat früh, schon 1764, ein 20jähriger Hörer Kants verstanden – der junge Herder:

Als ich, wo man nichts denkt – nichts fühlt
einst Ketten trug, durchnagt von Schweiß und Thränen,
seufzt' ich – denn *singt* ein Sklave wohl!

Da kam Apoll, der Gott!
Die Feßel weg! – mein Erdenblick
ward hoch – Er gab mir Kant! –[15]

Aber »ich bleibe gern zuletzt«.

7. ENGE UND WEITE
ODER DER RAUM UND DIE ANGST

> Eine große Stadt, der Mittelpunkt eines Reichs, in welchem sich die Landescollegia der Regierung desselben befinden, die eine Universität (zur Kultur der Wissenschaften) und dabei noch die Lage zum Seehandel hat, welche durch Flüsse aus dem Inneren des Landes sowohl, als auch mit angrenzenden entlegenen Ländern von verschiedenen Sprachen und Sitten, einen Verkehr begünstigt, – eine solche Stadt, wie etwa *Königsberg* am Pregelflusse, kann schon für einen schicklichen Platz zu Erweiterung sowohl der Menschenkenntnis als auch der Weltkenntnis genommen werden; wo diese, auch ohne zu reisen, erworben werden kann. (Anthr. A IX)

So rationalisiert Kant seine Angst vorm Reisen. Nur gezwungen verläßt er als junger Mann einige Jahre die Heimatstadt, um als Hofmeister in der ostpreußischen Provinz sein Leben zu fristen. An Königsberg bleibt Kant gefesselt. Nicht aus freiem Entschluß, wie er vorgibt; sondern aus Angst vor dem Fremden klammert er sich ans vertraute Objekt. Berufungen nach auswärts lehnt er ab. Die höchst ehrenvolle Einladung, an einer der führenden Universitäten Deutschlands, in Halle, einen Lehrstuhl – zu günstigsten Konditionen – zu übernehmen, weist er zurück. »Alle Veränderung macht mich bange« schreibt er begründend an Marcus Herz; und das ist wahr. Angst schnürt Kant ein; Angst ist Enge des Leibes, gehindertes »Weg!« im Anblick der Gefahr, die den Leib zusammenspannt. Es ist Todesangst im Spiel. Zur Erklärung der Ablehnung, nach Halle zu gehen, spricht Kant von seinem schwachen Körper, den er zu erhalten wünscht:

> ... ich glaube auf diesen Instinkt meiner Natur Acht haben zu müssen, wenn ich anders den Faden, den mir die Parzen sehr dünne und zart spinnen, noch etwas in die Länge ziehen will. (Briefe, 76)

Die Veränderung nach Halle läßt Kant um sein Leben fürchten. Überleben ist nur in Königsberg möglich. Das Fremde droht mit dem Tode.

So entstehen die fixen Raumgliederungen und bemessenen Bewegungen. Immer derselbe Spaziergang. Im Blick immer dieselben Gegenstände. Ihre Anordnung atmet Unverrückbarkeit. Eine verschobene Schere, ein aus der Richtung verrücktes Federmesser beunruhigen ihn; die Versetzung eines größeren Gegenstandes im Zimmer verstört ihn bereits (Wasianski, 261). Wie der Greis später vom Bett aus ein Seil zur Toilette spannen läßt, an dem entlang er sich durch den Raum tastet, so markieren schon jahrzehntelang vorher unsichtbare Lineaturen, Grenzziehungen, Wegzeichen und Ruhepunkte den Raum, in dem Kant sich bewegt. Vom verdunkelten Schlafzimmer in die Studierstube, die Treppe hinunter zum privaten Vorlesungsraum, hinauf ins Eßzimmer, der Philosophengang post cenam, dort die Ruhebank, der Weg zur Universität, frühabendlich das sinnende Sitzen mit unverrücktem Blick auf den Löbenichter Turm, jahrelang der tägliche Gang zum Freund Green, Sonntag mittag zu Motherby, früher einmal im Jahr für eine knappe Woche zum stillen Forstgut Moditten, kurz hinter Königsberg. Eine rituelle Choreographie der verlangsamten, Schritt für Schritt bemessenen Bewegung im Raum (nur nicht schwitzen!), feste topographische Ordnungen, genaue Verteilung von Ruhepunkten, Stützpunkten, Inseln in der Raumgeometrie, fixierte Linien, »Seile« und »Gängelbänder« zwischen den Punkten –: diese Maßnahmen schaffen die Raumfigur vertrauter, von Fremdheit ent-fremdeter Heimat, die Kant nicht verlassen kann, ohne von Angst überflutet zu werden. Die eigentümliche Geometrie des Königsberger Raumes zeichnet die Kantische Lebensfigur nach wie das Muster eines unendlich getragenen, rituellen Tanzes des Wahns, der Angst und der Treue.

Das schwanke Schiff erregt Schwindelgefühle und Übelkeit. Die unvorhergesehene Kutschfahrt mit dem Grafen, der die Geometrie der Kantschen Raumordnung einfach verläßt, weckt Angst vor Kontrollverlust und versteckte Wut. Eine »Veränderung« nach Halle bedroht das Leben. Als Wasianski den Greis nach langer Zeit wieder in seinen Garten führt, ist Kant völlig verwirrt: »Er wisse gar nicht, wo er sei, fühlte sich beklommen, wie auf einer wüsten Insel und sehnte sich dahin, wo er gewesen war.« (Wasianski, 265).

Kant lebt in einer gefährlichen Welt. Ein Schritt neben den vertrauten Lineaturen des Raums beginnt der Dschungel, der wüste Ozean, das unstrukturierte Chaos. Daran ist nichts zu verharmlosen. Uralte Liebe und Angst bannen den Philosophen an den Ort Königsberg. Nie nennt Kant Königsberg – welch hochpatriarchalischer Name – seine Vater-, immer seine Heimatstadt. Von ihr sich zu trennen, weckt die Angst vor Trennung überhaupt. Königsberg ist ein mütterliches Objekt. Indem Kant sich an diese Stadt klammert, klammert er sich unbewußt an die Mutter. Von dieser getrennt zu sein oder zu werden, weckt die Angst, das Chaos und den Tod. Die Treue und Liebe zu dieser Stadt hält die imaginäre Verschmelzung mit der Mutter aufrecht. Daß diese Einheit in Wahrheit zerbrochen ist, zwingt zur rituellen Beschwörung der verlorenen Einheit durch die Choreographie der Ordnung in einer chaotischen Welt. Die unauflösliche Nähe zwischen der Stadt Königsberg und ihrem Sohn enthält die Rätselfigur der Mutter-Kind-Beziehung.

Nähe, unauflöslich gemacht, enthält Enge und Angst, die den Wunsch nach Ferne und offenen Weiten weckt. Im *Anton Reiser* von Karl Philipp Moritz haben wir einen zeitgenössischen Roman, der vollständig durch die Dialektik von Enge und Weite bestimmt ist. Beide sind ambivalent besetzt. Die Urszene der Enge ist eine angsterregende Sturmesnacht, in der die Mutter den kleinen Anton schützend und behütend unter ihren Mantel schließt und zu einem Teil ihrer selbst macht. Dieser symbiotischen »Einleibung« entspricht die spätere Sehnsucht nach Ferne, die Anton zum ›Reiser‹ macht, sein Wunsch nach Allmacht, die so weit reicht, daß er sich zum Mittelpunkt des Universums phantasiert oder in symbolischen Handlungen sich zum schlachtenlenkenden Schicksal stilisiert. Solcher aufs Grenzenlose zielenden Energie, die sich unaufhörlich aus der ›einleibenden‹ Verschmelzung mit der Mutter speist, entspringt wiederum das Leiden an der Enge realer Objektwelten, sozialer und räumlicher Bornierung, an der Ohnmacht eigener Kraft und den Grenzen gesellschaftlicher Handlungsmöglichkeiten. Wie umgekehrt die ins Weite und Grenzenlose schießenden Energien Angst vor dem Wüsten, dem Ausgesetzten und der Verlassenheit wecken, so daß noch der engste umschlossene Ort, die niedrigste Sozialstellung – wenn sie nur sicher sind – ersehnt werden. In einem Gedicht von Moritz wird so der Ort der fürchterlichsten Enge, nämlich das Grab, zum Umkehrpunkt einer unendlichen Verschmelzung mit der Mutter.[16] – Diesen Verhältnissen ähnlich

spielt auch die unbewußte Dynamik Kants in der Dialektik von Enge und Weite, uralte Rhythmen figurierend.
In der Abhängigkeit von dem tragenden, sicheren Objekt Königsberg liegen zugleich Omnipotenz und grenzüberschreitende Universalität. Diesen Widerspruch meint die »impotent omnipotence«, von der Michael Balint spricht. Die anklammernde Angst Kants borniert nicht, sondern verleibt sich die imaginäre Weite und universale Welthaltigkeit des Objekts ein, zu dessen Teil Kant sich unbewußt phantasiert. Königsberg am Meer ist nicht nur der Mittelpunkt der Welt, sondern enthält diese in symbolischer Repräsentation.
Lichtenberg war es, der zuerst die Grenzdialektik des Meeressaumes entdeckte –: mit dem Rücken zum Land, das von der provinziellen Peripherie des öden Nordseestrandes zu den Metropolen Berlin, Prag oder Wien reicht, spürt Lichtenberg zugleich in der zu seinen Füßen spielenden Welle einen Bewegungsstrom, der ihn mit dem Fernsten, den weißen Stränden Tahitis verbindet. Wenn Lichtenberg dergestalt durch die Dialektik der Grenze Nähe und Ferne vermittelt, so bedeutet dies für den ähnlich wie Kant schwer hypochondrischen und behinderten Mann die Erfahrung, daß *nicht* Göttingen das Herz der Welt und das Zentrum des Wissens ist; sondern daß erst wirkliches Reisen, das das Fremde in sich aufnimmt und nicht abstößt, ein Wissen des Fremden und Fernen ermöglicht.[17]
Anders Kant. Reisen, das auch Lichtenberg schwerfiel und ihm doch so bedeutend wurde, ist Kant unmöglich, aber auch ...unnötig. Wer in Königsberg lebt, dem ist der Gesamtumfang der Welt präsent. Ein solches Phantasma ist erklärlich nur, wenn man es aus der Psychodynamik der archaischen Verschmelzung mit dem omnipotenten Objekt, das Königsberg symbolisiert, verstehen lernt. Kant hat lebenslang den Beweis anzutreten versucht, daß dieses ungeheure Phantasma keines ist, sondern Wahrheit und Wirklichkeit. Kant ersehnt die omnipotente Welthaltigkeit und vermeidet die Impotenz, die ihn an seinen Ort bannt wie einen Gefangenen und zu realer Objektverfügung unfähig macht. Kant lebt und weckt die Illusion, man brauche nicht zu reisen, um über die Welt zu verfügen.
Von früh an ›verschlingt‹ er Berge von Reiseberichten und ethnographischen Informationen (vgl. z.B. Jachmann, 138), ver-

schafft sich Kenntnisse nicht übers Universum allein, sondern über alle fünf Kontinente, Weltmeere, Wüsten, Eiszonen, Gebirge, über alle Rassen und Völker, Flora und Fauna. Seine Vorlesungen über physische Geographie[18] – sehr beliebt übrigens – sind ein einziger phantasmagorischer Beweis, daß man alles wissen könne, ohne auch nur einen Schritt aus der Mitte der Welt heraus, fort von der All-Mutter Königsberg zu tun. Das berühmte Gedächtnis Kants, seine gesamte Einbildungskraft (die er doch erkenntnistheoretisch diskreditiert) stehen im Dienst dieses Beweisgangs. Wunderschön die Geschichte, wie er einem Engländer so präzise die Westminsterbrücke erklärt, daß dieser erstaunt fragt, »wieviel Jahre er doch in London gelebt und ob er sich besonders der Architektur gewidmet habe«. (Jachmann, 128). Dasselbe Kunststück gelingt Kant mit einem Italiener, der ihn für einen lange in Italien Erfahrenen hält. Analog verhält es sich mit der Chemie, über die Kant parliert, daß ein Chemiker äußert, »es sei ihm unbegreiflich, wie man durch bloße Lektüre ohne Hilfe anschaulicher Experimente die ganze Experimentalchemie so vollkommen wissen könne wie Kant«. (Jachmann, 129).

Nein, Kant braucht nicht zu reisen, zu experimentieren, muß nicht mit den Dingen hantieren, sich bewegen, sich aussetzen, etwas erfahren, sich öffnen, in die Ferne und Fremde hinaus. Die in Büchern schon zubereitete, gedeutete, angeeignete Fremde verleibt Kant sich im selben Maß ein, wie er seine geheime Lust auf sie abwehrt und seine panische Angst vor ihr verleugnet. Die Verfügung über die fremden Objekte schon in der Imagination ist hinreichend; sie ersetzt Erfahrungswissen. Das Lesen und apriorische Demonstrieren bilden den Kompromiß zwischen dem Wunsch nach Erfahrungsweite und der tiefen Angst, den Schritt aus dem Zentrum heraus zu tun und das symbiotische, Omnipotenz und Allwissenheit illusionierende Phantasma aufzulösen. Nur die entfremdete Fremde und die gezähmten Objekte werden zugelassen und unter die imaginäre Verfügungsgewalt des Subjekts gebracht.

Kants Bilder der Welteroberung und des Ozeanexpediteurs, des Landvermessers und herkulischen Titanen, des Höllenfahrers und Weltraumfliegers, seine Beweise der Vertrautheit mit allen Ländern und Völkern – sie enthalten den Wahn der Allmacht und demonstrieren um so nachdrücklicher die »Ohnmacht des Helden« (Schmidbauer).[19] In den Bann einer unauflöslichen Symbiose mit der Mutter geschlagen, in den der Traum der Allmacht eingeschlossen ist, mobilisiert Kant alle Energien in das Dementi der Angst, Abhängigkeit, Bewegungsunfähigkeit und Ohnmacht seines Lebens wie in den Beweis der Souveränität, Freiheit, Universalität und allumfassenden Welthaltigkeit seines Wissens.

Der Schubkraft dieser Energie verdanken wir sein Werk, das freilich niemals der zwanghaften und phantasmatischen Züge seiner Genesis ledig wird.

Welche faszinierende Seltsamkeit liegt über diesem Leben: Unweit des Todes überkommt den ausgemergelten Greis eine unbändige Lust auf Reisen. Wasianski löst mit jenem verwirrenden Gang in Kants Garten, welcher ihm zunächst als »wüste Insel« erscheint, etwas Unvorhersehbares aus. Kant, dem Jahreszeiten gleichgültig sind, denkt »mit einer an Ungeduld grenzenden Sehnsucht an den Frühling und Sommer«, um mit Wasianski winzige Ausflüge zu unternehmen, die er »zuerst Fahrten, sodann Reisen ins Land und endlich weite Reisen« nennt (Wasianski, 268). Die Macht dieses Wunsches ist so groß, daß sie sich unwillkürlich auf Wasianski überträgt: »Seine Art, etwas zu wünschen, war so sympathetisch, daß man es bedauerte, durch keine Zauberkraft seine Sehnsucht stillen zu können.« (Wasianski, 269)

Kant projektiert weite Reisen ins »Land und Ausland«, gibt Auftrag, einen Teil seines Vermögens einzulösen wegen der zu erwartenden hohen Kosten. Mit »zusammengeschlagenen Händen und zum Himmel gerichteten Augen« ersehnt der Mann, der kaum sich mehr auf den Beinen halten kann, den Beginn des Reisens. Wasianski schlägt eine Ausfahrt vor: »Gut, ... wenn es nur weit ist« – dies ist die neueste stehende Formel Kants. Selbst als er den einstündigen Ausflug, der ihm wahnhaft als »weite Reise« und »lange Abwesenheit« vorkommt, kaum übersteht, perenniert die Wunschenergie:

> Bald darauf wurde von Reisen, weiten Reisen, Reisen ins Ausland mit erneutem und vermehrtem Enthusiasmus gesprochen. (Wasianski, 275)

Diese unmodifizierte Wunschenergie, die hinaus ins Weite und

Ferne drängt, ist es, die den rätselhaften Jubelruf Kants angesichts des endlich servierten Kaffees erklärt: »›Ich *sehe Land!*‹ wie der Matrose vom Mastkorbe« (Wasianski, 242).

Der Kollaps der Abwehrstrukturen beim greisen Kant und das Hervortreten verdrängter früher Wünsche setzen ungeahnte Intensitäten und expansiven Drang ins Weite frei. Es ist nicht nur rührend, sondern wahrhaft traurig, daß die authentischen Sehnsüchte nach Ferne in Kant erst dann die Schwelle des Bewußtseins überschreiten dürfen, als er – kaum mehr bewegungsfähig und todesnah – bereits auf den Status des abhängigen, pflegebedürftigen Kleinkindes zurückgesunken ist.

Welche Perspektiven! Hätte Kant nicht unter dem ungeheuren Zwang zur Verdrängung seiner Wünsche und ihrer ständigen Intellektualisierung gestanden; wäre seine unbewußte Dynamik auflösbar, frei-setzbar und in soziale Praktiken überführbar gewesen —: es ist möglich, daß ein Mann sich entwickelt hätte, dem wir nicht die *Kritik der reinen Vernunft* zu danken hätten, sondern, wäre dies zur Zeit seiner Mannesjahre in Deutschland schon möglich gewesen, das Lebenswerk eines Expeditionsreisenden vom Niveau eines Alexander von Humboldts; vielleicht auch jene in Deutschland so seltene Fähigkeit zu revolutionärer Praxis in einem mit intensiver Erfahrung fremder Kulturen – wie bei Georg Forster.

Dem Menschen Kant wäre dies zu gönnen gewesen. Philosophiegeschichtlich müßten wir es bedauern.

8. DAS VERGRABENE GLAS ODER DIE LARVIERTE WUT

> Man sah es ihm zu deutlich an, daß er mit nichts in der Welt weniger zurecht komme, als mit dem Bösewerden.
> (Wasianski, 300)

Dies stimmt in einer Weise, die Wasianski kaum ahnt. Das Bild der »Gutmütigkeit« und Unfähigkeit zur Wut führt in die Irre. Kant bekämpft in sich eine unbändige Wut und in einem damit eine versteckte Depression: beide sind ziemlich perfekt larviert, so daß Zeitgenossen und Nachwelt Kant für aggressionsfrei und fröhlich halten. Nur Heine, vielleicht auch Mendelssohn, ahnten mehr.

Kants Diener Lampe – den er öfter, wie es scheint, wütend anfährt und zum »Automaten« degradiert, während dieser durch situative Renitenz antwortet (ist Lampe wirklich so beschränkt, wie alle behaupten? oder ist seine Bornierung die List eines geheimen Widerstands gegen Kant? vgl. Wasianski, 262) – Lampe also zerbricht am Mittagstisch ein Weinglas:

> Kant ließ sorgfältig alle Stücke des Glases auf einen Teller zusammenlesen und vor sich hinsetzen. Kaum hatten wir abgegessen, so wünschte er, daß wir selbst das Glas vergraben möchten, weil er dieses unmöglich seinem Bedienten anvertrauen könnte. Dieser mußte einen Spaten holen und inzwischen gingen wir allenthalben im Garten umher, um einen schicklichen Platz für das zerbrochene Glas aufzusuchen. Bei jedem Vorschlage machte er den Einwand, es wäre doch möglich, daß einmal ein Mensch daran Schaden nehmen könnte, bis endlich nach vieler Überlegung an einer alten Mauer eine Stelle dazu ausgefunden und eine tiefe Grube gegraben wurde, wo die Glasstücke in unserm Beisein sorgfältig verscharrt wurden. (Jachmann, 142)

Eine seltsame Geschichte. Jachmann verbucht sie unter »ängstliche Gutmütigkeit« und »Besorgnis« Kants, von anderen Schaden abzuwenden. Davon ist die Rede; nur die Situationn spricht anders ...

Ein zerbrochenes Glas wird vergraben. Sollte Blut fließen? Wollte wütende Gewalt ausbrechen? Wir wissen es nicht. Deutlich ist nur, daß Kant hier ein Stück seiner selbst vergräbt – wir wohnen in actu einer Verdrängung ins Unbewußte bei. *Was* vergraben wird, kann nicht sein, was in der Situation erscheint: was daran bewußt ist, ist das Vergrabene gerade nicht, sonst erschiene es nicht. Die menschenfreundliche Besorgnis ist genau nicht, was die Wahrheit der Situation enthält. Ihr Erscheinen ist zugleich das Vergraben eines Anderen, das das Erscheinende dementiert. Vergraben werden Wut, Strafbedürfnis, Gewalt.

Nach dem Abwehrmechanismus des »Tuns des Gegenteils« bietet Kant eine völlig disproportionierte Sorgfalt auf, *Schaden von anderen* und insbesondere *von Lampe* fernzuhalten; darin *vergraben* aber werden die Wut und das Bedürfnis, Schaden zuzufügen, insbesondere Lampe zu strafen. Die vergrabene Wut muß so disproportioniert groß sein, wie disproportioniert die

Begräbniszeremonie und die Besorgnis sind. – Ein Glas wird begraben. Es sollte Blut fließen. Es wollte Wut fließen. »Der Affekt wirkt wie ein Wasser, das den Damm durchbricht. (...) Der Affekt tut einen augenblicklichen Abbruch an der Freiheit und der Herrschaft über sich selbst.« (Anthr. B 205, 227). Kant demonstriert, wie »durch innere Disziplin des Gemüts« (Anthr. B 217) Affekte beherrscht werden können. Disziplin arbeitet mit Verdrängung zusammen. In der *Anthropologie* legt Kant dies dar. Leidenschaft und Affekt, ihre »Lust und Befriedigung« sind Einkerkerung des Menschen. Affekt ist »Slavensinn« des Fleisches – und darum Qual der Vernunft, unglückliches Bewußtsein des »unheilbaren Krebsschadens« der Leidenschaft. Weil gegen sie Vernunft unabläßlich zur »innern Freiheit« aufruft, »so seufzt der Unglückliche unter seinen Ketten, von denen er sich gleichwohl nicht losreißen kann: weil sie gleichsam schon mit seinen Gliedmaßen verwachsen sind«. (Anthr. B 228). In Wahrheit ist die Verdrängungsarbeit eingewachsen in die Bildproduktion der Imagination: der grausig-großartigen Angst vor den Affekten.

Einen störenden Bettlerjungen, den Jachmann mit Geld loszuwerden sucht, schlägt Kant enragiert mit dem Stock in die Flucht – doch der Junge lacht nur. (Hat außer diesem namenlosen Bettlerjungen je ein Mensch *über* Kant gelacht? Er hatte blitzschnell die »Ohnmacht des Helden« verstanden.) Aggressiv reagiert Kant stets auf insistierenden Widerspruch in der Tischrunde oder bei Dienstboten: wer wagt *mir* zu widersprechen? (Borowski, 62; Jachmann, 141, 177ff.; Wasianski, 233/4; 243). Im Gespräch muß Kant alle und alles beherrschen – darin ist er glänzend, launig, unerschöpflich, »unbeschreiblich liebenswürdig«. Doch haben seine Freunde auch gelernt, selbst unsinnigsten Konstruktionen nicht zu widersprechen: Napoleon täuschte den Ägyptenfeldzug nur vor, um Portugal zu besetzen (alle wissen es anders); die Luftelektrizität verursacht Kants Kopfdruck (dem widersprechenden Arzt versichert Kant, daß er sich dennoch nicht umbringe). Die Freunde ahnen etwas von Kants verborgener Wut. »Gerader Widerspruch beleidigte ... ihn.« (Borowski, 62) – das ist die Kränkung des Narziß.

Wut lösen insbesondere Frauen aus. Sie werden zwar gelegentlich zu Kants Tisch zugelassen, haben sich jedoch strikt der von ihm für sie als angemessen angesehenen Thematik zu fügen: Kochen und häusliches Wohl. Hierfür hat er sich, um die Frauen einzuzirkeln, zu einem charmanten Kenner der Theorie des Kochens gemacht. Überschreiten Frauen diese Grenze und beanspruchen intellektuelles Niveau (»affektieren Bildung«), reagiert Kant vernichtend aggressiv oder, das Gegenteil tuend, lobt er in ›überwältigender‹ Weise gerade das, was die Frauen degradiert – und die Dame, welche von Kant sich kritisch abzusetzen wagte, identifiziert sich mit dem Aggressor (Borowski, 68/9).

Das »Tun des Gegenteils« hat Kant perfekt entwickelt. Als er auf der Straße fällt und zwei Damen dem Gestrauchelten aufhelfen, überreicht er mit »Artigkeit« eine »Rose, die er eben in der Hand hatte« (Wasianski, 236) –: niemals wieder wird Kant danach ausgehen; dies war der letzte der jahrzehntelang eingehaltenen philosophischen Spaziergänge. Man hält den Atem an: fin de partie – Endspiel. Wie tief muß ihn gekränkt haben, daß andere ihn schwach haben sehen dürfen – und gar noch Frauen. Wahrscheinlicher als ›artige‹ Gefühle, die Wasianski unterstellt, ist narzißtische Wut: man darf vermuten, daß Kant, als ihn die Frauen auf die Beine bringen, von Scham und Wut geradezu überflutet ist – bis zum grenzenlosen Vernichtenwollen des Gegenüber, wie Kohlhaas seinen Junker Tronka.[20] Kant, anders als Kohlhaas, überreicht artig eine Rose und zieht sich aus Scham auf immer aus der Öffentlichkeit zurück. So stirbt Narziß.

Ähnlich ist auch die – ungesichert tradierte – Geschichte, wie er den Engländer Green kennenlernt. Kant trifft ihn, heißt es, während eines Gesprächs über den amerikanischen Freiheitskrieg. Es gibt Streit. Green fühlt sich von Kant in seiner Nationalehre beleidigt und fordert ihn zum Duell. Eine aggressive Szene. wie die Dame, die sich als Köchin diskreditiert glaubt, überzieht Kant sofort seinen Widersacher mit einer Rede von solch »himmlischer Kraft«, daß dieser sich ihm unterwirft. Green wird Kants innigster Freund. Niemand hat verstanden, daß Kant das Duell sofort vollzieht – er wirft seinen Gegner wie die widersprechende Dame unverzüglich nieder – durch Sprache, die das Gegenteil dessen enthält, was sie sagt: in »hinreißender Beredsamkeit« spricht Kant von Weltbürgersinn bzw. dem hohen Wert der Hausfrau und ›vergräbt‹ darin die vernichtende Wut über Widerspruch.

Goya: Die Einkerkerung ist ebenso grausam wie das Verbrechen. (1810-20)

»Weil indessen die Vernunft mit ihrem Aufruf zur innern Freiheit doch nicht nachläßt, so seufzt der Unglückliche unter seinen Ketten, von denen er sich gleichwohl nicht losreißen kann: weil sie gleichsam schon mit seinen Gliedmaßen verwachsen sind.« (Kant, Anthropologie, A 228) – Die libertäre Gestaltung des leidenden, in die Gewalt der Ketten geschlagenen Körpers bei Goya steht im Gegensatz zur Bild-Vision Kants: Leidenschaft und Affekt sind es, die den Menschen in Ketten halten, mit seinem Leib verwachsen. Vernunft erzeugt das unglückliche Bewußtsein, aufgrund der eingewachsenen Leidenschaftlichkeit und Affektivität in Ketten gefangen zu sein. Triebe sind »Sklavensinn«, Unfreiheit erwächst dem Leib. Anders Goya: nicht die Gebundenheit ans Somatische macht zum Gefangenen, sondern der Leib leidet an den Ketten dessen, was er nicht selbst ist.

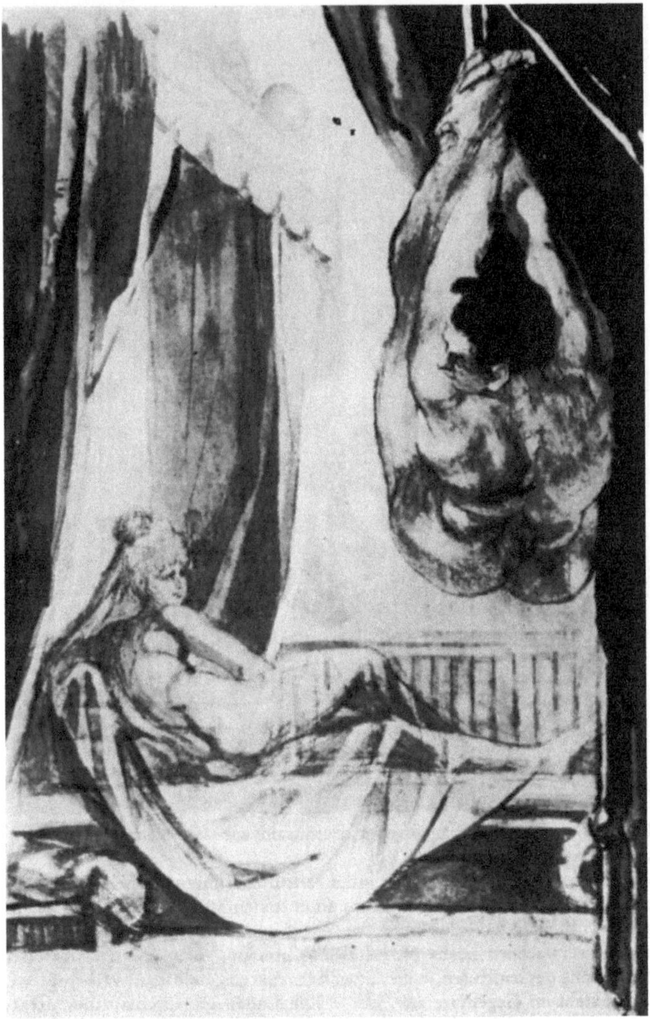

Johann Heinrich Füßli: Brunhild betrachtet den von ihr gefesselt an der Decke aufgehängten Gunther. (1807)
Immer wieder gestaltet Füßli die Phantasmen der Angst vor der Frau. Gelassen und zynisch, mit narzißtischem Hochmut blickt Brunhild auf den wahrhaft von ihr abhängenden, ohnmächtigen Gunther. Männerangst: von

der verschlingend-sadistischen Potenz der Frau abzuhängen. – Das Autonomie-Ideal der Aufklärung verarbeitet auch solche Ängste. Das Vernunftsubjekt ist insgeheim gespeist von den Abwehrenergien des Mannes gegen die Frau.

Als Kant von einer mutmaßlichen Betrügerin belästigt wird, fährt der schwache Greis mit solcher Wut auf sie los, daß sie flieht: fast wäre Kant, kommentiert Wasianski, »in seinem hohen Alter zum ersten Male von einer Dame besiegt worden« (Wasianski, 290). Ein bemerkenswerter Satz, der wie ein Versprecher festhält, was Kant am meisten fürchtet: Überwältigtwerden – gar durch eine Frau. Die Distanz, in der er Frauen hält, hat auch hierin ihren Grund.
Kant hat ein labiles, leicht erschütterbares Selbstgefühl. Unterhalb der durchgehend bezeugten Gleichmäßigkeit seiner Stimmung – richtiger hieße es: einer durch Intellektualisierung hergestellten Affektlosigkeit – ist er von kränkbarer Sensibilität, die schnell in maßlose narzißtische Wut umschlagen kann. Gegen diese baut er »Dämme« der Disziplin und Selbstbeherrschung. Es wäre ein Mißverständnis, diese Wut als Aggression, die ödipalen Rivalitätsmustern entspringt, zu verstehen. Zu aggressiver Rivalität ist Kant eher unfähig; seine Wut ist vielmehr ein Reflex einer Bedrohung des Selbstgefühls, die immer dann entsteht, wenn Objekte als autonom sich zeigen, keine Spiegelfunktion übernehmen und damit das narzißtische Gleichgewicht Kants bis an die Grenze völliger Auflösung gefährden. In der Wut offenbart sich die tiefe Abhängigkeit von ständiger narzißtischer Zufuhr. Weil darin aber dementiert wird, worauf der narzißtische Wunsch zielt – nämlich auf vollkommene Autarkie –, muß die Wut ununterbrochen ›vergraben‹ werden.
Kants Angst ist, daß das Zerspringen des Spiegels zugleich sein Selbst fragmentiert. Die gesamte Objektwelt muß kontrolliert werden, um die Spiegelübertragungs-Beziehung aufrechtzuerhalten. Bräche sie zusammen, springt nicht nur Wut auf, sondern hinter dieser lauern die Fragmentierung, die Depression, der Tod.

9. »DIE ERINNERUNG NICHT AUFREGEN« ODER DIE DEPRESSION

Die larvierte Wut Kants reflektiert sein verletztes Größen-Selbst. Immer wenn Anderes als Anderes sich zeigt, wenn Fremdes nicht ent-fremdet und extinktiert werden kann, wenn Objekte sich der Spiegelfunktion entziehen, droht das Selbst von Wut überflutet zu werden, Wut darüber, nicht Eins und Alles zu sein. Die Sehnsucht nach Vollkommenheit, die alles in sich begreift, hat die grenzenlose Wut, wenn jene gefährdet wird, immer zur Kehrseite. Solange die unbewußte Verschmelzung mit der Mutter anhält, wird Kant niemals aus der Bahn entlassen, in jedem Objekt den bewundernden Glanz im Auge der Mutter zu suchen (und zu fordern), der ihn als den einzigen widerspiegelt.[21] In diesem Spiegel erst konstituiert sich das Selbst Kants – als imaginäres. Das macht ihn so abhängig und süchtig nach Anerkennung, wie er umgekehrt mit allen Mitteln diese Abhängigkeit verleugnen muß. Wo immer der Spiegel zerbricht – und dies tut er immer, wenn Kant mit autonomen Objekten konfrontiert ist –, droht das Selbst zu zerspringen. Kants Leben und Arbeiten ist eine einzige Beschwörung der Dinge, ihm das verlorene Bild seiner Vollkommenheit wiederzugeben.[22]

Die Logik dieser Spiegelübertragungen produziert eine endlose Kette von Verkennungen, durch die auf tragische Weise immer einsamer wird, wer im Spiegel als Ganzes und Einheit sich gegeben sein möchte. Im blinder werdenden Spiegel und auf dem Grunde der Wut wuchert die Depression.

»Daß Kant am Ende fast keinen andern mehr als sich selbst verstand«, rührt als Ausdruck der ungelebten Trauer Kants. Er kann sich in Anderes nicht eindenken, berichtet Jachmann weiter, und muß Freunde mit dem Lesen von Büchern beauftragen, um mit fremden Gedanken vermittelt zu werden (Jachmann, 130). Diese intellektuelle Einsamkeit reflektiert die tiefere, daß das Gefangensein in narzißtischen Spiegelungen zwar großartige monolithische Leistungen hervorbringen kann, doch nur um den Preis der Unfähigkeit, Anderes als Anderes anerkennen, erkennen und einfühlen zu können. Kant denkt schließlich wie er schläft – vollständig umhüllt und eingewickelt, »emballiert und gleichsam wie ein Kokon eingesponnen« (Wasianski, 227).

Sehr schön hat Wasianski in diesem Bild etwas ausgedrückt von der narzißtischen Einpuppung. Darin ja wirklich liegt »höchstes Wohlbefinden«, wie Kant meint, das auch der kleine Anton Reiser unter dem Mantel seiner Mutter gespürt haben mag. Doch verstanden ist darin nicht das Gefangensein in Isolation, nicht, daß diese Einpuppung so imaginär bleibt wie das Spiegelbild, das dem Subjekt ein Selbst in niemals erreichbarer Vollkommenheit reflektiert. Kant bleibt auf immer getrennt; wie von den Dingen, die ihm erscheinen und nie ihr Anderes, ihr Ansich hergeben, so auch von dem Selbst, das in jedem Akt, in dem es sich realisieren will, zugleich sich zurückzieht ins Als-Ob der transzendentalen Spekulation. Man darf sagen, daß in dieser Figur der Trennung, die die formale Struktur der Philosophie bestimmt, ein depressives Moment eingekapselt ist.[23] Hier geht es nur um den lebensgeschichtlichen Anteil daran. Und dieser scheint in der unverarbeiteten Trennung von der Mutter zu liegen.

Es ist zu erinnern, daß Kant *betont*, sich nicht umbringen zu wollen, wenn der Arzt ihm widerspricht; daß er den phantastischen Gedanken faßt, er könne in der Zeit zwischen Kochen und Anrichten des Kaffees sterben; daß er zu sterben fürchtet, wenn er sein mütterliches Königsberg verlassen und nach Halle gehen würde. Zu erinnern ist, daß er – wie keinen Fall sonst – immer wieder den Selbstmord bespricht, um Überzeugungen dafür zu finden, er sei wirklich strikt und unumstößlich verboten (verboten kann nur werden, was, wie immer auch, Gegenstand des Wunsches werden kann). Zu erinnern ist, daß der kritische Rationalist Kant die Unsterblichkeit als notwendige Idee der Vernunft rettet und damit die Möglichkeit, auf ewig mit einem allmächtigen Selbst-Objekt zu verschmelzen.

In denkwürdiger Weise werden Tod und Selbstmord besprochen und verschwiegen. Wie der eine seinen Schrecken verlieren soll, muß das andere immer wieder verboten werden. Dies sind die wirklichen Rätselspuren in Kants Leben.

Das wenige, was wir von seinen Träumen wissen, deutet darauf hin, daß Angstträume überwiegen: nicht gehen können; sich verirren; durch Fehlverhalten und Unvermögen vor Scham versinken. Im Alter leidet Kant unter »furchtbaren Träumen«, er würde von »Räubern und Mördern umgeben«, so daß er noch den herbeieilenden »Diener für einen Mörder ansah«. Der

Mann, der Gesprächen über Kindheit und Jugend absichtlich auswich (wie Borowski berichtet), wird im Alter eingeholt von Träumen aus der Kindheit, mit harmlosem Inhalt auf manifester Ebene; doch Kant wird von panischer Angst aus dem Bett getrieben und stolpert im Haus herum – wie auf der Flucht (Anthr. B 105; Wasianski, 269-71). Dann berichtet er von Schwebeträumen, in denen »man« schwerelos ist; oder »oft« sprechen wir im Traum mit »längst Verstorbenen« (wie Swedenborg, der Geisterseher!) (Anthr. B 105/6). Wenn immer solchen Angaben zu trauen ist, so handelt es sich um Träume von Tod, nirwanischer Homöostase und narzißtischer Desintegration. Zu erinnern ist weiter, daß Kant im *Streit der Fakultäten* von sich sagt, er habe in seinen jüngeren Jahren »bis an den Überdruß des Lebens« an Hypochondrie gelitten, deren depressiver Kern offenbar ist. Einzubehalten ist, daß Kant öfter von der Abhängigkeit und Einsamkeit der Jugend spricht, die die »verdrießlichsten Jahre« enthalte; daß seine Schulzeit nicht als eine glückliche Zeit, sondern in der »Jugendsklaverey des Fridricianums« verlebt wurde; daß seine Hofmeisterjahre kaum anders als durch degradierende Abhängigkeit und öde Mühsal charakterisiert werden kann; daß er während der Magisterzeit unter der »schweren Arbeit« leidet, vor dem »Ambos meines Lehrpults« zu sitzen und »den schweeren Hammer sich selbst ähnlicher Vorlesungen in einerley tacte« fortführen zu müssen (Brief v. 28. 10. 1759); daß er ähnlich vom »Martertum der Philosophie« spricht.[24] Es sind dies Töne, die im Widerspruch stehen zur Legende vom fröhlichen Kind in glücklicher Familie, begabten und offensiven Schüler und Studenten, »galanten Magister« und ausgeglichen humanen Professor.

Außerordentlich seltsam – und damit nähern wir uns langsam dem Kern – ist auch sein Umgang mit Krankheit und Tod von Freunden. Während ihrer Krankheit zeigt er »tiefgefühlte Traurigkeit« und »unruhige Besorgnis«; mehrmals täglich zieht er Erkundigungen ein; während der Krankheit der Freunde hat er Arbeitsstörungen (ganz singulär!) und ängstigt sich, »ihren Tod nicht mit Fassung ertragen« zu können. Dagegen vermeidet er es peinlich, auch nur einmal kranke Freunde zu besuchen. Ist ein Freund gestorben, »zeigte er sich gefaßt, beinahe möchte man sagen gleichgültig«. Die einmalige Todesnachricht genügt: Weiteres darüber zu sprechen, unterbindet er vollständig: er möchte

»die Erinnerung nicht aufregen« und »die Toten bei den Toten ruhen lassen«. Greens und Ruffmanns Tod ändern Kants Lebensweise einschneidend. Mit ihnen verbrachte er täglich mehrere Stunden – nämlich schlafend (!) im Lehnstuhl, bis Motherby sie weckte und die Freunde disputierten. Nach dem Tod der Freunde geht Kant nie mehr auf Abendgesellschaften, ißt nie mehr Abendbrot, zieht sich aus Gesellschaften zurück (Jachmann, 156; Borowski, 61; Wasianski, 223). In Todesnähe, in einem »Zustand völliger Bewußtlosigkeit«, nennt er ständig die Namen zweier – toter? – Freunde, blickt erwachend »wie aus einer andern Welt«, nur durch Wiederholung der Namen antwortend. Ebenfalls nicht lange vor dem Tod »fragte (er) ohne Aufhören nach den dunkeln Gründen vor sich« und »schrie ... auf über die kalten Gründe, die er nicht begriffe« (Jachmann, 209, 211/2). Oft äußert er, »daß er um keinen Preis unter der Bedingung, ebenso noch einmal vom Anfange an zu leben, seine Existenz wiederholen möchte!« (Borowski, 53).
Wohl kaum ist den Zeugnissen der Biographen zu trauen, die Kant zum ausgeglichenen und glücklichen Menschen idealisieren. Sie protokollieren damit die Selbstinszenierung Kants, die ihn zwingt, die Spuren der Depression zu verwischen und die »Erinnerung nicht aufzuregen«. Kant braucht diese Idealisierung zur Aufrechterhaltung seines narzißtischen Gleichgewichts, wie die Biographen ihrerseits Kant als »Sonne« benötigen, um an ihrem Glanz zu partizipieren. Die Anästhesierung, die wir an Kant beobachteten und die ihm den Ruf gleichmäßig positiver Gestimmtheit einbrachte, hat aber neben der Funktion, die sinnlichen Antriebe stillzustellen, vor allem die Aufgabe, die Depression abzuwehren, einzukapseln und zu vergraben. In eigenartiger Hellsicht – fast als spräche er von sich selbst – hat Kant in der *Anthropologie* erklärt: »Der Schmerz ist immer das erste (...); ohne diesen würde Leblosigkeit eintreten.« (Anthr. B 170). Was Kant hier zum Gesetz des Lebens erhebt, ist eher eine Seltsamkeit, die biographisch verständlich wird: in einem Leben, in dem weder Lust noch Begierde zugelassen sind, ist Leben zuerst im Schmerz. Doch selbst dieser bleibt Unterströmung des Bewußtseins und ist nur aus wenigen Bemerkungen und auffälligen Verhaltensweisen rekonstruierbar. Das entwickelte Material legt nahe, bei Kant von einer gut beherrschten depressiven

Grundstruktur auszugehen, die – mindestens zeitweise – bis zu suizidalen Gefährdungen reicht. In einem durchgängig mühseligen, libidinös kaum besetzten Leben erwächst seine moralische Identität unmittelbar Imperativen der Selbsterhaltung gegen mächtige Versuchungen, sich einem Schmerz zu überlassen, der ihn in die Nähe eines erlösenden Todes treibt. Wenn Kant das factum brutum seines Noch-Lebens auf eine Leistung der Vernunft zurückführt, heißt dies implizit, daß psychodynamisch dieses Leben nicht oder nicht mehr hinreichend motiviert ist. Kant lebt nicht aus Freude, sondern Pflicht – die Traurigkeit dieses Satzes muß empfunden werden. Unter keinen Bedingungen will er, was gut zu verstehen ist, *dieses* Leben wiederholen. Das schließt ein, daß in diesem Leben Traumatisierungen und Schmerzen herrschen müssen, denen das Leben immer nur abgerungen werden muß – wie seinem Körper, der – wie er meint – ohne diesen Kampf der Vernunft längst tot wäre.

Und doch hält einzig der Schmerz lebendig, ohne den »Leblosigkeit« wäre. Seine alltagspraktischen Zwangsordnungen sind nicht Leben, sondern Überleben. Was aber überlebt Kant? Welcher Schmerz lebt ihn?

Sein Verhalten bei Krankheit und Tod seiner Freunde gibt den Weg zu einer Antwort frei. Krankheiten wecken Unruhe, tiefe Besorgnis, Erregtheiten und Arbeitsstörungen. Der Tod aber, den er »nicht mit Fassung« tragen zu können befürchtet, wird sofort und nachhaltig verdrängt. Das Sprechverbot meint zugleich ein Gefühls- und Erinnerungsverbot (»die Erinnerung nicht aufregen«). Doch reagiert Kant mit symbolischen Handlungen, die, verstümmelt zwar, eine tiefe Trauer anzeigen: auf den Tod seiner Freunde Green und Motherby reagiert er durch Rückzug in noch stärkere Ritualisierungen, Isolation und Unlebendigkeit. Es ist, als wolle Kant damit demonstrieren, daß er mit seinen Freunden ein Stück weit selbst sterbe. Er ißt nie wieder Abendbrot, geht nie wieder auf eine Gesellschaft – Lebendigkeiten, die er mit den Freunden teilte, sind nicht mehr: im Tod der Freunde stirbt Kant selbst einen »kleinen Tod«.

Daran soll nicht erinnert werden. Über den Tod ist Schweigen verhängt. Es ist wie auf Johann Heinrich Füßlis Gemälde *Das Schweigen*: das Schweigen ist der gänzlich in sich zurückgezogene Gram. Nichts verbindet die weibliche Figur mehr mit

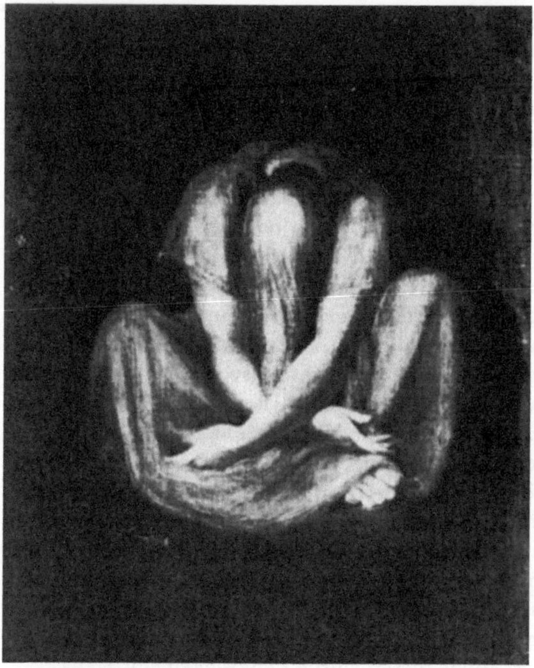

Johann Heinrich Füßli: Das Schweigen. (1799-1801)

Dingen und Personen. Melancholie ist vollständige Einkapselung des Schmerzes. Kein Blick mehr, kein Gesicht, kein lösendes Wort – sondern in höchster Entpersönlichung, in die radikale Introversion immer umschlägt, ist die Gestik des Leibes selbst schon das Gesicht des Schmerzes, den niemand mehr erraten kann. Der von der Sprache verlassene Gram und das Geheimnis sind eins. »Das Schweigen« fließt in den Leib, der sprechen nur kann in den allgemeinen Formen des Ausdrucks: dieser aber ist abgesperrt von der unwiederholbaren Subjektivität erlittener Trauer und erfahrenen Schmerzes.
Das Leben Kants entspricht diesem melancholischen Todesengel, den Füßli so unnachahmlich ins Bild gesetzt hat.

Beim Tod der Freunde stellt Kant diesen Zustand völliger Einkapselung her. Erkennbar sind nicht eine subjektiv gebundene Trauer und die Arbeit daran, wodurch der Schmerz Gesicht und Sprache gewönne – und eines Tages bewältigt wäre; sondern der Schmerz fließt in den Ausdruck des Rückzugs, der Introversion, des abgewandten Gesichts, des Schweigens und der Starre. So sehr Trauer über den Tod seines Freundes bei der männerbündischen Lebenspraxis Kants in den zeitüblichen Formen der Trauerbewältigung gelebt werden könnte, stellt Kant fernab jeder Konvention eine höchst seltsame Figuration her, ein Geheimnis, das niemand versteht: Ein Freund wird krank – Kant ist ängstlich besorgt; ein Freund wird krank – niemals besucht Kant ihn; ein Freund stirbt – Kant schweigt; geheimnisvolle Riten melancholischer Introversion; ein »kleiner Tod« seiner selbst.
In dieser Szenerie wirkt eine *Wiederholung*; sie ist die Wiederauflage einer uralten Konfiguration. Krankheit und Tod der Freunde nämlich assoziieren sich mit dem Tod der Mutter, woran eigentlich »die Erinnerung nicht aufgeregt« werden soll. Das Schweigen kapselt diese Erinnerung ein. Der »kleine Tod«, den Kant mit seinen Freunden stirbt, erinnert daran, daß Kant, auf unbewußter Ebene, seit dem Tod der Mutter nicht mehr lebt. Nur der Schmerz hält lebendig, weil er mit ihr verbindet, bei der das Leben ist: »ohne diesen würde Leblosigkeit eintreten«.
Daß Kant sich mit Königsberg verschmilzt; ein gänzlich desexualisiertes, erstarrtes Nicht-Leben führt; einen, wie gesagt wurde, unendlich verlangsamten Tanz des Wahns, der Angst und der Treue aufführt; philosophisch in den narzißtischen Idealisierungen die Vereinigung mit einem allmächtigen, ›guten‹ Objekt sucht; von der Umwelt stets den bewundernden Blick seiner Mutter fordert; von Angst und Wut überflutet wird, wenn als einzig Vollkommener und Autarker er nicht gespiegelt wird –: dies alles sind rituelle, in Schweigen gehüllte und Erinnerung verdrängende Beschwörungen der Verbindung mit der Mutter, von der getrennt zu sein Nähe des Todes, Tod selbst bedeutet; darum die Depression und der suizidale Sog. Hier wohl liegen die »dunklen« und «kalten Gründe, die er nicht begriffe«. – Dies ist jetzt zu zeigen.

10. DIE SCHWALBEN, DER BLICK UND DER TOD DER MUTTER

Zu den seltsamen Geschichten aus dem Leben Kants gesellt sich die folgende als eine der merkwürdigsten:

> *Kants* Mutter hatte eine Freundin, die sie zärtlich liebte. Letztere war mit einem Manne verlobt, dem sie ihr ganzes Herz, doch ohne Verletzung ihrer Unschuld und Tugend, geschenkt hatte. Ungeachtet der gegebenen Versicherung, sie zu ehelichen, wurde er aber treulos und gab bald darauf einer andern die Hand. Die Folge davon, für die Getäuschte, war ein tödliches hitziges Fieber, in welches Gram und Schmerz sie stürzten. Sie weigerte sich in dieser Krankheit, die ihr verordneten Heilmittel zu nehmen. Ihre Freundin, die sie auf ihrem Sterbebette pflegte, reichte ihr den angefüllten Löffel hin. Die Kranke weigerte sich, die Arznei zu nehmen und schützte vor, daß sie einen widerlichen Geschmack habe. *Kants* Mutter glaubte sie nicht besser vom Gegenteil überzeugen zu können, als wenn sie denselben Löffel mit Medizin, den die Kranke schon gekostet hatte, zu sich nehme. Ekel und kalter Schauder überfällt sie aber in dem Augenblick, als sie dieses getan hatte. Die Einbildungskraft vermehrt und erhöht beides, und da noch der Umstand hinzu kam, daß sie Flecken am Leibe ihrer Freundin entdeckte, die sie als Petechien erkennt, legt sie sich noch an demselben Tage hin und stirbt bald darauf als ein Opfer der Freundschaft. (Wasianski, 253).

Kant erzählt diese Geschichte »mit der liebevollen, zärtlichen Wehmut eines gutartigen und dankbaren Sohnes« – doch so harmlos ist die Erzählung nicht. Mystifikationen des Todes der Mutter sind im Spiel.

Vieles wäre zu sagen von ›Frauen Liebe und Leben‹ im 18. Jahrhundert, Untreue und Krankheit, Ansteckungsfurcht und sympathetischer Einbildungskraft – alles Themen, die in Kants Werk und Biographie Tabuzonen markieren. Dies ist schon bemerkenswert genug: daß im Tod der Mutter sich versammelt, was Kant künftighin peinlich vermeidet. Und doch sind dies nur oberflächliche Spuren auf dieser rührenden Story vom sympathetischen Tod zweier Freundinnen, welche einem der viertau-

send bürgerlichen Trauerspiele gut angestanden hätte. Entscheidend ist, daß es *Kant* ist, der diese Geschichte erzählt und damit etwas preisgibt von den Mystifikationen, die mehr ihn als die Umstände des Todes der Mutter widerspiegeln: davon wußte der 13jährige offenbar herzlich wenig.
Noch der greise Erzähler – und dies ist das Ende der Gutartigkeit – gibt der Freundin die Schuld am Tod der Mutter – und der Mutter selbst, die zu dieser Freundin eine innige Beziehung hatte. Das sind schwere Schuldvorwürfe des kleinen Immanuel, die nur aus der Eifersucht auf diese Beziehung verständlich werden. Freundin und Mutter sind beide böse – denn die Liebe der ›guten‹ Mutter gehört allein Immanuel. Wie die ›böse‹, mit dem Tod bestrafte Mutter sich hätte verhalten müssen, führt Kant ihr lebelang vor: man besorgt sich um die Krankheit der Freunde – aber besucht diese niemals.[25] Doch enthält die Geschichte noch mehr: die ›böse‹ Mutter stirbt, weil aggressive, böse Besetzungen ihren Tod wollen. Doch es stirbt in einem damit die ›gute‹ Mutter, die Kant, wie alle Biographen bestätigen, wie niemanden sonst liebte. So sind in der Erzählung Trauer und Schuld Kants geheimnisvoll eingeschlossen; Schuld wegen der Aggressionen, Trauer aufgrund der Liebe zu derjenigen, von der einzig Kant geliebt werden wollte und die einzig er liebte. Welch ein Verrat an dieser Liebe durch die Freundschaft zur Kranken! Welch eine Strafe, die einzig, der Liebe angemessen, der Tod sein kann.
Schuld und Trauer werden beide verdrängt (wie über den Tod der Freunde Schweigen verhängt ist). Und diese Verdrängung erklärt sowohl die eigentümliche Fixierung Kants darauf, daß alles Wünschen und alle Wut mit Schuld identisch sind (folglich ist Moralität: Freiheit von Affekt und Begehren); wie auch das unbewußte Festhalten an der Einzigartigkeit der Beziehung zu der idealisierten Mutter, die sich in die philosophischen Idealisierungen des Sohnes hineinerbt.
Die Introjektion der aggressiv besetzten ›bösen‹ Mutter, die ihr »Manelchen« (Wasianski, 251) verläßt, indem sie zur Freundin geht und stirbt, und die Introjektion der ›guten‹ Mutter, der Kant, wie er sagt, seine Moralität und sein Erkenntnisstreben verdankt, haben zwei Folgen: einerseits die Rückwendung der Aggression auf das Ich selbst, die zwangsläufig entstehen muß,

wenn das aggressiv besetzte Objekt introjiziert wird; und andererseits die Bildung eines grandiosen Ich-Ideals, in dem »in einem unendlichen Progreß« die Vereinigung mit der ›guten‹ Mutter gesucht wird. Die Struktur der Moral – ihr Masochismus und ihre Idealisierung – ist in der seltsamen Erzählung vom Tod der Mutter vorgebildet.

Das sind gewiß weitreichende Behauptungen. Sie werden um so wahrscheinlicher, je mehr man das übrige Material aus dem Umkreis der Mutter berücksichtigt. Übereinstimmend wird berichtet, daß »Manelchen« eine »ehrfurchtsvolle Liebe« und »kindliche Zärtlichkeit« bewahrte, »solange er sich bewußt war«:

> »Ich werde meine Mutter nie vergessen, denn sie pflanzte und nährte den ersten Keim des Guten in mir, sie öffnete mein Herz den Eindrücken der Natur; sie weckte und erweiterte meine Begriffe, und ihre Lehren haben einen immerwährenden heilsamen Einfluß auf mein Leben gehabt.« »Wenn der große Mann von seiner Mutter sprach, dann war sein Herz gerührt, dann glänzte sein Auge und jedes seiner Worte war der Ausdruck einer herzlichen und kindlichen Verehrung.« (Jachmann, 163, 162; Wasianski, 251)

Dies ist mehr als übliche Sohnessentimentalität. Die Rede ist von einer perennierenden Nährung durch die Mutter; sie spendet, nährt und erhält genau das Leben, das Kant führt – aber sie ist tot. Das erste Mal hören wir von dem »glänzenden Blick«, der sich als signifikant erweisen wird; davon, daß die Mutter ein aktives, förderndes Verhalten zeigte, in dessen Matrix Kant sich *noch immer* bewegt. Das ist zu berücksichtigen im Zusammenhang davon, daß der Vater weitgehend ausgeblendet ist; er bleibt ohne nennenswerten Einfluß auf den Sohn, der zu ihm offenbar keine tiefgehende Beziehung hatte. Wichtig ist dagegen, daß Kant seine Geschwister in einer Entfernung gehalten hat, die möglichst wenig spüren läßt, daß es sie überhaupt gibt. Er hält sich die Geschwister regelrecht vom Leib und läßt sie durch Geld abfinden. Briefe seines jüngeren Bruders, der ihn sehr verehrt, beantwortet er jahrelang nicht und dann sehr unpersönlich; 25 Jahre spricht er nicht einmal mit seiner in Königsberg lebenden Schwester. Diese Distanz ist selbst seinen Biographen aufgefallen. Sie entschuldigen Kant damit, daß er ein strenges Leben im

Dienst der Wahrheit, ohne Zeit für den Umgang mit Menschen lebe, die ›einfache‹ Leute seien. Das ist schlichte Legitimation: Zeit hatte Kant täglich für Freunde, die ihm immer unterlegen sind und auch ›einfach‹ sein dürfen (an Kants Tisch geht es nicht ständisch zu). Kant *wollte* keine Beziehung zu seinen Geschwistern, weil sie durch ihr Dasein bereits daran erinnern, daß er nicht das *einzige Kind*, der eingeborene Sohn der Mutter ist. Die darin enthaltene Aggression gegen die Geschwister *bezahlt* Kant schon zu Lebzeiten und vererbt ihnen schließlich wiedergutmachend sein Vermögen. (Borowski, 63; Jachmann, 141, 162/3)
Diese psychodynamische Konstellation weist darauf hin, daß Kant weitgehend in einer dualen Beziehungsstruktur gefangen bleibt und die Stufe, die in der Entwicklungslogik des Ich Triangulierung genannt wird, kaum erreicht hat bzw. ständig dementiert. Der Dualismus seines Denkens nimmt hiervon seinen Ausgang.
Die Wurzel dafür liegt in dem, was Alice Miller »Das Drama des begabten Kindes« genannt hat.[26] Die Mutter hat den 1724 geborenen Immanuel – nach drei vor ihm geborenen, entweder sofort toten oder schnell sterbenden Kindern (1717, 1719, 1723) und nach immerhin neun Ehejahren – als das erste überlebende Kind extrem narzißtisch besetzt. Kant ist der erste wirkliche Beweis, daß Gott die Ehe der Eltern segnet. Daß Immanuel lebt, segnet die Mutter (ein solches Gefühl ist bei der hohen Relevanz intakter Mütterlichkeit in der Kleinfamilie des 18. Jahrhunderts verständlich). Auf Immanuel scheint die Mutter alle ihre Wünsche und Energien konzentriert zu haben. Sie »entdeckte ... selbst bald die großen Fähigkeiten ihres Sohnes, die natürlich ihr mütterliches Herz an ihn fesselten und sie veranlaßten, auf seine Erziehung alle nur mögliche Sorgfalt zu verwenden« (Wasianski, 251). Was sie weiß über Natur und den Himmelsbau, über das Gute und Gott, vermittelt sie ihm, der in seiner Lernfähigkeit und seinem Gutsein *ihren* Wunsch nach Bildung und Tugend spiegelt. Als er größer wird und sie als Gymnasiast bildungsmäßig überholt, konnte »der Sohn ihr begreiflich machen«, »was ihr unbegreiflich war«:

> Daher eröffnete sich für diese glückliche Mutter eine doppelte Quelle der Freude: Sie erhielt neue, ihr unbekannte Aufschlüsse, nach denen sie so begierig war; sie erhielt sie von

ihrem Sohne und mit denselben zugleich die Beweise seiner schnell gemachten Fortschritte, die ihre Aussichten für die Zukunft ungemein erheiterten. Wahrscheinlich waren bei aller mütterlichen Vorliebe, die die Erwartungen von Kindern so leicht zu vergrößern pflegt, doch dieselben nicht so weit gegangen, als *Kant* sie hernach übertraf, von denen sie aber den Zeitpunkt ihrer Erfüllung nicht erlebte. (Wasianski, 252)

Ganz nebenher hat Wasianski hier sehr klug den Ursprung der Spiegelübertragungs-Beziehung erklärt, die zeitlebens die imaginäre Falle darstellt, in der Kant gefangen bleibt. Kant hat, vertraut man auf den Bericht, offensichtlich als narzißtische Ergänzung der Mutter funktioniert und entwicklungsgeschichtlich ein Selbst gebildet, das die Wünsche der Mutter spiegelt, nicht aber die eigenen Bedürfnisse. Darin ist einerseits der auf ihn projizierte Wunsch der Mutter enthalten, er möge der Einzigartige sein, der sie narzißtisch integriert; wie andererseits es *sein* Wunsch wird, diesem Wunsch sich anzuähneln und im Blick der Mutter jenen Glanz zu entdecken, der ihn als Zentrum ihrer bewundernden Liebe spiegelt.[27] Die schwer verständlichen Eindrücke der Biographen, Kant sei ein kindlicher Mann gewesen (Borowski, 72/3), enthalten eine Ahnung davon, daß Kant tatsächlich ein Kind blieb –: der eingeborene Sohn der Mutter ist er gerade dann, wenn gewaltige Leistungen ihn zu einem über alle erhabenen Heroen machen. Ein solcher wollte er (was an seinen expansiven Raumphantasien ablesbar war) auch immer werden. Doch mußte er diesen Wunsch lebensgeschichtlich umbauen in die seinem Körper und den umgebenden Sozialverhältnissen angemessene Sublimation, ein Heros der Philosophie zu werden: Erster der europäischen Philosophie, »helleuchtende Sonne« Königsbergs, der Mutterstadt, dem Zentrum und der Repräsentation der ganzen Welt. Welcher Triumph der Mutter – und wie vergeblich das Sehnen des Sohnes nach dem Glanz im Auge der Mutter, das gesättigt-sättigend auf seinem Tun liegt. Auch so entsteht Philosophie.

Der Tod der Mutter muß für Kant – mitten in der Labilität der Pubertätskrise – eine Katastrophe gewesen sein. Die Möglichkeit, im Verlauf einer ruhig verlaufenden Adoleszenz eine genital-heterosexuelle Identität aufzubauen, wurde hier endgültig zerbrochen. Bedeutete die archaische Spiegelbeziehung zwischen der Mutter und ihm ohnehin eine schwere Behinderung des Aufbaus eines an eigenen Bedürfnissen orientierten Selbst, muß der Tod katastrophale Anomien in Kant ausgelöst haben. Er hat sie unbewußt so gelöst, daß er sich endgültig auf die Matrix zurückzog und fixierte, die ihm die vertrauteste war: eine Selbst-Struktur, die zwischen den Polen eines alles in sich vereinigenden Größen-Selbst und der von Trennungs- und Todesängsten, ja suizidalen Wünschen gespeisten Depressivität schwankt. Zu einer Trauerarbeit am Tod der Mutter ist es nie gekommen, statt dessen zur Ausbildung einer melancholischen Position. Mit ungeheurer Energie hat Kant durch Verdrängungen und Verpanzerungen gegen suizidale *und* objektlibidinöse Wünsche versucht, nach dem Tode der Mutter seine Einzigkeit autark zu produzieren. Dazu bedurfte es jedoch der Organisation der gesamten Umwelt zu einem Spiegel, der unter Regie seines Selbst steht, und der unverlöschlichen Treue zu der einzigen gelebten, in melancholischer Starre konservierten Liebe. Dies, wennn irgend etwas, ist die genetische Grundlage der gigantischen Umwälzungsarbeit, die Kant in der Philosophie vollbracht hat.

Er bestätigt sich selbst darin als erwählten Sohn: und das Geheimnis dieser Erwählung erzählt Kant in der wohl eigentümlichsten Chiffre, der Geschichte von den Schwalben:

> Kant hatte in einem kühlen Sommer, in dem es wenig Insekten gab, eine Menge Schwalbennester am großen Mehlmagazin am Lizent wahrgenommen und einige Jungen auf dem Boden zerschmettert gefunden. Erstaunt über diesen Fall wiederholte er mit höchster Achtsamkeit seine Untersuchung und machte eine Entdeckung, wobei er anfangs seinen Augen nicht trauen wollte, daß die Schwalben ihre Jungen selbst aus den Nestern würfen. Voll Verwunderung über diesen verstandähnlichen Naturtrieb, der die Schwalben lehrte, beim Mangel hinlänglicher Nahrung für alle Jungen, einige aufzuopfern, um die übrigen erhalten zu können, sagte dann Kant: »Da stand mein Verstand stille, da war nichts dabei zu tun, als hinzufallen und anzubeten«; dies sagte er aber auf eine unbeschreibliche und noch viel *weniger nachzuahmende* Art. Die hohe Andacht, die auf seinem ehrwürdigen Gesichte glühte, der

Ton der Stimme, das Falten seiner Hände, der Enthusiasmus, der diese Worte begleitete, alles war einzig. (Wasianski, 293)

Diese Geschichte – die nebenher gesagt in nuce die ganze *Kritik der Urteilskraft* enthält – ist in der archaischen Tiefe der Chiffrierung einer Familienphantasie eines Kafka würdig. Handelte es sich um nicht mehr als Naturfrömmigkeit (was es auch ist), wäre sie erzählbar im Tonfall der Teleologie der Natur. Doch herrscht hier eine affektive Erschütterung, die vergleichbar nur ist mit der grandiosen Feier der gebärenden und verschlingenden Natur in der *Theorie des Himmels*. Erst der »unbeschreibliche Enthusiasmus« macht die Erzählung signifikant.

Im Kern enthält sie unbewußte Deutung des *Kindes* Kant über seine Familie; sie ist ein echter Familienmythos. Sie löst nämlich das Geheimnis, warum die drei Geschwister, die vor Kant geboren wurden, sterben mußten: damit er lebt. Die Archaik der Geschichte besteht gerade darin, daß sie die ungeheuerliche Phantasie enthält, die Eltern hätten die vor ihm Geborenen umgebracht, um ihn, Immanuel – d. i. der Gottgeschenkte –, am Leben zu erhalten. Die Geschichte der Schwalben steht auf derselben Ebene wie der Mythos der ›Geburt des Helden‹, welcher klassisch etwa in der Geburtsgeschichte von Moses oder Jesus vorliegt. Kant – er, der sich lebensgeschichtlich als narzißtische Spiegelung der Mutter bildete – hat auf dieser Matrix die Phantasie einer Herkunft entwickelt, die schon die absolute Außerordentlichkeit und Einzigkeit enthält, die seine Mutter seinem Lebensprogramm aufprägte. Daß darin auch phantasiert ist, die Mutter habe drei Geschwister getötet, ist weniger als Aggression auf diese zu verstehen als vielmehr als die mythische Signatur davon, daß Kant der eingeborene und erwählte Sohn ist. Verständlich ist darum, daß es Kant peinlich war, Geschwister zu haben. Wenn er sie verleugnet, so ist es, als töte er sie, um an seiner Erwählung festzuhalten. Der Mythos seiner Geburt, durch den er sich auf immer an die narzißtische Wünsche seiner Mutter koppelt, enthält auch die archaische Schuld am Tod der Geschwister. Der Heros der Mutter bleibt allein. Fast mutet das Rätselhafte selbstverständlich an, daß nämlich ein Leben vergehen kann ohne sexuelle Praxis. Die Desexualisierung schließt für Kant das viel ungeheuerlichere Drama ein, in unauflöslicher Treue zu jener Frau zu verharren, die die Garantie seiner Einzigartigkeit ist. Mit dem Vater sich positiv zu identifizieren, kann von hier aus nur mißlingen; nur negativ, wie an der Moraltheorie und der Körperpraxis Kants zu sehen war, identifiziert er sich mit den kastrierenden Verboten der Sexualität – um gerade dadurch die Einheit mit der Mutter aufrechtzuerhalten, d.h. nicht wie der Vater ein Mann zu werden, der Frauen begehrt, die *andere* als die Mutter sein müßten.

Wieder ist es eine Schwalben-Geschichte, die dies miterzählt:

> Eine gleiche Art von ernster Lieblichkeit strahlte aus seinem Gesichte, als er mit innigem Entzücken erzählte: wie er einst eine Schwalbe in seinen Händen gehabt, ihr ins Auge gesehen habe, und wie ihm dabei so gewesen wäre, als hätte er in den Himmel gesehen. (Wasianski, 293)

Hier wird deutlich, was mehr als objektlibidinöses Begehren und sexuelle Lust ist: der Glanz im Auge der Schwalbe, der den Blick der Mutter repräsentiert (die im »Himmel« ist). Dieser Glanz strahlt *jetzt* noch vom Gesicht des erzählenden Mannes wider. Das Auge der Schwalbe – »der gestirnte Himmel über mir« – die Mutter im Himmel: das ist Nirwana, die große narzißtische Spiegelung, vor der jede objektlibidinöse Lust nichtig wird. Mit *diesem* Blick identifiziert sich Kant, er identifiziert sich mit der Mutter, indem er mit ihrem Wunsch verschmilzt – d.h. er wird kein heterosexueller Mann. Damit fallen sexuelle Frauenbeziehungen aus – im Gegenteil machen sie dem »Zölibatär« panische Angst, wohingegen latent homosexuelle, männerbündische Beziehungen wie zu Green und Motherby ›bei der Mutter‹ bleiben, nämlich die Treue zu ihr zu halten erlauben.

Der Blick der Mutter gleitet in den mit ihr Identifizierten hinüber, verkörpert sich in seinem Blick, wird sein Blick. Wenn etwas schön, lebendig und strahlend an dem verwachsenen Mann Kant war, sind es, nach seinen Biographen, die Augen von »himmlischem Äther« gewesen (Borowski, 52; Jachmann, 163; 186, Wasianski, 293). Lebendig und strahlend ist der enthusiasmierende Glanz seiner Moralvorlesungen auf den Spuren seiner Mutter, in denen er »himmlische Kraft« (Jachmann, 134) entfaltet. Herrlich sind die »Liebenswürdigkeit« und »Unerschöpflichkeit« seiner Tischgespräche, weil sie aus dem nie endenden und doch immer imaginären Quell des Narziß, dem Glanz in den Augen seiner spiegelnden Tischgenossen schöpfen.

Der »Zeugungsmythos der Vernunft«, dieses grandiose Phantasma, sich unter Ausschluß alles Heteronomen und Weiblichen autark selbst erzeugt zu haben, findet hier seine Auflösung: indem Kant sich mit der Mutter identifiziert, die ihn geboren hat, identifiziert er sich mit der Gebärerin und wird wie sie. Omnipotent nimmt er den Inbegriff der Natur unter die Regie der Vernunft, und vollkommen erhebt er sich als selbstgezeugtes moralisches Subjekt über das genetische Gesetz, nach welchem alle Produktivität aus der Dynamik der Geschlechter erwächst u.d.h. aus der Anerkenntnis des Anderen und Nicht-Eigenen. In der Unterdrückung seiner Objektlibido kastriert sich Kant zwar als Mann – und führt das Leben eines Asexuellen –, ermöglicht sich dadurch aber die festhaltende Identifikation mit der Gebärerin-Mutter, deren Zeugungskraft die Endlichkeit der vom eigenen Leib und den Objekten limitierten Potenz bei weitem übersteigt. Auf eigentümliche Weise folgt Kant doch wieder einer patriarchalischen Ökonomie. Die unbewußte Identifikation mit der Großen Gebärerin erweist sich auf dem Weg ihrer Umarbeitung, durch die die erkennende und moralische Vernunft sich in heimlicher Mimesis zur Allbeherrscherin der Natur macht, als eine radikale Verleugnung und Verkennung des Weiblichen sowie als dessen systematischer Ausschluß. Nichts verträgt sich mit der Angst vor dem Weiblichen und mit dem Haß darauf besser als die unbewußte Fixierung auf das Phantasma weiblicher Allmacht. Von hier aus speisen sich die patriarchalischen Männerphantasien, die die Dynamik bereitstellen für die *reale* Praxis, alle Produktivität für sich zu monopolisieren, das Weibliche auszuschließen und zu diskreditieren, die Herkunft aus der Abhängigkeit und die Angewiesenheit auf das Andere der Vernunft zu verleugnen.[28]

Der latente Homosexualismus der männerbündisch organisierten Gesellschaft damals wie heute ist der phantastische Versuch der Männer, miteinander und ohne die Frau alles zu zeugen – auf der Basis der unbewußten und verdrängten Identifikation mit dieser: das Phantasma von Gott-Vater, der keines Weiblichen bedarf, weil er es vernichtet oder sich einverleibt hat. Das Weibliche verkommt zur Sentimentalität der dekorativen Mutter Maria, die unverwandt einen Blick der Beglückung auf den erwählten Sohn wirft.

Kant, ca. 1760

Aber wo nehme ich Worte her, Ihnen sein Auge zu schildern! Kants Auge war wie vom himmlischen Äther gebildet, aus welchem der tiefe Geistesblick, dessen Feuerstrahl durch ein leichtes Gewölk etwas gedämpft wurde, sichtbar hervorleuchtete. Es ist unmöglich, den bezaubernden Anblick und mein Gefühl dabei zu beschreiben, wenn Kant mir gegenüber saß, seine Augen nach unten gerichtet hatte, sie dann plötzlich in die Höhe hob und mich ansah. Mir war es dann immer, als wenn ich durch dieses blaue ätherische Feuer in Minervens inneres Heiligtum blickte. (Jachmann über Kant, 1804)

Wenn der große Mann von seiner Mutter erzählte, dann glänzte sein Auge. (Borowski über Kant, 1804)

Eine gleiche Art von ernster Lieblichkeit strahlte aus seinem Gesichte, als er mit innigem Entzücken erzählte: wie er einst eine Schwalbe in seinen Händen gehabt, ihr ins Auge gesehen habe, und wie ihm dabei so gewesen wäre, als hätte er in den Himmel gesehen. (Wasianski über Kant, 1804)

11. DER VATER ALS KIND UND DER SOHN ALS MUTTER DES VATERS

Kindlich wirkt der Mann, der von seinen Schülern als Vater gesehen wird. Die Biographen werden nicht müde, von der väterlichen Besorgnis zu sprechen, die Kant für jüngere Männer fühlte. Wen er in sein Herz schließt, den fördert er – oft heimlich und ohne Wissen des Betreffenden, sich freuend am Erfolg der Schüler, die ihren Weg machen, den sie *ihm* verdanken – wie er den seinen der Mutter. Dankbarkeit, Verehrung und Bewunderung junger Männer rühren und freuen ihn – wie er die Mutter verehrte, bewunderte und ihr dankte. Kant wird geschildert als engagierter väterlicher Erzieher der Jugend, besorgt um ihre moralische Entwicklung und die Verbesserung ihrer Kenntnisse – wie seine Mutter ihn erzog und um ihn sich sorgte. Nichts war ihm wichtiger, als daß die Schüler zu Selbstbestimmtheit sich entwickelten – wie er dieses Ideal in der Matrix des mütterlichen Erbes bildete.

Die interaktiven Verhältnisse komplizieren sich, sind seltsam vertauscht und verschoben. »Kant lebte wie er lehrte« heißt nun auch, daß er den Schülern ist, was die Mutter ihm war – doch diese erleben es als »väterliche Vorsorge« und als die Gutmütigkeit des Mäzens (vgl. Borowski, 61, 85ff.; Jachmann, 132/3, 145/6, 148, 157/8 u.ö.). Die Biographen Borowski, Jachmann und Wasianski sind alle in dieser Art symbolische Söhne, die in Kant einen vermeintlichen Vater verehren, der in Wahrheit mütterlich für sie so sorgt, wie er selbst als verehrender Sohn in der Sorge der Mutter stand.

Einer dieser Söhne, Wasianski, sorgt in den letzten Jahren Kants täglich mit steigender Intensität und Beanspruchtheit für dessen psychophysisches Wohl. Wasianski, der dadurch seinem symbolischen Vater dankbar die Schuld abzutragen glaubt für das bei ihm Erworbene, wird ohne Wissen zur Mutter des Mannes, der sich als Greis wieder zum Kind erklärt: »Meine Herren, ich bin alt und schwach, sie müssen mich wie ein Kind betrachten.« (Wasianski, 235)

Wasianski ist konfrontiert mit der zunehmenden Entsublimierung des hochdisziplinierten Mannes, mit dem Ausbruch unmodifizierter Triebansprüche und unterdrückter Sehnsüchte, dem ungeduldigen Verlangen und dem Nicht-warten-Können des Kind-Greises, mit der zunehmenden Abhängigkeit und Pflegebedürftigkeit, dem Trotz und der Insistenz, der Angst und den Träumen, die aus der Kindheit wieder sich melden, mit dem Zerfall der Ordnung und der zunehmenden Anomie, dem gänzlichen Rückzug in die ›Einpuppung‹ und der Verkennung der Objektwelten, der Dekomponierung der Abwehrstrukturen und der progressiven Unruhe und Verwirrtheit eines Greises, dessen Sinne, Körper und Geist ihre Dienste versagen und ihn zurücksetzen auf die Stufe diffus fluktuierender Antriebe, Wahrnehmungen, Körperregungen, Ängste, Begierden, Unruhen.

Und Wasianski zeigt die Geduld und Liebe, die Fähigkeit anzunehmen und sich einzufühlen, die nie nachlassende Aufmerksamkeit und Verfügbarkeit, die ordnungsgarantierende und auch grenzziehende Instanzlichkeit einer zugewandten Mutter. Kant hat den richtigen Mann zu seinem letzten Gefährten gewählt – und Wasianski hat eine seltene und bewundernswerte Fähigkeit an den Tag gelegt, auf die Bedürfnisse eines Greises einzugehen, zu dessen Entsublimierung auch gehört, daß der eingekapselte Wunsch, ein Kind zu sein, um das alles sich dreht, wieder unmodifiziert zutage tritt.

> Seine Art, etwas zu wünschen, war so sympathetisch, daß man es bedauerte, durch keine Zauberkraft seine Sehnsucht stillen zu können. (Wasianski, 269)

Damit hat Wasianski in genauer Empathie das Gefühl der Mutter beschrieben, die sympathetisch bei sich selbst die Wunschintensität des Kindes fühlt, aber auch spürt, daß die Art dieses Wunsches auf eine allmächtige Mutter zielt, die nichts ist als die wunscherfüllende Komplementarität des Kindes. Wasianski spürt etwas von der »Zauberkraft« der symbiotischen Wunsch-Erfüllungs-Einheit zwischen Mutter und Kind. In Wasianski wird damit etwas von der archaischen Geschichte des Greises

gegenwärtig, dessen Infantilität er mütterlich anzunehmen versteht und doch die Grenzen und das Imaginäre der symbiotischen Wunschkraft erkennt.
Vielleicht hat niemand genauer als Wasianski etwas von der verschütteten Geschichte Kants begriffen, nicht in seinem biographischen Text so sehr als in der praktischen Fähigkeit, auf die eigentlich tragische Dekomponierung des alten Kant angemessen, einfühlend und begrenzend einzugehen, ihn zu schützen vor sich selbst und vor Konfrontationen mit einer Umwelt, der Kant nicht mehr gewachsen war. Und er hat in jeder Situation die Liebe und Bewunderung für Kant aufrecht gehalten, die dieser brauchte. Wasianski hat die einzige Kant noch mögliche Interaktionsstruktur – die von Mutter und Kind – angenommen und somit dem vergehenden Mann das unschätzbare Glück vermittelt, noch einmal konfliktfrei das Kind einer Mutter zu sein.
Die letzten Jahre Kants hätten auch schrecklich verlaufen können: ein von niemandem behütetes Chaos von überflutenden Ängsten, »kalten Gründen«, unstillbaren Sehnsüchten, wahnhaften Phantasien, schrecklichen Unruhen und peinigenden Träumen bei immer wieder aufblitzendem Stolz und bemühter Würde – umgeben von einer unempathischen Umwelt.
So namenlos und ohne geschichtliche Repräsentanz die Leistungen der Mütter verlöschen, ist im Schatten der großen Arbeiten Kants die Arbeit der Liebe Wasianskis untergegangen. Und ohne die mütterliche Empathie Wasianskis wären noch mehr Spuren der wirklichen Mutter Kants versickert, ohne die er nicht geworden wäre, der er war: ein melancholischer Heros der Philosophie.

ANMERKUNGEN

Einleitung

1 Th. W. Adorno, Negative Dialektik, Frankfurt/M. 1966, S. 357.
2 M. Horkheimer/Th. W. Adorno, Dialektik der Aufklärung, Frankfurt/M. 1969, S. 40.
3 Gerhard Gamm, Der Wahnsinn in der Vernunft. Historische und erkenntniskritische Studien zur Dimension des Anders-Seins in der Philosophie Hegels, Bonn 1981, S. 14.
4 Carolyn Merchant, The Death of Nature, San Francisco 1980.
Vgl. William Leiss, The Domination of Nature, Boston 1972; ferner: Horst Bredekamp, Die Erde als Lebewesen, in: kritische berichte, Jg. 9 (1981), H. 4/5, S. 5ff. – ders.: Der Mensch als Mörder der Natur. Das ›Iudicium Iovis‹ von Paulus Niavis und die Leibmetaphorik, in: Vestigia Bibliae, Jg. 5 (1983), (im Erscheinen).

Kapitel 1

1 J. J. Rousseau, Emil oder über die Erziehung. Paderborn 4. Aufl. 1978, S. 160.
2 Fr. Schiller, Über naive und sentimentalische Dichtung, Schillers Werke, Nationalausgabe, Bd. 2. Weimar 1962, S. 413.
3 a. a. O., S. 430.
4 a. a. O., S. 431, Hervorhebungen von uns.
5 a. a. O., S. 431.
5a Unter ursprünglicher Reproduktion verstehen wir hier die Reproduktion des Menschen im unmittelbaren Stoffwechsel mit der Natur. Die historische Anthropologie spricht hier auch von »Urproduktion«, s. Neue Anthropologie, Bd. 4 (Hrsg. v. Gadamer und Vogler) Stuttgart 1973, S. 59.
6 Schillers Sämtliche Werke, Säkular-Ausgabe, Stuttgart, Berlin, 1. Bd. 1904, S. 134f.
7 a. a. O., S. 132.
8 Nationalausgabe a. a. O., S. 441.
9 a. a. O., Nationalausgabe a. a. O., S. 427.
10 Carolyn Merchant, The Death of Nature, San Francisco 1980, S. 4.
11 O. Weber, Physik und Technologie am Darmstädter Hof: Von der Drechslerwerkstatt zum physikalischen Kabinett. In: Darmstadt in der Zeit des Barock und Rokoko, Katalog einer Ausstellung in Darmstadt, 6. Sept.-9. Nov. 1980.
12 Hans Blumenberg, Die Legitimität der Neuzeit, Frankfurt 1966, S. 403.
13 Fr. Klemm, Geschichte der naturwissenschaftlichen und technischen Museen, Düsseldorf 1973, S. 10f.
13a Fr. Klemm, a. a. O.

14 Mathias Eberle, Individuum und Landschaft. Gießen 1980.
14a Für Kant ist das Schöne ja gerade, was als Unbegriffenes gefällt, KdU § 6.
15 C. C. L. Hirschfeld, Theorie der Gartenkunst, 5 Bde., Leipzig 1779-1785, Bd. 1, S. 145.
16 Franz Hallbaum, Der Landschaftsgarten, München 1927, 19.
17 Hermann Schmitz, System der Philosophie, Bd. III,2 Der Gefühlsraum, Bonn 1969, § 149.
18 Marie Boas, Die Renaissance der Naturwissenschaften, Gütersloh 1965.
19 Esther Fischer-Homberger, Geschichte der Medizin, Heidelberg 1975, 59.
20 G. Böhme, Alternativen der Wissenschaft, Frankfurt 1980, II,1.
21 Norbert Elias, Über den Prozeß der Zivilisation, 2 Bde., Frankfurt 1976.
22 Norbert Elias, Die höfische Gesellschaft, Darmstadt, Neuwied 1969.
23 R. zur Lippe, Naturbeherrschung am Menschen, 2 Bde., Frankfurt 1979.
24 a. a. O., Bd. 1, S. 58f.
25 N. Elias, Die höfische Gesellschaft, a. a. O., S. 126ff.
26 K. Ph. Moritz, Anton Reiser (1785ff.), München 1961.
27 Hermann Schmitz, System der Philosophie, Bd. II,1, Der Leib, Bonn 1965, § 78-92.
28 Ph. Ariès, Geschichte der Kindheit, 2. Aufl., München 1979.
29 Ariès, a. a. O., S. 104–107.
30 In: (Hg.) Lloyd de Mause, Hört ihr die Kinder weinen. Eine psychogenetische Geschichte der Kindheit. Frankfurt 1978.
31 Pestalozzi, Buch der Mütter, zitiert nach K. Rutschky (Hg.) Schwarze Pädagogik, Berlin 1977, S. 441.
32 Rousseau, a. a. O., S. 28f.
33 Rousseau, a. a. O., S. 119.
34 Rousseau, a. a. O., S. 119, Hervorhebung von uns.
35 J. H. Campe, Über die frühste Bildung junger Kinderseelen im ersten und zweiten Jahr der Kindheit, hier zitiert nach Rutschky, a. a. O., S. 451.
35a A. Spieß, Das Turnen in den Freiübungen für beide Geschlechter, Basel [2]1867; hier zitiert nach Rutschky, a. a. O., S. 488f.
36 Chr. W. Hufeland, Makrobiotik oder die Kunst das menschliche Leben zu verlängern (1796), 5. Aufl. Berlin 1823.
37 Godfrey Goodman, The Fall of Man, or the Corruption of Nature, Proved by the Light of Our Naturall Reason, London 1616. Siehe besonders S. 365f.
38 W. Derham, Physikotheologie oder Naturleitung zu Gott (1711/12), dt. 2. Aufl. 1750.
39 O. Marquard, Vernunft als Grenzreaktion. Zur Verwandlung der Vernunft durch die Theodizee. Unveröffentl. Manuskript 1981.
40 H. Vaihinger, Die Philosophie des Als Ob, Berlin 1911.
41 Cl. J. Glacken, Traces on the Rhodian Shore, Berkeley, Los Angeles, London 1976.
42 Vergl. das Märchen vom Schweinehirt, auch KdU B 167.

0 Neuere Forschungen, wie etwa die von Carolyn Merchant Iltis (The Controversy over Living Force: Leibniz to D'Alembert, Ph. D. thesis, Univ. of Wisconsin 1967) legen allerdings nahe, d'Alembert erst für seine Ausgabe des Traité de Dynamique (1758) die volle Einsicht zuzugestehen. Aber wenn nicht d'Alembert, so gebührt Boscovich die Ehre.

1 Wolf Lepenies, Das Ende der Naturgeschichte. Wandel kultureller Selbstverständlichkeiten in den Wissenschaften des 18. und 19. Jahrhunderts, Frankfurt/M. 1978.

2 Stephen Toulmin/June Goodfield, Entdeckung der Zeit, München 1970, S. 143ff. – Fritz Krafft, Analogie – Theodizee – Aktualismus, in: I. Kant, Allgemeine Naturgeschichte und Theorie des Himmels, München 1971 (Nachwort) – Hans Blumenberg, Die Genesis der kopernikanischen Welt, Frankfurt/M. 1975, S. 89ff., 666ff.

3 Friedrich Albert Lange, Die Geschichte des Materialismus und Kritik seiner Bedeutung in der Gegenwart. 2 Bde., (1866), Frankfurt/M. 1974. Vgl. Kuno Fischer, I. Kant, Entwicklungsgeschichte und System der kritischen Philosophie, Bd. 1, 5. Aufl. 1910, S. 14ff. (= Geschichte der neueren Philosophie, Bd. 5).

4 Ernst Bloch, Das Materialismus-Problem, seine Geschichte und Substanz, Frankfurt/M. 1972, S. 196ff. – Martina Thom, Immanuel Kant, (Leipzig 1974) Köln 1978, S. 27ff. – K. Marx/F. Engels, Werke (MEW), Bd. 20, Berlin 1962, S. 52f.

5 Barthold Hinrich Brockes, Irdisches Vergnügen in Gott, 3. Theil, Hamburg 1728, S. 156ff. (= Originaltext und Übersetzung von L'Abbé Genest, Principes de Philosophie, Kap.: De la Structure de l'Univers) – Bei der Lehrdichtung von Genest handelt es sich um eine poetische Adaption der Philosophie des Descartes. – Diese Übersetzung wie auch einige Gedichte von Brockes (vgl. Kap. III) rechtfertigen es, den Hamburger Ratsherrn als einen der ersten Poeten Deutschlands zu bezeichnen, der die Konsequenzen der kopernikanischen Wende literarisch gezogen hat.

6 Kant, Werke, hg. v. W. Weischedel a. a. O., Bd. 1, S. 707ff.

7 Hermann Schmitz, System der Philosophie, Bd. II/1: Der Leib, Bonn 1965, S. 554ff. – Der Philosophie des Leibes von Schmitz ist im folgenden vieles zu danken. – Es wird langsam unerträglich, in welcher Weise die neuerdings entstehende, zumeist poststrukturalistisch tingierte Diskussion über die »Wiederkehr des Körpers« an der wohl einzigen konsistenten Theorie des Leibes, nämlich der von Schmitz, vorbeigehen zu können glaubt.

8 Zu leiblichen Phänomenen wie Engung, Weitung, privative Engung oder Weitung, Intensität etc. – sowie zum terminologischen »Alphabet« der Leiblichkeit vgl. Schmitz a. a. O., Bd. II/1, S. 73-172.

9 Zur Auslegung der Stelle s. S. 390/1 dieser Arbeit.

10 Schmitz, a. a. O., Bd. II/1, S. 554ff.

11 Hans Georg Hoppe, Kants Theorie der Physik. Eine Untersuchung über

das Opus postumum von Kant, Frankfurt/M. 1969, S. 128ff. – Kurt Hübner, Leib und Erfahrung in Kants Opus Postumum, in: ZfphilForschung 7 (1953), S. 204-219 – Karl-Otto Apel, Transformationen der Philosophie, Bd. II, Frankfurt/M. 1973, S. 99ff. – ders., Das Leibapriori der Erkenntnis, in: Archiv für Philosophie 12 (1963), S. 152-172.

12 Hoppe, a. a. O., S. 129.

13 Goethe, Glückliches Ereignis. In: Hamburger Ausgabe, Hg. E. Trunz, Bd. 10, Hamburg 1959, S. 538ff.

14 Goethe, Campagne in Frankreich, in Hamburger Ausgabe, Hg. E. Trunz, Bd. 10, Hamburg 1959, S. 314. – Hier spricht Goethe auch von seinem »Hylozoismus« – der Auffassung einer lebendigen Materie in Absetzung zu ihrer Deutung als toter Mechanismus.

15 Goethe, Weimarer Ausgabe, IV. Abt., Briefe, Bd. 24, Weimar 1901, S. 227. Karl Vorländer (Kant – Schiller – Goethe, Leipzig 1907, S. 210) datiert irrtümlich auf den 25. September 1814.

16 Goethe, Briefe in 4 Bänden, Hamburger Ausgabe, Hg. K. R. Mandelkow, Bd. 2, Hamburg 1964, S. 325 und 423. – Im Brief an Schiller nimmt Goethe auf Schellings *Ideen zu einer Philosophie der Natur*, Leipzig 1797, Bezug. Gegen den Idealismus und implizit gegen Kant besteht Goethe sowohl auf der Realität der widerstehenden Dinge (die sich leibhaft aufdrängt) wie – mit Schelling – auf der »Zweckmäßigkeit der organischen Naturen nach innen«. Wir werden an Schelling noch demonstrieren, wie leibnah dies gemeint ist. Entscheidend ist, daß Goethe gegenüber dem Geschäft der Philosophen – nämlich dem der Trennung – sich als »ungetrennte Existenz« bewahren will, also als Einheit: diese aber schließt den Leib ein, ja, ist in diesem, wie Hermann Schmitz demonstriert, fundiert. – Diese Briefstelle ist unmittelbar auf die Bemerkung zu Jacobi zu beziehen, mit der Goethe sich gegen eine Philosophie ausspricht, die »sich vorzüglich aufs Trennen legt«. Dagegen besteht Goethe, wie Schelling, auf der »ursprünglichen Empfindung« des Einsseins mit Natur, welches wiederum leiblich gegeben ist – nämlich in der eminent leiblichen Polarität von Systole und Diastole, die Goethe mit dem hier in Jacobi-Brief verwendeten Polarbegriffen synonym gebraucht: Selbst philosophische Operationsmodi behalten bei Goethe eine leibliche Spur (an Jacobi 23. 11. 1801).

17 Goethe, Naturwissenschaftliche Schriften, in: Weimarar Ausgabe, II. Abt., Bd. 11, Weimar 1893, S. 376, vgl. ebd. S. 47-55 (zu Kant).

18 Vgl. dazu Bloch, Materialismus-Problem, a. a. O., S. 211ff.

19 Schelling, Schriften von 1799-1801, in: Ausgewählte Werke, Darmstadt 1975, S. 293.

20 Novalis, Fragmente I, in: Werke, Hg. E. Wasmuth, Heidelberg 1957, S. 242.

21 Schmitz, a. a. O., Bd. II/1, S. 497.

22 Zum folgenden s. Klaus Dörner, Bürger und Irre, Frankfurt/M. 1975 – Michel Foucault, Wahnsinn und Gesellschaft, Frankfurt/M. 1973 – W. Leibbrand/A. Wettley, Der Wahnsinn. Geschichte der abendländischen Psychopathologie, München/Freiburg 1961, S. 295ff. – Esther Fischer-

Homberger, Hypochondrie. Melancholie bis Neurose. Krankheiten und Zustandsbilder. Bern/Stuttgart/Wien 1970.

23 Foucault, a.a.O., S. 302.

24 Zum folgenden vgl. neben Foucault, a.a.O., noch Philippe Ariès, Geschichte des Todes, München–Wien 1980 – Johan Goudsblom, Zivilisation, Ansteckungsangst und Hygiene. Betrachtungen über einen Aspekt des europäischen Zivilisationsprozesses, in: P. Gleichmann u.a. (Hg.), Materialien zu N. Elias' Zivilisationstheorie, Frankfurt/M. 1977, S. 215ff.

25 Bloch, Materialismus-Problem, a.a.O., S. 215.

26 Novalis, Fragmente I, a.a.O., S. 260.

27 H. E. Richter, Der Gotteskomplex. Die Geburt und die Krise des Glaubens an die Allmacht des Menschen. Reinbek bei Hamburg 1979, S. 49.

28 Bloch, Materialismus-Problem, a.a.O., S. 215.

29 Vgl. dazu Margaret S. Mahler/F. Pine/A. Bergman, Die psychische Geburt des Menschen. Symbiose und Individuation, Frankfurt/M. 1980 – Narzißmustheoretisch beziehen wir uns ferner auf Heinz Kohut, Narzißmus, Frankfurt/M. 1975.

30 Vgl. Schmitz, a.a.O., Bd. II/1, S. 75ff., 126ff. – Mit diesen Leibphänomenen sind viele von der Psychoanalyse beobachteten Erscheinungen kompatibel, wie sie etwa von Michael Balint oder Hermann Argelander erforscht wurden.

31 Freud, Das Unbehagen in der Kultur, in: Studienausgabe, Hg. A. Mitscherlich u.a., Bd. IX, Frankfurt/M. 1974, S. 199f.

32 Ebd. S. 197ff. (Zitat S. 204)

33 Schopenhauer, Sämtliche Werke, Hg. J. Frauenstädt. Bd. III. Leipzig 1891, S. 359.

34 ebd., S. 219.

35 Schmitz, a.a.O., Bd. II/1, S. 586ff. widerspricht dem Schopenhauerschen Selbstverständnis, den Leib »zum ersten Mal zu theoretischem Bewußtsein gehoben« zu haben. Wir meinen, daß Schopenhauer diesem Bewußtsein wie kein Philosoph vor ihm nahegekommen ist, gerade wenn man von Schmitz her Schopenhauer reformulieren würde.

36 Schopenhauer, a.a.O., Bd. II, S. 121.

37 Ebd. S. 170ff.; zur leibphilosophischen Reformulierung der Kantschen Materietheorie bei Schopenhauer vgl. noch Bd. III, a.a.O., S. 347ff., 222f., Bd. II, S. 174ff., 128f.

38 Schelling, Münchner Ausgabe, Hg. M. Schröter, Bd. III, München 1965, S. 269ff. – Aus diesem sowie dem IV. Band wird im Text abgekürzt wie folgt zitiert: Schelling III/IV + Seitenzahl.

39 Bloch, Materialismus-Problem, a.a.O., S. 216.

40 Schmitz, Bd. II, a.a.O., S. 114ff.

41 Schmitz, a.a.O., Bd. I, S.207ff.

42 Jacques Lacan, Das Spiegelstadium als Bildner der Ichfunktion, in: ders., Schriften I, Olten 1973, S. 61ff. – Die Konstitution des Ich im und durch den Blick des Anderen ist unterdessen vielfach in psychoanalytischer

Forschung bestätigt. Philosophisch vgl. dazu J. P. Sartre, Das Sein und das Nichts, Hamburg 1962, S. 338ff. (»Der Blick«).

43 Odo Marquard hat zum ersten Mal auf die Beziehungen Schellings und der Romantik zu Freud hingewiesen: O.M., Über einige Beziehungen zwischen Ästhetik und Therapeutik in der Philosophie des 19. Jahrhunderts, in: M. Frank/G. Kurz (Hg.), Materialien zu Schellings philosophischen Anfängen, Frankfurt/M. 1975, S. 341ff.

44 Hegel, Wissenschaft der Logik I/II, in: Werke in 20 Bänden, Hg. E. Moldenhauer/K. M. Michel, Frankfurt/M. 1969, Bd. 5/6. – Hieraus wird im Text abgekürzt wie folgt zitiert: *Logik* I/II + Seitenzahl.

Kapitel III

1 Novalis, Werke, Tagebücher und Briefe, Hrsg. H.-J. Mähl u. R. Samuel, Bd. 2, Darmstadt 1978, S. 233.

2 F. Schlegel, Kritische Ausgabe, Hrsg. E. Behler u.a., Bd. II, Paderborn 1967, S. 325 (Gespräch über Poesie).

3 Schelling, Münchner Ausgabe, Hg. M. Schröter, Bd. 2, München 1965, S. 8/9.

4 Schelling, Philosophie der Kunst (1859) Darmstadt 1960, S. 308.

5 Herder, Vom Geist der Ebräischen Poesie, in: Sämmtliche Werke, Hg. B. Suphan, Bd. 11, Berlin 1879, S. 293.
Vgl. Goethe, Hamburger Ausgabe, Bd. 1, Hamburg 1966, S. 584.

6 S. die schöne von Heine und Lassalle tradierte Hegel-Anekdote, erzählt in: Hans Blumenberg, Die Genesis der kopernikanischen Welt, Frankfurt/M. 1975, S. 83f.

7 Karl Richter: Literatur und Naturwissenschaft. Eine Studie zur Lyrik der Aufklärung. München 1972.
Marjorie Hope Nicolson, Mountain Gloom and Mountain Glory. The Development of the Aesthetics of the Infinite. New York 1959 – dies., Science and Imagination, Ithaca/New York 1956.

8 K. Richter, a.a.O., S. 48.

9 Lambert an Kant 13. 11. 1765, Kant an Lambert 31. 12. 1765, Lambert an Kant 3. 2. 1766.

10 Hans Blumenberg, Die kopernikanische Wende, Frankfurt/M. 1965, S. 61-80, sowie ders., Genesis a.a.O., S. 200ff.

11 Schiller, Nationalausgabe, Hrsg. B. v. Wiese, Bd. 20., Weimar 1962, S. 116.

12 Zit. bei Blumenberg, Kopernikanische Wende, a.a.O., S. 124/125.

13 ebd., S. 134.

14 ebd., S. 50.

15 Vgl. dazu Alexandre Koyré, Von der geschlossenen Welt zum unendlichen Universum, Frankfurt/M. 1969.

16 Blumenberg, Kopernikanische Wende, a.a.O., S. 39.

17 Zitiert bei Koyré, a.a.O., S. 65.

18 Giordano Bruno, Zwiegespräche vom unendlichen All und den Welten, Darmstadt 1980, S. 22.

19 ebd., S. 23.
20 G. Bruno, Von der Ursache, dem Prinzip und dem Einen, 5. Aufl. Hamburg 1977, S. 18*.
21 G. Bruno, All, a. a. O., S. 23.
22 Mit ›archaischem Objekt‹ ist hier im psychoanalytischen Sinn der Umriß des primären, kaum ausdifferenzierten und mit Zügen von Allmacht ausgestatteten Objekts, meistens die Mutter, gemeint. Die Brunianische Auslegung der Natur in der Struktur archaischer Weiblichkeit ist hier nicht im einzelnen zu belegen. Bemerkenswert ist, daß sich ähnliches bei den ersten ernsthaften Rezipienten Brunos in Deutschland, nämlich bei Goethe und Schelling findet.
Vgl. im allgemeinen dazu Carolyn Merchant, The Death of Nature. Women, Ecology and Scientific Revolution, San Francisco 1980.
23 Bruno, Von der Ursache, a. a. O., S. 17*. – In Deutschland wird Bruno erstmals aufgenommen anläßlich des sog. Spinozismus-Streits zwischen Jacobi und Mendelssohn über das vorgeblich spinozistische Bekenntnis Lessings angesichts von Goethes Gedicht »Prometheus«. Die Schiefe des Bruno-Bildes, die hier entsteht, wird später behoben durch Schellings Dialog »Bruno oder über das göttliche und natürliche Princip der Dinge« (1802) und durch Hegels Bruno-Darstellung in den »Vorlesungen über die Geschichte der Philosophie« (1817).
24 Zitiert bei Ernst Benz, Emanuel Swedenborg. Naturforscher und Seher, München 1948, S. 473.
25 John Donne, An Anatomie of the World, in: Complete Poetry and Selected Prose, ed. J. Hayward, London/New York 1946, S. 202/204.
26 Zum folgenden s. Michael Balint, Angstlust und Regression – Beitrag zur psychologischen Typenlehre, Stuttgart 1960.
27 Goethe, Hamburger Ausgabe, Bd. 14, Hamburg 1966, S. 81 (Materialien zur Farbenlehre).
28 Blumenberg, Kopernikanische Wende, a. a. O., S. 126.
29 F. Nietzsche, Werke, Hg. K. Schlechta, Bd. 2, München 1966, S. 893; vgl. Bd. 3, S. 882.
30 Gottfried Benn, Ges. Werke, Hg. D. Wellershof, Bd. 1, Wiesbaden 1960, S. 215/216.
31 Die poetisch, bewußtseinsgeschichtlich und psychodynamisch erregendsten Visionen des Alls finden sich zweifellos im Werk Jean Pauls: Rede des toten Christus vom Weltgebäude herab, dass kein Gott sei; Die Vernichtung – Eine Vision; Der Atheist in seiner Wüste; Traum über das All, in: Jean Paul, Werke, Hg. N. Miller, München/Wien 1975, Bd. 3, S. 269-275; Bd. 11, S. 257-265, 668, 682-686.
32 Barthold Hinrich Brockes, Auszug des Irdischen Vergnügens in Gott, S. 477. Sehr wichtig auch das Gedicht »Das Grosse und das Kleine«, in: Irdisches Vergnügen in Gott 1. Teil, Hamburg 1722, S. 143ff.
33 Albrecht v. Haller, Gedichte, Hg. L. Hirzel, Frauenfeld 1882, S. 150-154.
34 Friedrich Gottlieb Klopstock, Werke, Hg. R. Hamel, Bd. 3, Stuttgart o.J. (1884), S. 108-110 CDNL 477.
35 Psychodynamisch signifikante Palingenesie-Phantasien, die sämtliche

Derivate sehr früher Mutter-Imagines sind, finden sich innerhalb der literarischen Varianten der Kosmologie-Tradition zu sehr unterschiedlichen Zeiten – so bei G. Bruno, bei K. Ph. Moritz, Goethe, Herder, Jean Paul, aber auch in der Lyrik des jungen Brecht. Dieser Zusammenhang wäre psycho-historisch aufzuarbeiten.

36 Klopstock, a. a. O., S. 102.

37 Klopstock, a. a. O., S. 99.

38 Klopstock, a. a. O., S. 99.

39 Klopstock, a. a. O., S. 110.

40 Herder, a. a. O., Bd. 29, S. 240/1. – Nicht ohne Interesse ist es, daß Herder im 1. Buch, Kap. 1 ff. seiner *Ideen zur Philosophie der Geschichte der Menschheit* (Riga/Leipzig 1784) durchaus in den Bahnen der Kantschen Frühschrift denkt – und zwar gerade in der Poetizität der Sprache und Phantasien. Diese ist es dann, die Kant in seiner Rezension Herder kritisch vorrechnet (in: Kant, Werke, a. a. O., Bd. 6, S. 781 ff.): die ans Subjekt assimilierte, per analogiam und ohne »logische Pünktlichkeit« verfahrende Spekulation Herders. Es ist, als strafe der alte Kant die Kühnheit seiner Frühzeit an Herder. Der unbefangene vitalistische Narzißmus Herders – »Der Bau des Weltgebäudes sichert also den Kern meines Daseyns, meines inneren Lebens, auf Ewigkeiten.« – läßt den Kant-Schüler, wie Kant hätte bemerken können, eine Fülle jetzt in der kritischen Philosophie zensierter Denkfiguren aussprechen, die unmittelbar der *Theorie des Himmels* entnommen sein könnten. Dies gilt für die Bestimmung des Menschen als »Schooskind der Natur«, welche von Herder in rührender Unmittelbarkeit ständig als Große Mutter apostrophiert wird. Es gilt ferner für die Idee einer quasi organisch gedachten Palingenesie und des Phönixcharakters der Natur; gilt für die Bestimmung der Mittelposition des Menschen im Gefüge des Planetensystems und im möglichen System von Vernunftwesen überhaupt im Weltall etc. –: alles dies sind Ideen des jungen Kant, die ihm aus der Schrift seines ehemaligen Lieblingsschülers entgegentreten zu einer Zeit, wo er durch kritische Reinigung sich solcher durch Einbildungskraft angeleiteten und aus Ideen eines lebendigen organischen Naturzusammenhangs entwikkelten Überlegungen endgültig entschlagen hat. Dabei hat Herder sich zu Recht auf die Kantsche Frühschrift berufen – dies aber ausgerechnet im Zusammenhang einer Erwähnung auf Swedenborg, dessen *Arcana coelestia* (1749-1756), wie wir in Kap. IV, 3 dieser Arbeit noch zeigen werden, den provozierenden Anstoß für die kritische Wende Kants bilden. In vieler Hinsicht also stellen die *Ideen* Herders ein zunächst unwissentliches Dementi der mühselig erarbeiteten und von Ängsten begleiteten kritischen Wende sowohl wie eine ebenso unwissentliche Wiederauflage der kaum verhüllten grandiosen narzißtischen Phantasmen der Kantschen Frühschrift dar. Dies mag der tiefere Anlaß für die Rezension Kants sein, die mit der Kritik Herders zugleich die Kritik an vermeintlich überwundenen Selbstformationen Kants darstellt. Die Reaktionen im Herder-Kreis auf die Kant-Rezension sowie die gekränkten, impliziten und expliziten Abgrenzungskämpfe Herders und die angestrengte intel-

lektuelle Unbetroffenheit Kants im Verlauf des Streits beleuchten die weit über kognitive Dissonanzen hinausweisende Verflochtenheit und Polarität der beiden Männer. Eine wirklich genaue Ausarbeitung des Kant-Herder-Verhältnisses und seiner Verläufe steht noch aus.

41 H. Argelander, Der Flieger, Frankfurt/M. 1972, S. 23.

42 H. Argelander, Ein Versuch zur Neuformulierung des primären Narzißmus, in: Psyche Jg. 25 (1971), H. 5, S. 362. Vgl. dazu die schöne Fallstudie vom selben Autor: Der Flieger, a. a. O.

43 H. Kohut, Narzißmus, Frankfurt/M. 1975.

44 H. Schmitz, a. a. O., Bd. II/1, S. 341 ff.

45 Argelander, Versuch ..., a. a. O., S. 364.

46 S. Freud, Studien-Ausgabe, a. a. O., Bd. 1, S. 283/284 – Vgl. dazu die ganz ähnliche konstruierte Kränkungskette bei dem Freud so gar nicht verwandten Positivisten Rudolf Carnap: »Durch Kopernikus wurde der Mensch aus der Erhabenheit seiner zentralen Stellung im Weltall verstoßen; durch Darwin wurde ihm die Würde des übertierischen Sonderwesens geraubt; durch Marx wurden die Faktoren, durch die der Geschichtsverlauf kausal zu erklären ist, aus der Sphäre der Ideen in die des matierellen Geschehens herabgezogen; durch Nietzsche wurden die Ursprünge der Moral ihres Nimbus entkleidet; durch Freud wurden die Faktoren, aus denen die Vorstellungen und Handlungen des Menschen kausal zu erklären sind, in dunkle Tiefen, in ›niedere‹ Regionen verwiesen ... Nun soll die Psychologie, die bisher als Theorie der seelisch-geistigen Vorgänge von einer gewissen Erhabenheit umkleidet ist, zu einem Teil der Physik herabgewürdigt werden.« (Carnap: Psychologie in physikalischer Sprache, in: Erkenntnis 3, 1932/33, S. 109f., zit. nach Blumenberg, Genesis, a. a. O., S. 710) – Die letzte Ernüchterung, nämlich der Carnapsche psychologische Physikalismus, ist freilich selbst eine Illusion, nämlich wissenschaftlicher Größen-Phantasie.

47 H. E. Richter: Der Gottes-Komplex. Die Geburt und die Krise des Glaubens an die Allmacht des Menschen. Reinbek bei Hamburg 1979.

48 Georges Devereux, Angst und Methode in den Verhaltenswissenschaften, München 1973, S. 25 ff.

49 Vgl. dazu M. H. Nicolson, Newton demands the Muse. Newton's Opticks and the Eighteenth Century Poets, Princeton 1966.

50 A. Pope, sämtliche Werke mit W. Warburtons Commentar, Bd. 3, Mannheim 1784, S. 110ff. (Versuch über den Menschen).

51 Koyré, a. a. O., S. 249.

52 s. Anm. 7 u. 49.

53 J. Addison and R. Steele, The Spectator, Vol. 3. ed. G. Smith, London/New York 1963, S. 279 u. 302. Vgl. dazu ganz ähnlich, auf der Grundlage von Fontenelle und frühen deutschen Kosmologischen Literaturbeispielen, den Schweizer Johann Jacob Bodmer: Critische Betrachtungen über die Poetischen Gemälde der Dichter, (1741), darin der Abschnitt »Von den Grossen der materialischen Welt«, S. 211 ff. – Diese Linie der Begriffsbestimmung des Erhabenen wird von Kant, Schiller und Hegel endgültig kritisch aufgehoben.

54 In seiner Schrift »Über das Erhabene« von 1802 findet Schiller zu ganz ähnlichen, von Kant inspirierten Formulierungen: »Kaum aber macht ihm die freie Betrachtung gegen den blinden Andrang der Naturkräfte Raum, und kaum entdeckt er in dieser Flut von Erscheinungen etwas Bleibendes in seinem eigenen Wesen, so fangen die wilden Naturmassen um ihn herum an, eine ganz andere Sprache zu seinem Herzen zu reden: und das relativ Große außer ihm ist der Spiegel, worin er das absolut Große in ihm selbst erkennt. Furchtlos und mit schauerlicher Lust nähert er sich jetzt diesen Schreckbildern seiner Einbildungskraft und bietet absichtlich die ganze Kraft dieses Vermögens auf, das Sinnlich-Unendliche darzustellen, um, wenn es bei diesem Versuche dennoch erliegt, die Überlegenheit seiner Ideen über das Höchste, was die Sinnlichkeit leisten kann, desto lebhafter zu empfinden. Der Anblick unbegrenzter Fernen und unansehbarer Höhen, der weite Ozean zu seinen Füßen und der größere Ozean über ihm entreißen seinen Geist der engen Sphäre des Wirklichen und der drückenden Gefangenschaft des physischen Lebens.« (Schiller, Sämtliche Werke, hg. v. G. Fricke, H. E. Göpfert, Bd. 5, München 1959, S. 801).

55 Es ist Novalis, der 180 Jahre vor H. E. Richter den geheimen Gottes-Komplex der Vernunft – den die eigene Ohnmacht abwehrenden Anspruch auf Omnipotenz – in seinem Romanfragment *Die Lehrlinge zu Sais* entschleiert hat. Novalis läßt die zu sprachlosen Verfügungsobjekten degradierten Naturdinge wieder zur Sprache kommen und Klage führen über die tyrannischen Trennungen und Dissonanzen, die der Mensch in die Naturordnung willkürlich eingeführt habe: »Seine Begierde, Gott zu werden, hat ihn von uns getrennt, er sucht, was wir nicht wissen und ahnden können, und seitdem ist er keine begleitende Stimme, keine Mitbewegung mehr.«
Wenn Novalis eine Naturbeziehung phantasiert, die nicht objektivierende Erkenntis, sondern leiblich ergriffene, sympathetische »Mitbewegung« – ähnlich dem Schellingschen »Mitwissen« – sei, so ist dies der romantische Gegenzug zur göttlichen Selbstermächtigung der Vernunft, die in der Form rationaler Erkenntnis »eine wüste Fantasie ihres Traumes« sei – nämlich des unbewußt wirksamen Willens zur Macht über Natur. So treten Natur und Vernunft in eine Kampfgeschichte ein: im überlegenen Bewußtsein seiner Freiheit jedoch kann der Mensch »dieser fürchterlich verschlingenden Macht« sich entwinden und »einen langsamen, wohldurchdachten Zerstörungskrieg mit dieser Natur führen«. An frühe Kantsche Formulierungen anknüpfend, läßt Novalis die Sprecher dieses Konzepts »mit innerm Triumph ... ihren Verwüstungen, ihren Tumulten zusehn«, die der Naturbeherrschung dem freien Bewußtsein Anstoß zur um so tieferen, um so verschlageneren Durchdringung der Natur werden. »Er fühlt sich Herr der Welt, sein Ich schwebt mächtig über diesem Abgrund, und wird in Ewigkeiten über diesem endlosen Wechsel erhaben schweben.« Wo die »Veste seines Ichs« gesichert ist, gilt: »Der Sinn der Welt ist die Vernunft: um derentwillen ist sie da«. Sensibel hat Novalis damit den dynamischen Kern des Kantischen mora-

lischen Subjekts und in dessen Gefolge noch die radikalere Fassung des Fichteschen absoluten Ich entziffert: als Spiel der Macht. Den »Gespenstern seiner Schwäche« begegnet der Mensch mit der Stilisierung zu einem der Natur überlegenen, zur Unendlichkeit narzißtisch überhöhten Selbst. Eben dies läßt Novalis die Natur betrauern als Trennung des Menschen von ihr im Zeichen seiner entfremdenen Selbstvergottung. (Novalis, Werke, a. a. O., Bd. 1, S. 218/219; 212/213).

56 Die im Text benutzten abgekürzten Zitat-Nachweise – *Ästhetik, Logik, Vorlesungen* mit jeweils folgender Bandbezeichnung und Seitenzahl – beziehen sich auf die jeweiligen Bände in G. W. F. Hegel, Werke in 20 Bänden, Hg. E. Moldenhauer, K. M. Michel, Frankfurt/M. 1970. – *Vorlesungen* = Vorlesungen über die Geschichte der Philosophie.

57 J. G. Fichte, Grundlage der gesamten Wissenschaftslehre (1794), Hrsg. W. G. Jacobs, Hamburg 1979, S.137.

58 ebd., S. 188.

Kapitel IV

1 Wolfgang Promies, Der Bürger und der Narr. München 1971.

2 J. Engell, Creative Imagination. Enlightment to Romanticism. Cambridge/Mass. 1981.

3 Martin Heidegger, Kant und das Problem der Metaphysik. Frankfurt, 2. Aufl. 1951.

4 Heidegger, a. a. O., S. 149.

5 Heidegger, a. a. O., S. 155.

6 Promies, a. a. O., S. 204.

7 Friedrich Nicolai, Beschreibung einer Reise, Berlin/Stettin 1783-1796, Bd. VII, Anhang, S. 109, hier zitiert nach: Hans-Jürgen Schings, Melancholie und Aufklärung, Stuttgart 1977, S. 144.

8 Schings, a. a. O., S. 195.

9 D'Alembert, Eléments de Philosophie I; Mélanges de Littérature, d'Histoire et de Philosophie, Amsterdam 1758, IV, S. 1 ff. Hier zitiert nach: Ernst Cassirer, Die Philosophie der Aufklärung, Tübingen 1932, S. 3.

10 Heraklit Fragment 89.

11 Vgl. Nachricht von der Einrichtung seiner Vorlesungen in dem Winterhalbjahre von 1765-1766, in: Kant, Werke a. a. O. Bd. I, S. 910.

12 Ernst Benz, Emanuel Swedenborg. Naturforscher und Seher. München 1948.

13 Emanuel Swedenborg, Himmel und Hölle, nach Gehörtem und Gesehenem, Zürich 1977, S. 148f.

14 Fr. Brüggemann (Hg.), Aus der Frühzeit der deutschen Aufklärung, Darmstadt 1976, S. 69.

15 Fr. Brüggemann, ebd., S. 73.

16 Swedenborg, a. a. O., S. 365.

17 Swedenborg, a. a. O., S. 369.

18 Swedenborg, a. a. O., S. 369.

19 (Logik von Port Royal): Antoine Arnauld, Die Logik oder die Kunst des Denkens, Darmstadt 1972, S. 101.
20 Arnauld, a. a. O., S. 42f.
21 Text von Hamann, mitgeteilt von Borowski S. 95.
22 Borowski, S. 96.
23 Borowski, S. 96.

Kapitel v

1 Heide Göttner, Logik der Interpretation, München 1973.
2 Descartes, Discours de la Méthode. 6[iéme] partie, 2.
3 Peter Janich, Zweck und Methode der Physik aus philosophischer Sicht, Konstanz 1973.
4 H. Bollinger, G. Brockhaus, J. Hohl, H. Schwaiger, Medizinerwelten – Die Deformation des Arztes als berufliche Qualifikation, München 1981.
5 Georges Devereux, Angst und Methode in den Verhaltenswissenschaften, Berlin 1976.
6 Zitiert nach Fr. Ueberweg, Vorrede zu Berkeley's Abhandlung über die Prinzipien der menschlichen Erkenntnis. Berlin 1869, S. x.

Kapitel vi

1 Odo Marquard, Vernunft als Grenzreaktion. Zur Verwandlung der Vernunft durch die Theodizee, (Unveröffentlichtes Vortragsmanuskript 1981).
2 Michel Foucault, Wahnsinn und Gesellschaft, Frankfurt/M. 1973 – ders., Die Geburt der Klinik, Frankfurt/M., Berlin, Wien 1976 – ders., Überwachen und Strafen, Frankfurt/M. 1977.
3 Gernot Böhme, Alternativen der Wissenschaft, Frankfurt/M. 1980.
4 Vgl. dazu Sergio Moravia, Beobachtende Vernunft. Philosophie und Anthropologie in der Aufklärung, Frankfurt/M., Berlin, Wien 1977 – Fritz Cramer, Verkehrte Welten. Zur imaginären Ethnographie des 19. Jahrhunderts, Frankfurt/M. 1977 – Urs Bitterli, Die ›Wilden‹ und die ›Zivilisierten‹. Die europäisch-überseeische Begegnung, München 1976 – Karl-Heinz-Kohl, Entzauberter Blick. Das Bild vom Guten Wilden und die Erfahrung der Zivilisation, Berlin 1981.
5 Vgl. dazu M. Foucault, Geburt der Klinik, a. a. O.
6 Wolf Lepenies, Naturgeschichte, a. a. O., S. 208.
7 Norbert Elias, Über den Prozeß der Zivilisation, Bd. II, 2. Aufl. Bern 1969, S. 445.
8 ebd., S. 317, 320, 331.
9 ebd., S. 317.
10 ebd., S. 337.
11 Vgl. dazu Katharina Rutschky (Hg.), Schwarze Pädagogik. Quellen zur Naturgeschichte der bürgerlichen Erziehung. Frankfurt/M., Berlin, Wien 1977.

12 Elias, Bd. II, a. a. O., S. 444.
13 Dieter Henrich, Der Begriff der sittlichen Einsicht und Kants Lehre vom Faktum der Vernunft, in: Festschrift H. G. Gadamer zum 60. Geburtstag, Heidelberg 1960, S. 77-115 – ders.: Die Deduktion des Sittengesetzes, in: Denken im Schatten des Nihilismus. Festschrift W. Weischedel 1975, Darmstadt 1975, S. 55-112.
14 Th. W. Adorno, Negative Dialektik, Frankfurt/M. 1966, S. 249. Diese Ausgabe wird im Text fortan abgekürzt zitiert als: Adorno, Neg. Dial. + Seitenzahl.
15 Kant, Akademie-Ausgabe, Bd. 23, Berlin/Leipzig 1936, S. 101.
16 Georges Devereux, Angst und Methode, a. a. O.
17 Henrich, Begriff der sittlichen Einsicht, a. a. O.
18 M. Horkheimer/Th. W. Adorno, Dialektik der Aufklärung, Frankfurt/M. 1969, S. 101.
19 Katharina Rutschky, a. a. O.
20 Hegel, Über die wissenschaftlichen Behandlungsarten des Naturrechts, seine Stelle in der praktischen Philosophie und sein Verhältnis zu den positiven Rechtswissenschaften, in: Werke in 20 Bänden, Hg. E. Moldenhauer/K. M. Michel, Bd. 2, Frankfurt/M. 1969, S. 459ff. –: im folgenden abgekürzt als *Naturrecht* + Seitenzahl.
21 Horkheimer/Adorno, Dialektik der Aufklärung, a. a. O., S. 93.
22 Michel Foucault, Sexualität und Wahrheit. Bd. 1: Der Wille zum Wissen, Frankfurt/M. 1977, S. 27ff.
23 Paul Menzer (Hg.), Eine Vorlesung Kants über Ethik, Berlin 1924, S. 54.
24 Michel Foucault, Überwachen und Strafen, a. a. O., S. 220ff., 251ff.
25 Vgl. R. Bittner/K. Cramer (Hg.), Materialien zu Kants ›Kritik der praktischen Vernunft‹, Frankfurt/M. 1975, S. 223-235 (Vorarbeiten Kants zu Schillers Schrift »Anmut und Würde«).
26 Zur Melancholie bei Kant s. S. 389ff. u. 476ff. dieser Arbeit sowie Wolf Lepenies, Melancholie und Gesellschaft, Frankfurt/M. 1972, S. 76ff.
27 Vgl. dazu M. Foucault, Überwachen und Strafen, a. a. O., S. 251ff.

Kapitel VII

1 Hier zitiert nach Max Dessoir, Geschichte der neueren deutschen Psychologie, Berlin, 2. Auflage, Duncker 1902; vgl. dazu Adam Bernds Eigene Lebensbeschreibung, S. 137f., 185, Zedlers Universallexikon, Bd. 8, S. 533-538.
2 Malebranche, N.: Erforschung der Wahrheit (Recherche de la vérité, 1674), deutsch von A. Buchenau, München: G. Müller 1914, S. 199. Auf diese Stelle bezieht sich ebenfalls Adam Bernd, s. u.
3 Malebranche, a. a. O., S. 313.
4 Siehe z. B. Zedlers Universallexikon, Bd. 13, 1579-1587.
5 Fischer-Homberger, E., Hypochondrie, Bern/Stuttgart: Huber 1970, S. 41.
6 Bilguer, J. U., Nachrichten an das Publicum in Absicht der Hpyochondrie, Kopenhagen: J. G. Rothe 1767, § 50.

7 Moritz, C. Ph., Magazin zur Erfahrungsseelenkunde, 10 Bde., Berlin: A. Mylius 1783-1793.

8 M. Adam Bernds Eigene Lebens-Beschreibung. Samt einer aufrichtigen Entdeckung, und deutlichen Beschreibung einer der größten, obwohl großen Theil noch unbekannten Leibes- und Gemüths-Plage, welche Gott zuweilen über die Welt-Kinder, und auch wohl über seine eigenen Kinder verhängt; den Unwissenden zum Unterricht, den Gelehrten zu weiterm Nachdenken, den Sündern zum Schrecken, und den Betrübten, und Angefochtenem zum Troste (1738), München 1973.

9 A. Bernd, a. a. O., S. 126-129.

10 A. Bernd, a. a. O., S. 259-261.

11 Der Hypochondrist, eine holsteinische Wochenschrift, Schleswig: J. Fr. Hansen 1762.

12 G. Cheyne, The English Malady, London 1733.

13 Magazin für Erfahrungsseelenkunde, 1, 3. Stück, S. 102.

14 Bilguer, a. a. O., S. LXVIII u. 321.

15 Fischer-Homberger, a. a. O., S. 21.

16 Zedlers Universallexikon von 1775, Bd. 13, 1579-1587.

17 Burton, R., The Anatomy of Melancholy (1621), New York: Armstrong 1893.
de Mandeville, B., A Treatise of the Hypochondriack and Hysteric Diseases in three Dialogues, 2nd. ed. London: J. Tonson 1730.
Boswell, James, The Hypochondriack (London Magazine 1777-1783) de M. Bailey, Stanford UP 1928.

18 Platner, E., Einige Betrachtungen über die Hypochondrie, in: J. Fr. Dufour, Versuch über die Verrichtungen und Krankheiten des menschlichen Verstandes (übers. E. Platner), Leipzig: Weygand 1786, S. 305.

19 Plato mysticus in pietista redivivus, zitiert nach Schings, H.-J., Melancholie und Aufklärung, Stuttgart: Metzler 1978, S. 154.

Kapitel VIII

1 Die Biographien von Borowski, Jachmann und Wasianski in: Immanuel Kant, Sein Leben in Darstellungen von Zeitgenossen, Darmstadt 1978. – Gleiche Idealisierungen, aber nicht mehr einschlägiges Material findet man in der Biographie von Rink, Ansichten aus Immanuel Kants Leben, Königsberg 1805.

2 Karl Vorländer, Immanuel Kants Leben, Leipzig 1911 – ders., Immanuel Kant. Der Mann und das Werk, 2. Bde., Leipzig 1924 – Kuno Fischer, Kants Leben und die Grundlage seiner Lehre, Mannheim 1860 – Arsenij Gulyga, Immanuel Kant, Frankfurt/M. 1981 – Zur Jugend- und Bildungsgeschichte vgl. Traugott Weisskopf, Kant und die Pädagogik, Zürich 1970, S. 3 ff.

3 Symptomatisch etwa Ernst Cassirers Bemerkung [Kants Leben und Lehre (1918), Darmstadt 1972, S. 5]: »Derjenige Teil des Kantischen Lebens, der sich *außerhalb* seines Werkes bewegt, kann ohnehin für die

tiefere Aufgabe, die sich die philosophische Biographie zu stellen hat, nicht von bestimmender Bedeutung sein.« – So selbstverständlich richtig dies zu sein scheint, bleibt der Ausschließungscharakter dieses Arguments erkennbar. Cassirer, wie viele andere, geht von der »Lehrform« der Kantschen Philosophie aus und stilisiert die »Lebensform« (vgl. ebd., S. 2ff.) jener korrespondierend. Die »Gesamtgestalt«, der »Charakter« Kants wird der Philosophie extrahiert und den Zügen des Lebens unterlegt. Bei so hergestellter Harmonie zwischen Leben und intellektueller Arbeit – jedem als prekäres, wechselseitig kostenreiches Verhältnis bekannt – ist der »Gewinn des Sprechers« nicht zu übersehen. Das von jedem Hiatus, Widerspruch und Leiden gereinigte Verhältnis von »Lehrform« und »Lebensform« eines idealisierten Kant entlastet von der kritischen Reflexion einer Intellektualität, die sich des eigenen Lebens bemächtigt hat.

4 Lewis S. Feuer, Lawless Sensations and Categorial Defenses: The Unconscious Sources of Kant's Philosophy, in: C. Hanly/M. Lazerowitz (Hg.), Philosophy and Psychoanalysis, New York 1970, S. 96-125. – Wolfgang Ritzel (Immanuel Kant. Zur Person, Bonn 1975) berichtet in jüngster Zeit vor allem auf der Grundlage von Briefen, autobiographisch relevanten Schriften sowie – erstmals – auch unter Verwertung des Nachlasses zuverlässig über lebensweltliche Praktiken und Normativitäten des Philosophen. In einzelnen Zügen gewinnt man dadurch ein genaueres Bild als etwa bei Vorländer. Doch überschreitet Ritzel in keiner Weise, weder im biographischen Verfahren noch im interpretativen Zugriff, die traditionell am Kantschen Selbstbewußtsein entlanggeschriebenen Biographien.

5 Dazu Katharina Rutschky (Hg.), Schwarze Pädagogik, a. a. O., Vorwort, S. XVII-LXV.

6 Nicht zufällig zitiert Otto Weininger (in: Geschlecht und Charakter, 6. Aufl. Wien/Leipzig 1906, S. 209; 541/542) gerade diese Kant-Stelle im Zusammenhang seines Versuchs, die prinzipielle Überlegenheit des männlichen, intelligiblen, selbstgewissen Ich über die inferiore Frau zu begründen. Die frauenverachtende, männlich-elitäre, im Grunde aber aussichtslose, angstbesessene und selbstdestruktive Abwehrphilosophie Weiningers trifft in ihren systematischen Bezugnahmen auf Kant (und andere Philosophen) manches heimliche Männerphantasma und viel von der Abwehr des Weiblichen in der Philosophietradition.

7 Feuer, a. a. O., S. 84ff., 110ff.

8 Vgl. Feuer, a. a. O., S. 802.

9 Vgl. Feuer, a. a. O., 84f., 95ff. – Über allgemeine Hintergründe in der Sexualmoral im 18. Jahrhundert vgl. Jos van Ussel, Sexualunterdrükkung, Geschichte der Sexualfeindschaft, Gießen 1977, S. 34-93, 164ff.

10 Vgl. dazu S. 438ff. dieser Arbeit, wo die Sexualisierung und Schuldangst an Kants Moraltheorie demonstriert werden.

11 Feuer, a. a. O., S. 81.

12 Vgl. dazu Foucault, Sexualität und Wahrheit, a. a. O. Ferner den von Kant eifrig gelesenen Chr. W. Hufeland, Makrobiotik oder die Kunst,

das menschliche Leben zu verlängern (1796), München 1978 (= gekürzte Ausgabe) sowie Kant, Der Streit der philosophischen Fakultät mit der medizinischen, in: Werke, Bd. 1, a. a. O., S. 371 ff. – Jos van Ussel und K. Rutschky (s. o. Anm. 9 u. 5) dokumentieren ebenfalls eindrucksvoll die Verbreitung der diätetischen und moralisch-medizinischen Diskurse über den Leib. Kant war mit dieser Diskussion gut vertraut.

13 Schmitz, a. a. O., Bd. II/1, S. 261 ff.

14 Vgl. Balint, Angstlust und Regression, a. a. O. und Argelander, Der Flieger, a. a. O.

15 Herder, Werke, a. a. O., Bd. 19, S. 240 bzw. 239/240.

16 K. Ph. Moritz, Anton Reiser. Ein psychologischer Roman, Stuttgart 1972. – Das Gedicht findet sich in: K. F. Klischnig, Erinnerungen aus den letzten Lebensjahren meines Freundes Anton Reiser, Berlin 1794, S. 32 f.

17 G. Chr. Lichtenberg, Warum hat Deutschland noch kein grosses öffentliches Seebad?, in: ders., Schriften und Briefe, Hg. W. Promies, Bd. 3, München 1972, S. 96 f. u. 101: »Der Anblick der Meereswogen, ihr Leuchten und das Rollen ihres Donners, ... die großen Phänomene der Ebbe und Flut, deren Beobachtung immer beschäftiget ohne zu ermüden; die Betrachtung, daß die Welle, die jetzt hier meinen Fuß benetzt, ununterbrochen mit der zusammenhängt, die Otaheite und China umspült, und die großen Heerstraßen um die Welt ausmachen hilft; und der Gedanke, dieses sind die Gewässer, denen unsre bewohnte Erdkruste ihre Form zu danken hat, nunmehr von der Vorsehung in diese Grenzen zurückgerufen, – alles dieses, sage ich, wirkt auf den gefühlvollen Menschen mit einer Macht, mit der sich nichts in der Natur vergleichen läßt, als etwa der Anblick des gestirnten Himmels in einer heitern Winternacht.« – Zweifelsohne zitiert Lichtenberg hier am Ende die Schlußpartie der *Kritik der praktischen Vernunft*: ein sublimer Hinweis darauf, daß Erfahrungen erhabener Raumweite auch zu ganz anderen Konsequenzen führen können als zu den Kantischen.

18 Vgl. Kant, Physische Geographie, in: Akademie-Ausgabe, a. a. O., Bd. IX, S. 151-436.

19 Wolfgang Schmidbauer, Die Ohnmacht des Helden, Reinbek bei Hamburg 1981.

20 Vgl. Heinz Kohut, Überlegungen zum Narzißmus und zur narzißtischen Wut, in: Psyche, 27. Jg. (1973), S. 513-554.

21 Vgl. dazu Heinz Kohut, Narzißmus, a. a. O. und ders., Die Heilung des Selbst, Frankfurt/M. 1979.

22 Philosophisch war dies am deutlichsten in seiner *Theorie des Himmels* und seiner Moraltheorie nachzuweisen (vgl. Kap. III u. VII dieser Arbeit).

23 Die Momente der Trennung (von den Dingen, sich selbst als Leib) und Verkennung (des Fremden) sind keineswegs nur charakteristisch für die Kantsche Philosophie, sondern als generelles Merkmal europäischer Aufklärung zu bezeichnen. Dies ist an neueren Forschungen zur Geschichte der Ethnologie gut belegt worden (Fritz Kramer, Urs Bitterli, Karl-Heinz Kohl). Dem korrespondiert innertheoretisch der Solipsismus und Idealismus der Vernunft, die in mancher Hinsicht einen Reflex

auf die neuzeitliche Geschichte der Einsamkeit darstellen. Die im 18. Jahrhundert zuerst als Kulturphänomen reflektierte Einsamkeit entspricht in dem Maße, wie sie sich aus dem Inneren der Geschichte der Vernunft entwickelt, deren zwischen narzißtischem Größenwahn und larvierter Trauer über das Getrenntsein von den Dingen pendelnder Entwicklung.

24 Vorländer, I. Kant, Der Mann und das Werk, Bd. II, a. a. O., S. 371.

25 Hier liegt der Grund für die in der *Metaphysik der Sitten* (MdS 2. Tl. A 131) erstaunlich anmutende Pflicht, einem kranken Freund, dem nicht zu helfen ist, jedes Mitleid zu verwehren; in solchem Fall spricht der »Weise« (!) »zu sich selbst: was geht's mich an?«. Durch den Abwehrmechanismus der Rationalisierung (leide ich mit einem tödlich erkrankten Freund mit, vermehre ich durch mein Leiden das Leiden der Welt, was pflichtwidrig ist) baut Kant der Trauer vor. Jede Trauer würde sich mit dem überwältigenden Schmerz über den Tod der Mutter assoziieren: und genau dies muß Kant vermeiden.

26 Alice Miller, Das Drama des begabten Kindes und die Suche nach dem wahren Selbst, Frankfurt/M. 1979, bes. S. 19-42, 58-82.

27 Hier ist an die vergessene Erzählung von Erich Schönebeck, Immanuel, Eine Erzählung um den jungen Kant, Lorch/Stuttgart 1946 zu erinnern.

Alle Biographen von Wasianski bis zu Vorländer und Cassirer gehen von der großen, bisweilen als fundamental angenommenen Bedeutung der Mutter für Kants Leben oder sogar für seine intellektuelle Orientierung aus. Was freilich damit gemeint ist, hat niemand von ihnen verstanden. Die Erzählung Schönebecks – im naiven Erzählstil eines Genrebildes gehalten – hat aus den bekannten biographischen Materialien eine fiktive idyllische Skizze über Mutter und Sohn etwa 1734/35 gebildet, worin *eines* wenigstens zutreffend phantasiert erscheint. Nämlich Schönebeck gestaltet einige Motive aus – wie Enge und Weite der kindlichen Phantasien am Beispiel der physischen Geographie; »ein neuer Kolumbus« werden; Pflichttreue und Lernehrgeiz in Erfüllung mütterlicher Wünsche; die religionsübergreifende Idealität des gestirnten Himmels – Motive also, die der Autor in aller Naivität sämtlich in die Linie der Erbschaft der Mutter stellt. Gespürt hat Schönebeck dabei etwas von jenem Mechanismus, der offensichtlich zwischen Mutter und Sohn eine wichtige Rolle spielte: die Delegation narzißtischer Wünsche der Mutter auf den Sohn, der in deren Fluchtlinie sich identifizierte, sich mit dem Wunsch der Mutter identifizierte, um, diesen erfüllend, den liebendbestätigenden Blick der Mutter einzutauschen. In seinem Autarkie-Ideal hat Kant diesen Zusammenhang verdeckt wie angedeutet: verdeckt, indem die Genesis seiner Produktivität und Selbstidentifikation verleugnet ist; angedeutet, insofern der Glanz, der von der Herrlichkeit des Ideals auf das Subjekt fällt, noch immer der narzißtischen Matrix zwischen Mutter und Sohn angehört. Davon hat Schönebeck etwas begriffen; nichts freilich von der geheimen Tragik, Einsamkeit und Empfindlichkeit einer solchen Konfiguration, für deren Aufrechterhaltung und rationalisierende Bearbeitung der Philosoph einen hohen Preis zahlen mußte.

28 Diese latente Bedeutung der Kantschen Philosophie, die eine feministische Kritik herauszuarbeiten hätte, tritt verzerrt und zwanghaft in der Kant-Rezeption von Weininger, Geschlecht und Charakter a. a. O. bereits zutage.

VERZEICHNIS DER IM TEXT ABGEKÜRZT ZITIERTEN WERKE

I, II ...: I. Kant, Werke, hrsg. v. W. Weischedel, Bd. I–VI, Wiesbaden 1957 (Wenn nicht anders verzeichnet, folgen alle Zitate dieser Ausgabe)
Ästhetik I, II, III: G. W. F. Hegel, Vorlesungen über die Ästhetik, Bd. I, II, III, in: ders., Werke in 20 Bdn. hrsg. v. E. Moldenhauer u. K. M. Michel, Bd. 13–15, Frankfurt/M. 1969
Anthr. A/B: Anthropologie in pragmatischer Hinsicht abgefaßt, 1. Aufl. (A) 1798, 2. Aufl. (B) 1800
Beweisgrund A: Der einzig mögliche Beweisgrund zu einer Demonstration des Daseyns Gottes, 1. Aufl. (A) 1763
Briefe: I. Kant, Briefe, hrsg. v. J. Zehbe, Göttingen 1970
Borowski: L. E. Borowski, Darstellung des Lebens und Charakters Immanuel Kants (1804), in: Immanuel Kant. Sein Leben in Darstellungen von Zeitgenossen, Darmstadt 1978
Geisterseher A: Träume eines Geistersehers, erläutert durch Träume der Metaphysik, 1. Aufl. (A) 1766
Grundlegung A: Grundlegung zur Metaphysik der Sitten, 1. Aufl. (A) 1785
Jachmann: R. B. Jachmann, Immanuel Kant geschildert in Briefen an einen Freund (1804), in: Immanuel Kant. Sein Leben in Darstellungen von Zeitgenossen, Darmstadt 1978
KdpV A: Kritik der praktischen Vernunft, 1. Aufl. (A) 1788
KdrV A/B: Kritik der reinen Vernunft, 1. Aufl. (A) 1781, 2. Aufl. (B) 1787
KdU A/B: Kritik der Urteilskraft, 1. Aufl. (A) 1790, 2. Aufl. (B) 1793
Krankheiten A: Versuch über die Krankheiten des Kopfes, 1. Aufl. (A) 1764
Logik I/II: G. W. F. Hegel, Wissenschaft der Logik, Bd. I/II, in: ders., Werke in 20 Bdn. hrsg. v. E. Moldenhauer u. K. M. Michel, Bd. 5/6, Frankfurt/M. 1969
MA A: Metaphysische Anfangsgründe der Naturwissenschaft, 1. Aufl. (A) 1786
MdS 1./2. Tl. A.: Die Metaphysik der Sitten in zwey Theilen, 1. Aufl. (A) 1797
Monadologia: Metaphysicae cum geometria iunctae usus in philosophia naturali, cuius specimen I. continet monadologiam physicam, 1756
Mutmaßlicher Anfang A: Mutmaßlicher Anfang der Menschengeschichte, 1. Aufl. (A) 1786
Nachlaß Nr.: Kants Gesammelte Schriften, hrsg. v. d. Königlich Preußischen Akademie der Wissenschaften, Bd. XIV–XIX (= Kants handschriftlicher Nachlaß), Berlin/Leipzig 1900–1955
Neg. Größen: Versuch den Begriff der negativen Größen in die Weltweisheit einzuführen, 1. Aufl. (A) 1763
O.P. I/II: Opus Postumum, Akademie-Ausgabe, a.a.O. Bd. XXI/XXII
Pädagogik A: Immanuel Kant über Pädagogik, hrsg. v. D. F. Th. Rink, 1. Aufl. (A) 1803

Proleg. A: Prolegomena zu einer jeden künftigen Metaphysik, 1. Aufl. (A) 1783

Religion A/B: Die Religion innerhalb der Grenzen der bloßen Vernunft, 1. Aufl. (A) 1793, 1. Aufl. (B) 1794

Schelling I, II ...: Schelling, Münchner Ausgabe, hrsg. v. M. Schröter, München 1927–54

Schönes und Erhabenes A: Beobachtungen über das Gefühl des Schönen und Erhabenen, 1. Aufl. (A) 1764

Streit A: Der Streit der Fakultäten, 1. Aufl. (A) 1798

Th.d.H. A: Allgemeine Naturgeschichte und Theorie des Himmels, oder Versuch von der Verfassung und dem mechanischen Ursprunge des ganzen Weltgebäudes nach Newtonschen Grundsätzen abgehandelt, 1. Aufl. (A) 1755

Wahre Schätzung A: Gedanken von der wahren Schätzung der lebendigen Kräfte und Beurteilung der Beweise, derer sich Herr von Leibniz und andere Mechaniker in diesem Streite bedient haben ..., 1. Aufl. (A) 1746

Wasianski: E. A. Ch. Wasianski, Immanuel Kant in seinen letzten Lebensjahren (1804), in: Immanuel Kant. Sein Leben in Darstellungen von Zeitgenossen, Darmstadt 1978

Wl: J. G. Fichte, Grundlage der gesamten Wissenschaftslehre als Handschrift für seine Zuhörer (1794), Hamburg 1979 (= Philosophische Bibliothek, Bd. 246)

Suhrkamp Verlag GmbH
Torstraße 44, 10119 Berlin
info@suhrkamp.de
www.suhrkamp.de